U0852076

普通高等教育“十五”国家级规划教材

马克思主义哲学经典文本导读

下　卷

主编　余源培　吴晓明
参编（按姓氏笔画为序）
王金林　王德峰　孙承叔
庄国雄　吴　猛　郑召利

高等教育出版社

内容简介

本书是普通高等教育"十五"国家级规划教材。书中每篇原著前有简明扼要的学习提示文章。全书共分上下两卷，本书为下卷，以马克思的东方社会发展理论为卷首，系统介绍马克思主义哲学在中国和苏联的传播、发展及其理论成果。全书编选的特色是与时俱进，注重理论联系实际，充分密切联系中国特色社会主义的实践，便于高校学生和广大社会读者学好马克思主义哲学原著。

本书主要供普通高校哲学专业教学使用，也可供其他专业学生和社会读者学习参考。

图书在版编目(CIP)数据

马克思主义哲学经典文本导读.下卷/余源培，吴晓明主编.--北京:高等教育出版社，2005.2（2022.12重印）

ISBN 978-7-04-016213-4

Ⅰ.马… Ⅱ.①余…②吴… Ⅲ.马克思主义哲学-高等学校-教材 Ⅳ.B0-0

中国版本图书馆CIP数据核字(2004)第143341号

策划编辑 周亚权　责任编辑 李桂莲　封面设计 刘晓翔　责任绘图 黄建英
版式设计 张 岚　责任校对 俞声佳　责任印制 田 甜

出版发行 高等教育出版社
社 址 北京市西城区德外大街4号
邮政编码 100120
印 刷 北京鑫海金澳胶印有限公司
开 本 787mm×960mm 1/16
印 张 32.25
字 数 600千字
购书热线 010-58581118
咨询电话 400-810-0598
网 址 http://www.hep.edu.cn
http://www.hep.com.cn
网上订购 http://www.landraco.com
http://www.landraco.com.cn
版 次 2005年2月第1版
印 次 2022年12月第8次印刷
定 价 47.00元

本书如有缺页、倒页、脱页等质量问题，请到所购图书销售部门联系调换。
版权所有 侵权必究

物 料 号 16213-00

前　　言

哲学社会科学是人们认识世界、改造世界的重要工具，是推动历史发展和社会进步的重要力量。“任何真正的哲学都是自己时代精神的精华”，[①] “人民最精致、最珍贵和看不见的精髓都集中在哲学思想里”。[②] 马克思和恩格斯之所以能够面对纷繁复杂的世界，创造出嵯峨峻拔的哲学思想，揭示出人类社会发展的规律和前途，根本原因就在于他们站在解放全人类的社会立场，通过艰辛的科学研究，摸准了时代的脉搏，反映了这个时代的精神本质，从而成为时代的精神精华，成为无产阶级和人民群众认识世界和改造世界的锐利的思想武器。

以马克思的名字命名的伟大思想，带着人类文明的丰硕成果，带着共产主义的理想，随着历史实践的滚滚洪流，已经历了一个半世纪的发展历史。它曾经被轻视，遭到过咀咒和谩骂，也在斗争中经历过曲折和低潮，然而在近现代人类历史上，没有任何一种学说像马克思主义那样保持着蓬勃的生命力，深刻地影响到包括社会生活、理论思维及意识形态等各个方面，成为人类整个历史运动的重要部分。马克思是举世公认的“千年伟人”。事实说明，马克思主义从未被驳倒，也没有过时，它仍然是当代最具影响和活力的学说，仍然是人们关注和研究的中心。

马克思主义哲学之所以具有强大的生命力，因为它并不仅是一种满足于说明世界的理论，更为重要地在于改造世界。在人类思想史上，从来没有一种哲学向自身提出过如此高的实践要求，也未曾有过一种哲学如此深入地活跃在现实的历史之中。马克思主义哲学植根于社会生活，它在社会生活的广阔舞台上实现自己和扩展自己。它的本质是与时俱进。在它的发展进程中先后形成了列宁的哲学思想、毛泽东哲学思想、邓小平哲学思想和“三个代表”重要思想。这是一部波澜壮阔、丰富多彩的思想发展史。如果我们认真学习并理解这一马克思主义哲学发展的历程，就会为这一学说的真理性和生命力所吸引、所慑服，为追求真理的理想所鼓舞，为自身使命的神圣信念所激动，并为之而奋斗。

当今的世界和中国，正处于剧烈变化之中。其一，就世界而言，出现了许

① 《马克思恩格斯全集》第1卷，人民出版社1956年版，第121页。

② 《马克思恩格斯全集》第1卷，人民出版社1956年版，第120页。

多新的特征：经济全球化趋势日益显著，世界格局向着多极化方向发展，和平与发展两大主题更加突出，科学技术发展日新月异等等。这些新情况，并没有削弱马克思主义哲学的当代性。因为马克思在哲学上所实现的划时代变革，就在于它科学揭示了人类社会发展的规律，就在于它全面地、彻底地超越了近代哲学的思维方式。因此，马克思主义哲学依然是我们这个时代最为先进和正确的哲学世界观和思维方式。其二，就社会主义运动而言，苏联的解体和东欧发生的剧变，社会主义运动好像被削弱了，但人民经受了锻炼，从中吸收了教训，并将促使社会主义向着更加健康的方向发展。“因此，不要惊慌失措，不要认为马克思主义就消失了，没用了，失败了。哪有这回事！”[①] 在经过曲折之后，世界上赞成马克思主义的人一定会多起来的。其三，就中国而言，在全面建设小康社会、开创中国特色社会主义事业新局面、实现中华民族伟大复兴的历史进程中，特别需要坚持马克思主义的指导地位。要善于把马克思主义的基本原理同中国具体实际相结合，用发展着的马克思主义指导我们的事业前进。这些就是我们面对的现实。要解决历史新时期提出的艰巨任务，要回答世界历史进程提出的新问题，只有以马克思主义哲学的世界观和方法论为指导，才能作出正确的分析和得出科学的答案，才能识别和抵御各种错误思潮的影响，在异常复杂的现实面前不迷失正确方向。鉴于此，在我国广大干部和青年学生中正越来越重视对马克思主义哲学的学习。

恩格斯曾经谆谆教导说，要“根据原著来研究这个理论，而不要根据第二手的材料来进行研究”[②]；“对于那些希望真正理解它的人来说，最重要的却正好是原著本身”[③]。这是因为，原著是马克思主义立场、观点、方法之最集中、最生动的体现，凝聚着深邃的哲理和丰富的内容；原著的学习不仅能帮助我们直接掌握辩证唯物主义和历史唯物主义的基本原理，而且可以锻炼我们的理论思维能力；原著的学习可以生动感受到马克思主义哲学的革命性、实践性和科学性；原著的学习还可以从中深刻理解马克思主义哲学决不是教条，而是行动的指南，是不断随着实践的发展而发展的。“第二手”的各种材料，就其准确性、精华性、科学性来说，是无法与原著相比拟的，其中难免有片面性甚至错误。今天我们要坚持解放思想、实事求是的思想路线，推进社会主义改革开放和现代化建设，就要自觉地把思想认识从那些不合时宜的观念、做法和体制的束缚中解放出来，从对马克思主义的错误的和教条式的理解中解放出来，从主观主义和形而上学的桎梏中解放出来。一项基础性的工作就是要立足新的实

① 《邓小平文选》第3卷，人民出版社1993年版，第383页。

② 《马克思恩格斯选集》第4卷，人民出版社1995年版，第697页。

③ 《马克思恩格斯全集》第25卷，人民出版社1974年版，第1005页。

践，加强马克思、恩格斯、列宁、毛泽东、邓小平等经典著作的学习和研究，准确把握和阐述经典著作中的基本观点。

当然，学习马克思主义哲学原著，决不是一件容易的事情。首先，要坚持和弘扬理论联系实际的马克思主义学风。这是第一重要的问题。我们提倡认真学习马克思主义原著，决不等于搞“本本主义”。毛泽东于1930年就指出：“马克思主义的‘本本’是要学习的，但是必须同我国的实际情况相结合。我们需要‘本本’，但是一定要纠正脱离实际情况的本本主义。”① 为此，学习原著要以我们正在做的事情为中心，着眼于马克思主义的运用，着眼于对实际问题的理论思考，着眼于新的实践和新的发展。其次，要下苦功夫认真学习原著。每本马克思主义哲学原著都有其历史背景和需要解决的现实任务，都有着严密的理论结构和周密的论证，都是根据大量的历史、政治、经济、文化、思想材料写出的。马克思曾经对自己的创作这样说过：“在科学上没有平坦的大道，只有不畏劳苦沿着陡峭山路攀登的人，才有希望达到光辉的顶点”。② 马克思、恩格斯、列宁、毛泽东、邓小平的每本著作都是他们心血的凝聚。对于他们的著作如果浮光掠影，浅尝辄止，是掌握不了的，而必须要钻进去，认真地学习和思考，用心体会它的精神实质，才能真正转变为自己的思想财富。

编写这本导读的目的，就是倡导认真学习马克思主义哲学原著，适应新时期高等学校的青年学生、广大党政干部以及理论工作者学习和研究的需要。马克思主义哲学博大精深，从其中进行精选确有一定困难。我们的编选原则是：立足新时期的实践需要，努力使读者通过所选原著的学习，对马克思主义哲学的创立、形成和发展以及它的基本观点，有一个比较完整的、独立的理解。为此，我们力求在选编时注意原著的完整性，防止变成语录汇编。着重于对马克思主义哲学立场、观点、方法的学习和掌握，侧重选编马克思主义哲学形成和发展进程中的代表性著作、在历史转变关头马克思主义哲学受到挑战作出科学回答时的著作，以及与破解我国社会主义建设和改革开放实践所遇“难题”密切相关的著作。由于马克思主义有哲学、政治经济学和科学社会主义三大主要组成部分，选编虽然以哲学为主，但也注意到它与政治经济学和科学社会主义的内在联系。选编还力求显示马克思主义哲学的发展进程，体现马克思、恩格斯、列宁、毛泽东、邓小平等哲学思想之间的既一脉相承、又不断发展的关系。每篇原著前面所作的简要提示，希冀能对读者的学习有所帮助。

本书对经典原著的选编有全选和部分节选两类。绝大部分都选自《马克思恩格斯选集》、《列宁选集》、《毛泽东选集》和《邓小平文选》，少数选自《马

---

① 《毛泽东选集》第1卷，人民出版社1991年版，第111—112页。

② 《马克思恩格斯全集》第23卷，人民出版社1972年版，第26页。

克思恩格斯全集》、《列宁全集》。章节编排与原著保持一致，个别有所变动。注释及页末注基本上都出自各原著，为方便读者阅读，对个别注释、页末注进行编写、补充。特此说明。

由于编者水平有限，书中的不足之处，敬请读者批评指正。

编者

2004年9月于复旦大学

目　　录

马克思

《卡·马克思给维·伊·查苏利奇的复信》

学习提示

马克思给查苏利奇的回信写于1881年3月8日，第一次发表于《马克思恩格斯文库》1924年俄文版第一卷。1881年2月16日，查苏利奇代表俄国“劳动解放社”的同志们，请求马克思谈谈他对俄国社会发展的前景，特别是谈谈他对俄国农村公社历史命运的看法。为了慎重对待这一严肃的东方社会问题，马克思草拟了四个草稿，把这四个草稿综合起来，就是一个内容极其丰富的关于俄国社会，尤其是关于俄国农村公社历史命运的历史唯物主义的最新篇章。

1877年，俄国伟大的革命家、哲学家车尔尼雪夫斯基首先提出了这样一个问题：俄国是应当像它的自由派经济学家们所希望的那样，首先摧毁农村公社以过渡到资本主义制度呢，还是与此相反，发展它所特有的历史条件，就可以不经受资本主义的一切苦难而取得它的全部成果？1881年，查苏利奇再一次提出了这一问题并向马克思请教。马克思的结论是：我“在《资本论》中所作的分析，既没有提供肯定俄国农村公社有生命力的论据，也没有提供否定农村公社有生命力的论据，但是，我根据自己找到的原始材料对此进行的专门研究使我深信：这种农村公社是俄国社会新生的支点；可是要使它能发挥这种作用，首先必须排除从各方面向它袭来的破坏性影响，然后保证它具备自然发展的正常条件。”① 马克思正式回信的篇幅只有第一复信草稿的十一分之一，这是为什么呢？一方面是由于马克思的审慎，另一方面，是由于问题的严肃性和复杂性。正是在复信草稿中，人们能清楚地看到马克思的思想轨迹，这里第一次出现了历史唯物主义的又一重要概念——历史环境。这些草稿是我们学习马克思理论、立场、观点、方法的极其重要的教材。

马克思首先指出两点：(1)《资本论》所揭示的西欧其他一切国家正在经历着的资本化的运动，是有范围限制的，“我明确地把这一运动的‘历史必然性’限于西欧各国。”因此不能教条地、无限制地把它应用于东方社会。(2)

---

① 参见《马克思恩格斯全集》第25卷，人民出版社2001年版，第483页。

不能把所有的原始公社混为一谈，就像地质的形成一样，在这些历史的形式中，存在着一系列原生的、次生的、再次生的等等类型。在俄国，占主导地位的乃是所谓“农业公社”，这在欧洲是唯一的；而“农业公社”乃是古代社会形态的最近类型，因而它与早期的原始公社已有重大区别。由于私有经济已经萌芽，因此这种公社具有公私二重性的特点，马克思认为“农业公社”所固有的二重性能够成为其强大的生命力的源泉，但同时这种二重性也能够成为公社解体的根源。[①] 因此，“农业公社”的历史命运只能是下面两种情况之一：或者是它所包含的私有制因素战胜集体所有制因素，或者是它所包含的集体所有制因素战胜私有制因素——而所有的一切都取决于它所处的历史环境。

那么，19 世纪 80 年代俄国所处的历史环境又是怎样的呢？马克思认为：在欧洲，俄国“农村公社”的历史环境可以说是独一无二的。只有俄国的“农村公社”不是像稀有罕见的现象被零星地保存下来，也不是以不久前在西方还有遗存的那种原始形式被保存下来，俄国的“农村公社”几乎是作为巨大帝国疆土上人民生活的统治形式被保存下来的。俄国是把“农村公社”在全国范围内保存至今的唯一的欧洲国家。在这种情况下，如果说土地公有制是俄国“农村公社”的集体占有制的基础，那么，它的历史环境，即资本主义生产和它同时存在，便给它提供了大规模地进行共同劳动的现成的物质条件。根据这一点，马克思精辟地揭示了这样一种可能性（即著名的“跨越卡夫丁峡谷”的设想）：“因此，它能够不通过资本主义制度的卡夫丁峡谷，而占有资本主义制度所创造的一切积极的成果。它能够以应用机器的大农业来逐步代替小地块耕作，而俄国土地的天然地势又非常适于这种大农业。因此，它能够成为现代社会所趋向的那种经济制度的直接出发点，不必自杀就能开始获得新的生命。相反，作为开端，必须使它处于正常的状态。”[②]

很显然，马克思在这里所谈到的“跨越卡夫丁峡谷”只是一种历史的可能性，而这种可能性要变为现实性，就需要一系列特殊的历史条件。然而在俄国，由于国家借助集中在它手中的各种社会力量来不断地压迫公社，因此要挽救俄国公社，就必须有俄国革命，这是获得“农村公社”正常自由发展的基本条件。“如果革命在适当的时刻发生，如果它能把自己的一切力量集中起来以保证农村公社的自由发展，那么，农村公社就会很快地变为俄国社会新生的因素，变为优于其他还处在资本主义制度奴役下的国家的因素。”[③] 在马克思看来，实现这种可能性的条件在当时还是存在着的，至少在某种程度上还是存在

---

① 参见《马克思恩格斯全集》第 25 卷，人民出版社 2001 年版，第 483 页。

② 参见《马克思恩格斯全集》第 25 卷，人民出版社 2001 年版，第 466—467 页。

③ 参见《马克思恩格斯全集》第 25 卷，人民出版社 2001 年版，第 469 页。

着的。

在草稿二稿中，马克思基本上保持了初稿的观点，即认为只要俄国能够有效地汲取资本主义生产方式的“肯定成果”，就有可能发展并改造它的农村公社的古代形式，而不必加以破坏。但在二稿中，已较多地表现出马克思的某种忧虑，即在国家和资本家的破坏下，公社前途从现实方面来讲并不是很乐观的。威胁着俄国公社生命的一方面是国家的压迫，另一方面乃是渗入公社内部的，也是由国家靠牺牲农民扶植起来的资本家的剥削。换言之，从公社实际的命运来说，它正遭遇着来自外部的和内部的各种损害：国家的勒索压制、商业的劫掠、地主的剥削，以及高利贷者的内部破坏等等。在如此众多的不利条件下，农村公社是否能够抵抗得住，是否还能够保存下来并成为“现代社会所趋向的那种经济制度的直接出发点”，就决不可能是一个单纯理论上的简单问题。在马克思看来，这个问题在其现实性上是非常具体的，而且从总体上来说，俄国农村公社的前途是变得更加严峻了。

在草稿三稿中，马克思不仅保持了一稿、二稿的主要内容，强调了跨越资本主义制度的“卡夫丁峡谷”的可能性，而且对公社的各种前途作了更审慎的思考。所不同的是，马克思进而对公社内在的革命性表示了某种担忧：俄国农民虽然习惯于劳动组合，“可是公社受到诅咒的是它的孤立性，公社与公社之间的生活缺乏联系，而正是这种与世隔绝的小天地使它至今不能有任何历史创举”。[①]

因此，在正式复信中，马克思不仅十分简约地概括了上述三个草稿中的基本思想和观点，而且对俄国农村公社的实际命运及前景采取了谨慎态度。

到1882年，也即马克思逝世前一年，马克思和恩格斯用更加明确的语言公开回答了这一问题。马克思、恩格斯在为普列汉诺夫翻译的俄文版《共产党宣言》所作的序言中重提俄国农村公社的前途问题，即：俄国的农村公社作为原始的土地公共占有制形式已经遭受了大规模的破坏。在这种情况下，它是能够直接过渡到高级的共产主义的公共占有制形式呢，还是相反，它还必须先经历西方的历史发展所经历的那个瓦解过程呢？“对于这个问题，目前惟一可能的答复是：假如俄国革命将成为西方无产阶级革命的信号而双方互相补充的话，那么现今的俄国土地公有制便能成为共产主义发展的起点。”[②] 在这里，马克思、恩格斯除了强调俄国革命这一内部条件外，还强调了俄国革命的外部条件。对于这一点，恩格斯在1893年2月24日致俄国思想家尼·弗·丹尼尔逊的信中，作了更加明确的说明。恩格斯说，无论根据马克思的意见，还是根据

---

① 参见《马克思恩格斯全集》第25卷，人民出版社2001年版，第479页。
② 参见《马克思恩格斯全集》第25卷，人民出版社2001年版，第548页。

他的意见，“实现这一点的第一个条件，是外部的推动，即西欧经济体制的变革，资本主义在最先产生它的那些国家中的被消灭。我们的作者在他1882年1月给过去的一篇《宣言》写的一篇序言中，对于俄国的公社能否成为高级的社会发展的起点这个问题，是这样回答的：假如俄国经济体制的变革与西方经济体制的变革同时发生，‘从而双方互相补充的话，那么现今的俄国土地占有制便能成为新的社会发展的起点。’”但是现在情况发生了变化并且还在不断发生变化：随着资本主义因素在俄国的不断积累和发展，俄国的农村公社也在不断遭到进一步的蚕食和破坏。如果西方能够在大约10年或20年以前就推翻资本主义制度，那么俄国也许还来得及切断它向资本主义演变的趋势，“但是事实终究是事实，我们不应忘记，这种机会正在逐年减少。”[①]

不难发现，马克思、恩格斯对前资本主义国家发展道路的思考不仅是认真的、谨慎的，而且是现实的、具体的。在他们对于俄国前途的思考中，推翻沙皇专制制度，在俄国进行革命是贯彻始终的，所不同的是越往后发展，他们越感到俄国由农村公社直接走向社会主义的艰难，越强调俄国革命与西方革命的互补性。这既是马克思、恩格斯对俄国革命前途的深谋远虑，也是历史唯物主义学说的本质要求。因为历史唯物主义并不是抽象的教条，并不是可以随意粘贴的标签，而是研究的指南；它要求从客观历史的现实前提出发，要求在特殊的历史环境中把握发展的可能性，要求在内部条件和外部条件的综合中深入到历史过程的具体性之中——这是我们在学习过程中应当悉心体会的。

---

① 参见《马克思恩格斯〈资本论〉书信集》第550—551页。

原著

给维·伊·查苏利奇的复信[1]

[初　　稿]

（1）在分析资本主义生产的起源时，我说过，它实质上是“生产者和生产资料彻底分离”（《资本论》法文版第315页第1栏），并且说过，“全部过程的基础**是对农民的剥夺**。这种剥夺只是在英国才彻底完成了…… 但是，**西欧的其他一切国家**都正在经历着同样的运动”（同上，第2栏）。

可见，我**明确地**把这一运动的“历史必然性”限于**西欧各国**。为什么呢？请看第32章，那里写道：

“它被消灭的过程，即个人的分散的生产资料转化为社会的积聚的生产资料，多数人的小财产转化为少数人的大财产，——这种对劳动人民的痛苦的、残酷的剥夺，就是资本的起源……　以自己的劳动为基础的**私有制**……　被以剥削他人劳动即以雇佣劳动为基础的**资本主义私有制**所排挤。”（第341页第2栏）

可见，归根到底这里所说的是**把一种私有制形式变为另一种私有制形式**。但是，既然俄国农民手中的土地从来没有成为**他们的私有财产**，那么这一论述又如何应用呢？

（2）从历史观点来看，证明**俄国农民**的公社**必然解体**的惟一有力论据如下：

回顾一下遥远的过去，我们发现西欧到处都有不同程度上是古代类型的公有制；随着社会的进步，它在各地都不见了。为什么它只是在俄国免于这种遭遇呢？

我的回答是：在俄国，由于各种情况的独特结合，至今还在全国范围内存在着的农村公社能够逐渐摆脱其原始特征，并直接作为集体生产的因素在全国范围内发展起来。正因为它和资本主义生产是同时存在的东西，所以它能够不经受资本主义生产的可怕的波折而占有它的一切**积极的成果**。俄国不是脱离现代世界孤立生存的；同时，它也不像东印度那样，是外国征服者的猎获物。

如果资本主义制度的俄国崇拜者要否认这种进化的**理论上的**可能性，那我要向他们提出这样的问题：俄国为了采用机器、轮船、铁路等等，难道一定要像西方那样，先经过一段很长的机器工业的孕育期吗？同时也请他们给我说明：他们怎么能够把西方需要几个世纪才建立起来的一整套交换机构（银行、信用公司等等）一下子就引进到自己这里来呢？

如果在农民解放的时候，农村公社立即被置于正常的发展条件下，其次，如果主要靠农民来偿付的巨额国债，以及通过国家（仍然要靠农民来偿付）向那些转化为资本家的“社会新栋梁”提供的其他巨款，都用于进一步发展农村公社，那么，现在谁也不会再臆测消灭公社的“历史必然性”了，因为大家将都会承认，公社是俄国社会新生的因素和一种优于其他还处在资本主义制度奴役下的国家的因素。

另外一个对于保存（通过发展公社）俄国公社有利的情况是：俄国公社不仅和资本主义生产是同时存在的东西，而且经历了这种社会制度尚未受触动的时期而幸存下来；相反地，在俄国公社面前，不论是在西欧，还是在美国，这种社会制度现在都处于同科学、同人民群众以至同它自己所产生的生产力本身相抗争的境地。总之，在俄国公社面前，资本主义正经历着危机，这种危机只能随着资本主义的消灭，随着现代社会回复到“古代”类型的公有制而告终，这种形式的所有制，或者像一位美国著作家（这位著作家是不可能有革命倾向的嫌疑的，他的研究工作曾得到华盛顿政府的支持）所说的，现代社会所趋向的“新制度”，将是“古代类型社会在一种高级的形式下（in a superior form）的复活（a revival）”①。因此，不应该过分地害怕“古代”一词。

如果是这样，那至少应该了解这些波折。然而，关于这些波折，我们还什么都不了解。

不管怎样，这种公社是在连绵不断的内外战争的情况下灭亡的很可能是亡于暴力之下的。在日耳曼部落占领意大利、西班牙、高卢等地时，那里的古代类型的公社已经不存在了。但是，它的**天然的生命力**却为两个事实所证实。有个别的公社经历了中世纪的一切波折，一直保存到今天，例如，在我的家乡特里尔专区就有。然而更重要的是，这种公社的各种特征非常清晰地表现在取代它的公社里面，在后一种公社里，耕地变成了私有财产，然而森林、牧场、荒地等仍为公有，所以毛勒在研究了这种次生形态的公社后，就能还原出它的古代原型。由日耳曼人在所有被征服的地区引入的新公社，由于继承了古代原型的特征，在整个中世纪时期，成了人民自由和人民生活的惟一中心。

如果说，在塔西佗时代以后，我们关于**公社**的生活，关于公社是怎样消失和在什么时候消失的，都一点也不了解，那么，至少由于尤利乌斯·凯撒的叙

---

① 见路·亨·摩尔根《古代社会，或人类从蒙昧时代经过野蛮时代到文明时代的发展过程的研究》1877年伦敦版第552页。——编者注

述，我们对这一过程的起点还是知道的。在凯撒的那个时代，已是逐年分配土地，但是这种分配是在日耳曼人的部落联盟、**各氏族**和部落之间，还不是在公社各个社员之间进行的。由此可见，日耳曼人的**农村公社**是从较古的类型的公社中产生出来的。在这里，它是自然发展的产物，而决不是从亚洲现成地输入的东西。在那里，在东印度也有这种农村公社，并且往往是古代形态的**最后阶段**或最后时期。

为了从纯理论观点，即始终以正常的生活条件为前提，来判断农村公社可能有的命运，我现在必须指出“农业公社”不同于较古的类型的公社的某些特征。

首先，所有较早的原始公社都是建立在公社社员的血缘亲属关系上的；“农业公社”割断了这种牢固然而狭窄的联系，就更能够扩大范围并保持同其他公社成员的接触。

其次，在公社内，房屋及其附属物——园地，已经是农民的私有财产，可是远在引入农业以前，共有的房屋曾是早先各种公社的物质基础之一。

最后，虽然耕地仍然是公有财产，但定期在农业公社各个社员之间进行分配，因此，每个农民自力耕种分配给他的田地，并且把产品留为己有，然而在较古的公社中，生产是共同进行的，只有产品才拿来分配。这种原始类型的合作生产或集体生产显然是单个人的力量太小的结果，而不是生产资料社会化的结果。

不难了解，“农业公社”所固有的二重性能够赋予它强大的生命力，因为，一方面，公有制以及公有制所造成的各种社会联系，使公社基础稳固，同时，房屋的私有、耕地的小块耕种和产品的私人占有又使那种与较原始的公社条件不相容的个性获得发展。但是，同样明显，这种二重性也可能逐渐成为公社解体的根源。撇开敌对的环境的一切影响不说，仅仅从积累牲畜开始的动产的逐步积累（甚至有像农奴这样一种财富的积累），动产因素在农业本身中所起的日益重要的作用以及与这种积累密切相关的许多其他情况（如果我要对此加以阐述就会离题太远），都起着破坏经济平等和社会平等的作用，并且在公社内部产生利益冲突，这种冲突先是使耕地变为私有财产，最后造成私人占有已经变成私有财产的**公社附属物**的森林、牧场、荒地等等。正由于这个原因，“农业公社”到处都是古代社会形态的**最近的类型**；由于同样原因，在古代和现代的西欧的历史运动中，“农业公社”时期是从公有制到私有制、从原生形态到次生形态的过渡时期。但这是不是说，不管在什么情况下，“农业公社”的发展都要遵循这条道路呢？绝对不是的。“农业公社”的构成形式只可以有两种选择：或者是它所包含的私有制因素战胜集体因素，或者是后者战胜前者。先验地说，两种结局都是可能的，但是，对于其中任何一种，显然都必须有完全

不同的历史环境。一切都取决于它所处的历史环境。(见第 10 页)

俄国是在全国范围内把“农业公社”保存到今天的欧洲惟一的国家。它不像东印度那样，是外国征服者的猎获物。同时，它也不是脱离现代世界孤立生存的。一方面，土地公有制使它有可能直接地、逐步地把小地块个体耕作转化为集体耕作，并且俄国农民已经在没有进行分配的草地上实行着集体耕作。俄国土地的天然地势适合于大规模地使用机器。农民习惯于**劳动组合**关系，这有助于他们从小地块劳动向合作劳动过渡；最后，长久以来靠农民维持生存的俄国社会，也有义务给予农民必要的垫款，来实现这一过渡。另一方面，和控制着世界市场的西方生产**同时存在**，就使俄国可以不通过资本主义制度的卡夫丁峡谷[2]，而把资本主义制度所创造的一切积极的成果用到公社中来。

如果“社会新栋梁”的代言人要否认现代农村公社上述进化的**理论上的**可能性，那么，可以向他们提出这样的问题：俄国为了获得机器、轮船、铁路等等，是不是一定要像西方那样先经过一段很长的机器工业的孕育期呢？也可以向他们提出这样的问题：他们怎么能够把西方需要几个世纪才建立起来的一整套交换机构（银行、股份公司等等）一下子就引进到自己这里来呢？

俄国的“农业公社”有一个特征，这个特征造成它的软弱性以及同各方面的敌对状态。这就是它的孤立性，公社与公社之间的生活缺乏联系，而保持这种**与世隔绝的小天地**，并不到处都是这种类型的公社的内在特征，但是，在有这一特征的地方，这种与世隔绝的小天地就使一种或多或少集权的专制制度凌驾于公社之上。俄罗斯北部各公国的联合证明，这种孤立性在最初似乎是由于领土辽阔而形成的，在相当大的程度上又由于蒙古人入侵以来俄国遭到的政治命运而加强了。在今天，这个障碍是很容易消除的。也许只要用各公社自己选出的农民代表会议代替乡①这一政府机关就行了，这种会议将成为维护它们利益的经济机关和行政机关。

从历史观点来看，一个十分有利于通过“农业公社”的进一步发展来保存这种公社的原因是：“农业公社”不仅和西方资本主义生产是同时存在的东西，这使它可以不必接受资本主义的活动方式而占有它的各种成果；而且，它经历了资本主义制度尚未受触动的时期而幸存下来；现在却相反，不论是在西欧，还是在美国，资本主义制度都处于同劳动群众、同科学以至同它自己所产生的生产力本身相抗争的境地。总之，在俄国公社面前，资本主义制度正经历着危机，这种危机只能随着资本主义的消灭，随着现代社会回复到“古代”类型的集体所有制和集体生产的高级形式而告终。

不言而喻，公社的进化将是逐步的，第一步可能是在**它目前的基础上**为它

① 这个词马克思写的是俄文：волость。——编者注

创造正常的条件。

因此，从理论上说，俄国"农村公社"可以通过发展它的基础即土地公有制和消灭它也包含着的私有制原则来保存自己；它能够成为现代社会所趋向的那种经济制度的**直接出发点**，不必自杀就可以获得新的生命；它能够不经历资本主义制度（这个制度单纯从它可能**延续的时间**来看，在社会生活中是微不足道的），而占有资本主义生产使人类丰富起来的那些成果。但是我们必须从纯理论回到俄国现实中来。

（3）要剥夺农民，不必像在英国和在其他国家那样，把他们从他们的土地上赶走；同样，也不必用命令来消灭公有制。请你们试一试，从农民那里夺取他们的农业劳动产品一旦超过一定的限度，那么，你们即使动用宪兵和军队也不能再把他们束缚在他们的土地上！罗马帝国末年，各行省的十人长（不是农民，而是土地所有者）就抛弃自己的家园，离开自己的土地，甚至卖身当奴隶，只是为了摆脱那种不过成了官方无情压榨的借口的财产。

正是从所谓农民解放的时候起，国家使俄国公社处在不正常的经济条件之下，并且从那时候起，国家借助集中在它手中的各种社会力量来不断地压迫公社。由于国家的财政搜刮而被削弱得一筹莫展的公社，成了商业、地产、高利贷随意剥削的任人摆布的对象。这种外来的压迫激发了公社内部原来已经产生的各种利益的冲突，并加速了公社的各种瓦解因素的发展。但是，还不止如此。国家靠牺牲农民培植起来的是西方资本主义制度的这样一些部门，它们丝毫不发展农业生产能力，却特别有助于不从事生产的中间人更容易、更迅速地窃取它的果实。这样，国家就帮助了那些吮吸"农村公社"本来已经枯竭的血液的新资本主义寄生虫去发财致富。

——总之，那些最能促进和加速剥削农民（俄国的最巨大的生产力）、并最能使"社会新栋梁"发财致富的一切技术和经济手段，都在**国家**的促进下过早地发展起来。

破坏性影响的这种促进作用，只要不被强大的反作用打破，就必然会导致农村公社的灭亡。

但是要问，为什么从农村公社的现状中得到好处的所有这些利害关系者（包括政府监护下的大工业企业），合谋要杀死给他们下金蛋的母鸡呢？正因为它们感到"目前这种状况"不能继续维持下去，所以感到现在的剥削方式已经过时了。由于农民的贫困状况，地力已经耗尽而变得贫瘠不堪。丰年被荒年抵消。最近10年的平均数字表明，农业生产不仅停滞，甚至下降。最后，第一次出现了俄国不仅不能输出粮食，反而必须输入粮食的情况。因此，不能再浪费时间。必须结束这一切。必须创造一个由比较富裕的少数农民组成的农村中间阶级，并把大多数农民干脆都变为无产者。正是为了这一目的，"社会新栋梁”的代言人才把公社所受的创伤说成是公社衰老的自然征兆。

撇开目前压迫着俄国“农村公社”的一切灾难而仅仅考察它的构成形式和历史环境，那么一看就很清楚，它的一个基本特征，即土地公有制，是构成集体生产和集体占有的自然基础。此外，俄国农民习惯于**劳动组合**关系，这使他们可能易于从小地块劳动过渡到集体劳动，而且，俄国农民在没有进行分配的草地上、在排水工程以及其他公益事业方面，已经在一定程度上实行集体劳动了。但是，要使集体劳动在农业本身中能够代替小地块劳动这个私人占有的根源，必须具备两样东西：在经济上有这种改造的需要，在物质上有实现这种改造的条件。

关于经济上的需要，只要把“农村公社”置于正常条件之下，就是说，只要把压在它肩上的重担除掉，只要它获得正常数量的耕地，那么它本身就立刻会感到有这种必要。俄国农业只要求有土地和用比较原始的工具装备起来的小地块农民的时期，已经过去了。这个时期之所以很快地成为过去，是因为对农民的压迫耗尽了农民的土地的地力，使他的土地贫瘠。现在，农民需要的是大规模组织起来的合作劳动。况且，现在他们连种两三俄亩土地都还缺乏各种最必要的东西，难道把他们的耕地增加到10倍，他们的状况就会变得好些吗？

设备、肥料、农艺上的各种方法等等集体劳动所必需的一切资料，到哪里去找呢？俄国“农村公社”比同一类型的古代公社大大优越的地方正是在这里。在欧洲，只有俄国的“农村公社”在全国范围内广泛地保存下来了。因此，它目前处在这样的历史环境中：它和资本主义生产的同时存在为它提供了集体劳动的一切条件。它有可能不通过资本主义制度的卡夫丁峡谷，而占有资本主义制度所创造的一切积极的成果。俄国土地的天然地势，适合于利用机器进行大规模组织起来的、实行合作劳动的农业经营。至于最初的创办费用（包括智力上的和物质的），俄国社会有支付的义务，因为它长久以来靠“农村公社”维持生存并且也必须从“农村公社”中去寻找它的“新生的因素”。

“农村公社”的这种发展是符合我们时代历史发展的方向的，对这一点的最好证明，是资本主义生产在它最发达的欧美各国中所遭到的致命危机，而这种危机将随着资本主义的消灭、随着现代社会回复到古代类型的高级形式，回复到集体生产和集体占有而告终。

既然“农村公社”的**现状**有利于这么多不同的利害关系者，并且特别有利于在亚历山大二世仁慈的统治下成长起来的“社会新栋梁”，那么，为什么他们还合谋要使公社灭亡呢？为什么他们的代言人还把公社所受的创伤说成是公社自然衰老的确凿证据呢？为什么他们要杀死下金蛋的母鸡呢？

只是因为经济上的事实（我要来分析这些事实，就会离题太远）揭开了这样一个秘密：**公社的现状不能继续维持下去了**，并且纯粹由于事物的必然性，现在的剥削人民群众的方式已经过时了。因此，必须有点新东西，而这种新东西，虽然表现为各种不同的形式，但总不外是，消灭公有制，使比较富裕的少数农民形成农村中间阶级，而使绝大多数的农民干脆变为无产者。

一方面，“农村公社”几乎陷入绝境；另一方面，强有力的阴谋正等待着它，准备给它以最后的打击。要挽救俄国公社，就必须有俄国革命。可是，那些掌握着各种政治力量和社会力量的人正在尽一切可能准备把群众推入这一灾祸之中。

俄国“农村公社”的历史环境是独一无二的！在欧洲，只有俄国“农村公社”不是像稀有的残存的怪物那样零星地保存下来，不是以不久前在西方还可见到的那种古代形式保存下来，而几乎是作为巨大帝国疆土上人民生活的统治形式保存下来的。如果说土地公有制是俄国“农村公社”的集体占有制的基础，那么，它的历史环境，即它和资本主义生产的同时存在，则为它提供了大规模地进行共同劳动的现成的物质条件。因此，它能够不通过资本主义制度的卡夫丁峡谷，而占有资本主义制度所创造的一切积极的成果。它能够以应用机器的大农业来逐步代替小地块耕作，而俄国土地的天然地势又非常适于这种大农业。因此，它能够成为现代社会所趋向的那种经济制度的**直接出发点**，不必自杀就能开始获得新的生命。相反，作为开端，必须使它处于正常的状态。

但是，掌握着将近一半土地，而且是优等地的地产，是和公社对立的，更不用说国有领地了。正因为如此，所以通过“农村公社”的进一步发展来保存它是和俄国社会总的运动一致的，俄国社会的新生只有付出这个代价才能获得。

甚至仅仅从经济观点来看，俄国能够通过本国农村公社的发展来摆脱它在农业上所处的绝境；通过英国式的资本主义的租佃来摆脱这种绝境的尝试，将是徒劳无功的，因为这种制度是同俄国的整个社会条件相抵触的。[①]

要能发展，首先必须生存，可是任何人都不能否认，“农村公社”目前正处于危险境地。

撇开敌对环境的一切其他有害要素的影响不说，仅仅是个别家庭手中的动产，例如它们的牲畜、有时甚至是奴隶或农奴这样的财富的逐步增长，这种私人积累，从长远来看足以破坏原始的经济平等和社会平等，并且在公社内部产生利益冲突，这种冲突首先触及公共的耕地财产，最后扩展到森林、牧场和荒地等等这样一些已经变成私有财产的**公社附属物**的公共财产。

(4) 各种原始公社（把所有的原始公社混为一谈是错误的；正像在地质的

---

① 初稿中原来没有这段话，这里是马克思从他给维·伊·查苏利奇的复信第 3 稿第 4 页上移过来的。——编者注

层系构造中一样，在历史的形态[①]中，也有原生类型、次生类型、再次生类型等一系列的类型）的衰落的历史，还有待于撰述。到现在为止，我们只有一些粗糙的描绘。但是，无论如何，研究的进展已经足以证明：（1）原始公社的生命力比闪族社会、希腊社会、罗马社会以及其他社会，尤其是现代资本主义社会的生命力要强大得多；（2）它们衰落的原因，是那些阻碍它们越过一定发展阶段的经济条件，是和今日俄国公社的历史环境毫无相似之处的历史环境。

我们在阅读资产者所写的原始公社历史时必须有所警惕。他们是甚至不惜伪造的。例如，亨利·梅恩爵士本来是英国政府用暴力破坏印度公社行动的热心帮手，但他却伪善地要我们相信：政府维护这些公社的一切崇高的努力，碰到经济规律的自发力量都失败了！[②]

(5)[③]您完全清楚，现在俄国公社的存在本身由于强大的利害关系者的阴谋而处于危险境地。除了国家直接搜刮的压迫，侵入公社的“资本家”、商人等等以及土地“所有者”的狡诈的剥削以外，公社还受到乡村高利贷者以及由于它所处的环境而在内部引起的利益冲突的损害。

要剥夺农民，不必像在英国和在其他国家那样，把他们从他们的土地上赶走；同样，也不必用命令来消灭公有制。请你们试一试，从农民那里夺取他们的农业劳动产品一旦超过一定的限度，那么，你们即使动用宪兵和军队也不能再把他们束缚在他们的土地上！罗马帝国末年，各行省的十人长（大土地所有者）就抛弃自己的土地，成为流浪者，甚至卖身当奴隶，只是为了摆脱那种不过成了官方压榨的借口的“财产”。

正当人们吸着公社的血、蹂躏它、耗尽它的地力、使它的土地贫瘠的时候，“社会新栋梁”的文坛奴仆却以嘲弄的口吻指出，公社所受的创伤正是它自然衰老的征兆；并宣称，公社的灭亡是自然的死亡，缩短它的临终的时间是一件好事。因此，这里涉及的已经不是有待解决的问题，而简直是应给以打击的敌人。要挽救俄国公社，就必须有俄国革命。而且，政府和“社会新栋梁”正在尽一切可能准备把群众推入这一灾祸之中。如果革命在适当的时刻发生，如果它能把自己的一切力量集中起来以保证农村公社的自由发展，那么，农村公社就会很快地变为俄国社会新生的因素，变为优于其他还处在资本主义制度奴役下的国家的因素。

---

① “地质的层系构造”和“历史的形态”中的“层系构造”和“形态”，原文为“formation”。——编者注

② 参看亨·梅恩《东方和西方的农村公社》1871年伦敦版。——编者注

③ 马克思在这段文字旁画了一条竖线，可能是删除记号。——编者注

[二　稿]

（1）我在《资本论》中指出，**封建生产**向**资本主义生产**转变是以**剥夺生产者**为出发点的，并特别指出，**“这整个发展的基础就是对农民的剥夺”**（法文版第315页）。接着我又说：“这种剥夺（剥夺农民）只是在英国才彻底完成了……　**西欧其他一切国家**都正在经历着同样的运动。”（同上）

可见，我明确地把这种“历史必然性”**限于“西欧各国”**。为了使人们对我的思想不致发生任何疑问，我在第341页上说：

“**私有制**作为集体所有制的对立物，只存在于……**劳动的外部条件**属于**私人**的地方。但是私有制的形式依这些私人是劳动者还是非劳动者而改变。”

由此可见，我所分析的过程，是微不足道的少数人的资本主义所有制代替劳动者私有的、分散的所有制形式的过程（同上，第342页），是**一种所有制代替另一种所有制**的过程。这怎么能应用到土地不是而且从来不是农民的“私有财产”的俄国呢？**因此**，他们有理由根据西方事态的发展做出的**惟一结论**可能就是：俄国要确立资本主义生产，就应该从消灭公社所有制、从剥夺农民即广大人民群众着手。而俄国自由派的愿望就是这样的；但是，他们的**愿望**是否比叶卡捷琳娜二世企图把西方中世纪的行会制度移植到俄国土地上来的愿望[3]更有理由呢？

ad（1）[①]总之，西方对农民的剥夺，使“劳动者私有的、分散的所有制变为”资本家私有的、集中的所有制。但这终究仍然是一种私有制形式代替另一种私有制形式。俄国则相反，它是资本主义所有制代替共产主义所有制的问题。

（2）从历史观点来看，证明俄国共产主义所有制**必然解体**的惟一有力论据如下：共产主义所有制曾在西欧各地存在过，随着社会的进步，它在各地都不见了，为什么它只是在俄国免于这种遭遇呢？

当然，如果资本主义生产要想在俄国确立自己的统治，那么，绝大多数农民即俄国人民定将变成雇佣工人，因而也会遭到剥夺即通过共产主义所有制先被消灭而遭到剥夺。但是，不管怎样，西方的先例在这里完全不能说明问题。

（2）关于您所讲到的俄国的“马克思主义者”，我完全不知道。现在和我保持个人联系的一些俄国人，就我所知，是持有完全相反的观点的。

（3）从历史观点来看，证明俄国公社所有制**必然解体**的惟一有力的论据如下：公社所有制曾在西欧各地存在过，随着社会的进步，它在各地都不见了，而在俄国，它怎么能免于这种遭遇呢？

---

① 对（1）的增补。——编者注

首先，在西欧，公社所有制的灭亡和资本主义生产的诞生之间隔着一段很长的时间，包括整个一系列依次相继的经济上的革命和进化，而资本主义生产不过是其中距离我们最近的一个。资本主义生产一方面神奇地发展了社会的生产力，但是另一方面，也表现出它同自己所产生的社会生产力本身是不相容的。它的历史今后只是对抗、危机、冲突和灾难的历史。结果，资本主义生产向一切人（除了因利益而瞎了眼的人）表明了它的纯粹的暂时性。欧洲和美洲的一些资本主义生产最发达的民族，正力求打碎它的枷锁，以合作生产来代替资本主义生产，以古代类型的所有制**最高形式**即共产主义所有制来代替资本主义所有制。

如果俄国是脱离世界而孤立存在的，如果它要靠自己的力量取得西欧通过长期的一系列进化（从原始公社的存在到它的目前状态）才取得的那些经济成就，那么，公社注定会随着俄国社会的逐步发展而灭亡这一点，至少在我看来，是毫无疑问的。可是，俄国公社的情况同西方原始公社的情况完全不同。俄国是在全国广大范围内把公社所有制保存下来的欧洲惟一的国家，但同时又生存在现代的历史环境中，同较高的文化同时存在，和资本主义生产所统治的世界市场联系在一起。俄国吸取这种生产方式的积极成果，就有可能发展并改造它的农村公社的古代形式，而不必加以破坏（我顺便指出，俄国的共产主义所有制形式是古代类型的最现代的形式，而后者又经历过一系列的进化）。如果俄国的资本主义制度崇拜者否认这种结合的可能性，那么，就请他们来证明：要在俄国使用机器，它必须先经过机器生产的孕育期。请他们给我说明：他们怎么能够可以说是在几天之内就把西方需要几个世纪才建立起来的一整套交换机构（银行、信用公司等等）引进到自己这里来呢？

（4）威胁着俄国公社生命的不是历史的必然性，不是理论，而是国家的压迫，以及侵入公社的，也是由国家靠牺牲农民扶植壮大起来的资本家的剥削。

（4）地球的太古结构或原生结构是由一系列不同年代的叠复的地层组成的。古代社会形态也是这样，表现为一系列不同的、标志着依次更迭的时代的类型。俄国农村公社属于这一链条中最近的类型。在这种公社里面，农民已经具有了他所居住的房屋和作为房屋附属物的菜园的私有权。这正是古代形式的第一个破坏性因素，是较古的类型所没有的。另一方面，较古的类型都是建立在公社各个社员的血缘亲属关系上的，而俄国公社所属的类型已经摆脱了这种狭窄的联系。这使它有了较广阔的发展余地。农村公社的孤立性、公社与公社之间的生活缺乏联系，这种与世隔绝的小天地，并不到处都是这种最后的原始类型的内在特征，但是，在有这一特征的任何地方，它总是把集权的专制制度矗立在公社的上面。我认为，在俄国，这种由幅员辽阔决定的原始的孤立性，一旦摆脱了政府的桎梏是很容易消除的。

现在我来谈谈问题的实质。毋庸讳言，俄国公社所属的古代类型，包含着一种内在的二重性，这种二重性在一定的历史条件下会导致公社的灭亡。土地虽然是公有的，但是每个农民则和西方的小农一样，都靠自己的力量来耕种自己的土地。公有制和土地的小块耕种相结合，这在较久远的时代是有益的，但在我们时代就变成危险的了。一方面，动产这种在农业中起着越来越重要作用的因素，促使公社社员的财产状况日益分化，特别是在国家的财政压力之下，还引起公社内部各种利益之间的斗争；另一方面，作为合作劳动和协作劳动基础的公有制，它的经济上的优越性日益丧失。可是也不应该忘记，俄国农民在使用没有进行分配的草地方面，已经采用了集体方式，并且他们习惯于**劳动组合**关系，这就大大便利了他们从小土地耕种过渡到集体耕种；俄国土地的天然地势，有利于进行大规模使用机器的联合耕种；而且，长久以来靠农村公社生存的俄国社会，也有义务为公社垫付实现这一改变所必需的最初的经费。不言而喻，这里所说的只是逐渐的改变，而这一改变必须从使公社在**目前**的基础上走上正常状态开始。

(5) 把一切多少带有理论性的问题撇开不谈，那也用不着向您说明，今天威胁着俄国公社生存的危险来自共谋反对它的那些强有力的利害关系者。某种在国家帮助下靠牺牲农民哺育起来的资本主义是同公社对立的；它所关心的是公社的毁灭。并且为了地主的利益，创造出一个由比较富裕的农民组成的农村中间阶级，而把贫苦农民即农民大众变为普通的雇佣工人，这意味着廉价的劳动！公社受国家勒索的压制、商业的掠夺、地主的剥削和高利贷从内部的破坏，那它怎么能够抵抗得住呢！

[三　稿]

亲爱的女公民：

要深入分析您 2 月 16 日来信中提出的问题，我必须钻研事物的细节而放下紧急的工作。但是，我希望，现在我很荣幸地写给您的这一简短的说明，就足以消除对我的所谓理论的一切误解。

一、我在分析资本主义生产的起源时说："因此，在资本主义制度的基础上是生产者同生产资料的彻底分离……全部过程的基础就是**对农民的剥夺**。这种剥夺只是在英国才彻底完成了……**但是西欧其他一切国家**都正在经历着同样的运动。"（《资本论》法文版第 315 页）

可见，这一运动的"历史必然性"**明确地**限于**西欧各国**。造成这种限制的原因在第 32 章的下面这一段里已经指出："**以个人的劳动为基础的私有制**……被以剥削他人的劳动、以雇佣劳动为基础的**资本主义私有制**所排挤。"（同上，

第341页）

因此，在这种西方的运动中，问题是**把一种私有制形式变为另一种私有制形式**。相反地，在俄国农民中，则是**要把他们的公有制变为私有制**。人们承认还是否认这种转变的必然性，提出赞成或反对这种转变的理由，都和我对资本主义制度起源的分析毫无关系。从这一分析中，至多只能作出这样的结论：在目前俄国农民占绝大多数的情况下，把他们变成小私有者，不过是对他们进行迅速剥夺的序幕。

二、用来反对俄国公社的最有力的论据如下：

如果您回顾一下西方社会的起源，那么您到处都会发现土地公有制；随着社会的进步，它又到处让位给私有制；因此，它不可能在俄国一个国家内免于同样的遭遇。

我之所以注意这一推论，仅仅因为它是以欧洲的经验为根据的。至于比如说东印度，那么，大概除了亨·梅恩爵士及其同流人物之外，谁都知道，那里的土地公有制是由于英国的野蛮行为才被消灭的，这种行为不是使当地人民前进，而是使他们后退。

并不是所有的原始公社都是按照同一形式建立起来的。相反，从整体上看，它们是一系列社会组织，这些组织的类型、生存的年代彼此都不相同，标志着依次进化的各个阶段。**俄国的公社**就是通常称做**农业公社**的一种类型。在西方相当于这种公社的是存在时期很短的**日耳曼公社**。在尤利乌斯·凯撒时代，日耳曼公社尚未出现，而到日耳曼部落征服意大利、高卢、西班牙等地的时候，它已经不存在了。在尤利乌斯·凯撒时代，各集团之间、**各氏族**和**部落**之间已经每年重分耕地，但还不是在公社的各个家庭之间重分；大概，耕种也是由集团共同进行的。在日耳曼尼亚本土，这种较古类型的公社通过自然的发展而变为塔西佗所描绘的那种**农业公社**。从那时起，我们就看不到它了。它在连绵不断的战争和迁徙的情况下不知不觉地消亡了；它有可能是死于暴力之下的。但是，它的天赋的生命力却为两个不可争辩的事实所证实。零星的这类公社经历了中世纪的一切波折，一直保存到今天，例如，在我的家乡特里尔地区就有。然而最重要的是，这种"农业公社"的烙印是如此清晰地表现在从它产生出来的新公社里面，以致毛勒在辨认了新公社后能够还原出这种"农业公社"。这种耕地是农民的**私有财产**，而森林、牧场、荒地等等仍然是**公共财产**的新公社，由日耳曼人引入所有被征服的国家。由于它承袭了原型的特征，所以，在整个中世纪内是自由和人民生活的惟一中心。

同样在亚洲，在阿富汗人及其他人中间也有"农村公社"。但是，这些地方的公社都是**最近类型**的公社，也可以说，是**古代**社会**形态**的最近形式。为了指出这一事实，所以我就谈了一些关于日耳曼公社的细节。

现在,我们必须考察一下“农业公社”不同于较古的公社的最主要的特征。

(1) 所有其他公社都是建立在自己社员的血缘亲属关系上的。在这些公社中，只容许有血缘亲属或收养来的亲属。他们的结构是系谱树的结构。“农业公社”是最早的没有血缘关系的自由人的社会组织。

(2) 在农业公社中，房屋及其附属物——园地，是农民私有的。相反，**公共房屋**和**集体住所**是远在畜牧生活和农业生活形成以前时期的较原始的公社的经济基础。当然，也有一些农业公社，它们的房屋虽然已经不再是集体的住所，但仍然定期改换占有者。这样，个人使用权就和公有制结合起来。但是，这样的公社仍然带有它的起源的烙印，因为它们是处在由较古的公社向真正的农业公社过渡的状态。

(3) 耕地是不准让渡的公共财产，定期在农业公社社员之间进行重分，因此，每一社员用自己的力量来耕种分给他的地，并把产品留为己有。而在较原始的公社中，生产是共同进行的；共同的产品，除储存起来以备再生产的部分外，都根据消费的需要陆续分配。

显然，农业公社制度所固有的这种**二重性**能够成为它的巨大生命力的源泉。它摆脱了牢固然而狭窄的血缘亲属关系的束缚，并以土地公社所有制以及由此而产生的各种社会关系为自己的坚实基础；同时，各个家庭单独占有房屋和园地、小土地经济和私人占有产品，促进了个人的发展，而这种发展同较原始的公社机体是不相容的。

但是，同样明显，就是这种二重性也可能逐渐成为公社解体的萌芽。除了外来的各种破坏性影响，公社内部就有使自己毁灭的因素。土地私有制已经通过房屋及农作园地的私有渗入公社内部，这就可能变为从那里准备对公有土地进攻的堡垒。这是已经发生的事情。但是，最重要的还是私人占有的源泉——小土地劳动。它是牲畜、货币、有时甚至奴隶或农奴等动产积累的根源。这种不受公社控制的动产，个体交换的对象（在交换中，投机取巧起极大的作用）将对整个农村经济产生越来越大的压力。这就是破坏原始的经济平等和社会平等的因素。它把异质的因素带进来，引起公社内部各种利益和私欲的冲突，这种冲突，首先会破坏耕地的公有制，然后会破坏森林、牧场、荒地等等的公有制；一旦这些东西变成了私有制的**公社附属物**，也就会逐渐变成私有了。

农业公社既然是原生的社会形态的最后阶段，所以它同时也是向次生的形态过渡的阶段，即以公有制为基础的社会向以私有制为基础的社会的过渡。不言而喻，次生的形态包括建立在奴隶制上和农奴制上的一系列社会。

但是,这是不是说,农业公社的历史道路必然要导致这种结果呢?绝对不是的。农业公社固有的二重性使得它只可能是下面两种情况之一:或者是私有成分在公社中战胜集体成分,或者是后者战胜前者,一切都取决于它所处的历史环境。

现在，我们暂且不谈俄国公社所遭遇的灾难，只来考察一下它的可能的发展。它的情况是独一无二的，在历史上没有先例。在整个欧洲，只有它是一个巨大的帝国内农村生活中占统治地位的组织形式。土地公有制赋予它以集体占有的自然基础，而它的历史环境（资本主义生产和它同时存在）又给予它以实现大规模组织起来的合作劳动的现成物质条件。因此，它可以不通过资本主义制度的卡夫丁峡谷，而吸取资本主义制度所取得的一切积极成果。它可以借使用机器而逐步以联合耕种代替小土地耕种，而俄国土地的天然地势又非常适合于使用机器。如果它在现在的形式下事先被引导到正常状态，那它就能直接变成现代社会所趋向的那种经济体系的**出发点**，不必自杀就能获得新的生命。

英国人在东印度就这样尝试过：他们得到的结果不过是破坏了当地的农业，使荒年更加频繁，饥馑更加严重。

可是公社受到诅咒的是它的孤立性，公社与公社之间的生活缺乏联系，不正是这种**与世隔绝的小天地**使它至今不能有任何历史创举吗？**而这种与世隔绝的小天地**将在俄国社会的普遍动荡中消失。

俄国农民习惯于**劳动组合**，这特别便于他们从小土地劳动过渡到合作劳动，并且他们在草地的割草、以及像排除积水等公社的作业中，已经在某种程度上实行了合作劳动。完全古代类型的小土地占有制（这是现代农学家感到头痛的东西）也有利于实行合作劳动。如果您在某一个地方看到有陇沟痕迹的小块土地组成的棋盘状耕地，那您就不必怀疑，这就是已经死亡的农业公社的地产！农业公社的社员并没有学过地租理论，可是他们了解，在天然肥力和位置不同的土地上消耗等量的农业劳动，会得到不等的收入。为了使自己的劳动机会均等，他们根据土壤的自然差别和经济差别把土地分成一定数量的地段，然后按农民的人数把这些比较大的地段再分成小块。然后，每一个人在每一地段中得到一份土地。这种直到今天还在俄国公社里实行的做法，毫无疑问是和农艺学的要求相矛盾的。除其他种种不便外，这种做法也造成人力和时间的浪费。可是，这种做法虽然乍看起来似乎和集体耕种相矛盾，但它的确有助于向集体耕种的过渡。小块土地……①

[四　稿]

1881年3月8日

亲爱的女公民：

最近十年来定期发作的神经痛妨碍了我，使我不能较早地答复您2月

① 手稿到此中断。——编者注

16日的来信。承蒙您向我提出问题，但很遗憾，我却不能给您一个适合于发表的简短说明。几个月前，我曾经答应给圣彼得堡委员会[4]就这个题目写篇文章。可是，我希望寥寥几行就足以消除您因误解所谓我的理论而产生的一切疑问。

由此可见，在《资本论》中所作的分析，既没有提供任何肯定俄国农村公社有生命力的东西，也没有提供否定农村公社有生命力的东西。

我根据自己找到的原始材料对此进行的专门研究使我深信：这种农村公社是俄国社会新生的自然支点；可是要使它能发挥这种作用，首先必须排除从各方面向它袭来的破坏性影响，然后保证它具备自然发展的条件。

［复　　信］

1881年3月8日于伦敦西北区
梅特兰公园路41号

亲爱的女公民：

最近十年来定期发作的神经痛妨碍了我，使我不能较早地答复您2月16日的来信。承蒙您向我提出问题，但很遗憾，我却不能给您一个适合于发表的简短说明。几个月前，我曾经答应给圣彼得堡委员会就同一题目写篇文章。可是，我希望寥寥几行就足以消除您因误解所谓我的理论而产生的一切疑问。

在分析资本主义生产的起源时，我说：

“因此，在资本主义制度的基础上，生产者和生产资料彻底分离了……全部过程的基础是**对农民的剥夺**。这种剥夺只是在英国才彻底完成了…… 但是，**西欧的其他一切国家**都正在经历着同样的运动。”（《资本论》法文版第315页）

可见，这一运动的“历史必然性”**明确地**限于**西欧各国**。造成这种限制的原因在第32章的下面这一段里已经指出：

“以自己的劳动为基础的**私有制**……被以剥削他人劳动即以雇佣劳动为基础的**资本主义私有制**所排挤。”（同上，第341页）

因此，在这种西方的运动中，问题是**把一种私有制形式变为另一种私有制形式**。相反地，在俄国农民中，则是要把**他们的公有制变为私有制**。

由此可见，在《资本论》中所作的分析，既没有提供肯定俄国农村公社有生命力的论据，也没有提供否定农村公社有生命力的论据，但是，我根据自己找到的原始材料对此进行的专门研究使我深信：这种农村公社是俄国社会新生的支点；可是要使它能发挥这种作用，首先必须排除从各方面向它袭来的破坏性影响，然后保证它具备自然发展的正常条件。

亲爱的女公民，您忠实的

卡尔·马克思

卡·马克思写于 1881 年 2 月 18 日—3 月 8 日之间

原文是法文

第一次用原文发表于《马克思恩格斯全集》1985 年历史考证版第 1 部分第 25 卷

中文根据《马克思恩格斯全集》1985 年历史考证版第 1 部分第 25 卷翻译

注　　释

1 马克思给维·伊·查苏利奇 1881 年 2 月 16 日来信的复信注明的日期为 1881 年 3 月 8 日。查苏利奇代表后来加入“劳动解放社”的同志们，请求马克思谈谈他对俄国历史发展的前景，特别是他对俄国农村公社命运的看法。

查苏利奇在信中谈到了马克思的《资本论》在俄国极受欢迎以及这部著作在革命者关于土地问题及农村公社问题的争论中所起的作用。她说：“你比谁都清楚，这个问题在俄国是多么为人注意……特别是为我们的社会主义党所注意…… 最近我们经常可以听到这样的见解，认为农村公社是一种古老的形式，历史、科学社会主义，——总之，一切不容争辩的东西，——使它注定要灭亡。鼓吹这一点的人都自称是你的真正的学生，‘马克思主义者’。”查苏利奇还表示：“假如你能说明，你对我国农村公社可能的命运以及世界各国由于历史的必然性都应经过资本主义生产各阶段的理论的看法，给予我们的帮助会是多么大。”查苏利奇在信中表示，期待马克思写出一篇较长的文章，或者一本小册子，实在不可能则写一封信，对他们提出的问题给予回答。从马克思当时与其他人的通信来看，可以肯定马克思一接到查苏利奇的信就着手准备回答她所提出的问题，况且马克思早在 1880 年 12 月就曾许诺俄国民意党执行委员会代表该党机关报《民意报》编辑尼·亚·莫罗佐夫对有争议的俄国农村公社前景问题发表自己的见解，而这一许诺一直未能兑现。

马克思在准备给查苏利奇回信的过程中曾拟了四个草稿，把这四个草稿综合起来，就是一个内容极其丰富的关于俄国的农村公社、农业生产的集体形式的综合性概述。

2 公元前 321 年第二次萨姆尼特战争时期，萨姆尼特人在古罗马卡夫丁城（今蒙泰萨尔基奥）附近的卡夫丁峡谷包围并击败了罗马军队。按照意大利双方交战的惯例，罗马军队必须在由长矛交叉构成的“轭形门”下通过。这被认为是对战败军的最大羞辱。“通过卡夫丁峡谷”一语由此而来，意即遭受奇耻大辱。

3 1785 年 4 月 21 日颁发的给俄罗斯帝国各城市的权利和利益的文件中反映了叶卡捷琳娜二世建立行会组织的意图，文件中包括详细确定行会组织的手工业特别条例。规定各城市手工业者必须在行会中登记注册，禁止从事非行会手工业生产。

4 指俄国民意党执行委员会。民意党是 1879 年 8 月成立的俄国最大的民粹派组织。

恩格斯

《自然辩证法》

学 习 提 示

《自然辩证法》是恩格斯的主要著作之一，它对于19世纪中叶自然科学的重要成就作了辩证唯物主义的概括，丰富了马克思主义哲学的重要内容，批判了自然科学领域的形而上学和唯心主义观念。

恩格斯十分重视自然科学及其哲学问题的研究。他在1858年7月14日写给马克思的信中提到自己研究生理学和解剖学，发现自然科学处处显示出自然界的辩证性质。这是记载恩格斯研究自然辩证法最早的文献。1859年达尔文的《物种起源》出版，恩格斯在写给马克思的信中称赞它是一部非常卓越的著作，证明了自然界的历史发展。1870年恩格斯移居伦敦，并把主要的精力投入到对自然科学的研究，针对当时自然科学领域流行的形而上学和唯心论，打算把自己的研究成果写成一部旨在反对庸俗唯物主义者毕希纳的论战性著作。后来恩格斯认为必须对自己提出更广泛的任务。1873年5月30日他在写给马克思的信中叙述了《自然辩证法》的宏大计划。他说："今天早晨躺在床上，我脑子里出现了下面这些关于自然科学的辩证思想。"① 这些思想主要是：关于物质和运动不可分离的思想；关于运动的几种形式和科学分类的思想；关于运动形式由低级向高级转化的思想。1873—1876年，恩格斯写成了《导言》和《劳动在从猿到人的转变中的作用》两篇论文和一些札记。为了批判杜林，恩格斯的这一研究中断了两年，至1878年7月以后又继续研究和写作。直到1883年3月马克思逝世，恩格斯已写成了10篇论文和170多个札记、片断和两个计划草案；1885年到1886年，又写了一些材料补充到手稿中。

1895年恩格斯逝世后，《自然辩证法》的手稿几经周折落到了德国社会民主党中央主要负责人之一的伯恩施坦手里。由于伯恩施坦蔑视辩证法，把它看成是马克思主义中最大的"祸害"和"陷阱"，所以，手稿中除了《劳动在从猿到人的转变中的作用》和《神灵世界中的自然研究》两篇外，其余论文和札记长期被扣压，不予发表。十月革命后，在俄共（布）中央的努力下，该手稿

① 《马克思恩格斯选集》第4卷，人民出版社1995年版，第614页。

终于于1925年用俄德文对照的形式第一次在莫斯科出版。

《自然辩证法》一书是由10篇论文、169个札记和片断，以及两个计划草案共181个部分组成。由于篇幅限制，这里只节选了其中的《1878年的计划》,《历史导论》中的《导言》,《黑格尔以来的理论发展进程。哲学和自然科学》中的《〈反杜林论〉旧序。论辩证法》、《神灵世界中的自然研究》与《札记和片断》以及《辩证法作为科学》中的《札记和片断》,《自然界和社会》中的《劳动在从猿到人的转变中的作用》等部分的主要内容。《1878年的计划》提示了恩格斯最初的写作计划，其余部分集中体现了全书的主要思想。下面就其中的几个主要问题作一些提示与分析。

关于辩证唯物主义自然观问题。《导言》是书中最完整、最重要的一篇论文，比较系统地表达了辩证的自然观。《导言》分前后两部分。前一部分阐明了辩证自然观产生的历史必然性；后一部分阐明了自然界辩证发展的图景。

恩格斯认为，辩证唯物主义自然观代替形而上学自然观是历史的必然趋势。近代自然科学是适应15世纪下半叶开始的资本主义时代而兴起的。它在普遍的革命中发展，而且它本身就是彻底革命的，在同宗教神学的斗争中不断解放出来。由于历史条件的限制，最初的自然科学把自然界的事物都看作是既成的东西，认为科学的任务是分门别类地搜集资料，而不分析这些资料的由来和发展，只注意它们之间的区别，而不注意它们之间的联系。这种自然观的核心是认为自然界的一切都是不变的，即使有变化，也是由于外力的作用，因此它必然导致神秘主义。到了18世纪中叶，康德的星云假说在这个形而上学的自然观上打开了第一个缺口，神的第一次推动说破产了；地质学证明地球上的生物有其发展的历史；物理学的能量守恒和转化定律证明了物质的各种运动形态可以相互转化；化学上用无机的方法制造出有机化合物，证明化学定律对有机物和无机物是同样适用的；生物学上的细胞学说和进化论证明了有机界是彼此联系和统一的。因此，“新的自然观就其基本点来说已经完备：一切僵硬的东西溶解了，一切固定的东西消散了，一切被当作永恒存在的特殊东西变成了转瞬即逝的东西，整个自然界被证明是在永恒的流动和循环中运动着”。

在《导言》的后一部分，恩格斯概括自然科学的新成就，考察了从星云到天体、从无机物到生命、从原生生物到人类的发展过程，描绘出一幅自然界辩证发展的图景。他根据康德的星云假说指出，我们银河系中的恒星是由于原始星云内部吸引和排斥的相互作用，不断收缩和冷却而形成的，我们居住的太阳系是无数个太阳系中的一个；我们地球上的生命是物质由于运动发展到一定阶段通过化学的途径产生的，提出了“生命是蛋白体的存在方式”的著名论断；生命又经过很长时期的发展和分化，出现了类人猿；在热带某个地方一种异常高度发达的类人猿学会了直立行走，手和脚分化，学会制造工具，进行劳动，“从此人和猿之间的鸿沟成为不可逾越的了”，以后历史越往前发展，人离动物就越远。包括太阳系在内的所有星系最终都会灭亡。但是，物质运动在质和量两方面都是不灭的。“物质在其一切变化中仍永远是物质，它的任何一个属性任何时候都不会丧失，因此，物质虽然必将以铁的必然性在地球再次毁灭物质的最高的精华——思维着的精神，而在另外的地方和另一个时候又一定会以同样的铁的必然性把它重新产生出来。”

关于哲学和自然科学的关系。论文《〈反杜林论〉旧序。论辩证法》和有关札记论述了自然科学家要自觉地学习辩证法。恩格斯指出，自然科学家在整理实验材料，上升为理论时，迫切需要辩证思维方法的帮助。然而这需要发展和培养。“为了进行这种培养，除了学习以往的哲学，直到现在还没有别的办法。”学习以往的哲学也可以为自然科学的理论研究提供一个分析比较的准则，避免历史上已经出现过的许多偏差和错误。他还指出，任何科学家都有世界观，都接受某种哲学的支配，问题只是接受进步的哲学的支配还是接受落后腐朽哲学的支配。恩格斯揭示了人的思维以及思维方式的历史性：“每一个时代的理论思维，从而我们时代的理论思维，都是一种历史的产物，它在不同的时代具有完全不同的形式，同时具有完全不同的内容。因此，关于思维的科学，也和其他各门科学一样，是一种历史的科学，是关于人的思维的历史发展的科学。”科学家应该争取做一个自觉的辩证唯物主义者。一个民族想要登上科学的高峰，是一刻也不能离开理论思维的。

关于人类史和自然史的关系问题。在《导言》和《劳动在从猿到人的转变中的作用》中，恩格斯揭示了人类史区别于自然史的根本特点在于，人的历史是由人自己创造的。真正的历史只是人的历史，有了人才开始有历史。所谓动物的历史，只是动物的起源和逐渐发展到现在这个样子的过程；这部历史是人替它们创造的。而人的历史则是人有意识地替自己创造的；人离开狭义的动物越远，就越是有意识地自己创造自己的历史。

人类史和自然史的根本区别是由劳动造成的，甚至人本身也是劳动创造的。恩格斯依据当时的各种材料叙述了从猿到人发展过程的各个阶段，说明人这一物种是劳动的产物：作为劳动器官的手、语言和脑等都是在劳动的推动下相关地逐步形成的，而且劳动还是人类社会区别于猿群的特征。劳动首先是而且从根本上来说是改变自然界为自己的目的服务、来支配自然界的现实活动。

但是，劳动——生产——仅仅在物种关系方面把人从其余的动物中提升出来，只有一个能够有计划地生产和分配的自觉的社会生产组织，才能在社会关系方面把人从其余的动物中提升出来。迄今为止的社会生产，还被未能控制的力量的意外的作用所左右，人类历史还没有完全摆脱自然史的那种盲目性、自发性。人们只有不仅自觉支配自然界，而且自觉支配自己的社会关系，才能结束史前史，开始真正的人类史。

人类史是以自然史作为前提的。同时，人类及其社会也离不开自然界。“我们统治自然界，……决不是像站在自然界之外的人似的，——相反地，我们连同我们的肉、血和头脑都是属于自然界和存在于自然之中的。”并且，不仅只是自然界作用于人，只是自然条件到处在决定人的历史发展，“人也反作用于自然界，改变自然界，为自己创造新的生存条件。”人们越是学会正确地理解自然规律并通过科学和生产利用自然规律，越是认识到自身和自然界的一致性，那种把精神和物质、人类和自然、灵魂和肉体对立起来的荒谬的、反自然的观点，也就越不可能存在了。

关于反对经验主义和唯灵论的问题。在《神灵世界中的自然研究》这篇论文中，恩格斯以丰富的事实和深刻的哲理分析，批判了自然科学家中的经验主义倾向。经验主义的自然科学家由于单凭经验，蔑视理论思维，不但不能反对唯灵论，反而陷入了神秘主义，

辩证法有个古老的命题叫做“两极相联”。经验主义者只相信自己看过的、做过的和经验过的事物，不喜欢对具体经验进行理论的分析和思考，蔑视理论思维。而神秘主义者则单凭信仰，完全排斥经验。表面看起来二者是对立的两个极端，但实际上经验主义和神秘主义二者之间没有不可逾越的鸿沟。经验主义的自然科学家华莱士等人，由于蔑视理论思维，缺乏怀疑批判的头脑，相信自己所“经验”的神灵形象是“真实”的，为唯灵论所欺骗，成为它的俘虏；经验主义是从自然科学通向神秘主义的最可靠的道路。这说明，错误的思维贯彻到底，必然走向原出发点的反面。“蔑视辩证法是不能不受惩罚的。……没有理论思维，的确无法使自然界中的两件事实联系起来，或者洞察二者之间的既有的联系。”因此，“经验本身就表明，要摆脱降神者的纠缠，不能靠经验上的实验，而要运用理论上的思考”；要破除一切极端的幻想、盲从和迷信，只能依靠科学理论和科学精神以及辩证思维。

关于辩证法问题。关于辩证法的札记和片断共有42条，这里选了其中的19条，主要是论述辩证法的性质、辩证思维方式的特点等内容的。

针对唯心辩证法，恩格斯指出，“所谓的客观辩证法是在整个自然界中起支配作用的，而所谓的主观辩证法，即辩证的思维，不过是在自然界中到处发生作用的、对立中的运动的反映”。针对形而上学看不到自然界各领域之间的内在联系的错误观点，恩格斯阐明了自然界的普遍联系和相互作用，指出了自然界是一个由低级向高级发展的过程；事物之间既有相互区别的一面，又有相互联系的一面；非此即彼、绝对分明的和固定不变的界线的观点同进化论、发

展的观点是不相容的。恩格斯指出，否认同一性包含差异和矛盾，是形而上学世界观的基本原则。辩证法则与此相反，认为同一性是具体的和包含矛盾的，因而是真实的。这种同一性是我们观察自然事物正确的指导原则。

关于必然性和偶然性的关系，恩格斯指出，把二者截然对立起来，夸大必然性或偶然性中的任何一个方面而取消另一个方面的观点都是错误的；在事物的发展中必然性和偶然性是相互联结的，并在一定条件下可以相互转化。恩格斯还特别针对否定偶然性的机械决定论，指出，把一切偶然性都夸大为必然性，"反倒把必然性降低为偶然性"。他强调了偶然性在科学研究中的重要作用，并以达尔文为例说明一切科学研究都是从偶然性开始，最后达到必然性、规律性的。

恩格斯通过对因果性问题的分析，阐明了两个观点。第一，他把因果关系归结为相互作用。他认为，只有从事物之间的普遍的相互作用出发，才能正确认识现实的因果关系。因果关系是随条件的变化而变化的，因而是相对的；相互作用是事物的真正的终极原因。第二，恩格斯还批评了怀疑论，强调了因果性的客观性。他认为，一是肯定自然规律和因果关系的客观性，是一切科学赖以存在的前提。没有这种坚定信念，就不可能有任何真正的科学研究。二是因果观念的来源和验证都离不开人的实践活动。由于人的活动，就建立了因果观念的基础，这个观念是：一个运动是另一个运动的原因。人类的活动也对因果性作出验证。

《自然辩证法》虽是未完成的著作，但它凝结了恩格斯多年研究自然科学及其哲学问题的成果，初步勾画了自然辩证法的理论和方法的框架，在马克思主义哲学发展史上具有重要地位。它概括自然科学的新成就，第一次全面系统地为我们描绘了一幅自然界普遍联系和无限发展的辩证图景。并说明只有唯物辩证法的自然观才是对自然界辩证发展过程唯一正确的世界观和方法论。第一次明确提出了唯物辩证法的规律可以"归结为下面三个规律：量转化为质和质转化为量的规律；对立的相互渗透的规律；否定的否定的规律。"[①] 它还首次提出了辩证逻辑的范畴，指出形式逻辑满足于思维形式的简单排列，只有当事物处于相对静止状态下才是可行的；辩证逻辑则要研究思维形式的运动，不但承认思维形式的稳定性和确定性，而且注重思维形式的流动性和灵活性。《自然辩证法》对物质运动理论的系统阐述，为揭示各门自然科学之间的辩证关系，建立科学的分类体系奠定了基础。

但是，《自然辩证法》的一些基本思想自20世纪以来也受到了争议，主要集中在自然界本身是否有辩证法以及辩证法三大规律是否存在这两个问题上。

---

① 《马克思恩格斯选集》第4卷，人民出版社1995年版，第310页。

必须指出的是，恩格斯在《自然辩证法》中强调，“人的思维的最本质的和最切近的基础，正是人所引起的自然界的变化，而不仅仅是自然界本身；人在怎样的程度上学会改变自然界，人的智力就在怎样的程度上发展起来”。他的这一思想，以及关于人类史才是真正的历史的思想，是我们讨论以上问题不可忽略的。必须避免从任何一个片面来理解《自然辩证法》，即是说，既不能把恩格斯的某些思想教条化，也不能忽视其一定的局限性。

原著

自然辩证法（节选）[1]

[1878年的计划][2]

1. 历史的导言：在自然科学中，由于它本身的发展，形而上学的观点已经成为不可能的了。

2. 自黑格尔以来的德国理论发展的进程（旧序①）。回到辩证法上去是不自觉的，因而是充满矛盾的和缓慢的。

3. 辩证法是关于普遍联系的科学，主要规律：量和质的转化——两极对立的相互渗透和它们达到极端时的相互转化——由矛盾引起的发展或否定的否定——发展的螺旋形式。

4. 各种科学的联系。数学，力学，物理学，化学，生物学。圣西门（孔德）和黑格尔。

5. 关于各门科学及其辩证内容的概要：

（1）数学：辩证的辅助工具和表现方式——数学的无限出现在现实中；

（2）天体力学——现在被看作一个**过程**。——力学：出发点是惯性，而惯性只是运动不灭性的反面表现；

（3）物理学——分子运动的相互转化。克劳修斯和洛施米特；

（4）化学：理论，能。

（5）生物学。达尔文主义。必然性和偶然性。

6. 认识的界限。杜布瓦-雷蒙和耐格里——亥姆霍兹，康德，休谟。

7. 机械论。海克尔。

8. 原生粒的灵魂——海克尔和耐格里。

9. 科学和讲授——微耳和。

10. 细胞国家——微耳和。[3]

11. 达尔文主义的政治学和社会学说——海克尔和施米特。因**劳动**［*Arbeit*］而发生的人的分化。——经济学应用于自然科学。亥姆霍兹的“**功**”

---

① 指《〈反杜林论〉旧序。论辩证法》见《马克思恩格斯选集》第4卷，人民出版社1995年版，第281—290页。——编者注

[“Arbeit”]（《通俗讲演集》第2卷）。

[导　　言][4]

现代的自然研究同古代人的天才的自然哲学的直觉相反，同阿拉伯人的非常重要的、但是零散的并且大部分已经毫无结果地消失了的发现相反，它唯一地达到了科学的、系统的和全面的发展，——现代的自然研究，和整个近代史一样，是从这样一个伟大的时代算起，这个时代，我们德国人由于当时我们所遭遇的民族不幸而称之为宗教改革，法国人称之为文艺复兴，而意大利人则称之为五百年代①，但这些名称没有一个能把这个时代充分地表达出来。这个时代是从15世纪下半叶开始的。王权依靠市民打败了封建贵族的权力，建立了巨大的、实质上以民族［Nationälität］为基础的君主国，而现代的欧洲民族［Nationen］和现代的资产阶级社会就在这种君主国里发展起来；当市民和贵族还在互相争斗时，德国农民战争就预告了未来的阶级斗争，因为德国农民战争不仅把起义的农民引上了舞台——这已经不是什么新鲜事了，——而且在农民之后，把现代无产阶级的先驱也引上了舞台，他们手持红旗，高喊财产共有的要求。拜占庭灭亡时抢救出来的手稿，罗马废墟中发掘出来的古典古代雕像，在惊讶的西方面前展示了一个新世界——希腊古代；在它的光辉的形象面前，中世纪的幽灵消逝了；意大利出现了出人意料的艺术繁荣，这种艺术繁荣好像是古典古代的反照，以后就再也不曾达到过。在意大利、法国、德国都产生了新的文学，即最初的现代文学；英国和西班牙跟着很快进入了自己的古典文学时代。旧的世界的界限被打破了；直到这个时候才真正发现了地球，奠定了以后的世界贸易以及从手工业过渡到工场手工业的基础，而工场手工业则构成现代大工业的起点。教会的精神独裁被摧毁了，日耳曼语族各民族大部分都直截了当地抛弃了它，接受了新教，同时，在罗曼语族各民族那里，从阿拉伯人那里吸收过来并从新发现的希腊哲学那里得到营养的一种开朗的自由思想，越来越深地扎下了根，为18世纪的唯物主义作了准备。

这是人类以往从来没有经历过的一次最伟大的、进步的变革，是一个需要巨人而且产生了巨人——在思维能力、激情和性格方面，在多才多艺和学识渊博方面的巨人的时代。给资产阶级的现代统治打下基础的人物，决不是囿于小市民习气的人。相反地，成为时代特征的冒险精神，或多或少地感染了这些人物。那时，差不多没有一个著名人物不曾作过长途的旅行，不会说四五种语言，不在好几个专业上放射出光芒。莱奥纳多·达·芬奇不仅是大画家，而且也

---

① 即16世纪。——编者注

是大数学家、力学家和工程师，他在物理学的各种不同分支中都有重要的发现。阿尔布雷希特·丢勒是画家、铜板雕刻家、雕塑家、建筑师，此外还发明了一种筑城学体系，这种筑城学体系，已经包含了一些在很久以后被蒙塔朗贝尔和近代德国筑城学又加以采用的观念。马基雅弗利是政治家、历史编纂学家、诗人，同时又是第一个值得一提的近代军事著作家。路德不但清扫了教会这个奥吉亚斯的牛圈，而且也清扫了德国语言这个奥吉亚斯的牛圈，创造了现代德国散文，并且创作了成为16世纪《马赛曲》的充满胜利信心的赞美诗的词和曲。那时的英雄们还没有成为分工的奴隶，而分工所具有的限制人的、使人片面化的影响，在他们的后继者那里我们是常常看到的。但他们的特征是他们几乎全都处在时代运动中，在实际斗争中生活着和活动着，站在这一方面或那一方面进行斗争，有人用舌和笔，有人用剑，有些人则两者并用。因此就有了使他们成为全面的人的那种性格上的丰富和力量。书斋里的学者是例外：他们不是第二流或第三流的人物，就是唯恐烧着自己手指的小心翼翼的庸人。

自然研究当时也在普遍的革命中发展着，而且它本身就是彻底革命的；它还得为争取自己的生存权利而斗争。自然研究同开创了近代哲学的意大利伟大人物一道，把自己的殉道者送上了火刑场和宗教裁判所的牢狱。值得注意的是，新教徒在迫害自由的自然研究方面超过了天主教徒。塞尔维特正要发现血液循环过程的时候，加尔文便烧死了他，而且还活活地把他烤了两个钟头；而宗教裁判所能把乔尔丹诺·布鲁诺一下子便烧死，至少已经是心满意足了。

自然研究用来宣布其独立并且好像是重演了路德焚烧教谕行为的一个革命行动，便是哥白尼那本不朽著作的出版，他用这本书（虽然是怯懦地而且可说是只在临终时）来向自然事物方面的教会权威挑战[5]。从此自然研究便开始从神学中解放出来，尽管个别的互相对立的要求之间的争执一直拖延到现在，而且在许多人的头脑中还远没有得到解决。但是科学的发展从此便大踏步地前进，而且很有力量，其发展势头可以说同从其出发点起的距离（时间距离）的平方成正比。仿佛要向世界证明：从此以后，对有机物的最高产物即人的精神起作用的，是一种和无机物的运动规律正好相反的运动规律。

从那时开始的自然科学的这一最初时期的主要工作，是掌握手边现有的材料。在大多数领域中必须完全从头做起。古代留传下欧几里得几何学和托勒玫太阳系，阿拉伯人留传下十进位制、代数学的发端、现代的数字和炼金术；基督教的中世纪什么也没有留下。在这种情况下，占首要地位的必然是最基本的自然科学，即关于地球上的物体和天体的力学，和它靠近并且为它服务的，是一些数学方法的发现和完善化。在这方面已取得了一些伟大的成就。在以牛顿和林耐为标志的这一时期末，我们见到这些科学部门在某种程度上已臻完成。最重要的数学方法基本上被确立了；主要由笛卡儿确立了解析几何，耐普尔确立了对数，莱布尼茨，也许还有牛顿确立了微积分。固体力学也是一样，它的主要规律一举弄清楚了。在太阳系的天文学中，开普勒终于发现了行星运动的规律，而牛顿则从物质的普遍运动规律的角度对这些规律进行了概括。自然科学的其他部门甚至离眼前的这种完成还很远。液体和气体的力学只是在这个时期末才有了更多的研究①。如果把光学当作例外，那么本来意义上的物理学在当时还没有超出最初的阶段，而光学取得例外的进步是由于天文学的实践需要。化学刚刚借助燃素说从炼金术中解放出来。[6] 地质学还没有超出矿物学的胚胎阶段；因此古生物学还完全不可能存在。最后，在生物学领域内，人们主要还是从事搜集和初步整理大量的材料，不仅是植物学和动物学的材料，而且还有解剖学和本来意义上的生理学的材料。至于各种生命形式的相互比较，它们的地理分布和它们的气候等等的生活条件的研究，则还几乎谈不上。在这里，只有植物学和动物学由于林耐而几乎已经完成。

然而，这个时期的突出特征是形成了某种独特的总观点，这个观点的核心就是**自然界绝对不变**这样一个见解。不管自然界本身是怎样产生的，只要它一旦存在，那么它在存在的时候就总是这个样子。行星及其卫星，一旦由于神秘的“第一推动”而运动起来，它们便依照预定的椭圆轨道旋转下去，永不停息，或者直至旋转到万物的末日。恒星永远固定不动地停留在自己的位置上，凭着“万有引力”而互相保持这种位置。地球亘古以来或者从它被创造的那天起（不管是哪一种说法）就一成不变地总是保持原来的样子。现在的“五大洲”早就存在着，它们始终有同样的山岭、山谷和河流，同样的气候，同样的植物区系和动物区系，而这些植物区系和动物区系只有经过人手才发生变化或移动。植物和动物的种，一形成便永远固定下来，原来是什么样，所产生的东西仍是什么样，而当林耐承认通过杂交有时可能育出新种的时候，这已经是作了很大的让步了。与在时间上发展着的人类历史不同，自然界的历史被认为只是在空间中扩张着。自然界中的任何变化、任何发展都被否定了。开初那样革命的自然科学，突然面临一个彻头彻尾保守的自然界，在这个自然界中，今天的一切都和一开始的时候一模一样，而且直到世界末日或万古永世，一切都仍将和一开始的时候一模一样。

18 世纪上半叶的自然科学在知识上，甚至在材料的整理上大大超过了希腊古代，但是在观念地掌握这些材料上，在一般的自然观上却大大低于希腊古代。在希腊哲学家看来，世界在本质上是某种从混沌中产生出来的东西，是某种发展起来的东西、某种生成着的东西。在我们所探讨的这个时期的自然研究家看来，它却是某种僵化的东西、某种不变的东西，而在他们中的大多数人看

① 恩格斯在此处页边上写着：“托里拆利在治理阿尔卑斯山区河流方面的研究。”——编者注

来，则是某种一下子就造成的东西。科学还深深地禁锢在神学之中。它到处寻找，并且找到了一种不能从自然界本身来解释的外来的推动力作为最后的原因。如果牛顿所夸张地命名为万有引力的吸引被当作物质的本质特性，那么开初造成行星轨道的未经说明的切向力又是从哪里来的呢？植物和动物的无数的种是如何产生的呢？而早已确证并非亘古就存在的人类最初是如何产生的呢？对于这些问题，自然科学往往只能以万物的创造者对此负责来回答。哥白尼在这一时期之初向神学下了挑战书；牛顿却以神的第一推动这一假设结束了这个时期。这时的自然科学所达到的最高的普遍的思想，是关于自然界的安排合乎某种目的性的思想，是浅薄的沃尔弗式的目的论，根据这种理论，猫被创造出来是为了吃老鼠，老鼠被创造出来是为了给猫吃，而整个自然界被创造出来是为了证明造物主的智慧。当时的哲学博得的最高荣誉就是：它没有被同时代的自然知识的狭隘状况引入迷途，它——从斯宾诺莎一直到伟大的法国唯物主义者——坚持从世界本身来说明世界，并把细节的证明留给未来的自然科学。

我把 18 世纪的唯物主义者也算入这个时期，因为除了上面所叙述的，再也没有其他的自然科学材料可供他们利用。康德的划时代的著作对于他们依然是一个秘密，而拉普拉斯在他们以后很久才出现。[7] 我们不要忘记：这种陈旧的自然观，虽然由于科学的进步而显得漏洞百出，但是它仍然统治了 19 世纪的整个上半叶①，并且一直到现在，所有学校里主要还在讲授它。②

在这种僵化的自然观上打开第一个缺口的，不是一位自然研究家，而是一位哲学家。1755 年出现了**康德的**《自然通史和天体论》。关于第一推动的问题被排除了；地球和整个太阳系表现为某种在时间的进程中**生成的东西**。如果说大多数自然研究家对于思维并不像牛顿在“物理学，当心形而上学啊!”这个警告中那样表现出厌恶，那么他们一定会从康德的这个天才发现中得出结论，从而避免无穷无尽的弯路，省去在错误方向下浪费的无法估算的时间和劳动，

---

① 恩格斯在此处页边上写着：“旧的自然观的知识，为把全部自然科学概括为一个整体提供了基础。法国的百科全书派还是纯粹机械地进行罗列，后来圣西门和由黑格尔完成的德国哲学曾同时做过这方面的工作。”——编者注

② （注释）有一个人以自己的科学成就提供了排除上述观点的极其重要的材料，可是直到 1861 年，这个人居然还毫不动摇地相信这种观点，下面这段典型的表述就是证明：

“我们的太阳系的整个机制，就我们所能识别的而言，就是要去保持现存的东西，保持其长久不变的存在。正如从远古以来，地球上的任何一种动物，任何一种植物，都没有变得更完美些，或者说根本就没有变过样；正如我们在一切有机体中见到的阶梯次序只是彼此**靠近**，而不是彼此**相继**；正如我们本身的种属从躯体方面来看始终是一样的，——同样，甚至同时存在的诸天体的极大的多样性，也并没有使我们有理由认为，这各种形式无非是各种不同的发展阶梯，正好相反，一切被创造出来的东西本身具有**同样的**完美性。”（梅特勒《通俗天文学》1861 年柏林第 5 版第 316 页）

因为在康德的发现中包含着一切继续进步的起点。如果地球是某种生成的东西，那么它现在的地质的、地理的和气候的状况，它的植物和动物，也一定是某种生成的东西，它不仅在空间中必然有并存的历史，而且在时间上也必然有前后相继的历史。如果立即沿着这个方向坚决地继续研究下去，那么自然科学现在就会进步得多。但是哲学能够产生什么成果呢？康德的著作没有产生直接的成果，直到很多年以后拉普拉斯和赫歇尔才充实了他的内容，并且作了更详细的论证，因此才使“星云假说”逐渐受人重视。进一步的一些发现使它终于获得了胜利；其中最重要的发现是：恒星的自行；证明宇宙空间中存在着有阻抗的介质；通过光谱分析证明宇宙物质的化学同一性以及康德所假定的炽热星云团的存在①。

但是，如果这个逐渐被认识到的观点——自然界不是**存在着**，而是**生成着**和**消逝着**——没有从其他方面得到支持，那么大多数自然研究家是否会这样快地意识到变化着的地球竟承载着不变的有机体这样一个矛盾，那倒是值得怀疑的。地质学产生了，它不仅揭示了相继形成的和逐次重叠起来的地层，而且指出了这些地层中保存着已经灭绝的动物的甲壳和骨骼，以及已经不再出现的植物的茎、叶和果实。必须下决心承认：不仅整个地球，而且地球现今的表面以及在这一表面上生存的植物和动物，也都有时间上的历史。这种承认最初是相当勉强的。居维叶关于地球经历多次变革的理论在词句上是革命的，而在实质上是反动的。它以一系列重复的创造行动取代了上帝的独一的创造行动，使神迹成为自然界的根本杠杆。最初把理性带进地质学的是赖尔，因为他以地球的缓慢的变化这样一些渐进的作用，取代了由于造物主的一时兴起而引起的突然变革。②

赖尔的理论，与以前的一切理论相比，同有机物种不变这个假设更加不能相容。地球表面和各种生存条件的逐渐改变，直接导致有机体的逐渐改变和它们对变化着的环境的适应，导致物种的变异性。但传统不仅在天主教教会中，而且在自然科学中也是一种势力。赖尔本人许多年来一直没有看到这个矛盾，他的学生们就更没有看到。这只有用当时在自然科学中流行的分工来说明，它使每个人都或多或少地局限在自己的专业中，只有少数人没有被它夺走纵览全局的眼力。

这期间物理学取得了长足的进步，其成果由三位不同的人在自然研究的这

---

① 恩格斯在此处页边上写着：“潮汐对地球自转的阻碍作用也是由于康德现在才被认识。”——编者注

② 赖尔的观点的缺陷——至少就这一观点的最初的形式来说——就在于，他认为在地球上发生作用的各种力是不变的，在质上和量上都是不变的。地球的冷却对他说来是不存在的；地球不是朝着一定的方向发展着，而只是以杂乱无章的、偶然的方式变化着。

一部门的划时代的一年即1842年中几乎同时作出概括。迈尔在海尔布隆，焦耳在曼彻斯特，都证明了从热到机械力和从机械力到热的转化。热的机械当量的确定，使这个结果成为无可置疑的。同时，格罗夫——不是职业的自然研究家，而是英国的一名律师——通过单纯地整理物理学上已经取得的各种成果就证明了这样一个事实：一切所谓物理力，即机械力、热、光、电、磁，甚至所谓化学力，在一定的条件下都可以互相转化，而不会损失任何力。这样，他就用物理学的方法补充证明了笛卡儿的原理：世界上存在着的运动的量是不变的。因此，各种特殊的物理力，即物理学上的各个不变的"种"，就变成以不同方式分化的并且按照一定的规律互相转化的物质运动形式。存在着这样多那样多的物理力这样一种偶然性，从科学中被排除出去了，因为它们之间的联系和转化已经得到证明。物理学和以前的天文学一样，获得了一种结果，这种结果必然表明：运动着的物质的永恒循环是最终的结论。

从拉瓦锡以后，特别是从道尔顿以后，化学的惊人迅速的发展从另一方面向旧的自然观进行了攻击。由于用无机的方法制造出过去只能在活的机体中产生的化合物，就证明了适用于无机物的化学定律对有机物是同样适用的，而且把康德还认为是无机界和有机界之间的永远不可逾越的鸿沟大部分填平了。

最后，在生物学研究的领域中，特别是由于自上世纪中叶以来系统地进行的科学旅行和科学探险，由于生活在当地的专家对世界各大洲的欧洲殖民地的更精确的考察，此外还由于古生物学、解剖学和生理学的进步，尤其是从系统地应用显微镜和发现细胞以来的进步，已积累了大量的材料，使得运用比较的方法成为可能，同时也成为必要①。一方面，由于有了比较自然地理学，查明了各种不同的植物区系和动物区系的生存条件；另一方面，不同的有机体按照它们的同类器官相互进行了比较。不仅就它们的成熟状态，而且就它们的一切发展阶段进行了比较。这种研究越是深刻和精确，那种固定不变的有机界的僵硬系统就越是一触即溃。不仅动物和植物的单个的种之间的界线无可挽回地变得越来越模糊，而且冒出了像文昌鱼和南美肺鱼[8]这样一些使以往的一切分类方法遭到嘲弄的动物②；最后，甚至发现了说不清是属于植物界还是动物界的有机体。古生物学档案中的空白越来越多地被填补起来了，甚至最顽固的分子也被迫承认整个有机界的发展史和单个机体的发展史之间存在着令人信服的一致，承认有一条阿莉阿德尼线，它可以把人们从植物学和动物学似乎越来越深地陷进去的迷宫中引导出来。值得注意的是：几乎在康德攻击太阳系的永恒性的同时，即在1759年，卡·弗·沃尔弗对物种不变进行了第一次攻击，并且宣

① 恩格斯在此处页边上写着："胚胎学"。——编者注

② 恩格斯在此处页边上写着，"一角鱼。同样，始祖鸟等等"。[9]——编者注

布了种源说。[10]但是这在他那里不过是天才的预见，到了奥肯、拉马克、贝尔那里才具有了确定的形式，而在整整100年以后，即1859年，才由达尔文胜利地完成了①。几乎同时还发现，以前被说成是一切有机体的最后构成成分的原生质和细胞，原来是独立生存着的最低级的有机形式。因此，不仅无机界和有机界之间的鸿沟缩减到最小限度，而且机体种源说过去遇到的一个最根本的困难也被排除了。新的自然观就其基本点来说已经完备：一切僵硬的东西溶解了，一切固定的东西消散了，一切被当作永恒存在的特殊的东西变成了转瞬即逝的东西，整个自然界被证明是在永恒的流动和循环中运动着。

——

于是我们又回到了希腊哲学的伟大创立者的观点：整个自然界，从最小的东西到最大的东西，从沙粒到太阳，从原生生物到人，都处于永恒的产生和消失中，处于不断的流动中，处于不息的运动和变化中。只有这样一个本质的差别：在希腊人那里是天才的直觉的东西，在我们这里则是严格科学的以实验为依据的研究的结果，因而其形式更加明确得多。的确，从经验上证明这种循环并不是完全没有缺陷的，但是这些缺陷与已经确立的东西相比是无足轻重的，而且会一年一年地弥补起来。如果我们想到科学的最主要的部门——超出行星范围的天文学、化学、地质学——作为科学而存在还不足100年，生理学的比较方法还不足50年，而几乎一切生命发展的基本形式即细胞被发现还不到40年，那么这种证明在细节上怎么会没有缺陷呢②！

——

从旋转的、炽热的气团中（它们的运动规律也许要经过几个世纪的观察弄清了恒星的自行以后才能揭示出来），经过收缩和冷却，发展出了以银河最外端的星环为界限的我们的宇宙岛的无数个太阳和太阳系。这一发展显然不是到处都具有同样的速度。在我们的星系中，黑暗的、不仅仅是行星的星体的存在，即熄灭了的太阳的存在，越来越迫使天文学予以承认（梅特勒）；另一方面，属于我们这一星系的（依据赛奇的观点）还有一部分气状星云，它们是还没有形成的太阳；这并不排斥这样的情况：另一些星云如梅特勒所认为的，是一些遥远的独立宇宙岛，这些宇宙岛的相对发展阶段要用分光镜才能确定。

拉普拉斯以一种至今尚未被超越的方法详细地证明了一个太阳系是如何从一个单独的气团中发展起来的；以后的科学越来越证实了他的说法。

在这样形成的各个天体——太阳以及行星和卫星上，最初是我们称为热的

① 达尔文的主要著作《物种起源》于1859年11月24日出版。——编者注

② 手稿中本段上下端均用横线同上下文隔开，中间划有几道斜线，恩格斯通常以这一方式表示手稿相应段落已在其他著作中利用。——编者注

那种物质运动形式占优势。甚至在今天太阳还具有的那种温度下，也是谈不上元素的化学化合物的；对太阳的进一步的观察将会表明，在这种场合下热会在多大程度上转变为电和磁；在太阳上发生的机械运动不过是由于热和重力发生冲突而造成的，这在现在几乎已成定论。

单个的天体越小，便冷却得越快。首先冷却的是卫星、小行星和流星，正如我们的月球早已死灭了一样。行星冷却较慢，而最慢的是中心天体。

随着进一步的冷却，相互转化的物理运动形式的交替就越来越占有重要地位，直到最后达到这样一点，从这一点起，化学亲和性开始起作用，以前化学上的呆性元素现在在化学上相继发生分化，获得了化学性质，相互发生化合作用。这些化合作用随着温度的下降（这不仅对每一种元素，而且对元素的每一种化合作用都产生不同的影响），随着一部分气态物质由于温度下降先变成液态、然后又变成固态，随着这样造成的新条件，而不断地变换。

当行星有了一层硬壳而且在其表面上有了积水的时候，行星固有的热同中心天体传递给它的热相比就开始越来越处于次要地位。它的大气层变成我们现在所理解的气象现象的活动场所，它的表面成为地质变化的场所，在这些地质变化中，大气层的沉降物所起的沉积作用，同来自炽热而流动的地球内部的慢慢减弱的外张作用相比越来越占有优势。

最后，一旦温度降低到至少在相当大的一部分地面上不再超过能使蛋白质生存的限度，那么在存在其他适当的化学的先决条件的情况下，就形成了有生命的原生质。这些先决条件是什么，今天我们还不知道，这是不足为怪的，因为直到现在连蛋白质的化学式都还没有确定下来，我们甚至还不知道化学上不同的蛋白体究竟有多少，而且只是在大约十年前才认识到，无结构的蛋白质执行着生命的一切主要机能：消化、排泄、运动、收缩、对刺激的反应、繁殖。

也许经过了多少万年，才形成了进一步发展的条件，这种没有定形的蛋白质由于形成核和膜而得以产生第一个细胞。但是，随着这第一个细胞的产生，也就有了整个有机界的形态发展的基础；我们根据古生物学档案的完整类比材料可以假定，最初发展出来的是无数种无细胞的和有细胞的原生生物，其中只有加拿大假原生物留传了下来；在这些原生生物中，有一些逐渐分化为最初的植物，另一些则分化为最初的动物。从最初的动物中，主要由于进一步的分化而发展出了动物的无数的纲、目、科、属、种，最后发展出神经系统获得最充分发展的那种形态，即脊椎动物的形态，而在这些脊椎动物中，最后又发展出这样一种脊椎动物，在它身上自然界获得了自我意识，这就是人。

人也是由分化而产生的。不仅从个体方面来说是如此——从一个单独的卵细胞分化为自然界所产生的最复杂的有机体，而且从历史方面来说也是如此。

经过多少万年的搏斗，手脚的分化，直立行走得以最终确定下来，于是人和猿区别开来，于是奠定了音节分明的语言的发展和人脑的巨大发展的基础，从此人和猿之间的鸿沟就成为不可逾越的了。手的专业化意味着**工具**的出现，而工具意味着人所特有的活动，意味着人对自然界的具有改造作用的反作用，意味着生产。狭义的动物也有工具，然而这只是它们的身躯的肢体，蚂蚁、蜜蜂、海狸就是这样；动物也进行生产，但是它们的生产对周围自然界的作用在自然界面前只等于零。只有人才办得到给自然界打上自己的印记，因为他们不仅迁移动植物，而且也改变了他们的居住地的面貌、气候，甚至还改变了动植物本身，以致他们活动的结果只能和地球的普遍灭亡一起消失。而人所以能做到这一点，首先和主要是借助于手。甚至蒸汽机这一直到现在仍是人改造自然界的最强有力的工具，正因为是工具，归根到底还是要依靠手。但是随着手的发展，头脑也一步一步地发展起来，首先产生了对影响某些个别的实际效益的条件的意识，而后来在处境较好的民族中间，则由此产生了对制约着这些条件的自然规律的理解。随着自然规律知识的迅速增加，人对自然界起反作用的手段也增加了；如果人脑不随着手、不和手一起、不是部分地借助于手而相应地发展起来，那么单靠手是永远造不出蒸汽机来的。

随同人，我们进入了**历史**。动物也有一部历史，即动物的起源和逐渐发展到今天这样的状态的历史。但是这部历史对它们来说是被创造出来的，如果说它们自己也参与了创造，那也是无意识的。相反地，人离开狭义的动物越远，就越是有意识地自己创造自己的历史，未能预见的作用、未能控制的力量对这一历史的影响就越小，历史的结果和预定的目的就越加符合。但是，如果用这个尺度来衡量人类的历史，甚至衡量现代最发达的民族的历史，我们就会发现：在这里，预定的目的和达到的结果之间还总是存在着极大的出入。未能预见的作用占据优势，未能控制的力量比有计划运用的力量强大得多。只要人的最重要的历史活动，这种使人从动物界上升到人类并构成人的其他一切活动的物质基础的历史活动，即人的生活必需品的生产，也就是今天的社会生产，还被未能控制的力量的意外的作用所左右，而人所期望的目的只是作为例外才能实现，而且往往适得其反，那么情况就不能不是这样。我们在最先进的工业国家中已经降服了自然力，迫使它为人们服务；这样我们就无限地增加了生产，现在一个小孩所生产的东西，比以前的一百个成年人所生产的还要多。而结果又怎样呢？过度劳动日益增加，群众日益贫困，每十年发生一次大崩溃。达尔文并不知道，当他证明经济学家们当作最高的历史成就加以颂扬的自由竞争、生存斗争是动物界的正常状态的时候，他对人们，特别是对他的同胞作了多么辛辣的讽刺。只有一个有计划地从事生产和分配的自觉的社会生产组织，才能在社会方面把人从其余的动物中提升出来，正像生产一般曾经在物种方面把人从其余的动物中提升出来一样。历史的发展使这种社会生产组织日益成为必要，也日益成为可能。一个新的历史时期将从这种社会生产组织开始，在这个时期中，人自身以及人的活动的一切方面，尤其是自然科学，都将突飞猛进，使以往的一切都黯然失色。

但是，“一切产生出来的东西，都注定要灭亡”[①]。也许经过多少亿年，多少万代生了又死；但是这样一个时期会无情地到来，那时日益衰竭的太阳热将不再能融解从两极逼近的冰，那时人们越来越聚集在赤道周围，最终连在那里也不再能够找到足以维持生存的热，那时有机生命的最后痕迹也将渐渐地消失，而地球，一个像月球一样死寂的冰冻的球体，将在深深的黑暗里沿着越来越狭小的轨道围绕着同样死寂的太阳旋转，最后就落到太阳上面。有的行星遭到这种命运比地球早些，有的比地球晚些；代替配置得和谐的、光明的、温暖的太阳系的，只是一个寒冷的、死去的球体，它在宇宙空间里循着自己的孤寂的轨道运行着。像我们的太阳系一样，我们的宇宙岛的其他一切星系或早或迟地都要遭到这样的命运，无数其他的宇宙岛的星系都是如此，还有这样一些星系，它们发出的光在地球上还有活人的眼能接受时将不会达到地球，甚至连这样一些星系也要遭到同样的命运。

但是，当这样一个太阳系走完自己的生命旅程并且遭受一切有限物的命运，即死亡的时候，以后又会怎样呢？太阳的遗骸是否将永远作为遗骸在无限的空间里继续运转，而一切以前曾无限多样地分化了的自然力，是否将永远变成引力这样一种运动形式？

“或者”，如赛奇问道（第 810 页），“在自然界中是否存在着这样一些力，它们能使死了的星系恢复到最初的炽热的星云状态，重新唤起它的新的生命？这是我们不知道的。”

当然，在这方面我们所知道的，并不像知道 $2 \times 2 = 4$ 或物质引力的增减取决于距离的平方一样。理论自然科学把它的自然观尽可能地加工为一个和谐的整体，现在甚至连最没有思想的经验主义者离开理论自然科学也寸步难行；但是在这样的理论自然科学中，我们往往不得不运用还不完全清楚的数量去进行计算，并且总是用思想的彻底性去补救有缺陷的知识。现在，现代自然科学必须从哲学那里接过运动不灭的原理；离开这个原理它就无法继续存在下去。但是物质的运动不仅仅是粗糙的机械运动、单纯的位置移动，它也是热和光、电压和磁压、化学的化合和分解、生命乃至意识。有人说，物质在其整个无限悠久的存在中仅仅只有一次，而且是在与其永恒性相比只是极短的时间内，才有

---

① 歌德《浮士德》第 1 部第 3 场《浮士德的书斋》。——编者注

可能使自身的运动发生分化，从而展开这种运动的全部富源，而在此以前和以后则永远局限于单纯的位置移动，这样说就等于宣称物质是会死亡的，而运动是短暂的。运动的不灭性不能仅仅从数量上，而且还必须从质量上去理解；一种物质的纯粹机械的位置移动即使有可能在适当条件下转化为热、电、化学作用、生命，但是这种物质如果不能从自身中产生这些条件，那么这样的物质就**丧失了运动**；一种运动如果失去了转化为它所能有的各种不同形式的能力，那么即使它还具有潜在力，但是不再具有活动力了，因而它部分地被消灭了。但是这两种情况都是不可想象的。

有一点是肯定的：曾经有一个时期，我们的宇宙岛的物质把极大量的运动——究竟是何种运动，我们到现在还不知道——转化成了热，以致（依据梅特勒的说法）从中可能产生了至少包括了2 000万颗星的太阳系，而这些太阳系的逐渐灭亡同样是不容置疑的。这个转化是怎样进行的呢？关于我们的太阳系的将来的遗骸①是否总是重新变为新的太阳系的原料，我们和赛奇神父一样，一无所知。在这里，我们要么必须求助于造物主，要么不得不作出如下的结论：形成我们的宇宙岛的太阳系的炽热原料，是按自然的途径，即通过运动的转化产生出来的，而这种转化是运动着的物质**天然具有的**，因而转化的条件也必然要由物质再生产出来，即使是在亿万年之后，是多少偶然地然而是以寓于偶然性之中的必然性再生产出来。

这种转化的可能性是越来越被承认了。现在人们得出了这样的见解：天体的最终命运是互相碰在一起。人们甚至已经计算这种碰撞必然产生的热量。天文学所报道的新星的突然闪现和已知旧星的同样突然的亮度增加，用这种碰撞来说明最为便当。同时，不仅我们的行星群绕着太阳运动，我们的太阳在我们的宇宙岛内运动，而且我们的整个宇宙岛也在宇宙空间中不断运动，和其余的宇宙岛处于暂时的相对平衡中；因为连自由浮动的物体的相对平衡也只有在相互制约的运动中才能存在；此外，还有一些人认为宇宙空间中的温度不是到处都一样的。最后，我们知道，我们的宇宙岛的无数个太阳的热，除了极小的一部分以外，都消失在空间里，甚至不能把宇宙空间的温度提高百万分之一摄氏度。这全部巨大的热量变成了什么呢？它是不是永远致力于为宇宙空间供暖的尝试，是不是实际上已不复存在而只在理论上仍然存在于宇宙空间的温度已上升百亿分之一度或更低度数这一事实中？这个假定否认了运动的不灭性；它认可这样一种可能：由于天体不断地相互碰在一起，一切现存的机械运动都变为热，而且这种热将放射到宇宙空间中去，因此尽管存在“力的不灭性”，一切

① 遗骸的原文是“caput mortuum”，直译是骷髅，转意是遗骸，燃烧、化学反应等等之后的残渣；这里指熄灭的太阳和落在太阳上失去生命的行星。——编者注

运动还是会停下来（在这里顺便可以看出，用力的不灭性这个说法替代运动的不灭性这个说法，这是多么错误）。于是我们得出这样一个结论：放射到宇宙空间中去的热一定有可能通过某种途径（指明这一途径，将是以后某个时候自然研究的课题）转变为另一种运动形式，在这种运动形式中，它能够重新集结和活动起来。因此，阻碍已死的太阳重新转化为炽热气团的主要困难便消除了。

此外，诸宇宙在无限时间内永恒重复的先后相继，不过是无数宇宙在无限空间内同时并存的逻辑补充——这一原理的必然性，甚至已灌输到德雷帕的反理论的美国人头脑中去①。

这是物质赖以运动的一个永恒的循环，这个循环完成其轨道所经历的时间用我们的地球年是无法度量的，在这个循环中，最高发展的时间，有机生命的时间，尤其是具有自我意识和自然界意识的人的生命的时间，如同生命和自我意识赖以发生作用的空间一样，是极为有限的；在这个循环中，物质的每一有限的存在方式，不论是太阳或星云，个别动物或动物种属，化学的化合或分解，都同样是暂时的，而且除了永恒变化着的、永恒运动着的物质及其运动和变化的规律以外，再没有什么永恒的东西了。但是，不论这个循环在时间和空间中如何经常地和如何无情地完成着，不论有多少亿个太阳和地球产生和灭亡，不论要经历多长时间才能在一个太阳系内而且只在一个行星上形成有机生命的条件，不论有多么多的数也数不尽的有机物必定先产生和灭亡，然后具有能思维的脑子的动物才从它们中间发展出来，并在一个很短的时间内找到适于生存的条件，然后又被残酷地消灭，——尽管如此，我们还是确信：物质在其一切变化中仍永远是物质，它的任何一个属性任何时候都不会丧失，因此，物质虽然必将以铁的必然性在地球再次毁灭物质的最高的精华——思维着的精神，但在另外的地方和另一个时候又一定会以同样的铁的必然性把它重新产生出来。

……

[《反杜林论》旧序。论辩证法][11]
（《欧根·杜林先生在科学中实行的变革》序言）

这部著作决不是由于“内心冲动”而产生的。恰恰相反，我的朋友李卜克内西可以为我作证：他曾经费了多少力气才说服我来批判性地阐明杜林先生的最新的社会主义理论。下定这样的决心后，我不得不把这种被宣称为某种新哲

① “无限空间中的无数宇宙，引出了无限时间中宇宙先后相继的概念。”（德雷帕《欧洲智力发展史》第2卷第［325］页）

学体系的最终实际成果的理论同这一体系联系起来进行研究，同时研究这一体系本身，舍此别无其他选择。因此，我只好跟着杜林先生进入一个广阔的领域，在这个领域中，他谈到了所有可能涉及的东西，而且还不止这些东西。这样就产生了一系列的论文，它们从 1877 年初开始陆续发表在莱比锡的《前进报》上，现汇集成书。

对于一种大肆自我吹嘘却根本不值一提的体系不得不作出这个对象本身所要求的详尽批判，可以归因于两种情况。一方面，这种批判使我有可能在不同领域中正面阐发这些在现时具有较为普遍的科学意义或实践意义的争论问题的见解。我根本不想以另一个体系来同杜林先生的体系相对立，不过也希望读者不要因为所考察的材料的极其多样化而忽略我所提出的各种见解之间的内在联系。

另一方面，“创造体系的”杜林先生在当代德国并不是个别的现象。近来，哲学体系，特别是自然哲学体系，如雨后春笋出现在德国，至于政治学、经济学等等的无数新体系，就更不用说了。正如在现代国家里假定每一个公民对于他所要表决的一切问题都具有判断能力一样，正如在经济学中假定每一个买主对他要买来供日用的所有商品都是内行一样，现今在科学上也要作这样的假定。每个人什么东西都能写，而“科学自由”恰恰就在于人们甚至可以撰写他们所没有学过的东西，而且这被冒充为唯一的严格科学的方法。杜林先生正是这种放肆的伪科学的最典型的代表之一，这种伪科学现在在德国到处流行，并把一切淹没在它的高超的胡说的喧嚷声中。诗歌、哲学、经济学、历史学中有这种高超的胡说；讲台和论坛上有这种高超的胡说；到处都有这种高超的胡说；这种高超的胡说妄想出人头地并成为深刻思想，以别于其他民族的单纯平庸的胡说；这种高超的胡说是德国智力工业最具特色和最大量的产品，它们价廉质劣，完全和德国其他的制品一样，只可惜没有和这些制品一起在费城陈列出来。甚至德国的社会主义，特别是自从有了杜林先生的范例以后，近来也十分热中于高超的胡说；只有实际的社会民主主义运动才很少为这种高超的胡说所迷惑，而在一个除了自然科学以外目前几乎普遍患病的国家里，这再一次证明我们的工人阶级具有非常健康的本性。

耐格里在他向自然研究家慕尼黑大会所作的演说中曾谈到人的认识永远不具有全知的性质，他这样说显然还不知道杜林先生的贡献。这些贡献迫使我也跟随其后进入一系列的领域，在这些领域中我顶多只能以涉猎者的资格行动。这特别是指自然科学各个部门而言，在这些部门中直到现在人们还常常认为，一个“门外汉”想发表意见未免不大谦虚。不过微耳和先生给了我几分勇气，这位先生也在慕尼黑发表了看法，并在另外的地方作了更详细的论述。他认为每个自然研究家在本身的专业之外也只是一个半通，不客气地说是一个门外汉。既然一位这样的专家可以而且不得不常常不揣冒昧地侵犯邻近的领域，既然在这些领域中他在表达上的笨拙之处和些许不确切之处可以得到有关专家的谅解，那我也就敢于放手来引用某些自然过程和自然规律，以作为我的一般理论观点的例证，并且可以指望得到同样的谅解。①现今的自然研究家，不论愿意与否，都不可抗拒地被迫关心理论上的一般结论，同样，每个从事理论研究的人也不可抗拒地被迫接受现代自然科学的成果。这里出现了某种相辅相成现象。如果说理论家在自然科学领域中是半通，那么今天的自然研究家在理论的领域中，在直到今天还被称为哲学的领域中，实际上也是个半通。

经验的自然研究已经积累了庞大数量的实证的知识材料，因而在每一研究领域中系统地和依据其内在联系来整理这些材料，简直成为不可推卸的工作。同样，在各个知识领域之间确立正确的关系，这也是不可推卸的。于是，自然科学便走上理论领域，而在这里经验的方法不中用了，在这里只有理论思维才管用。②但是理论思维无非是才能方面的一种生来就有的素质。这种才能需要发展和培养，而为了进行这种培养，除了学习以往的哲学，直到现在还没有别的办法。

每一个时代的理论思维，从而我们时代的理论思维，都是一种历史的产物，它在不同的时代具有完全不同的形式，同时具有完全不同的内容。因此，关于思维的科学，也和其他各门科学一样，是一种历史的科学，是关于人的思维的历史发展的科学。这一点对于思维在经验领域中的实际运用也是重要的。因为，首先，思维规律的理论并不像庸人的头脑在想到“逻辑”一词时所想象的那样，是一种一劳永逸地完成的“永恒真理”。形式逻辑本身自亚里士多德以来直到现在仍是激烈争辩的领域。而辩证法直到今天也只有两位思想家曾作过较仔细的研究，这就是亚里士多德和黑格尔。然而对于现今的自然科学来说，辩证法恰好是最重要的思维形式，因为只有辩证法才为自然界中出现的发展过程，为各种普遍的联系，为从一个研究领域向另一个研究领域过渡，提供了模式，从而提供了说明方法。

其次，认识人的思维的历史发展过程，认识不同时代所出现的关于外部世界的普遍联系的各种见解，对理论自然科学来说也是必要的，因为这为理论自然科学本身所提出的理论提供了一种尺度。然而，在理论自然科学中，往往非常明显地显露出对哲学史缺乏认识。哲学上在几百年前就已经提出，并且在哲学界中往往早已被抛弃的一些命题，在理论自然研究家那里却常常作为崭新的

---

① 本手稿从开头到本段为止这一部分，恩格斯从上到下划了直线，可能表示他在《反杜林论》第一版序言中已经利用过了。——编者注

② 手稿中这一句和前面一句都用铅笔划掉了。——编者注

知识而出现，甚至在一段时间里成为时髦。机械的热理论以新的论据支持了能量守恒原理，并使这一原理重新受到重视，这无疑是它的一个重大成就；但是，如果物理学家先生们还能记起，这一原理早就由笛卡儿提出过，那么它还能以某种绝对全新的东西的面貌出现吗？自从物理学和化学再一次几乎专门从事于分子和原子的研究以来，古希腊的原子论哲学必然重新引起人们的注意。但是，甚至最优秀的自然研究家对这种哲学所作的研究也是何等肤浅！例如，凯库勒指出（《化学的目的和成就》），原子论哲学的创始者不是留基伯，而是德谟克利特，并且断言，道尔顿最先假定了不同质的元素原子的存在，并且最先认定不同元素具有各自特有的不同重量。可是，我们在第欧根尼·拉尔修的著作（第10卷第43—44和61节）中可以看到：伊壁鸠鲁就已经认定原子不仅在大小上和形态上不相同，而且在**重量**上也不相同，[①]也就是说，他早就按照自己的方式认识了原子量和原子体积。

1848年这一年在德国一事无成，只是在哲学领域中发生了全面的反转。由于民族热中于实际，一方面初步建立起大工业和欺诈事业，另一方面为德国自然科学此后所经历的、由巡回传教士和漫画人物福格特、毕希纳等等所揭开的巨大跃进奠定了基础，于是民族坚决屏弃了在柏林老年黑格尔派的风沙中迷失道路的德国古典哲学。柏林的老年黑格尔派确实应该遭到这样的命运。但是，一个民族要想登上科学的高峰，究竟是不能离开理论思维的。可是正当自然过程的辩证性质以不可抗拒的力量迫使人们接受它，因而只有辩证法能够帮助自然科学战胜理论困难的时候，人们却把辩证法随同黑格尔派一起抛进大海，因而又无可奈何地陷入旧的形而上学。从此以后，在公众当中流行起来的一方面是叔本华的和尔后甚至是哈特曼的迎合庸人的浅薄思想，另一方面是福格特和毕希纳之流的庸俗的巡回传教士的唯物主义。在大学里，各种各样的折衷主义互相展开竞争，不过在一点上它们是一致的，这就是它们全都是由过时哲学的十足的残渣拼凑而成的，并且全都同样地是形而上学的。在古典哲学的各种残余中，只有某种新康德主义得以幸存，这种新康德主义的最后一言就是永远不可知的自在之物，也就是康德哲学中最不值得保存下来的部分。最终的结果就是现今盛行的理论思维的漫不经心和杂乱无章。

现在几乎找不到一本理论自然科学著作不给人以这样的印象：自然研究家们自己就感觉到，这种漫不经心和杂乱无章多么严重地左右着他们，并且现今流行的所谓哲学又决不可能使他们找到出路。在这里，既然没有别的出路，既然无法找到光明，也就只好实行反转，这种或那种形式上的反转，从形而上学的思维到辩证思维的反转。

---

① 《马克思恩格斯全集》第20卷第529页。——编者注

这种复归可以通过不同的道路来实现。它可以仅仅由于自然科学发现本身的力量自然而然地实现，这些发现不会甘于再被束缚在旧的形而上学的普罗克拉斯提斯的床上。但这是一个旷日持久的、步履艰难的过程，在这一行程中要克服大量额外的阻碍。这个过程在很大程度上已在进行中，特别在生物学中是如此。如果理论自然研究家愿意在辩证哲学的历史存在的形态上来较仔细地研究这一哲学，那么上述过程可以大大缩短。在这些形态中，有两种形态对现代的自然科学可以格外有益。

第一种是希腊哲学。在这种哲学中，辩证思维还以原始的朴素的形式出现，还没有受到令人迷醉的障碍[①]的干扰，而这些障碍是17和18世纪的形而上学——英国的培根和洛克，德国的沃尔弗——为自己设置的，并且由此就堵塞了它自己从认识个别到认识整体，到洞察普遍联系的道路。在希腊人那里——正是因为他们还没有进步到对自然界进行肢解、分析——自然界还被当作整体、从总体上来进行观察。自然现象的总的联系还没有从细节上加以证明，这种联系对希腊人来说是直观的结果。这正是希腊哲学的缺陷所在，由于这种缺陷，它后来不得不向其他的观点让步。然而这也是希腊哲学胜过它以后的所有形而上学的对手的优越之处。如果对于希腊人来说形而上学在细节上总是有理的，那么对于形而上学来说希腊人就从总体上总是有理的。这就是我们在哲学上如同在其他许多领域中一样不得不一再回到这个小民族的成就上来的原因之一，这个民族的广泛的才能和活动使他们在人类发展史上享有任何其他民族都不能企求的地位。而另外一个原因就是在希腊哲学的多种多样的形式中，几乎可以发现以后的所有观点的胚胎、萌芽。因此，理论自然科学要想追溯它的今天的各种一般原理的形成史和发展史，也不得不回到希腊人那里去。这种见解已经越来越被接受。有一种自然研究家是越来越少了，这种研究家一方面把希腊哲学的残篇如原子论当作永恒真理来看待，另一方面以希腊人缺少经验自然科学为理由而对他们采取培根式的高傲的蔑视态度。但愿上述见解再前进一步，能促使人们对希腊哲学真正有所认识。

辩证法的第二个形态恰好离德国的自然研究家最近，这就是从康德到黑格尔的德国古典哲学。这里已经有了开头，因为即使把刚才提到的新康德主义除外，回到康德去又重新成为时髦。自从人们发现康德是两个天才假说的首创者以来，他在自然研究家当中重新获得了应有的荣誉。这两个假说就是先前曾归功于拉普拉斯的太阳系起源理论和地球自转由于潮汐而受到阻碍的理论。没有这两个假说，今天的理论自然科学简直就不能前进一步。但是，要向康德学习辩证法，这是一件劳而无功和得不偿失的事情，因为在**黑格尔**的著作中已经包

---

① 海涅《新春集》1831年版诗序。——编者注

含了辩证法的一个无所不包的纲要，虽然它是从完全错误的立脚点出发而展开的。

一方面，由于这种错误的立脚点和柏林黑格尔派的无可奈何的堕落，人们对“自然哲学”的反应在很大程度上是合理的，这种反应已充分表现出来并演成纯粹的谩骂；另一方面，自然科学在有理论上的需要时又被流行的折衷主义的形而上学置于完全无援的境地。而在这以后，也许才有可能在自然研究家面前重新提起黑格尔的名字，却不致引发使杜林先生出尽洋相的舞蹈病。

首先要明确的是，这里的问题决不是要捍卫黑格尔的立脚点：精神、思维、观念是本质的东西，而现实世界只是观念的摹写。这种立脚点已经被费尔巴哈屏弃了。在下述这一点上我们大家都是一致的：在自然界和历史的每一科学领域中，都必须从既有的**事实**出发，因而在自然科学中要从物质的各种实实在在的形式和运动形式出发[①]；因此，在理论自然科学中也不是设计种种联系塞到事实中去，而是从事实中发现这些联系，而且一经发现，就要尽可能从经验上加以证明。

同样，也谈不上保持黑格尔体系的独断的内容，而这一内容正是老年黑格尔派和青年黑格尔派所鼓吹的。随着唯心主义立脚点的垮台，建筑在这一立脚点上的体系，特别是黑格尔的自然哲学也就垮台了。但是要记住，自然科学上反对黑格尔的论战，在对黑格尔有大致正确理解的范围内，仅仅针对以下两点：唯心主义的立脚点和不顾事实而任意编造体系。

去除这一切之后，剩下的就只是黑格尔的辩证法。马克思的功绩就在于，他和“今天在德国知识界发号施令的愤懑的、自负的、平庸的模仿者们”相反，第一个把已经被遗忘的辩证方法、它和黑格尔辩证法的联系以及差别重新提到人们面前，同时在《资本论》中把这个方法应用到一种经验科学即政治经济学的事实上去。他获得了成功，以致德国的较新的经济学派只是由于借口批判马克思而抄袭马克思（还常常抄错），才胜过了庸俗的自由贸易派。

在黑格尔的辩证法中，正像在他的体系的所有其他分支中一样，一切真实的联系都是颠倒着的。但是，正如马克思所说的，“辩证法在黑格尔手中神秘化了，但这决不妨碍他第一个全面地有意识地叙述了辩证法的一般运动形式。在他那里，辩证法是倒立着的。必须把它倒过来，以便发现神秘外壳中的合理内核”。

可是，在自然科学本身中，我们常常遇到这样一些理论，它们把真实的关系弄颠倒了，把映象当作了原型，因而这些理论同样需要倒置过来。这样的理

① 手稿中接着删掉一句话：“我们社会主义的唯物主义者，在这方面甚至比自然科学家走得还远得多，因为我们也……”——编者注

论常常在一个较长的时间里盛行。在差不多两个世纪内，热一直不是被看作普通物质的一种运动形式，而是被看作一种特殊的神秘的物质，在这里情况就是如此，而机械的热理论才完成了这种倒置。尽管如此，热质说占统治地位的物理学却发现了关于热的一系列非常重要的定律，特别是傅立叶和萨迪·卡诺为一些正确的见解开辟了道路，而这些见解不过是把其先驱所发现的定律倒置过来，翻译成自己的语言。①同样，在化学中，燃素说经过上百年的实验工作才提供了一些材料，而拉瓦锡利用这种材料才在普利斯特列提取出来的氧气中发现了想象中的燃素的实在对立物，从而推翻了全部燃素说。但是燃素说者的实验成果决不因此就被抛弃。正好相反。这些成果依然存在，只不过其表述被颠倒过来，从燃素说的语言翻译成了现今通行的化学语言，因此仍然保持着自己的有效性。

黑格尔的辩证法同合理的辩证法的关系，也就正像热质说同机械的热理论的关系一样，正像燃素说同拉瓦锡的理论的关系一样。

神灵世界中的自然研究[12]

深入大众意识的辩证法有一个古老的命题：两极相联。根据这个道理，我们在寻找幻想、轻信和迷信的极端表现时，不是面向像德国自然哲学那样竭力把客观世界嵌入自己主观思维框子内的自然科学派别，而是面向一味吹捧经验、极端蔑视思维而实际上思想极度贫乏的相反的派别，我们就不致于犯什么错误。后一个学派在英国占据统治地位。它的始祖，备受称颂的弗兰西斯·培根就已经渴望他的新的经验归纳法能够付诸应用，而首先是做到这样一些事情：延年益寿，在某种程度上使人返老还童，改形换貌，易身变体，创造新种，腾云驾雾，呼风唤雨。他抱怨这种研究无人问津，他在他的自然史中开出了制取黄金和创造种种奇迹的煞有介事的丹方。同样，伊萨克·牛顿在晚年也颇热中于注释《约翰启示录》。因此，难怪近年来以几个远非最差的人物为代表的英国经验主义，看来竟不可救药地迷恋于从美国输入的招魂术和降神术。

属于这一行列的第一位自然研究家，是功勋卓著的动物学家兼植物学家阿尔弗勒德·拉塞尔·华莱士，和达尔文同时提出物种通过自然选择发生变异的理论的就是此人。他在1875年由伦敦白恩士出版社出版的他的小册子《论奇迹和现代唯灵论》里面说，他在自然知识的这个分支中的最初经验是在1844年开始取得的，那时他听到斯宾塞·霍尔先生关于麦斯默术[13]的讲演，因此他在

---

① 恩格斯在此处页边上写着：“卡诺函数C的倒数$\frac{1}{C}$=绝对温度。此函数不倒置过来，毫无用处。”——编者注

他的学生身上作了同样的实验。

“我对这个问题非常感兴趣，并且很热心〈ardour〉地进行了研究。”[第 119 页]

他不仅使人进入催眠状态并发生四肢僵硬和局部丧失知觉的现象，而且也证实了加尔颅骨图[14]的正确，因为在触摸任何一个加尔器官的时候，相应的活动就在已受催眠的人身上发生，并以灵活的动作按规定演示出来。其次，他断言，他的被催眠者只要被他触摸一下，就会产生催眠者的一切感觉；他只要把一杯水说成白兰地酒，就可以让被催眠者喝得酩酊大醉。他能使一个年轻人甚至在清醒的时候糊涂得忘记自己的姓名，然而这是其他教员不用麦斯默术也可以办到的。如此等等。

1843—1844 年冬季，我也适逢其会在曼彻斯特见到了这位斯宾塞·霍尔先生。他是一个很普通的江湖术士，在几个教士的赞助下在国内跑来跑去，用一个少女作催眠颅相学的表演，借以证明上帝的存在，证明灵魂的不朽，证明当时欧文主义者在各大城市中所宣传的唯物主义毫无价值。少女受到了催眠，然后催眠者只要摸一摸她的颅骨上的任何一个加尔器官，她就像演戏一样作出各种表示相应器官控制能力的动作和姿势；例如，摸一下爱孩子的（philoprogenitiveness）器官，她就爱抚和亲吻所幻想的婴孩，如此等等。此外，这位堂堂的霍尔还用一个新的巴拉塔里亚岛[15]丰富了加尔的颅骨地理学：他在颅骨顶上发现了一个敬神的器官，只要摸一摸这里，他的那位受了催眠的小姐就跪下去，把双手合在一起，并且在惊讶的庸人观众面前作出一副虔敬地祈祷的天使的样子。表演到此结束并达到高潮。上帝的存在得到了证明。

我和我的一个熟人也同华莱士先生一样，对这些现象颇感兴趣，并且想试一下，我们能在什么程度上再现这些现象。我们选择了一个 12 岁的活泼的男孩来作对象。安详的凝视或轻柔的抚摩就轻而易举地使他进入催眠状态。但是，因为我们对这套把戏不像华莱士先生那样虔诚，那样热心，所以我们也就得到完全不同的结果。除了很容易产生的肌肉僵硬和丧失知觉状态以外，我们还发现了一种意志完全被动而感觉又异常过敏的状态。被催眠者一旦由于任何外部刺激而从昏睡中醒过来，他就显得比清醒的时候更活跃得多。跟催眠者没有任何神秘的感应关系；任何其他的人都同样可以很容易地使被催眠者动作起来。让加尔颅骨器官起作用，在我们看来是太容易了；我们的花样还更多：我们不仅能使这些器官互相置换，把它们配置在整个身体的任何地方，而且还能造出不拘数目的其他器官，如唱歌、吹口哨、吹笛、跳舞、拳击、缝纫、补鞋、抽烟等等的器官，这些器官我们希望安在什么地方都可以。华莱士用水使他的被催眠者酩酊大醉，而我们却在大脚趾上发现了醉酒的器官，只要摸它一下，被催眠者就会演出最妙的喝醉酒的滑稽戏。但是十分清楚：如果不使被催眠者明白人们希望他做些什么，那么任何器官都不能显示任何作用。这个小孩经过实际练习很快便熟练到这样的程度：只要多少有一点暗示就够了。这样造成的器官只要不用同样的方法加以改变，对于以后的催眠是永远有效的。这个被催眠者也就有双重的记忆，一种是清醒时的记忆，另一种是催眠状态中的完全独立的记忆。至于说到意志的被动性，说到对第三者的意志的绝对服从，那么只要我们不忘记整个状态是在被催眠者的意志服从催眠者的意志的情况下开始的，而且没有这种服从就形成不了这种状态，那么这种被动性，这种绝对服从就没有什么奇怪的了。只要被催眠者同催眠者开个玩笑，那就连世界上最有魔力的催眠术家也无计可施了。

这样，我们不过随便怀疑了一下，便发现了催眠颅相学的江湖骗术的老底，这是一系列与清醒状态时的现象多半只在程度上有所不同的、无须作任何神秘主义解释的现象，而华莱士先生的热心（ardour）却使他一再地自欺欺人，靠了这种欺骗去在各种细节上证实加尔颅骨图，确认催眠者和被催眠者之间的神秘的感应关系。[①] 在华莱士先生的天真得有些稚气的谈话中，到处都可以看到：他所关心的并不是探究这种江湖骗术的真相，而是不惜任何代价去使所有的现象再现出来。只要有了这种气质，就可以在很短的时间内使刚入门的研究者靠简便易行的自欺欺人变成一位行家。华莱士先生终于相信了催眠颅相学的奇迹，这时他已经有一只脚踏进神灵世界中去了。

到 1865 年，他的另一只脚也跟着踏进去了。当他在热带地方旅行了 12 年回来以后，桌子跳舞的降神术实验使他进入了各种“神媒”的团体。他进步得多么快，他对这套把戏掌握得多么纯熟，上述小册子就可以证明。他希望我们不仅要当真相信霍姆、达文波特兄弟以及其他看来多少是为了钱并且大多一再暴露出骗子面目的“神媒”们的一切所谓的奇迹，而且要当真相信许多从很古的时候起就被信以为真的神灵故事。希腊神托所的女占卜者、中世纪的女巫便都是“神媒”，而扬布利柯在他的《论预言》中已经十分确切地描绘了

“现代唯灵论中最令人惊异的现象”［第 229 页］。

我们只举一个例子来表明，华莱士先生对于这些奇迹在科学上的确证是处理得何等轻率。如果有人要我们相信神灵会让人给它们照像，那么这的确

---

① 如已经说过的，被催眠者是通过练习而熟练起来的。因此，当意志的服从变成习惯以后，两个当事者之间的关系会越来越密切，某些个别现象会越来越强化，甚至在清醒状态中也有微弱的反映，这是完全可能的。

是一个奢望，而我们在认定这种神灵照片是真实的以前，当然有权要求它们取得十分确凿的证明。但华莱士先生在第187页上说：1872年3月，主神媒古皮太太（父姓为尼科尔）跟她的丈夫和小儿子在诺亭山[①]的赫德森先生那里一起照了像，而在两张不同的照片上都看得出她背后有一个身材高高的女人的形象，优雅地（finely）披着白纱，面貌略带东方韵味，摆出祝福的姿势。

“所以，在这里，两件事中必有一件**是**绝对确实的[②]。要不是眼前有一个活生生的、聪敏的、然而肉眼看不见的存在物，就是古皮先生夫妇、摄影师和某一第四者筹划了一桩卑劣的（wicked）骗局，而且一直隐瞒着这一骗局。但是我非常了解古皮先生夫妇，所以我有**绝对的信念**：他们像自然科学领域中任何真挚的真理探求者一样，是不会干这种骗人的勾当的。”[③]［第188页］

这样看来，或者是骗人的勾当，或者是神灵的照片。对极了。如果是骗人的勾当，则或者是神灵早已印在照片底版上，或者是有四个人参与其事，或者如果我们把活到84岁于1875年1月去世的对自己的行为不能负责的或易受愚弄的古皮老先生撇开不谈的话（只要把他送到作为背景的西班牙式的屏风后面就行了），那也就是有三个人参与其事。一位摄影师要替神灵找个“模特儿”是没有什么困难的，我们对此无须多费唇舌。但是摄影师赫德森不久就因一贯伪造神灵照片而被公开检举，而华莱士先生却镇静地说：

“有一件事情是明白的：如果发生了骗人的勾当，那立刻就会被唯灵论者自己看破的。”［第189页］

这也就是说，摄影师也不大可信了。剩下的是古皮太太，而替她撑腰的是我们的朋友华莱士的“绝对的信念”，此外再没有别的。再没有别的吗？决不是这样。替古皮太太的绝对可靠来撑腰的，还有她自己的如下说法：1871年6月初的一个晚上，她在不省人事的状态中从汉伯里山公园她的家里，凭空被摄到兰布斯·康第特街69号——两地的直线距离是三英里——并且被弄到上述69号房子中正在举行降神仪式的一张桌子上。房门是关着的，虽然古皮太太是一个极肥胖的伦敦女人（这的确很重要），可是她突然闯到屋里来，在门上或天花板上连个小小的窟窿都没有留下来（1871年6月8日伦敦《回声报》

① 诺亭山是伦敦西城的一个区。——编者注

② 这句引文的原文是“Here, then, one of two thyings are absolutely certain”。神灵世界是超越于语法的。有一次，某位喜欢开玩笑的人把语法家林德利·默里的灵魂召来。人家问他来了吗？他回答道：“I are”（美国人的说法，不说“I am”［我来了］）。这位神媒是在美国出生的。

③ 引文中的着重号是恩格斯加的。——编者注

上的报道）。现在谁还不相信神灵照片是真的，那真是不可救药了。

英国自然研究家中的第二位著名的行家，是威廉·克鲁克斯先生，化学元素铊的发现者和辐射计（在德国也叫作光转车辐射计）的发明者[16]。克鲁克斯先生大约从1871年起开始研究唯灵论者的表演，为了这个目的应用了许多物理学仪器和力学仪器，如弹簧秤、电池等等。他是否带来了主要的仪器，即一颗抱怀疑态度的有批判力的头脑，他是否使这颗头脑始终保持工作能力，我们是会看到的。无论如何，在一个不长的时期内，克鲁克斯先生就像华莱士先生一样完全被俘虏了。他叙述道：

“几年的工夫，一个年轻的女人，弗洛伦斯·库克小姐，就显示出值得注意的神媒的特性，而且最近已经登峰造极，化成一个肯定是来自神灵世界的完美的女性形象，赤着脚，披着飘洒的白色长袍，而这时神媒却穿着深色的衣服，被捆缚着，沉睡在一间密室〈cabinet〉或邻室里”［第181页］。

这个神灵自称凯蒂，看起来非常像库克小姐。一天晚上，沃尔克曼先生，古皮太太现在的丈夫，突然拦腰把它抱住，紧紧搂住不放，看它到底是不是库克小姐的化身。这个神灵显示出是一个结结实实的女人，它竭力反抗，观众们来干预，瓦斯灯被熄灭，撕扯了一阵以后，重新安静下来，屋子里点起了灯，这时神灵已经不见了，而库克小姐仍然被捆着，不省人事地躺在原来的角落里。但是，据说沃尔克曼先生直到现在还坚持认为，他抱住的是库克小姐而不是别人。为了从科学上来确证这件事情，一位著名的电学家瓦利先生作了一次新的实验，把电池的电流通到神媒库克小姐身上，使得她不切断电流就不能扮演神灵的角色。然而神灵还是出现了。所以它的确是和库克小姐不同的存在物。而进一步确证这件事情便是克鲁克斯先生的任务。他第一步是要取得这位神灵小姐的**信任**。

这种信任，如他自己在1874年6月5日的《灵学家》周报[17]中所说的，“逐渐加深，直到除非**由我来安排**，不然她就拒绝降神。她说她希望**我**一直在她近旁，就在内室的隔壁；我发现，在这种信任已经建立而且她确信我**决不致对她食言**以后，各种现象的表现程度大大加强了，用其他方法得不到的证据也如意地得到了。她常常**和我商量**参加降神仪式的人以及他们的席位，因为她最近变得非常不安〈nervous〉，原因是她感到有人曾不怀好意地向她暗示，除了其他的比较科学的研究方法以外，有人可能使用**武力**”。①

这位神灵小姐对这种既亲切又科学的信任给了最充分的回报。她甚至出现——现在这使我们不会再感到吃惊——在克鲁克斯先生家里，和他的孩子们玩耍，给他们讲“她在印度冒险的趣闻”，向克鲁克斯先生讲述“她过去生活中的一些痛苦的经历”，让他拥抱她，好让他相信她的结结实实的物质性，并

① 着重号是恩格斯加的。——编者注

让他察看她每分钟的脉搏次数和呼吸次数，最后还让她自己和克鲁克斯先生并排照像。华莱士先生说：

> “这个形象在人们看见她，摸到她，给她照像，并且和她谈话以后，就从一个小屋于里面**绝对地消失了**①，这个小屋子除了通往挤满观众的隔壁一间屋子，是没有其他出口的”[第 183 页]，

假若观众们十分有礼貌，信任发生事情的房子的主人克鲁克斯先生，就像克鲁克斯先生信任神灵一样，这也就不是什么了不起的把戏了。

可惜这些“完全被证实了的现象”，甚至在唯灵论者看来也不是随随便便就可以相信的。我们在前面已经看到，十分相信唯灵论的沃尔克曼先生怎样采取了非常物质的突然下手的办法。现在又有一个教士，“不列颠全国灵学家协会”委员，也出席了库克小姐的降神仪式，而且毫无困难地发现：神灵从门进到里面并在里面消失的那间屋子，是有**第二道门**通往外界的。当时也在场的克鲁克斯先生的举动，“使我原以为这些表演中也许有点什么玩意儿的信念受到了最后的致命打击”（查·莫里斯·戴维斯牧师《神秘的伦敦》伦敦廷斯利兄弟出版社版）。此外，人们怎样使“凯蒂们”“现身”的事，在美国也真相大白了。有一对姓霍姆斯的夫妇在费城举行表演，当时也出现了一个“凯蒂”，她得到信徒们丰富的馈赠。但是，这位凯蒂有一次竟因为报酬不够多而罢了工，这就引起一个怀疑者下决心非要探查出她的踪迹不可；他在一个 boarding house（公寓）里发现了她，是一个毫无疑问有血有肉的年轻女人，占有了赠送给神灵的一切礼物。

同时，欧洲大陆也有自己的科学的降神者。彼得堡的一个学术团体——我不大清楚是大学或者甚至是研究院——曾委托国家枢密官阿克萨柯夫和化学家布特列罗夫探究降神现象，但似乎并没有多少结果。[18]另一方面，——如果可以相信唯灵论者的喧嚣的声明——德国现在也推出自己的唯灵论者，这就是莱比锡教授策尔纳先生。

大家知道，策尔纳先生多年来埋头研究空间的“第四维”，发现在三维空间里不可能出现的许多事情，在四维空间里却是不言而喻的。例如，在四维空间里，一个全封闭的金属球，不在上面钻一个孔，就可以像翻手套一样地翻过来；同样，在一条两端各无尽头或两端都被系住的线上可以打结，两个分离的浑然一体的圆环，不锯开其中的任何一个就可以套在一起，还有许多这一类的把戏。根据神灵世界最近传来的捷报，策尔纳教授先生曾请求一个或几个神媒帮助他确定第四维空间中的各种细节。结果据说是惊人的。他把自己的手臂架在椅子的扶手上，而手掌按在桌子上不动，降神仪式一开始，

① 着重号是恩格斯加的。——编者注

椅子的扶手就和他的手臂套在一起了；一条两端用火漆固定在桌子上的线，竟在中间打了四个结，如此等等。一句话，神灵是可以极其容易地完成第四维空间的一切奇迹的。但是必须注意：我是在转述别人的说法。我不能保证这个神灵通报的正确性，如果它有什么不确实的地方，策尔纳先生应当感谢我给他提供了一个更正的机会。但是，如果这个通报不是虚假地报道策尔纳先生的经历，那么这些经历显然会在神灵科学和数学方面开辟一个新纪元。神灵证明第四维空间的存在，而第四维空间则为神灵的存在担保。而这一点一经发现，科学便给自己开辟出一个崭新的广阔的天地。面对第四维和更高维的空间的数学，面对呆在这种高维空间中的神灵们的力学、物理学、化学和生理学，过去的全部数学和自然科学都只不过是一种预备科目罢了。克鲁克斯先生不是已经在科学上确证桌子和其他家具在移到——我们现在可以这样说——第四维空间的过程中会损失多少重量，而华莱士先生不是也声称他已经证明在第四维空间中火不会伤害人体。现在甚至已经有神体生理学了！神灵们会呼吸，有脉搏，这就是说，他们有肺脏、心脏和循环器官，因而在身体的其他器官方面至少是和我们一样齐全的。因为会呼吸就要有在肺里被燃烧的碳水化合物，而这些碳水化合物又只能由外界供给，于是要有胃、肠及其附属器官，而这一切一经确定，其余的就毫无困难地都跟着有了。但是这些器官的存在就使得神灵们有生病的可能，这样一来，微耳和先生也许就不得不写一部神灵世界的细胞病理学了。而因为这些神灵大多是非常漂亮的年轻女人，而且除了她们的超凡的美丽，她们和世间的女人没有什么不同，完完全全没有什么不同，所以用不了多久她们就会出现在“爱上她们的男人”①的身边；而且，既然克鲁克斯先生通过脉搏已经断定，她们“并不缺少女性的心”，所以在第四维空间里也会有自然选择，不过再也用不着担心人们在这里会把这种选择和万恶的社会民主主义混淆起来。[19]

够了。这里已经看得一清二楚，究竟什么是从自然科学走向神秘主义的最可靠的道路。这并不是自然哲学理论的过度滋蔓，而是蔑视一切理论、怀疑一切思维的最肤浅的经验论。证明神灵存在的并不是那种先验的必然性，而是华莱士先生、克鲁克斯先生之流的经验的观察。既然我们相信克鲁克斯利用光谱分析进行的观察（铊这种金属就是由此发现的），或者相信华莱士在马来群岛所获得的动物学上的丰富的发现，人们就要求我们同样去相信这两位研究家在唯灵论方面的经验和发现。而如果我们认为，在这里毕竟有一个小小的区别，即前一种发现可以验证，而后一种却不能，那么降神者就会反驳我们说：不是这么回事，他们是乐于给我们提供机会来验证这些神灵现象的。

---

① 莫扎特《魔笛》第 1 幕第 14 场帕米纳和巴巴盖诺的二重唱。——编者注

实际上，蔑视辩证法是不能不受惩罚的。对一切理论思维尽可以表示那么多的轻视，可是没有理论思维，的确无法使自然界中的两件事实联系起来，或者洞察二者之间的既有的联系。在这里，问题只在于思维得正确或不正确，而轻视理论显然是自然主义地进行思维、因而是错误地进行思维的最可靠的道路。但是，根据一个自古就为人们所熟知的辩证法规律，错误的思维贯彻到底，必然走向原出发点的反面。所以，经验主义者蔑视辩证法便受到惩罚：连某些最清醒的经验主义者也陷入最荒唐的迷信中，陷入现代唯灵论中去了。

数学方面的情形也一样。平庸的形而上学的数学家，都十分高傲地夸耀他们的科学成果是绝对无法推翻的。但是这些成果也包括虚数在内，从而这些虚数也就带有某种实在性。如果我们已习惯于给 $\sqrt{-1}$ 或第四维硬加上我们的头脑以外的某种实在性，那么我们是否再前进一步，承认神媒的神灵世界，这也就不是什么重要问题了。这正如凯特勒谈到德林格尔时所说的：

“这个人一生中曾为那么多的谬论作辩护，那确实就连教皇永无谬误的说法也可能已经接受了！”**20**

事实上，单凭经验是对付不了唯灵论者的。第一，那些“高级的”现象，只有当有关的“研究家”已经着迷到像克鲁克斯自己天真无比地描绘的那样，只能看到他应看到或他想看到的东西的时候，才能够显现出来。第二，唯灵论者并不在乎成百件的所谓事实被揭露为骗局，成打的所谓神媒被揭露为下流的江湖骗子。只要所谓的奇迹还没有被**逐一**揭穿，唯灵论者就仍然有足够的活动地盘，华莱士围绕着伪造神灵照片的事件就一清二楚地说明了这一点。伪造物的存在，正好证明了真实物的真实。

这样，经验本身就表明，要摆脱降神者的纠缠，不能靠经验上的实验，而要运用理论的思考；用赫胥黎的话说：

“我认为从证明唯灵论是真理这件事当中所能得到的唯一好处，就是给反对自杀提供一个新论据。与其死后借每举行一次降神仪式赚一个基尼①的神媒的嘴巴说一大堆废话，还不如活着做清道夫好。**21**

[札记和片断]（节选）

……

自然研究家相信，他们只有不理睬哲学或羞辱哲学，才能从哲学中解放出

---

① 基尼是英国从前的一种金币，合 21 先令。——编者注

来。但是，因为他们离开思维便不能前进，而且要思维就得有思维规定，而这些范畴是他们从所谓有教养者的那种受制于早已过时的哲学残渣的一般意识中盲目地取来的，或是从大学必修的哲学课中听到的一点儿东西（这种东西不仅是片断的，而且是分属于极不相同的和多半是最蹩脚的学派的人们的观点的杂烩）中取来的，或是从各种各样的哲学著作中缺乏批判的和杂乱无章的读物中取来的，——正因为这样，他们同样做了哲学的奴隶，而且遗憾的是大多做了最蹩脚的哲学的奴隶，而那些辱骂哲学家骂得最厉害的人恰好成了最蹩脚的哲学家的最蹩脚的庸俗残渣的奴隶。

——

自然研究家尽管可以采取他们所愿意采取的态度，他们还是得受哲学的支配。问题只在于：他们是愿意受某种蹩脚的时髦哲学的支配，还是愿意受某种以认识思维的历史及其成就为基础的理论思维形式的支配。

物理学，当心形而上学啊！这是完全正确的，不过，是在另一种意义上。[22]

自然研究家由于靠旧形而上学的残渣还能过日子，就使得哲学尚能苟延残喘。只有当自然科学和历史科学本身接受了辩证法的时候，一切哲学的废物——除了纯粹的关于思维的理论以外——才会成为多余的东西，在实证科学中消失掉。

……

辩证法[23]（节选）

（阐明辩证法这门同形而上学相对立的关于联系的科学的一般性质。）

——

可见，辩证法的规律是从自然界和人类社会的历史中抽象出来的。辩证法的规律无非是历史发展的这两个阶段和思维本身的最一般的规律。它们实质上可归结为下面三个规律：

量转化为质和质转化为量的规律；

对立的相互渗透的规律；

否定的否定的规律。

所有这三个规律都曾经被黑格尔按照其唯心主义的方式当作纯粹的**思维**规律而加以阐明；第一个规律是在他的《逻辑学》的第一部分即存在论中；第二个规律占据了他的《逻辑学》的整个第二部分，这也是全书的最重要的部分，即本质论；最后，第三个规律表现为构筑整个体系的基本规律。错误在于：这些规律是作为思维规律强加于自然界和历史的，而不是从中推导出来的。由此就产生了整个牵强的并且常常是令人震惊的结构：世界，不管它愿意与否，必须适应于某种思想体系，而这种思想体系本身又只是人类思维的某一特定发展阶段的产物。如果我们把事情顺过来，那么一切都会变得很简单，在唯心主义哲学中显得极端神秘的辩证法规律就会立即变得简单而朗若白昼了。

……

［规律和范畴］

所谓的**客观**辩证法是在整个自然界中起支配作用的，而所谓的主观辩证法，即辩证的思维，不过是在自然界中到处发生作用的、对立中的运动的反映，这些对立通过自身的不断的斗争和最终的互相转化或向更高形式的转化，来制约自然界的生活。吸引和排斥。磁，开始有了两极性，后者在同一物体中显现出来；就电而言，这种两极性分配到两个或两个以上互相带有相反的电荷的物体上。一切化学过程都归结为化学的吸引和排斥的过程。最后，在有机生命中，细胞核的形成同样应看作活的蛋白质的极化，而且进化论证明了，从简单的细胞开始，怎样由于遗传和适应的不断斗争而一步一步地前进，一方面进化到最复杂的植物，另一方面进化到人。同时还表明，像“正”和“负”这样的范畴是多么不适用于这种发展形式。我们可以把遗传看作正的、起保存作用的方面，把适应看作负的、不断破坏遗传的东西的方面；但是，我们同样也可以把适应看作创造性的、主动的、正的活动，把遗传看作抗拒的、被动的、负的活动。但是，正像在历史上进步表现为现存事物的否定一样，在这里——从纯粹**实践的**理由来考虑——最好也把适应看作负的活动。在历史上，对立中的运动在居于主导地位的民族的一切危机时期表现得尤为明显。在这样的时刻，一个民族只能在进退两难中二者择其一：“非此即彼！”而且问题的提法总是迥然不同于一切时代谈论政治的庸人们所期望的提法。甚至1848年的德国自由派庸人，在1849年也突然地、意外地和违反本愿地发现自己遇到这样一个问题：或者是倒退到具有更加尖锐的形式的旧的反动中去，或者是继续革命，一直达到共和国，甚至也许是一个有社会主义背景的统一的和不可分的共和国。他们没有考虑多久，便帮助建立了曼托伊费尔反动统治这一德国自由主义的花朵。同样，1851年法国资产者也陷入了他们确实没有料到的进退维谷的局面：或者是帝制和近卫军制的滑稽可笑的临摹画和一帮流氓对法国的剥削，或者是社会主义的民主共和国，——结果是他们俯伏在这帮流氓面前，为的是在后者的庇护下继续剥削工人。

——

严格的界线是和进化论不相容的——甚至脊椎动物和无脊椎动物之间的界线也不再是固定的了，鱼和两栖动物之间的界线也是一样。鸟和爬行动物之间的界线正日益消失。细颚龙[24]和始祖鸟之间只缺少几个中间环节，而有牙齿的鸟喙在两半球都出现了。“非此即彼！”是越来越不够用了。在低等动物中，个体的概念简直不能严格地确立。不仅就这一动物是个体还是群体这一问题来说是如此，而且就发展过程中何时一个个体终止而另一个个体（“褓母虫体”）开始这一问题来说也是如此。——一切差异都在中间阶段融合，一切对立都经过中间环节而互相转移，对自然观的这样的发展阶段来说，旧的形而上学的思维方法不再够用了。辩证的思维方法同样不知道什么严格的界线，不知道什么普遍绝对有效的“非此即彼！”，它使固定的形而上学的差异互相转移，除了“非此即彼！”，又在恰当的地方承认“亦此亦彼！”，并使对立通过中介相联系；这样的辩证思维方法是唯一在最高程度上适合于自然观的这一发展阶段的思维方法。自然，对于日常应用，对于科学上的细小研究，形而上学的范畴仍然是有效的。

——

知性的思维规定的对立性：**两极化**。正如电、磁等等两极化一样，思想也在对立中运动。正如在电、磁等等的场合，不能固执片面性，而且也没有一位自然研究家想这样做，同样，在思想的场合也是如此。

——

两极性。把一块磁石切断，中性的中央便两极化，但是原先的两极仍旧不变。相反地，把一条蠕虫切断，它的正极仍保持着一个摄取食物的口，而另一端则形成一个新的负极，上面有排泄废物的肛门；但是原先的负极（肛门）现在变成了正极，即变成了口，而带伤的一端形成为新的肛门或负极。这就是正转化为负。

——

两极化。在雅·格林看来，下述论点是确定不移的：德意志方言必定不是高地德意志语，就是低地德意志语。同时，法兰克方言在他看来是完全消失了。因为卡罗林王朝末期的书面的法兰克语是高地德意志语（因为高地德意志语的辅音音变波及法兰克的东南地区），所以按照他的看法，法兰克语在一些地方已经融合在古高地德意志语中，而在另一些地方已经融合在法兰西语中。但是仍然完全不能说明古萨利克语区的尼德兰语从何而来。只是在格林死后法兰克语才重新被发现：萨利克语经过革新成为尼德兰方言，里普利安语经过革新成为中莱茵和下莱茵的方言，这些方言有一部分以不同的程度转变为高地德意志语，有一部分依然是低地德意志语，所以法兰克语是一种**既是**高地德意志的**又是**低地德意志的方言。

——

“本质”的各个规定的真实本性，黑格尔自己已经说明了（《全书》第1部

第 111 节，附释）：“在本质中一切都是**相对的**”① （例如，正和负，它们只是在它们的关系中才有意义，每一方独自来说没有意义）。

——

把正和负看作一样的东西，随便把哪一方看作正，哪一方看作负都无所谓，这不仅适用于解析几何，更适用于物理学（见克劳修斯，第 87 页及以下各页）②。

——

正和负。也可以颠倒过来称呼，在电等等中。北和南也一样，如果颠倒过来，并且把其余的名称也相应地加以改变，那么一切仍然是正确的。这时，我们称西为东，称东为西。太阳从西边升起，行星从东向西旋转等等，这只是名称的变更而已。此外，受地磁的北极吸引的磁石的真正南极，我们在物理学中称作**北极**，这丝毫无碍于事。

——

例如，部分和整体在有机的自然界中已经是不够用的范畴了。种子的萌发——胚胎和生出来的动物，不能看作是从“整体”中分出来的“部分”，这是错误的解释。只是在**尸体**中才有部分（《全书》第 1 部第 268 页）[25]。

——

单一的和复合的：这对范畴在有机的自然界中也早已失去意义，不适用了。无论是骨、血、肌肉、细胞纤维组织等等的机械组合，或是各种元素的化学组合，都不表示某个动物（黑格尔《全书》第 1 部第 256 页）[26]。有机体**既不是**单一的**也不是**复合的，不管它是多么复杂。

——

同一和差异——必然性和偶然性——原因和结果——这是两个主要的对立③，当它们被分开来考察时，都互相转化。于是必须求助于“根据”。

——

旧形而上学意义上的**同一律**是旧的观点的基本原理：$a=a$，每一事物都与自身同一。一切都是永恒的，太阳系、星体、有机体都是如此。这个定律在每一个别场合下都被自然研究一件一件地驳倒了，但是在理论上还保留着，仍被旧事物的拥护者用来抵制新事物：一件事物不能同时既是自身又是他物。但是新近自然研究从细节上证明了这样的事实：真实的具体的同一性自身包含着

① 着重号是恩格斯加的。——编者注

② 克劳修斯《机械的热理论》1876 年不伦瑞克第 2 版第 1 卷。——编者注

③ “两个主要的对立”指的是（1）同一和差异的对立，（2）原因和结果的对立。“必然性和偶然性”这几个字是恩格斯后来加进去的。——编者注

差异、变化（见前面）。——抽象的同一性，像形而上学的一切范畴一样，足以满足**日常**应用，在这种场合涉及的只是狭小的环境或很短的时间；它所能适用的范围差不多在每一场合都是不相同的。受对象的本性左右；在一个行星系统中，可以采用椭圆为基本形式来进行寻常的天文学计算，这不会导致实践上的错误，在这里这种抽象的同一性的适用范围就比在几周内完成变态的昆虫的场合要宽广得多。（还可以举其他的例子，例如以若干千年为尺度来计算的物种变化。）但是，对综合性自然科学来说，即使在每一单个部门中，抽象的同一性也是完全不够用的，而且，虽然总的说来在实践中现在已经被排除，但是在理论上仍然支配着人们的头脑，大多数自然研究家还以为同一和差异是不可调和的对立物，而不是各占一边的两极，这两极只是由于相互作用，由于把差异性**纳入**同一性之中，才具有真理性。

——

同一性——抽象的，$a=a$，以及否定的：a 不能等于 a 同时又不等于 a——这在有机的自然界中同样是不适用的。植物，动物，每一个细胞，在其生存的每一瞬间，都和自身同一而又和自身相区别，这是由于各种物质的吸收和排泄，由于呼吸，由于细胞的形成和死亡，由于循环过程的进行，一句话，由于全部无休止的分子变化，而这些分子变化便形成生命，其累积的结果一目了然地显现在各个生命阶段上——胚胎生命，少年，性成熟，繁殖过程，老年，死亡。生理学越向前发展，这种无休止的、无限小的变化对于它就越加重要，因而对同一性**内部**的差异的考察也越加重要①，而旧的、抽象的、形式上的同一性观点，即把有机物看作只和自身简单地同一的东西、看作固定不变的东西的观点，便过时了。尽管如此，以这种同一性观点为基础的思维方式及其范畴仍然继续存在。但是，就是在无机的自然界中，同一性本身实际上也是不存在的。每一个物体都不断地受到力学的、物理的、化学的作用，这些作用不断使它发生变化，使它的同一性变形。只是在数学中，即在一种研究思想事物（不管它们是不是现实的摹本）的抽象的科学中，才有抽象的同一性及其与差异的对立，而且甚至在这里也不断地被扬弃（黑格尔《全书》第1部第235页）[27]。同一性自身中包含着差异，这一事实在**每一个命题**中都表现出来，因为在命题中谓词必须不同于主词。**百合花**是一种**植物**，**玫瑰花**是**红的**。这里不论是在主词中还是在谓词中，总有点什么东西是谓词或主词所涵盖不了的（黑格尔，第1部第231页）[28]。**与自身的同一**，从一开始就必须有**与一切他物的差异**作为补充，这是不言而喻的。

——

① 恩格斯在此处页边上写着：“至于物种进化，就更不用说了。”——编者注

同一性。补充。不断的变化，即与自身的抽象的同一性的扬弃，在所谓无机界中也是存在的。地质学就是这种变化的历史。在地表上是机械的变化（冲蚀，冰冻）、化学的变化（风化），在地球内部是机械的变化（压力）、热（火山的热）、化学的变化（水、酸、胶合物），属于大规模的变化的是地壳隆起、地震等等。今天的页岩根本不同于构成它的沉积物；白垩土根本不同于构成它的松散的、用显微镜才能观察到的甲壳；石灰石更是这样，根据某些人的看法，石灰石完全是从有机物产生的；沙岩根本不同于松散的海沙；海沙又产生于被磨碎的花岗石等等；至于煤，就不必说了。

——

偶然性和必然性

形而上学所片面坚持的另一对立，是偶然性和必然性的对立。还有什么能比这两个思维规定更尖锐地相互矛盾呢？认为这两者是同一的，偶然的东西是必然的，而必然的东西同样是偶然的，这怎能行得通呢？日常的理智和具有这种理智的大多数自然研究家都把必然性和偶然性看作永远互相排斥的两个规定。一件事物、一种关系、一个过程，不是偶然的，就是必然的，但是不能两者兼而有之。所以两者是并存于自然界中；自然界包含着各种各样的对象和过程，其中有些是偶然的，另一些是必然的，在这里重要的只是不要把这两类混淆起来。例如，人们把种的有决定意义的性状看作必然的，而把同一个种的各个个体的其他的差异称作偶然的，这一点适用于植物和动物，也适用于结晶体。于是较低的组群对较高的来说又被看作偶然的，这样一来，猫属或马属里有多少不同的种，或一个纲里有多少属和目，这些种里各有多少个体，或某一地区的动物有多少不同的种类，或动物区系和植物区系的一般状况如何，——所有这些都被说成是偶然的。于是，必然被说成是科学上唯一值得注意的东西，而偶然被说成是对科学无足轻重的东西。这就是说：凡是人们可以纳入规律、因而是人们**认识**的东西，都是值得注意的；凡是人们不能纳入规律、因而是人们不认识的东西，都是无足轻重的，都是可以不加理睬的。这样一来，一切科学都完结了，因为科学就是要研究我们**不**认识的东西。这就是说：凡是可以纳入普遍规律的东西都被看成是必然的，凡是不能纳入的都被看成是偶然的。任何人都可以看出：这就成了这样一种科学，它把它能解释的东西称为自然的东西，而把它解释不了的东西归之于超自然的原因。我把解释不了的东西得以产生的原因是叫作偶然性还是叫作上帝，这对事情本身来说是完全无关紧要的。这两者无非以不同的方式表示，我对此没有认识，因此它们不属于科学的范围。在必然的联系不起作用的地方，科学便完结了。

与此对立的是决定论，它从法国唯物主义中移入自然科学，并且力图用根本否认偶然性的办法来打发偶然性。按照这种观点，在自然界中占统治地位的，只是简单的直接的必然性。这个豌豆荚中有五粒豌豆，而不是四粒或六粒；这条狗的尾巴是五英寸长，一丝一毫不长，也一丝一毫不短；这朵苜蓿花今年已由一只蜜蜂授粉，而那一朵却没有，而且这朵花是由这只特定的蜜蜂在这一特定的时间内授粉的；这粒被风吹来的特定的蒲公英种子发了芽，而那一粒却没有；今天清晨 4 点钟一只跳蚤咬了我一口，而不是 3 点钟或 5 点钟，而且是咬在右肩上，而不是咬在左腿上，——这一切都是由一连串不可更改的因果链条，由一种不可动摇的必然性引起的事实，而且产生太阳系的气团早就被安排得使这些事情只能这样发生，而不能以另外的方式发生。承认这样一种必然性，我们也还是没有从神学的自然观中摆脱出来。无论我们是同奥古斯丁和加尔文一道把这叫作上帝的永恒的意旨，或者是同土耳其人一道把这称作天数，还是把这就叫作必然性，这对科学来说差不多是一样的。在这里的任何一个场合下都谈不上探索因果链条，因此，我们在一个场合下比在另一场合下一点也不更聪明一些，所谓必然性仍旧是一句空话，因而偶然性依然如故。只要我们不能证明豌豆荚中豌豆的粒数是以什么为根据，豌豆的粒数就依旧是偶然的，而且，即使断言这件事情在太阳系的原始构造中是预先早就安排好了的，我们也没有前进一步。不仅如此，科学如果老是从因果链条中去追溯这一个个的豌豆荚事例，那就不再成其为科学，而成了纯粹的游戏；因为单是这同一个豌豆荚就还具有其他无数的、独具的、表现为偶然的特性：色彩的浓淡，豆壳的厚薄和软硬，豆粒的大小，更不必说只有在显微镜下才能看到的那些独具的特点了。因此，这一个豌豆荚所要求探索的因果联系，已经多得连全世界的全体植物学家都解决不了。可见，偶然性在这里并没有从必然性得到说明，而是反倒把必然性降低为纯粹偶然性的产物。如果某个豆荚中有六粒豌豆而不是五粒或七粒这一事实，与太阳系的运动规律或能量转化规律是处于同一等级的，那实际上就不是把偶然性提高为必然性，而是反倒把必然性降低为偶然性。不仅如此，固然，某一地区内并存的各个有机的和无机的种和个体的多样性，还可以说是立足在坚不可摧的必然性之上，但是就个别的种和个体来说，这种多样性依然如故，仍是偶然的。就个别的动物来说，它生在什么地方，遇到什么样的生活环境，什么样的敌人和有多少敌人威胁着它，这都是偶然的。一粒种子被风吹到什么地方去，这对于母株是偶然的；这粒种子在什么地方找到发芽的土地，这对于子株也是偶然的；确信在这里一切也都是立足在坚不可摧的必然性之上，这是一种可怜的安慰。在一定的地域，甚至在整个地球上，自然界的各种对象杂陈混出，哪怕是出自自古就有的种种原初的规定，但这种现象却依旧如故，仍是偶然的。

同这两种观点相对立，黑格尔提出了前所未闻的命题：偶然的东西正因为是偶然的，所以有某种根据，而且正因为是偶然的，所以也就没有根据；偶然的东西是必然的；必然性自我规定为偶然性，而另一方面，这种偶然性又宁可说是绝对的必然性（《逻辑学》第2册第3篇第2章：《现实》）。自然科学把这些命题当作悖理的文字游戏、当作自相矛盾的胡说干脆抛在一旁，并且在理论上一方面坚持沃尔弗式的形而上学的空虚思想，认为一个事物**不是**偶然的，**就是**必然的，但是不能同时既是偶然的，又是必然的，另一方面，又坚持同样思想空虚的机械的决定论，在一般意义上在口头上否认偶然性，而在每一特定场合实际上又承认这种偶然性。

当自然研究依然这样进行思考的时候，在达尔文的身上所体现的这种研究又**做了**些什么呢？

达尔文在他的划时代的著作[①]中，是从偶然性的现存的最广阔的基础出发的。各个种内部的各个个体之间存在着无限的偶然的差异，一些差异强大到突破种的特性，而这种差异的甚至最近的原因也只在极少有的情况下才能得到证实（这期间积累起来的有关偶然性的材料，把关于必然性的旧观念压垮和冲破了），——正是这些偶然的差异迫使达尔文怀疑直到那时为止的生物学中的一切规律性的基础，怀疑直到那时为止的形而上学的僵固不变的种概念。但是，没有种概念，整个科学就会化为乌有。科学的所有部门都曾需要有种概念作为基础：人体解剖学和比较解剖学、胚胎学、动物学、古生物学、植物学等等，离开种概念还成什么东西呢？这些科学部门的一切成果不仅会发生问题，而且会干脆被废弃。偶然性推翻人们至今所理解的必然性。关于必然性的迄今的观念失灵。坚持这种观念，就等于把人的自相矛盾的并且和现实相矛盾的任意规定当作规律强加给自然界，因而就等于否定有生命的自然界中的一切内在必然性，等于把偶然性的混沌王国普遍宣布为有生命的自然界的唯一规律。“连《泰斯维斯-钟托夫》都不再适用了！”——过时学派的生物学家们异口同声地喊叫起来。

达尔文。

相互作用是我们从现今自然科学的观点出发来在整体上考察运动着的物质时首先遇到的东西[②]。我们看到一系列的运动形式，机械运动、热、光、电、磁、化学的化合和分解、聚集状态的转化、有机的生命，这一切，如果我们**现在还**把有机的生命排除在外，都是互相转化、互相制约的，在这里是原因，在那里就是结果，运动尽管有种种不断变换的形式，但是运动的总和始终不变。

① 指1859年在伦敦出版的《根据自然选择的物种起源》。——编者注

② 恩格斯在此处页边上写着：“（斯宾诺莎：实体是 Causa Sui［自身原因］，这中肯地表现了相互作用。）”——编者注

机械运动转化为热、电、磁、光等等，反之亦然。因此，自然科学证实了黑格尔曾经说过的话（在什么地方?）：相互作用是事物的真正的终极原因。我们不能比对这种相互作用的认识追溯得更远了，因为在这之后没有什么要认识的东西了。我们认识了物质的运动形式（由于自然科学存在的时间并不长，我们在这方面的认识的确还有很多缺陷），也就认识了物质本身，因而我们的认识就完备了（格罗夫对因果性的全部误解，就在于他没有形成相互作用这一范畴。他只看到事物，但是没有抽象的思想，所以陷入混乱。第 10—14 页）。只有从这种普遍的相互作用出发，我们才能达到现实的因果关系。为了了解单个的现象，我们必须把它们从普遍的联系中抽出来，孤立地考察它们，而**在这里**出现的就是不断变换的运动，一个表现为原因，另一个表现为结果。

——

因果性。我们在观察运动着的物质时，引人注目的首先是单个物体的单个运动间的相互联系，它们的相互**制约**。但是，我们不仅发现一个运动后面跟随着另一个运动，而且我们也发现，只要我们造成某个运动在自然界中发生时所必需的那些条件，我们就能引起这个运动，甚至我们还能引起自然界中根本不发生的运动（工业），至少不是以这种方式发生运动，并且我们能赋予这些运动以预先规定的方向和范围。**因此**，由于**人的活动**，就建立起**因果**观念即一个运动是另一个运动的**原因**这样一种观念。的确，单是某些自然现象的有规则的前后相继，就能造成因果观念：热和光随太阳而来；但是这里不存在任何证明，而且就这个意义来看休谟的怀疑论说得很对：有规则的 post hoc（此后）决不能为 propter hoc（由此）[①]提供根据。但是人类的活动对因果性**作出验证**。如果我们用一面凹镜把太阳光集中在焦点上，造成像普通的火光一样的效果，那么我们因此就证明了热是从太阳来的。如果我们把引信、炸药和弹丸放进枪膛里面，然后发射，那么我们可以期待事先从经验已经知道的效果，因为我们能够在所有的细节上探究包括发火、燃烧、由于突然变为气体而产生的爆炸，以及气体对弹丸的压挤在内的全部过程。在这里甚至怀疑论者都不能说，从以往的经验中不能得出下一次将出现同样情形的结论。确实有时候**并不**发生同样的情形，引信或火药失效，枪筒破裂等等。但是这正好**证明了**因果性，而不是推翻了因果性，因为我们对这样偏离常规的每一件事情加以适当的研究之后，都可以找出它的原因，如引信发生化学分解，火药受潮等等，枪筒损坏等等，因此在这里可以说是对因果性作了**双重的**验证。自然科学和哲学一样，直到今

① “post hoc，ergo propter hoc”（此后，所以由此），这一公式表示对两个现象的因果关系的推论，即仅仅根据一个现象发生在另一个现象之后便作出两者有因果联系的结论是不合理的。——编者注

天还全然忽视人的活动对人的思维的影响；它们在一方面只知道自然界，在另一方面又只知道思想。但是，人的思维的最本质的和最切近的基础，正是**人所引起的自然界的变化**，而不仅仅是自然界本身；人在怎样的程度上学会改变自然界，人的智力就在怎样的程度上发展起来。因此，自然主义的历史观，如德雷帕和其他一些自然研究家或多或少持有的这种历史观是片面的，它认为只是自然界作用于人，只是自然条件到处决定人的历史发展，它忘记了人也反作用于自然界，改变自然界，为自己创造新的生存条件。日耳曼人移入时期的德意志的"自然界"，现在剩下的已经微乎其微了。地球的表面、气候、植物界、动物界以及人本身都发生了无限的变化，并且这一切都是由于人的活动，而德意志的自然界在这一期间未经人的干预而发生的变化，简直微小得无法计算。

——

单凭观察所得的经验，是决不能充分证明必然性的。post hoc，然而并不是 propter hoc（《全书》第 1 部第 84 页）[29]。非常正确，不能从太阳总是在早晨升起便推断它明天会再升起，而且事实上我们今天已经知道，总有一天太阳在早晨再也**不升起**，但是必然性的证明寓于人类活动中，寓于实验中，寓于劳动中：如果我能够**造成** post hoc，那么它便和 *propter hoc* 等同了。①

——

对于否认因果性的人来说，任何自然规律都是假说，连用三棱镜的光谱对天体进行的化学分析也同样是假说。如果停在这里不动，那思维是何等的浅薄！

……

[劳动在从猿到人的转变中的作用]

政治经济学家说：劳动是一切财富的源泉。其实，劳动和自然界在一起它才是一切财富的源泉，自然界为劳动提供材料，劳动把材料转变为财富。但是劳动的作用还远不止于此。它是一切人类生活的第一个基本条件，而且达到这样的程度，以致我们在某种意义上不得不说：劳动创造了人本身。

在好几十万年以前，在地质学家叫作第三纪的那个地质时代的某个还不能确切肯定的时期，大概是在这个时代的末期，在热带的某个地方——可能是现在已经沉入印度洋底的一大片陆地上，生活着一个异常高度发达的类人猿的种属。达尔文曾经向我们大致地描述了我们的这些祖先：它们浑身长毛，有胡须和尖耸的耳朵，成群地生活在树上。②

---

① 即如果我能造成现象之间的一定的顺序，那么这就等于证明它们有必然的因果联系。——编者注

② 罗·达尔文《人类起源和性的选择》第 1 卷第 6 章《论人类的血缘和谱系》。——编者注

这种猿类，大概首先由于它们在攀援时手干着和脚不同的活这样一种生活方式的影响，在平地上行走时也开始摆脱用手来帮忙的习惯，越来越以直立姿势行走。由此就**迈出了从猿转变到人的具有决定意义的一步**。

现在还活着的一切类人猿，都能直立起来并且单凭两脚向前运动。但是只有在迫不得已时才会如此，并且非常笨拙。它们的自然的步态是采取半直立的姿势，而且用手来帮忙。大多数的类人猿是以握成拳头的手指的节骨支撑地面，两腿收起，身体在长臂之间摆动前进，就像跛子撑着双拐行走一样。一般说来，我们现在还可以在猿类中间观察到从用四条腿行走到用两条腿行走的一切过渡阶段。但是一切猿类都只是在迫不得已时才用两条腿行走的。

如果说我们的遍体长毛的祖先的直立行走一定是先成为习惯，并且随着时间的推移才成为必然，那么这就必须有这样的前提：手在此期间已经越来越多地从事于其他活动了。在猿类中，手和脚的使用也通行某种分工。正如我们已经说过的，在攀援时手和脚的使用方式是不同的。手主要是用来摘取和抓住食物，这是比较低级的哺乳动物用前爪就能做到的。有些猿类用手在树上筑巢，或者如黑猩猩甚至在树枝间搭棚以避风雨。它们用手拿着木棒抵御敌人，或者以果实和石块掷向敌人。它们在被豢养的情况下用手做出一些简单的模仿人的动作。但是，正是在这里我们看到，甚至和人最相似的猿类的不发达的手，同经过几十万年的劳动而高度完善化的人手相比，竟存在着多么大的差距。骨节和筋肉的数目和一般排列，两者是相同的，然而即使最低级的野蛮人的手，也能做任何猿手都模仿不了的数百种动作。任何一只猿手都不曾制造哪怕是一把最粗笨的石刀。

因此，我们的祖先在从猿过渡到人的好几十万年的过程中逐渐学会的使自己的手能做出的一些动作，在开始时只能是非常简单的。最低级的野蛮人，甚至那种可以认为已向更近乎兽类的状态倒退而同时躯体也退化了的野蛮人，也远远高于这种过渡性的生物。在人用手把第一块石头做成石刀以前，可能已经过了一段漫长的时间，和这段时间相比，我们所知道的历史时间就显得微不足道了。但是具有决定意义的一步迈出了：**手变得自由了**，并能不断获得新的技能，而由此获得的较大的灵活性便遗传下来，一代一代地增加着。

所以，手不仅是劳动的器官，**它还是劳动的产物**。只是由于劳动，由于总是要去适应新的动作，由于这样所引起的肌肉、韧带以及经过更长的时间引起的骨骼的特殊发育遗传下来，而且由于这些遗传下来的灵巧性不断以新的方式应用于新的越来越复杂的动作，人的手才达到这样高度的完善，以致像施魔法一样造就了拉斐尔的绘画、托瓦森的雕刻和帕格尼尼的音乐。

但是手并不是单独存在的。它只是整个具有极其复杂的结构的机体的一个肢体。凡是有益于手的，也有益于手所服务的整个身体，而且这是以二重的方式发生的。

首先这是由于达尔文所称的生长相关律。依据这一规律，一个有机生物的个别部分的特定形态，总是和其他部分的某些形态息息相关，哪怕在表面上和这些形态似乎没有任何联系。例如，一切具有无细胞核的红血球并以一对关节（髁状突）来联结后脑骨和第一节脊椎骨的动物，无例外地也都长有乳腺以用来哺养幼仔。同样，在哺乳动物中，偶蹄通常是和进行反刍的多囊的胃相联系的。身体的某些特定形态的改变，会引起其他部分的形态的改变，虽然我们还不能解释这种联系。蓝眼睛的纯白猫总是或差不多总是聋的。人手的逐渐灵巧化以及与之保持同步的脚在直立行走方面的发育，由于上述相关律的作用，无疑会反过来影响机体的其他部分。但是这种影响作用现在研究得还太少，所以我们在这里除了作一般的叙述，不能再做什么。

更加重要得多的是手的发展对其余机体的直接的、可证明的反作用。我们已经说过，我们的猿类祖先是一种群居的动物，人，一切动物中最爱群居的动物，显然不能从某种非群居的最近的祖先那里去寻求根源。随着手的发展、随着劳动而开始的人对自然的统治，随着每一新的进步又扩大了人的眼界。他们在自然对象中不断地发现新的、以往所不知道的属性。另一方面，劳动的发展必然促使社会成员更紧密地互相结合起来，因为它使互相支持和共同协作的场合增多了，并且使每个人都清楚地意识到这种共同协作的好处。一句话，这些正在生成的人，已经达到彼此间**不得不说些什么**的地步了。需要也就造成了自己的器官：猿类的不发达的喉头，由于音调的抑扬顿挫的不断加多，缓慢地然而肯定无疑地得到改造，而口部的器官也逐渐学会发出一个接一个的清晰的音节。

语言是从劳动中并和劳动一起产生出来的，这个解释是唯一正确的，拿动物来比较，就可以证明。动物，甚至高度发达的动物，彼此要传递的信息很少，不用分音节的语言就可以互通信息。在自然状态下，没有一种动物会感到不能说话或不能听懂人的语言是一种缺陷。它们经过人的驯养，情形就完全不同了。狗和马在和人的接触中所养成的对于分音节的语言的听觉十分敏锐，以致它们在它们的想象力所及的范围内，能够很容易地学会听懂任何一种语言。此外，它们还获得了如对人表示依恋、感激等等的表达感受的能力，而这种能力是它们以前所没有的。和这些动物经常接触的人几乎难以排除这样的念头：有足够的情况表明，这些动物**现在**感到没有说话能力是一个缺陷。不过，它们的发音器官可惜已经沿着一定的方向过度专长化了，再也无法补救这种缺陷。但是，只要有发音器官，这种不能说话的情形在某种限度内是可以克服的。鸟的口部器官和人的口部器官肯定是根本不同的，然而鸟是唯一能学会说话的动物，而且在鸟里面叫声最令人讨厌的鹦鹉说得最好。人们别再说鹦鹉不懂得它自己所说的是什么了。它一小时一小时地唠唠叨叨重复它那几句话，的确纯粹是出于喜欢说话和喜欢跟人接触。但是在它的想象力所及的范围内，它也能学会懂得它所说的是什么。如果我们把骂人话教给鹦鹉，使它能够想象到这些话的意思（这是从热带回来的水手们的一种主要娱乐），然后惹它发怒，那么我们马上会看到，它会像柏林卖菜的女贩一样正确地使用它的骂人话。它在乞求美味食品时也有这样的情形。

首先是劳动，然后是语言和劳动一起，成了两个最主要的推动力，在它们的影响下，猿脑就逐渐地过渡到人脑；后者和前者虽然十分相似，但是要大得多和完善得多。随着脑的进一步的发育，同脑最密切的工具，即感觉器官，也同步发育起来。正如语言的逐渐发展必然伴随有听觉器官的相应的完善化一样，脑的发育也总是伴随有所有感觉器官的完善化。鹰比人看得远得多，但是人的眼睛识别东西远胜于鹰。狗比人具有锐敏得多的嗅觉，但是它连被人当作各种物的特定标志的不同气味的百分之一也辨别不出来。至于触觉，即在猿类中刚刚显示出最粗糙的萌芽的触觉，只是由于劳动才随着人手本身而一同形成。——脑和为它服务的感官、越来越清楚的意识以及抽象能力和推进能力的发展，又反作用于劳动和语言，为这二者的进一步发育不断提供新的推动力。这种进一步的发育，并不是在人同猿最终分离时就停止了，而是在此以后大体上仍然大踏步地前进着，虽然在不同的民族和不同的时代就程度和方向来说是不同的，有时甚至由于局部的和暂时的退步而中断；由于随着完全形成的人的出现又增添了新的因素——**社会**，这种发展一方面便获得了强有力的推动力，另一方面又获得了更加确定的方向。

从攀树的猿群进化到人类社会之前，一定经过了几十万年——这在地球的历史上只不过是人的生命中的一秒钟[①]。但是人类社会最后毕竟出现了。人类社会区别于猿群的特征在我们看来又是什么呢？是**劳动**。猿群满足于把它们由于地理位置或由于抵抗了邻近的猿群而占得的觅食地区的食物吃光。为了获得新的觅食地区，它们进行迁徙和战斗，但是除了无意中用自己的粪便肥沃土地以外，它们没有能力从觅食地区索取比自然界的赐予更多的东西。一旦所有可能的觅食地区都被占据了，猿类就不能再扩大繁殖了；这种动物的数目最多只能保持不变。但是一切动物对待食物都是非常浪费的，并且常常毁掉还处在胚胎状态中的新生的食物。狼不像猎人那样爱护第二年就要替它生小鹿的牝鹿；希腊的山羊不等幼嫩的灌木长大就把它们吃光，它们把这个国家所有的山岭都啃得光秃秃的。动物的这种“过度掠夺”在物种的渐变过程中起了重要的作用，因为它强迫动物去适应不同于往常食物的食物，因此它们的血液就获得了

① （注释）这方面的第一流权威威廉·汤姆生爵士曾经计算过：从地球冷却、到地面上能够生长植物和动物的时候起，已经过去了**一亿年多一点**。

和过去不同的化学成分，整个身体的结构也渐渐变得不同了，而从前某个时候固定下来的物种也就灭绝了。毫无疑义，这种过度掠夺有力地促进了我们的祖先转变成人。在智力和适应能力远远高于其他一切猿种的某个猿种中，这种过度掠夺必然造成的结果就是可食植物的数目越来越扩大，可食植物中可食用的部分也越来越增多，总之，就是食物越来越多样化，随之摄入身体内的物质也越来越多样化，而这些物质就是转变成人的化学条件。但是，这一切还不是真正的劳动。劳动是从制造工具开始的。我们所发现的最古老的工具是些什么东西呢？根据已发现的史前时期的人的遗物来判断，并且根据最早历史时期的人群和现在的最不开化的野蛮人的生活方式来判断，最古老的工具是些什么东西呢？是打猎的工具和捕鱼的工具，而前者同时又是武器。但是打猎和捕鱼的前提：是从只吃植物过渡到同时也吃肉，而这又是转变成人的重要的一步。**肉类食物**几乎现成地含有身体的新陈代谢所必需的各种最重要的物质；它缩短了消化过程以及身体内其他植物性的即同植物生活相关的各种过程的时间，因此赢得了更多的时间、更多的物质和更多的精力来过真正动物的生活。这种正在生成中的人离植物界越远，他超出动物界的程度也就越高。如果说除吃肉外还要习惯于吃植物这一情况使野猫和野狗变成了人的奴仆，那么除吃植物外也要吃肉的习惯则大大促进了正在生成中的人的体力和独立性。但是最重要的还是肉食对于脑的影响；脑因此得到了比过去丰富得多的为脑本身的营养和发展所必需的物质，因而它就能够一代一代更迅速更完善地发育起来。请素食主义者先生们恕我直言，如果不吃肉，人是不会到达现在这个地步的，并且，如果说在我们所知道的一切民族中，都曾经有一个时期由于吃肉而竟吃起人来（柏林人的祖先，韦累塔比人或维耳茨人，在10世纪还吃他们的父母），那么这在今天同我们已经毫不相干。

肉食引起了两个新的有决定意义的进步，即火的使用和动物的驯养。前者更加缩短了消化过程，因为它为嘴提供了可说是已经半消化了的食物；后者使肉食更加丰富起来，因为它在打猎之外开辟了新的更有规律的肉食来源，除此以外还提供了奶和奶制品之类的新的食品，而这类食品就其养分来说至少不逊于肉类。这样，对于人来说，这两种进步就直接成为新的解放手段。逐一详谈它们的各种间接的影响，未免扯得太远，虽然对于人类和社会的发展来说，这些影响也具有非常重大的意义。

正如人学会吃一切可以吃的东西一样，人也学会了在任何气候下生活。人分布在所有可居住的地面上，人是唯一能独立自主地这样做的动物。其他的动物，虽然也习惯于各种气候，但这不是独立自主的行为，而只是跟着人学会这样做的，例如家畜和为害的小动物就是这样。从原来居住的恒常炎热的地带，迁移到比较冷的、一年中分成冬季和夏季的地带，就产生了新的需要：要有住房和衣服以抵御寒冷和潮湿，要有新的劳动领域以及由此而来的新的活动，这就使人离开动物越来越远了。

由于手、发音器官和脑不仅在每个人身上，而且在社会中发生共同作用，人才有能力完成越来越复杂的动作，提出并达到越来越高的目的。劳动本身经过一代又一代变得更加不同、更加完善和更加多方面化了。除打猎和畜牧外，又有了农业，农业之后又有了纺纱、织布、冶金、制陶器和航行。伴随着商业和手工业，最后出现了艺术和科学；从部落发展成了民族和国家。法和政治发展起来了，而且和它们一起，人间事物在人的头脑中的虚幻的反映——宗教，也发展起来了。在所有这些起初表现为头脑的产物并且似乎支配着人类社会的创造物面前，劳动的手的较为简朴的产品退到了次要地位；何况能作出劳动计划的头脑在社会发展的很早的阶段上（例如，在简单的家庭中），就已经能不通过自己的手而是通过别人的手来完成计划好的劳动了。迅速前进的文明完全被归功于头脑，归功于脑的发展和活动；人们已经习惯于用他们的思维而不是用他们的需要来解释他们的行为（当然，这些需要是反映在头脑中，是进入意识的）。这样，随着时间的推移，便产生了唯心主义的世界观，这种世界观，特别是从古典古代世界没落时起，就统治着人的头脑。它现在还非常有力地统治着人的头脑，甚至连达尔文学派的具有唯物主义精神的自然研究家们对于人类的产生也没有提出明确的概念，因为他们在这种唯心主义的影响下，认识不到劳动在这中间所起的作用。

正如我们已经指出的，动物通过它们的活动同样也改变外部自然界，虽然在程度上不如人的作为。我们也看到：由动物改变了的环境，又反过来作用于原先改变环境的动物，使它们起变化。因为在自然界中任何事物都不是孤立发生的。每个事物都作用于别的事物，并且反过来后者也作用于前者，而在大多数场合下，正是由于忘记了这种多方面的运动和相互作用，就妨碍了我们的自然研究家看清最简单的事物。我们已经看到：山羊怎样阻碍了希腊森林的恢复；在圣赫勒拿岛，第一批扬帆过海者带到陆地上来的山羊和猪，把岛上旧有的一切植物几乎全部消灭光，因而为后来的水手和移民所引进的植物的繁殖准备了土地。但是，如果说动物对周围环境发生持久的影响，那么，这是无意的，而且对于这些动物本身来说是某种偶然的事情。而人离开动物越远，他们对自然界的影响就越带有经过事先思考的、有计划的、以事先知道的一定目标为取向的行为的特征。动物在消灭某一地带的植物时，并不明白它们是在干什么。人消灭植物，是为了腾出土地播种五谷，或者种植树木和葡萄，他们知道这样可以得到多倍的收获。他们把有用植物和家畜从一个地区移到另一个地区，这样就把各大洲的动植物区系都改变了。不仅如此，植物和动物经过人工培养以后，在人的手下变得再也认不出它们本来的样子了。人们曾去寻找演化为谷类的野生植物，但至今仍是徒劳。我们的各种各样的狗，或者种类繁多的马，究竟是从哪一种野生动物演化而来，这始终是一个争论的问题。

此外，不言而喻，我们并不想否认，动物是有能力作出有计划的、经过事先考虑的行动的。相反地，哪里有原生质和有生命的蛋白质生存着并起着反应，即由于外界的一定刺激而发生某种哪怕极简单的运动，那里就已经以萌芽的形式存在着这种有计划的行动。这种反应甚至在还没有细胞（更不用说神经细胞）的地方，就已经存在着。食虫植物捕捉猎获物的方法，虽然完全是无意识的，但从某一方面来看同样似乎是有计划的。在动物中，随着神经系统的发展，作出有意识有计划的行动的能力也相应地发展起来了，而在哺乳动物中则达到了相当高的阶段。在英国的猎狐活动中，每天都可以观察到：狐懂得怎样准确地运用关于地形的丰富知识来逃避追逐者，怎样出色地懂得并利用一切有利的地势来切断自己的踪迹。在我们身边的那些由于和人接触而获得较高发展的家畜中间，每天都可以观察到一些和小孩的行动同样机灵的调皮行动。因为，正如母体内的人的胚胎发展史，仅仅是我们的动物祖先以蠕虫为开端的几百万年的躯体发展史的一个缩影一样，孩童的精神发展则是我们的动物祖先、至少是比较晚些时候的动物祖先的智力发展的一个缩影，只不过更加压缩了。但是一切动物的一切有计划的行动，都不能在地球上打下自己的意志的印记。这一点只有人才能做到。

一句话，动物仅仅**利用**外部自然界，简单地通过自身的存在在自然界中引起变化；而人则通过他所作出的改变来使自然界为自己的目的服务，来**支配**自然界。[①]这便是人同其他动物的最终的本质的差别，而造成这一差别的又是劳动。

但是我们不要过分陶醉于我们人类对自然界的胜利。对于每一次这样的胜利，自然界都对我们进行报复。每一次胜利，起初确实取得了我们预期的结果，但是往后和再往后却发生完全不同的、出乎预料的影响，常常把最初的结果又消除了。美索不达米亚、希腊、小亚细亚以及其他各地的居民，为了得到耕地，毁灭了森林，但是他们做梦也想不到，这些地方今天竟因此而成为不毛之地，因为他们使这些地方失去了森林，也就失去了水分的积聚中心和贮藏库。阿尔卑斯山的意大利人，当他们在山南坡把在山北坡得到精心保护的那同一种枞树林砍光用尽时，没有预料到，这样一来，他们就把本地区的高山畜牧业的根基毁掉了；他们更没有预料到，他们这样做，竟使山泉在一年中的大部分时间内枯竭了，同时在雨季又使更加凶猛的洪水倾泻到平原上。在欧洲传播栽种马铃薯的人，并不知道他们随同这种含粉的块茎一起把瘰疬症也传播进来

① 恩格斯在此处页边上写着："通过改良"。——编者注

了。因此我们每走一步都要记住：我们统治自然界，决不像征服者统治异族人那样，决不是像站在自然界之外的人似的，——相反地，我们连同我们的肉、血和头脑都是属于自然界和存在于自然之中的；我们对自然界的全部统治力量，就在于我们比其他一切生物强，能够认识和正确运用自然规律。

事实上，我们一天天地学会更正确地理解自然规律，学会认识我们对自然界的习常过程所作的干预所引起的较近或较远的后果。特别自本世纪自然科学大踏步前进以来，我们越来越有可能学会认识并因而控制那些至少是由我们的最常见的生产行为所引起的较远的自然后果。但是这种事情发生得越多，人们就越是不仅再次地感觉到，而且也认识到自身和自然界的一体性，而那种关于精神和物质、人类和自然、灵魂和肉体之间的对立的荒谬的、反自然的观点，也就越不可能成立了，这种观点自古典古代衰落以后出现在欧洲并在基督教中取得最高度的发展。

但是，如果说我们需要经过几千年的劳动才多少学会估计我们的生产行为的较远的**自然**影响，那么我们想学会预见这些行为的较远的**社会**影响就更加困难得多了。我们曾提到过马铃薯以及随之而来的瘰疬症的蔓延。但是，同工人降低到以马铃薯为生这一事实对各国人民大众的生活状况所带来的影响比起来，同1847年爱尔兰因马铃薯遭受病害而发生的大饥荒比起来，瘰疬症又算得了什么呢？在这次饥荒中，竟把100万吃马铃薯或差不多专吃马铃薯的爱尔兰人送入坟墓，并有200万人逃亡海外。当阿拉伯人学会蒸馏酒精的时候，他们做梦也想不到，他们由此而制造出来的东西成了当时还没有被发现的美洲的土著居民后来招致灭绝的主要工具之一。以后，当哥伦布发现美洲的时候，他也不知道，他因此复活了在欧洲早已被抛弃的奴隶制度，并奠定了贩卖黑奴的基础。17世纪和18世纪从事制造蒸汽机的人们也没有料到，他们所制作的工具，比其他任何东西都更能使全世界的社会状态革命化，特别是在欧洲，由于财富集中在少数人一边，而另一边的绝大多数人则一无所有，起初使得资产阶级赢得社会的和政治的统治，尔后使资产阶级和无产阶级之间发生阶级斗争，而这一阶级斗争的结局只能是资产阶级的垮台和一切阶级对立的消灭。但是，就是在这一领域中，经过长期的、往往是痛苦的经验，经过对历史材料的比较和研究，我们也渐渐学会了认清我们的生产活动的间接的、较远的社会影响，因而我们也就有可能去控制和调节这些影响。

但是要实行这种调节，仅仅有认识还是不够的。为此需要对我们的直到目前为止的生产方式，以及同这种生产方式一起对我们的现今的整个社会制度实行完全的变革。

到目前为止的一切生产方式，都仅仅以取得劳动的最近的、最直接的效益为目的。那些只是在晚些时候才显现出来的、通过逐渐的重复和积累才产生效应的较远的结果，则完全被忽视了。原始的土地公有，一方面同眼界极短浅的人们的发展状态相适应，另一方面以可用土地的一定剩余为前提，这种剩余为应付这种原始经济的意外的灾祸提供了某种周旋余地。这种剩余的土地用光了，公有制也就衰落了。而一切较高的生产形式，都导致居民分为不同的阶级，因而导致统治阶级和被压迫阶级之间的对立；这样一来，生产只要不以被压迫者的最贫乏的生活需要为限，统治阶级的利益就会成为生产的推动因素。在西欧现今占统治地位的资本主义生产方式中，这一点表现得最为充分。支配着生产和交换的一个个资本家所能关心的，只是他们的行为的最直接的效益。不仅如此，甚至连这种效益——就所制造的或交换的产品的效用而言——也完全退居次要地位了；销售时可获得的利润成了唯一的动力。

——

资产阶级的社会科学，即古典政治经济学，主要只研究人以生产和交换为取向的行为所产生的直接预期的社会影响。这同以这种社会科学为其理论表现的社会组织是完全相适合的。在各个资本家都是为了直接的利润而从事生产和交换的地方，他们首先考虑的只能是最近的最直接的结果。一个厂主或商人在卖出他所制造的或买进的商品时，只要获得普通的利润，他就满意了，而不再关心商品和买主以后将是怎样的。人们看待这些行为的自然影响也是这样。西班牙的种植场主曾在古巴焚烧山坡上的森林，以为木灰作为肥料足够最能盈利的咖啡树施用一个世代之久，至于后来热带的倾盆大雨竟冲毁毫无掩护的沃土而只留下赤裸裸的岩石，这同他们又有什么相干呢？在今天的生产方式中，面对自然界以及社会，人们注意的主要只是最初的最明显的成果，可是后来人们又感到惊讶的是：人们为取得上述成果而作出的行为所产生的较远的影响，竟完全是另外一回事，在大多数情况下甚至是完全相反的；需求和供给之间的和谐，竟变成二者的两极对立，每十年一次的工业周期的过程就显示了这种对立，德国在“崩溃”期间也体验到了这种对立的小小的前奏：以自己的劳动为基础的私有权，必然进一步发展为劳动者丧失所有权，同时一切财产越来越集中在不劳动的人的手中；而［……］①

写于 1873—1883 年，1885—1886 年作了个别补充

原文是德文

第一次全文载于《马克思恩格斯文库》1925 年版第 2 卷

选自《马克思恩格斯全集》第 20 卷第 357—616 页

① 手稿到此中断。——编者注

注　释

1 《自然辩证法》是恩格斯的主要著作之一；它对19世纪中叶自然科学的最重要成就作了辩证唯物主义的概括，进一步发展了唯物主义辩证法并批判了自然科学中的形而上学和唯心主义观念。

《自然辩证法》是恩格斯多年来对自然科学进行深入研究的成果。恩格斯最初打算写一部反对庸俗唯物主义者路·毕希纳的论战性著作。这是1873年1月左右的想法（见《马克思恩格斯全集》第20卷第542—547页），恩格斯对毕希纳的批判性研究超出了计划中的著作的范围，直接转入《自然辩证法》的写作。恩格斯在1873年5月30日给马克思的信中，叙述了《自然辩证法》的宏大计划。在以后几年，恩格斯按既定计划进行了大量的工作，但计划未能完全实现。

有关《自然辩证法》的材料是1873—1886年这一时期写成的。整部著作没有写完，并且在恩格斯生前没有发表过。

《自然辩证法》的形成史可分为两个主要时期：从计划写这一著作到完成《反杜林论》（1873年初—1878年中）和从《反杜林论》写完后到马克思病逝前（1878年夏—1882年夏）。在前一时期，恩格斯完成几乎所有的札记和关于细节的研究，除原来为别的用途写的文章外，只完成一篇较完整的论文《导言》。在后一时期，恩格斯拟定了未来著作的具体计划，写完了几乎所有的论文。在马克思逝世后，恩格斯由于全力以赴完成《资本论》的出版工作和领导国际工人运动，事实上停止了《自然辩证法》的写作。

《自然辩证法》的材料有四束，并冠以下列标题：《辩证法和自然科学》、《自然研究和辩证法》、《自然辩证法》、《数学和自然科学。不同的东西》。这种划分显然不是为了立即发表，这里既看不出是按内容划分，也不是严格按写作时间顺序划分。这四束中只有两束（第二束和第三束）有恩格斯编的目录，列出了该束所包括的材料。另两束至今仍无法判定分别包含哪些材料以及材料是如何排列的。

《自然辩证法》四束手稿还包含了原来不是为这一著作而写的另外一些手稿。这就是：《〈反杜林论〉旧序》、《反杜林论》三则注释（《关于现实世界中数学上的无限之原型》、《关于“机械的”自然观》和《最初，凯库勒》）、《〈费尔巴哈〉的删略部分》、《劳动在从猿到人的转变中的作用》和《神灵世界中的自然研究》等，此外还可能有几篇札记材料。

《马克思恩格斯全集》1985年历史考证版第1部分第26卷刊出的《自然辩证法》共收入197件文字材料，并分别按写作时间顺序和内容编排次序重复发表。后一编排方式的分篇和标题设置，以恩格斯的写作计划为基本依据。本选集采用第二种方式刊出所节选的材料。

全书要目如下：

自然辩证法

1878年的计划

历史导论

历史的东西

导言

札记和片断

黑格尔以来的理论发展进程。哲学和自然科学

《反杜林论》旧序。论辩证法

神灵世界中的自然研究

札记和片断

辩证法作为科学

辩证法

札记和片断

规律和范畴

认识

物质的运动形式和各门科学的联系

各门科学的辩证内容

1880 年的计划

运动的基本形式

札记和片断

运动的尺度——功

札记和片断

关于数学

关于力学和天文学

关于物理学

关于化学

关于生物学

自然界和社会

劳动在从猿到人的转变中的作用

各束手稿的标题和目录

在恩格斯生前，《自然辩证法》的材料没有发表过。在他逝世以后发表了他列入《自然辩证法》的两篇论文：《劳动在从猿到人的转变中的作用》于 1896 年发表在《新时代》杂志，《神灵世界中的自然研究》于 1898 年发表在《世界新历画报》年鉴。《自然辩证法》于 1925 年第一次用德文和俄译文对照的形式全文发表于《马克思恩格斯文库》1925 年莫斯科版第 2 卷。

2 《1878 年的计划》是恩格斯写完《反杜林论》以后，为《自然辩证法》拟定的具体计划，第一次以详细提纲的形式确定了整部著作的结构。该计划可能是 1878 年 8 月下半月或 9 月初写成的，因为里面提到了 1878 年 5—6 月写的《反杜林论》旧序和 1878 年 7 月出版的恩·海克尔的小册子《自由的科学和自由的讲授》；此外，这个计划第 11 项提到德国资产阶级达尔文主义者恩·海克尔和奥·施米特，1878 年 8 月 10 日恩格斯给拉甫罗夫的信中又谈到了同样的内容（见《马克思恩格斯全集》第 34 卷第 315 页）。

3 关于有机体是“细胞国家”的形形色色的观点，出现在 19 世纪下半叶，按照这种观点，可以把由细胞组成的有机体比作国家，把各个细胞比作单个人。鲁·微耳和在他的《细胞病理学》一书（第 1 版于 1858 年出版）中提出下述观点，动物个体分解为组织，组织分解为细胞层，细胞层分解为单个细胞，所以归根到底，动物个体是单个细胞的机械总和（见该书 1871 年柏林第 4 版第 17 页）。

4 《导言》是《自然辩证法》中第一篇较完整的长篇论文，它对以前写成的关于自然界的

历史和认识自然的历史的很多札记进行了加工。在《自然辩证法》第三束材料的目录中，这篇《导言》叫作《旧导言》。《导言》中有两个地方使我们可以确定它的写作日期。在《马克思恩格斯选集》第 4 卷第 271 页上，恩格斯说："细胞被发现还不到 40 年。"如果留意一下恩格斯在 1858 年 7 月 14 日给马克思的信中曾指出发现细胞的大致日期是 1836 年（见《马克思恩格斯全集》第 29 卷第 324 页），那么，可得出结论：《导言》是 1876 年以前写的。其次，在《马克思恩格斯选集》第 4 卷第 273 页上，恩格斯写道："在大约十年前才认识到，无结构的蛋白质执行着生命的一切主要机能。"这里所指的是原虫——最简单的有机体。原虫是恩·海克尔在他于 1866 年出版的著作《有机体普通形态学》中第一次加以描述的。由此可以得出结论：《导言》约写于 1876 年。《导言》的初稿写于 1874 年底。把上述所有事实加以比较，就可确定《导言》的写作日期是 1875 年底或 1876 年上半年。《导言》的第一部分可能写于 1875 年 11 月或 12 月，第二部分可能写于 1876 年上半年。

5 指哥白尼在他临终的那天——1543 年 5 月 24 日（旧历）得到一本他的刚刚在纽伦堡印好的著作《天体运行》该著作阐述了宇宙的太阳中心说。

6 根据在 18 世纪化学中占统治地位的观点，燃烧的过程决定于可燃物体中有一种特殊的物质——燃素，它在燃烧时从可燃物体中逸出。但是，由于人们知道，金属在空气中燃烧时重量却增加了。于是主张燃素说的人断言燃素具有一种在物理学上无法解释的负重量。杰出的法国化学家安·罗·拉瓦锡证明了这种理论是毫无根据的，他把燃烧过程正确地解释为燃烧着的物质与氧化合的反应。关于燃素说曾经起过的积极作用，恩格斯曾在《〈反杜林论〉旧序》的结尾部分谈到（见《马克思恩格斯选集》第 4 卷第 290 页），并在《资本论》第 2 卷的序言中详加论述（见《马克思恩格斯全集》第 24 卷第 20—21 页）。

7 根据康德的星云假说，太阳系是从原始星云（拉丁文 nebula——雾）发展而来的。他在 1755 年柯尼斯堡和莱比锡出版的著作《自然通史和天体论，或根据牛顿原理试论宇宙的结构和机械起源》中阐述了这一假说。这本书是匿名出版的。

拉普拉斯关于太阳系的构成的假说，最初见于他的在法兰西共和四年〔1796 年〕在巴黎出版的《宇宙体系解说》第 1—2 卷最后一章中。由他生前编好，死后于 1835 年出版的该书的最后一版即第 6 版中，这个假说是在第 7 个注中阐述的。

宇宙空间存在着类似康德—拉普拉斯星云假说所设想的原始星云的炽热的云雾体，是由英国天文学家威·哈金斯于 1864 年用光谱学方法证实的，他在天文学中广泛地运用了古·基尔霍夫和罗·本生在 1859 年创造的光谱分析法。恩格斯在这里参考了安·赛奇《太阳》1872 年不伦瑞克版第 787、789—790 页。

8 *文昌鱼*（Amphioxus）是一种有些像鱼形的小动物，是非脊椎动物到脊椎动物之间的一种过渡形态；产于许多海洋。

南美肺鱼（Lepidosiren）是肺鱼属的动物，兼有肺和鳃；产于南美。

9 *一角鱼*（Ceratodus）是一种肺鱼，产于澳洲。

始祖鸟（Archaeopteryx）是一种古生脊椎动物，是鸟类最古的代表，具有爬虫类的某些特征。

恩格斯在这里利用了亨·阿·尼科尔森的著作《动物学手册》，该书第 1 版于 1870 年出版，恩格斯使用的是 1874 年以前的某个版本。

10 1759 年卡·弗·沃尔弗发表了自己的学位论文《发育论》，驳斥了预成论，科学地论证了渐成论。

预成是指成熟的机体在胚细胞中预先形成。预成论在17世纪和18世纪生物学家中占统治地位。从预成论的拥护者的形而上学观点看来，成熟的机体的一切部分都已经以紧缩的形式存在于胚胎中，这样一来，机体的发育被归结为已有器官的纯粹量的增长，而本来意义上的发育，即作为新生成（渐成）的发育就不发生了。从沃尔弗到达尔文等许多杰出的生物学家不断论证并发展了渐成论。

11 《〈反杜林论〉旧序。论辩证法》是这篇论文在第二束材料目录中的标题。它是恩格斯在把《自然辩证法》材料加以分类时列入第二束的。这篇论文的手稿上只有一个《序》字作为标题。而在第一页上面还标有《杜林，科学中的变革》等字样。它是1878年5月或6月初作为《反杜林论》第1版序而写的。但是恩格斯后来又决定用一个较短的序（见《马克思恩格斯选集》第3卷第343—346页）来代替这个原来的序。新序注明日期是1878年6月11日，新序中使用了《旧序》前五段的文字。

12 《神灵世界中的自然研究》是写在手稿第一页上的标题。恩格斯后来把它列入第三束，标题是《自然科学和神灵世界》。这篇论文可能最早写于1878年1月，因为恩格斯在这篇论文中（见《马克思恩格斯选集》第4卷第299页）谈到弗·策尔纳关于系在桌上的一条线打了几个结的“实验”这个“最近传来的捷报”；策尔纳是1877年12月17日在莱比锡做这些“实验”的。

恩格斯的这篇论文在他逝世以后第一次发表于德国社会民主党的《世界新历画报》年鉴1898年汉堡版第56—59页。

13 麦斯默术是一种以关于某种“动物磁力”的理论为基础的医术，以其创立者奥地利医生弗·安·麦斯默（1734—1815）命名。麦斯默术在18世纪末得到广泛的流传，并且是降神术的前导之一。

14 19世纪初奥地利医生弗·约·加尔创立颅相学，认为人的大脑的一定部位上生长有各种心理特征的器官，某种心理特性和能力的发展会引起大脑相应部位的发育并使颅骨的相应部位隆起。因此，似乎根据颅骨的外形就可判断人的心理特性。颅相学的结论曾被各式各样的江湖术士包括降神术士广为利用。

15 巴拉塔里亚岛（源出西班牙语barato——廉价的）是塞万提斯的小说《唐·吉诃德》中虚构的一个岛。在该书第2部第45—53章中，唐·吉诃德的侍从桑乔·潘萨被任命为该岛的总督。

16 铊是威·克鲁克斯1861年发现的。

辐射计（“Lichtmühle”——“光转车辐射计”）是一种测量光能的仪器：在一个真空玻璃球内装一根垂直或水平细线，上装几个轻质的小翼，小翼在辐射的作用下旋转，使细线折弯而产生偏向角，用测定偏向角的方法来测量光能。辐射计是1873—1874年由克鲁克斯设计成功的。

17 《灵学家》是英国降神术士的周报，1869年至1882年在伦敦出版；1874年起用《灵学家报》的名称出版。

下面的引文都引自威·克鲁克斯发表在1874年6月5日《灵学家》上的文章《“凯蒂·金”的最后出现》。

18 指的是彼得堡大学物理学会于1875年5月6日设立而于1876年3月21日结束工作的“神媒现象考察委员会”。这个委员会的成员有德·伊·门捷列耶夫和其他许多著名的科学家。委员会曾要求在俄国传播降神术的人——亚·尼·阿克萨柯夫、亚·米·布特列罗夫、尼·彼·瓦格纳——提供关于“真实的”降神现象的材料。委员会得出的结论是：“降神现象发生于无意识的动作或有意识的欺骗，而降神说是迷信。”这个结论曾发表于 1876 年 3 月 25 日《呼声报》上。委员会的材料由德·伊·门捷列耶夫出版，书名是《判断降神术的材料》1876 年圣彼得堡版。

19 恩格斯暗指 1871 年巴黎公社以后在德国特别流行的对达尔文主义的反动攻击。甚至像微耳和这样的大科学家，以前是达尔文主义的信徒，也在 1877 年自然研究家和医生慕尼黑代表大会上建议禁止讲授达尔文主义，断言达尔文主义与社会主义运动有紧密的联系，因而对于现存的社会制度是危险的。见鲁·微耳和《现代国家中的科学自由》1877 年柏林版第 12 页。

20 教皇“永无谬误”的教义是 1870 年 7 月 18 日在罗马公布的。德国的天主教神学家德林格尔拒绝承认这一教义。美因茨的主教凯特勒最初也反对宣布新教义，但是很快就接受了这一教义而且变成了它的热烈拥护者。

21 这段话引自托·赫胥黎 1869 年 1 月 29 日给伦敦逻辑学会的信。这个学会邀请他参加降神现象研究委员会的工作。赫胥黎拒绝了这一邀请，并且发表了许多讽刺降神术的意见。戴维斯的著作《神秘的伦敦》1875 年伦敦版第 389 页引用了这封信。

22 指不像过去在牛顿的著作中所表述的那样，从旧意义上把“形而上学”了解为一般哲学思维，而是从现代意义上把它了解为形而上学的思维方法。

23 《辩证法》是这篇论文在手稿第 1 页上的标题。在手稿第 5 页和第 9 页（即第二和第三张稿纸开头）的上端边上注有“辩证法的规律”的字样。论文没有完成。它写于 1879 年，但不早于当年 9 月。这个日期是根据下列事实确定的。在论文中引证了罗斯科和肖莱马著《化学教程大全》第 2 卷的结尾部分；这一卷的第 2 部分是 1879 年 9 月初出版的。其次，在论文中一点没有谈到钪的发现（1879 年），如果这篇论文写于 1879 年以后，那么，恩格斯在说到镓的发现时，就不可能不提到钪。

24 细颚龙（Compsognathus）是一种已经绝迹的动物，恐龙的一支（鸟臀目），属爬虫类，但就其骨盘和后肢的构造看来很像鸟（见亨·阿·尼科尔森《动物学手册》1878 年爱丁堡和伦敦第 5 版第 545 页）。

25 黑格尔《哲学全书》第 135 节附释：“不应当把动物的四肢和各种器官只看作动物的各个部分，因为四肢和各种器官只有在它们的统一体中才是四肢和各种器官，它们决不是和它们的统一体毫无关系的。四肢和各种器官只是在解剖学家的手下才变成单纯的部分，但这个解剖学家这时所处理的已不是活的躯体，而是尸体。”

26 黑格尔《哲学全书》第 126 节附释：“甚至有人还将这种认为物的持存是由独立的质素所构成的理论常常应用于有机生命方面，也是显得不够用的。我们当然可以说，这一动物是由骨骼、筋肉、神经等所构成。但很明显，在这里我们用构成一词，与前面所说花岗石是由某些质素构成的，其意义又不相同。因为在花岗石里，各种质素的联合完全不相干，即使不联合在一起，各个质素仍可独立存在。反之，有机体的各部分，各肢节只有在它们的联合里才能存在，彼此一经分离便失掉其为有机体的存在。”

27 黑格尔《哲学全书》第 117 节附释：“此外，比较的任务既在于从当前的差别中求出同一，则我们不能不认数学为最能圆满达到这种目的的科学。其所以如此，即由于量的差别仅是完全外在的差别。譬如，在几何里一个三角形与一个四角形虽说有质的不同，但可以忽略这种质的差别，而说它们彼此的大小相等。”

28 黑格尔《哲学全书》第 115 节附释：“于是同一律便被表述为‘一切东西和它自身同

一'；或'甲是甲'。否定的说法；'甲不能同时为甲与非甲'。这种命题并非真正的思维规律，而只是抽象理智的规律。这个命题的形式自身就陷于矛盾，因为一个命题总须得说出主词与谓词间的区别，然而这个命题就没有做到它的形式所要求于它的。"

29 黑格尔《哲学全书》第39节："经验中诚然呈现出很多甚或不可胜数的相同的知觉，但普遍性与一大堆事实完全是两回事。同样，经验中还呈现许多前后相续的变化的知觉和地位接近的对象的知觉，但是经验并不提供必然性的联系。如果老是把知觉当作真理的基础，普遍性与必然性便会成为不合法的，一种主观的偶然性，一种单纯的习惯，其内容可以如此，也可以不如此的。"

恩格斯

《路德维希·费尔巴哈和德国古典哲学的终结》

学 习 提 示

《路德维希·费尔巴哈和德国古典哲学的终结》（以下简称《费尔巴哈论》）写于1886年，最初发表于德国社会民主党机关刊物《新时代》的第4期和第5期。1888年恩格斯作了修改并增写了序言，又把马克思1845年春所写的《关于费尔巴哈的提纲》作为附录，以单行本形式出版。《费尔巴哈论》是一部完整地阐述马克思主义哲学形成史的著作，在马克思主义哲学发展史上占有重要的地位。

19世纪80年代，处于"和平发展"时期的欧洲各主要资本主义国家生产力发展迅速；马克思主义得到了广泛传播，并已经在德国社会民主党内确立了统治地位。各种非马克思主义的思潮和派别为了抵制马克思主义的巨大影响，把德国古典哲学中的一些学说改头换面，拼凑其中的唯心主义和形而上学，以"新哲学"的名义兜售折中主义的残羹剩汁。在英国、瑞典、丹麦、挪威等国，出现了新黑格尔主义；在德国则以新康德主义影响最大。新黑格尔主义对黑格尔哲学做主观唯心主义的解释，歪曲辩证法思想，着重发挥黑格尔的伦理和国家学说服务于资产阶级的反动统治。新康德主义则在"回到康德去"的口号下复活康德的先验唯心主义和不可知论。他们还攻击马克思主义的辩证法，把它与黑格尔的辩证法混为一谈；攻击科学社会主义，把康德的伦理学当作社会主义的理论基础。这些哲学思潮通过社会民主党内的右翼人物渗透到工人运动中。德国社会民主党内的机会主义者把马克思主义哲学歪曲为黑格尔哲学和费尔巴哈哲学的简单凑合，抹杀无产阶级世界观与资产阶级世界观的根本区别，企图把工人运动引向改良主义的道路。

《费尔巴哈论》正是出于当时无产阶级革命斗争的迫切需要，全面说明了马克思主义哲学同德国古典哲学的关系，并通过正面阐述马克思主义哲学的一系列重要原理，反击资产阶级哲学思潮的进攻，积极引导工人运动健康发展。

这部著作包括序言、正文四章及结束语。

在序言中，恩格斯简要说明了写作该书的历史背景和主要目的。首先，为了全面系统地阐明马克思主义哲学同德国古典哲学的主要代表黑格尔哲学以及在马克思、恩格斯的世界观从唯心主义向唯物主义转变中起过重要作用的费尔巴哈哲学的关系。早在1845年他们就打算阐明自己的“与德国哲学的意识形态的见解的对立”，因此而写作了《德意志意识形态》，但由于各种因素特别是反动当局的阻挠未能出版。40多年来，他们对与黑格尔的关系虽然有所涉及但不够全面系统，对费尔巴哈则从未回顾过。其次是为了反击资产阶级反动思潮假借复活德国古典哲学对马克思主义进行的攻击。所以恩格斯受《新时代》杂志邀请著文评述丹麦哲学家施达克的《路德维希·费尔巴哈》，借以实现夙愿。

在第一章中，恩格斯概要地评述了黑格尔哲学及其学派的解体，并通过分析黑格尔辩证法的合理内核阐述了辩证法的革命性质。他首先指出，黑格尔哲学产生于1848年革命的准备时期，“正像在18世纪的法国一样，在19世纪的德国，哲学革命也作了政治崩溃的前导”。但当时的德国资产阶级在政治上具有革命和保守两重性，在黑格尔哲学中表现为革命的辩证法和保守的唯心主义体系的矛盾。

其次，恩格斯剖析了黑格尔在《法哲学原理》中提出的一个著名命题：“凡是现实的都是合乎理性的，凡是合乎理性的都是现实的”，阐明了黑格尔唯心辩证法的合理内核。虽然这一命题看起来是在哲学上替专制制度、反动国家辩护，但由于“现实性在其展开过程中表明为必然性”，因而决不是一切现存的都无条件地也是现实的；当时的普鲁士国家只在它是必然的限度内才是合乎理性的。在发展过程中，以前一切现实的事物都会因丧失其必然性而变成不现实的、不合理的东西而逐渐衰亡下去；一种新的、富有生命力的现实的东西就会起来代替正在衰亡的现实的东西。恩格斯指出，按照黑格尔思维方法的一切规则，这个命题就会转变为另一个命题：“凡是现存的，都一定要灭亡”。他由此揭示了辩证法的革命性质：不承认任何最终的、绝对的、神圣的东西，指出了一切事物的暂时性；彻底否定了关于人的思维和行动的一切结果具有最终性质的看法，揭示了人的认识和人类社会都是不断从低级上升到高级的过程，不存在最终的绝对真理和与之相应的绝对的人类状态。

再次，恩格斯揭示了黑格尔哲学的辩证法和唯心主义体系的矛盾。他指出，黑格尔自己并没有明确作出按照其方法必然要得出的革命结论，革命的方面被过分茂密的保守的方面窒息了；他把自己的哲学宣布为绝对真理，把君主立宪的普鲁士王国当作历史发展的顶峰。黑格尔哲学内在矛盾的原因在于它的唯心主义体系和德国资产阶级的两重性，以及要求克服一切矛盾的哲学体系传统的束缚。然而黑格尔的体系包括了以前任何体系所不可比拟的广大领域，阐发了令人惊奇的丰富思想，在各个领域中都起了划时代的作用。

最后，恩格斯从黑格尔方法和体系的矛盾出发分析了黑格尔学派解体的必然性以及费尔巴哈在克服黑格尔哲学中所起的重要作用。由于社会矛盾和政治斗争的尖锐化，黑格尔学派分裂为注重体系的老年黑格尔派和注重方法的青年黑格尔派。政治斗争，特别是对现存宗教进行斗争的实践需要，又把大批最坚决的青年黑格尔分子推回到英国和法国的唯物主义。费尔巴哈的《基督教的本质》一书在 1841 年的出版，使唯物主义重新登上王座，起到了重要的思想解放作用。但是费尔巴哈简单地把黑格尔哲学体系当作错误的东西加以抛弃，而没有批判地消灭它的形式、救出通过这个形式获得的新内容。

在第二章，恩格斯着重提出并论述了哲学的基本问题，在此基础上全面评述了费尔巴哈哲学，分析了旧唯物主义的局限性。首先，恩格斯明确概括了哲学的基本问题，指出“全部哲学，特别是近代哲学的重大的基本问题，是思维和存在的关系问题”。它有两方面的内容，第一方面是思维对存在、精神对自然界孰为本原的问题，并以此作为划分唯物主义和唯心主义的唯一标准；第二方面是思维和存在的同一性问题，即世界是否可知的问题。绝大多数哲学家对此都作了肯定的回答，还有一些则否认认识世界的可能性。恩格斯指出，以休谟和康德为代表的不可知论在理论上和实践上已被驳倒，“最令人信服的驳斥是实践，即实验和工业”。

其次，恩格斯指出，费尔巴哈确认物质不是精神的产物，而精神却只是物质的最高产物。但是费尔巴哈到这里就突然止步不前了。他把唯物主义和唯物主义的特殊形式混为一谈。18 世纪唯物主义的局限性在于用纯粹机械的原因解释一切事物的机械性以及非历史的形而上学。费尔巴哈没能克服这两个缺陷，也没有能够使社会科学建立在唯物主义的基础上，即在社会历史领域中仍然是唯心主义的。恩格斯在这里揭示了一切旧唯物主义的局限性，并且指出了费尔巴哈未能成为一个彻底的唯物主义者的原因：脱离了社会的政治斗争实践，不了解自然科学的最新进展。恩格斯由此概括了唯物主义的发展道路：随着自然科学（姑且不谈人类历史）领域中每一个划时代的发现，唯物主义必然要改变自己的形式；在马克思对历史也作出唯物主义的解释后，一条新的发展道路已在这里开辟出来了。

最后，恩格斯批判了施达克的错误观点，即把“相信人类进步”、“追求理想目标”叫做唯心主义，对唯物主义则庸人式地理解为放纵物质欲望，指出这既不符合哲学史实，又抹杀了哲学两大派别对立的真实意义。

在第三章，恩格斯批判了费尔巴哈的宗教哲学和伦理学，揭示了其历史唯心主义的实质及根源。首先，恩格斯批判了费尔巴哈宗教哲学的两个主要观点。一是把“心”看作是宗教的本质，在反对有神的宗教的同时主张建立以两性之爱为核心的新的宗教。恩格斯指出，费尔巴哈这一观点的唯心主义在于，它不能按照本来面貌看待人们之间的感情关系，以为这些关系只有用宗教名义神圣化才会获得完整的意义。费尔巴哈想以一种本质上是唯物主义的自然观为基础建立真正的宗教是错误可笑的。费尔巴哈虽然揭露基督教的神只是人的虚幻的反映、映像，但这个“人”不是现实的人，对抽象的人的崇拜，是费尔巴哈的新宗教的核心。二是把宗教的变迁看作人类历史各个时期区分的决定因素。恩格斯认为，不能用宗教来解释历史，而必须用历史来解释宗教。只有在人工造成的世界宗教那里才能看到某些时期的历史运动带有宗教的色彩，这种色彩是由该时期的特殊历史条件如阶级状况决定的。费尔巴哈的观点会使对历史上重大的阶级斗争的理解成为不可能。

其次，恩格斯指出费尔巴哈的伦理学表现出与黑格尔相比的惊人的贫乏。他虽然把人作为出发点，但根本没讲到这个人生活的现实世界。在善恶对立的研究上他同黑格尔相比也是肤浅的，不懂得道德上的“恶”所起的历史作用。恩格斯重点分析批判了费尔巴哈“对己以合理的自我节制，对人以爱”的道德基本准则。这一准则企图为一切时代、一切民族、一切情况而设计，因而是抽象的、软弱无力的，在任何地方和任何时候都是不适用的。恩格斯从唯物史观出发，指出道德总是历史的、具体的；在阶级社会里，每一个阶级，甚至每一个行业，都各有各的道德；费尔巴哈在一个分裂为利益直接对立的阶级的社会里鼓吹抽象的爱，就使他的哲学中最后一点革命性也消失了。

最后，恩格斯指出，虽然费尔巴哈紧紧抓住自然界和人，但由于他所抓住的不是现实的自然界，也不是现实的亦即“在历史中行动的人”，所以在社会历史领域他只能停留于唯心主义。费尔巴哈同现实世界的分离以及当时德国的社会状况，是他不能找到从抽象王国通向活生生的现实世界的道路的根源。

在第四章，恩格斯阐述了马克思在黑格尔学派解体过程中所实现的革命性变革以及唯物主义新形式产生的自然科学和社会历史背景，概述了马克思主义哲学的一系列重要观点。恩格斯指出，费尔巴哈虽然是一个杰出的哲学家，但下半截是唯物主义者，上半截是唯心主义者；他没有批判地克服而是简单地抛弃了黑格尔。在黑格尔学派解体过程中产生的唯一结出果实的派别是马克思主义哲学。马克思主义哲学在哲学发展史上所作的革命性变革及其意义主要在于：一是在同黑格尔分离而返回唯物主义观点时，第一次对唯物主义世界观采取了真正严肃的态度，并将唯心主义最终从社会历史领域清除出去，创立了历史唯物主义；二是把黑格尔哲学的革命方面即辩证方法批判地加以改造，使之建立在唯物主义基础上；三是对整个近代哲学的对象和任务实现了根本转变。在以黑格尔为代表的近代哲学那里，哲学是“似乎凌驾于一切专门科学之上并把它们包罗在内的科学的科学”，自然哲学、历史哲学等等都是以哲学家头脑中臆造的联系来代替现实的联系。而马克思主义哲学则把自己的任务确定为：在具体科学提供材料的基础上，去发现客观世界本身的内在联系、发现支配着自然界以及人类社会历史的一般运动规律。恩格斯还说明了马克思主义哲学所作出的这一变革，是同自然科学的巨大进步联系在一起的。资本主义的发展使阶级关系简化，显露了资产阶级和无产阶级起源和发展的经济原因及阶级斗争的根源。这就使以唯物主义历史观为核心的新历史形式的唯物主义得以产生。

恩格斯在作上面的阐述的同时，概要地阐发了马克思主义哲学特别是唯物主义历史观的一系列重要观点。第一，“世界不是既成事物的集合体，而是过程的集合体”，一切事物处在生成和灭亡的不断变化中，前进的发展终究会实现。人们所获得的一切知识必然具有相对性，真理也是不断发展的。第二，“历史进程是受内在的一般规律支配的”，但是社会发展史有不同于自然发展史的特点。在社会历史领域进行活动的，是具有自觉目的的人。然而无数单个愿望和单个行动相互冲突，行动的结果往往与目的相背离。这样，“在表面上是偶然性在起作用的地方，这种偶然性始终是受内部的隐蔽着的规律支配的”。因而不能停留在表面的动机，而要深入到动机背后的历史动力。关注使广大群众、整个民族、整个阶级行动起来的动机，以及持久的、引起重大历史变迁的行动，是探索历史规律的唯一途径。第三，“一切政治斗争都是阶级斗争，而一切争取解放的阶级斗争”，归根到底都是围绕经济解放进行的。第四，“国家，政治制度是从属的东西，而市民社会，经济关系的领域是决定性的因素”。国家以集中的方式反映了支配着生产的阶级的经济需要。公法和私法同样是由经济关系决定的。同时，国家作为第一个支配人的意识形态力量一经产生就成为对社会来说的独立力量。第五，哲学和宗教等远离物质经济基础的意识形态，归根到底是由人们的物质生活条件决定的。同时，宗教一旦形成，总要包含某些传统的材料，因为在一切意识形态领域内传统都是一种巨大的保守力量。但是，这些材料所发生的变化是由造成这种变化的人们的阶级关系即经济关系引起的。最后，恩格斯总结说，马克思的历史观和自然观使一切虚构联系的历史哲学和自然哲学都成为不必要的和不可能的。

在结束语中恩格斯分析了1848年以后德国官方理论界的堕落，说明“在劳动发展史中找到理解全部社会史的锁钥的新派别”——马克思主义——是工人阶级的理论代表，指出德国的工人运动是德国古典哲学的真正继承者。

《费尔巴哈论》在马克思主义哲学史上的地位十分重要。在马克思主义哲学创立40年后回顾与总结同德国古典哲学的关系，不仅具有特殊的历史意义，更具有深刻的理论意义。恩格斯在书中第一次明确概括的哲学的基本问题，根据他在《反杜林论》里关于“以往的全部哲学”被“扬弃”了的看法①，可以认为是针对以往的全部哲学特别是近代哲学的，这就为观察和理解以往的哲学

① 《马克思恩格斯选集》第3卷，人民出版社1995年版，第364、481页。

史提供了一个重要的视角。尽管这一视角后来被夸大为唯一的并从而把哲学史简单化为唯物主义与唯心主义的斗争史，把马克思主义哲学单纯理解为近代哲学的一种新形式，但这不是恩格斯的本意。相反，恩格斯准确地揭示了近代哲学的问题域，显露了近代哲学的根本缺陷之所在，特别是形而上学的非历史性问题。恩格斯在书中系统阐述了唯物主义历史观的重要观点及其方法，特别是关于人的自觉活动与客观历史规律的辩证关系的理论阐述，发展了马克思关于作为历史主体的现实的人的能动性和受动性相统一的思想，为澄清唯物主义历史观的基本前提和出发点作出了贡献。恩格斯在对马克思主义哲学的创立所实现的革命性变革及其意义的阐发中，揭示了德国古典哲学乃至整个近代哲学由于其内在矛盾和时代变迁而发生根本转向的必然性，这对于我们学习马克思主义哲学、理解其当代意义极富启发性。

原著

路德维希·费尔巴哈和德国古典哲学的终结[1]

1888年单行本序言

马克思在《政治经济学批判》(1859年柏林版)的序言中说,1845年我们两人在布鲁塞尔着手"共同阐明我们的见解"——主要由马克思制定的唯物主义历史观——"与德国哲学的意识形态的见解的对立,实际上是把我们从前的哲学信仰清算一下。这个心愿是以批判黑格尔以后的哲学的形式来实现的。两厚册八开本的原稿早已送到威斯特伐利亚的出版所,后来我们才接到通知说,由于情况改变,不能付印。既然我们已经达到了我们的主要目的——自己弄清问题,我们就情愿让原稿留给老鼠的牙齿去批判了"①。

从那时起已经过了四十多年,马克思也已逝世,而我们两人谁也没有过机会回到这个题目上来。关于我们和黑格尔的关系,我们曾经在一些地方作了说明,但是无论哪个地方都不是全面系统的。至于费尔巴哈,虽然他在好些方面是黑格尔哲学和我们的观点之间的中间环节,我们却从来没有回顾过他。

这期间,马克思的世界观远在德国和欧洲境界以外,在世界的一切文明语言中都找到了拥护者。另一方面,德国的古典哲学在国外,特别是在英国和斯堪的纳维亚各国,有某种复活。甚至在德国,各大学里借哲学名义来施舍的折衷主义残羹剩汁,看来已叫人吃厌了。

在这种情况下,我感到越来越有必要把我们同黑格尔哲学的关系,我们怎样从这一哲学出发又怎样同它脱离,作一个简要而又系统的阐述。同样,我也感到我们还要还一笔信誉债,就是要完全承认,在我们的狂飚时期,费尔巴哈给我们的影响比黑格尔以后任何其他哲学家都大。所以,当《新时代》杂志编辑部要我写一篇批评文章来评述施达克那本论费尔巴哈的书②时,我也就欣然同意了。我的这篇文章发表在该杂志1886年第4期和第5期,现在经过修订以单行本出版。

---

① 见《马克思恩格斯选集》第2卷,人民出版社1995年版,第34页。——编者注

② 指卡·尼·施达克《路德维希·费尔巴哈》1885年斯图加特版。——编者注

在这篇稿子送去付印以前，我又把1845—1846年的旧稿①找出来看了一遍。其中关于费尔巴哈的一章没有写完。已写好的部分是阐述唯物主义历史观的；这种阐述只是表明当时我们在经济史方面的知识还多么不够。旧稿中缺少对费尔巴哈学说本身的批判；所以，旧稿对现在这一目的是不适用的。可是我在马克思的一本旧笔记中找到了十一条关于费尔巴哈的提纲，现在作为本书附录刊印出来。这是匆匆写成的供以后研究用的笔记，根本没有打算付印。但是它作为包含着新世界观的天才萌芽的第一个文件，是非常宝贵的。

弗里德里希·恩格斯

1888年2月21日于伦敦

载于1888年在斯图加特出版的《路德维希·费尔巴哈和德国古典哲学的终结》一书

原文是德文

选自《马克思恩格斯全集》第21卷第411—412页

路德维希·费尔巴哈和德国古典哲学的终结

一

我们面前的这部著作② 使我们返回到一个时期，这个时期就时间来说离我们不过一代之久，但是它对德国现在的一代人却如此陌生，似乎已经整整一个世纪了。然而这终究是德国准备1848年革命的时期；那以后我国所发生的一切，仅仅是1848年的继续，仅仅是革命遗嘱的执行罢了。

正像在18世纪的法国一样，在19世纪的德国，哲学革命也作了政治崩溃的前导。但是这两个哲学革命看起来是多么不同啊！法国人同整个官方科学，同教会，常常也同国家进行公开的斗争；他们的著作在国外，在荷兰或英国印刷，而他们本人则随时都可能进巴士底狱[2]。相反，德国人是一些教授，一些由国家任命的青年的导师，他们的著作是公认的教科书，而全部发展的最终体系，即黑格尔的体系，甚至在某种程度上已经被推崇为普鲁士王国的国家哲学！在这些教授后面，在他们的迂腐晦涩的言词后面，在他们的笨拙枯燥的语句里面竟能隐藏着革命吗？那时被认为是革命代表人物的自由派，不正是最激

① 指《德意志意识形态》，见《马克思恩格斯全集》第3卷第11—640页。——编者注

② 哲学博士卡·尼·施达克《路德维希·费尔巴哈》1885年斯图加特，斐·恩克版。

烈地反对这种使头脑混乱的哲学吗？但是，不论政府或自由派都没有看到的东西，至少有一个人在1833年已经看到了，这个人就是亨利希·海涅。[3]

举个例子来说吧。不论哪一个哲学命题都没有像黑格尔的一个著名命题那样引起近视的政府的感激和同样近视的自由派的愤怒，这个命题就是：

“凡是现实的都是合乎理性的，凡是合乎理性的都是现实的。”[4]

这显然是把现存的一切神圣化，是在哲学上替专制制度、警察国家、专断司法、书报检查制度祝福。弗里德里希-威廉三世是这样认为的，他的臣民也是这样认为的。但是，在黑格尔看来，决不是一切现存的都无条件地也是现实的。在他看来，现实性这种属性仅仅属于那同时是必然的东西；

“现实性在其展开过程中表明为必然性”；

所以，他决不认为政府的任何一个措施——黑格尔本人举“某种税制”为例——都已经无条件地是现实的。[5]但是必然的东西归根到底会表明自己也是合乎理性的。因此，黑格尔的这个命题应用于当时的普鲁士国家，只是意味着：这个国家只在它是必然的时候是合乎理性的，是同理性相符合的。如果说它在我们看来终究是恶劣的，而它尽管恶劣却继续存在，那么，政府的恶劣可以从臣民的相应的恶劣中找到理由和解释。当时的普鲁士人有他们所应得的政府。

但是，根据黑格尔的意见，现实性决不是某种社会状态或政治状态在一切环境和一切时代所具有的属性。恰恰相反，罗马共和国是现实的，但是把它排斥掉的罗马帝国也是现实的。法国的君主制在1789年已经变得如此不现实，即如此丧失了任何必然性，如此不合理性，以致必须由大革命（黑格尔总是极其热情地谈论这次大革命）来把它消灭。所以，在这里，君主制是不现实的，革命是现实的。这样，在发展进程中，以前一切现实的东西都会成为不现实的，都会丧失自己的必然性、自己存在的权利、自己的合理性；一种新的、富有生命力的现实的东西就会代替正在衰亡的现实的东西，——如果旧的东西足够理智，不加抵抗即行死亡，那就和平地代替；如果旧的东西抗拒这种必然性，那就通过暴力来代替。这样一来，黑格尔的这个命题，由于黑格尔的辩证法本身，就转化为自己的反面：凡在人类历史领域中是现实的，随着时间的推移，都会成为不合理性的，就是说，注定是不合理性的，一开始就包含着不合理性；凡在人们头脑中是合乎理性的，都注定要成为现实的，不管它同现存的、表面的现实多么矛盾。按照黑格尔的思维方法的一切规则，凡是现实的都是合乎理性的这个命题，就变为另一个命题：凡是现存的，都一定要灭亡。[6]

但是，黑格尔哲学（我们在这里只限于考察这种作为从康德以来的整个运动的完成的哲学）的真实意义和革命性质，正是在于它彻底否定了关于人的思维和行动的一切结果具有最终性质的看法。哲学所应当认识的真理，在黑格尔看来，不再是一堆现成的、一经发现就只要熟读死记的教条了；现在，真理是在认识过程本身中，在科学的长期的历史发展中，而科学从认识的较低阶段向越来越高的阶段上升，但是永远不能通过所谓绝对真理的发现而达到这样一点，在这一点上它再也不能前进一步，除了袖手一旁惊愕地望着这个已经获得的绝对真理，就再也无事可做了。在哲学认识的领域是如此，在任何其他的认识领域以及在实践行动的领域也是如此。历史同认识一样，永远不会在人类的一种完美的理想状态中最终结束；完美的社会、完美的“国家”是只有在幻想中才能存在的东西；相反，一切依次更替的历史状态都只是人类社会由低级到高级的无穷发展进程中的暂时阶段。每一个阶段都是必然的，因此，对它发生的那个时代和那些条件说来，都有它存在的理由；但是对它自己内部逐渐发展起来的新的、更高的条件来说，它就变成过时的和没有存在的理由了；它不得不让位于更高的阶段，而这个更高的阶段也要走向衰落和灭亡。正如资产阶级依靠大工业、竞争和世界市场在实践中推翻了一切稳固的、历来受人尊崇的制度一样，这种辩证哲学推翻了一切关于最终的绝对真理和与之相应的绝对的人类状态的观念。在它面前，不存在任何最终的东西、绝对的东西、神圣的东西；它指出所有一切事物的暂时性；在它面前，除了生成和灭亡的不断过程、无止境地由低级上升到高级的不断过程，什么都不存在。它本身就是这个过程在思维着的头脑中的反映。诚然，它也有保守的方面：它承认认识和社会的一定阶段对它那个时代和那种环境来说都有存在的理由，但也不过如此而已。这种观察方法的保守性是相对的，它的革命性质是绝对的——这就是辩证哲学所承认的唯一绝对的东西。

我们在这里用不着去研究这种观察方法是否同自然科学的现状完全符合的问题，自然科学预言了地球本身存在的可能的末日和它适合居住状况的相当肯定的末日，从而承认，人类历史不仅有上升的过程，而且有下降的过程。无论如何，我们离社会历史开始下降的转折点还相当遥远，我们也不能要求黑格尔哲学去研究当时还根本没有被自然科学提到日程上来的问题。

但是这里确实必须指出一点：黑格尔并没有这样清楚地作出如上的阐述。这是他的方法必然要得出的结论，但是他本人从来没有这样明确地作出这个结论。原因很简单，因为他不得不去建立一个体系，而按照传统的要求，哲学体系是一定要以某种绝对真理来完成的。所以，黑格尔，特别是在《逻辑学》[7]中，尽管如此强调这种永恒真理不过是逻辑的或历史的过程本身，他还是觉得自己不得不给这个过程一个终点，因为他总得在某个地方结束他的体系。在《逻辑学》中，他可以再把这个终点作为起点，因为在这里，终点即绝对观念——它所以是绝对的，只是因为他关于这个观念绝对说不出什么来——“外化”也就是转化为自然界，然后在精神中，即在思维中和在历史中，再返回到自身。但是，要在全部哲学的终点上这样返回到起点，只有**一条**路可走。这就是把历史的终点设想成人类达到对这个绝对观念的认识，并宣布对绝对观念的这种认识已经在黑格尔的哲学中达到了。但是这样一来，黑格尔体系的全部教条内容就被宣布为绝对真理，这同他那消除一切教条东西的辩证方法是矛盾的；这样一来，革命的方面就被过分茂密的保守的方面所窒息。在哲学的认识上是这样，在历史的实践上也是这样。人类既然通过黑格尔这个人想出了绝对观念，那么在实践上也一定达到了能够在现实中实现这个绝对观念的地步。因此，绝对观念对同时代人的实践的政治的要求不可提得太高。因此，我们在《法哲学》的结尾发现，绝对观念应当在弗里德里希-威廉三世向他的臣民再三许诺而又不予兑现的那种等级君主制中得到实现，就是说，应当在有产阶级那种适应于当时德国小资产阶级关系的、有限的和温和的间接统治中得到实现；在这里还用思辨的方法向我们论证了贵族的必要性。

可见，单是体系的内部需要就足以说明，为什么彻底革命的思维方法竟产生了极其温和的政治结论。这个结论的特殊形式当然是由下列情况造成的：黑格尔是一个德国人，而且和他的同时代人歌德一样，拖着一根庸人的辫子。歌德和黑格尔在各自的领域中都是奥林波斯山上的宙斯，但是两人都没有完全摆脱德国庸人的习气。

但是，这一切并没有妨碍黑格尔的体系包括了以前任何体系所不可比拟的广大领域，而且没有妨碍它在这一领域中阐发了现在还令人惊奇的丰富思想。精神现象学（也可以叫作同精神胚胎学和精神古生物学类似的学问，是对个人意识各个发展阶段的阐述，这些阶段可以看作人类意识在历史上所经过的各个阶段的缩影）、逻辑学、自然哲学、精神哲学，而精神哲学又分成各个历史部门来研究，如历史哲学、法哲学、宗教哲学、哲学史、美学等等，——在所有这些不同的历史领域中，黑格尔都力求找出并指明贯穿这些领域的发展线索；同时，因为他不仅是一个富于创造性的天才，而且是一个百科全书式的学识渊博的人物，所以他在各个领域中都起了划时代的作用。当然，由于“体系”的需要，他在这里常常不得不求救于强制性的结构，对这些结构，直到现在他的渺小的敌人还发出如此可怕的喊叫。但是这些结构仅仅是他的建筑物的骨架和脚手架，人们只要不是无谓地停留在它们面前，而是深入到大厦里面去，那就会发现无数的珍宝，这些珍宝就是在今天也还保持充分的价值。在一切哲学家那里，正是“体系”是暂时性的东西，这恰恰因为“体系”产生于人类精神的永恒的需要，即克服一切矛盾的需要。但是，假定一切矛盾都一下子永远消除了，那么我们就达到了所谓绝对真理，世界历史就完结了，而世界历史虽然已经无事可做，却一定要继续发展下去——因而这是一个新的、不可解决的矛盾。一旦我们认识到（就获得这种认识来说，归根到底没有一个人比黑格尔本人对我们的帮助更大)，这样给哲学提出的任务，无非就是要求一个哲学家完成那只有全人类在其前进的发展中才能完成的事情，那么以往那种意义上的全部哲学也就完结了。我们把沿着这个途径达不到而且任何单个人都无法达到的"绝对真理"撇在一边，而沿着实证科学和利用辩证思维对这些科学成果进行概括的途径去追求可以达到的相对真理。总之，哲学在黑格尔那里完成了，一方面，因为他在自己的体系中以最宏伟的方式概括了哲学的全部发展；另一方面，因为他（虽然是不自觉地）给我们指出了一条走出这些体系的迷宫而达到真正地切实地认识世界的道路。

可以理解，黑格尔的体系在德国的富有哲学味道的气氛中曾发生了多么巨大的影响。这是一次胜利进军，它延续了几十年，而且决没有随着黑格尔的逝世而停止。相反，正是从1830年到1840年，"黑格尔主义"取得了独占的统治，它甚至或多或少地感染了自己的敌手；正是在这个时期，黑格尔的观点自觉地或不自觉地大量渗入了各种科学，也渗透了通俗读物和日报，而普通的"有教养的意识"就是从这些通俗读物和日报中汲取自己的思想材料的。但是，这一全线胜利仅仅是一种内部斗争的序幕罢了。

黑格尔的整个学说，如我们所看到的，为容纳各种极不相同的实践的党派观点留下了广阔场所；而在当时的理论的德国，有实践意义的首先是两种东西：宗教和政治。特别重视黑格尔的**体系**的人，在两个领域中都可能是相当保守的；认为辩证**方法**是主要的东西的人，在政治上和宗教上都可能属于最极端的反对派。黑格尔本人，虽然在他的著作中相当频繁地爆发出革命的怒火，但是总的说来似乎更倾向于保守的方面；他在体系上所花费的"艰苦的思维劳动"倒比他在方法上所花费的要多得多。到30年代末，他的学派内的分裂越来越明显了。左翼，即所谓青年黑格尔派，在反对虔诚派的正统教徒和封建反动派的斗争中一点一点地放弃了在哲学上对当前的紧迫问题所采取的超然态度，由于这种态度，他们的学说在此之前曾经得到国家的容忍、甚至保护；到了1840年，正统教派的虔诚和封建专制的反动随着弗里德里希-威廉四世登上了王座，这时人们就不可避免地要公开站在这一派或那一派方面了。斗争依旧是用哲学的武器进行的，但已经不再是为了抽象的哲学目的；问题已经直接是要消灭传统的宗教和现存的国家了。如果说在《德国年鉴》[8]中实践的最终目的主要还是穿着哲学的外衣出场，那么，在1842年的《莱茵报》[9]上青年黑格尔学派已经直接作为努力向上的激进资产阶级的哲学出现，只是为了迷惑书报检查机关才用哲学伪装起来。

但是，政治在当时是一个荆棘丛生的领域，所以主要的斗争就转为反宗教的斗争；这一斗争，特别是从1840年起，间接地也是政治斗争。1835年出版的施特劳斯的《耶稣传》成了第一个推动力。后来，布鲁诺·鲍威尔反对该书中所阐述的福音神话发生说，证明许多福音故事都是作者自己虚构的。两人之间的争论是在“自我意识”对“实体”的斗争这一哲学幌子下进行的。神奇的福音故事是在宗教团体内部通过不自觉的、传统的创作神话的途径形成的呢，还是福音书作者自己虚构的，——这个问题竟扩展为这样一个问题：在世界历史中起决定作用的力量是“实体”呢，还是“自我意识”；最后，出现了施蒂纳，现代无政府主义的先知（巴枯宁从他那里抄袭了许多东西），他用他的至上的“唯一者”①压倒了至上的“自我意识”。

我们不打算更详细地考察黑格尔学派解体过程的这一方面。在我们看来，更重要的是；对现存宗教进行斗争的实践需要，把大批最坚决的青年黑格尔分子推回到英国和法国的唯物主义。他们在这里跟自己的学派的体系发生了冲突。唯物主义把自然界看作唯一现实的东西，而在黑格尔的体系中自然界只是绝对观念的“外化”，可以说是这个观念的下降；无论如何，思维及其思想产物即观念在这里是本原的，而自然界是派生的，只是由于观念的下降才存在。他们就在这个矛盾中彷徨，尽管程度各不相同。

这时，费尔巴哈的《基督教的本质》出版了。它直截了当地使唯物主义重新登上王座，这就一下子消除了这个矛盾。自然界是不依赖任何哲学而存在的；它是我们人类（本身就是自然界的产物）赖以生长的基础；在自然界和人以外不存在任何东西，我们的宗教幻想所创造出来的那些最高存在物只是我们自己的本质的虚幻反映。魔法被破除了；“体系”被炸开并被抛在一旁了，矛盾既然仅仅是存在于想象之中，也就解决了。——这部书的解放作用，只有亲身体验过的人才能想象得到。那时大家都很兴奋：我们一时都成为费尔巴哈派了。马克思曾经怎样热烈地欢迎这种新观点，而这种新观点又是如何强烈地影响了他（尽管还有种种批判性的保留意见），这可以从《神圣家族》中看出来。

甚至这部书的缺点也加强了它的一时的影响。美文学的、有时甚至是夸张的笔调赢得了广大的读者，无论如何，在抽象而费解的黑格尔主义的长期统治以后，使人们的耳目为之一新。对于爱的过度崇拜也是这样。这种崇拜，尽管不能认为有道理，在“纯粹思维”的已经变得不能容忍的至高统治下也是情有可原的。但是我们不应当忘记，从 1844 年起在德国的“有教养的”人们中间像瘟疫一样传播开来的“真正的社会主义”，正是同费尔巴哈的这两个弱点紧密相连的。它以美文学的词句代替了科学的认识，主张靠“爱”来实现人类的解放，而不主张用经济上改革生产的办法来实现无产阶级的解放，一句话，它沉溺在令人厌恶的美文学和泛爱的空谈中了。它的典型代表就是卡尔·格律恩先生。

---

① 指麦·施蒂纳《唯一者及其所有物》1845 年莱比锡版。——编者注

还有一点不应当忘记：黑格尔学派虽然解体了，但是黑格尔哲学并没有被批判地克服。施特劳斯和鲍威尔各自抓住黑格尔哲学的一个方面，在论战中互相攻击。费尔巴哈打破了黑格尔的体系，简单地把它抛在一旁。但是简单地宣布一种哲学是错误的，还制服不了这种哲学。像对民族的精神发展有过如此巨大影响的黑格尔哲学这样的伟大创作，是不能用干脆置之不理的办法来消除的。必须从它的本来意义上"扬弃"它，就是说，要批判地消灭它的形式，但是要救出通过这个形式获得的新内容。下面可以看到，这一任务是怎样实现的。

但是这时，1848 年的革命毫不客气地把全部哲学都撇在一旁，正如费尔巴哈把他的黑格尔撇在一旁一样。这样一来，费尔巴哈本人也被挤到后台去了。

二

全部哲学，特别是近代哲学的重大的基本问题，是思维和存在的关系问题。在远古时代，人们还完全不知道自己身体的构造，并且受梦中景象的影响①，于是就产生一种观念：他们的思维和感觉不是他们身体的活动，而是一种独特的、寓于这个身体之中而在人死亡时就离开身体的灵魂的活动。从这个时候起，人们不得不思考这种灵魂对外部世界的关系。如果灵魂在人死时离开肉体而继续活着，那就没有理由去设想它本身还会死亡；这样就产生了灵魂不死的观念，这种观念在那个发展阶段出现决不是一种安慰，而是一种不可抗拒的命运，并且往往是一种真正的不幸，例如在希腊人那里就是这样。关于个人不死的无聊臆想之所以普遍产生，不是因为宗教上的安慰的需要，而是因为人们在普遍愚昧的情况下不知道对已经被认为存在的灵魂在肉体死后该怎么办。由于十分相似的原因，通过自然力的人格化，产生了最初的神。随着各种宗教的进一步发展，这些神越来越具有了超世界的形象，直到最后，通过智力发展中自然发生的抽象化过程——几乎可以说是蒸馏过程，在人们的头脑中，从或多或少有限的和互相限制的许多神中产生了一神教的唯一的神的观念。

因此，思维对存在、精神对自然界的关系问题，全部哲学的最高问题，像一切宗教一样，其根源在于蒙昧时代的愚昧无知的观念。但是，这个问题，只是在欧洲人从基督教中世纪的长期冬眠中觉醒以后，才被十分清楚地提了出

① 在蒙昧人和低级野蛮人中间，现在还流行着这样一种观念：梦中出现的人的形象是暂时离开肉体的灵魂；因而现实的人要对自己出现于他人梦中时针对做梦者而采取的行为负责。例如伊姆·特恩于 1884 年在圭亚那的印第安人中就发现了这种情形。**10**

来，才获得了它的完全的意义。思维对存在的地位问题，这个在中世纪的经院哲学中也起过巨大作用的问题；什么是本原的，是精神，还是自然界？——这个问题以尖锐的形式针对着教会提了出来：世界是神创造的呢，还是从来就有的？

哲学家依照他们如何回答这个问题而分成了两大阵营。凡是断定精神对自然界说来是本原的，从而归根到底承认某种创世说的人（而创世说在哲学家那里，例如在黑格尔那里，往往比在基督教那里还要繁杂和荒唐得多），组成唯心主义阵营。凡是认为自然界是本原的，则属于唯物主义的各种学派。

除此之外，唯心主义和唯物主义这两个用语本来没有任何别的意思，它们在这里也不是在别的意义上使用的。下面我们可以看到，如果给它们加上别的意义，就会造成怎样的混乱。

但是，思维和存在的关系问题还有另一个方面：我们关于我们周围世界的思想对这个世界本身的关系是怎样的？我们的思维能不能认识现实世界？我们能不能在我们关于现实世界的表象和概念中正确地反映现实？用哲学的语言来说，这个问题叫作思维和存在的同一性问题，绝大多数哲学家对这个问题都作了肯定的回答。例如在黑格尔那里，对这个问题的肯定回答是不言而喻的，因为我们在现实世界中所认识的，正是这个世界的思想内容，也就是那种使世界成为绝对观念的逐步实现的东西，这个绝对观念是从来就存在的，是不依赖于世界并且先于世界而在某处存在的；但是思维能够认识那一开始就已经是思想内容的内容，这是十分明显的。同样明显的是，在这里，要证明的东西已经默默地包含在前提里面了。但是，这决不妨碍黑格尔从他的思维和存在的同一性的论证中作出进一步的结论：他的哲学因为对他的思维来说是正确的，所以也就是唯一正确的；而思维和存在的同一性要得到证实，人类就要马上把他的哲学从理论转移到实践中去，并按照黑格尔的原则来改造整个世界。这是他和几乎所有的哲学家所共有的幻想。

但是，此外，还有其他一些哲学家否认认识世界的可能性，或者至少是否认彻底认识世界的可能性。在近代哲学家中，休谟和康德就属于这一类，而他们在哲学的发展上是起过很重要的作用的。对驳斥这一观点具有决定性的东西，凡是从唯心主义观点出发所能说的，黑格尔都已经说了；费尔巴哈所增加的唯物主义的东西，与其说是深刻的，不如说是机智的。对这些以及其他一切哲学上的怪论的最令人信服的驳斥是实践，即实验和工业。既然我们自己能够制造出某一自然过程，按照它的条件把它生产出来，并使它为我们的目的服务，从而证明我们对这一过程的理解是正确的，那么康德的不可捉摸的“自在之物”就完结了。动植物体内所产生的化学物质，在有机化学开始把它们一一制造出来以前，一直是这种“自在之物”；一旦把它们制造出来，“自在之物”

就变成为我之物了，例如茜草的色素——茜素，我们已经不再从地里的茜草根中取得，而是用便宜得多、简单得多的方法从煤焦油里提炼出来了。哥白尼的太阳系学说有 300 年之久一直是一种假说，这个假说尽管有 99%、99.9%、99.99%的可靠性，但毕竟是一种假说；而当勒维烈从这个太阳系学说所提供的数据，不仅推算出必定存在一个尚未知道的行星，而且还推算出这个行星在太空中的位置的时候，当后来加勒确实发现了这个行星的时候[11]，哥白尼的学说就被证实了。如果新康德主义者企图在德国复活康德的观点，而不可知论者企图在英国复活休谟的观点（在那里休谟的观点从来没有绝迹），那么，鉴于这两种观点在理论上和实践上早已被驳倒，这种企图在科学上就是开倒车，而在实践上只是一种暗中接受唯物主义而当众又加以拒绝的羞羞答答的做法。

但是，在从笛卡儿到黑格尔和从霍布斯到费尔巴哈这一长时期内，推动哲学家前进的，决不像他们所想象的那样，只是纯粹思想的力量。恰恰相反，真正推动他们前进的，主要是自然科学和工业的强大而日益迅猛的进步。在唯物主义者那里，这已经是一目了然的了，而唯心主义体系也越来越加进了唯物主义的内容，力图用泛神论来调和精神和物质的对立；因此，归根到底，黑格尔的体系只是一种就方法和内容来说唯心主义地倒置过来的唯物主义。

由此可以明白，为什么施达克在他对费尔巴哈的评述中，首先研究费尔巴哈对思维和存在的关系这个基本问题的立场。在简短的导言里，作者对以前的、特别是从康德以来的哲学家的见解，都是用不必要的晦涩难懂的哲学语言来阐述的，并且由于过分形式主义地拘泥于黑格尔著作中的个别词句而大大贬低了黑格尔。在这个导言以后，他详细地叙述了费尔巴哈的有关著作中相继表现出来的这位哲学家的“形而上学”本身的发展进程。这一部分叙述得很用心、很明白，不过像整本书一样，哲学用语堆砌得太多，而这决不是到处都不可避免的。作者越是不保持同一学派或者哪怕是费尔巴哈本人的用语，越是把各种流派、特别是现在流行的自封的哲学派别的用语混在一起，这种堆砌所造成的混乱就越大。

费尔巴哈的发展进程是一个黑格尔主义者（诚然，他从来不是完全正统的黑格尔主义者）走向唯物主义的发展进程，这一发展使他在一定阶段上同自己的这位先驱者的唯心主义体系完全决裂了。他势所必然地终于认识到，黑格尔的“绝对观念”之先于世界的存在，在世界之前就有的“逻辑范畴的预先存在”，不外是对世界之外的造物主的信仰的虚幻残余；我们自己所属的物质的、可以感知的世界，是唯一现实的；而我们的意识和思维，不论它看起来是多么超感觉的，总是物质的、肉体的器官即人脑的产物。物质不是精神的产物，而精神本身只是物质的最高产物。这自然是纯粹的唯物主义。但是费尔巴哈到这里就突然停止不前了。他不能克服通常的哲学偏见，即不反对事情本身而反对唯物主义这个名称的偏见。他说：

"在我看来，唯物主义是人的本质和人类知识的大厦的基础；但是，我认为它不是生理学家、狭义的自然科学家如摩莱肖特所认为的而且从他们的观点和专业出发所必然认为的那种东西，即大厦本身．向后退时，我同唯物主义者完全一致；但是往前进时就不一致了。"[12]

费尔巴哈在这里把唯物主义这种建立在对物质和精神关系的特定理解上的一般世界观同这一世界观在特定的历史阶段即18世纪所表现的特殊形式混为一谈了。不仅如此，他还把唯物主义同它的一种肤浅的、庸俗化了的形式混为一谈，18世纪的唯物主义现在就以这种形式继续存在于自然科学家和医生的头脑中，并且被毕希纳、福格特和摩莱肖特在50年代拿着到处叫卖。但是，像唯心主义一样，唯物主义也经历了一系列的发展阶段。甚至随着自然科学领域中每一个划时代的发现，唯物主义也必然要改变自己的形式；而自从历史也得到唯物主义的解释以后，一条新的发展道路也在这里开辟出来了。

上一世纪的唯物主义主要是机械唯物主义，因为那时在所有自然科学中只有力学，而且只有固体（天上的和地上的）力学，简言之，即重力的力学，达到了某种完善的地步。化学刚刚处于幼稚的燃素说的形态中。生物学尚在襁褓中；对植物和动物的机体只作过粗浅的研究，并用纯粹机械的原因来解释；正如在笛卡儿看来动物是机器一样，在18世纪的唯物主义者看来，人是机器。仅仅运用力学的尺度来衡量化学性质的和有机性质的过程（在这些过程中，力学定律虽然也起作用，但是被其他较高的定律排挤到次要地位），这是法国古典唯物主义的一个特有的、但在当时不可避免的局限性。

这种唯物主义的第二个特有的局限性在于：它不能把世界理解为一种过程，理解为一种处在不断的历史发展中的物质。这是同当时的自然科学状况以及与此相联系的形而上学的即反辩证法的哲学思维方法相适应的。人们已经知道，自然界处在永恒的运动中。但是根据当时的想法，这种运动是永远绕着一个圆圈旋转，因而始终不会前进；它总是产生同一结果。这种想法在当时是不可避免的。康德的太阳系发生说刚刚提出，而且还只是被看作纯粹的奇谈。地球发展史，即地质学，还完全没有人知道，而关于现今的生物是由简单到复杂的长期发展过程的结果的看法，当时还根本不可能科学地提出来。因此，对自然界的非历史观点是不可避免的。根据这一点大可不必去责备18世纪的哲学家，因为连黑格尔也有这种观点。在黑格尔看来，自然界只是观念的"外化"，它不能在时间上发展，只能在空间扩展自己的多样性，因此，它把自己所包含的一切发展阶段同时地、并列地展示出来，并且注定永远重复始终是同一的过程。黑格尔把发展是在空间以内、但在时间（这是一切发展的基本条件）以外发生的这种谬论强加于自然界，恰恰是在地质学、胚胎学、植物和动物生理学以及有机化学都已经建立起来，并且在这些新科学的基础上到处都出现了对后来的进化论的天才预想（例如歌德和拉马克）的时候。但是，体系要求这样，于是，方法为了迎合体系就不得不背叛自己。

这种非历史观点也表现在历史领域中。在这里，反对中世纪残余的斗争限制了人们的视野。中世纪被看作是千年普遍野蛮状态造成的历史的简单中断；中世纪的巨大进步——欧洲文化领域的扩大，在那里一个挨着一个形成的富有生命力的大民族，以及 14 和 15 世纪的巨大的技术进步，这一切都没有被人看到。这样一来，对伟大历史联系的合理看法就不可能产生，而历史至多不过是一部供哲学家使用的例证和插图的汇集罢了。

50 年代在德国把唯物主义庸俗化并到处兜售的小贩们，丝毫没有越出他们的老师们的这个范围。自然科学后来获得的一切进步，仅仅成了他们否认有世界创造主存在的新论据；而进一步发展理论，实际上他们根本不去做。如果说唯心主义当时已经智穷才竭，并且在 1848 年革命中受到了致命的打击，那么，它感到满足的是，唯物主义在这个时候更是江河日下。费尔巴哈拒绝为这种唯物主义负责是完全对的；只是他不应该把这些巡回传教士的学说同一般唯物主义混淆起来。

但是，这里应当注意两种情况。第一，费尔巴哈在世时，自然科学也还处在剧烈的酝酿过程中，这一过程只是在最近 15 年才达到了足以澄清问题的相对完成的地步；新的认识材料以空前的规模被提供出来，但是，只是到最近才有可能在纷纷涌来的这一大堆杂乱的发现中建立起联系，从而使它们有了条理。虽然这三个决定性的发现——细胞、能量转化和以达尔文命名的进化论的发现，费尔巴哈在世时全看到了，但是，这位在乡间过着孤寂生活的哲学家怎么能够对科学充分关注，给这些发现以足够的评价呢？何况对这些发现就连当时的自然科学家有的还持有异议，有的还不懂得充分利用。这里只能归咎于德国的可怜状况，由于这种状况，当时哲学讲座全被那些故弄玄虚的折衷主义的小识小见之徒所占据，而比这些家伙高明百倍的费尔巴哈，却不得不在穷乡僻壤中过着农民式的孤陋寡闻的生活。因而，现在已经成为可能的、排除了法国唯物主义的一切片面性的、历史的自然观，始终没有为费尔巴哈所了解，这就不是他的过错了。

第二，费尔巴哈说得完全正确：纯粹自然科学的唯物主义虽然

“是人类知识的大厦的基础，但不是大厦本身”。

因为，我们不仅生活在自然界中，而且生活在人类社会中，人类社会同自然界一样也有自己的发展史和自己的科学。因此，问题在于使关于社会的科学，即所谓历史科学和哲学科学的总和，同唯物主义的基础协调起来，并在这

个基础上加以改造。但是，这一点费尔巴哈是做不到的。他虽然有“基础”，但是在这里仍然受到传统的唯心主义的束缚，这一点他自己也是承认的，他说：

“向后退时，我同唯物主义者是一致的；但是往前进时就不一致了。”

但是在这里，在社会领域内，正是费尔巴哈本人没有“前进”，没有超过自己在1840年或1844年的观点，这仍旧主要是由于他的孤寂生活，这种生活迫使这位比其他任何哲学家都更爱好社交的哲学家从他的孤寂的头脑中，而不是从同与他才智相当的人们的友好或敌对的接触中产生出自己的思想。费尔巴哈在这个领域内究竟在多大程度上仍然是唯心主义者，我们将在下面加以详细的考察。

这里还应当指出，施达克在找费尔巴哈的唯心主义时找错了地方。他说：

“费尔巴哈是唯心主义者，他相信人类的进步。”（第19页）“唯心主义仍旧是一切的基础，根基。在我们看来，实在论只是在我们追求自己的理想的意图时使我们不致误入迷途而已。难道同情、爱以及对真理和正义的热诚不是理想的力量吗？”（第Ⅷ页）

第一，在这里无非是把对理想目的的追求叫作唯心主义。但这些目的至多同康德的唯心主义及其“绝对命令”有必然联系；然而康德自己把他的哲学叫作“先验的唯心主义”，决不是因为那里也讲到道德的理想，而完全是由于别的理由，这是施达克会记得的。有一种迷信，认为哲学唯心主义的中心就是对道德理想即对社会理想的信仰，这种迷信是在哲学之外产生的，是在那些把席勒诗歌中符合他们需要的少数哲学上的只言片语背得烂熟的德国庸人中产生的。没有一个人比恰恰是十足的唯心主义者黑格尔更尖锐地批评了康德的软弱无力的“绝对命令”（它之所以软弱无力，是因为它要求不可能的东西，因而永远达不到任何现实的东西），没有一个人比他更辛辣地嘲笑了席勒所传播的那种沉湎于不能实现的理想的庸人习气（见《现象学》①）。

第二，决不能避免这种情况：推动人去从事活动的一切，都要通过人的头脑，甚至吃喝也是由于通过头脑感觉到饥渴而开始，并且同样由于通过头脑感觉到饱足而停止。外部世界对人的影响表现在人的头脑中，反映在人的头脑中，成为感觉、思想、动机、意志，总之，成为“理想的意图”，并且以这种形态变成“理想的力量”。如果一个人只是由于他追求“理想的意图”并承认“理想的力量”对他的影响，就成了唯心主义者，那么任何一个发育稍稍正常的人都是天生的唯心主义者了，怎么还会有唯物主义者呢？

第三，关于人类（至少在现时）总的说来是沿着进步方向运动的这种信

---

① 即乔·威·弗·黑格尔《精神现象学》。——编者注

念，是同唯物主义和唯心主义的对立绝对不相干的。法国唯物主义者同自然神论者[13]伏尔泰和卢梭一样，几乎狂热地抱有这种信念，并且往往为它付出最大的个人牺牲。如果说有谁为了“对真理和正义的热诚”（就这句话的正面的意思说）而献出了整个生命，那么，例如狄德罗就是这样的人。由此可见，施达克把这一切说成是唯心主义，这只是证明：唯物主义这个名词以及两个派别的全部对立，在这里对他来说已经失去了任何意义。

事实上，施达克在这里向那种由于教士的多年诽谤而流传下来的对唯物主义这个名称的庸人偏见作了不可饶恕的让步，虽然这也许是不自觉的。庸人把唯物主义理解为贪吃、酗酒、娱目、肉欲、虚荣、爱财、吝啬、贪婪、牟利、投机，简言之，即他本人暗中迷恋着的一切龌龊行为；而把唯心主义理解为对美德、普遍的人类爱的信仰，总之，对“美好世界”的信仰，——他在别人面前夸耀这个“美好世界”，但是他自己至多只是在这样的时候才相信这个“美好世界”，这时，他由于自己习以为常的“唯物主义的”放纵而必然感到懊丧或遭到破产，并因此唱出了他心爱的歌：人是什么？一半是野兽，一半是天使。

在其他方面，施达克极力保护费尔巴哈，反对现今在德国以哲学家名义大吹大擂的大学教师们的攻击和学说。对关心德国古典哲学的这些不肖子孙的人们来说，这的确是很重要的；对施达克本人来说，这也许是必要的。不过我们就怜惜怜惜读者吧。

三

我们一接触到费尔巴哈的宗教哲学和伦理学，他的真正的唯心主义就显露出来了。费尔巴哈决不希望废除宗教，他希望使宗教完善化。哲学本身应当融化在宗教中。

“人类的各个时期仅仅由于宗教的变迁而彼此区别开来。某一历史运动，只有在它深入人心的时候，才是根深蒂固的。心不是宗教的形式，因而不应当说宗教也存在于心中；心是宗教的本质。”[14]（引自施达克的书，第 168 页）

按照费尔巴哈的看法，宗教是人与人之间的感情的关系、心灵的关系，过去这种关系是在现实的虚幻映象中（借助于一个神或许多神，即人类特性的虚幻映象）寻找自己的真理，现在却直接地而不是间接地在我和你之间的爱中寻找自己的真理了。归根到底，在费尔巴哈那里，性爱即使不是他的新宗教借以实现的最高形式，也是最高形式之一。

人与人之间的、特别是两性之间的感情关系，是自从有人类以来就存在的。而性爱在最近800年间获得了这样的发展和地位，竟成了这个时期中一切诗歌必须环绕着旋转的轴心了。现存的通行的宗教只限于使国家对性爱的管理即婚姻立法神圣化；这些宗教也许明天就会完全消失，但是爱情和友谊的实践并不会发生丝毫变化。在法国，从1793年到1798年，基督教的确曾经消失到这种程度，连拿破仑去恢复它也不能不遇到抵抗和困难，但是在这一期间，并没有感觉到需要用费尔巴哈意义上的宗教去代替它。

在这里，费尔巴哈的唯心主义就在于：他不是抛开对某种在他看来也已成为过去的特殊宗教的回忆，直截了当地按照本来面貌看待人们彼此间以相互倾慕为基础的关系，即性爱、友谊、同情、舍己精神等等，而是断言这些关系只有在用宗教名义使之神圣化以后才会获得自己的完整的意义。在他看来，主要的并不是存在着这种纯粹人的关系，而是要把这些关系看作新的、真正的宗教。这些关系只是在盖上了宗教的印记以后才被认为是完满的。宗教一词是从religare一词来的，本来是联系的意思。因此，两个人之间的任何联系都是宗教。这种词源学上的把戏是唯心主义哲学的最后一着。这个词的意义，不是按照它的实际使用的历史发展来决定，而竟然按照来源来决定。因此，仅仅为了使宗教这个对唯心主义回忆很宝贵的名词不致从语言中消失，性爱和性关系竟被尊崇为“宗教”。在40年代，巴黎的路易·勃朗派改良主义者正是这样说的，他们也认为不信宗教的人只是一种怪物，并且对我们说：因此，无神论就是你们的宗教！费尔巴哈想以一种本质上是唯物主义的自然观为基础建立真正的宗教，这就等于把现代化学当作真正的炼金术。如果无神的宗教可以存在，那么没有哲人之石的炼金术也可以存在了。况且，炼金术和宗教之间是有很紧密的联系的。哲人之石有许多类似神的特性，公元头两世纪埃及和希腊的炼金术士在基督教学说的形成上也出了一份力量。柯普和拜特洛所提供的材料就证明了这一点。

费尔巴哈的下面这个论断是绝对错误的：

“人类的各个时期仅仅由于宗教的变迁而彼此区别开来。”

重大的历史转折点有宗教变迁**相伴随**，只是就迄今存在的三种世界宗教——佛教、基督教和伊斯兰教而言。古老的自发产生的部落宗教和民族宗教是不传布的，一旦部落或民族的独立遭到破坏，它们便失掉任何抵抗力；拿日耳曼人来说，甚至他们一接触正在崩溃的罗马世界帝国以及它刚刚采用的、适应于它的经济、政治、精神状态的世界基督教，这种情形就发生了。仅仅在这些多少是人工造成的世界宗教，特别是基督教和伊斯兰教那里，我们才发现比较一般的历史运动带有宗教的色彩，甚至在基督教传播的范围内，具有真正普遍意义的革命也只有在资产阶级解放斗争的最初阶段即从13世纪到17世纪，才带有这种宗教色彩；而且，这种色彩不能像费尔巴哈所想的那样，用人的心灵和人的宗教需要来解释，而要用以往的整个中世纪的历史来解释，中世纪的历史只知道一种形式的意识形态，即宗教和神学。但是到了18世纪，资产阶级已经强大得足以建立他们自己的、同他们的阶级地位相适应的意识形态了，这时他们才进行了他们的伟大而彻底的革命——法国革命，而且仅仅诉诸法律的和政治的观念，只是在宗教挡住他们的道路时，他们才理会宗教；但是他们没有想到要用某种新的宗教来代替旧的宗教；大家知道，罗伯斯比尔在这方面曾遭受了怎样的失败。

同他人交往时表现纯粹人类感情的可能性，今天已经被我们不得不生活于其中的、以阶级对立和阶级统治为基础的社会破坏得差不多了。我们没有理由把这种感情尊崇为宗教，从而更多地破坏这种可能性。同样，对历史上的重大的阶级斗争的理解，特别是在德国，已经被流行的历史编纂学弄得够模糊了，用不着我们去把这些斗争的历史变为教会史的单纯附属品，使这种理解成为完全不可能。由此可见，现在我们已经离开费尔巴哈多么远了。他那赞美新的爱的宗教的“最美丽的篇章”现在已经不值一读了。

费尔巴哈认真地研究过的唯一的宗教是基督教，即以一神教为基础的西方的世界宗教。他指出，基督教的神只是人的虚幻的反映、映象。但是，这个神本身是长期的抽象过程的产物，是以前的许多部落神和民族神集中起来的精华。与此相应，被反映为这个神的人也不是一个现实的人，而同样是许多现实的人的精华，是抽象的人，因而本身又是一个思想上的形象。费尔巴哈在每一页上都宣扬感性，宣扬专心研究具体的东西、研究现实，可是这同一个费尔巴哈，一谈到人们之间纯粹的性关系以外的某种关系，就变成完全抽象的了。

他在这种关系中仅仅看到一个方面——道德。在这里，同黑格尔比较起来，费尔巴哈的惊人的贫乏又使我们诧异。黑格尔的伦理学或关于伦理的学说就是法哲学，其中包括：（1）抽象的法，（2）道德，（3）伦理，其中又包括家庭、市民社会、国家。在这里，形式是唯心主义的，内容是实在论的。法、经济、政治的全部领域连同道德都包括进去了。在费尔巴哈那里情况恰恰相反。就形式讲，他是实在论的，他把人作为出发点；但是，关于这个人生活的世界却根本没有讲到，因而这个人始终是在宗教哲学中出现的那种抽象的人。这个人不是从娘胎里生出来的，他是从一神教的神羽化而来的，所以他也不是生活在现实的、历史地发生和历史地确定了的世界里面；虽然他同其他的人来往，但是任何一个其他的人也和他本人一样是抽象的。在宗教哲学里，我们终究还可以看到男人和女人，但是在伦理学里，连这最后一点差别也消失了。的确，在费尔巴哈那里间或也出现这样的命题：

“皇宫中的人所想的，和茅屋中的人所想的是不同的。”**15**——“如果你因为饥饿、贫困而身体内没有养料，那么你的头脑中、你的感觉中以及你的心中便没有供道德用的养料了。”16——“政治应当成为我们的宗教”17，等等。

但是，费尔巴哈完全不知道用这些命题去干什么，它们始终是纯粹的空话，甚至施达克也不得不承认，政治对费尔巴哈是一个不可通过的区域，而

“关于社会的学说，即社会学，对他来说，是一个未知的领域”18。

在善恶对立的研究上，他同黑格尔比起来也是肤浅的。黑格尔指出：

“有人以为，当他说人本性是善的这句话时，是说出了一种很伟大的思想；但是他忘记了，当人们说人本性是恶的这句话时，是说出了一种更伟大得多的思想。”19

在黑格尔那里，恶是历史发展的动力的表现形式。这里有双重意思，一方面，每一种新的进步都必然表现为对某一神圣事物的亵渎，表现为对陈旧的、日渐衰亡的、但为习惯所崇奉的秩序的叛逆，另一方面，自从阶级对立产生以来，正是人的恶劣的情欲——贪欲和权势欲成了历史发展的杠杆，关于这方面，例如封建制度的和资产阶级的历史就是一个独一无二的持续不断的证明。但是，费尔巴哈就没有想到要研究道德上的恶所起的历史作用。历史对他来说是一个不愉快的可怕的领域。他有句名言：

“当人最初从自然界产生的时候，他也只是一个纯粹的自然物，而不是人。人是人、文化、历史的产物。”20——

甚至这句名言在他那里也是根本不结果实的。

从上述一切可以明白，关于道德，费尔巴哈所告诉我们的东西只能是极其贫乏的。追求幸福的欲望是人生来就有的，因而应当是一切道德的基础。但是，追求幸福的欲望受到双重的矫正。第一，受到我们的行为的自然后果的矫正：酒醉之后，必定头痛；放荡成习，必生疾病。第二，受到我们的行为的社会后果的矫正：要是我们不尊重他人同样的追求幸福的欲望，那么他们就会反抗，妨碍我们自己追求幸福的欲望。由此可见，我们要满足我们的这种欲望，就必须能够正确地估量我们的行为的后果，另一方面还必须承认他人有相应的欲望的平等权利。因此，对己以合理的自我节制，对人以爱（又是爱!），这就是费尔巴哈的道德的基本准则，其他一切准则都是从中引伸出来的。无论费尔巴哈的妙语横生的议论或施达克的热烈无比的赞美，都不能掩盖这几个命题的贫乏和空泛。

如果一个人只同自己打交道，他追求幸福的欲望只有在非常罕见的情况下才能得到满足，而且决不会对己对人都有利。他的这种欲望要求同外部世界打交道，要求有得到满足的手段：食物、异性、书籍、娱乐、辩论、活动、消费和加工的对象。费尔巴哈的道德或者是以每一个人无疑地都有这些满足欲望的

手段和对象为前提，或者只向每一个人提供无法应用的忠告，因而对于没有这些手段的人是一文不值的。这一点，费尔巴哈自己也说得很直截了当：

“皇宫中的人所想的，和茅屋中的人所想的是不同的。”“如果你因为饥饿、贫困而身体内没有养料，那么你的头脑中、你的感觉中以及你的心中便没有供道德用的养料了。”

至于说到他人追求幸福的平等权利，情况是否好一些呢？费尔巴哈提出这种要求，认为这种要求是绝对的，是适合于任何时代和任何情况的。但是这种要求从什么时候起被认为是适合的呢？在古代的奴隶和奴隶主之间，在中世纪的农奴和领主之间，难道谈得上有追求幸福的平等权利吗？被压迫阶级追求幸福的欲望不是被冷酷无情地“依法”变成了统治阶级的这种欲望的牺牲品吗？——是的，这也是不道德的，但是现在平等权利被承认了。资产阶级在反对封建制度的斗争中和在发展资本主义生产的过程中不得不废除一切等级的即个人的特权，而且起初在私法方面、后来逐渐在公法方面实施了个人在法律上的平等权利，从那时以来并且由于那个缘故，平等权利在口头上是被承认了。但是，追求幸福的欲望只有极微小的一部分可以靠观念上的权利来满足，绝大部分却要靠物质的手段来实现，而由于资本主义生产所关心的，是使绝大多数权利平等的人仅有最必需的东西来勉强维持生活，所以资本主义对多数人追求幸福的平等权利所给予的尊重，即使有，也未必比奴隶制或农奴制所给予的多一些。至于说到幸福的精神手段、教育手段，情况是否好一些呢？就连“萨多瓦的教师”[21]不也是一个神话人物吗？

不仅如此。根据费尔巴哈的道德论，证券交易所就是最高的道德殿堂，只要人们的投机始终都是得当的。如果我的追求幸福的欲望把我引进了交易所，而且我在那里又善于正确地估量我的行为的后果，因而这些后果只使我感到愉快而不引起任何损失，就是说，如果我经常赚钱的话，那么费尔巴哈的指示就算执行了。我也并没有因此就妨碍另一个人的同样的追求幸福的欲望，因为另一个人和我一样，是自愿到交易所去的，他和我成立投机交易时是按照他追求幸福的欲望行事，正如我是按照我追求幸福的欲望行事一样。如果他赔了钱，那么这就证明他的行为是不道德的，因为他盘算错了，而且，我在对他执行应得的惩罚时，甚至可以摆出现代拉达曼的威风来。只要爱不纯粹是温情的空话，交易所也是由爱统治的，因为每个人都靠别人来满足自己追求幸福的欲望，而这就是爱应当做的事情，爱也在这里得到实现。如果我在那里正确地预见到我的行动的后果，因而赌赢了，那么我就执行了费尔巴哈道德的一切最严格的要求，而且还成了富翁。换句话说，费尔巴哈的道德是完全适合于现代资本主义社会的，不管他自己多么不愿意或想不到是这样。

可是爱啊！——真的，在费尔巴哈那里，爱随时随地都是一个创造奇迹的神，可以帮助克服实际生活中的一切困难，——而且这是在一个分裂为利益直接对立的阶级的社会里。这样一来，他的哲学中的最后一点革命性也消失了，留下的只是一个老调子：彼此相爱吧！不分性别、不分等级地互相拥抱吧！——大家都陶醉在和解中了！

简单扼要地说，费尔巴哈的道德论是和它的一切前驱者一样的。它是为一切时代、一切民族、一切情况而设计出来的；正因为如此，它在任何时候和任何地方都是不适用的，而在现实世界面前，是和康德的绝对命令一样软弱无力的。实际上，每一个阶级，甚至每一个行业，都各有各的道德，并且，只要它能破坏这种道德而不受惩罚，它就加以破坏。而本应把一切人都联合起来的爱，则表现在战争、争吵、诉讼、家庭纠纷、离婚以及一些人对另一些人的尽可能的剥削中。

但是,费尔巴哈所提供的强大推动力怎么能对他本人毫无结果呢？理由很简单,因为费尔巴哈不能找到从他自己所极端憎恶的抽象王国通向活生生的现实世界的道路。他紧紧地抓住自然界和人;但是,在他那里,自然界和人都只是空话。无论关于现实的自然界或关于现实的人,他都不能对我们说出任何确定的东西。但是,要从费尔巴哈的抽象的人转到现实的、活生生的人,就必须把这些人作为在历史中行动的人去考察。而费尔巴哈反对这样做,因此,他所不了解的 1848 年对他来说只意味着和现实世界最后分离,意味着退入孤寂的生活。在这方面,主要又要归咎于德国的状况,这种状况使他落得这种悲惨的结局。

但是，费尔巴哈没有走的一步，必定会有人走的。对抽象的人的崇拜，即费尔巴哈的新宗教的核心，必定会由关于现实的人及其历史发展的科学来代替。这个超出费尔巴哈而进一步发展费尔巴哈观点的工作，是由马克思于 1845 年在《神圣家族》中开始的。

四

施特劳斯、鲍威尔、施蒂纳、费尔巴哈，就他们没有离开哲学这块土地来说，都是黑格尔哲学的分支。施特劳斯写了《耶稣传》和《教义学》[22]以后，就只从事写作勒南式的哲学和教会史的美文学作品；鲍威尔只是在基督教起源史方面做了一些事情，虽然他在这里所做的也是重要的；施蒂纳甚至在巴枯宁把他同蒲鲁东混合起来并且把这个混合物命名为“无政府主义”以后，依然是一个怪物；唯有费尔巴哈是个杰出的哲学家。但是，不仅哲学这一似乎凌驾于一切专门科学之上并把它们包罗在内的科学的科学，对他来说，仍然是不可逾越的屏障，不可侵犯的圣物，而且作为一个哲学家，他也停留在半路上，他下半截是唯物主义者，上半截是唯心主义者；他没有批判地克服黑格尔，而是简单地把黑格尔当作无用的东西抛在一边，同时，与黑格尔体系的百科全书式的丰富内容相比，他本人除了矫揉造作的爱的宗教和贫乏无力的道德以外，拿不出什么积极的东西。

但是，从黑格尔学派的解体过程中还产生了另一个派别，唯一的真正结出果实的派别。这个派别主要是同马克思的名字联系在一起的。①

同黑格尔哲学的分离在这里也是由于返回到唯物主义观点而发生的。这就是说，人们决心在理解现实世界（自然界和历史）时按照它本身在每一个不以先入为主的唯心主义怪想来对待它的人面前所呈现的那样来理解；他们决心毫不怜惜地抛弃一切同事实（从事实本身的联系而不是从幻想的联系来把握的事实）不相符合的唯心主义怪想。除此以外，唯物主义并没有别的意义。不过在这里第一次对唯物主义世界观采取了真正严肃的态度，把这个世界观彻底地（至少在主要方面）运用到所研究的一切知识领域里去了。

黑格尔不是简单地被放在一边，恰恰相反，上面所阐述的他的革命方面即辩证方法被接过来了。但是这种方法在黑格尔的形式中是无用的。在黑格尔那里，辩证法是概念的自我发展。绝对概念不仅是从来就存在的（不知在哪里?），而且是整个现存世界的真正的活的灵魂。它通过在《逻辑学》中详细探讨过的并且完全包含在它自身中的一切预备阶段而向自身发展；然后它使自己"外化"，转化为自然界，它在自然界中并没有意识到它自己，而是采取自然必然性的形式，经过新的发展，最后在人身上重新达到自我意识；这个自我意识，在历史中又从粗糙的形式中挣脱出来，直到绝对概念终于在黑格尔哲学中又完全地达到自身为止。因此，在自然界和历史中所显露出来的辩证的发展，即经过一切迂回曲折和暂时退步而由低级到高级的前进运动的因果联系，在黑格尔那里，只是概念的自己运动的翻版，而这种概念的自己运动是从来就有的（不知在什么地方），但无论如何是不依任何能思维的人脑为转移的。这种意识形态上的颠倒是应该消除的。我们重新唯物地把我们头脑中的概念看作现实事物的反映，而不是把现实事物看作绝对概念的某一阶段的反映。这样，辩证法就归结为关于外部世界和人类思维的运动的一般规律的科学，这两个系列的规

① 请允许我在这里作一点个人的说明。近来人们不止一次地提到我参加了制定这一理论的工作，因此，我在这里不得不说几句话，把这个问题澄清。我不能否认，我和马克思共同工作40年，在这以前和这个期间，我在一定程度上独立地参加了这一理论的创立，特别是对这一理论的阐发。但是，绝大部分基本指导思想（特别是在经济和历史领域内），尤其是对这些指导思想的最后的明确的表述，都是属于马克思的。我所提供的，马克思没有我也能够做到，至多有几个专门的领域除外。至于马克思所做到的，我却做不到。马克思比我们大家都站得高些，看得远些，观察得多些和快些。马克思是天才，我们至多是能手。没有马克思，我们的理论远不会是现在这个样子。所以，这个理论用他的名字命名是理所当然的。

律在本质上是同一的，但是在表现上是不同的，这是因为人的头脑可以自觉地应用这些规律，而在自然界中这些规律是不自觉地、以外部必然性的形式、在无穷无尽的表面的偶然性中实现的，而且到现在为止在人类历史上多半也是如此。这样，概念的辩证法本身就变成只是现实世界的辩证运动的自觉的反映，从而黑格尔的辩证法就被倒转过来了，或者宁可说，不是用头立地而是重新用脚立地了。而且值得注意的是，不仅我们发现了这个多年来已成为我们最好的工具和最锐利的武器的唯物主义辩证法，而且德国工人约瑟夫·狄慈根不依靠我们，甚至不依靠黑格尔也发现了它。①

而这样一来，黑格尔哲学的革命方面就恢复了，同时也摆脱了那些曾经在黑格尔那里阻碍它贯彻到底的唯心主义装饰。一个伟大的基本思想，即认为世界不是既成**事物**的集合体，而是**过程**的集合体，其中各个似乎稳定的事物同它们在我们头脑中的思想映象即概念一样都处在生成和灭亡的不断变化中，在这种变化中，尽管有种种表面的偶然性，尽管有种种暂时的倒退，前进的发展终究会实现，——这个伟大的基本思想，特别是从黑格尔以来，已经成了一般人的意识，以致它在这种一般形式中未必会遭到反对了。但是，口头上承认这个思想是一回事，实际上把这个思想分别运用于每一个研究领域，又是一回事。如果人们在研究工作中始终从这个观点出发，那么关于最终解决和永恒真理的要求就永远不会提出了；人们就始终会意识到他们所获得的一切知识必然具有的局限性，意识到他们在获得知识时所处的环境对这些知识的制约性；人们对于还在不断流行的旧形而上学所不能克服的对立，即真理和谬误、善和恶、同一和差别、必然和偶然之间的对立也不再敬畏了；人们知道，这些对立只有相对的意义，今天被认为是合乎真理的认识都有它隐蔽着的、以后会显露出来的错误的方面，同样，今天已经被认为是错误的认识也有它合乎真理的方面，因而它从前才能被认为是合乎真理的；被断定为必然的东西，是由纯粹的偶然性构成的，而所谓偶然的东西，是一种有必然性隐藏在里面的形式，如此等等。

旧的研究方法和思维方法，黑格尔称之为“形而上学的”方法，主要是把**事物**当作一成不变的东西去研究，它的残余还牢牢地盘踞在人们的头脑中，这种方法在当时是有重大的历史根据的。必须先研究事物，尔后才能研究过程。必须先知道一个事物是什么，尔后才能觉察这个事物中所发生的变化。自然科学中的情形正是这样。认为事物是既成的东西的旧形而上学，是从那种把非生物和生物当作既成事物来研究的自然科学中产生的。而当这种研究已经进展到可以向前迈出决定性的一步，即可以过渡到系统地研究这些事物在自然界本身中所发生的变化的时候，在哲学领域内也就响起了旧形而上学的丧钟。事实

---

① 见《人脑活动的实质。一个手艺人的描述》汉堡迈斯纳出版社版。**23**

上，直到上一世纪末，自然科学主要是**搜集材料的**科学，关于既成事物的科学，但是在本世纪，自然科学本质上是**整理材料的**科学，是关于过程、关于这些事物的发生和发展以及关于联系——把这些自然过程结合为一个大的整体——的科学。研究植物机体和动物机体中的过程的生理学，研究单个机体从胚胎到成熟的发育过程的胚胎学，研究地壳逐渐形成过程的地质学，所有这些科学都是我们这个世纪的产儿。

但是，首先是三大发现使我们对自然过程的相互联系的认识大踏步地前进了：第一是发现了细胞，发现细胞是这样一种单位，整个植物体和动物体都是从它的繁殖和分化中发育起来的。这一发现，不仅使我们知道一切高等有机体都是按照一个共同规律发育和生长的，而且使我们通过细胞的变异能力看出有机体能改变自己的物种从而能完成比个体发育更高的发育的道路。——第二是能量转化，它向我们表明了一切首先在无机界中起作用的所谓力，即机械力及其补充，所谓位能、热、辐射（光或辐射热）、电、磁、化学能，都是普遍运动的各种表现形式，这些运动形式按照一定的度量关系由一种转变为另一种，因此，当一种形式的量消失时，就有另一种形式的一定的量代之出现，因此，自然界中的一切运动都可以归结为一种形式向另一种形式不断转化的过程。——最后，达尔文第一次从联系中证明，今天存在于我们周围的有机自然物，包括人在内，都是少数原始单细胞胚胎的长期发育过程的产物，而这些胚胎又是由那些通过化学途径产生的原生质或蛋白质形成的。

由于这三大发现和自然科学的其他巨大进步，我们现在不仅能够说明自然界中各个领域内的过程之间的联系，而且总的说来也能说明各个领域之间的联系了，这样，我们就能够依靠经验自然科学本身所提供的事实，以近乎系统的形式描绘出一幅自然界联系的清晰图画。描绘这样一幅总的图画，在以前是所谓自然哲学的任务。而自然哲学只能这样来描绘：用观念的、幻想的联系来代替尚未知道的现实的联系，用想象来补充缺少的事实，用纯粹的臆想来填补现实的空白。它在这样做的时候提出了一些天才的思想，预测到一些后来的发现，但是也发表了十分荒唐的见解，这在当时是不可能不这样的。今天，当人们对自然研究的结果只要辩证地即从它们自身的联系进行考察，就可以制成一个在我们这个时代是令人满意的“自然体系”的时候，当这种联系的辩证性质，甚至违背自然研究者的意志，使他们受过形而上学训练的头脑不得不承认的时候，自然哲学就最终被排除了。任何使它复活的企图不仅是多余的，而且**是倒退**。

这样，自然界也被承认为历史发展过程了。而适用于自然界的，同样适用于社会历史的一切部门和研究人类的（和神的）事物的一切科学。在这里，历史哲学、法哲学、宗教哲学等等也都是以哲学家头脑中臆造的联系来代替应当在事变中去证实的现实的联系，把全部历史及其各个部分都看作观念的逐渐实现，而且当然始终只是哲学家本人所喜爱的那些观念的逐渐实现。这样看来，历史是不自觉地、但必然是为了实现某种预定的理想目的而努力，例如在黑格尔那里，是为了实现他的绝对观念而努力，而力求达到这个绝对观念的坚定不移的意向就构成了历史事变中的内在联系。这样，人们就用一种新的——不自觉的或逐渐自觉的——神秘的天意来代替现实的、尚未知道的联系。因此，在这里也完全像在自然领域里一样，应该通过发现现实的联系来清除这种臆造的人为的联系；这一任务，归根到底，就是要发现那些作为支配规律在人类社会的历史上起作用的一般运动规律。

但是，社会发展史却有一点是和自然发展史根本不相同的。在自然界中（如果我们把人对自然界的反作用撇开不谈）全是没有意识的、盲目的动力，这些动力彼此发生作用，而一般规律就表现在这些动力的相互作用中。在所发生的任何事情中，无论在外表上看得出的无数表面的偶然性中，或者在可以证实这些偶然性内部的规律性的最终结果中，都没有任何事情是作为预期的自觉的目的发生的。相反，在社会历史领域内进行活动的，是具有意识的、经过思虑或凭激情行动的、追求某种目的的人；任何事情的发生都不是没有自觉的意图，没有预期的目的的。但是，不管这个差别对历史研究，尤其是对各个时代和各个事变的历史研究如何重要，它丝毫不能改变这样一个事实：历史进程是受内在的一般规律支配的。因为在这一领域内，尽管各个人都有自觉预期的目的，总的说来在表面上好像也是偶然性在支配着。人们所预期的东西很少如愿以偿，许多预期的目的在大多数场合都互相干扰，彼此冲突，或者是这些目的本身一开始就是实现不了的，或者是缺乏实现的手段的。这样，无数的单个愿望和单个行动的冲突，在历史领域内造成了一种同没有意识的自然界中占统治地位的状况完全相似的状况。行动的目的是预期的，但是行动实际产生的结果并不是预期的，或者这种结果起初似乎还和预期的目的相符合，而到了最后却完全不是预期的结果。这样，历史事件似乎总的说来同样是由偶然性支配着的。但是，在表面上是偶然性在起作用的地方，这种偶然性始终是受内部的隐蔽着的规律支配的，而问题只是在于发现这些规律。

无论历史的结局如何，人们总是通过每一个人追求他自己的、自觉预期的目的来创造他们的历史，而这许多按不同方向活动的愿望及其对外部世界的各种各样作用的合力，就是历史。因此，问题也在于，这许多单个的人所预期的是什么。愿望是由激情或思虑来决定的。而直接决定激情或思虑的杠杆是各式各样的。有的可能是外界的事物，有的可能是精神方面的动机，如功名心、“对真理和正义的热忱”、个人的憎恶，或者甚至是各种纯粹个人的怪想。但是，一方面，我们已经看到，在历史上活动的许多单个愿望在大多数场合下所得到的完全不是预期的结果，往往是恰恰相反的结果，因而它们的动机对全部结果来说同样地只有从属的意义。另一方面，又产生了一个新的问题：在这些动机背后隐藏着的又是什么样的动力？在行动者的头脑中以这些动机的形式出现的历史原因又是什么？

旧唯物主义从来没有给自己提出过这样的问题。因此，它的历史观——如果它有某种历史观的话，——本质上也是实用主义的，它按照行动的动机来判断一切，把历史人物分为君子和小人，并且照例认为君子是受骗者，而小人是得胜者。旧唯物主义由此得出的结论是，在历史的研究中不能得到很多有教益的东西；而我们由此得出的结论是，旧唯物主义在历史领域内自己背叛了自己，因为它认为在历史领域中起作用的精神的动力是最终原因，而不去研究隐藏在这些动力后面的是什么，这些动力的动力是什么。不彻底的地方并不在于承认**精神的**动力，而在于不从这些动力进一步追溯到它的动因。相反，历史哲学，特别是黑格尔所代表的历史哲学，认为历史人物的表面动机和真实动机都决不是历史事变的最终原因，认为这些动机后面还有应当加以探究的别的动力；但是它不在历史本身中寻找这种动力，反而从外面，从哲学的意识形态把这种动力输入历史。例如黑格尔，他不从古希腊历史本身的内在联系去说明古希腊的历史，而只是简单地断言，古希腊的历史无非是“美好的个性形式”的制定，是“艺术作品”本身的实现。[24]在这里，黑格尔关于古希腊人作了许多精彩而深刻的论述，但是这并不妨碍我们今天对那些纯属空谈的说明表示不满。

因此，如果要去探究那些隐藏在——自觉地或不自觉地，而且往往是不自觉地——历史人物的动机背后并且构成历史的真正的最后动力的动力，那么问题涉及的，与其说是个别人物、即使是非常杰出的人物的动机，不如说是使广大群众、使整个整个的民族，并且在每一民族中间又是使整个整个阶级行动起来的动机；而且也不是短暂的爆发和转瞬即逝的火光，而是持久的、引起重大历史变迁的行动。探讨那些作为自觉的动机明显地或不明显地，直接地或以意识形态的形式、甚至以被神圣化的形式反映在行动着的群众及其领袖即所谓伟大人物的头脑中的动因，——这是能够引导我们去探索那些在整个历史中以及个别时期和个别国家的历史中起支配作用的规律的唯一途径。使人们行动起来的一切，都必然要经过他们的头脑；但是这一切在人们的头脑中采取什么形式，这在很大程度上是由各种情况决定的。现在工人不再像1848年在莱茵地区那样简单地捣毁机器，但是，这决不是说，他们已经容忍按照资本主义方式应用机器。

但是，在以前的各个时期，对历史的这些动因的探究几乎是不可能的，因为它们和自己的结果的联系是混乱而隐蔽的，在我们今天这个时期，这种联系已经简化了，以致人们有可能揭开这个谜了。从采用大工业以来，就是说，至少从1815年签订欧洲和约以来，在英国，谁都知道，土地贵族（landed aristocracy）和资产阶级（middle class）这两个阶级争夺统治的要求，是英国全部政治斗争的中心。在法国，随着波旁王室的返国，同样的事实也被人们意识到了；复辟时期的历史编纂学家，从梯叶里到基佐、米涅和梯也尔，总是指出这一事实是理解中世纪以来法国历史的钥匙。而从1830年起，在这两个国家里，工人阶级即无产阶级，已被承认是为争夺统治而斗争的第三个战士。当时关系已经非常简化，只有故意闭起眼睛的人才看不见，这三大阶级的斗争和它们的利益冲突是现代历史的动力，至少是这两个最先进国家的现代历史的动力。

但是，这些阶级是怎样产生的呢？初看起来，那种大的、曾经是封建的土地占有制的起源，还可以（至少首先）归于政治原因，归于暴力掠夺，但是对于资产阶级和无产阶级，这就说不通了。在这里，显而易见，这两大阶级的起源和发展是由于纯粹经济的原因。而同样明显的是，土地占有制和资产阶级之间的斗争，正如资产阶级和无产阶级之间的斗争一样，首先是为了经济利益而进行的，政治权力不过是用来实现经济利益的手段。资产阶级和无产阶级这两个阶级是由于经济关系发生变化，确切些说，是由于生产方式发生变化而产生的。最初是从行会手工业到工场手工业的过渡，随后又是从工场手工业到使用蒸汽和机器的大工业的过渡，使这两个阶级发展起来了。在一定阶段上，资产阶级推动的新的生产力——首先是分工和许多局部工人在一个综合性手工工场里的联合——以及通过生产力发展起来的交换条件和交换需要，同现存的、历史上继承下来的而且被法律神圣化的生产秩序不相容了，就是说，同封建社会制度的行会特权以及许多其他的个人特权和地方特权（这些特权对于非特权等级来说都是桎梏）不相容了。资产阶级所代表的生产力起来反抗封建土地占有者和行会师傅所代表的生产秩序了；结局是大家都知道的：封建桎梏被打碎了，在英国是逐渐打碎的，在法国是一下子打碎的，在德国还没有完全打碎。但是，正像工场手工业在一定发展阶段上曾经同封建的生产秩序发生冲突一样，大工业现在已经同代替封建生产秩序的资产阶级生产秩序相冲突了。被这种秩序、被资本主义生产方式的狭隘范围所束缚的大工业，一方面使全体广大人民群众越来越无产阶级化，另一方面生产出越来越多的没有销路的产品。生产过剩和大众的贫困，两者互为因果，这就是大工业所陷入的荒谬的矛盾，这个矛盾必然要求通过改变生产方式来使生产力摆脱桎梏。

因此，在现代历史中至少已经证明，一切政治斗争都是阶级斗争，而一切争取解放的阶级斗争，尽管它必然地具有政治的形式（因为一切阶级斗争都是政治斗争），归根到底都是围绕着**经济**解放进行的。因此，至少在这里，国家，政治制度是从属的东西，而市民社会，经济关系的领域是决定性的因素。从传统的观点看来（这种观点也是黑格尔所尊崇的），国家是决定的因素，市民社会是被国家决定的因素。表面现象是同这种看法相符合的。就单个人来说，他的行动的一切动力，都一定要通过他的头脑，一定要转变为他的意志的动机，才能使他行动起来，同样，市民社会的一切要求（不管当时是哪一个阶级统治着），也一定要通过国家的意志，才能以法律形式取得普遍效力。这是问题的形式方面，这方面是不言而喻的；不过要问一下，这个仅仅是形式上的意志（不论是单个人的或国家的）有什么内容呢？这一内容是从哪里来的呢？为什么人们所期望的正是这个而不是别的呢？在寻求这个问题的答案时，我们就发现，在现代历史中，国家的意志总的说来是由市民社会的不断变化的需要，是由某个阶级的优势地位，归根到底，是由生产力和交换关系的发展决定的。

但是，既然甚至在拥有巨量生产资料和交往手段的现代，国家都不是一个具有独立发展的独立领域，而它的存在和发展归根到底都应该从社会的经济生活条件中得到解释，那么，以前的一切时代就必然更是这样了，那时人们物质生活的生产还没有使用这样丰富的辅助手段来进行，因而这种生产的必要性必不可免地在更大程度上支配着人们。既然在今天这个大工业和铁路的时代，国家总的说来还只是以集中的形式反映了支配着生产的阶级的经济需要，那么，在以前的时代，国家就必然更加是这样了，那时每一代人都要比我们今天更多得多地耗费一生中的时间来满足自己的物质需要，因而要比我们今天更多地依赖于这种物质需要。对从前各个时代的历史的研究，只要在这方面是认真进行的，都会最充分地证实这一点；但是，在这里当然不能进行这种研究了。

如果说国家和公法是由经济关系决定的，那么不言而喻，私法也是这样，因为私法本质上只是确认单个人之间的现存的、在一定情况下是正常的经济关系。但是，这种确认所采取的形式可以是很不相同的。人们可以把旧的封建的法的形式大部分保存下来，并且赋予这种形式以资产阶级的内容，甚至直接给封建的名称加上资产阶级的含义，就像在英国与民族的全部发展相一致而发生的那样；但是人们也可以像在西欧大陆上那样，把商品生产者社会的第一个世界性法律即罗马法以及它对简单商品所有者的一切本质的法的关系（如买主和卖主、债权人和债务人、契约、债务等等）所作的无比明确的规定作为基础。这样做时，为了仍然是小资产阶级的和半封建的社会的利益，人们可以或者是简单地通过审判的实践贬低罗马法，使它适合于这个社会的状况（普通法），或者是依靠所谓开明的进行道德说教的法学家的帮助把它加工成一种适应于这种社会状况的特殊法典，这种法典，在这种情况下即使从法学观点看来也是不好的（普鲁士邦法）；但是这样做时，人们也可以在资产阶级大革命以后，以同一个罗马法为基础，制定出像法兰西民法典这样典型的资产阶级社会的法典。因此，如果说民法准则只是以法的形式表现了社会的经济生活条件，那么这种准则就可以依情况的不同而把这些条件有时表现得好，有时表现得坏。

国家作为第一个支配人的意识形态力量出现在我们面前。社会创立一个机关来保护自己的共同利益，免遭内部和外部的侵犯。这种机关就是国家政权。它刚一产生，对社会来说就是独立的，而且它越是成为某个阶级的机关，越是直接地实现这一阶级的统治，它就越独立。被压迫阶级反对统治阶级的斗争必然要变成政治的斗争，变成首先是反对这一阶级的政治统治的斗争；对这一政治斗争同它的经济基础的联系的认识，就日益模糊起来，并且会完全消失。即使在斗争参加者那里情况不完全是这样，但是在历史编纂学家那里差不多总是这样的。在关于罗马共和国内部斗争的古代史料中，只有阿庇安一人清楚而明确地告诉我们，这一斗争归根到底是为什么进行的，即为土地所有权进行的。

但是，国家一旦成了对社会来说是独立的力量，马上就产生了另外的意识形态。这就是说，在职业政治家那里，在公法理论家和私法法学家那里，同经济事实的联系就完全消失了。因为经济事实要以法律的形式获得确认，必须在每一个别场合都采取法律动机的形式，而且，因为在这里，不言而喻地要考虑到现行的整个法的体系，所以，现在法律形式就是一切，而经济内容则什么也不是。公法和私法被看作两个独立的领域，它们各有自己的独立的历史发展，它们本身都可以系统地加以说明，并需要通过彻底根除一切内部矛盾来作出这种说明。

更高的即更远离物质经济基础的意识形态，采取了哲学和宗教的形式。在这里，观念同自己的物质存在条件的联系，越来越错综复杂，越来越被一些中间环节弄模糊了。但是这一联系是存在着的。从15世纪中叶起的整个文艺复兴时期，在本质上是城市的从而是市民阶级的产物，同样，从那时起重新觉醒的哲学也是如此。哲学的内容本质上仅仅是那些和中小市民阶级发展为大资产阶级的过程相适应的思想的哲学表现。在上一世纪的那些往往既是哲学家又是政治经济学家的英国人和法国人那里，这种情形是表现得很明显的，而在黑格尔学派那里，这一情况我们在上面已经说明了。

现在我们再简略地谈谈宗教，因为宗教离开物质生活最远，而且好像是同物质生活最不相干。宗教是在最原始的时代从人们关于他们本身和周围的外部自然界的错误的、最原始的观念中产生的。但是，任何意识形态一经产生，就同现有的观念材料相结合而发展起来，并对这些材料作进一步的加工；不然，它就不是意识形态了，就是说，它就不是把思想当作独立地发展的、仅仅服从自身规律的独立存在的东西来对待了。人们头脑中发生的这一思想过程，归根到底是由人们的物质生活条件决定的，这一事实，对这些人来说必然是没有意识到的，否则，全部意识形态就完结了。因此，大部分是每个有亲属关系的民族集团所共有的这些原始的宗教观念，在这些集团分裂以后，便在每个民族那里依各自遇到的生活条件而独特地发展起来，而这一过程对一系列民族集团来说，特别是对雅利安人（所谓印欧人）来说，已由比较神话学详细地证实了。这样在每一个民族中形成的神，都是民族的神，这些神的王国不越出它们所守护的民族领域，在这个界线以外，就无可争辩地由别的神统治了。只要这些民族存在，这些神也就继续活在人们的观念中；这些民族没落了，这些神也就随着灭亡。罗马世界帝国使得古老的民族没落了（关于罗马世界帝国产生的经济条件，我们没有必要在这里加以研究），古老的民族的神就灭亡了，甚至罗马的那些仅仅适合于罗马城这个狭小圈子的神也灭亡了；罗马曾企图除本地的神以外还承认和供奉一切多少受崇敬的异族的神，这就清楚地表明了有以一种世界宗教来充实世界帝国的需要。但是一种新的世界宗教是不能这样用皇帝的敕令创造出来的。新的世界宗教，即基督教，已经从普遍化了的东方神学，特别是犹太神学同庸俗化了的希腊哲学，特别是斯多亚派[25]哲学的混合中悄悄地产生了。我们必须重新进行艰苦的研究，才能够知道基督教最初是什么样子，因为它那流传到我们今天的官方形式仅仅是尼西亚宗教会议[26]为了使它成为国教而赋予它的那种形式。它在250年后已经变成国教这一事实，足以证明它是适应时势的宗教。在中世纪，随着封建制度的发展，基督教成为一种同它相适应的、具有相应的封建等级制的宗教。当市民阶级兴起的时候，新教异端首先在法国南部的阿尔比派[27]中间，在那里的城市最繁荣的时代，同封建的天主教相对抗而发展起来。中世纪把意识形态的其他一切形式——哲学、政治、法学，都合并到神学中，使它们成为神学中的科目。因此，当时任何社会运动和政治运动都不得不采取神学的形式；对于完全由宗教培育起来的群众感情说来，要掀起巨大的风暴，就必须让群众的切身利益披上宗教的外衣出现。市民阶级从最初起就给自己制造了一种由无财产的、不属于任何公认的等级的城市平民、短工和各种仆役所组成的附属品，即后来的无产阶级的前身，同样，宗教异端也早就分成了两派：市民温和派和甚至也为市民异教徒所憎恶的平民革命派。

新教异端的不可根绝是同正在兴起的市民阶级的不可战胜相适应的；当这个市民阶级已经充分强大的时候，他们从前同封建贵族进行的主要是地方性的斗争便开始采取全国性的规模了。第一次大规模的行动发生在德国，这就是所谓的宗教改革[28]。那时市民阶级既不够强大又不够发展，不足以把其他的反叛等级——城市平民、下级贵族和乡村农民——联合在自己的旗帜之下。贵族首先被击败；农民举行了起义，形成了这次整个革命运动的顶点；城市背弃了农民，革命被各邦君主的军队镇压下去了，这些君主攫取了革命的全部果实。从那时起，德国有整整三个世纪从那些能独立地干预历史的国家的行列中消失了。但是除德国人路德外，还出现了法国人加尔文，他以真正法国式的尖锐性突出了宗教改革的资产阶级性质，使教会共和化和民主化。当路德的宗教改革在德国已经蜕化并把德国引向灭亡的时候，加尔文的宗教改革却成了日内瓦、荷兰和苏格兰共和党人的旗帜，使荷兰摆脱了西班牙和德意志帝国的统治，并为英国发生的资产阶级革命的第二幕提供了意识形态的外衣。在这里，加尔文教显示出它是当时资产阶级利益的真正的宗教外衣，因此，在1689年革命[29]由于一部分贵族同资产阶级间的妥协而结束以后，它也没有得到完全的承认。英国的国教会恢复了，但不是恢复到它以前的形式，即由国王充任教皇的天主教，而是强烈地加尔文教化了。旧的国教会庆祝欢乐的天主教礼拜日，反对枯燥的加尔文派礼拜日。新的资产阶级化的国教会，则采用后一种礼拜日，这种礼拜日至今还在装饰着英国。

在法国，1685年加尔文教的少数派曾遭到镇压，被迫皈依天主教或者被驱逐出境。[30]但是这有什么用处呢？那时自由思想家皮埃尔·培尔已经在忙于从事活动，而1694年伏尔泰也诞生了。路易十四的暴力措施只是使法国的资产阶级更便于以唯一同已经发展起来的资产阶级相适应的、非宗教的、纯粹政治的形式进行自己的革命。出席国民议会的不是新教徒，而是自由思想家了。由此可见，基督教进入了它的最后阶段。此后，它已不能成为任何进步阶级的意向的意识形态外衣了；它越来越变成统治阶级专有的东西，统治阶级只把它当作使下层阶级就范的统治手段。同时，每个不同的阶级都利用它自己认为适合的宗教：占有土地的容克利用天主教的耶稣会派或新教的正统派，自由的和激进的资产者则利用理性主义，至于这些先生们自己相信还是不相信他们各自的宗教，这是完全无关紧要的。

这样，我们看到，宗教一旦形成，总要包含某些传统的材料，因为在一切意识形态领域内传统都是一种巨大的保守力量。但是，这些材料所发生的变化是由造成这种变化的人们的阶级关系即经济关系引起的。在这里只说这一点就够了。

上面的叙述只能是对马克思的历史观的一个概述，至多还加了一些例证。证明只能由历史本身提供；而在这里我可以说，在其他著作中证明已经提供得很充分了。但是，这种历史观结束了历史领域内的哲学，正如辩证的自然观使一切自然哲学都成为不必要的和不可能的一样。现在无论在哪一个领域，都不再要从头脑中想出联系，而要从事实中发现联系了。这样，对于已经从自然界和历史中被驱逐出去的哲学来说，要是还留下什么的话，那就只留下一个纯粹思想的领域：关于思维过程本身的规律的学说，即逻辑和辩证法。

——

随着1848年革命而来的是，“有教养的”德国抛弃了理论，转入了实践的领域。以手工劳动为基础的小手工业和工场手工业已经为真正的大工业所代替；德国重新出现在世界市场上；新的小德意志帝国[31]至少排除了由小邦割据、封建残余和官僚制度造成的阻碍这一发展的最显著的弊病。但是，思辨①在多大程度上离开哲学家的书房而在证券交易所筑起自己的殿堂，有教养的德国也就在多大程度上失去了在德国最深沉的政治屈辱时代曾经是德国的光荣的伟大理论兴趣——那种不管所得成果在实践上是否能实现，不管它是否违反警章都照样致力于纯粹科学研究的兴趣。诚然，德国的官方自然科学，特别是在专门研究的领域中仍然保持着时代的高度，但是，正如美国《科学》杂志已经公正地指出的，在研究单个事实之间的重大联系方面的决定性进步，即把这些联系概括为规律，现在更多地是出在英国，而不像从前那样出在德国。而在包括哲学在内的历史科学的领域内，那种旧有的在理论上毫无顾忌的精神已随着古典哲学完全消失了；起而代之的是没有头脑的折衷主义，是对职位和收入的担忧，直到极其卑劣的向上爬的思想。这种科学的官方代表都变成毫无掩饰的资产阶级的和现存国家的玄想家，但这已经是在资产阶级和现存国家同工人阶级公开敌对的时代了。

德国人的理论兴趣，只是在工人阶级中还没有衰退，继续存在着。在这里，它是根除不了的。在这里，对职位、牟利，对上司的恩典，没有任何考虑。相反，科学越是毫无顾忌和大公无私，它就越符合工人的利益和愿望。在劳动发展史中找到了理解全部社会史的锁钥的新派别，一开始就主要是面向工人阶级的，并且从工人阶级那里得到了同情，这种同情，它在官方科学那里是既没有寻找也没有期望过的。德国的工人运动是德国古典哲学的继承者。

写于1886年初

载于1886年《新时代》杂志第4期和第5期，并于1888年以单行本形式在斯图加特出版

原文是德文

选自《马克思恩格斯全集》第21卷第301—353页

注　释

1 恩格斯的著作《路德维希·费尔巴哈和德国古典哲学的终结》是马克思主义的基本著作之一。书中揭示了马克思主义对其哲学先驱——德国古典哲学的最杰出代表黑格尔和费尔巴哈的关系，并对辩证唯物主义和历史唯物主义原理作了系统的叙述。

这部著作写于1886年初，最初刊登在德国社会民主党的理论杂志《新时代》1886年第4期和第5期。1888年又以单行本的形式在斯图加特出版。恩格斯专门为之写了序言，并在该书附录中第一次发表了马克思的《关于费尔巴哈的提纲》。

1889年圣彼得堡的杂志《北方通报》第3期和第4期刊登了恩格斯这部著作的俄

① 德文“Spekulation”既有“思辨”的意思，也有“投机”的意思。——编者注

译文，标题为《德国古典唯心主义哲学的危机》。1890 年，这部著作被译成波兰文。1892 年，日内瓦劳动解放社全文发表了格·普列汉诺夫翻译的俄译文，同年葡萄牙译文面世。1894 年，在巴黎出版的法国社会主义月刊《新纪元》第 4 期和第 5 期上登载了劳·拉法格翻译并经恩格斯审阅的法译文。1903 年，由美国凯尔出版社发表的英译文，标题为《社会主义哲学的根源》。

2 巴士底狱是 14—18 世纪巴黎的城堡和国家监狱。从 16 世纪起，主要用来囚禁政治犯。

3 恩格斯指海涅关于德国哲学革命的言论，这些言论包含在海涅的著作《论德国宗教和哲学的历史》中。这部著作发表于 1834 年，它是对德国精神生活中所发生的事件进行评论（一部分发表于 1833 年）的继续。海涅的这些言论贯彻了这样的思想：当时由黑格尔哲学总其成的德国哲学革命，是德国即将到来的民主革命的序幕。

4 恩格斯在这里套用黑格尔《法哲学原理》序言中的话。该书第 1 版于 1821 年在柏林出版。

5 见乔·威·弗·黑格尔《哲学全书缩写本。第一部。逻辑》第 147 节；第 142 节附释。该书第 1 版于 1817 年在海德堡出版。

6 这里套用了歌德《浮士德》第 1 部第 3 场（《浮士德的书斋》）里的靡菲斯特斐勒司的话。

7 乔·威·弗·黑格尔《逻辑学》1812—1816 年纽伦堡版。这部著作共分三册：《客观逻辑，存在论》(1812)、《客观逻辑，本质论》(1813) 和《主观逻辑或概念论》(1816)。

8 《德国年鉴》是青年黑格尔派的文学哲学杂志《德国科学和艺术年鉴》的简称，该杂志以日报形式在莱比锡出版。1841 年 7 月—1843 年 1 月，杂志用上述名称出版；以前 (1838—1841 年) 曾以《德国科学和艺术哈雷年鉴》的名称出版；1841 年 6 月以前，杂志由阿·卢格和泰·艾希特迈耶尔在哈雷负责编辑，1841 年 7 月起由阿·卢格在德累斯顿负责编辑。由于《哈雷年鉴》在普鲁士境内遭到停刊的威胁，编辑部从普鲁士的哈雷城迁往萨克森，并更改了杂志的名称。但是，即使用了新的名称，杂志也没有出版多久。1843 年 1 月 3 日被萨克森政府查禁，并经联邦议会决定在全国查禁。

9 《莱茵政治、商业和工业日报》是德国的一家日报，青年黑格尔派的喉舌，1842 年 1 月 1 日至 1843 年 3 月 31 日在科降出版。该报是莱茵省一些反对普鲁士专制政体的资产阶级人士创办的，曾吸收几个青年黑格尔分子撰稿。1842 年 4 月马克思开始为该报撰稿，同年 10 月起成为该报编辑部成员。《莱茵报》也发表过许多恩格斯的文章。在马克思担任编辑期间，该报日益具有明显的革命民主主义性质，政府对该报进行了特别严格的检查，1843 年 4 月 1 日把它封闭了。

10 关于梦中出现的人的形象是暂时离开肉体的灵魂等描写，见埃·斐·伊姆·特恩的著作《在圭亚那的印第安人中间》1883 年伦敦版第 344—346 页。

11 德国天文学家约翰·加勒于 1846 年 9 月 23 日发现了海王星。

12 这段引文在施达克的《路德维希·费尔巴哈》1885 年斯图加特版第 166 页上引用过。引文摘自卡·格律恩《路德维希·费尔巴哈的书简、遗稿及其哲学特征的阐述》1874 年莱比锡—海德堡版第 2 卷第 308 页。

13 自然神论者是一种宗教哲学学说的拥护者。这种学说认为神是非人格的、有理性的世界始因，但是神不干预自然现象和社会生活。在封建教会世界观统治的条件下，自然神论往往站在唯理论的立场上批判中世纪的神学世界观，揭露僧侣们的寄生生活和招摇撞骗的行为。

14 这段引文摘自费尔巴哈的著作《哲学原理、变化的必然性》，见卡·格律恩《路德维希·费尔巴哈的书简、遗稿及其哲学特征的阐述》1874年莱比锡—海德堡版第1卷第407页。

15 这段引文摘自费尔巴哈的著作《驳躯体和灵魂、肉体和精神的二元论》，见《费尔巴哈全集》1846年莱比锡版第2卷第363页。

16 这段引文在施达克《路德维希·费尔巴哈》1885年斯图加特版第254页上引用过。引文摘自费尔巴哈的著作《贫穷操纵并取消所有法律》，见卡·格律恩《路德维希·费尔巴哈的书简、遗稿及其哲学特征的阐述》1874年莱比锡—海德堡版第2卷第285—286页。

17 这段引文在施达克《路德维希·费尔巴哈》1885年斯图加特版第280页上引用过。引文摘自费尔巴哈的著作《哲学原理。变化的必然性》，见卡·格律恩《路德维希·费尔巴哈的书简、遗稿及其哲学特征的阐述》1874年莱比锡—海德堡版第1卷第409页。

18 见施达克《路德维希·费尔巴哈》1885年斯图加特版第280页。

19 黑格尔关于恶是历史发展动力的思想见他的著作《法哲学原理》第18、139节以及《宗教哲学讲演录》第3部第2篇第3章。后面这本著作的第1版于1832年在柏林出版。

20 这句话摘自路·费尔巴哈的著作《我的哲学经历的特征描述片断》，见《费尔巴哈全集》1846年莱比锡版第2卷第411页。

21 普军在1866年奥普战争中萨多瓦一役获胜后，德国资产阶级政论中的流行用语，意思是说普鲁士的胜利似乎是由于普鲁士国民教育制度的优越。这一用语源出《外国》杂志的编辑奥·佩舍尔，他在该杂志1866年7月17日第29期上的一篇文章《最近的战争历史的教训》中用了这个用语。

22 指大·弗·施特劳斯的著作《基督教教理的历史发展及其和现代科学的斗争》1840—1841年蒂宾根—斯图加特版第1—2卷，该书第二部的标题是《基督教教理的物质内容（教义学）》。

23 恩格斯指的是约·狄慈根的著作《人脑活动的实质。一个手艺人的描述，纯粹的和实践的理性的再批判》1869年汉堡版。

24 见乔·威·弗·黑格尔《历史哲学讲演录》第2部第2篇。该书第1版于1837年在柏林出版。

25 斯多亚主义是公元前4—3世纪产生于古希腊的一个哲学派别，因其创始人芝诺通常在雅典集市的画廊讲学，又称画廊学派（画廊的希腊文是“Stoa”）。

斯多亚派哲学分为逻辑学、物理学和伦理学，以伦理学为中心，逻辑学和物理学只是为伦理学提供基础。这个学派主要宣扬服从命运并带有浓厚宗教色彩的泛神论思想，其中既有唯物主义倾向，又有唯心主义思想。早期斯多亚派认为认识来源于对外界事物的感觉，但又承认关于神、善恶、正义等的先天观念。他们把赫拉克利特的火和逻各斯看成一个东西，认为宇宙实体既是物质性的，同时又是创造一切并统治万物的世界理性，也是神、天命和命运，或称自然。人是自然的一部分，也受天命支配，人应该顺应自然的规律而生活，即遵照理性和道德而生活。合乎理性的行为就是德行，只有德行才能使人幸福。人要有德行，成为善人，就必须用理性克制情欲，达到清心寡欲以至无情无欲的境界。中期斯多亚派强调社会责任、道德义务，加强了道德生活中的禁欲主义倾向。晚期斯多亚派宣扬安于命运，服从命运，认为人的一生注定是有罪的、痛苦的，只有忍耐和克制欲望，才能摆脱痛苦和罪恶，得到精神的安宁和幸福。晚期斯多亚派的伦理思想为基督教的兴起准备了思想条件。

26 尼西亚宗教会议是第一次基督教会世界性主教会议。这次会议是325年罗马皇帝君士坦丁一世在小亚细亚的尼西亚城召开的，约300名主教或代表主教的长老出席。会议针对当时教会存在的“三位一体”派和阿里乌派的信仰分歧，通过了一切基督徒必须遵守“三位一体”的信条（正统基督教教义的基本原则），不承认信条以叛国罪论。会议还制定教会法规，以加强主教权力，实为加强皇帝权力，因主教是由皇帝任免的，从此基督教变成了罗马帝国国教。

27 阿尔比派是基督教的一个教派，12至13世纪广泛传播于法国南部和意大利北部的城市中。它的主要发源地是法国南部阿尔比城。阿尔比派反对天主教的豪华仪式和教阶制度，它以宗教的形式反映了城市商业和手工业居民对封建制度的抗议。法国南部的部分贵族也加入了阿尔比派，他们企图剥夺教会的土地。1209年教皇英诺森三世曾组织十字军征伐阿尔比派。经过20年战争和残酷的镇压，阿尔比派运动终于失败。

28 指16世纪德国马丁·路德领导的宗教改革运动。参看恩格斯《德国农民战争》第2章（见《马克思恩格斯全集》第7卷第399—419页）。

29 指1688年英国政变（又称“光荣革命”）。由于这次政变，在英国推翻了斯图亚特王朝，确立了建立在土地贵族和大资产阶级妥协基础上的、以奥伦治的威廉（从1689年起）为首的君主立宪制。

30 鉴于17世纪20年代起对胡格诺教徒（加尔文派新教徒）所施加的政治迫害和宗教迫害加剧了，路易十四于1685年取消亨利四世1598年颁布的南特敕令。这个敕令曾给予胡格诺教徒以信教和敬神的自由；由于南特敕令的取消，数十万胡格诺教徒离开了法国。

31 小德意志帝国指1871年1月在普鲁士领导下建立的不包括奥地利在内的德意志帝国。

马克思和恩格斯书信

学习提示

从理论形态上讲，马克思主义不仅集中体现在马克思和恩格斯的大量著作之中，而且也散见于他们的数千封信件当中。这里节选的7封书信就涉及马克思和恩格斯在思想发展的不同时期对历史唯物主义的一些重要阐述。

《马克思致帕·瓦·安年科夫》。俄国自由派著作家安年科夫于1846年11月1日就蒲鲁东的《贫困的哲学》一书致信马克思，认为该书虽然存在不少有关上帝、天命的混乱思想，但其经济部分却写得“很有分量”，并征询马克思对该书的看法。马克思于当年12月28日回信安年科夫，对蒲鲁东的小资产阶级政治经济学进行了尖锐的批判，并扼要地阐述了自己的历史唯物主义思想。

首先，马克思在信中直截了当地指出，《贫困的哲学》整个说来是“一本坏书”，坏就坏在对人类历史发展一窍不通的蒲鲁东却借用黑格尔主义来解释人类的经济发展。蒲鲁东完全颠倒了经济范畴同人及其实践生活的关系，把抽象的经济范畴当作历史的动力，而把人及其实践的生活当作是这些范畴的体现。为了解释社会发展与个人发展的表面的不一致性，蒲鲁东不得不诉诸上帝或普遍理性，把社会发展说成是普遍理性的自我表现，人不过是理性为了自身发展而使用的工具。于是经济范畴被理所当然地视为自行产生的、具有自己生命的东西，而作为经济范畴基础的经济关系却反而被当作范畴的表现。因此，在蒲鲁东那里，创造历史的不是人的现实生产活动，而是抽象的范畴观念。这一套思辨怪论，在马克思看来，当然无法把握历史的实在进程。

其次，该书不仅颠倒了经济范畴同经济关系及社会形式之间的关系，而且把经济范畴以及这种颠倒了的关系永恒化、绝对化，完全无视这些范畴的暂时的历史性，仿佛这些范畴将能够一直保存到世界的末日似的。马克思反复指认了蒲鲁东主义的超历史性或非历史性，批评他不谈具体的历史、世俗的历史，而只谈发生在想像的云雾中的历史、神圣的历史。因此蒲鲁东对政治经济学的批判实际上并没有超越资产阶级的视野，根本没有深入到历史的生产力基础中去理解社会关系及其相应的经济范畴的历史性。

马克思明确指出，社会历史不是什么普遍理性的自我表现，而是个体发展的历史，然而这并不意味着个体可以随心所欲地选择自己所处的社会制度，因为历史的真正基础乃是人们在社会生产过程中从前一代人那里继承下来的既得的生产力。有什么样的生产力，就形成什么样的经济形式和社会关系，也就有什么样的政治国家；或者说，人们在生产物质产品的同时不仅生产相应的社会关系而且也生产相应的经济范畴。经济范畴只是一定的经济关系的观念表现，其实在性“仅仅在这些关系存在的时候才是真实的”。而蒲鲁东却在此重复了资产阶级经济学家的一贯错误：把经济范畴看作永恒的规律，完全不懂一定时代中生产方式和社会关系的历史性，从而也就根本不能理解相应的经济范畴的暂时性。

马克思最后指出，蒲鲁东之所以思想混乱，陷入“严重的智力上的痉挛”，就是因为他坚持站在小资产阶级的立场上，既迷恋于大资产阶级的豪华，又同情人民的苦难，因而他的存在本身就是一个矛盾；他所提供的解救之道不外乎所谓的“综合与平衡”，希望有竞争但没有竞争的悲惨后果，实质上是一心想调和矛盾，而不是推翻这些矛盾的基础本身；在保障资产阶级生产方式的前提下进行社会改良，其结果只能是沦为空谈。马克思强调只有“群众的实践”和“暴力的行动”才能真正解决资产阶级社会中生产力同经济关系、社会形式之间的对抗性冲突。

《马克思致约·魏德迈》选段。为了反驳小资产阶级政论家海因岑所谓“阶级斗争是受马克思主义者的唆使而兴起的”谬论，德国工人运动活动家约·魏德迈发表了一篇题为《论无产阶级专政》的文章，并把该文寄给马克思。马克思在 1852 年 3 月 5 日的回信中，概述自己对阶级斗争理论的三点贡献。

首先，马克思公正地指出阶级斗争的发现权并不属于自己，阶级的经济分析法也不是自己首创。就前者而言，首先发现阶级和阶级斗争在现代社会存在的是梯叶里、米涅和基佐等法国复辟时期的历史学家，他们曾用阶级斗争来论证资产阶级革命的正义性，并揭示出阶级利益的冲突才是法国大革命的真正动力。就后者而言，首先对现代社会中各个阶级作经济分析的是资产阶级经济学家，魁奈、斯密和李嘉图等人曾经指出资本家、工人和地主三者之间的阶级划分及阶级斗争的经济根源正在于利润、工资和地租的相互对立之中。

接着，马克思明确地表示自己对阶级斗争理论的创新在于以下三点：第一是证明了阶级同社会生产的相关性，即阶级的存在并不是超越生产发展的一定历史阶段的，恰恰相反，它是生产力一定的历史发展状况的产物，其经济根源在于生产资料私有制。第二是证明了阶级斗争同无产阶级专政的相关性，即阶级斗争必然导致无产阶级推翻资产阶级统治，夺取政权，剥夺资本家所侵占的社会资本，实行无产阶级专政。第三是证明了无产阶级专政同共产主义社会的相关性，即无产阶级专政不过是导向无阶级的共产主义社会的过渡阶段，其目的不是要重复过去阶级统治的模式，而是要在消灭一切阶级的基础上解放全人类。只有解放全人类，无产阶级才能最后解放自己，无产阶级并没有任何区别于人类普遍利益的特殊利益。正是上述三点贡献，使马克思唯物史观境域中的阶级斗争理论本质地区别于资产阶级历史学家和经济学家的阶级斗争观念。

《恩格斯致康·施米特》等5封书信，写于1890—1894年。19世纪80年代末以来，随着马克思主义在国际工人运动中主导地位的确立，马克思主义遭到了越来越多的歪曲与诋毁。在德国社会民主党内外，唯物史观或者被视为宿命论式的“经济唯物主义”，人在其中犹如任凭经济关系玩弄的棋子（如党内“青年派”代表保·恩斯特所言），或者被歪曲为机械决定论式的“技术经济史观”，只承认经济是其中唯一的决定因素，完全否认一切观念的力量（如资产阶级学者保尔·巴尔特所为）。在这种情况下，全面阐述唯物史观的基本原理，反驳对历史唯物主义的歪曲，就成了摆在恩格斯面前的紧迫任务。这里所选的书信就是恩格斯这种努力的一部分，其核心在于阐明历史运动的辩证法，即在坚持一元论历史观的基本原则的同时，突出上层建筑的相对独立性及其对经济发展的能动作用，强调人在创造历史的过程中能动性和客观性的统一，并由此指明历史唯物主义只是研究社会历史的科学方式，而不是什么可供到处张贴的标签或屡试不爽的公式。

分而言之，在1890年8月5日致德国学者康·施米特的信中，恩格斯首先指出保尔·巴尔特根本不理解社会存在决定社会意识的唯物史观原理，因为他居然把这一原理与笛卡儿所谓“动物是机器”的观点混为一谈。唯物史观坚持社会存在决定意识的立场，“但是这并不排斥思想领域也反过来对这些物质生存方式起作用”，尽管这种作用是第二性的。其次，就当时有关未来社会中产品分配问题的抽象讨论，恩格斯指出社会主义分配方式并不是一成不变的，相反随着生产和社会组织的进步，社会主义社会及其分配方式也应当不断改变。第三，恩格斯强调，唯物史观仅仅是进行历史研究工作的指南，只有在具体的历史研究中才能发挥指导作用，如果以为它可以代替具体的历史研究，那么只能使它沦为套语式的标签。

在1890年9月21—22日致德国大学生约·布洛赫的信中，恩格斯首先强调指出，唯物史观在有关历史动力问题上所肯定的仅仅在于这样一点：历史过程中的决定性因素归根到底是现实生活的生产和再生产，是作为必然的东西而向前发展的物质生产活动，而这决不意味着唯物史观认为经济因素是唯一决定性的因素。相反，唯物史观承认，即使是经济运动也是通过无穷无尽的偶然事件而向前发展的，上层建筑的各种因素对历史进程也产生着一定的作用和影响。其次，恩格斯指出，人们自己创造自己的历史，但是这种创造不是随心所欲的，而是在十分确定的历史条件下进行的，因此，这种历史创造受到各种因素的影响与作用，其中政治因素的作用虽然不是决定性的，但也不是无足轻重的。个人的意志同历史结果之间的关系犹如“力的平行四边形”，即不同的个人意志在相互冲突中融合成一个总的合力，虽然其中个人意志与最终结果不完全吻合，但这并不意味着这些意志等于零，相反，人的自觉活动在历史的客观进程中有着重要的意义。

在1890年10月27日致德国学者康·施米特的信中，恩格斯把国家权力、法、意识形态同经济基础的关系放在分工视野中来探讨，指出，从分工的观点看，国家的产生是社会内部分工的产物，它一产生就获得了同其授权者相对立的特殊利益；国家权力固然是尾随生产的运动而产生，但它又对生产的条件和进程发生反作用，并且具有相对的独立性；国家权力对于经济发展的反作用可以有三种：一是同向促进，二是反向阻碍，三是变向规定，在第二、第三种情况下，政治权力会给经济发展带来巨大的损害。法同经济基础的关系与此相似。至于宗教、哲学等意识形态领域虽然同样以经济为基础，但作为分工的一个特定领域，它们有着前人的思想材料作为自己的出发点，并且更多地受政治、法律和道德的直接影响，要给意识形态的每一种表现形式寻找经济上的直接原因，那就太迂腐了。经济当然决定着现有思想材料的改变和发展的方式，但这种决定多半是间接的，不能机械地理解经济运动和上层建筑之间的关系。从分工角度来探讨上层建筑同经济基础之间的关系，这是恩格斯在方法论方面的一个新贡献。

在1893年7月14日致德国社会民主党左翼领袖弗·梅林的信中，恩格斯就意识形态的本质及其对经济基础的反作用作了清楚的阐述：从表面上看，意识形态只是由思想家通过意识完成的过程，其经济因素的动力每每被掩蔽在它所继承的各种思想材料之中，于是意识形态的发展表现出“独立历史的外观”，一切最终似乎都以思维为基础，而起决定性作用的“外部事实”则被默认为只是思维过程的果实。唯物史观当然反对这种虚假的意识形态，尤其是否认各种意识形态有独立的历史发展，但这决不意味着唯物史观否认意识形态对历史有任何影响。恰恰相反，唯物史观完全承认：一种历史因素一旦产生，它就能够对它的环境，甚至对产生它的原因（譬如经济）发生反作用。

在1894年1月25日致德国大学生瓦·博尔吉乌斯的回信中，恩格斯回答了来信所提的有关唯物史观基本原理的问题。第一，唯物史观把经济关系理解为社会历史的决定性基础，而这里所谓的“经济关系”是指一定的生产方式和交换方式，以及相应的地理基础和外部环境，这其中包括生产和运输的全部技术。在技术与科学的关系方面，与其说技术依赖科学状况，不如说科学在更大得多的程度上依赖于技术的状况和需要。第二，政治、法、哲学、宗教、文学、艺术等等的发展虽然是以经济发展为基础的，但这并不意味着只有经济状况才是积极的原因，而其他的一切不过是消极的结果。各种上层建筑因素既相互作用又反作用于经济基础。当然，归根到底具有决定意义的还是经济关系，它构成一条贯穿始终的作为现实历史之真正基础的红线。第三，人们自己创造自己的历史，但这种创造是在各种相互交错的意向中实现的，归根到底是经济的必然性占统治地位，这种必然性把偶然性作为自己的补充和表现形式，譬如，一个时代伟大人物出现的必然性正好体现在某个具体伟大人物产生的偶然性之中。

马克思和恩格斯关于历史唯物主义的上述书信对于我们完整准确地把握唯物史观的精髓具有十分重要的意义。不过，在学习这些书信时，要注意把握其中所阐述的有关唯物史观的整体思想，而不要拘泥于具有较强针对性的个别表述。

原著

马克思和恩格斯书信

3. 马克思致帕·瓦·安年科夫

［1846年］12月28日于布鲁塞尔

亲爱的安年科夫先生：

如果不是我的书商拖到上星期才把蒲鲁东先生的著作《贫困的哲学》给我寄来，那您早就接到我对您11月1日来信的回信了。为了能够立即把我的意见告诉您，我用了两天的时间把这本书浏览了一遍。由于读得很仓促，我不能深入细节，而只能对您谈谈这本书给我的一般印象。假如您需要的话，我可以在下一封信里来谈谈细节。

我必须坦白地对您说，我认为它整个说来是一本坏书，是一本很坏的书。您自己在来信里对蒲鲁东先生在这一杂乱无章而妄自尊大的著作中所炫耀的“德国哲学的一个角落”①曾经取笑了一番，但是您认为哲学之毒并没有感染他的经济学论述。我也丝毫不把蒲鲁东先生在经济学论述中的错误归咎于他的哲学。蒲鲁东先生之所以给我们提供了对政治经济学的谬误批判，并不是因为他有一种可笑的哲学；而他之所以给我们提供了一种可笑的哲学，却是因为他不了解处于现代社会制度联结［engrènement］——如果用蒲鲁东先生像借用其他许多东西那样从傅立叶那里借用的这个名词来表示的话——关系中的现代社会制度。

为什么蒲鲁东先生要谈上帝，谈普遍理性，谈人类的无人身的理性，认为它永无谬误，认为它永远等于它自身，认为只要正确地意识到它就可以获得真理呢？为什么他要借软弱的黑格尔主义来把自己装扮成坚强的思想家呢？

他自己给了我们一把解开这个哑谜的钥匙。蒲鲁东先生在历史中看到了一系列的社会发展。他发现进步是在历史中实现的。最后，他发现，人们作为个人并不知道他们在做些什么，他们误解了自身的运动，就是说，他们的社会发展初看起来似乎是和他们的个人发展不同、分离和毫不相干的。他无法解释这些事实，于是就作出假设，说是一种普遍理性在自我表现。发明一些神秘的原

---

① 安年科夫1846年11月1日给马克思的信。——编者注

因即不合常理的空话，那是最容易不过的了。

但是，蒲鲁东先生既然承认自己完全不理解人类的历史发展——他在使用普遍理性、上帝等等响亮的字眼时就承认了这一点——，岂不是含蓄地和必然地承认他不能理解**经济发展**吗？

社会——不管其形式如何——是什么呢？是人们交互活动的产物。人们能否自由选择某一社会形式呢？决不能。在人们的生产力发展的一定状况下，就会有一定的交换［commerce］和消费形式。在生产、交换和消费发展的一定阶段上，就会有相应的社会制度、相应的家庭、等级或阶级组织，一句话，就会有相应的市民社会。有一定的市民社会，就会有不过是市民社会的正式表现的相应的政治国家。这就是蒲鲁东先生永远不会了解的东西，因为，当他从诉诸国家转而诉诸社会，即从诉诸社会的正式表现转而诉诸正式社会的时候，他竟认为他是在完成一桩伟业。

这里不必再补充说，人们不能自由选择**自己的生产力**——这是他们的全部历史的基础，因为任何生产力都是一种既得的力量，是以往的活动的产物。可见，生产力是人们应用能力的结果，但是这种能力本身决定于人们所处的条件，决定于先前已经获得的生产力，决定于在他们以前已经存在、不是由他们创立而是由前一代人创立的社会形式。后来的每一代人都得到前一代人已经取得的生产力并当作原料来为自己新的生产服务，由于这一简单的事实，就形成人们的历史中的联系，就形成人类的历史，这个历史随着人们的生产力以及人们的社会关系的越益发展而越益成为人类的历史。由此就必然得出一个结论：人们的社会历史始终只是他们的个体发展的历史，而不管他们是否意识到这一点。他们的物质关系形成他们的一切关系的基础。这种物质关系不过是他们的物质的和个体的活动所借以实现的必然形式罢了。

蒲鲁东先生混淆了思想和事物。人们永远不会放弃他们已经获得的东西，然而这并不是说，他们永远不会放弃他们在其中获得一定生产力的那种社会形式。恰恰相反。为了不致丧失已经取得的成果，为了不致失掉文明的果实，人们在他们的交往［commerce］方式不再适合于既得的生产力时，就不得不改变他们继承下来的一切社会形式。——我在这里使用“commerce”一词是就它的最广泛的意义而言，就像在德文中使用“Verkehr”一词那样。例如：各种特权、行会和公会的制度、中世纪的全部规则，曾是唯一适应于既得的生产力和产生这些制度的先前存在的社会状况的社会关系。在行会制度及各种规则的保护下积累了资本，发展了海上贸易，建立了殖民地，而人们如果想把这些果实赖以成熟起来的那些形式保存下去，他们就会失去这一切果实。于是就爆发了两次霹雳般的震动，即1640年和1688年的革命。一切旧的经济形式、一切和这些形式相适应的社会关系、曾经是旧社会的正式表现的政治国家，当时在英国都被破坏了。可见，人们借以进行生产、消费和交换的经济形式是**暂时的和历史性的**形式。随着新的生产力的获得，人们便改变自己的生产方式，而随着生产方式的改变，他们便改变所有不过是这一特定生产方式的必然关系的经济关系。

这正是蒲鲁东先生没有理解、尤其是没有证明的。蒲鲁东先生无法探索出历史的实在进程，他就给我们提供了一套怪论，一套妄图充当辩证怪论的怪论。他觉得没有必要谈到17、18和19世纪，因为他的历史是在想象的云雾中发生并高高超越于时间和空间的。一句话，这是黑格尔式的废物，这不是历史，不是世俗的历史——人类的历史，而是神圣的历史——观念的历史。在他看来，人不过是观念或永恒理性为了自身的发展而使用的工具。蒲鲁东先生所说的**进化**，是在绝对观念的神秘怀抱中发生的进化。如果揭去这种神秘词句的帷幕，那就可以看到，蒲鲁东先生给我们提供的是经济范畴在他的头脑中的排列次序。我用不着花很多力量就可以向您证明，这是一个非常没有秩序的头脑中的秩序。

蒲鲁东先生的书一开头就论述**价值**，论述他的这个拿手好戏。我这次不来分析他书中的这些论述。

永恒理性的一系列经济进化是从**分工**开始的。在蒲鲁东先生看来，分工是一件非常简单的事情。但是，难道等级制度不是某种分工吗？难道行会制度不是另一种分工吗？难道在英国开始于17世纪中叶而结束于18世纪末叶的工场手工业时期的分工不是又和现代大工业中的分工截然不同吗？

蒲鲁东先生离开真理这样遥远，竟然忘记了连普通经济学家都会做的事情。他谈分工时，竟没有感到必须谈世界**市场**。真行！难道14世纪和15世纪的分工，即在还没有殖民地、美洲对欧洲说来还不存在以及同东亚来往只有通过君士坦丁堡的那个时代的分工，不是一定同已经存在有充分发展的殖民地的17世纪时的分工有根本的不同吗？

但是还不止于此。难道各族人民的整个内部组织、他们的一切国际关系不都是某种分工的表现吗？难道这一切不是一定要随着分工的改变而改变吗？

蒲鲁东先生竟如此不懂得分工问题，甚至没有提到例如在德国从9—12世纪发生的城市和乡村的分离。这样，在蒲鲁东先生看来，这种分离必然成为永恒的规律，因为他既不知道这种分离的来源，也不知道这种分离的发展。他在他的整本书中都这样论述，仿佛这个一定生产方式的产物一直会存在到世界末日似的。蒲鲁东先生就分工问题所说的一切，最多不过是亚当·斯密和其他成百上千的人在他以前说过的东西的归纳，并且是个很表面、很不完备的归纳。

第二个进化是**机器**。在蒲鲁东先生那里，分工和机器间的联系是十分神秘的。每一种分工都有其特殊的生产工具。例如，从17世纪中叶到18世纪中叶，人们并不是一切工作都用双手来做。他们已经有了工具，而且是很复杂的工具，如车床、帆船、杠杆等等。

由此可见，把**机器**的产生看作一般分工的结果，是再可笑不过了。

我再顺便指出一点：蒲鲁东先生由于不懂得机器产生的历史，就更不懂得机器发展的历史。可以说，在1825年——第一次普遍危机时期——以前，消费的需求一般说来比生产增长得快，机器的发展是市场需求的必然结果。从1825年起，机器的发明和运用只是雇主和工人之间斗争的结果。而这一点也适用于英国。至于欧洲各国，那么迫使它们使用机器的，是英国在它们的国内市场和世界市场上的竞争。最后，在北美，机器的引进既由于和其他国家的竞争，也由于人手不够，即由于北美的人口和工业上的需求不相称。根据这些事实您就可以得出结论：蒲鲁东先生把竞争这个鬼怪召来当作第三个进化，当作机器的反题，是表现得多么明达呵！

最后，把**机器**说成一种同分工、竞争、信贷等等并列的经济范畴，这根本就是极其荒谬的。

机器不是经济范畴，正像拉犁的牛不是经济范畴一样。现代**运用**机器一事是我们的现代经济制度的关系之一，但是利用机器的方式和机器本身完全是两回事。火药无论是用来伤害一个人，或者是用来给这个人医治创伤，它终究还是火药。

当蒲鲁东先生按照这里列举的次序在自己的头脑中发展出竞争、垄断、税收或警察、贸易平衡、信贷和所有制的时候，他真是在大显身手。在英国，几乎全部信贷事业都在机器发明以前的18世纪初就发展起来了。公债不过是增加税收和满足资产阶级掌握政权所造成的新需要的一种新方式。

最后，**所有制**形成蒲鲁东先生的体系中的最后一个范畴。在现实世界中，情形恰恰相反：蒲鲁东先生的分工和所有其他范畴都是社会关系，这些关系的总和构成现在称之为**所有制**的东西；在这些关系之外，资产阶级所有制不过是形而上学的或法学的幻想。另一时代的所有制，封建所有制，是在完全不同的社会关系中发展起来的。蒲鲁东先生把所有制规定为独立的关系，就不只是犯了方法上的错误：他清楚地表明自己没有理解把**资产阶级**生产所具有的各种形式结合起来的纽带，他不懂得一定时代中生产所具有的各种形式的**历史的**和**暂时的**性质。蒲鲁东先生看不到现代种种社会体制是历史的产物，既不懂得它们的起源，也不懂得它们的发展，所以他只能对它们作教条式的批判。

因此，为了说明发展，蒲鲁东先生不得不求救于**虚构**。他想象分工、信贷、机器等等都是为他的固定观念即平等观念而发明出来的。他的说明是极其天真的。这些东西都是特意为了平等而发明出来的，但是不幸它们掉过头来反对平等了。这就是他的全部论断。换句话说，他作出一种主观随意的假设，而因为实际发展进程和他的虚构每一步都是矛盾的，他就作出结论说，这里存在着矛盾。他对我们隐瞒了一点，这就是矛盾只存在于他的固定观念和现实运动之间。

这样，蒲鲁东先生主要是由于缺乏历史知识而没有看到：人们在发展其生产力时，即在生活时，也发展着一定的相互关系；这些关系的性质必然随着这些生产力的改变和发展而改变。他没有看到：**经济范畴**只是这些现实关系的**抽象**，它们仅仅在这些关系存在的时候才是真实的。这样他就陷入了资产阶级经济学家的错误之中，这些经济学家把这些经济范畴看作永恒的规律，而不是看作历史性的规律——只是适于一定的历史发展阶段、一定的生产力发展阶段的规律。所以，蒲鲁东先生不把政治经济学范畴看作实在的、暂时的、历史性的社会关系的抽象，而神秘地颠倒黑白，把实在的关系只看作这些抽象的体现。这些抽象本身竟是从世界开始存在时起就已安睡在天父心怀中的公式。

在这里，这位善良的蒲鲁东先生的确陷入了严重的智力上的痉挛。既然所有这些经济范畴都是从上帝的心里流出来的东西，既然它们是人们的隐蔽的和永恒的生命，那么为什么：第一，有发展存在；第二，蒲鲁东先生不是一个保守分子？他认为这些明显的矛盾是由于有一整串对抗存在。

现在我们举个例子来阐明这一串对抗。

垄断是好东西，因为它是一个经济范畴，因而是从上帝那里流出来的东西。竞争是好东西，因为它也是一个经济范畴。但是，不好的是垄断的现实和竞争的现实。更不好的是垄断和竞争在相互吞并。该怎么办呢？因为上帝的这两个永恒思想是互相矛盾的，所以蒲鲁东先生就以为上帝的心怀里同样有这两个思想的综合，在这种综合中，垄断的祸害被竞争所抵消，而竞争的祸害则由垄断所抵销。两个观念互相斗争所引起的最终结果，将仅仅使它们的好的方面表露出来。应该从上帝那里夺取这个秘密的思想，然后加以运用，于是就万事大吉了。应该发现这个深藏在人类的无人身的理性里面的综合公式。而蒲鲁东先生毫不犹豫地以发现者的身分出现了。

但是，请稍稍看一下现实生活吧。在现代经济生活中，您不仅可以看到竞争和垄断，而且可以看到它们的综合，这个综合并不是**公式**，而是**运动**。垄断产生竞争，竞争产生垄断。但是，这个方程式远不像资产阶级经济学家所想象的那样能消除现代状况的困难，反而会造成更困难、更混乱的状况。因此，如果改变现代经济关系赖以存在的基础，消灭现代的生产**方式**，那就不仅会消灭竞争、垄断以及它们的对抗，而且还会消灭它们的统一、它们的综合，亦即消灭使竞争和垄断达到真正平衡的运动。

现在我给您举一个蒲鲁东先生的辩证法的例子。

自由和**奴隶制**形成一种对抗。我没有必要谈自由的好的方面或坏的方面。

至于奴隶制，那么它的坏的方面就不必去说了。唯一需要说明的，是奴隶制的好的方面。这里所说的，不是间接奴隶制，即对无产者的奴役。这里所说的，是直接奴隶制，即在苏里南、巴西和北美南部各州的黑奴制。

直接奴隶制也像机器、信贷等等一样，是我们现代工业的枢纽。没有奴隶制，就没有棉花；没有棉花，就没有现代工业。奴隶制使殖民地具有了价值，殖民地造成了世界贸易，而世界贸易则是大机器工业的必不可少的条件。在买卖黑奴以前，殖民地给予旧大陆的产品很少，没有显著地改变世界的面貌。可见，奴隶制是一个极为重要的经济范畴。没有奴隶制，北美这个最进步的国家就会变成宗法式的国家。只要从世界地图上抹去北美，结果就会出现混乱状态，就会出现贸易和现代文明的彻底衰落。但是，让奴隶制消失，那就等于从世界地图上把美国抹去。可见，正因为奴隶制是一个经济范畴，所以奴隶制从世界开始存在时起就在各个民族中存在。现代各民族善于在本国把奴隶制如何掩饰起来，而在新大陆则公开地推行它。这样思考过奴隶制以后，这位善良的蒲鲁东先生又将怎么办呢？他会寻找自由和奴隶制的综合，寻求真正的中庸之道，即奴隶制和自由的平衡。

蒲鲁东先生很清楚地了解，人们生产呢子、麻布、丝绸——了解这么点东西确是一个大功劳！可是，蒲鲁东先生不了解，人们还按照自己的生产力而生产出他们在其中生产呢子和麻布的**社会关系**。蒲鲁东先生更不了解，适应自己的物质生产水平而生产出社会关系的人，也生产出**各种观念、范畴**，即恰恰是这些社会关系的抽象的、观念的表现。所以，范畴也和它们所表现的关系一样不是永恒的。它们是历史性的和暂时的产物。而在蒲鲁东先生看来却刚刚相反，抽象、范畴是始因。根据他的意见，创造历史的，正是抽象、范畴，而不是人。**抽象、范畴就本身来说**，即把它们同人们及其物质活动分离开来，自然是不朽的、不变的、不动的。它不过是一种纯理性的存在，这干脆就是说，抽象就其本身来说是抽象的。多么美妙的**同义反复**！

这样，当作范畴来看的经济关系，对于蒲鲁东先生说来，是既无起源、又无发展的永恒的公式。

换个方式说：蒲鲁东先生不是直接肯定**资产阶级生活**对他说来是**永恒的真理**。他间接地说出了这一点，因为他神化了以观念形式表现资产阶级关系的范畴。既然市民社会的产物被他想象为范畴形式、观念形式，他就把这些产物视为自行产生的、具有自己的生命的、永恒的东西。可见，他并没有超出资产阶级的视野。由于他谈到资产阶级的观念时，认为它们是永恒真理，所以他就寻找这些观念的综合，寻求它们的平衡，而没有看到，现在它们达到平衡的方式是唯一可能的方式。

其实，他所做的是一切好心的资产者所做的事情。他们都说，竞争、垄断等等在原则上，即如果把它们看作抽象的观念，是生活的唯一的基础，但是它们在实践中还得大加改善。他们全都希望有竞争而没有竞争的悲惨后果。他们全都希望有一种不可能的事情，即希望有资产阶级的生活条件而没有这些条件的必然后果。他们全都不了解，资产阶级生产方式是一种历史性的和暂时的方式，也正像封建方式的情况一样。他们之所以犯这个错误，是由于在他们看来作为资产者的人是一切社会的唯一可能的基础，是由于他们不能想象会有这样一种社会制度：在那里人不再是资产者。

所以，蒲鲁东先生必然是一个**空论家**。变革现代世界的历史运动，对他来说不过是要发现两种资产阶级思想的正确的平衡、综合的问题。于是这个机灵的家伙就借用他的敏锐感觉来发现上帝的隐秘思想，发现两个孤立思想的统一，而这两个思想所以是孤立的，仅仅是因为蒲鲁东先生把它们从实际生活中孤立出来，把它们从现代生产即作为这两个思想所表现的种种现实的结合物的现代生产中孤立出来。蒲鲁东先生用自己头脑中奇妙的运动，代替了由于人们既得的生产力和他们的不再与此种生产力相适应的社会关系相互冲突而产生的伟大历史运动，代替了一个民族内各个阶级间以及各个民族彼此间准备着的可怕的战争，代替了唯一能解决这种冲突的群众的实践和暴力的行动，总之，代替了这一广阔的、持久的和复杂的运动。可见，历史是由学者，即由有本事从上帝那里窃取隐秘思想的人们创造的。平凡的人只需应用他们所泄露的天机。

您现在就可以了解，为什么蒲鲁东先生十分强烈地敌视一切政治运动。在他看来，现代各种问题不是解决于社会行动，而是解决于他头脑中的辩证的旋转运动。由于在他看来范畴是动力，所以要改变范畴，是不必改变现实生活的。完全相反。范畴必须改变，而结果就会是现存社会的改变。

蒲鲁东先生一心想调和矛盾，因而完全避开了一个问题：是不是必须把这些矛盾的基础本身推翻呢？他完全像一个空论的政治家，想把国王、众议院、贵族院一并当作社会生活的构成部分，当作永恒的范畴。他只是寻求一个新公式，以便把这些力量平衡起来，而这些力量的平衡正是建立在现代运动的基础上，在这个运动中，各个力量时而取胜时而失败。例如，在18世纪，许多平庸的人物都曾努力发现一个真正的公式，以便把各个社会等级、贵族、国王、议会等等平衡起来，而第二天早晨就无论国王、议会或贵族都消失了。这一对抗的真正平衡是推翻一切社会关系——这些封建体制和这些封建体制的对抗的基础。

由于蒲鲁东先生把永恒观念、纯理性范畴放在一边，而把人和他们那种在他看来是这些范畴的运用的实践生活放在另一边，所以他自始就保持着生活和观念之间、灵魂和肉体之间的**二元论**——以许多形式重复表现出来的二元论。您现在可以看到，这个对抗不过是表明蒲鲁东先生不能了解他所神化了的各种范畴的世俗的起源和平凡的历史罢了。

我的信已经太长了，所以我不能谈到蒲鲁东先生对共产主义的可笑的责难。暂时您会承认：一个不了解社会现状的人，更不会了解力求推翻这种社会现状的运动和这个革命运动在文献上的表现。

只有一点我完全同意蒲鲁东先生，这就是他对社会主义温情的厌恶。在他以前，我因嘲笑那种绵羊般的、温情的、空想的社会主义而招致许多敌视。但是，蒲鲁东先生用他的小资产者的温情（我指的是他关于家庭生活、关于夫妻恩爱的空谈及其一切庸俗议论）来反对社会主义的温情（这种温情在譬如傅立叶那里要比我们的善良的蒲鲁东先生大言不惭的庸俗议论高深得多呢）时，岂不是给自己造成一些奇怪的幻想？他本人感到自己的论据异常空洞，感到完全无力谈论这一切东西，甚至突然忘形地恼怒起来，表示高尚的愤激，嚎叫，发疯发狂，肆口漫骂，指天画日，赌咒发誓，捶胸拍案，满口吹嘘说他丝毫没有沾染社会主义的龌龊！他没有对社会主义的温情或他所视为温情的东西加以批评。他像一个圣徒，像一个教皇，无情地惩戒可怜的罪人，竭力颂扬小资产阶级以及那种小气的爱情的和宗法的家庭幻想。这并不是偶然的。蒲鲁东先生彻头彻尾是个小资产阶级的哲学家和经济学家。**小资产者**在已经发展了的社会中，迫于本身所处的地位，必然是一方面成为社会主义者，另一方面又成为经济学家，就是说，他既迷恋于大资产阶级的豪华，又同情人民的苦难。他同时既是资产者又是人民。他在自己的心灵深处引以为骄傲的，是他不偏不倚，是他找到了一个自诩不同于中庸之道的真正的平衡。这样的小资产者把**矛盾**加以神化，因为矛盾是他存在的基础。他自己只不过是社会矛盾的体现。他应当在理论中表现出他在实践中的面目，而蒲鲁东先生的功绩就在于他作了法国小资产阶级的科学解释者；这是一种真正的功绩，因为小资产阶级将是一切正在准备中的社会革命的组成部分。

我本来很想随信把我那本关于政治经济学的书[1] 寄给您，但是直到现在，我既未能出版这本书，也未能出版我曾在布鲁塞尔向您说过的对德国的哲学家和社会主义者的那篇批判①。您很难想象，在德国出版这种书要碰到怎样的困难，这困难一方面来自警察，一方面来自与我所抨击的一切流派利益攸关的出版商。至于我们自己的党，那么它不仅很贫困，而且德国共产党内有相当大的一部分人由于我反对他们的空想和浮夸而生我的气。

忠实于您的　**卡尔·马克思**

选自《马克思恩格斯选集》
第 4 卷第 530—542 页

---

① 马克思和恩格斯《德意志意识形态》，见《马克思恩格斯全集》第 3 卷第 11—640 页。——编者注

5. 马克思致约·魏德迈

1852 年 3 月 5 日于伦敦

……至于讲到我，无论是发现现代社会中有阶级存在或发现各阶级间的斗争，都不是我的功劳。在我以前很久，资产阶级历史编纂学家就已经叙述过阶级斗争的历史发展，资产阶级的经济学家也已经对各个阶级作过经济上的分析。我所加上的新内容就是证明了下列几点：（1）**阶级的存在**仅仅同**生产发展的一定历史阶段**相联系；（2）阶级斗争必然导致**无产阶级专政**；（3）这个专政不过是达到**消灭一切阶级**和进入**无阶级社会**的过渡……

选自《马克思恩格斯选集》
第 4 卷第 547 页

76. 恩格斯致康·施米特

1890 年 8 月 5 日于伦敦

……我在维也纳的《德意志言论》[2]杂志上看到了莫里茨·维尔特这只不祥之鸟所写的关于保尔·巴尔特所著一书①的评论②，**这个**批评使我也对该书本身产生了不良的印象。我想看看这本书，但是我应当说，如果莫里茨这家伙正确地引用了巴尔特的一段话，在这段话中，巴尔特说他在马克思的一切著作中所能找到的哲学等等依赖于物质生存条件的唯一的例子，就是笛卡儿宣称动物是机器，那么我就只好为这个人竟能写出这样的东西感到遗憾了。既然这个人还没有发现，物质生存方式虽然是始因，但是这并不排斥思想领域也反过来对这些物质生存方式起作用，然而是第二性的作用，那么，他就决不能了解他所谈论的那个问题了。但是，我已经说过，这全是第二手的东西，而莫里茨这家伙是一个讨厌的朋友。唯物史观现在也有许多朋友，而这些朋友是把它当作**不**研究历史的借口的。正像马克思就70年代末的法国"马克思主义者"所曾经说过的："我只知道我自己不是马克思主义者。"

在《人民论坛》上也发生了关于未来社会中的产品分配问题的辩论：是按照劳动量分配呢，还是用其他方式。[3] 人们对于这个问题，是一反某些关于公平原则的唯心主义空话而处理得非常"唯物主义"的。但奇怪的是谁也没有想到，分配方式本质上毕竟要取决于**有多少**产品可供分配，而这当然随着生产和

① 保·巴尔特《黑格尔和包括马克思及哈特曼在内的黑格尔派的历史哲学》。——编者注

② 莫·维尔特《现代德国对黑格尔的侮辱和迫害》。——编者注

社会组织的进步而改变，从而分配方式也应当改变。但是，在所有参加辩论的人看来，“社会主义社会”并不是不断改变、不断进步的东西，而是稳定的、一成不变的东西，所以它应当也有个一成不变的分配方式。但是，合理的想法只能是：（1）设法发现将来由以**开始的**分配方式，（2）尽力找出进一步的发展将循以进行的**总趋向**。可是，在整个辩论中，我没有发现一句话是关于这方面的。

对德国的许多青年著作家来说，“唯物主义”这个词大体上只是一个套语，他们把这个套语当作标签贴到各种事物上去，再不作进一步的研究，就是说，他们一把这个标签贴上去，就以为问题已经解决了。但是我们的历史观首先是进行研究工作的指南，并不是按照黑格尔学派的方式构造体系的诀窍。必须重新研究全部历史，必须详细研究各种社会形态存在的条件，然后设法从这些条件中找出相应的政治、私法、美学、哲学、宗教等等的观点。在这方面，到现在为止只做了很少的一点工作，因为只有很少的人认真地这样做过。在这方面，我们需要很大的帮助，这个领域无限广阔，谁肯认真地工作，谁就能做出许多成绩，就能超群出众。但是，许许多多年轻的德国人却不是这样，他们只是用历史唯物主义的套语（一**切**都可能被变成套语）来把自己的相当贫乏的历史知识（经济史还处在襁褓之中呢！）尽速构成体系，于是就自以为非常了不起了。那时就可能有一个巴尔特冒出来，并攻击在他那一流人中间反正已经退化为空话的问题本身。

但是所有这一切都是会好转的。我们在德国现在已经非常强大，足以经得起许多变故。反社会党人法[4]给予我们一种极大的好处，就是它使我们摆脱了那些染有社会主义色彩的德国大学生的纠缠。现在我们已经非常强大，足以消化掉这些重又趾高气扬的德国大学生。您自己确实已经做出些成绩，您一定会注意到，在依附于党的青年著作家中间，是很少有人下一番功夫去钻研经济学、经济学史、商业史、工业史、农业史和社会形态发展史的。有多少人除知道毛勒的名字之外，还对他有更多的认识呢！在这里新闻工作者的自命不凡必定支配一切，不过结果也是可想而知的。这些先生们往往以为，一切东西对工人来说都是足够好的。他们竟不知道，马克思认为自己的最好的东西对工人来说也还不够好，他认为给工人提供的东西比最好的稍差一点，那就是犯罪！……

选自《马克思恩格斯选集》
第4卷第690—692页

79. 恩格斯致约·布洛赫

1890年9月21［—22］日于伦敦

……根据唯物史观，历史过程中的决定性因素**归根到底**是现实生活的生产和再生产。无论马克思或我都从来没有肯定过比这更多的东西。如果有人在这里加以歪曲，说经济因素是**唯一**决定性的因素，那么他就是把这个命题变成毫无内容的、抽象的、荒诞无稽的空话。经济状况是基础，但是对历史斗争的进程发生影响并且在许多情况下主要是决定着这一斗争的**形式**的，还有上层建筑的各种因素：阶级斗争的政治形式及其成果——由胜利了的阶级在获胜以后确立的宪法等等，各种法的形式以及所有这些实际斗争在参加者头脑中的反映，政治的、法律的和哲学的理论，宗教的观点以及它们向教义体系的进一步发展。这里表现出这一切因素间的相互作用，而在这种相互作用中归根到底是经济运动作为必然的东西通过无穷无尽的偶然事件（即这样一些事物和事变，它们的内部联系是如此疏远或者是如此难于确定，以致我们可以认为这种联系并不存在，忘掉这种联系）向前发展。否则把理论应用于任何历史时期，就会比解一个最简单的一次方程式更容易了。

我们自己创造着我们的历史，但是第一，我们是在十分确定的前提和条件下创造的。其中经济的前提和条件归根到底是决定性的。但是政治等等的前提和条件，甚至那些萦回于人们头脑中的传统，也起着一定的作用，虽然不是决定性的作用。普鲁士国家也是由于历史的、归根到底是经济的原因而产生出来和发展起来的。但是，恐怕只有书呆子才会断定，在北德意志的许多小邦中，勃兰登堡成为一个体现了北部和南部之间的经济差异、语言差异，而自宗教改革[5]以来也体现了宗教差异的强国，这只是由经济的必然性所决定，而不是也由其他因素所决定（在这里首先起作用的是这样一个情况：勃兰登堡由于掌握了普鲁士而卷入了波兰事件，并因而卷入了国际政治关系，这种关系在奥地利王室领地形成的过程中也起过决定的作用）。要从经济上说明每一个德意志小邦的过去和现在的存在，或者要从经济上说明那种把苏台德山脉至陶努斯山所形成的地理划分扩大成为贯穿全德意志的真正裂痕的高地德意志语的音变的起源，那么，很难不闹出笑话来。

但是第二，历史是这样创造的：最终的结果总是从许多单个的意志的相互冲突中产生出来的，而其中每一个意志，又是由于许多特殊的生活条件，才成为它所成为的那样。这样就有无数互相交错的力量，有无数个力的平行四边形，由此就产生出一个合力，即历史结果，而这个结果又可以看作一个作为整体的、**不自觉地**和不自主地起着作用的力量的产物。因为任何一个人的愿望都会受到任何另一个人的妨碍，而最后出现的结果就是谁都没有希望过的事物。所以到目前为止的历史总是像一种自然过程一样地进行，而且实质上也是服从于同一运动规律的。但是，各个人的意志——其中的每一个都希望得到他的体质和外部的、归根到底是经济的情况（或是他个人的，或是一般社会性的）使他向往的东西——虽然都达不到自己的愿望，而是融合为一个总的平均数，一个总的合力，然而从这一事实中决不应作出结论说，这些意志等于零。相反地，每个意志都对合力有所贡献，因而是包括在这个合力里面的。

其次，我请您根据原著来研究这个理论，而不要根据第二手的材料来进行研究——这的确要容易得多。马克思所写的文章，几乎没有一篇不是由这个理论起了作用的。特别是《**路易·波拿巴的雾月十八日**》[①]，这本书是运用这个理论的十分出色的例子。《**资本论**》中的许多提示也是这样。再者，我也可以向您指出我的《欧根·杜林先生在科学中实行的变革》[②]和《路德维希·费尔巴哈和德国古典哲学的终结》[③]，我在这两部书里对历史唯物主义作了就我所知是目前最为详尽的阐述。

青年们有时过分看重经济方面，这有一部分是马克思和我应当负责的。我们在反驳我们的论敌时，常常不得不强调被他们否认的主要原则，并且不是始终都有时间、地点和机会来给其他参与相互作用的因素以应有的重视。但是，只要问题一关系到描述某个历史时期，即关系到实际的应用，那情况就不同了，这里就不容许有任何错误了。可惜人们往往以为，只要掌握了主要原理——而且还并不总是掌握得正确，那就算已经充分地理解了新理论并且立刻就能够应用它了。在这方面，我是可以责备许多最新的“马克思主义者”的；而他们也的确造成过惊人的混乱……

选自《马克思恩格斯选集》
第4卷第695—698页

80. 恩格斯致康·施米特

1890年10月27日于伦敦

亲爱的施米特：

我现在刚刚抽出空来给您写回信。我认为，如果您接受《苏黎世邮报》[6]的建议，那您做得很对。在那里，您总可以在经济方面学到一些东西，特别是如果您注意到，苏黎世毕竟只是第三等的金融和投机市场，因而在那里得到的印象都是由于双重和三重的反映而被削弱或者被故意歪曲了的。但是您会在实践中熟悉全部机制，并且不得不研究来自伦敦、纽约、巴黎、柏林、维也纳的第一手交易所行情报告，这样，您就会看到反映为金融和证券市场的世界市场。经济的、政治的和其他的反映同人的眼睛中的反映完全一样，它们都通过聚光透镜，因而表现为倒立的影像——头足倒置。只是缺少一个使它们在观念

① 参见《马克思恩格斯选集》第1卷第584—689页。——编者注

② 《反杜林论》，见《马克思恩格斯选集》第3卷第343—676页。——编者注

③ 见《马克思恩格斯选集》第4卷第214—258页。——编者注

中又正过来的神经器官。金融市场的人所看到的工业和世界市场的运动，恰好只是金融和证券市场的倒置的反映，所以在他们看来结果就变成了原因。这种情况我早在40年代就在曼彻斯特看到过[7]：伦敦的交易所行情报告对于认识工业的发展进程及其周期性的最高限度和最低限度是绝对无用的，因为这些先生们想用金融市场的危机来解释一切，而这种危机本身多半只是一种征兆。当时的问题是有人要否认工业危机来源于暂时的生产过剩，所以问题同时还有促使进行歪曲的倾向性的方面。现在，至少对我们来说这一点已经永远消失，而且事实的确是这样：金融市场也会有自己的危机，工业中的直接的紊乱对这种危机只起从属的作用，甚至根本不起作用。这里还需要弄清和研究一些问题，特别是要考虑到最近20年的历史。

凡是存在着社会规模的分工的地方，单独的劳动过程也都成为相互独立的。生产归根到底是决定性的东西。但是，产品贸易一旦离开本来的生产而独立起来，它就循着本身的运动方向运行，这一运动总的说来是受生产运动支配的，但是在单个的情况下和在这个总的隶属关系以内，它毕竟还是循着这个新因素的本性所固有的规律运行的，这个运动有自己的阶段，并且也对生产运动起反作用。美洲的发现是在此以前就已经驱使葡萄牙人到非洲去的那种黄金欲所促成的（参看泽特贝尔《贵金属的生产》），因为14世纪和15世纪蓬勃发展的欧洲工业以及与之相适应的贸易，要求有更多的交换手段，这是德国——1450—1550年的白银大国——所提供不出来的。葡萄牙人、荷兰人和英国人在1500—1800年间侵占印度，目的是要**从**印度**输入**，谁也没有想到要向那里输出。但是这些纯粹由贸易利益促成的发现和侵略，终归还是对工业起了极大的反作用：只是由于有**向**这些国家**输出**的需要，才创立和发展了大工业。

金融市场也是如此。金融贸易同商品贸易一分离，它就有了——在生产和商品贸易所决定的一定条件下和在这一范围内——它自己的发展，它自己的本性所决定的特殊规律和独特阶段。此外，金融贸易在这种进一步的发展中扩大到证券贸易，这些证券不仅是国家证券，而且也包括工业和运输业的股票，因而总的说来支配着金融贸易的生产，有一部分就为金融贸易所直接支配，这样金融贸易对于生产的反作用就变得更为厉害而复杂了。金融家是铁路、矿山、钢铁厂等的占有者。这些生产资料获得了双重的性质：它们的经营时而应当适合于直接生产的利益，时而应当适合于股东（就他们同时是金融家而言）的需要。关于这一点，最明显的例子就是北美的铁路。这些铁路的经营完全取决于某个杰·古尔德、万德比尔特等人当前的交易所业务——这种业务同某条特定的铁路及其作为交通工具来经营的利益是完全不相干的。甚至在英国这里我们也看到过各个铁路公司为了划分地盘而进行的长达数十年之久的斗争，这种斗争耗费了巨额资金，它并不是为了生产和运输的利益，而完全是由于竞争造成的，这种竞争的主要目的仅仅是为了让握有股票的金融家便于经营交易所业务。

在上述关于我对生产和商品贸易的关系以及两者和货币贸易的关系的见解的几点说明中，我基本上也已经回答了您关于历史唯物主义本身的问题。从分工的观点来看问题最容易理解。社会产生它不能缺少的某些共同职能。被指定执行这种职能的人，形成**社会内部**分工的一个新部门。这样，他们也获得了同授权给他们的人相对立的特殊利益，他们同这些人相对立而独立起来，于是就出现了国家。然后便发生像在商品贸易中和后来在货币贸易中发生的那种情形：新的独立的力量总的说来固然应当尾随生产的运动，然而由于它本身具有的、即它一经获得便逐渐向前发展的相对独立性，它又对生产的条件和进程发生反作用。这是两种不相等的力量的相互作用：一方面是经济运动，另一方面是追求尽可能大的独立性并且一经确立也就有了自己的运动的新的政治权力。总的说来，经济运动会为自己开辟道路，但是它也必定要经受它自己所确立的并且具有相对独立性的政治运动的反作用，即国家权力的以及和它同时产生的反对派的运动的反作用。正如在货币市场中，总的说来，并且在上述条件之下，是反映出，当然是**头足倒置地**反映出工业市场的运动一样，在政府和反对派之间的斗争中也反映出先前已经存在着并且正在斗争着的各个阶级的斗争，但是这个斗争同样是头足倒置地、不再是直接地、而是间接地、不是作为阶级斗争、而是作为维护各种政治原则的斗争反映出来的，并且是这样头足倒置起来，以致需要经过上千年我们才终于把它的真相识破。

国家权力对于经济发展的反作用可以有三种：它可以沿着同一方向起作用，在这种情况下就会发展得比较快；它可以沿着相反方向起作用，在这种情况下，像现在每个大民族的情况那样，它经过一定的时期都要崩溃；或者是它可以阻止经济发展沿着既定的方向走，而给它规定另外的方向——这种情况归根到底还是归结为前两种情况中的一种。但是很明显，在第二和第三种情况下，政治权力会给经济发展带来巨大的损害，并造成人力和物力的大量浪费。

此外，还有侵占和粗暴地毁灭经济资源的情况；由于这种情况，从前在一定条件下某一地方和某一民族的全部经济发展可能被毁灭。现在，这种情况多半都有相反的作用，至少在各大民族中间是如此：战败者最终在经济上、政治上和道义上赢得的东西往往比胜利者更多。

法也与此相似：产生了职业法学家的新分工一旦成为必要，就又开辟了一个新的独立领域，这个领域虽然一般地依赖于生产和贸易，但是它仍然具有对这两个领域起反作用的特殊能力。在现代国家中，法不仅必须适应于总的经济状况，不仅必须是它的表现，而且还必须是不因内在矛盾而自相抵触的**一种内部和谐一致的**表现。而为了达到这一点，经济关系的忠实反映便日益受到破坏。法典越是不把一个阶级的统治鲜明地、不加缓和地、不加歪曲地表现出来（否则就违反了“法的概念”），这种现象就越常见。1792—1796 年时期革命资产阶级的纯粹而彻底的法的概念，在许多方面已经在拿破仑法典[8]中被歪曲了，而就它在这个法典中的体现来说，它必定由于无产阶级的不断增长的力量而每天遭到各种削弱。但是这并不妨碍拿破仑法典成为世界各地编纂一切新法典时当作基础来使用的法典。这样，“法的发展”的进程大部分只在于首先设法消除那些由于将经济关系直接翻译成法律原则而产生的矛盾，建立和谐的法的体系，然后是经济进一步发展的影响和强制力又一再突破这个体系，并使它陷入新的矛盾（这里我暂时只谈民法）。

经济关系反映为法的原则，同样必然是一种头足倒置的反映。这种反映是在活动者没有意识到的情况下发生的；法学家以为他是凭着先验的原理来活动的，然而这只不过是经济的反映而已。这样一来，一切都头足倒置了。而这种颠倒——在它没有被认识以前构成我们称之为**意识形态观点的**那种东西——又对经济基础发生反作用，并且能在某种限度内改变经济基础，我认为这是不言而喻的。以家庭的同一发展阶段为前提，继承法的基础是经济的。尽管如此，很难证明：例如在英国立遗嘱的绝对自由，在法国对这种自由的严格限制，在一切细节上都只是出于经济的原因。但是二者都对经济起着很大的反作用，因为二者都影响财产的分配。

至于那些更高地悬浮于空中的意识形态的领域，即宗教、哲学等等，那么它们都有一种被历史时期所发现和接受的史前的东西，这种东西我们今天不免要称之为愚昧。这些关于自然界、关于人本身的性质、关于灵魂、魔力等等的形形色色的虚假观念，多半只是在消极意义上以经济为基础；史前时期的低级经济发展有关于自然界的虚假观念作为补充，但是有时也作为条件，甚至作为原因。虽然经济上的需要曾经是，而且越来越是对自然界的认识不断进展的主要动力，但是，要给这一切原始状态的愚昧寻找经济上的原因，那就太迂腐了。科学的历史，就是把这种愚昧逐渐消除的历史，或者说，是用新的、但越来越不荒唐的愚昧加以代替的历史。从事这些事情的人们又属于分工的特殊部门，并且认为自己是致力于一个独立的领域。只要他们形成社会分工之内的独立集团，他们的产物，包括他们的错误在内，就要反过来影响全部社会发展，甚至影响经济发展。但是，尽管如此，他们本身又处于经济发展的起支配作用的影响之下。例如在哲学上，拿资产阶级时期来说这种情形是最容易证明的。霍布斯是第一个现代唯物主义者（18 世纪意义上的），但是当专制君主制在整个欧洲处于全盛时期，并在英国开始和人民进行斗争的时候，他是专制制度的拥护者。洛克在宗教上和政治上都是 1688 年的阶级妥协[9]的产儿。英国自然神论者[10]和他们的更彻底的继承者法国唯物主义者都是真正的资产阶级哲学家，法国人甚至是资产阶级革命的哲学家。在从康德到黑格尔的德国哲学中始终显现着德国庸人的面孔——有时积极地，有时消极地。但是，每一个时代的哲学作为分工的一个特定的领域，都具有由它的先驱传给它而它便由此出发的特定的思想材料作为前提。因此，经济上落后的国家在哲学上仍然能够演奏第一小提琴：18世纪的法国对英国来说是如此（法国人是以英国哲学为依据的），后来的德国对英法两国来说也是如此。但是，不论在法国或是在德国，哲学和那个时代的普遍的学术繁荣一样，也是经济高涨的结果。经济发展对这些领域也具有最终的至上权力，这在我看来是确定无疑的，但是这种至上权力是发生在各该领域本身所规定的那些条件的范围内：例如在哲学中，它是发生在这样一种作用所规定的条件的范围内，这种作用就是各种经济影响（这些经济影响多半又只是在它的政治等等的外衣下起作用）对先驱所提供的现有哲学材料发生的作用。经济在这里并不重新创造出任何东西，但是它决定着现有思想材料的改变和进一步发展的方式，而且多半也是间接决定的，因为对哲学发生最大的直接影响的，是政治的、法律的和道德的反映。

关于宗教，我在论费尔巴哈[①]的最后一章里已经把最必要的东西说过了。

因此，如果巴尔特认为我们否认经济运动的政治等等的反映对这个运动本身的任何反作用，那他就简直是跟风车作斗争了。他只需看看马克思的《**雾月十八日**》[②]，那里谈到的几乎都是政治斗争和政治事件所起的**特殊**作用，当然是在它们**一般**依赖于经济条件的范围内。或者看看《资本论》，例如关于工作日的那一篇[③]，那里表明立法起着多么重大的作用，而立法就是一种政治行动。或者看看关于资产阶级的历史的那一篇（第二十四章）。再说，如果政治权力在经济上是无能为力的，那么我们何必要为无产阶级的政治专政而斗争呢？暴力（即国家权力）也是一种经济力量！

但是我现在没有时间来批评这本书了。首先必须出版第三卷，而且我相信，例如伯恩施坦也能把这件事情很好地完成。

所有这些先生们所缺少的东西就是辩证法。他们总是只在这里看到原因，在那里看到结果。他们从来看不到：这是一种空洞的抽象，这种形而上学的两极对立在现实世界只存在于危机中，而整个伟大的发展过程是在相互作用的形式中进行的（虽然相互作用的力量很不相等：其中经济运动是最强有力的、最本原的、最有决定性的），这里没有什么是绝对的，一切都是相对的。对他们

---

① 恩格斯《路德维希·费尔巴哈和德国古典哲学的终结》，见《马克思恩格斯选集》第4卷第214—258页。——编者注

② 马克思《路易·波拿巴的雾月十八日》，见《马克思恩格斯选集》第1卷第584—689页。——编者注

③ 见《马克思恩格斯全集》第23卷第258—335页。——编者注

说来，黑格尔是不存在的……

选自《马克思恩格斯选集》
第 4 卷第 698—705 页

91. 恩格斯致弗·梅林

1893 年 7 月 14 日于伦敦

亲爱的梅林先生：

直到今天我才有机会感谢您惠寄的《莱辛传奇》。我不想仅仅是正式通知您书已经收到，还想同时谈谈这本书本身——它的内容，所以就拖延下来了。

我从末尾，即从《论历史唯物主义》这篇附录[11]谈起。在这里主要的事实您都论述得很出色，对每一个没有成见的人都是有说服力的。如果说我有什么异议，那就是您加在我身上的功绩大于应该属于我的，即使我把我经过一定时间也许会独立发现的一切都计算在内也是如此，但是这一切都已经由眼光更锐利、眼界更开阔的马克思早得多地发现了。如果一个人能有幸和马克思这样的人一起工作 40 年之久，那么他在后者在世时通常是得不到他以为应当得到的承认的；后来，伟大的人物逝世了，那个平凡的人就很容易得到过高的评价——在我看来，现在我的处境正好是这样。历史最终会把一切都纳入正轨，到那时那个人已经幸运地长眠于地下，什么也不知道了。

此外，只有一点还没有谈到，这一点在马克思和我的著作中通常也强调得不够，在这方面我们大家都有同样的过错。这就是说，我们大家首先是把重点放在从基本经济事实中**引出**政治的、法的和其他意识形态的观念以及以这些观念为中介的行动，而且**必须这样做**。但是我们这样做的时候为了内容方面而忽略了形式方面，即这些观念等等是由什么样的方式和方法产生的。这就给了敌人以称心的理由来进行曲解或歪曲，保尔·巴尔特就是个明显的例子①。

意识形态是由所谓的思想家通过意识、但是通过虚假的意识完成的过程。推动他的真正动力始终是他所不知道的，否则这就不是意识形态的过程了。因此，他想象出虚假的或表面的动力。因为这是思维过程，所以它的内容和形式都是他从纯粹的思维中——不是从他自己的思维中，就是从他的先辈的思维中引出的。他只和思想材料打交道，他毫不迟疑地认为这种材料是由思维产生的，而不去进一步研究这些材料的较远的、不从属于思维的根源。而且他认为这是不言而喻的，因为在他看来，一切行动既然都以思维为**中介**，最终似乎都以思维为**基础**。

① 保·巴尔特《黑格尔和包括马克思及哈特曼在内的黑格尔派的历史哲学》。——编者注

历史思想家（历史在这里应当是政治、法律、哲学、神学，总之，一切属于**社会**而不是单纯属于自然界的领域的简单概括）——历史思想家在每一科学领域中都有一定的材料，这些材料是从以前的各代人的思维中独立形成的，并且在这些世代相继的人们的头脑中经过了自己的独立的发展道路。当然，属于本领域或其他领域的外部事实对这种发展可能共同起决定性的作用，但是这种事实本身又被默认为只是思维过程的果实，于是我们便始终停留在纯粹思维的范围之中，而这种思维仿佛顺利地消化了甚至最顽强的事实。

正是国家制度、法的体系、各个不同领域的意识形态观念的独立历史这种外观，首先迷惑了大多数人。如果说，路德和加尔文"克服了"官方的天主教，黑格尔"克服了"费希特和康德，卢梭以其共和主义的《社会契约论》间接地"克服了"立宪主义者孟德斯鸠，那么，这仍然是神学、哲学、政治学内部的一个过程，它表现为这些思维领域历史中的一个阶段，完全不越出思维领域。而自从出现了关于资本主义生产永恒不变和绝对完善的资产阶级幻想以后，甚至重农主义者和亚当·斯密克服重商主义者，也被看作纯粹的思想胜利；不是被看作改变了的经济事实在思想上的反映，而是被看作对始终普遍存在的实际条件最终达到的真正理解。如果狮心理查和菲力浦－奥古斯特实行了自由贸易，而不是卷入了十字军征讨，那我们就可以避免500年的贫穷和愚昧。

对问题的这一方面（我在这里只能稍微谈谈），我觉得我们大家都过分地忽略了。这是一个老问题：起初总是为了内容而忽略形式。如上所说，我也这样做过，而且我总是在事后才发现错误。因此，我不仅根本不想为此对您提出任何责备，——相反地，我在您之前就在这方面有过错，我甚至没有权利这样做，——我只是想让您今后注意这一点。

与此有关的还有思想家们的一个愚蠢观念。这就是：因为我们否认在历史中起作用的各种意识形态领域有独立的历史发展，所以我们也否认它们对**历史**有任何**影响**。这是由于通常把原因和结果非辩证地看作僵硬对立的两极，完全忘记了相互作用。这些先生常常几乎是故意地忘记，一种历史因素一旦被其他的、归根到底是经济的原因造成了，它也就起作用，就能够对它的环境，甚至对产生它的原因发生反作用。例如在您的书中第475页上巴尔特讲到教士等级和宗教的地方，就是如此。我很高兴您收拾了这个平庸得令人难以置信的家伙。而他们还让这个人在莱比锡当历史教授呢！那里曾经有个老瓦克斯穆特，这个人头脑也很平庸，但对事实很敏感，完全是另一种人！

此外，关于这本书我只能再说一次当那些文章在《新时代》[12]上发表时我已经不止一次地讲过的话：这是现有的对普鲁士国家形成过程的最好的论述，我甚至可以说，是唯一好的论述，对大多数事情，甚至各个细节，都正确地揭示出相互联系。令人遗憾的，只是您未能把直到俾斯麦为止的全部进一步发展也包括进去，我不由地希望您下一次会做到这一点，连贯地描绘出自选帝侯弗里德里希－威廉到老威廉①为止的整个情景。您已经做过准备性的研究工作，至少在主要问题上可以说已经完成了。而在破马车散架以前这件事无论如何是必须做好的。打破保皇爱国主义的神话，这即使不是铲除掩盖着阶级统治的君主制度（因为**纯粹的**资产阶级共和制在德国还没有产生出来就已经过时了）的必要前提，也毕竟是完成这一任务的最有效的杠杆之一。

这样您就会有更多的余地和机会把普鲁士的地方史当作全德苦难的一部分描绘出来。正是在这一点上，我在某些地方不同意您的意见，不同意您对德国的割据局面和16世纪德国资产阶级革命失败的先决条件的见解。如果我有机会重新改写我的《农民战争》的历史导言（希望这能在今年冬季实现），那么我就能在那里阐述有关的各点。[13]这并不是说我认为您列举的各种先决条件不正确，但是除此之外我还要提出其他一些，并加以稍许不同的分类。

在研究德国历史（它完全是一部苦难史）时，我始终认为，只有拿法国的相应的时代来作比较，才可以得出正确的标准，因为那里发生的一切正好和我们这里发生的相反。那里是封建国家的各个分散的成员组成一个民族国家，我们这里恰好是处于最严重的衰落时期。那里的整个发展过程中是罕见的客观逻辑，我们这里是不可救药的，而且越来越不可救药的紊乱。在那里，在中世纪，英国的征服者代表外国的干涉帮助普罗旺斯族反对北法兰西族。对英国人的战争可说是三十年战争，但是战争的结果是外国干涉者被驱逐出去和南部被北部制服。随后是中央政权和依靠国外领地、起着勃兰登堡—普鲁士所起作用的勃艮第藩国的斗争，但是这一斗争的结果是中央政权获得胜利和民族国家最后形成。[14]在我们这里，当时恰好是民族国家彻底瓦解（如果神圣罗马帝国范围内的“德意志王国”可以称为民族国家的话），德国领土开始大规模被掠夺。这对德国人说来是极其令人羞愧的对照，但是正因为如此就更有教益，自从我们的工人重又使德国站在历史运动的前列以来，我们对过去的耻辱就稍微容易忍受了。

德国的发展还有一点是极其特殊的，这就是：最终共同瓜分了整个德国的两个帝国组成部分，都不纯粹是德意志的，而是在被征服的斯拉夫人土地上建立的殖民地：奥地利是巴伐利亚的殖民地，勃兰登堡是萨克森的殖民地；它们所以**在**德国**内部**取得了政权，仅仅是因为它们依靠了国外的、非德意志的领地：奥地利依靠了匈牙利（更不用说波希米亚了），勃兰登堡依靠了普鲁士。在最受威胁的西部边境上，这类事情是根本没有的，在北部边境上，保护德国不受丹麦人侵犯一事是让丹麦人自己去做的，而南部则很少需要保卫，甚至国

---

① 威廉一世。——编者注

境保卫者瑞士人自己就能从德国分立出去！

我已经天南地北地扯得太远了；让这些空话至少给您作个证据，证明您的著作使我多么兴奋吧。

再次表示衷心的感谢和问候。

您的 **弗·恩格斯**

选自《马克思恩格斯选集》
第4卷第725—730页

93. 恩格斯致瓦·博尔吉乌斯

1894年1月25日于伦敦

尊敬的先生：

对您的问题回答如下：

1. 我们视之为社会历史的决定性基础的经济关系，是指一定社会的人们生产生活资料和彼此交换产品（在有分工的条件下）的方式。因此，这里包括生产和运输的**全部技术**。这种技术，照我们的观点看来，也决定着产品的交换方式以及分配方式，从而在氏族社会解体后也决定着阶级的划分，决定着统治和被奴役的关系，决定着国家、政治、法等等。此外，包括在经济关系中的还有这些关系赖以发展的**地理基础**和事实上由过去沿袭下来的先前各经济发展阶段的残余（这些残余往往只是由于传统或惰性才继续保存着），当然还有围绕着这一社会形式的外部环境。

如果像您所说的，技术在很大程度上依赖于科学状况，那么科学却在更大得多的程度上依赖于技术的**状况**和**需要**。社会一旦有技术上的需要，这种需要就会比十所大学更能把科学推向前进。整个流体静力学（托里拆利等）是由于16世纪和17世纪意大利治理山区河流的需要而产生的。关于电，只是在发现它在技术上的实用价值以后，我们才知道了一些理性的东西。在德国，可惜人们撰写科学史时习惯于把科学看作是从天上掉下来的。

2. 我们把经济条件看作归根到底制约着历史发展的东西。而种族本身就是一种经济因素。不过这里有两点不应当忽视：

(a) 政治、法、哲学、宗教、文学、艺术等等的发展是以经济发展为基础的。但是，它们又都互相作用并对经济基础发生作用。并非只有经济状况才是**原因，才是积极的**，其余一切都不过是消极的结果。这是在**归根到底**总是得到实现的经济必然性的基础上的互相作用。例如，国家就是通过保护关税、自由贸易、好的或者坏的财政制度发生作用的，甚至德国庸人的那种从1648—

1830年德国经济的可怜状况中产生的致命的疲惫和软弱（最初表现于虔诚主义，尔后表现于多愁善感和对诸侯贵族的奴颜婢膝），也不是没有对经济起过作用。这曾是重新振兴的最大障碍之一，而这一障碍只是由于革命战争和拿破仑战争把慢性的穷困变成了急性的穷困才动摇了。所以，并不像人们有时不加思考地想象的那样是经济状况自动发生作用，而是人们自己创造自己的历史，但他们是在既定的、制约着他们的环境中，在现有的现实关系的基础上进行创造的，在这些现实关系中，经济关系不管受到其他关系——政治的和意识形态的——多大影响，归根到底还是具有决定意义的，它构成一条贯穿始终的、唯一有助于理解的红线。

(b) 人们自己创造自己的历史，但是到现在为止，他们并不是按照共同的意志，根据一个共同的计划，甚至不是在一个有明确界限的既定社会内来创造自己的历史。他们的意向是相互交错的，正因为如此，在所有这样的社会里，都是那种以**偶然性**为其补充和表现形式的**必然性**占统治地位。在这里通过各种偶然性而得到实现的必然性，归根到底仍然是经济的必然性。这里我们就来谈谈所谓伟大人物问题。恰巧某个伟大人物在一定时间出现于某一国家，这当然纯粹是一种偶然现象。但是，如果我们把这个人去掉，那时就会需要有另外一个人来代替他，并且这个代替者是会出现的，不论好一些或差一些，但是最终总是会出现的。恰巧拿破仑这个科西嘉人做了被本身的战争弄得精疲力竭的法兰西共和国所需要的军事独裁者，这是个偶然现象。但是，假如没有拿破仑这个人，他的角色就会由另一个人来扮演。这一点可以由下面的事实来证明：每当需要有这样一个人的时候，他就会出现，如凯撒、奥古斯都、克伦威尔等等。如果说马克思发现了唯物史观，那么梯叶里、米涅、基佐以及1850年以前英国所有的历史编纂学家则表明，人们已经在这方面作过努力，而摩尔根对于同一观点的发现表明，发现这一观点的时机已经成熟了，这一观点**必定**被发现。

历史上所有其他的偶然现象和表面的偶然现象都是如此。我们所研究的领域越是远离经济，越是接近于纯粹抽象的意识形态，我们就越是发现它在自己的发展中表现为偶然现象，它的曲线就越是曲折。如果您划出曲线的中轴线，您就会发现，所考察的时期越长，所考察的范围越广，这个轴线就越同经济发展的轴线接近于平行。

在德国，达到正确理解的最大障碍，就是著作界对于经济史的不负责任的忽视。不仅很难抛掉那些在学校里已被灌输的历史观，而且更难搜集为此所必需的材料。例如，老古·冯·居利希在自己的枯燥的材料汇集[①]中的确收集了能够说明无数政治事实的大量材料，可是他的著作又有谁读过呢！

---

① 古·居利希《关于现代主要商业国家的商业、工业和农业的历史叙述》。——编者注

此外，我认为马克思在《雾月十八日》①一书中所作出的光辉范例，能对您的问题给予颇为圆满的回答，正因为那是一个实际的例子。我还认为，大多数问题都已经在《反杜林论》②第一编第九至十一章、第二编第二至四章和第三编第一章或导言里，后来又在《费尔巴哈》③一书最后一章里谈到了。

请您不要过分推敲上面所说的每一个字，而要把握总的联系；可惜我没有时间能像给报刊写文章那样字斟句酌地向您阐述这一切……

选自《马克思恩格斯选集》

第4卷第731—734页

注 释

1 马克思在这里指的是他曾经打算写的一本著作《政治和政治经济学批判》。

2 《德意志言论》是奥地利的一家经济和社会政治杂志，1881年至1904年在维也纳出版；1881年至1883年6月是周刊，1883年7月起改为月刊。

3 关于未来社会中的产品分配问题的辩论，1890年6月14日至7月12日《柏林人民论坛》在总标题《每个人的全部劳动产品归己》下面连续刊载了纽文胡斯、恩斯特、费舍以及署名“工人”的文章和这一辩论的结束语。

《人民论坛》即《柏林人民论坛。社会政治周报》，是德国社会民主党的报纸，同半无政府主义的“青年派”接近；1887年至1892年出版。

4 *反社会党人非常法*是俾斯麦政府在帝国国会多数的支持下于1878年10月21日通过生效的一项法律，其目的在于反对社会主义运动和工人运动。这个法律将德国社会民主党置于非法地位；党的一切组织、群众性的工人组织、社会主义的和工人的刊物都被禁止，社会主义著作被没收，社会民主党人遭到镇压。但是，社会民主党在马克思和恩格斯的积极帮助下战胜了自己队伍中的机会主义分子和极“左”分子，得以在非常法生效期间正确地把地下工作同利用合法机会结合起来，大大加强和扩大了自己在群众中的影响。在群众性工人运动的压力下，非常法于1890年10月1日被废除。恩格斯对这一法律的评论，见《俾斯麦和德国工人党》一文（《马克思恩格斯全集》第19卷第308—310页）。

5 指16世纪德国马丁·路德领导的宗教改革运动。参看恩格斯《德国农民战争》第2章（见《马克思恩格斯全集》第7卷第399—419页）。

6 《苏黎世邮报》是瑞士的一家民主派日报，1879年至1936年出版。

7 恩格斯指1842—1844年自己在曼彻斯特的欧门—恩格斯公司所属的纺纱厂实习经商。这几年在恩格斯世界观的形成以及他从唯心主义向唯物主义、从革命民主主义向共产主

① 马克思《路易·波拿巴的雾月十八日》，见《马克思恩格斯选集》第1卷第584—689页。——编者注

② 见《马克思恩格斯选集》第3卷第343—676页。——编者注

③ 恩格斯《路德维希·费尔巴哈和德国古典哲学的终结》，见《马克思恩格斯选集》第4卷第214—258页。——编者注

义的转变方面起了重要的作用。

8 恩格斯在这里和下面提到的拿破仑法典，不仅仅是指在拿破仑统治时期于1804年通过并以《拿破仑法典》著称的民法典，而是广义地指整个资产阶级法体系，即1804—1810年拿破仑第一统治时期通过的五部法典（民法典、民事诉讼法典、商业法典、刑法典和刑事诉讼法典）；这些法典曾沿用于拿破仑法国所占领的德国西部和西南部，在莱茵省于1815年归并于普鲁士以后仍继续在该省生效。恩格斯称法兰西民法典（《拿破仑法典》本身）为“典型的资产阶级社会的法典”。

9 指1688年英国政变（又称“光荣革命”）。由于这次政变，在英国推翻了斯图亚特王朝，确立了建立在土地贵族和大资产阶级妥协基础上的、以奥伦治的威廉（从1689年起）为首的君主立宪制。

10 自然神论者是一种宗教哲学学说的拥护者。这种学说认为神是非人格的、有理性的世界始因，但是神不干预自然现象和社会生活。在封建教会世界观统治的条件下，自然神论往往站在唯理论的立场上批判中世纪的神学世界观，揭露僧侣们的寄生生活和招摇撞骗的行为。

11 梅林的《论历史唯物主义》一文，于1893年作为附录刊载在他的《莱辛传奇》第1版中。

12 《新时代》是德国社会民主党的理论杂志，1883年至1890年10月在斯图加特每月出版一次，以后至1923年秋每周出版一次。杂志的编辑从1883年至1917年10月是卡·考茨基，从1917年10月至1923年秋是亨·库诺。1885—1894年恩格斯在杂志上发表了许多文章，经常提出忠告来帮助杂志编辑部，并且不时地批评编辑部背离马克思主义。从90年代后半期起，即在恩格斯逝世之后，杂志开始系统地刊登修正主义者的文章。在第一次世界大战期间，杂志采取中派立场，实际上支持社会沙文主义者。

13 恩格斯改写《德国农民战争》（《马克思恩格斯全集》第7卷第383—483页）和扩写德国史的愿望，因忙于《资本论》的出版及其他待写的文章而未实现。保存的片断和提纲，见《马克思恩格斯全集》第21卷第448—460页。

14 勃艮第大公国是9世纪在法国东部塞纳河和卢瓦尔河的上游地区成立的，后来并入大片领土（弗朗什孔泰，法国北部一部分和尼德兰），在14至15世纪成了独立的封建国家，15世纪下半叶在大胆查理大公时代达到鼎盛。力图扩张自己属地的勃艮第大公国成了建立中央集权的法兰西君主国的障碍；勃艮第的封建贵族和法国封建主结成联盟，一起抵抗法国国王路易十一的中央集权政策，并且对瑞士人和洛林进行了侵略战争。路易十一建立了瑞士人和洛林人的联盟来对付勃艮第。在反对联盟的战争中（1474—1477年）大胆查理的军队被击溃。他本人在南锡附近的会战（1477年）中战死。他的属地被分给路易十一和德意志皇帝的儿子马克西米利安·哈布斯堡。

列 宁

《唯物主义和经验批判主义》

学习提示

《唯物主义和经验批判主义》（以下简称《唯批》）是列宁批判经验批判主义哲学思潮，阐述辩证唯物主义认识论的重要著作。1908年9—10月在日内瓦和伦敦写成，1909年5月由莫斯科环节出版社出版。这本著作在国际上得到广泛传播，先后被译成20多种文字。它是列宁哲学思想的一部代表性著作，也是学习和研究马克思主义认识论的重要著作之一。

经验批判主义即马赫主义，是19世纪末20世纪初在欧洲流行的一种实证主义思潮。主要创始人是奥地利的恩斯特·马赫（1838—1916）和德国的理查·阿芬那留斯（1843—1896）。他们给自己哲学提出的任务，是以所谓科学的批判态度来研究经验。他们把经验作为哲学的出发点，认为唯物主义在经验中渗透进了“不是经验的东西”，使经验变得“不纯”了，因而要对经验进行清洗，即批判掉经验中一切非经验的东西。因此，他们把这种哲学叫做经验批判主义。

经验批判主义具有以下特点：第一，把哲学基本问题当作“形而上学”的问题加以拒绝，企图摆脱本体论（世界的本原问题），专门从事认识论的研究；第二，用“无党性”来掩盖和抹杀两条哲学路线的根本对立，标榜自己“超越”唯物主义和唯心主义之上，是没有“片面性”的“中间哲学”；第三，利用和曲解19世纪末、20世纪初以电子、放射性元素镭等的发现为标志的物理学革命的成果，标榜自己是“最新自然科学的哲学”；第四，利用对传统形而上学唯物主义机械性的批判，片面夸大辩证法的若干原理（例如相对性），竭力把自己的哲学打扮成素朴实在论。

经验批判主义很快地被第二国际机会主义者用来“补充”和“修正”马克思主义哲学。考茨基和维·阿德勒等人认为，马克思创立的社会历史学说缺乏理论基础，特别是缺乏哲学认识论，因而主张把马克思主义与马赫主义“结合”起来。在俄国1905年的资产阶级民主革命失败之后的斯托雷平时期，反动势力在社会生活的各个方面都十分猖獗，唯心主义和宗教也泛滥起来。俄国社会民主工党内的一部分人，包括属于布尔什维克的波格丹诺夫、卢那察尔斯基、巴扎罗夫和属于孟什维克的尤什凯维奇、瓦连廷诺夫等人，也都极力鼓吹马赫主义。对马克思、恩格斯的哲学进行“批判”，一时成为时髦。波格丹诺夫出版了三卷本《经验一元论》，卢那察尔斯基写有《阿芬那留斯哲学的通俗阐述》，瓦连廷诺夫抛出《马赫和马克思主义》，并在1908年联合出版了《关于马克思主义哲学的概论》(论文集)。在这种情况下，哲学上的斗争就被提高到首要的地位。为了捍卫无产阶级政党的理论基础，同时为了“消化”革命经验和从哲学上总结自然科学革命的最新成就，列宁主要以俄国马赫主义为批判对象，写作了这本著作。

全书除“出版序言”、“代绪论”和“结论”外，共分六章。列宁从四个方面对经验批判主义作了剖析：第一，在前三章把经验批判主义和辩证唯物主义作了系统的比较，说明了用新的术语和诡辩掩饰起来的马赫主义在认识论问题上的错误实质，指出其唯心主义和不可知论的基本倾向。第二，在第四章对经验批判主义进行历史考察，确定了经验批判主义在现代其他哲学流派中的地位，指出它是从康德开始，从右面批判康德主义，逐步走向贝克莱的主观唯心主义和休谟的不可知主义。第三，在第五章考察了马赫主义与新物理学的联系，分析了“物理学唯心主义”产生的原因和实质，揭示了马赫主义标榜自己是“自然科学的最新哲学”的实质。第四，在第六章指出，俄国马赫主义者企图把马赫主义和历史唯物主义“结合”起来，这是完全徒劳的。应当充分看到在经验批判主义认识论的烦琐哲学后面，存在着哲学上的党派斗争。列宁的这本著作担负了用马克思主义哲学批判并战胜俄国马赫主义的任务。

在《唯批》这本著作中，列宁指出：马赫主义与古典唯心主义者不完全一样之处在于，在马赫主义者身上存在着不同时期的三种动摇：一是动摇于唯心主义和自然科学的唯物主义之间；二是动摇于贝克莱主义与休谟主义之间；三是动摇于唯心主义和辩证唯物主义之间。它“意味着自然科学一个门类里的一个自然科学家学派，由于没有能够直接地和立即地从形而上学的唯物主义上升到辩证唯物主义而滚入了反动哲学”。马赫主义借助“经验”概念，标榜自己超越唯物主义和唯心主义之上。列宁指出，对于“经验”既可以作唯心主义解释，也可以作唯物主义解释，它反映了哲学上两条不同的基本路线。哲学上的中间路线是折中主义的混合物。它不是独立的路线，按比例不同混合而成的中间派哲学总有一个基本倾向，不是倾向唯物主义，就是倾向唯心主义。列宁通过对马赫主义基本哲学观点的剖析，指出它的基本倾向是唯心主义。

尽管《唯批》是一本论战性的著作，但是，它在许多方面都捍卫和发展了马克思主义哲学，特别是能动的反映论。在整个论述中，列宁坚持哲学上的党性原则，并十分注意把本体论与认识论结合起来，把反映论和实践观统一起来，将唯物论与辩证法密切结合。著作在阐述辩证唯物主义认识论时，紧紧围绕四个基本观点展开：(1) 物是不依赖于我们的意识而客观存在的；(2) 在现象和自在之物之间没有任何原则的差别，差别只存在于已经认识的东西和尚未认识的东西之间；(3) 在认识论上应当辩证地思考，即分析怎样从不知到知，从不完全的不确切的知识到比较完全和比较确切的知识；(4) 实践的观点是认识论的首要的和基本的观点。在这些认识论的基本问题上，列宁既坚持了认识论的唯物主义，又注意贯彻认识论的辩证法；既批判了主观唯心主义和不可知论，又注意到辩证唯物主义能动的反映论与旧唯物主义直观反映论的区别。

马赫主义把感觉作为自己哲学体系的基础。其基本前提是"物是感觉的复合"。虽然马赫后来把感觉叫做"要素"，阿芬那留斯提出"原则同格"说，但都依然主张"物理要素"离不开"心理要素"，环境离不开自我。列宁在批判马赫主义这一观点时，将哲学基本问题运用于认识论，把世界的本原问题与认识的来源问题相联系。他明确指出："唯物主义和唯心主义是依如何解答我们认识的泉源问题即认识（和一般'心理的东西'）同物理世界的关系问题而区分开来的"。列宁把反映论看作是唯物主义认识论的最基本特征，概括出两条基本的认识路线："从物到感觉和思想呢，还是从思想和感觉到物？恩格斯坚持第一条路线，即唯物主义的路线。马赫坚持第二条路线，即唯心主义的路线"。列宁反对将感觉看成是隔离意识和外部世界的屏障、墙壁，而认为感觉是意识和外部世界的直接联系，是外部刺激力向意识的转化；他反对把物质看作是感觉的产物，而认为感觉是外部世界在人脑中的反映。列宁指出："不可知论者路线的本质是什么呢？就是他不超出感觉，停留在现象的此岸，不承认在感觉的界限以外有任何'确实可靠'的东西"。

列宁在《唯批》中通过对马赫的批判，一方面指出：辩证唯物主义认识论的基础是承认外部世界及其在人脑中的反映；另一方面又强调：生活、实践的观点，应该是认识论的首要的和基本的观点。辩证唯物主义认识论是能动的反映论。它首先要求划清唯物主义和唯心主义两条根本对立的认识路线。怎么样划分呢？靠哲学基本问题，靠对物质和意识谁是第一性、谁是第二性问题的不同回答。物质和意识哪个产生哪个，这是世界的本源问题，即本体论问题；物质和意识哪个反映哪个？这是人类认识的内容（源泉）问题，即认识论的首要问题。列宁把意识反映物质看作是辩证唯物主义认识论的基础，这就划清了唯物主义认识论与唯心主义认识论的原则界限，为批判不可知论奠定了基本前提。但是，仅仅靠反映论还不能区分辩证唯物主义的认识论与一切旧唯物主义认识论。靠什么区分呢？这就要看是否强调社会实践在认识过程中的基本作用。因此，列宁在《唯批》中依据马克思和恩格斯的思想，一再驳斥那种把实践看作是在认识中不值得研究的东西而加以排除的错误观点，而把实践观点看作是认识论的首要的和基本的观点，将实践作为检验真理的标准。正是由于把反映观点与实践观点相统一起来，列宁阐述了能动的反映论的实质。

《唯批》中讲认识的辩证法，主要围绕相对和绝对的关系展开。这集中表现在三个方面：第一，论述了物质和意识对立的相对性和绝对性。列宁指出："物质和意识的对立，也只是在非常有限的范围内才有绝对的意义，在这里，仅仅在承认什么是第一性的和什么是第二性的这个认识论的基本问题的范围内才有绝对的意义。超出这个范围，这种对立无疑是相对的"。第二，论述了关于客观真理、绝对真理和相对真理的学说。真理问题是认识论的核心问题。否认真理的客观性，这是唯心主义。割裂真理的相对性和绝对性，这是形而上学。旧唯物主义虽然承认真理的客观性，但由于不理解认识的相对性，而导致把一切科学原理都看成是终极真理。列宁指出，对于辩证唯物主义来说，相对真理和绝对真理之间没有不可逾越的鸿沟。"这种区分正是这样'不确定'，以便阻止科学变为恶劣的教条，变为某种僵死的凝固不变的东西；但同时它又是这样'确定'，以便最坚决果断地同信仰主义和不可知论划清界限"。第三，列宁阐述了实践作为检验真理标准的辩证法，强调对于实践标准应当辩证地对待。"这个标准也是这样的'不确定'，以便不让人的知识变成'绝对'，同时它又是这样的确定，以便同唯心主义和不可知论的一切变种进行无情的斗争"。列宁用唯物辩证法批判了实践标准上的怀疑论和独断论错误。

列宁对19世纪末、20世纪初物理学的新发现进行了初步的哲学总结。指出现代物理学危机的实质是："旧定律和基本原理被推翻，意识之外的客观实在被抛弃，这就是说，唯物主义被唯心主义和不可知论代替了"。并且逐一批判了物理学唯心主义的以下主要论点："物质消灭了"，想像没有物质的运动，将科学定律和原理看作是人们主观制造的符号。在这种批判中，列宁给物质范畴以科学的界定："物质是标志客观实在的哲学范畴，这种客观实在是人通过感觉感知的，它不依赖于我们的感觉而存在，为我们的感觉所复写、摄影、反映"。列宁揭示了物理学唯心主义产生的认识论根源：物理学的数学化，以及认识的相对性原理。他指出摆脱唯心主义，并从形而上学唯物主义提高到辩证唯物主义，是自然科学发展的唯一健康的发展方向。

列宁在《唯批》中还比较完整地提出了哲学的党性原则。最重要的，就是要求坚持唯物主义和唯心主义两个基本派别的斗争。这是对哲学史上两千年来稳定的规律性的概括。为此，就要坚持哲学基本问题。当马赫主义用一些含糊不清的"中性"名词，如"经验"、"要素"、"能量"等等来掩盖哲学上唯物主义和唯心主义的对立时，列宁指出不应当根据他们的表白，而要透过这些新奇的言词和时髦的术语，看清实际上仍然存在的唯心主义和唯物主义的斗争。这种哲学上的党派斗争，"归根到底表现着现代社会中敌对阶级的倾向和思想体系"。

《唯批》也存在着一些不足之处，如对认识过程中感性认识与理性认识的辩证关系论述不够；有时将“客观真理”等同于“客观存在”也不够确切。《唯批》中有关认识论的许多哲学观点，后来在《哲学笔记》中得到进一步的发挥和修正。

以下摘选的是《唯批》中的部分章节。

原著

唯物主义和经验批判主义

对一种反动哲学的批判（节选）[1]

（1908年2—10月）

第一版序言

许多想当马克思主义者的著作家，今年在我们这里对马克思主义哲学进行了真正的讨伐。不到半年就出版了四本书，这四本书主要是并且几乎完全是攻击辩证唯物主义的。其中，首先是1908年在圣彼得堡出版的巴扎罗夫、波格丹诺夫、卢那察尔斯基、别尔曼、格尔方德、尤什凯维奇、苏沃洛夫的论文集《关于〈？应当说是：反对〉马克思主义哲学的论丛》，其次是尤什凯维奇的《唯物主义和批判实在论》、别尔曼的《从现代认识论来看辩证法》和瓦连廷诺夫的《马克思主义的哲学体系》。

所有这些人都不会不知道，马克思和恩格斯几十次地把自己的哲学观点叫作辩证唯物主义。然而所有这些因敌视辩证唯物主义而联合起来的人（尽管政治观点截然不同）在哲学上又自命为马克思主义者！别尔曼说，恩格斯的辩证法是"神秘主义"。恩格斯的观点"过时了"，——巴扎罗夫随便一说，好像这是不言而喻的。唯物主义看来被我们的勇士们驳倒了，他们自豪地引证"现代认识论"，引证"最新哲学"（或"最新实证论"），引证"现代自然科学的哲学"，或者甚至引证"20世纪的自然科学的哲学"。我们的这些要把辩证唯物主义消灭的人，以所有这些所谓最新的学说为依据，竟肆无忌惮地谈起公开的信仰主义①来了（卢那察尔斯基最为明显，但决不只是他一个人![3]），可是到了要对马克思和恩格斯明确表态时，他们的全部勇气和对自己信念的任何尊重都立即消失了。在事实上，他们完全背弃了辩证唯物主义即马克思主义。在口头上，他们却百般狡辩，企图避开问题的实质，掩饰他们的背弃行为，用某一个唯物主义者来代替整个唯物主义，根本不去直接分析马克思和恩格斯的无数唯物主义言论。按照一位马克思主义者的公正说法，这真是"跪着造反"。这是典型的哲学上的修正主义，因为只有修正主义者违背马克思主义的基本观

---

① 信仰主义是一种以信仰代替知识或一般地赋予信仰以一定意义的学说。[2]

点，而又不敢或者是没有能力公开、直率、坚决、明确地“清算”被他们抛弃的观点，才获得了这种不好的名声。正统派在反对马克思的过时见解（例如梅林反对某些历史论点[4]）时，总是把话说得非常明确、非常详细，从来没有人在这类论著中找到过一点模棱两可的地方。

不过，在《“关于”马克思主义哲学的论丛》中也有一句近似真理的话。那句话是卢那察尔斯基说的：“也许我们〈显然就是《论丛》的全体撰稿人〉错了，但我们是在探索。”（第161页）这句话的前半句包含着绝对真理，后半句包含着相对真理，这一点我将在本书中力求详尽地指出来。现在我只指出一点：如果我们的哲学家不是用马克思主义的名义，而是用几个“正在探索的”马克思主义者的名义讲话，那么，他们对自己和对马克思主义就显得尊重些了。

至于我自己，也是哲学上的一个“探索者”。这就是说，我在本书中给自己提出的任务是：探索那些在马克思主义的幌子下发表一种非常混乱、含糊而又反动的言论的人是在什么地方失足的。

作　者

1908年9月

第二版序言

本版除了个别文字上的修改，和第一版没有什么不同。尽管这是一本和俄国“马赫主义者”进行论战的著作，可是我希望，它作为一本介绍马克思主义哲学即辩证唯物主义以及介绍从自然科学的最新发现中所得出的哲学结论的参考书，将有所裨益。至于亚·亚·波格丹诺夫的一些近作，我没有机会阅读，书末附载的弗·伊·涅夫斯基同志的文章提出了必要的意见[5]。弗·伊·涅夫斯基同志不仅是一位宣传家，而且特别是一位党校工作者，因此，他有充分的可能确信，亚·亚·波格丹诺夫在“无产阶级文化”[6]的幌子下贩运资产阶级的反动的观点。

尼·列宁

1920年9月2日

第　一　章
经验批判主义的认识论和辩证唯物主义的认识论（一）

1. 感觉和感觉的复合（节选）

马赫和阿芬那留斯在他们的早期哲学著作中，直言不讳地、简单明了地叙述了他们的认识论的基本前提。我们现在就来看看这些著作，至于这些著作家后来所作的修正和删改，则留到以后论述时再去分析。

马赫在1872年写道："科学的任务只能是：(1) 研究表象之间的联系的规律（心理学）；(2) 揭示感觉之间的联系的规律（物理学）；(3) 阐明感觉和表象之间的联系的规律（心理物理学）。"[①] 这是十分清楚的。

物理学的对象是感觉之间的联系，而不是物或物体（我们的感觉就是它们的映象）之间的联系。1883年，马赫在他的《力学》[②]一书中重复同样的思想："感觉不是'物的符号'，而'物'倒是具有相对稳定性的感觉复合的思想符号。世界的真正**要素**不是物（物体），而是颜色、声音、压力、空间、时间（即我们通常称为感觉的东西）。"[③]

关于"要素"这个名词，这个经过12年"思考"的成果，我们在下面再讲。现在我们要指出的是：马赫在这里直截了当地承认物或物体是感觉的复合，十分明确地把自己的哲学观点同一种相反的、认为感觉是物的"符号"（确切些说，物的映象或反映）的理论对立起来。这后一种理论就是**哲学唯物主义**。例如，唯物主义者弗里德里希·恩格斯，马克思的这位有名的合作者和马克思主义的奠基人，就经常毫无例外地在自己的著作中谈到物及其在思想上的模写或反映（Gedanken-Abbilder），不言而喻，这些思想上的模写不是由别的，而是由感觉产生的。看起来，凡谈论"马克思主义哲学"的人，尤其是**以**这种哲学的**名义**著书立说的人，都应当知道"马克思主义哲学"的这个基本观点。但是，我们的马赫主义者却造成了异乎寻常的混乱，因此我们不得不把众所周知的东西再重复一下。翻开《反杜林论》第1节，我们就可以读到："……事物及其在思想上的反映……"[④] 或者翻开哲学编第1节，那里写道："思维从什么地方获得这些原则〈指一切认识的基本原则〉呢？从自身中吗？不…… 思维永远不能从自身中，而只能从外部世界中汲取和引出存在的形式。…… 原则不是研究的出发点〈而在想作一个唯物主义者可又不能彻底贯彻唯物主义的杜林那里则相反〉，而是它的最终结果；这些原则不是被应用于自然界和人类历史，而是从它们中抽象出来的；不是自然界和人类去适应原则，而是原则只有在适合于自然界和历史的情况下才是正确的。这是对事物的唯一唯物主义的观点，而杜林的相反的观点是唯心主义的观点，它把现实的相

---

① **恩·马赫**《功的守恒定律的历史和根源》(1871年11月15日在波希米亚皇家科学学会上的讲演）1872年布拉格版第57—58页。

② 即《力学发展的历史评述》。——编者注

③ **恩·马赫**《力学发展的历史评述》1897年莱比锡第3版第473页。

④ **弗·恩格斯**《欧根·杜林先生在科学中实行的变革》1904年斯图加特第5版第6页（见《马克思恩格斯选集》第3卷，人民出版社1972年版，第61页。——编者注）。

互关系头足倒置了，从思想中……来构造现实世界……”（同上，第21页）[①]我们再重复一遍：恩格斯到处都毫无例外地贯彻这个“唯一唯物主义的观点”，只要看到杜林稍微从唯物主义退向唯心主义，就毫不留情地加以抨击。任何人只要略为留心地读一读《反杜林论》和《路德维希·费尔巴哈》，就会看到许许多多的例子，其中恩格斯讲到物及其在人的头脑中，在我们的意识、思维中的模写等等。恩格斯并没有说感觉或表象是物的“符号”，因为彻底的唯物主义在这里应该用“映象”、画像或反映来代替“符号”，关于这点我们将在适当的地方加以详尽的说明。我们现在谈的完全不是唯物主义的这种或那种说法，而是唯物主义和唯心主义的对立，哲学上两条基本**路线**的区别。从物到感觉和思想呢，还是从思想和感觉到物？恩格斯坚持第一条路线，即唯物主义的路线。马赫坚持第二条路线，即唯心主义的路线。任何狡辩、任何诡辩（我们还会遇到许许多多这样的狡辩和诡辩）都不能抹杀一个明显的无可争辩的事实：恩·马赫关于物即感觉的复合的学说，是主观唯心主义，是贝克莱主义的简单的重复。如果物体像马赫所说的是“感觉的复合”，或者像贝克莱所说的是“感觉的组合”，那么由此必然会得出一个结论：整个世界只不过是我的表象而已。从这个前提出发，除了自己以外，就不能承认别人的存在，这是最纯粹的唯我论。不管马赫、阿芬那留斯、彼得楚尔特之流怎样宣布他们同唯我论无关，但事实上，如果他们不陷入惊人的逻辑谬误，就不可能摆脱唯我论。为了更清楚地说明马赫主义哲学的这个基本要素，我们再从马赫的著作中作一些引证。下面就是引自《感觉的分析》（科特利亚尔的俄译本，1907年莫斯科斯基尔蒙特出版社版）的一个例证：

“我们面前有一个具有尖端S的物体。当我们碰到尖端，使它和我们的身体接触的时候，我们就感到刺痛。我们可以看见尖端，而不感觉刺痛。但是当我们感觉刺痛时，我们就会发现尖端。因此，看得见的尖端是一个恒定的核心，而刺痛是一种偶然现象，视情况不同，它可能和核心联系着，也可能不和核心联系着。由于类似现象的经常重复，最后人们习惯于把物体的**一切**特性看作是从这些恒定的核心中发出并通过我们身体的中介而传给**自我**的‘作用’；我们就把这些‘作用’叫作‘**感觉**’……”（第20页）

换句话说，人们“习惯于”坚持唯物主义的观点，把感觉看作物体、物、自然界作用于我们感官的结果。这个“习惯”对哲学唯心主义者是有害的（然而是整个人类和全部自然科学所具有的！），马赫非常讨厌它，于是就去摧毁它：

“……但是，这些核心因此便失去它们的全部感性内容，成为赤裸裸的抽

① 见《马克思恩格斯选集》第3卷第73—74页。——编者注

象符号了……”

最可敬的教授先生，这是陈词滥调啊！这是在逐字逐句地重复贝克莱所说的物质是赤裸裸的抽象符号这句话啊！实际上，赤裸裸的正是恩斯特·马赫，因为，他既然不承认客观的、不依赖于我们而存在的实在是“感性内容”，那么在他那里就只剩下一个“赤裸裸的抽象的”**自我**，一个必须大写并加上着重标记的**自我**，也就是“一架发了疯的、以为世界上只有自己才存在的钢琴”。既然外部世界不是我们感觉的“感性内容”，那么除了这个发表空洞“哲学”怪论的赤裸裸的**自我**以外，就什么也没有了。真是一个愚蠢的毫无结果的勾当！

“……因而，说世界仅仅由我们的感觉构成，这是正确的。但这样一来，我们所知道的也就**仅仅**是我们的感觉了，而关于那些核心以及它们之间的相互作用（这种相互作用的产物只是感觉）的假定，就是完全没有意义的和多余的了。这样的观点仅仅对**不彻底的**实在论或**不彻底的**批判主义来说才是好的。”

我们把马赫的“反形而上学的意见”的第 6 节全部抄下来了。这些话完全是从贝克莱那里剽窃来的。除“我们感觉到的仅仅是自己的感觉”这一点以外，没有丝毫创见，没有一点思想的闪光。从这里只能得出一个结论：“世界仅仅由**我的**感觉构成。”马赫用“我们的”这个字眼来代替“我的”这个字眼，是不合理的。就在这一个字眼上，马赫暴露出了他所谴责别人的那种“不彻底性”。因为，如果关于外部世界的“假定”，关于针不依赖于我而存在以及我的身体和针尖之间发生相互作用的假定是“没有意义的”，如果所有这些假定的确都是“没有意义的和多余的”，那么关于别人是存在着的这一“假定”就首先是没有意义的和多余的了。存在的只是**自我**，而其余的一切人，也和整个外部世界一样，都属于没有意义的“核心”之列。从这个观点出发，就不能说**“我们的”**感觉了，可是马赫却这样说了，这只是表明他的惊人的不彻底性。这只是证明：他的哲学是连他本人也不相信的没有意义的空话。

下面的例子特别明显地说明马赫的不彻底性和思想混乱。就在《感觉的分析》的第 11 章第 6 节里，我们读到：“假使正当我感觉着什么东西的时候，我自己或别的什么人能用一切物理的和化学的方法来观察我的头脑，那就可以确定一定种类的感觉和有机体中所发生的哪些过程有联系……”（第 197 页）

好极了！这不是说我们的感觉和整个有机体中、特别是我们头脑中所发生的一定过程有联系吗？是的，马赫十分肯定地作出了这种“假定”，因为从自然科学的观点出发，不作出这种“假定”是困难的。但是对不起，这正是我们这位哲学家宣布为多余的和没有意义的关于“核心以及它们之间的相互作用”的“假定”！经验批判主义者对我们说，物体是感觉的复合；马赫硬要我们相信，如果超出这一点，认为感觉是物体作用于我们感官的结果，那就是形而上学，就是没有意义的多余的假定等等，这和贝克莱如出一辙。但头脑是物体。就是说，头脑也不过是感觉的复合。结果是，我（**我**也无非是感觉的复合）依靠感觉的复合去感觉感觉的复合。多妙的哲学！先宣布感觉是“世界的真正要素”，并在这上面建立“独出心裁的”贝克莱主义，然后又偷运相反的观点，说感觉是和有机体中的一定过程有联系的。这些“过程”是否跟“有机体”和外部世界之间的物质交换有联系呢？如果某一有机体的感觉不向该有机体提供关于这个外部世界的客观正确的表象，这种物质交换能够发生吗？

马赫没有给自己提出这些麻烦的问题，而是机械地把贝克莱主义的一些片断言论和自发地站在唯物主义认识论立场上的自然科学的见解掺杂在一起……马赫在同一节里写道：“有时候人们也提出‘物质’（无机的）是否也有感觉的问题……”这不是说**有机**物质具有感觉是不成问题了吗？这不是说感觉并非什么第一性的东西，而是物质的一种特性吗？马赫越过了贝克莱主义的一切荒谬之处！……他说：“从普通的、广泛流行的物理学观念出发，这个问题是十分自然的，因为按照这种物理学观念，物质是**直接的**、无疑地存在着的**实在的东西**，一切有机物和无机物都是由它构成的……”我们要好好记住马赫的这个确实有价值的自供：普通的、广泛流行的**物理学**观念认为物质是直接的实在，而且只有这种实在的一个变种（有机物质）才具有明显表现出来的感觉特性……马赫继续写道：“那么在这样的场合下，感觉应当是在物质所构成的大厦中不知怎么地突然产生的，或者应当是存在于所谓这个大厦的基础本身中。从**我们的**观点看来，这个问题根本是荒谬的。对我们来说，物质不是第一性的东西。这种第一性的东西只是**要素**（要素在某种确定的意义上叫作感觉）……”

这样说来，感觉是第一性的东西了，尽管它只和有机物质中的一定过程有“联系”！当马赫说这种荒唐话时，仿佛是在责难唯物主义（“普通的、广泛流行的物理学观念”），说它没有解决感觉是从哪里“产生出来”的问题。这是信仰主义者及其娄罗们“驳斥”唯物主义的例证。难道有什么其他哲学观点能够在解决问题所需的材料还没有充分收集起来的时候就“解决”问题吗？马赫自己在同一节中不是也说过这样的话吗？他说：“当这个任务〈即解决“感觉在有机界里扩展的范围究竟有多大”的问题〉在任何一个特殊场合下都还没有得到解决时，要解决这个问题是不可能的。”

由此可见，唯物主义和“马赫主义”的区别，在这个问题上可以归结如下：唯物主义和自然科学完全一致，认为物质是第一性的东西，意识、思维、感觉是第二性的东西，因为以明显形式表现出来的感觉只和物质的高级形式（有机物质）有联系，而“在物质大厦本身的基础中”只能假定有一种和感觉相似的能力。例如，著名的德国自然科学家恩斯特·海克尔、英国生物学家劳埃德·摩根等人的假定就是这样，至于我们上面所讲的狄德罗的猜测就更不用说了。马赫主义坚持相反的、唯心主义的观点，于是就马上陷入荒谬之中。因为，第一，它不顾感觉只和按一定方式组成的物质的一定过程相联系这一事实，把感觉当作第一性的东西；第二，除了那个大写的**自我**之外，它假定存在着其他生物和其他“复合”，这就破坏了物体是感觉的复合这一基本前提。

“要素”这个字眼被许多天真的人看成（我们以后会看到）一种新东西、一种发现，其实“要素”是一个什么也不能说明的术语，它只是把问题弄糊涂，只是造成一种假象，似乎问题已经解决或者向前推进了一步。这种假象所以虚妄，是因为：对于那种看来完全没有感觉的物质，跟那种由同样原子（或电子）构成但却具有明显表现出来的感觉能力的物质如何发生联系的问题，我们还需要研究再研究。唯物主义明确地把这个尚未解决的问题提出来，从而促进这一问题的解决，推动人们去作进一步的实验研究。马赫主义，即一种混乱的唯心主义，却用“要素”这个空洞的狡辩的辞令把问题弄糊涂，使它离开正确的途径。

下面的一段话引自马赫的最后一部带有综合性和结论性的哲学著作，这段话表明了这种唯心主义怪论的全部虚伪性。在《认识和谬误》中，我们读到：“用感觉即**心理**要素构成（aufzubauen）**任何物理**要素，是没有任何困难的，但不能设想（ist keine Möglichkeit abzusehen），任何**心理**体验怎么可以由现代物理学所使用的要素即质量和运动（处在仅仅对这门特殊科学有用的那种僵化状态——Starrheit——的要素）构成（darstellen）。”①

关于许多现代自然科学家的概念的僵化，关于他们的形而上学的（按马克思主义对这个词的理解，即反辩证法的）观点，恩格斯曾经不止一次十分明确地讲到过。我们在下面就会看到，马赫正是在这点上走入了歧途，因为他不懂得或者不知道相对主义和辩证法之间的关系。但是现在所说的不是这个问题。对于我们说来，重要的是要在这里指出：尽管马赫使用了混乱的、似乎是新的术语，但他的**唯心主义**表现得非常明显。你们看，由感觉即心理要素构成任何物理要素，是没有任何困难的！是的，这样的构成当然是没有困难的，因为这是纯粹字面上的构成，是偷运信仰主义的空洞的经院哲学。因此，马赫把他的著作献给内在论者，而最反动的哲学唯心主义的信徒内在论者又来拥抱马赫，这就不足为奇了。恩斯特·马赫的“最新实证论”只是迟了约200年，因为贝克莱早已充分地表明：“由感觉即心理要素”所能“构成”的不是别的，只是**唯我论**。至于说到唯物主义（马赫虽然没有直截了当和明确地把它叫作“敌人”，然而在这里也把自己的观点和它对立起来），我们从狄德罗的例子中就已经看到唯物主义者的真正观点了。这种观点不在于从物质的运动中引出感觉或

① **恩·马赫**《认识和谬误》1906年第2版第12页注释。

者把感觉归结为物质的运动，而在于承认感觉是运动着的物质的一种特性。恩格斯在这个问题上坚持狄德罗的观点。顺便提一下，恩格斯所以和“庸俗”唯物主义者福格特、毕希纳、摩莱肖特划清界限，就是因为他们迷惑于这样一种观点，似乎大脑分泌思想**正如**肝脏分泌胆汁一样。而经常把自己的观点和唯物主义对立起来的马赫，当然也会完全像其他一切御用哲学的御用教授一样，无视一切伟大的唯物主义者——狄德罗、费尔巴哈、马克思和恩格斯。

……

第 二 章

经验批判主义的认识论和辩证唯物主义的认识论（二）

1.“自在之物”或维·切尔诺夫对弗·恩格斯的驳斥

关于“自在之物”，我们的马赫主义者写了好多东西，如果把它们收集在一起，真是堆积如山。“自在之物”对于波格丹诺夫和瓦连廷诺夫，巴扎罗夫和切尔诺夫，别尔曼和尤什凯维奇来说，真是个怪物。他们对“自在之物”用尽了“恶言秽语”，使尽了冷嘲热讽。为了这个倒霉的“自在之物”，他们究竟同谁战斗呢？在这里，俄国的马赫主义哲学家就按政党分化了。一切想当马克思主义者的马赫主义者都攻击**普列汉诺夫的**“自在之物”，谴责他糊涂和陷入康德主义，谴责他背弃恩格斯（关于前一个谴责，我们把它放到第四章里去讲；关于后一个谴责，我们就在这里谈）。民粹派分子、马克思主义的死敌、马赫主义者维·切尔诺夫先生，为了“自在之物”直接攻击**恩格斯**。

这一次，由于维克多·切尔诺夫先生公开地仇视马克思主义，因而他同在党派上是我们的同志而在哲学上是我们的反对派的那些人比较起来，是**较**有原则的论敌[7]，承认这一点令人羞愧，可是隐瞒它却是罪过。因为只有**不干净的心地**（也许再加上对唯物主义的无知？）才会使那些想当马克思主义者的马赫主义者圆滑地撇开恩格斯，根本不理费尔巴哈，而专门围着普列汉诺夫兜圈子。这正是纠缠，正是无聊而又琐碎的吵闹，正是对恩格斯的学生吹毛求疵，而对老师的见解却胆怯地避免作直接分析。由于我们这个简略评述的任务是要指出马赫主义的反动性以及马克思和恩格斯的唯物主义的正确性，因此我们不谈那些想当马克思主义者的马赫主义者同普列汉诺夫的吵闹，而直接谈论经验批判主义者维·切尔诺夫先生所驳斥的恩格斯。在切尔诺夫的《哲学和社会学论文集》（1907 年莫斯科版，这本论文集中的文章除少数几篇之外，都是在

1900年以前写的）里，有一篇题为《马克思主义和先验哲学》的文章，它一开始就企图把马克思和恩格斯对立起来，谴责恩格斯的学说是“素朴的独断的唯物主义”，是“最粗陋的唯物的独断主义”（第29、32页）。维·切尔诺夫先生说，恩格斯反对康德的自在之物和休谟的哲学路线的议论就是“充分的”例证。我们就从这个议论谈起吧。

恩格斯在他的《路德维希·费尔巴哈》中宣布唯物主义和唯心主义是哲学上的基本派别。唯物主义认为自然界是第一性的，精神是第二性的，它把存在放在第一位，把思维放在第二位。唯心主义却相反。恩格斯把唯心主义和唯物主义的“各种学派”的哲学家所分成的“两大阵营”之间的这一根本区别提到首要地位，并且直截了当地谴责在别的意义上使用唯心主义和唯物主义这两个名词的那些人的“混乱”。

恩格斯说：“全部哲学的最高问题”，“全部哲学，特别是近代哲学的重大的基本问题”是“思维对存在、精神对自然界的关系问题”。恩格斯根据这个基本问题把哲学家划分为“两大阵营”，接着他又指出，哲学的基本问题“还有另一个方面”，这就是：“我们关于我们周围世界的思想对这个世界本身的关系是怎样的？我们的思维能不能认识现实世界？我们能不能在我们关于现实世界的表象和概念中正确地反映现实？”①

恩格斯说：“绝大多数哲学家对这个问题都作了肯定的回答”，他在这里所指的不仅是所有的唯物主义者，而且也包括最彻底的唯心主义者，例如，绝对唯心主义者黑格尔。黑格尔认为现实世界是某种永恒的“绝对观念”的体现，而且人类精神在正确地认识现实世界的时候，就在现实世界中并通过现实世界认识“绝对观念”。

“但是，此外〈即除了唯物主义者和彻底的唯心主义者之外〉，还有其他一些哲学家否认认识世界的可能性，或者至少是否认彻底认识世界的可能性。在近代哲学家中，休谟和康德就属于这一类，而他们在哲学的发展上是起过很重要的作用的……”②

维·切尔诺夫先生在引了恩格斯的这些话之后，就拼命加以攻击。他给“康德”这个名词作了以下的注释：

“在1888年，把康德、特别是休谟这样的哲学家叫作‘近代’哲学家，是

---

① **弗·恩格斯**《路·费尔巴哈》德文第4版第15页（见《马克思恩格斯选集》第4卷第219—220页。——编者注）。1905年日内瓦俄译本第12—13页。维·切尔诺夫先生把Spiegelbild译作“镜中的反映”，责怪普列汉诺夫“**以十分无力的方式**”表达恩格斯的理论，因为在他的俄译本里只说“反映”，而不说“镜中的反映”。这是吹毛求疵。Spiegelbild这个词在德文里也只是当作Abbild（反映、模写、映象。——编者注）来使用的。

② 见《马克思恩格斯选集》第4卷第221页。——编者注

相当奇怪的。在那个时候，听到柯亨、朗格、黎尔、拉斯、李普曼、戈林等人的名字更自然一些。看来，恩格斯在‘近代’哲学方面不怎么行。”（第 33 页注释 2）

维·切尔诺夫先生是始终如一的。不论在经济问题上还是在哲学问题上，他都跟屠格涅夫小说里的伏罗希洛夫[8]一样，简单地抬出一些“学者的”名字，一会儿用来消灭不学无术的考茨基①，一会儿用来消灭无知的恩格斯！但不幸的是，所有这些被切尔诺夫先生提到的权威，就是恩格斯**在**《路·费尔巴哈》的**同一页上**讲到的那些**新康德主义者**，恩格斯把他们看作是企图使早已被驳倒的康德和休谟学说的僵尸重新复活的理论上的**反动分子**。好样儿的切尔诺夫先生不懂得，恩格斯在自己的议论中所要驳斥的正是这些（在马赫主义看来是）权威的糊涂教授们！

恩格斯指出，黑格尔已经提出了反对休谟和康德的“决定性的”论据，费尔巴哈在这些论据上补充了一些与其说深刻不如说机智的见解，接着恩格斯继续说道：

“对这些以及其他一切哲学上的怪论〈或谬论，Schrullen〉的最令人信服的驳斥是实践，即实验和工业。既然我们自己能够制造出某一自然过程，按照它的条件把它生产出来，并使它为我们的目的服务，从而证明我们对这一过程的理解是正确的，那么康德的不可捉摸的〈或不可理解的，unfaβbaren——这个重要的词在普列汉诺夫的译文里和维·切尔诺夫先生的译文里都漏掉了〉‘自在之物’就完结了。动植物体内所产生的化学物质，在有机化学开始把它们一一制造出来以前，一直是这种‘自在之物’；一旦把它们制造出来，‘自在之物’就变成‘为我之物’了，例如茜草的色素——茜素，我们已经不再从地里的茜草根中取得，而是用便宜得多、简单得多的方法从煤焦油里提炼出来了。”（上引书第 16 页）②

维·切尔诺夫先生引完这段议论，就完全控制不住自己了，他要彻底消灭可怜的恩格斯。请听：“可以‘用便宜得多、简单得多的方法’从煤焦油里提炼出茜素[9]，这当然是任何新康德主义者都不会觉得奇怪的。但是，在提炼茜素的同时可以用同样便宜的方法从同样的煤焦油里提炼出对‘自在之物’的驳斥，这真是个了不起的闻所未闻的发现，当然，这样看的不仅是新康德主义者。”

“显然，恩格斯知道了康德认为‘自在之物’是不可认识的，于是他就把

① **弗·伊林**《土地问题》1908 年圣彼得堡版第 1 册第 195 页（见《列宁全集》第 2 版第 5 卷第 130 页。——编者注）。

② 见《马克思恩格斯选集》第 4 卷第 221—222 页。——编者注

这个定理改成逆定理，断言一切未被认识的东西都是自在之物……”（第 33 页）

马赫主义者先生，请你听着，胡扯也要有个限度！你是在大庭广众面前歪曲上面引证的恩格斯的那段话，甚至你不懂得这儿说的是什么，就想去“捣毁”它！

第一，说恩格斯“提炼出对自在之物的驳斥”，这是不对的。恩格斯曾经直截了当地明确地说过：他驳斥**康德的不可捉摸的**（或不可认识的）自在之物。切尔诺夫先生把恩格斯关于物不依赖于我们的意识而存在的唯物主义观点搞乱了。第二，如果康德的定理说自在之物是不可认识的，那么“**逆**”定理应当说**不可认识的东西**是自在之物。切尔诺夫先生却用**未被认识的代替了**不可认识的，他不理解由于这样一代替，他又把恩格斯的唯物主义观点搞乱和歪曲了！

维·切尔诺夫先生被他自己所奉为指导者的那些御用哲学的反动分子弄得糊里糊涂，他**根本不了解**自己所引用的例子便大叫、大嚷地反对恩格斯。我们不妨向这位马赫主义的代表说清楚，问题究竟在什么地方。

恩格斯直截了当地明确地说，他既反对休谟，又反对康德。但是休谟根本不谈什么“不可认识的自在之物”。那么这两个哲学家有什么共同之点呢？共同之点就是：他们**都把**“现象”和显现者、感觉和被感觉者、为我之物和“自在之物”**根本分开**。但是，休谟根本不愿意承认“自在之物”，他认为关于“自在之物”的思想本身在哲学上就是不可容许的，是“形而上学”（像休谟主义者和康德主义者所说的那样）。而康德则承认“自在之物”的存在，不过宣称它是“不可认识的”，它和现象有原则区别，它属于另一个根本不同的领域，即属于知识不能达到而信仰却能发现的“彼岸”（Jenseits）领域。

恩格斯的反驳的实质是什么呢？昨天我们不知道煤焦油里有茜素，今天我们知道了。试问，昨天煤焦油里有没有茜素呢？

当然有。对这点表示任何怀疑，就是嘲弄现代自然科学。

既然这样，那么由此就可以得出三个重要的认识论的结论：

（1）物是不依赖于我们的意识，不依赖于我们的感觉而在我们之外存在着的。因为，茜素昨天就存在于煤焦油中，这是无可怀疑的；同样，我们昨天关于这个存在还一无所知，我们还没有从这茜素方面得到任何感觉，这也是无可怀疑的。

（2）在现象和自在之物之间决没有而且也不可能有任何原则的差别。差别仅仅存在于已经认识的东西和尚未认识的东西之间。所谓二者之间有着特殊界限，所谓自在之物在现象的“彼岸”（康德），或者说可以而且应该用一种哲学屏障把我们同关于某一部分尚未认识但存在于我们之外的世界的问题隔离开来

（休谟），——所有这些哲学的臆说都是废话、怪论（Schrulle）、狡辩、捏造。

（3）在认识论上和在科学的其他一切领域中一样，我们应该辩证地思考，也就是说，不要以为我们的认识是一成不变的，而要去分析怎样从**不知**到**知**，怎样从不完全的不确切的知到比较完全比较确切的知。

只要你们抱着人的认识是由不知发展起来的这一观点，你们就会看到：千百万个类似在煤焦油中发现茜素那样简单的例子，千百万次从科学技术史中以及从所有人和每个人的日常生活中得来的观察，都在向人表明"自在之物"转化为"为我之物"；都在表明，当我们的感官受到来自外部的某些对象的刺激时，"现象"就产生，当某种障碍物使得我们所明明知道是存在着的对象不可能对我们的感官发生作用时，"现象"就消失。由此可以得出唯一的和不可避免的结论：对象、物、物体是在我们之外、不依赖于我们而存在着的，我们的感觉是外部世界的映象。这个结论是由一切人在生动的人类实践中作出来的，唯物主义自觉地把这个结论作为自己认识论的基础。与此相反的马赫的理论（物体是感觉的复合）是可鄙的唯心主义胡说。而切尔诺夫先生在他对恩格斯的"分析"中再一次暴露出他的伏罗希洛夫式的品质：恩格斯举的简单例子在他看来竟是"奇怪而又幼稚的"！他认为只有学究的臆说才是哲学，他不能区别教授的折中主义和彻底的唯物主义认识论。

至于切尔诺夫先生往后的全部议论，我们没有可能，也没有必要去分析它们，因为它们都是同样狂妄的胡说（譬如他说：原子在唯物主义者看来是自在之物！）。我们只须指出一个和我们题目有关的（并且看来迷惑了某些人的）对马克思的议论：马克思似乎跟恩格斯不同。这里讲的是马克思关于费尔巴哈的提纲**第2条**以及普列汉诺夫对此岸性（Diesseitigkeit）这个词的译法。

下面就是提纲第2条：

"人的思维是否具有对象的真理性，这并不是一个理论的问题，而是一个实践的问题。人应该在实践中证明自己思维的真理性，即自己思维的现实性和力量，亦即自己思维的此岸性。关于离开实践的思维是否具有现实性的争论，是一个纯粹经院哲学的问题。"①

普列汉诺夫不是译成"证明思维的此岸性"（直译），而是译成证明思维"不是停留在现象的此岸"。于是维·切尔诺夫先生就大叫大嚷地说："恩格斯和马克思的矛盾被异常简单地排除了"，"结果马克思似乎和恩格斯一样，也肯定了自在之物的可知性和思维的彼岸性了"（上述著作第34页注释）。

请同这位每说一句话就增加好多糊涂思想的伏罗希洛夫打一次交道吧！维克多·切尔诺夫先生，如果你不知道一切唯物主义者都承认自在之物的可知性，

---

① 见《马克思恩格斯选集》第1卷第16页。——编者注

这就是无知。维克多·切尔诺夫先生，如果你跳过这一条的**第一句**话，不想一想思维的“对象的真理性”（gegenständliche Wahrheit）**无非是**指思维所**真实**反映的对象（=“自在之物”）的**存在**，这就是无知或极端的马虎。维克多·切尔诺夫先生，如果你断言似乎可以从普列汉诺夫的转述（普列汉诺夫只是转述而不是翻译）中“得出结论说”，马克思拥护思维的**彼岸性**，这也是无知。因为只有休谟主义者和康德主义者才使人的思维停留在“现象的此岸”。一切唯物主义者，其中包括贝克莱主教所攻击的17世纪的唯物主义者（见《代绪论》），都认为“现象”是“为我之物”，或者是“自在客体”的**复写**。当然，那些想知道马克思的原文的人是不一定需要普列汉诺夫的自由转述的，但是必须细心推敲马克思的言论，而不应该伏罗希洛夫式地卖弄聪明。

有一种情况指出来是有意思的：我们发现一些自称社会主义者的人不愿意或不能够细心推敲马克思的《提纲》，而一些资产阶级著作家、哲学专家，有时候倒比较认真。我知道这样一个著作家，他研究费尔巴哈的哲学并且为此还探讨了马克思的《提纲》。这个著作家就是阿尔伯·莱维，他在自己写的有关费尔巴哈的著作的第2部分第3章里专门研究了费尔巴哈对马克思的影响[①]。我们不谈莱维是否在每一个地方都正确地解释费尔巴哈以及他如何用通常的资产阶级观点去批判马克思，我们只举出他对马克思的著名《提纲》的哲学内容的评价。关于提纲的第1条，阿·莱维说道：“一方面，马克思和一切以往的唯物主义以及费尔巴哈都承认，同我们关于物的表象相符合的是我们之外的实在的单独的（独立的，distincts）客体……”

读者可以看到，阿尔伯·莱维一下子就清楚了：承认我们表象与之“相符合的”我们之外的实在的客体，不仅是马克思主义的唯物主义的基本立场，而且是**任何**唯物主义、“**一切以往的**”唯物主义的基本立场。这种关于**整个**唯物主义的起码知识，只有俄国的马赫主义者才不知道。莱维继续说道：

“……另一方面，马克思认为遗憾的是：唯物主义曾经让唯心主义去评价能动力〈即人的实践〉的作用。”“马克思认为：应该把这些能动力从唯心主义手中夺过来，也把它们引入唯物主义的体系，但是，当然必须把唯心主义不能承认的那种实在的和感性的特性给予这些能动力。所以马克思的思想是这样的：正像同我们表象相符合的是我们之外的实在的客体一样，同我们的现象的活动相符合的是我们之外的实在的活动、物的活动。从这个意义上来讲，人类不仅是通过理论认识而且还通过实践活动参加到绝对物中去；这样，整个人类活动就获得了一种使它可以同理论并驾齐驱的价值和尊严。革命的活动从此就

---

① **阿尔伯·莱维**《费尔巴哈的哲学及其对德国著作界的影响》1904年巴黎版第249—238页（费尔巴哈对马克思的影响）；第290—298页（对《提纲》的分析）。

获得形而上学的意义……”

阿·莱维是一个教授。而一个循规蹈矩的教授不会不骂唯物主义者是形而上学者。在唯心主义、休谟主义和康德主义的教授们看来，任何唯物主义都是“形而上学”，因为它在现象（为我之物）之外还看到我们之外的实在；因此，当阿·莱维说马克思认为同人类的“现象的活动”相符合的是“物的活动”，即人类的实践不仅具有（休谟主义和康德主义所谓的）现象的意义而且还具有客观实在的意义的时候，他的话在本质上是正确的。实践标准在马赫和马克思那里有着完全不同的意义，我们在适当地方（第 6 节）将详细地加以说明。“人类参加到绝对物中去”，这就是说：人的认识反映绝对真理（见下面第 5 节），人类的实践检验我们的表象，确证其中与绝对真理相符合的东西。阿·莱维继续说道：

“……马克思谈到这点时，自然会遭到批驳。他承认自在之物是存在的，而我们的理论是人对自在之物的翻译。他就不能避开通常的反驳：究竟什么东西向你保证这种翻译是正确的呢？什么东西证明人的思想给你提供客观真理呢？对于这种反驳，马克思在提纲第 2 条中作了答复。”（第 291 页）

读者可以看到，阿·莱维一分钟也没有怀疑马克思承认自在之物的存在！

4. 有没有客观真理？

波格丹诺夫宣称：“在我看来，马克思主义包括对任何真理的绝对客观性的否定，对任何永恒真理的否定。”（《经验一元论》第 3 卷第Ⅳ—Ⅴ页）什么叫**绝对**客观性呢？波格丹诺夫在同一个地方说，“永恒真理”就是“具有绝对意义的客观真理”，他只同意承认“仅仅在某一时代范围内的客观真理”。

在这里显然是把下面两个问题搞混了：（1）有没有客观真理？就是说，在人的表象中能否有不依赖于主体、不依赖于人、不依赖于人类的内容？（2）如果有客观真理，那么表现客观真理的人的表象能否立即地、完全地、无条件地，绝对地表现它，或者只能近似地、相对地表现它？这第二个问题是关于绝对真理和相对真理的相互关系问题。

波格丹诺夫明确地、直截了当地回答了第二个问题，他根本否认绝对真理，并且因恩格斯承认绝对真理而非难恩格斯搞**折中主义**。关于亚·波格丹诺夫发现恩格斯搞折中主义这一点，我们在后面另行论述。现在我们来谈谈第一个问题。关于这个问题，波格丹诺夫虽然没有直接说到，但回答也是否定的。因为，否定人的某些表象中的相对性因素，可以不否定客观真理；但是否定绝对真理，就不可能不否定客观真理的存在。

稍后，波格丹诺夫在第Ⅸ页上写道：“……别尔托夫所理解的客观真理的标准是没有的；真理是思想形式——人类经验的组织形式……”

这里和“别尔托夫的理解”毫无关系，因为这里谈的是哲学的基本问题中的一个问题，而根本不涉及别尔托夫。这和真理的**标准**也毫无关系，关于真理的标准要另行论述，不应该把这个问题和**有没有**客观真理的问题混为一谈。波格丹诺夫对后一问题的否定的回答是明显的：如果真理**只是**思想形式，那就是说，不会有不依赖于主体、不依赖于人类的真理了，因为除了人类的思想以外，我们和波格丹诺夫都不知道别的什么思想。从波格丹诺夫的后半句话来看，他的否定的回答就更加明显了：如果真理是人类经验的形式，那就是说，不会有不依赖于人类的真理，不会有客观真理了。

波格丹诺夫对客观真理的否定，就是不可知论和主观主义。这种否定的荒谬，即使从前面所举的一个自然科学真理的例子来看，也是显而易见的。自然科学关于地球存在于人类之前的论断是真理，对于这一点，自然科学是不容许怀疑的。这一点和唯物主义的认识论是完全符合的：被反映者不依赖于反映者而存在（外部世界不依赖于意识而存在）是唯物主义的基本前提。自然科学关于地球存在于人类之前的论断，是客观真理。自然科学的这个原理同马赫主义者的哲学以及他们的真理学说，是不可调和的：如果真理是人类经验的组织形式，那么地球存在于任何人类经验**之外**的论断就不可能是真理了。

但是不仅如此。如果真理只是人类经验的组织形式，那么天主教的教义也可以说是真理了。因为，天主教毫无疑问地是“人类经验的组织形式”。波格丹诺夫本人也感觉到了他的理论的这种惊人的谬误，我们来看看他怎样企图从他所陷入的泥坑中爬出来，倒是非常有趣的。

我们在《经验一元论》第1卷里读到：“客观性的基础应该是在集体经验的范围内。我们称之为客观的，是这样一些经验材料，它们对于我们和别人都具有同样的切身意义，不仅我们可以根据它们来毫无矛盾地组织自己的活动，而且我们深信，别人为了不陷于矛盾也应该以它们为根据。物理世界的客观性就在于：它不是对我一个人，而是对所有的人说来都是存在的〈不对！它是**不依赖于**“所有的人”而存在的〉，并且我深信，它对于所有的人，就像对于我一样，具有同样确定的意义。物理系列的客观性就是它的**普遍意义**。”（第25页，黑体是波格丹诺夫用的）“我们在自己的经验中所遇见的那些物理物体的客观性，归根到底是确立在不同人的意见的相互检证和一致的基础上的。总之，物理世界是社会地一致起来的、社会地协调起来的经验，一句话，**是社会地组织起来的经验**。”（第36页，黑体是波格丹诺夫用的）

这是根本错误的唯心主义的定义；物理世界是不依赖于人类和人类经验而存在的；在不可能有人类经验的任何“社会性”和任何“组织”的时候，物理世界就已经存在了，等等。关于这些我们不再重复了。现在我们从另一方面来揭穿马赫主义哲学：它给客观性下这样的定义，就会使宗教教义也适合这个定义了，因为宗教教义无疑地也具有“普遍意义”等等。再听一听波格丹诺夫往下说吧！“我们再一次提醒读者：‘客观’经验决不是‘社会’经验…… 社会经验远非都是社会地组织起来的，它总包含着各种各样的矛盾，因而它的某些部分和其他一些部分是不一致的。鬼神可以存在于某个民族或民族中某个集团（例如农民）的社会经验范围之内，但还不能因此就把它们包括在社会地组织起来的或客观的经验之内，因为它们和其余的集体经验不协调，并且不能列入这种经验的组织形式中，例如，因果性的链条中。”（第 45 页）

波格丹诺夫自己“不把”关于鬼神等等的社会经验“包括”在客观经验之内，我们当然是很高兴的。但是，以否定信仰主义的精神来作出的这种善意修正，丝毫没有改正波格丹诺夫的整个立场的根本错误。波格丹诺夫给客观性和物理世界所下的定义无疑是站不住脚的，因为宗教教义比科学学说具有更大的“普遍意义”，人类的大部分至今还信奉宗教教义。天主教由于许多世纪的发展已经是“社会地组织起来、协调起来和一致起来的”；它无可争辩地可以“**列入**”“因果性的链条”中，因为宗教的产生不是无缘无故的，在现代条件下宗教得到人民群众的信奉，决不是偶然的，而哲学教授们迎合宗教的意旨，也是完全“合乎规律的”。如果说这种无疑具有普遍意义的和无疑高度组织起来的社会宗教的经验与科学的“经验”“不协调”，那么就是说，二者之间存在着原则的根本的差别，而波格丹诺夫在否认客观真理时却把这种差别抹杀了。无论波格丹诺夫怎样“修正”，说信仰主义或僧侣主义是和科学不协调的，然而有一个事实毕竟是无可怀疑的，即波格丹诺夫对客观真理的否定是和信仰主义完全“协调”的。现代信仰主义决不否认科学；它只否认科学的“过分的奢望”，即对客观真理的奢望。如果客观真理存在着（如唯物主义者所认为的那样），如果只有那在人类“经验”中反映外部世界的自然科学才能给我们提供客观真理，那么一切信仰主义就无条件地被否定了。如果没有客观真理，真理（也包括科学真理）只是人类经验的组织形式，那么，这就是承认僧侣主义的基本前提，替僧侣主义大开方便之门，为宗教经验的“组织形式”开拓地盘。

试问：这种对客观真理的否定，是出自不肯承认自己是马赫主义者的波格丹诺夫本人呢，还是出自马赫和阿芬那留斯的学说的基本原理？对这个问题的回答只能是后者。如果世界上只存在着感觉（1876 年阿芬那留斯是这样说的），如果物体是感觉的复合（马赫在《感觉的分析》中是这样说的），那么就很明显，在我们面前的就是哲学主观主义，它不可避免地会导致对客观真理的否定。如果把感觉叫作“要素”，这种“要素”在一种联系上构成物理的东西，在另一种联系上构成心理的东西，那么正如我们所看到的那样，经验批判主义的基本出发点并没有因此被否定，而只是被搞乱。阿芬那留斯和马赫都承认感觉是我们知识的泉源。因此，他们都抱着经验论（一切知识来自经验）或感觉论（一切知识来自感觉）的观点。但是，这种观点只会导致唯心主义和唯物主义这两个基本哲学派别之间的差别，而不会排除它们之间的差别，不管你们给这种观点套上什么“新”字眼（“要素”）的服饰。无论唯我论者即主观唯心主义者还是唯物主义者，都可以承认感觉是我们知识的泉源。贝克莱和狄德罗都渊源于洛克。认识论的第一个前提无疑地就是：感觉是我们知识的唯一泉源。马赫承认了第一个前提，但是搞乱了第二个重要前提：人通过感觉感知的是客观实在，或者说客观实在是人的感觉的泉源。从感觉出发，可以沿着主观主义的路线走向唯我论（“物体是感觉的复合或组合”），也可以沿着客观主义的路线走向唯物主义（感觉是物体、外部世界的映象）。在第一种观点（不可知论，或者更进一步说，主观唯心主义）看来，客观真理是不会有的。在第二种观点（唯物主义）看来，承认客观真理是最要紧的。这个哲学上的老问题，即关于两种倾向的问题，或者说得更确切些，关于从经验论和感觉论的前提中得出两种可能的结论的问题，马赫并没有解决，也没有排除或超越，他只是玩弄“要素”这类名词，**把**问题**搞乱**。波格丹诺夫否定客观真理，这是整个马赫主义的必然结果，而不是离开马赫主义。

恩格斯在他的《路·费尔巴哈》中，把休谟和康德叫作“否认认识世界的可能性，或者至少是否认彻底认识世界的可能性”的哲学家。因而恩格斯提到首要地位的是休谟和康德的共同点，而不是他们的分歧点。同时他又指出：“对驳斥这一〈休谟的和康德的〉观点具有决定性的东西，已经由黑格尔说过了。”（德文第 4 版第 15—16 页）[①]因此，指出黑格尔讲的下面一段话，在我看来不是没有意思的。黑格尔在宣称**唯物主义**是“彻底的经验论体系”时写道：“在经验论看来，外部东西（das Äußerliche）总是真实的；即使经验论容许某种超感觉的东西，那也否认这种超感觉的东西的可知性（soll doch eine Erkenntnis desselben（d.h.des Übersinnlichen）nicht statt finden können)，经验论认为必须完全遵循属于知觉的东西（das der Wahrnehmung Angehörige)。而这个基本前提经过彻底的发展（Durchführung)，便产生了后来所谓的**唯物主义**。在这种唯物主义看来，物质本身是真实的客观的东西（das wahrhaft Objektive)。”[②]

一切知识来自经验、感觉、知觉。这是对的。但试问：“属于知觉”的，也就是说，作为知觉的泉源的是**客观实在**吗？如果你回答说是，那你就是唯物主义者。如果你回答说不是，那你就是不彻底的，你不可避免地会陷入主观主

① 见《马克思恩格斯选集》第 4 卷第 221 页。——编者注

② **黑格尔**《哲学全书缩写本》，《黑格尔全集》1843 年版第 6 卷第 83 页，参看第 122 页。

义，陷入不可知论；不论你是否认自在之物的可知性和时间、空间、因果性的客观性（像康德那样），还是不容许关于自在之物的思想（像休谟那样），反正都一样。在这种情况下，你的经验论、经验哲学的不彻底性就在于：你否定经验中的客观内容，否定经验认识中的客观真理。

康德和休谟路线的维护者（马赫和阿芬那留斯包括在休谟路线的维护者之内，因为他们不是纯粹的贝克莱主义者）把我们唯物主义者叫作“形而上学者”，因为我们承认我们在经验中感知的客观实在，承认我们感觉的客观的、不依赖于人的泉源。我们唯物主义者，继恩格斯之后，把康德主义者和休谟主义者叫作**不可知论者**，因为他们否定客观实在是我们感觉的泉源。不可知论者这个词来自希腊文：在希腊文里 α 是**不**的意思，**gnosis** 是**知**的意思。不可知论者说：**我不知道**是否有我们的感觉所反映、模写的客观实在；我宣布，要知道这点是不可能的（见上面恩格斯关于不可知论者的立场的叙述）。因此，不可知论者就否定客观真理，并且小市民式地、庸俗地、卑怯地容忍有关鬼神、天主教圣徒以及诸如此类东西的教义。马赫和阿芬那留斯自命不凡地提出“新”术语、所谓“新”观点，实际上却是糊涂地混乱地重复不可知论者的回答：一方面，物体是感觉的复合（纯粹的主观主义、纯粹的贝克莱主义），另一方面，如果把感觉改名为要素，那就可以设想它们是不依赖于我们的感官而存在的！

马赫主义者喜欢唱这样一种高调：他们是完全相信我们感官的提示的哲学家，他们认为世界确实像显现在我们面前的那样，是充满着声音、颜色等等的，而唯物主义者认为世界是死的，世界没有声音和颜色，它本身和它的显现不同，等等。例如，约·彼得楚尔特在他的《纯粹经验哲学引论》和《从实证论观点来看世界问题》（1906）里面唱的都是这类高调。维克多·切尔诺夫先生对这一“新”思想称赞不已，他跟着彼得楚尔特喋喋不休地重复这种论调。其实，马赫主义者是主观主义者和不可知论者，因为他们**不充分**相信我们感官的提示，不彻底贯彻感觉论。他们不承认客观的、不依赖于人的实在是我们感觉的泉源。他们不把感觉看作是这个客观实在的正确摄影，因而直接和自然科学发生矛盾，为信仰主义大开方便之门。相反地，唯物主义者认为世界比它的显现更丰富、更生动、更多样化，因为科学每向前发展一步，就会发现它的新的方面。唯物主义者认为我们的感觉是唯一的和最终的客观实在的映象，所谓最终的，并不是说客观实在已经被彻底认识了，而是说除了它，没有而且也不能有别的客观实在。这种观点不仅坚决地堵塞了通向一切信仰主义的大门，而且也堵塞了通向教授的经院哲学的大门。这种经院哲学不是把客观实在看作我们感觉的泉源，而是用成套臆造的字眼来“推演出”客观的这一概念，认为客观的就是具有普遍意义的、社会地组织起来的，等等，它不能够而且也往往不愿意把客观真理和关于鬼神的教义分开。

马赫主义者对“独断主义者”即唯物主义者的“陈腐”观点轻蔑地耸耸肩膀，因为唯物主义者坚持着似乎已被“最新科学”和“最新实证论”驳倒了的**物质**概念。关于物质构造的新物理学理论，我们将另行论述。但是，像马赫主义者那样把关于物质的某种构造的理论和认识论的范畴混淆起来，把关于物质的新类型（例如电子）的新特性问题和认识论的老问题，即关于我们知识的泉源、客观真理的存在等等问题混淆起来，这是完全不能容许的。有人对我们说，马赫“发现了世界要素”：红、绿、硬、软、响、长等等。我们要问：当人看见红，感觉到硬等等的时候，人感知的是不是客观实在呢？这个老而又老的哲学问题被马赫搞乱了。如果你们认为人感知的不是客观实在，那么你们就必然和马赫一起陷入主观主义和不可知论，你们就理所当然地受到内在论者即哲学上的缅施科夫式人物的拥抱。如果你们认为人感知的是客观实在，那么就需要有一个关于这种客观实在的哲学概念，而这个概念很早很早以前就制定出来了，这个概念就是**物质**。物质是标志客观实在的哲学范畴，这种客观实在是人通过感觉感知的，它不依赖于我们的感觉而存在，为我们的感觉所复写、摄影、反映。因此，如果说这个概念会“陈腐”，就是**小孩子的糊涂话**，就是无聊地重复时髦的**反动**哲学的论据。在两千年的哲学发展过程中，唯心主义和唯物主义的斗争难道会陈腐吗？哲学上柏拉图的和德谟克利特的倾向或路线的斗争难道会陈腐吗？宗教和科学的斗争难道会陈腐吗？否定客观真理和承认客观真理的斗争难道会陈腐吗？超感觉知识的维护者和反对者的斗争难道会陈腐吗？

接受或抛弃物质概念这一问题，是人对他的感官的提示是否相信的问题，是关于我们认识的泉源的问题。这一问题从一开始有哲学起就被提出来讨论了，教授小丑们可以千方百计地把这个问题改头换面，但是它正如视觉、触觉、听觉和嗅觉是否是人的认识的泉源这个问题一样，是不会陈腐的。认为我们的感觉是外部世界的映象；承认客观真理；坚持唯物主义认识论的观点，——这都是一回事。为了说明这一点，我只引证费尔巴哈以及两本哲学入门书里的话，以便读者可以看清楚，这是一个多么起码的问题。

路·费尔巴哈写道：“否认感觉是客观救世主的福音、通告(Verkündung)，这多么无聊。”[①] 你们可以看到，这是稀奇古怪的术语，然而却是一条十分鲜明的哲学路线：感觉给人揭示客观真理。“我的感觉是主观的，可是它的基础〈或原因，Grund〉是客观的。”（第195页）请把这句话同上面引证过的那段话比较一下，在那段话里费尔巴哈说过，唯物主义是从感性世界，即最终的(ausgemachte)客观真理出发的。

---

① 《费尔巴哈全集》1866年版第10卷第194—195页。

在弗兰克的《哲学辞典》① 中，我们读到这样的话：感觉论是“把认识归于感觉，从感觉的经验中”引出我们的一切观念的学说。感觉论分为主观的感觉论（怀疑论[10]和贝克莱主义）、道德的感觉论（伊壁鸠鲁主义[11]）和客观的感觉论。“客观的感觉论是唯物主义，因为在唯物主义者看来，物质或物体是能够作用于我们感官（atteindre nos sens）的唯一客体。”

施韦格勒在他的《哲学史》中说：“既然感觉论断言只有依靠感官才能感知真理或存在物，那么只要〈指18世纪末的法国哲学〉客观地表述这个原理，我们就可以得出一个唯物主义的论点：只有感性的东西是存在着的；除了物质的存在，没有别的存在。”②

这就是写进教科书的一些起码的真理，而我们的马赫主义者却把它们忘记了。

5. 绝对真理和相对真理，或论亚·波格丹诺夫所发现的恩格斯的折中主义

波格丹诺夫的这一发现写在1906年《经验一元论》第3卷的序言中。波格丹诺夫写道：“恩格斯在《反杜林论》里所说的意思，同我刚才所说明的真理相对性的意思**差不多**”（第Ⅴ页），就是指否定一切永恒真理，“否定任何真理的绝对客观性”。“恩格斯的错误就在于不坚决果断，就在于他透过自己的全部讥讽言论，流露出对某些尽管是可怜的‘永恒真理’的承认。”（第Ⅷ页）“在这里，只有不彻底性才会容许像恩格斯所作的那些折中主义的保留……”（第Ⅸ页）现在我们来举出波格丹诺夫如何反驳恩格斯的折中主义的一个例子。为了向杜林说明，凡是奢望在历史科学中发现永恒真理的人会局限于哪些东西，会满足于哪些“陈词滥调”（Plattheiten），恩格斯在《反杜林论》（论“永恒真理”这一章）里说到“拿破仑死于1821年5月5日”。于是波格丹诺夫反驳恩格斯说：“这是什么‘真理’啊？它有什么‘永恒的’呢？确证对于我们这一代大概已经没有任何现实意义的个别关系，这不能作为任何活动的出发点，而且也不会引导我们到达任何地方。”（第Ⅸ页）他在第Ⅷ页上还说：“难道‘陈词滥调’可以叫作‘真理’吗？难道‘陈词滥调’是真理吗？真理就是经验的生动的组织形式。它在我们的活动中引导我们到达某个地方，它在生活斗争中提供支撑点。”

从这两段引文中可以很明显地看出：波格丹诺夫不是在反驳恩格斯，而是

---

① 《哲学辞典》1875年巴黎版。

② 阿尔伯特·施韦格勒博士《哲学史纲要》第15版第194页。

在**唱高调**。如果你不能断定"拿破仑死于1821年5月5日"这个命题是错误的或是不确切的，那么你就得承认它是真理。如果你不能断定它在将来会被推翻，那么你就得承认这个真理是永恒的。把真理是"经验的生动的组织形式"这类词句叫作反驳，这就是用**一堆无聊的话**来冒充哲学。地球具有地质学所叙述的历史呢，还是在七天内被创造出来的[12]呢？难道能够用"引导"我们到达某个地方的"生动的"（这是什么意思？）真理等等词句来回避这个问题吗？难道关于地球历史和人类历史的知识"没有现实意义"吗？这只是波格丹诺夫用来掩饰他**退却**的冠冕堂皇的胡言乱语。因为，他在证明恩格斯对永恒真理的承认就是折中主义的时候，既没有推翻拿破仑确实死于1821年5月5日的事实，也没有驳倒那个认为这一**真理**将来会被推翻的见解是个荒谬见解的论点，而只是用响亮的词句来回避问题，这样的做法就是一种退却。

恩格斯所举的这个例子是非常浅显的，关于这类永恒的、绝对的、只有疯子才会怀疑的**真理**（正像恩格斯在举"巴黎在法国"这个例子时所说的），任何人都能轻而易举地想出几十个例子。为什么恩格斯在这里要讲到这些"陈词滥调"呢？因为他是要驳斥和嘲笑不会在绝对真理和相对真理的关系问题上应用辩证法的、独断的、形而上学的唯物主义者杜林。当一个唯物主义者，就要承认感官给我们揭示的客观真理。承认客观的即不依赖于人和人类的真理，也就是这样或那样地承认绝对真理。正是这个"这样或那样"，就把形而上学唯物主义者杜林同辩证唯物主义者恩格斯区别开来了。在一般科学、特别是历史科学的最复杂的问题上，杜林到处滥用最后真理、终极真理、永恒真理这些字眼。恩格斯嘲笑了他，回答说：当然，永恒真理是有的，但是在简单的事物上用大字眼（gewaltige Worte）是不聪明的。为了向前推进唯物主义，必须停止对"永恒真理"这个字眼的庸俗的玩弄，必须善于辩证地提出和解决绝对真理和相对真理的关系问题。正是由于这个缘故，30年前在杜林和恩格斯之间展开了斗争。而波格丹诺夫却假装"**没有看到**"恩格斯**在同一章中**对绝对真理和相对真理的问题所作的说明，波格丹诺夫由于恩格斯承认了对**一切**唯物主义来说都是最起码的论点，就想尽办法非难恩格斯搞"折中主义"。他这样做，只是再一次暴露了他无论对唯物主义还是对辩证法都绝对无知。

恩格斯在《反杜林论》中上述那章（第1编第9章）的开头写道："我们却遇到了这样一个问题：人的认识的产物究竟能否具有至上的意义和无条件的真理权（Anspruch），如果能，那么是哪些产物能这样。"（德文第5版第79页）恩格斯对这个问题的解答如下：

"思维的至上性是在一系列非常不至上地思维着的人们中实现的；拥有无条件的真理权的那种认识是在一系列相对的谬误中实现的；二者〈绝对真理的认识和至上的思维〉都只有通过人类生活的无限延续才能完全实现。

在这里，我们又遇到在上面已经遇到过的矛盾：一方面，人的思维的性质必然被看作是绝对的，另一方面，人的思维又是在完全有限地思维着的个人中实现的。这个矛盾只有在至少对我们说来实际上是无止境的人类世代更迭中才能得到解决。从这个意义来说，人的思维是至上的，同样又是不至上的，它的认识能力是无限的，同样又是有限的。按它的本性〈或构造，Anlage〉、使命、可能和历史的终极目的来说，是至上的和无限的；按它的个别实现和每次的现实来说，又是不至上的和有限的。”（第 81 页）①

恩格斯继续说道：“永恒真理的情况也是一样。”②

这个论断，对于一切马赫主义者所强调的**相对主义**问题，即我们知识的相对性原则的问题，是极端重要的。马赫主义者**都**坚决认为他们是相对主义者，但是，俄国马赫主义者在重复德国人的话的时候，却害怕或不能直截了当地明白地提出相对主义和辩证法的关系问题。在波格丹诺夫（以及一切马赫主义者）看来，承认我们知识的相对性，就是根本**不**承认绝对真理。在恩格斯看来，绝对真理是由相对真理构成的。波格丹诺夫是相对主义者。恩格斯是辩证论者。下面是恩格斯在《反杜林论》同一章中讲的另一段同样重要的话：

“真理和谬误，正如一切在两极对立中运动的逻辑范畴一样，只是在非常有限的领域内才具有绝对的意义；这一点我们刚才已经看到了，即使是杜林先生，只要他稍微知道一点正是说明一切两极对立的不充分性的辩证法的初步知识〈辩证法的基本前提〉，他也会知道这一点的。只要我们在上面指出的狭窄的领域之外应用真理和谬误的对立，这种对立就变成相对的，因而对精确的科学的表达方式来说就是无用的；但是，如果我们企图在这一领域之外把这种对立当作绝对有效的东西来应用，那我们就会完全遭到失败；对立的两极都向自己的对立面转化，就是说，真理变成谬误，谬误变成真理。”（第 86 页）③接着恩格斯举了波义耳定律（气体的体积同它所受的压力成反比）作为例子。这个定律所包含的“一粟真理”只有在一定界限内才是绝对真理。这个定律“只是近似的”真理。

因此，人类思维按其本性是能够给我们提供并且正在提供由相对真理的总和所构成的绝对真理的。科学发展的每一阶段，都在给绝对真理这一总和增添新的一粟，可是每一科学原理的真理的界限都是相对的，它随着知识的增加时

---

① 参看**维·切尔诺夫**的话，上引著作第 64 页及以下几页。马赫主义者切尔诺夫先生完全站在不愿意承认自己是马赫主义者的波格丹诺夫的立场上。他们的不同之处在于：波格丹诺夫竭力**掩饰**他和恩格斯的分歧，认为这是偶然的，等等；而切尔诺夫则觉得，这是既同唯物主义又同辩证法进行斗争的问题。

② 见《马克思恩格斯选集》第 3 卷第 125—126 页。——编者注

③ 见《马克思恩格斯选集》第 3 卷第 134 页。——编者注

而扩张、时而缩小。约·狄慈根在《漫游》[①]中说："我们可以看到、听到、嗅到、触到绝对真理，无疑地也可以**认识**绝对真理，但它并不全部进入（geht nicht auf）认识中。"（第195页）"不言而喻，图像不能穷尽对象，画家落后于他的模特儿……图像怎么能够和它的模特儿'一致'呢？只是近似地一致。"（第197页）"我们只能相对地认识自然界和它的各个部分；因为每一个部分，虽然只是自然界的一个相对的部分，然而却具有绝对物的本性，具有认识所不可穷尽的自在的自然整体（des Naturganzen an sich）的本性……我们究竟怎样知道在自然现象背后，在相对真理背后，存在着不完全显露在人面前的普遍的、无限的、绝对的自然呢？……这种知识是从哪儿来的呢？它是天赋的，是同意识一起为我们所秉赋的。"（第198页）最后这句话是狄慈根的不确切的说法之一，这些不确切的说法使得马克思在给库格曼的一封信中指出：狄慈根的观点中存在着混乱。[②]只有抓住这类不正确的地方，才能谈论不同于辩证唯物主义的狄慈根的特殊哲学。但是狄慈根自己在**同一页上**就改正了，他说："虽然我说，关于无限的、绝对的真理的知识是天赋的，它是独一无二的唯一的先于经验的知识，但是这种天赋知识还是由经验证实的。"（第198页）

从恩格斯和狄慈根的所有这些言论中可以清楚地看出：在辩证唯物主义看来，相对真理和绝对真理之间没有不可逾越的鸿沟。波格丹诺夫完全不懂得这点，他竟然说出了这样的话："它〈旧唯物主义的世界观〉希望成为对于**事物本质的**绝对**客观的认识**〈黑体是波格丹诺夫用的〉，因而同任何思想体系的历史条件的制约性不能相容。"（《经验一元论》第3卷第Ⅳ页）从现代唯物主义即马克思主义的观点来看，我们的知识向客观的、绝对的真理接近的**界限**是受历史条件制约的，但是这个真理的存在**是无条件的**，我们向这个真理的接近也是无条件的。图画的轮廓是受历史条件制约的，而这幅图画描绘客观地存在着的模特儿，这是无条件的。在我们认识事物本质的过程中，我们什么时候和在什么条件下进到发现煤焦油中的茜素或发现原子中的电子，这是受历史条件制约的；然而，每一个这样的发现都意味着"绝对客观的认识"前进一步，这是无条件的。一句话，任何思想体系都是受历史条件制约的，可是，任何科学的思想体系（例如不同于宗教的思想体系）都和客观真理、绝对自然相符合，这是无条件的。你们会说：相对真理和绝对真理的这种区分是不确定的。我告诉你们：这种区分正是这样"不确定"，以便阻止科学变为恶劣的教条，变为某种僵死的凝固不变的东西；但同时它又是这样"确定"，以便最坚决果断地同信仰主义和不可知论划清界限，同哲学唯心主义以及休谟和康德的信徒们的诡

① 即《一个社会主义者在认识论领域中的漫游》。——编者注

② 参看《马克思恩格斯全集》第32卷第567页。——编者注

辩划清界限。这里是有你们所没有看到的界限，而且由于你们没有看到这个界限，你们滚入了反动哲学的泥坑。这就是辩证唯物主义和相对主义的界限。

马赫、阿芬那留斯和彼得楚尔特宣称：我们是相对主义者。切尔诺夫先生和一些想当马克思主义者的俄国马赫主义者也随声附和地说：我们是相对主义者。是的，切尔诺夫先生和马赫主义者同志们，你们的错误正在这里。因为，把相对主义作为认识论的基础，就必然使自己不是陷入绝对怀疑论、不可知论和诡辩，就是陷入主观主义。作为认识论基础的相对主义，不仅承认我们知识的相对性，并且还否定任何为我们的相对认识所逐渐接近的、不依赖于人类而存在的、客观的准绳或模特儿。从赤裸裸的相对主义的观点出发，可以证明任何诡辩都是正确的，可以认为拿破仑是否死于 1821 年 5 月 5 日这件事是“有条件的”，可以纯粹为了人或人类的“方便”，在承认科学思想体系（它在一方面是“方便”的）的同时，又承认宗教思想体系（它在另一方面也是很“方便”的），等等。

辩证法，正如黑格尔早已说明的那样，**包含着**相对主义、否定、怀疑论的因素，可是它**并不归结为**相对主义。马克思和恩格斯的唯物主义辩证法无疑地包含着相对主义，可是它并不归结为相对主义，这就是说，它不是在否定客观真理的意义上，而是在我们的知识向客观真理接近的界限受历史条件制约的意义上，承认我们一切知识的相对性。

波格丹诺夫加上着重标记写道：“**彻底的马克思主义不承认**”像永恒真理“**这样的独断主义和静力学**”（《经验一元论》第 3 卷第Ⅸ页）。这是一句糊涂话。如果世界是永恒地运动着和发展着的物质（像马克思主义者所认为的那样），这种物质为不断发展着的人的意识所反映，那么这同“静力学”有什么关系呢？这里谈的根本不是物的不变的本质，也不是不变的意识，而是反映自然界的意识和意识所反映的自然界之间的**符合**。在这个问题上，而且仅仅在这个问题上，“独断主义”这个术语具有特殊的、独特的哲学风味，它是唯心主义者和不可知论者在**反对**唯物主义者时所爱用的字眼，这一点我们从相当“老的”唯物主义者费尔巴哈举的例子中已经看到过了。总之，从臭名昭彰的“最新实证论”的观点出发对唯物主义所进行的一切反驳，都是陈词滥调。

6. 认识论中的实践标准

我们已经看到，马克思在 1845 年，恩格斯在 1888 年和 1892 年，都把实践标准作为唯物主义认识论的基础。[13]马克思在关于费尔巴哈的提纲第 2 条里说：离开实践提出“人的思维是否具有对象的〈即客观的〉真理性”的问题，是经院哲学。恩格斯重复说：对康德和休谟的不可知论以及其他哲学怪论（Schrullen）的最有力的驳斥就是实践。他反驳不可知论者说：“我们的行动的成功证明我们的知觉是和知觉到的事物的对象〈客观〉本性相符合的（Übereinstimmung）。”①

请把马赫关于实践标准的言论和上面的言论对比一下。“在日常的思维和谈话中，通常把**假象、错觉**同**现实**对立起来。把一支铅笔举在我们面前的空气中，我们看见它是直的；把它斜放在水里，我们看见它是弯的。在后一种情况下，人们说：‘铅笔**好像是弯的，但实际上**是直的。’可是我们有什么理由把**一个**事实说成是现实，而把**另一个**事实贬斥为错觉呢？……当我们犯着在非常情况下仍然期待通常现象的到来这种自然错误时，那么我们的期待当然是会落空的。但事实在这点上是没有过失的。在这种情况下谈**错觉**，从实践的观点看来是有意义的，从科学的观点看来却是毫无意义的。世界是否真的存在着或者它只是我们的像梦一样的错觉，这个常常引起争论的问题，从科学的观点看来同样是毫无意义的。但是，就连最荒唐的梦也是一个事实，它同任何其他事实比较起来并不逊色。”（《感觉的分析》第18—19页）

真的，不仅荒唐的梦是事实，而且荒唐的哲学也是事实。只要知道了恩斯特·马赫的哲学，对这点就不可能有什么怀疑。马赫是一个登峰造极的诡辩论者，他把对人们的谬误、人类的种种“荒唐的梦”（如相信鬼神之类）的科学史的和心理学的研究，同真理和“荒唐”在认识论上的区分混淆起来了。这正好像一位经济学家说：西尼耳所谓资本家的全部利润是由工人的“最后一小时”的劳动所创造的理论[14]和马克思的理论同样都是事实，至于哪一种理论反映客观真理以及哪一种理论表现资产阶级的偏见和资产阶级教授们的卖身求荣的问题，从科学的观点看来是没有意义的。制革匠约·狄慈根认为科学的即唯物主义的认识论是“反对宗教信仰的万能武器”（《短篇哲学著作集》[15]第55页），而正教授恩斯特·马赫却认为，唯物主义认识论和主观唯心主义认识论的差别，“从科学的观点看来是没有意义的”！科学在唯物主义反对唯心主义和宗教的斗争中是无党性的，这不仅是马赫一个人所喜爱的思想，而且是现代所有的资产阶级教授们所喜爱的思想，这些教授，按照约·狄慈根的公正的说法，就是“用生造的唯心主义来愚弄人民的有学位的奴仆”（同上，第53页）。

恩·马赫把每个人用来区别错觉和现实的实践标准置于科学的界限、认识论的界限之外，这正是这种生造的教授唯心主义。马克思和恩格斯都说过，人类的实践证明唯物主义认识论的正确性，并且把那些想离开实践来解决认识论的基本问题的尝试称为“经院哲学”和“哲学怪论”。但马赫认为，实践是一回事，而认识论完全是另外一回事；人们可以把它们并列在一起，不用前者来制约后者。马赫在他的最后一本著作《认识和谬误》中说：“认识是生物学上

① 参看《马克思恩格斯选集》第1卷第16页；第4卷第221页；第3卷第387页。——编者注

有用的（förderndes）心理体验。”（德文第 2 版第 115 页）“只有成功才能把认识和谬误区别开来。”（第 116 页）“概念是物理学的作业假说。”（第 143 页）我们俄国的那些想当马克思主义者的马赫主义者，天真到了惊人的地步，他们竟把马赫的这些话当作他**接近**马克思主义的证明。但是，马赫在这里接近马克思主义，就像俾斯麦接近工人运动或叶夫洛吉主教接近民主主义一样。在马赫那里，这些论点**是**和他的唯心主义的认识论**并列在一起的**，但是它们并不决定在认识论上选择哪一条确定的路线。认识只有在它反映不以人为转移的客观真理时，才能成为生物学上有用的认识，成为对人的实践、生命的保存、种的保存有用的认识。在唯物主义者看来，人类实践的“成功”证明着我们的表象同我们所感知的事物的客观本性相符合。在唯我论者看来，“成功”是**我在实践中**所需要的一切，而实践是可以同认识论分开来考察的。马克思主义者说：如果把实践标准作为认识论的基础，那么我们就必然得出唯物主义。马赫说：就算实践是唯物主义的，但理论却完全是另外一回事。

马赫在《感觉的分析》中写道：“在实践方面，我们在从事某种活动时不能缺少**自我**这个观念，正如我们在伸手拿一个东西时不能缺少物体这个观念一样。在生理学方面，我们经常是一个利己主义者和唯物主义者，正如我们经常看到日出一样。但是在理论方面，我们决不应该坚持这种看法。”（第 284—285 页）

这里说到利己主义，真是牛头不对马嘴，因为它根本不是认识论的范畴。这里和表面看到的太阳环绕地球的运行也毫不相干，因为，我们用来作为认识论的标准的实践应当也包括天文学上的观察、发现等等的实践。剩下来的只是马赫的有价值的供状：人们在自己的实践中完全地唯一地以唯物主义的认识论为指导。至于在“理论方面”逃避唯物主义认识论的尝试，只不过是表现着马赫的学究式的经院哲学的倾向和生造的唯心主义的倾向罢了。

为了给不可知论和唯心主义扫清地盘，竭力想把实践作为一种在认识论上不值得研究的东西加以排除，这毫不新鲜，我们可以从下面一个德国古典哲学史上的例子看出。在康德与费希特之间有一个戈·恩·舒尔采（在哲学史上叫作舒尔采-埃奈西德穆）。他公开拥护哲学上的怀疑论路线，自称为休谟（以及古代哲学家皮浪和塞克斯都）的追随者。他坚决否认任何自在之物和客观认识的可能性，坚决要求我们不要超出“经验”、感觉之外，同时他也预见到了来自另一阵营的反驳：“既然怀疑论者在参加实际生活时承认客观对象的真实性是无可怀疑的，并且依据这点进行活动和承认真理的标准，那么他自己的这种行为就是对他的怀疑论的最好的和最明白的驳斥。"① 舒尔采愤慨地回答说："这类论据只是对于小民百姓（Pöbel）才是有用的"（第254页），因为"我的怀疑论并不涉及到日常生活的事情，而只是停留在哲学的范围之内"（第255页）。

主观唯心主义者费希特，同样也希望在唯心主义哲学的范围内给这样一种实在论留个地盘，"这种实在论是我们每个人、甚至最坚决的唯心主义者在行动时都不能回避的（sich aufdringt），也就是承认对象是完全不依赖于我们，在我们之外存在的"（《费希特全集》第1卷第455页）。

马赫的最新实证论并不比舒尔采和费希特高明多少！作为一个笑柄，我们要指出：在这个问题上，巴扎罗夫还是以为除普列汉诺夫以外世界上再没有别人了，再没有比猫更凶的野兽了。巴扎罗夫嘲笑"普列汉诺夫的获生的跳跃的哲学"（《论丛》第69页）**16**，的确，普列汉诺夫曾经写过这样拙劣的词句，说什么"信仰"外部世界的存在就是"哲学的不可避免的获生的跳跃（salto vitale）"（《〈路·费尔巴哈〉注释》第111页）。"信仰"这个字眼，是重复休谟的，虽然加上了引号，但暴露了普列汉诺夫用语的混乱，这是毫无疑问的。可是为什么要找普列汉诺夫呢??为什么巴扎罗夫不举其他的唯物主义者，哪怕是费尔巴哈呢？仅仅是因为他不知道费尔巴哈吗？但无知并不是论据。费尔巴哈和马克思、恩格斯一样，在认识论的基本问题上也向实践作了在舒尔采、费希特和马赫看来是不能容许的"跳跃"。在批判唯心主义的时候，费尔巴哈引证了费希特的一段典型的话来说明唯心主义的实质，这段话绝妙地击中了整个马赫主义的要害。费希特写道："你所以认为物是现实的，是存在于你之外的，只是因为你看到它们、听到它们、触到它们。但是视、触、听都只是感觉……你感觉的不是对象，而只是你自己的感觉。"（《费尔巴哈全集》第10卷第185页）费尔巴哈反驳说：人不是抽象的**自我**，他不是男人，就是女人，可以把世界是否是感觉的问题同别人是我的感觉还是像我们在实践中的关系所证明的那样不是我的感觉这一问题同等看待。"唯心主义的根本错误就在于：它只是从理论的角度提出并解决世界的客观性或主观性、现实性或非现实性的问题。"（同上，第189页）费尔巴哈把人类实践的总和当作认识论的基础。他说：当然唯心主义者在实践中也承认我们的**自我**和他人的**你**的实在性。不过在唯心主义者看来，"这是一种只适合于生活而不适合于思辨的观点。但是，这种和生活矛盾的思辨，把死的观点、脱离了肉体的灵魂的观点当作真理的观点的思辨，是僵死的、虚伪的思辨"（第192页）。我们要**感觉**，首先就得呼吸；没有

---

① 戈·恩·舒尔采《埃奈西德穆或关于耶拿的赖因霍尔德教授先生提出的基础哲学的原理》1792年版第253页。

空气，没有食物和饮料，我们就不能生存。

“愤怒的唯心主义者大叫大嚷地说：这样说来，在研究世界的观念性或实在性的问题时要讨论饮食问题吗？多么卑下！在哲学和神学的讲坛上竭力谩骂科学的唯物主义，而在公共餐桌上却醉心于最粗俗的唯物主义，这多么有失体统啊!”（第195页）费尔巴哈大声说：把主观感觉和客观世界同等看待，“就等于把遗精和生孩子同等看待”（第198页）。

这种评语虽然不十分文雅，却击中了宣称感性表象也就是存在于我们之外的现实的那些哲学家的要害。

生活、实践的观点，应该是认识论的首要的和基本的观点。这种观点必然会导致唯物主义，而把教授的经院哲学的无数臆说一脚踢开。当然，在这里不要忘记：实践标准实质上决不能**完全地**证实或驳倒人类的任何表象。这个标准也是这样的“不确定”，以便不让人的知识变成“绝对”，同时它又是这样的确定，以便同唯心主义和不可知论的一切变种进行无情的斗争。如果我们的实践所证实的是唯一的、最终的、客观的真理，那么，因此就得承认：坚持唯物主义观点的科学的道路是走向这种真理的唯一的道路。例如，波格丹诺夫同意承认马克思的货币流通理论只是在“我们的时代”才具有客观真理性，而把那种认为这个理论具有“超历史的客观的”真理性的见解叫作“独断主义”（《经验一元论》第3卷第Ⅶ页）。这又是一个糊涂观点。这个理论和实践的符合，是不能被将来任何情况所改变的，原因很简单，正如拿破仑死于1821年5月5日这个真理**是永恒的**一样。但是，实践标准即**一切**资本主义国家近几十年来的发展进程所证明为客观真理的，是马克思的**整个**社会经济理论，而不是其中的某一部分、某一表述等等，因此很明显，在这里说什么马克思主义者的“独断主义”，就是向资产阶级经济学作不可宽恕的让步。从马克思的理论是客观真理这一为马克思主义者所同意的见解出发，所能得出的唯一结论就是：**沿着**马克思的理论的**道路**前进，我们将愈来愈接近客观真理（但决不会穷尽它）；而**沿着任何其他的道路**前进，除了混乱和谬误之外，我们什么也得不到。

第　五　章
最近的自然科学革命和
哲学唯心主义

一年前，《新时代》杂志（1906—1907年第52期）登载了约瑟夫·狄奈-德涅斯的一篇题为《马克思主义和最近的自然科学革命》的论文。这篇论文的缺点在于：它忽视了从“新”物理学中得出的并且是我们现在特别感兴趣的认识论结论。但是，正是这个缺点使我们对这位作者的观点和结论特别感兴趣。

像本书的作者一样，约瑟夫·狄奈-德涅斯所持的观点，就是我们的马赫主义者极其轻视的最"普通的马克思主义者"的观点。例如，尤什凯维奇先生写道："自称为辩证唯物主义者的，通常是一般的、普通的马克思主义者。"（他的书[17]第1页）就是约·狄奈-德涅斯这样一个普通的马克思主义者，把自然科学特别是物理学中的最新发现（X射线、柏克勒尔射线、镭[18]等等）**直接**同恩格斯的《反杜林论》作了比较。这种比较使他得出了什么样的结论呢？约·狄奈-德涅斯写道："在自然科学的各种极不相同的领域里都获得了新知识，所有这些新知识归结起来就是恩格斯想要提到首位的一点：在自然界中'没有任何不可调和的对立，没有任何强制规定的分界线和差别'；既然在自然界中有对立和差别，那么它们的固定性和绝对性只是我们加到自然界中去的。"例如，人们发现了光和电只是同一自然力的表现。[19]化学亲和力归结为电的过程已日益成为可能。不可破坏的、不可分解的化学元素被发现是可以破坏的、可以分解的，这样的化学元素的数目继续不断地增多，真好像是在跟世界的统一性开玩笑似的。镭元素已经能变成氦元素了。[20]"就像一切自然力都可以归结为一种力一样，一切自然物也可以归结为**一种物质**。"（黑体是约·狄奈-德涅斯用的）作者在援引一位著作家认为原子只是以太[21]的凝结这个见解时惊叹道："多么辉煌地证实了恩格斯的名言：运动是物质的存在形式。""自然界的一切现象都是运动，它们之间的差别仅仅在于：我们人所感知的是这种运动的各种不同形式……事实正如恩格斯所说的那样。自然界完全和历史一样，是受辩证的运动规律支配的。"

另一方面，只要拿起马赫主义的著作或关于马赫主义的著作，就一定会看到，它们自命不凡地引证了新物理学，而这种新物理学据说把唯物主义驳倒了，云云。这些引证是不是有根据，那是另一个问题。但是，新物理学，确切些说，新物理学中的一定学派跟马赫主义和现代唯心主义哲学的其他变种有联系，这却是丝毫不容怀疑的。像普列汉诺夫那样，忽视这种联系来研究马赫主义，就是嘲弄辩证唯物主义的精神，也就是为了恩格斯的某个词句而牺牲恩格斯的方法。恩格斯直率地说："甚至随着自然科学〈姑且不谈人类历史〉领域中每一个划时代的发现，唯物主义也必然要改变自己的形式。"（《路·费尔巴哈》德文版第19页）①因此，对恩格斯的唯物主义的"形式"的修正，对他的自然哲学论点的修正，不但不含有任何通常所理解的"修正主义的东西"，相反地，这正是马克思主义所必然要求的。我们谴责马赫主义者的决不是这样的修改，而是他们的**纯粹修正主义的**手法：他们在批判唯物主义的**形式**的幌子下改变唯物主义的**实质**，他们采纳反动的资产阶级哲学

---

① 见《马克思恩格斯选集》第4卷第224页。——编者注

的基本论点，又毫不打算直接、公开、断然地反驳恩格斯在这个问题上所作的像“没有物质的运动……是不可想象的”（《反杜林论》第50页）[①]这样无疑是极端重要的论断。

不言而喻，在研究现代物理学家的一个学派和哲学唯心主义的复活的联系这一问题时，我们决不想涉及专门的物理学理论。我们感兴趣的只是从一些明确的论点和尽人皆知的发现中得出的认识论结论。这些认识论结论是很自然地得出的，以致许多物理学家都已经提到它们。不仅如此，在物理学家当中已经有了各种不同的派别，并且在这个基础上正在形成某些学派。因此，我们的任务仅限于清楚地说明：这些派别分歧的实质何在，它们和哲学基本路线的关系如何。

1. 现代物理学的危机

著名的法国物理学家昂利·彭加勒在他的《科学的价值》一书中说，物理学有发生“严重危机的迹象”，并且专用一章来论述这个危机（第8章，参看第171页）。这个危机不只是“伟大的革命者——镭”推翻了能量守恒原理，而且“所有其他的原理也遭到危险”（第180页）。例如，拉瓦锡原理或质量守恒原理被物质的电子论推翻了。根据这种理论，原子是由一些带有正电或负电的极微小的粒子组成的，这些粒子叫作电子，它们“浸入我们称之为以太的介质中”。物理学家的实验提供出计算电子的运动速度及其质量（或者电子的质量对它的电荷的比例）的数据。电子的运动速度证明是可以和光速（每秒30万公里）相比较的，例如，它达到光速的1/3。在这样的条件下，根据首先克服电子本身的惯性、其次克服以太的惯性的必要，必须注意电子的双重质量。第一种质量将是电子的实在的或力学的质量，第二种质量将是“表现以太的惯性的电动力学的质量”。现在，第一种质量证明等于零。电子的全部质量，至少是负电子的全部质量，按其起源来说，完全是电动力学的质量。质量在消失。力学的基础被破坏。牛顿的原理即作用和反作用相等的原理被推翻，等等。[22]

彭加勒说，摆在我们面前的是物理学旧原理的“废墟”，是“原理的普遍毁灭”。他同时声明说：不错，所有上述同原理有出入的地方都属于无穷小量——很可能有我们还不知道的对推翻旧定律起着相反作用的另外的无穷小量——而且镭也很稀少，但是不管怎样，**“怀疑时期”**已经到来了。我们已经看到作者从这个“怀疑时期”中得出的认识论结论：“不是自然界把空间和时

---

① 见《马克思恩格斯选集》第3卷第99页。——编者注

间的概念[①]给予〈或强加于〉我们，而是我们把这些概念给予自然界”；“凡不是思想的东西，都是纯粹的无”。这是唯心主义的结论。最基本的原理的被推翻证明（彭加勒的思想过程就是这样）：这些原理不是什么自然界的复写、映象，不是人的意识之外的某种东西的模写，而是人的意识的产物。彭加勒没有彻底发挥这些结论，他对这个问题的哲学方面没有多大兴趣。法国的哲学问题著作家阿贝尔·莱伊在自己的《现代物理学家的物理学理论》（**Abel Rey**.《La théorie de la physique chez les physiciens contemporains》1907 年巴黎 F·阿尔康出版社版）一书中非常详细地论述了这一方面。的确，作者本人是一个实证论者，就是说，是一个糊涂人和半马赫主义者，但是在这里，这一点甚至还有某些方便之处，因为不能怀疑他想“诽谤”我们的马赫主义者的偶像。在讲到概念的确切哲学定义，尤其是讲到唯物主义的时候，我们不能相信莱伊，因为他也是一个教授，作为一个教授，他对唯物主义者怀着无比轻蔑的态度（而且他以对唯物主义认识论极端无知著称）。不用说，对这样一些“科学大师”来说，什么马克思或恩格斯全不放在眼里。但是莱伊仔细地、一般讲来是诚实地引用了有关这个问题的非常丰富的文献，其中不仅有法国的，而且有英国的和德国的（特别是奥斯特瓦尔德和马赫的），所以我们将常常利用他的这部著作。

这位作者说：一般哲学家以及那些出于某种动机想全面批判科学的人，现在都特别注意物理学。“他们在讨论物理学知识的界限和价值的时候，实质上是在批判实证科学的合理性，批判认识客体的可能性。”（第Ⅰ—Ⅱ页）他们从“现代物理学的危机”中急于作出怀疑论的结论（第 14 页）。这个危机的实质究竟是什么呢？在 19 世纪前 60 多年中，物理学家们在一切根本问题上彼此是一致的。“他们相信对自然界的纯粹力学的解释；他们认为物理学只是比较复杂的力学，即分子力学。他们只是在把物理学归结为力学的方法问题上，在机械论的细节问题上有分歧。”“现在，物理化学的科学展示给我们的景况看来是完全相反的。严重的分歧代替了从前的一致，而且这种分歧不是在细节上，而是在基本的、主导的思想上。如果说每一个学者都有自己的特殊倾向是言过其实，那么毕竟必须确认，像艺术一样，科学特别是物理学也有很多学派，它们的结论常常是分歧的，有时候简直是彼此敌对的……

由此可以看出，所谓现代物理学的危机的含意是什么和范围多广。

直到 19 世纪中叶，传统物理学认为，只要使物理学延续下去就足以达到物质的形而上学。这种物理学使自己的理论具有了本体论的意义。这些理论完全是机械论的。传统机械论〈莱伊是在特殊意义上使用这个词的，他指的是把

① 按彭加勒的原著，“时间和空间的概念”应为“时间和空间的框架（cadre）”。——编者注

物理学归结为力学的观点的体系〉就这样超越经验结果，超出经验结果的范围，提供了对物质世界的**实在的**认识。这不是对经验的假定说法，而是教条……”（第16页）

我们在这里必须打断一下这位可敬的“实证论者”。很清楚，他是在给我们描述传统物理学的唯物主义哲学，可是不愿意说出魔鬼（即唯物主义）的名字。在休谟主义者看来，唯物主义一定是形而上学、教条、超出经验范围的东西等等。休谟主义者莱伊不懂得唯物主义，所以对辩证法、对辩证唯物主义同恩格斯所说的形而上学唯物主义之间的区别也就一点不了解。因此，如对绝对真理和相对真理的相互关系，莱伊完全不明白。

“……19世纪下半叶对传统机械论所作的批判破坏了机械论的这个本体论实在性的前提。在这种批判的基础上，确立了对物理学的一种哲学的看法，这种看法在19世纪末几乎成为哲学上的传统的看法。依据这种看法，科学不过是符号的公式，是作记号〈标记，repérage，创造记号、标志、符号〉的方法。由于这些作记号的方法因学派的不同而各异，于是人们很快就作出结论说：被作上记号的东西，只是人为了标记（为了符号化）而事先创造出来（façonné）的东西。科学成了爱好者的艺术品，成了功利主义者的艺术品。这些看法自然就被普遍解释为对科学的可能性的否定。只要不曲解科学二字的意义，那么，科学若是纯粹人造的作用于自然界的手段，若是单纯的功利主义的技术，它就没有权利被称为科学。说科学只能是人造的作用手段，而不能是任何别的东西，这就是否定真正的科学。

传统机械论的破产，确切些说，它所受到的批判，造成了如下的论点：科学也破产了。人们根据不可能原封不动地保持传统机械论这一点，断定不可能有科学。”（第16—17页）

于是作者提出了一个问题：“现代的物理学危机是科学发展中的一个暂时的外部的偶然事件呢，还是科学突然开倒车并且完全离开了它一向所走的道路？……”

“……如果在历史上实际起过解放者作用的那些物理化学科学在这样一次危机中遭到毁灭，如果这次危机使它们只具有在技术上有用的处方的价值，而使它们失去在认识自然界方面的一切意义，那么，无论在逻辑上或在思想史上都一定会发生根本的变革。物理学失去一切教育价值；物理学所代表的实证科学的精神成为虚伪的危险的精神。”科学所能提供的只是实用的处方，而不是真实的知识。“对实在的东西的认识，要用其他方法去寻求……要走另外一条道路，要把认为是被科学夺去了的东西归还给主观直觉，归还给对实在的神秘感觉，一句话，归还给神秘的东西。”（第19页）

作为一个实证论者，作者认为这样的观点是错误的，认为物理学的危机是暂时的。莱伊怎样清洗马赫、彭加勒及其伙伴们的这些结论，我们将在下面看到。现在我们只来查明“危机”的事实和它的意义。从我们引证的莱伊最后几句话里可以清楚地看出，是哪些反动分子利用了这种危机并使它尖锐化的。莱伊在他的著作的序言里直率地说：“19世纪末期的信仰主义的和反理智主义的运动”力图“以现代物理学的一般精神为依据”（第Ⅱ页）。在法国，凡是把信仰置于理性之上的人都被称为信仰主义者（来自拉丁文 fides，信仰）。否认理性的权力或要求的学说被称为反理智主义。因此，在哲学方面，“现代物理学的危机”的实质就在于：旧物理学认为自己的理论是“对物质世界的实在的认识”，就是说，是对客观实在的反映。物理学中的新思潮认为理论只是供实践用的符号、记号、标记，就是说，它否定不依赖于我们的意识并为我们的意识所反映的客观实在的存在。如果莱伊使用正确的哲学用语，他就一定会这样说：为旧物理学自发地接受的唯物主义认识论被唯心主义的和不可知论的认识论代替了，不管唯心主义者和不可知论者的意愿如何，信仰主义利用了这种代替。

但是，莱伊并没有认为这种构成危机的代替似乎是所有的新物理学家反对所有的旧物理学家。他没有这样想。他指出，根据现代物理学家的认识论倾向，他们可分为三个学派：唯能论或概念论（conceptuelle——从纯概念一词来的）学派；绝大多数物理学家现在继续支持的机械论或新机械论学派；介于这两种学派之间的批判学派。马赫和杜恒属于第一个学派；昂利·彭加勒属于第三个学派；旧物理学家基尔希霍夫、赫尔姆霍茨、汤姆森（开尔文勋爵）、麦克斯韦以及现代物理学家拉摩、洛仑茨等人属于第二个学派。这**两条**基本路线（因为第三条路线不是独立的路线，而是中间的路线）的实质何在，从莱伊下面的话中可以看出：

“传统机械论建立了物质世界的体系。”它的物质构造学说所根据的是“质上相同的和同一的元素”，并且这些元素应当看作是“不变的、不可入的”等等。物理学“用**实在的**材料和**实在的**水泥建造了**实在的**建筑物。物理学家掌握了**物质的元素**、它们发生作用的**原因**和**方式**，以及它们发生作用的**实在的**规律”（第33—38页）。“这种对物理学的看法的改变主要在于：抛弃了理论的本体论价值而特别强调物理学的现象论的意义。”概念论的观点从事“纯粹的抽象”，“探求那种尽可能排除物质假说的、纯粹抽象的理论”。“能量的概念已成为新物理学的基础（substructure）。所以概念论物理学多半可以叫作**唯能论**物理学”，虽然这个名称对于像马赫这样的概念论物理学的代表是不适合的（第46页）。

莱伊把唯能论和马赫主义混为一谈当然是不完全正确的，同样，硬说新机械论学派尽管同概念论者有着十分深刻的分歧，也会得出对物理学的现象论的看法（第 48 页），这也是不完全正确的。莱伊的“新”术语并没有把问题弄清楚，反而把问题弄模糊了。但是为了让读者知道“实证论者”对物理学危机的看法，我们又不能撇开“新”术语。就问题的实质来说，“新”学派和旧观点的对立，正像读者会深信的那样，是同前面援引过的克莱因佩特对赫尔姆霍茨的批判完全一致的。莱伊在转述不同物理学家的观点时，在自己的叙述中反映出那些物理学家的哲学观点是十分含糊、动摇不定的。现代物理学危机的**实质**就是：旧定律和基本原理被推翻，意识之外的客观实在被抛弃，这就是说，唯物主义被唯心主义和不可知论代替了。“物质消失了”这句话可以表达出在许多个别问题上的基本的、典型的困难，即造成这种危机的困难。现在我们就来谈一谈这个困难。

2. **“物质消失了”**（节选）

在现代物理学家对最新发现的论述中，我们的确可以看到这样的话。例如，在路·乌尔维格的《科学的进化》一书中，论述物质的新理论那一章的标题是：《物质存在吗？》他在那一章里说道：“原子在非物质化，物质在消失。”① 为了看看马赫主义者怎样轻易地由此作出根本的哲学结论，我们且看一下瓦连廷诺夫吧。他写道：“对世界的科学说明‘**只有**在唯物主义中’才能得到确实可靠的论据，这种说法不过是一种虚构，而且是一种荒谬的虚构。”（第 67 页）他把著名的意大利物理学家奥古斯托·里希当作这种荒谬虚构的破坏者举了出来，因为里希说：电子论“与其说是电的理论，不如说是物质的理论；新体系不过是用电代替了物质”（奥古斯托·里希《现代的物理现象理论》1905 年莱比锡版第 131 页，有俄译本）。瓦连廷诺夫先生引用了这些话（第 64 页）后就大叫：

“为什么奥古斯托·里希竟敢这样侮辱神圣的物质呢？也许因为他是唯我论者、唯心主义者、资产阶级的批判主义者、某种经验一元论者、或者比这更坏的什么人吧？”

这种在瓦连廷诺夫先生看来是对唯物主义者的极端恶毒的谴责，正表明他在哲学唯物主义问题上十分幼稚无知。哲学唯心主义和“物质的消失”之间的**真正**联系何在，瓦连廷诺夫先生是绝对不了解的。他跟着现代物理学家所说的**那种**“物质的消失”，同唯物主义和唯心主义在认识论上的区分没有关系。为了弄清楚这一点，我们举出一位最彻底的、最明显的马赫主义者卡尔·毕尔生来说吧。在他看来，物理世界是一些感性知觉群。他用下图来说明“我们对物

---

① **路·乌尔维格**《科学的进化》1908 年巴黎 A·科兰出版社版第 63、87、88 页。参看他的论文《物理学家关于物质的观念》，载于 1908 年《心理学年鉴》**23**。

理世界的认识模型”，并声明，这个图没有注意大小的比例（《科学入门》第282页）：

卡·毕尔生为了使他的图简化，完全抛开了以太和电或正电子和负电子的比例关系问题。但是这并不重要。重要的是，毕尔生的唯心主义观点把“物体”当作感性知觉，至于这些物体由粒子构成，粒子由分子构成等等，涉及的是物理世界模型中的变化，而同物体是感觉的符号还是感觉是物体的映象这个问题丝毫无关。唯物主义和唯心主义是按照如何解答我们认识的**泉源**问题即认识（和一般“心理的东西”）同**物理**世界的关系问题而区分开来的，至于物质的构造问题即原子和电子问题，那是一个只同这个“物理世界”有关的问题。当物理学家说“物质在消失”的时候，他们是想说，自然科学从来都是把它对物理世界的一切研究归结为物质、电、以太这三个终极的概念，而现在却**只**剩下后两个概念了，因为物质已经能够归结为电，原子已经能够解释为类似无限小的太阳系的东西，在这个无限小的太阳系中，负电子以一定的（正如我们所看到过的，极大的）速度环绕着正电子转动[24]。因此，物理世界可以归结为两三种元素（因为，正如物理学家贝拉所说的，正电子和负电子构成“两种在本质上不同的物质”，——莱伊的上引著作第294—295页），而不是几十种元素。因此，自然科学正导向“**物质的统一**”（同上）①，这就是把很多人弄糊涂了的那些关于物质消失、电代替物质等等的言论的实际内容。“物质在消失”这句话的意思是说：至今我们认识物质所达到的那个界限正在消失，我们的知识正在深化；那些从前看来是绝对的、不变的、原本的物质特性（不可入性、惯性、质量[26]等等）正在消失，现在它们显现出是相对的、仅为物质的某些状态所固有的。因为物质的**唯一**“特性”就是：它是**客观实在**，它存在于我们的意识之外。哲学唯物主义是同承认这个特性分不开的。

一般马赫主义和马赫主义新物理学的错误在于：它们忽视了哲学唯物主义的这个基础，忽视了形而上学唯物主义和辩证唯物主义的差别。承认某些不变

---

① 参看**奥利弗·洛治**《论电子》1906年巴黎版第159页：“物质的电的理论”，即认为电是“基本实体”的学说，“差不多从理论上达到了哲学家一向追求的东西，即物质的统一”。并参看**奥古斯托·里希**《关于物质的构造》1908年莱比锡版；**约·约·汤姆森**《物质微粒论》1907年伦敦版；**保·朗之万**《电子物理学》，载于1905年《科学总评》杂志[25]第257—276页。

的要素、“物的不变的实质”等等，并不是唯物主义，而是**形而上学的**即反辩证法的唯物主义。因此，约·狄慈根着重指出：“科学的对象是无穷无尽的”，不仅无限大的东西，连“最小的原子”也是不可度量的、认识不完的、**不可穷尽的**，因为“自然界在它的各个部分中都是无始无终的”（《短篇哲学著作集》第229—230页）。因此，恩格斯举了在煤焦油中发现茜素的例子来批判**机械**唯物主义。为了从唯一正确的即辩证唯物主义的观点提出问题，我们要问：电子、以太**等等**，是不是作为客观实在而存在于人的意识之外呢？对这个问题，自然科学家一定会毫不踌躇地给予回答，并且总是回答说**是的**，正如他们毫不踌躇地承认自然界在人和有机物质出现以前就已存在一样。问题就这样得出了有利于唯物主义的解答，因为物质这个概念，正如我们已经讲过的，在认识论上指的只是不依赖于人的意识而存在并且为人的意识所反映的客观实在，而不是**任何别的东西**。

但是，辩证唯物主义坚持认为：任何关于物质构造及其特性的科学原理都具有近似的、相对的性质；自然界中没有绝对的界限；运动着的物质会从一种状态转化为在我们看来似乎和它不可调和的另一种状态；等等。不管没有重量的以太变成有重量的物质和有重量的物质变成没有重量的以太，从“常识”看来是多么稀奇；不管电子除了电磁的质量外再没有任何其他的质量，是多么“奇怪”；不管力学的运动规律只适用于自然现象的一个领域并且服从于更深刻的电磁现象规律，是多么奇异，等等，——这一切不过是再一次**证实了**辩证唯物主义。新物理学陷入唯心主义，主要就是因为物理学家不懂得辩证法。他们反对形而上学（是恩格斯所说的形而上学，不是实证论者即休谟主义者所说的形而上学）的唯物主义，反对它的片面的“机械性”，可是同时把小孩子和水一起从澡盆里泼出去了。他们在否定物质的至今已知的元素和特性的不变性时，竟滑到否定物质，即否定物理世界的客观实在性。他们在否定一些最重要的和基本的规律的绝对性质时，竟滑到否定自然界中的一切客观规律性，宣称自然规律是单纯的约定、“对期待的限制”、“逻辑的必然性”等等。他们在坚持我们知识的近似的、相对的性质时，竟滑到否定不依赖于认识并为这个认识所近似真实地、相对正确地反映的客体。诸如此类，不一而足。

波格丹诺夫在1899年关于“物的不变的实质”的议论，瓦连廷诺夫和尤什凯维奇关于“实体”的议论等等，也都是不懂得辩证法的结果。从恩格斯的观点看来，不变的只有一点，那就是：人的意识（在有人的意识的时候）反映着不依赖于它而存在和发展的外部世界。而空洞的教授哲学所描述的任何其他的“不变性”、任何其他的“实质”、任何“绝对的实体”，在马克思和恩格斯看来，都是不存在的。物的“实质”或“实体”**也是**相对的；它们表现的只是人对客体的认识的深化。既然这种深化昨天还没有超过原子，今天还没有超过电子和以太，所以辩证唯物主义坚持认为，日益发展的人类科学在认识自然界上的这一切**里程碑**都具有暂时的、相对的、近似的性质。电子和原子一样，也**是不可穷尽的**，自然界是无限的，而且它无限地**存在着**。正是绝对地无条件地承认自然界**存在**于人的意识和感觉之外这一点，才把辩证唯物主义同相对主义的不可知论和唯心主义区别开来。

我们举两个例子来说明新物理学是怎样无意识地自发地动摇于辩证唯物主义和“现象论”之间的。辩证唯物主义始终是资产阶级学者所不懂得的，“现象论”不可避免地会得出主观主义的（进而会直接得出信仰主义的）结论。

正是那个奥古斯托·里希（瓦连廷诺夫先生**没有能够**就自己感兴趣的唯物主义问题向他请教），在他的一本书的绪论里写道：“电子或电原子究竟是什么东西，直到现在还是一个秘密；但是尽管这样，新理论大概注定会随着时间的推移而获得不小的哲学意义，因为它将会取得关于有重量物质的结构的崭新前提，并且力求把外部世界的一切现象归之于一个共同的起源。

“从现代的实证论和功利主义的倾向来看，这样的好处也许是不重要的。理论可以首先被认为是一种便于整理和排列事实的手段，是一种指导人们去进一步探索现象的手段。但是，如果说从前人们对人类精神的能力大概过于信任，把掌握万物的最终原因看得过于容易，那么现在却有一种陷入相反的错误的趋向。”（上引书第 3 页）

为什么里希在这里要跟实证论和功利主义的倾向划清界限呢？因为，他虽然看来没有任何一定的哲学观点，却自发地坚持外部世界的实在性，坚持承认新理论不仅仅是“方便的手段”（彭加勒），不仅仅是“经验符号”（尤什凯维奇），不仅仅是“经验的协调”（波格丹诺夫）和其他诸如此类的主观主义怪论，而是对客观实在的认识的更进一步。如果这位物理学家懂得**辩证**唯物主义，他对于同旧形而上学唯物主义相反的错误所下的判断，也许就会成为正确哲学的出发点。但是这些人所处的整个环境，使他们厌弃马克思和恩格斯，把他们投入庸俗的御用哲学的怀抱。

莱伊对辩证法也是一窍不通的。但是他也不得不确认，在现代物理学家中间有“机械论”（即唯物主义）传统的继承者。他说：走“机械论”这条路的，不只是基尔希霍夫、赫兹、波尔茨曼、麦克斯韦、赫尔姆霍茨和开尔文勋爵。“那些继洛仑茨和拉摩之后制定物质的电的理论，宣称质量是运动的函数而否认质量守恒的人，都是纯粹的机械论者，并且从某种观点看来，他们是任何人都比不了的机械论者，是机械论最新成就（l' aboutissant）的代表。**所有这些人都是机械论者，因为他们都以实在的运动为出发点**。”（黑体是莱伊用的，第 290—291 页）

“……如果洛仑茨、拉摩和朗之万（Langevin）的新假说被实验证实了，并且为物理学体系确立了十分稳固的基础，那么现代力学的定律依存于电磁学的定律就会是毫无疑问的；力学的定律就会成为特殊的情况，并且会被限制在严格规定的界限之内。质量守恒和我们的惯性原理就会只对物体的中等速度有效，所谓'中等的'这一术语是对我们的感觉和构成我们的普通经验的现象来说的。力学的全面改造就会成为必要的，因而作为一个体系的物理学的全面改造也会成为必要的了。

这是不是说放弃了机械论呢？决不是。纯粹机械论的传统将会继续保存，机械论将会循着它的发展的正常道路前进。"（第 295 页）

"电子物理学虽然应该列入按总的精神来说是机械论的理论中，但是它力图把自己的体系加给整个物理学。虽然这种电子物理学的基本原理不是取自力学，而是取自电学的实验材料，可是按其精神却是机械论的。因为，(1) 它使用**形象的**（figurés）、**物质的**元素来表示物理的性质及其规律；它是用知觉的术语表达的。(2) 虽然它没有把物理现象看作力学现象的特殊情况，但是却把力学现象看作物理现象的特殊情况。因此，力学的规律依然和物理学的规律有着**直接的联系**；力学的概念依然是和物理化学的概念同属一类的概念。在传统的机械论中，这些概念是**比较缓慢的**运动的模写（calqués）。这种运动因为是唯一已知的并且可以直接观察的，所以就被看作是……一切可能有的运动的典型。**新的实验**证明，必须**扩大**我们关于可能有的运动的观念。传统力学依然是完整无缺的，但是它已经只能应用于比较缓慢的运动……对于高速度，则有另外一些运动规律。物质归结为电粒子，即原子的终极元素……(3) 运动，空间中的位移，依然是物理学理论的唯一形象的（figuré）元素。(4) 最后，对于物理学、对于物理学的方法、对于物理学的理论以及它们和经验的关系的看法，仍然和机械论的看法，和文艺复兴时代以来的物理学的理论是**绝对同一的**。从物理学的总的精神来看，这个见解比其他一切见解高出一筹。"（第 46—47 页）

我一大段一大段地全文摘录莱伊的文章，是因为，莱伊总是不敢提"唯物主义的形而上学"，不这样引证就不能说明他的主张。但是不管莱伊和他所讲到的物理学家们怎样发誓不提唯物主义，然而力学是缓慢的实在运动的模写，新物理学是极迅速的实在运动的模写，毕竟还是不容置疑的。承认理论是模写，是客观实在的近似的复写，这就是唯物主义。当莱伊说在新物理学家中间有一种"对概念论〈马赫主义〉学派和唯能论学派的反动"的时候，当他把电子理论的物理学家们看作是这种反动的代表的时候（第 46 页），就最好不过地证实了下述事实：实质上，斗争是在唯物主义倾向和唯心主义倾向之间进行的。这是我们求之不得的。只是不要忘记，除了一切有学识的市侩们对唯物主义的一般偏见之外，在最杰出的理论家们身上也表现出对辩证法的完全无知。

……

8.“物理学”唯心主义的实质和意义

我们已经看到，在英国、德国和法国的著作中都提出了关于从最新物理学中得出的认识论结论的问题，并且从各种不同的观点展开了讨论。丝毫用不着怀疑，我们面前有一种国际性的思潮，它不以某一哲学体系为转移，而是由哲学之外的某些一般原因所产生的。上面对各种材料的概述，无疑地表明了马赫主义是和新物理学“有联系”的，同时也表明了我们的马赫主义者所散播的关于这一联系的看法是**根本不正确的**。不论在哲学上或在物理学上，我们的马赫主义者都是盲目地赶**时髦**，不能够根据自己的马克思主义观点对某些思潮作一个总的概述，并对它们的地位作出评价。

关于马赫哲学是“20世纪自然科学的哲学”、“自然科学的最新哲学”、“最新的自然科学的实证论”等等（波格丹诺夫在《感觉的分析》序言第Ⅳ、Ⅻ页里这样讲过；参看尤什凯维奇、瓦连廷诺夫一伙人的同一说法）的一切空泛议论充满了双重的虚伪。因为，第一，马赫主义在思想上只和现代自然科学的**一个**门类中的**一个**学派有联系。第二，**这也是主要的一点**，在马赫主义中，和这个学派有联系的，**不是使马赫主义同其他一切唯心主义哲学的流派和体系相区别的东西，而是马赫主义和整个哲学唯心主义共有的东西**。只要看一看我们所考察的**整个**思潮，就会毫不怀疑这个论点的正确性。就拿这个学派的物理学家德国人马赫、法国人昂利·彭加勒、比利时人皮·杜恒、英国人卡·毕尔生来说吧。正如他们每一个人都十分正确地承认的，他们之间有许多共同点，他们有同一基础和同一倾向，但是他们的共同点不包括整个经验批判主义学说，特别是不包括马赫关于“世界要素”的学说。后三个物理学家甚至都不知道这两种学说。他们之间的共同点“只有”一个：哲学唯心主义。他们都毫无例外地、比较自觉地、比较坚决地**倾向**于它。拿那些以新物理学的**这个学派**为依据的、极力在认识论上加以论证和发展的哲学家来说吧。你们在这里又会看见德国的内在论者，马赫的门徒，法国的新批判主义者和唯心主义者，英国的唯灵论者，俄国的洛帕廷，还有唯一的经验一元论者亚·波格丹诺夫。他们之间的共同点只有一个，就是：他们都比较自觉地、比较坚决地贯彻哲学唯心主义，不过在贯彻过程中，有的是急急忙忙地倾向信仰主义，有的则对信仰主义怀着个人的厌恶（亚·波格丹诺夫）。

我们所考察的新物理学的这个学派的基本思想，是否认我们通过感觉感知的并为我们的理论所反映的客观实在，或者是怀疑这种实在的存在。在这里，这个学派离开了**被公认为**在物理学家中间占统治地位的**唯物主义**（它被不确切地称为实在论、新机械论、物质运动论；物理学家本人一点没有自觉地去发展它），是作为“物理学”唯心主义的学派而离开唯物主义的。

要说明“物理学”唯心主义这个听起来很古怪的术语，必须提一提最新哲学和最新自然科学的历史上的一段插曲。1866 年，路·费尔巴哈攻击著名的最新生理学的创始者约翰奈斯·弥勒，并把他列入“生理学唯心主义者”（《费尔巴哈全集》第 10 卷第 197 页）。这个生理学家的唯心主义在于：他从我们感官同感觉的关系上研究感官机制的功用，例如，他指出光的感觉是由对眼睛的各种不同的刺激引起的，他想由此否定我们的感觉是客观实在的映象。路·费尔巴哈非常准确地抓住了自然科学家的一个学派的这种“生理学唯心主义”的倾向，即用唯心主义观点解释某些生理学成果的倾向。生理学和哲学唯心主义，主要是和康德派哲学唯心主义的“联系”，后来很长时间被反动哲学利用了。弗·阿·朗格曾以生理学为王牌来维护康德主义的唯心主义，驳斥唯物主义；而内在论者（亚·波格丹诺夫竟错误地把他们归入介于马赫和康德之间的路线）中的约·雷姆克却在 1882 年特别起来反对用生理学虚伪地证实康德主义[①]。那个时期许多大生理学家**追求**唯心主义和康德主义，正如现在许多大物理学家**追求**哲学唯心主义一样，这是不容争辩的。“物理学”唯心主义，即 19 世纪末和 20 世纪初物理学家的一个学派的唯心主义，既没有“驳倒”唯物主义，也没有证实唯心主义（或经验批判主义）和自然科学的联系，这正如弗·阿·朗格和“生理学”唯心主义者曾经枉费心机一样。在这两种场合下，自然科学一个门类中的一个自然科学家学派所显露的转向反动哲学的倾向，是暂时的曲折，是科学史上暂时的疾病期，是多半由于已经确定的旧概念**骤然崩溃**而引起的发育上的疾病。

正如我们在上面已经指出的，现代“物理学”唯心主义和现代物理学危机的联系是公认的。阿·莱伊写道：“怀疑论批判用来反对现代物理学的论据，实质上可以归结为一切怀疑论者的一个著名论据：意见分歧〈物理学家中间的〉。”他与其说是指怀疑论者，毋宁说是指像布吕纳蒂埃尔那样的信仰主义的公开信奉者。但是这些分歧“没有对物理学的客观性提出任何反证”。“物理学的历史同任何历史一样，可以划分为几个大的时期，各个时期都以理论的不同形式、不同概貌为特征…… 只要有一个由于确证了当时还不知道或者估计不足的某一重要事实而影响到物理学各个部分的发现一出现，物理学的整个面貌就改变了，新的时期就开始了。在牛顿的发现以后，在焦耳—迈尔和卡诺—克劳胥斯的发现以后，都有过这种情形。看来，在发现放射性以后，也在发生同样的情形…… 经过一段必要的时间后，观察事件的历史学家，会很容易地在当代人只看到冲突、矛盾、分裂成各种学派的地方，看到一种不断的进化。看

① 约翰奈斯·雷姆克《哲学和康德主义》1882 年爱森纳赫版第 15 页及以下各页。

来，物理学近年来所经历的危机，也是属于这类情况的（不管哲学的批判根据这个危机作出什么结论）。这是伟大的新发现所引起的典型的发育上的危机（crise de croissance）。不容争辩，危机会引起物理学的改革（没有这点就不会有进化和进步），可是这种改革不会改变科学精神。”（上引书第 370—372 页）

调和者莱伊极力要把现代物理学的一切学派联合起来反对信仰主义！这是好心肠的虚伪，然而终究是虚伪，因为马赫—彭加勒—毕尔生学派倾向于唯心主义（即精致的信仰主义），是不容争辩的。与不同于信仰主义精神的“科学精神”的基础相联系的、并为莱伊所热烈拥护的那个物理学的客观性，无非是唯物主义的“羞羞答答的”表述方式。物理学的唯物主义基本精神，正如整个现代自然科学的唯物主义基本精神一样，将克服所有一切危机，但是必须以辩证唯物主义去代替形而上学唯物主义。

现代物理学的危机就在于它不再公开地、断然地、坚定不移地承认它的理论的客观价值，——调和者莱伊常常力图掩盖这一点，但是事实胜于一切调和的企图。莱伊写道：“数学家习惯于研究这样一种科学，它的对象至少从表面看来是学者的智慧所创造的，或者说，它的研究工作无论如何不涉及具体现象，因此他们对物理学就形成了一种过于抽象的看法。他们力图使物理学接近数学，把数学的一般理论搬用于物理学……　一切实验家都指出，数学精神侵入（invasion）物理学的判断方法和对物理学的理解中去了。对物理学的客观性的怀疑和思想动摇，达到客观性所走的弯路以及那些必须克服的障碍，往往不就是由于这种影响（并不因为它有时隐蔽而就失去效力）而产生的吗？……”（第 227 页）

这说得好极了！在物理学的客观性问题上的“思想动摇”，就是时髦的“物理学”唯心主义的实质。

“……数学的抽象虚构，似乎在物理的实在和数学家们为理解关于这个实在的科学而使用的方法之间设置了一重屏障。数学家们模糊地感觉到物理学的客观性……　当他们着手研究物理学的时候首先希望自己是客观的，他们力求依靠实在并固守这个据点，可是旧日的习惯在起作用。所以，一直到唯能论这种想比旧的机械论物理学更扎实地和更少用假说来构想世界，力图模写（décalquer）感性世界而不是重建感性世界的理论，我们总是在同数学家们的理论打交道……　数学家们曾经用一切办法拯救物理学的客观性，因为他们十分清楚地知道，没有客观性就谈不上物理学……　但是他们的理论的复杂性，他们所走的弯路，给人留下了一种笨拙的感觉。这未免过于做作，太牵强附会，矫揉造作（édifié）；实验家在这里感觉不到那种不断和物理的实在接触时所产生的自发的信赖……　实质上，这就是一切物理学家——这些人首先是物理学家（他们是不可胜数的），或者仅仅是物理学家——所说的话，这就是整个新机械论学派所说的话…… 物理学的危机在于数学精神征服了物理学。在19世纪，物理学的进步和数学的进步使这两门科学密切地接近了…… 理论物理学变成了数学物理学…… 于是形式物理学即数学物理学的时期开始了；这种物理学成为纯粹数学的物理学了，它已不是物理学的一个门类，而是数学的一个门类。数学家过去已习惯于使用那种成为自己工作的唯一材料的概念（纯逻辑）要素，觉得自己受到那些他认为不大顺从的粗糙的物质要素的约束，在这个新阶段上，他们不能不尽量地把这些物质要素抽象掉，把它们想象为完全非物质的、纯逻辑的，或者甚至根本无视它们。作为实在的、客观的材料的要素，即作为**物理**要素的要素，完全消失了。剩下的仅仅是微分方程式所表示的形式关系…… 只要数学家不为自己头脑的这种创造性的工作所愚弄……就会看到理论物理学和经验的联系；但是初看起来，以及对于没有基本知识的人说来，大概会觉得这是随意构造理论…… 概念、纯概念代替实在的要素…… 这样，由于理论物理学采用了数学形式，便历史地说明了…… 物理学的微恙（le malaise）、危机及其表面上同客观事实的脱离。”（第228—232页）

这就是产生“物理学”唯心主义的第一个原因。反动的意向是科学的进步本身所产生的。自然科学的辉煌成就，它向那些运动规律可以用数学来处理的同类的单纯的物质要素的接近，使数学家忘记了物质。“物质在消失”，只剩下一些方程式。在新的发展阶段上，仿佛是通过新的方式得到了旧的康德主义的观念：理性把规律强加于自然界。正如我们所看到的，非常欣赏新物理学的唯心主义精神的赫尔曼·柯亨，竟鼓吹在中学教授高等数学，以便把我们的唯物主义时代正在排除的唯心主义精神灌输给中学生（阿·朗格《唯物主义史》1896年第5版第2卷第XLIX页）。当然，这是反动分子的痴心妄想；事实上，除了少数专家对唯心主义的极短暂的迷恋以外，这里什么都没有，而且也不可能有。但非常值得注意的是：有教养的资产阶级的代表们像快淹死的人想抓住一根稻草来救命一样，企图用多么巧妙的手段来人为地为那种由于无知、闭塞和资本主义矛盾所造成的荒诞不经现象而在下层人民群众中产生的信仰主义保持或寻找地盘。

产生“物理学”唯心主义的另一个原因，是**相对主义的**原理，即我们知识的相对性的原理。这个原理在旧理论急剧崩溃的时期以特殊力量强使物理学家接受；**在不懂得辩证法的情况下**，这个原理必然导致唯心主义。

关于相对主义和辩证法的相互关系这个问题，对于说明马赫主义的理论厄运，几乎是最重要的问题。例如，莱伊像一切欧洲实证论者一样，不懂得马克思的辩证法。他仅仅在唯心主义哲学思辨的意义上使用辩证法这个词。因此，虽然他感觉到新物理学在相对主义上失足，可是他仍然绝望地挣扎着，企图把相对主义区分为适度的和过分的。当然，“过分的相对主义纵然不是在实践上，也是在逻辑上近似真正的怀疑论”（第215页），但是，要知道，在彭加勒那里，没有这种“过分的”相对主义。真了不起，像秤药那样多秤一些或少秤一些相对主义，就可以改善马赫主义的境况！

实际上，关于相对主义问题在理论上唯一正确的提法，是马克思和恩格斯的唯物主义辩证法指出来的，所以不懂得唯物主义辩证法，就**必然**会从相对主义走到哲学唯心主义。单是不了解这一点，就足以使别尔曼先生的《从现代认识论来看辩证法》这本荒谬的小册子失去任何意义，因为别尔曼先生关于他所完全不懂得的辩证法只是重复了陈词滥调。我们已经看到，**一切**马赫主义者在认识论上的**每一步**都暴露出同样的无知。

物理学的一切旧真理，包括那些被认为是不容争辩和不可动摇的旧真理在内，都是相对真理，——**这就是说**，任何不依赖于人类的客观真理是不会有的。不仅整个马赫主义，而且整个“物理学”唯心主义都是这样断定的。绝对真理是由发展中的相对真理的总和构成的；相对真理是不依赖于人类而存在的客体的相对正确的反映；这些反映愈来愈正确；每一个科学真理尽管有相对性，其中都含有绝对真理的成分，——这一切论点，对于所有钻研过恩格斯的《反杜林论》的人来说是不言而喻的，而对于“现代”认识论来说却是无法理解的。

像马赫特别推荐的皮·杜恒的《物理学理论》① 或斯塔洛的《现代物理学的概念和理论》② 这一类著作，非常明显地表明：这些“物理学”唯心主义者最重视的是证明我们知识的相对性，而实质上他们动摇于唯心主义和辩证唯物主义之间。这两个处于不同的时代并且从不同的观点研究问题的作者（杜恒是专业的物理学家，他在物理学方面工作了20年；斯塔洛以前是正统的黑格尔主义者，后来却又因他在1848年出版了一本按照老年黑格尔派[27]的精神写出的有关自然哲学的著作而感到羞惭），都极力攻击原子论—机械论的自然观。他们证明这种自然观是有局限性的，证明不能认为这种自然观是我们知识的界限，证明那些持这种自然观的著作家们的许多概念是僵化的。**旧**唯物主义的这种缺点是不容怀疑的；不了解一切科学理论的相对性，不懂得辩证法，夸大机械论的观点，这都是恩格斯责备旧唯物主义者的地方。但是恩格斯能够（与斯塔洛不同）抛弃黑格尔的唯心主义，**并且了解**黑格尔辩证法的天才的真理的内核。恩格斯是为了**辩证**唯物主义，而不是为了那陷入主观主义的相对主义而屏弃旧的形而上学唯物主义的。例如，斯塔洛说：“机械论的理论以及一切形而上学的理论，把局部的、观念的、也许是纯粹假设的属性群或个别属性实体

---

① **皮·杜恒**《物理学理论及其对象和构造》，1906年巴黎版。

② **约·伯·斯塔洛**《现代物理学的概念和理论》，1882年伦敦版。有法译本和德译本。

化，把它们说成是各种各样的客观实在。”（第 150 页）如果你们不拒绝承认客观实在，并且攻击反辩证法的形而上学，那么这是对的。斯塔洛并没有认识清楚这一点。他不了解唯物主义辩证法，因而常常经过相对主义滚入主观主义和唯心主义。

杜恒也是一样。他费了莫大的力气，从物理学史上引用了许多在马赫的书中也常常可以看到的那种有趣的、有价值的例子来证明“物理学的任何一个规律都是暂时的和相对的，因为它们是近似的”（第 280 页）。马克思主义者在读到关于这个问题的冗长议论时会这样想：这个人在敲着敞开的大门！但是杜恒、斯塔洛、马赫和彭加勒的不幸就在于他们没有看见大门已经被辩证唯物主义打开了。他们由于不能对相对主义提出正确的表述，便从相对主义滚向唯心主义。杜恒写道：“其实，物理学的规律既不是真的，也不是假的，而是近似的。”（第 274 页）这个“而是”，就已经开始虚伪，开始抹杀近似地**反映客体的**（即接近于客观真理的）科学理论和任意的、幻想的、纯粹假设的理论（例如，宗教理论或象棋理论）之间的界限。

这种虚伪竟使杜恒宣称：“物质的实在”是否和感性现象相符合这一问题是**形而上学**（第 10 页），因此取消关于实在的问题吧，我们的概念和假说不过是符号（signes，第 26 页）、“任意的”（第 27 页）构造等等。从这里只走一步就达到唯心主义，就达到皮埃尔·杜恒先生按照康德主义的精神所宣扬的“信仰者的物理学”（莱伊的书第 162 页；参看第 160 页）。而好心肠的阿德勒（弗里茨）——也是一个想当马克思主义者的马赫主义者！——所想出的最聪明的办法是这样地“改正”杜恒的理论：杜恒所排除的“隐藏在现象后面的实在，只是作为理论对象的实在，而不是作为**现实对象**的实在”①。这是我们早就熟悉的根据休谟和贝克莱的观点对康德主义的批判。

但是皮·杜恒说不上有什么自觉的康德主义。他不过是也像马赫那样**摇摆不定**，不知道使自己的相对主义依据什么。在好多地方，他非常接近辩证唯物主义。他说，我们知道的声音“是在同我们发生关系时的那种声音，而不是在发声物体中本来那样的声音。声学理论使我们可以认识这种实在，而我们的感觉从这种实在中发现的只是外在的和表面的东西。声学理论告诉我们，在我们的知觉只是把握着我们称之为声音的那种表面现象的地方，确实有一种很小的、很迅速的周期运动”等等（第 7 页）。物体不是感觉的符号，而感觉却是物体的符号（更确切些说是映象）。“物理学的发展引起了不停地提供材料的自然界和不停地进行认识的理性之间的不间断的斗争”（第 32 页）——自然界正如它的极微小的粒子（包括电子在内）一样是无限的，可是理性把“自在之

① 杜恒著作的德译本的《译者前言》，1908 年莱比锡 J·巴特出版社版。

物”转化为“为我之物”也同样是无限的。“实在和物理学规律之间的斗争将无限地延续下去；实在迟早会对物理学表述的每个规律予以无情的驳斥——用事实加以驳斥；可是物理学将不断地修正、改变、丰富被驳斥的规律。”（第290页）只要作者坚持这个客观实在不依赖于人类而存在，那么这就是对辩证唯物主义的十分正确的阐述。“……物理学的理论不是今天方便明天就不适用的纯粹人造的体系；它是实验方法所不能直接〈直译是：面对面地——face a face〉观察的那些实在的愈来愈合乎自然的分类，愈来愈清楚的反映。”（第445页）

马赫主义者杜恒在最后一句话里向康德主义的唯心主义递送秋波：似乎给“实验方法”以外的方法开辟了一条小路，似乎我们不能径直地、直接地、面对面地认识“自在之物”。但是，如果说物理学的理论愈来愈合乎自然，那就是说，这个理论所“反映”的“自然”、实在，是不依赖于我们的意识而存在着的，——这正是辩证唯物主义的观点。

总之，今天的“物理学”唯心主义，正如昨天的“生理学”唯心主义一样，不过是意味着自然科学一个门类里的一个自然科学家学派，由于没有能够直接地和立即地从形而上学的唯物主义上升到辩证唯物主义而滚入了反动的哲学[①]。现代物理学正在走这一步，而且一定会走这一步，但它不是笔直地而是曲折地，不是自觉地而是自发地走向自然科学的唯一正确的方法和唯一正确的哲学；它不是清楚地看见自己的“终极目的”，而是在摸索中接近这个目的；它动摇着，有时候甚至倒退。现代物理学是在临产中。它正在生产辩证唯物主义。分娩是痛苦的。除了生下一个活生生的、有生命力的生物，它还必然会产出一些死东西，一些应当扔到垃圾堆里去的废物。整个物理学唯心主义、整个经验批判主义哲学以及经验符号论、经验一元论等等，都是这一类废物。

---

① 著名的化学家威廉·拉姆赛说道：“常常有人问我：难道电不是一种振动吗？怎样才能用微小的粒子或微粒的移动来说明无线电报呢？对此回答如下：电是**物**；它**就是**〈黑体是拉姆赛用的〉这些极小的微粒，但是当这些微粒离开某一物体时，一种像光波一样的波就通过以太散播开来，而无线电报使用的就是这种波。”（**威廉·拉姆赛**《传记性的和化学的论文集》1908年伦敦版第126页）拉姆赛叙述了镭转化为氦之后指出：“至少有一种所谓的元素现在不能再看作是最终物质了；它本身正转化为更简单的物质形式。”（第160页）“负电是物质的一种特殊形式，这几乎是毫无疑问的了；而正电是一种失去负电的物质，也就是说，是减去这种带电物质的物质。”（第176页）“什么是电？从前人们以为有两种电：正电和负电。当时是不可能回答这个问题的。但是，最近的研究证明，过去一向叫作负电的东西，确实（really）是一种实体。事实上负电的粒子的相对重量已经测定；这种粒子约等于氢原子质量的七百分之一……　电的原子叫作电子。”（第196页）如果我们的那些以哲学题目著书立说的马赫主义者们会动脑筋，那么他们就会了解，“物质在消失”、“物质归结为电”等等说法，不过是下述真理在认识论上的一种无力的表现：能够发现物质的新形式、物质运动的新形式，并把旧形式归结为这些新形式，等等。

结　论

马克思主义者应该从以下四个角度来评价经验批判主义。

第一，首先必须把这种哲学的理论基础和辩证唯物主义的理论基础加以比较。本书前三章所作的这种比较，从认识论问题的**各方面**揭露了用新的怪论、字眼和花招来掩饰**唯心主义和不可知论**旧错误的经验批判主义的**十足反动性**。只有那些根本不懂得什么是一般哲学唯物主义，什么是马克思和恩格斯的辩证方法的人，才会侈谈经验批判主义和马克思主义的“结合”。

第二，必须确定经验批判主义这个哲学专家们的小学派在现代其他哲学学派中的地位。马赫和阿芬那留斯都是从康德开始，可是他们并没有从他走向唯物主义，而是朝着相反的方向走向休谟和贝克莱。阿芬那留斯以为自己全盘地“清洗经验”，其实他只是把康德主义从不可知论中清洗出去。马赫和阿芬那留斯的整个学派愈来愈明确地走向唯心主义，它和最反动的唯心主义学派之一，即所谓内在论派密切结合起来了。

第三，必须注意到，马赫主义与现代自然科学的一个门类中的一个学派有着无可怀疑的联系。一般自然科学家以及物理学这一特别门类中的自然科学家，极大多数都始终不渝地站在唯物主义方面。但是也有少数新物理学家，在近年来伟大发现所引起的旧理论的崩溃的影响下，在特别明显地表明我们知识的相对性的新物理学危机的影响下，由于不懂得辩证法，就经过相对主义而陷入了唯心主义。现今流行的物理学唯心主义，就像不久以前流行过的生理学唯心主义一样，是一种反动的并且使人一时迷惑的东西。

第四，在经验批判主义认识论的烦琐语句后面，不能不看到哲学上的党派斗争，这种斗争归根到底表现着现代社会中敌对阶级的倾向和思想体系。最新的哲学像在2000年前一样，也是有党性的。唯物主义和唯心主义按实质来说，是两个斗争着的党派，而这种实质被冒牌学者的新名词或愚蠢的无党性所掩盖。唯心主义不过是信仰主义的一种精巧圆滑的形态，信仰主义全副武装，它拥有庞大的组织，继续不断地影响群众，并利用哲学思想上的最微小的动摇来为自己服务。经验批判主义的客观的、阶级的作用完全是在于替信仰主义者效劳，帮助他们反对一般唯物主义，特别是反对历史唯物主义。

1909年5月由莫斯科环节出版社
印成单行本

选自《列宁全集》第2版第18卷第5—70、95—104、122—212、235—242、250—255、262—287、316—328、337—346、351—363、374—375页

注　释

1 《唯物主义和经验批判主义（对一种反动哲学的批判）》一书是列宁 1908 年 2—10 月在日内瓦和伦敦写的，1909 年 5 月由莫斯科环节出版社出版，署名弗拉·伊林。这部著作的手稿和准备材料，至今没有找到。

本书是针对当时俄国知识界出现的一股修正马克思主义哲学的思潮而写的。早在 1906 年秋，列宁读了亚·亚·波格丹诺夫的《经验一元论》第 3 卷以后，就曾写了一封长达三个笔记本的关于哲学问题的信，并打算用《一个普通马克思主义者的哲学札记》为标题把它刊印出来（此信至今没有被发现）。1908 年初，俄国马赫主义者出版了一批书，特别是出版了《关于马克思主义哲学的论丛》一书，对辩证唯物主义公开进行修正。列宁读后异常愤慨，决定写一批文章或专门的小册子来批评这些新休谟主义和新贝克莱主义的修正主义者（参看列宁 1908 年 2 月 12 日（25 日）给高尔基的信和《马克思主义和修正主义》一文，见《列宁全集》第 2 版第 45 卷第 178—185 页和本卷第 11—19 页）。尽管列宁当时忙于《无产者报》的出版和其他党的工作，但他仍以巨大精力投入哲学的研究，并着手《唯物主义和经验批判主义》一书的写作。列宁主要是在日内瓦各图书馆从事研究和写作，而为了详细了解当代哲学和自然科学文献，还于 1908 年 5 月前往伦敦，在英国博物馆工作了一个月。1908 年 9 月底，《唯物主义和经验批判主义》一书基本完稿，只有《第四章第 1 节的补充。尼·加·车尔尼雪夫斯基是从哪一边批判康德主义的?》和一条关于埃里希·贝歇尔的《精密自然科学的哲学前提》的脚注（见《列宁全集》第 2 版第 18 卷第 376—379 页和第 304 页）是在以后补写的。《唯物主义和经验批判主义》一书是巨大研究工作的结晶，据查考，书中引用的不同作者的著作达 300 多种，其中一部分还是散见于各种杂志上的文章。

这部书的手稿迄今下落不明，但据克鲁姆比尤格尔回忆，该书初版对手稿几乎未作改动。该书是在阿·谢·苏沃林印刷厂排印的，列宁的姐姐安·伊·乌里扬诺娃-叶利扎罗娃担任校对，斯克沃尔佐夫-斯捷潘诺夫也参加了校对。列宁亲自看了这本书的校样。1909 年 5 月，《唯物主义和经验批判主义》一书出版，印数为2 000册。

《唯物主义和经验批判主义》一书出版后，受到马克思主义者的积极评价。1909 年 10 月 8 日《新时代》杂志刊登了这本书出版的消息。1909 年 12 月斯大林在给《无产者报》编辑部的信中把这本书称作是“一部独特的马克思主义哲学（认识论）原理集成”。1909 年 6 月瓦·瓦·沃罗夫斯基在《敖德萨评论报》上发表的一篇短评中指出，这部著作“对俄国来说具有特别的价值”。至于格·瓦·普列汉诺夫，据弗·菲·哥林说，他“对这本书反应很好，尽管他在书中被狠狠地刺了一下”。

十月革命后，《唯物主义和经验批判主义》一书于 1920 年在俄国首次再版，印数为 3 万册。列宁的这部著作后来在全世界传播很广。我国于 20 世纪 30 年代初出版了它的第一个中文译本，以后又相继出版了多种中文译本。

2 信仰主义与僧侣主义含义相同。本书使用这个词的由来如下：列宁在 1908 年 11 月 8 日给姐姐安·伊·乌里扬诺娃-叶利扎罗娃的信中写道：“……如果书报检查机关的检查很严格，可以把各处的‘僧侣主义’一词都改为‘信仰主义’，并在注解中加以说明（“信仰主义是一种以信仰代替知识或一般地赋予信仰以一定意义的学说”）。”（见《列宁全集》第 2 版第 53 卷第 172 号文献）列宁还曾建议用一个专门术语“萨满主义”来代替僧侣主义，但乌里扬诺娃-叶利扎罗娃不赞成，她在1909年1月27日的信中写道："改'萨满主义'已经晚了。再说这个词难道好一些吗？"（同上，第275注）从《唯物主义和经验批判主义》一书的第1版中可以看到，"僧侣主义"一词大都改成了"信仰主义"，但也有些地方没有改。信中所提到的注释加在俄文第1版序言里，以后各版都保留未动。

3 这里说的是在俄国1905—1907年革命失败后俄国社会民主工党内一部分知识分子中产生的一种宗教哲学思潮——造神说。这一思潮的主要代表人物是阿·瓦·卢那察尔斯基、弗·亚·巴扎罗夫等人。造神派主张把马克思主义和宗教调和起来，使科学社会主义带有宗教信仰的性质，鼓吹创立一种"无神的"新宗教，即"劳动宗教"。他们认为马克思主义的整个哲学就是宗教哲学，社会民主运动本身是"新的伟大的宗教力量"，无产者应成为"新宗教的代表"。马·高尔基也曾一度追随造神派。

1909年6月召开的《无产者报》扩大编辑部会议谴责了造神说，指出它是一种背离马克思主义原理的思潮，声明布尔什维克派同这种对科学社会主义的歪曲毫无共同之处。列宁在《唯物主义和经验批判主义》一书以及1908年2—4月、1913年11—12月间给高尔基的信（见《列宁全集》第2版第18、45、46卷）中揭露了造神说的反马克思主义本质。

4 看来是指弗·梅林给马克思和恩格斯发表在《新莱茵报》和《新莱茵报。政治经济评论》上的文章所写的注释（见《马克思和恩格斯在德国革命时代（1848—1850年）》文集1926年俄文版第3—86、287—289、293—307、511—512页）。梅林在1902年（即过50多年以后）注释马克思和恩格斯的这些文章时，指出其中的一些论点没有得到历史的证实。例如他说："1850年2月，马克思和恩格斯曾预料巴黎无产阶级会举行起义，或者反动的东方大国会侵犯法国的首都，1850年4月，他们曾预料新的商业危机会到来，这两次他们都大错特错了。"

5 指弗·伊·涅夫斯基的《辩证唯物主义和僵死反动派的哲学》一文（见《列宁全集》第2版第18卷第381—395页）。这篇文章是涅夫斯基受列宁委托而写的，曾作为附录载入《唯物主义和经验批判主义》一书第2版（1920年）。《列宁全集》俄文第2、3版第13卷《附录》也收载了此文，但《列宁全集》俄文第4版和第5版均未收载。涅夫斯基当时是斯维尔德洛夫共产主义大学校长。

6 "无产阶级文化"是亚·亚·波格丹诺夫早在1909年提出的一种错误理论，基本主张是无产阶级必须创造一种和旧文化完全对立的"自己的"文化，首先是"自己的"哲学。这一理论，波格丹诺夫及其拥护者曾在意大利的卡普里岛（1909年）和博洛尼亚（1910—1911年）为俄国工人开办的学校里加以散布。十月社会主义革命胜利后，波格丹诺夫及其拥护者继续鼓吹这种观点，并通过无产阶级文化协会的活动加以贯彻。他们否认以往的文化遗产的意义，企图通过脱离实际生活的"实验室的道路"来创造"纯粹无产阶级的"文化。波格丹诺夫口头上承认马克思主义，实际上鼓吹马赫主义这种主观唯心主义哲学。

列宁对无产阶级文化协会的思想家们的反马克思主义观点进行了始终不渝的斗争。他在《关于无产阶级文化》这一决议草案中写道："马克思主义这一革命无产阶级的思想体系赢得了世界历史性的意义，是因为它并没有抛弃资产阶级时代最宝贵的成就，相反却吸收和改造了两千多年来人类思想和文化发展中一切有价值的东西，只有在这个基础上，按照这个方向，在无产阶级专政（这是无产阶级反对一切剥削的最后的斗争）的实际经验的鼓舞下继续进行工作，才能认为是发展真正的无产阶级文化。"（见《列宁全

集》第 2 版第 39 卷第 332 页）

7 根据列宁书信可以证明，手稿上是“**较**诚实的论敌”。在《唯物主义和经验批判主义》第 1 版准备付印时，安·伊·乌里扬诺娃-叶利扎罗娃把这几个字改作“**较**有原则的论敌”。列宁不赞成这样改，他在 1909 年 2 月 27 日（3 月 12 日）写信给姐姐说：“凡是斥责波格丹诺夫、**卢那察尔斯基**一伙的地方，**请丝毫**也不要缓和。缓和是不行的。很遗憾，你把切尔诺夫同他们比起来是一个‘较诚实的’论敌这句话勾掉了。这样语气就变了，同我的谴责的整个精神不符。关键问题在于：我们的马赫主义者都是马克思主义哲学方面的**不诚实的**、卑怯的敌人。”（见《列宁全集》第 2 版第 53 卷第 342 页）

8 *伏罗希洛夫*是俄国作家伊·谢·屠格涅夫的长篇小说《烟》中的人物，是自诩渊博的书呆子和空谈家的典型。列宁在《土地问题和“马克思的批评家”》一文里也曾用这个形象来嘲笑维·米·切尔诺夫。他说：“大家还记得《烟》里面那位曾到国外游历过的年轻的俄国大学讲师吗？他平时总是一声不吭，但有时心血来潮，又滔滔不绝地一连说出几十个、几百个大大小小的学者和名流的名字。我们这位博学多识的切尔诺夫先生同伏罗希洛夫一模一样，他把不学无术的考茨基彻底消灭掉了。”（见《列宁全集》第 2 版第 5 卷第 129—130 页）

9 *茜素*是一种红色有机染料，原先是从茜草根中提取的。1868 年，德国化学家卡·格雷贝和卡·泰·李卜曼用化学方法取得了茜素。1869 年 1 月 11 日，他们在德国化学学会会议上宣读了人工合成茜素的报告。人工合成茜素的原料是蒽醌。蒽醌由蒽经硝酸、铬酸或空气氧化而成。蒽含于煤焦油中，在 270℃—400℃ 的温度下可以分解出来。

10 *怀疑论*是对客观世界和客观真理是否存在和能否认识表示怀疑的唯心主义哲学派别，产生于公元前 4—3 世纪古希腊奴隶制发生危机的时代，其创始人是皮浪，最著名的代表是埃奈西德穆和塞克斯都-恩披里柯。古代怀疑论者从感觉论的前提出发，得出不可知论的结论。他们把感觉的主观性绝对化，认为人不能超出他自己的感觉范围，不能确定哪一种感觉是真的。他们宣称，对每一事物都可以有两种互相排斥的意见，即肯定和否定，因而我们关于事物的知识是不可靠的。他们要人们拒绝认识，对事物漠不关心，说这样就可以从怀疑中解脱出来，而达到心灵恬静即“无感”的境界。

在文艺复兴时代，法国哲学家米·蒙台涅、皮·沙朗和皮·培尔曾利用怀疑论来反对中世纪的经院哲学和教会。照马克思的说法，培尔“用怀疑论摧毁了形而上学，从而为在法国掌握唯物主义和健全理智的哲学打下了基础”，并宣告“**无神论社会**的来临”（见《马克思恩格斯全集》第 2 卷第 162 页）。相反，法国哲学家和数学家布·帕斯卡却用怀疑论反对理性认识，维护基督教。

18 世纪，怀疑论在大卫·休谟和伊·康德的不可知论中得到复活，戈·恩·舒尔采则试图使古代怀疑论现代化。新怀疑论十分明确地声称达到科学认识是不可能的。马赫主义者、新康德主义者和 19 世纪中至 20 世纪初的其他唯心主义哲学流派都利用怀疑论的论据。

11 *伊壁鸠鲁主义*是公元前 4—3 世纪古希腊唯物主义哲学家伊壁鸠鲁及其门徒的学说。伊壁鸠鲁把哲学分为物理学、准则学（关于认识的学说）和伦理学。物理学的出发点是承认世界的物质统一性。伊壁鸠鲁发展了德谟克利特的原子说，认为自然界中只存在原子和虚空。原子不仅在大小和形状上有差异，而且在重量上也不相同。原子由于自身的重量而产生运动。原子在虚空中的运动形式是直线下降，但由于自身内部的原因而发生偏斜，因而发生原子的互相碰撞和黏附，这就是物质形成的开端。伊壁鸠鲁曾提出灵魂物质性的学说，认为灵魂是“散布在整个机体上的极薄的物体”。

伊壁鸠鲁在认识论上是唯物主义感觉论者。他继承和发展了德谟克利特的影像说，认为发自物体的极其细微的影像通过感觉器官而进入人的心灵，“一切感官都是真理的报道者”；“概念依赖于感性知觉”，是感觉多次重复的结果。他还认为感性知觉本身就是真理的标准，而谬误的根源则在于个别感觉的偶然性，或者过于匆忙地下判断。

伊壁鸠鲁认为哲学的目的是追求人的幸福，使人摆脱痛苦，得到快乐。但所谓快乐并不是指“放荡者的快乐或肉体享受的快乐”，而是指“身体的无痛苦和灵魂的无纷扰”。他用原子论唯物主义的原理证明，人不应当对神和死亡恐惧。这种思想带有无神论的性质。

12 这里说的是上帝创造世界的神话，见圣经《旧约全书。创世记》第1—2章。

13 指马克思的《关于费尔巴哈的提纲》（1845年），恩格斯的《路德维希·费尔巴哈和德国古典哲学的终结》（1888年）和《〈社会主义从空想到科学的发展〉英文版导言》（1892年）（见《马克思恩格斯全集》第3卷第3—6页、第21卷第301—353页和第22卷第334—361页）。

14 指英国庸俗经济学家纳·威·西尼耳为反对缩短工作日而编造的“理论”。他在《关于工厂法对棉纺织业的影响的书信》（1837年伦敦版）这本小册子中声称，工厂的全部纯利润是由最后一小时提供的；劳动时间每天缩短1小时，纯利润就会消失。马克思在《资本论》中批判了西尼耳的这种谬论（见《马克思恩格斯全集》第23卷第251—256页）。

15 《短篇哲学著作集》于1903年由狄茨出版社在斯图加特出版，共收入约·狄慈根1870—1878年发表在德国《人民国家报》和《前进报》上的7篇文章，还收入了他在1887年出版的一本小册子《一个社会主义者在认识论领域中的漫游》。

列宁在《短篇哲学著作集》一书上作了许多批注，其中很大一部分是在写作《唯物主义和经验批判主义》期间作的（见《列宁全集》第2版第55卷）。

16 指弗·亚·巴扎罗夫在《现代的神秘主义和实在论》一文中提出的论点：“马赫、阿芬那留斯和其他许多人用来作为认识论基础的‘费力最小’原则…… 无疑是认识论中的‘马克思主义’倾向。在这点上，完全不是马克思主义者的马赫和阿芬那留斯比真正的马克思主义者格·瓦·普列汉诺夫的获生的跳跃的认识论更靠近马克思。”（见《关于马克思主义哲学的论丛》1908年俄文版第69页）

17 指帕·索·尤什凯维奇《唯物主义和批判实在论》一书（1908年圣彼得堡版）。

18 1895年，德国物理学家威·孔·伦琴发现了一种能穿透普通光不能透过的介质的短波电磁辐射，即X射线（也称伦琴射线）。

1896年，法国物理学家安·昂·柏克勒尔在研究不同荧光物体对照相底片的作用时，发现铀盐能在黑暗中对照相底片发生作用。柏克勒尔的进一步实验证明，这种作用是由一种不同于伦琴射线的新的辐射引起的。这种射线被称为柏克勒尔射线。铀的放射性的发现是科学实验中认识放射性的开端。

1898年，出生于波兰而在法国工作的物理学家居里夫人和他的丈夫法国物理学家比·居里发现了钋和镭这两种天然放射性元素，其中镭的射线比铀强200多万倍。

X射线、柏克勒尔射线和镭的发现奠定了原子物理学发展的基础。

19 这一发现是英国物理学家詹·克·麦克斯韦作出的。麦克斯韦在迈·法拉第工作的基础上，总结了19世纪中叶以前对电磁现象的研究成果，建立了电磁场的理论。依据这一理论，电磁场的变化是以光速传播的。1865 年，麦克斯韦根据自己的研究，得出光的本质是电磁波的结论。1887 年，德国物理学家亨·鲁·赫兹用实验证明了电磁波的存在，从而证实了麦克斯韦关于光是电磁波的结论。

20 英国物理学家欧·卢瑟福和化学家弗·索迪在研究放射性的基础上于 1902 年秋提出了放射性元素的嬗变理论。按照这一理论，放射性原子是不稳定的，它们自发地放射出射线和能量，而衰变成另一种放射性原子，直至成为稳定的原子。英国化学家威·拉姆塞在 1895 年从钇铀矿中分离出氦，1903 年又证明氦这种最轻的惰性气体是在镭的放射性衰变中不断放出的。1908 年卢瑟福通过实验测出镭以及其他放射性元素放射出的 α 粒子有两个正电荷，是双重电离的氦原子。

21 以太原来是古希腊哲学家设想的一种介质，17 世纪被人们重新提出，用来解释光的传播和电磁、引力的相互作用等现象。依照当时说法，光像声波一样是一种机械的弹性波，因此它的传播也必须有一种弹性介质作媒介；而依照光在传播中的性质，这种介质必须无所不在，没有质量，绝对静止。这种介质就是以太。电磁和引力作用则是以太中的特殊的机械作用。以太说在 19 世纪以至 20 世纪初仍为人们普遍接受。但它既同科学新发现的事实相矛盾，又没有得到实验的证实。随着相对论的创立和对场的进一步研究，人们发现光（电磁波）的传播和一切相互作用的传递都通过各种场，而不通过机械介质，因此以太作为一种陈旧概念就不再使用。

22 列宁在这里援引的法国物理学家昂·彭加勒对质量概念的论述是符合当时物理学发展水平的。随着电子的发现而来的电子理论的发展，使解释电子质量的性质有了可能。英国物理学家约·约·汤姆孙曾提出一个假说，根据这个假说，电子自身的质量是由其电磁场的能量决定的（即电子的惯性有赖于场的惯性）；于是引进了电子的电磁质量这一概念，这种质量依赖于电子运动的速度；而电子的力学质量，就像任何其他粒子的力学质量一样，被认为是不变的。研究电子电磁质量对速度依赖关系的实验本来应该发现力学质量的存在，但是瓦·考夫曼在 1901—1902 年进行的这种实验却意外地证明，电子的整个质量具有电磁的性质。由此得出了电子的力学质量消失的结论，而在以前力学质量被视为物质的不可分离的属性。这就成了种种所谓“物质在消失”的哲学思辨的根据。物理学的进一步发展（相对论）证明，力学质量也依赖于运动的速度，不能把电子的质量完全归结为电磁质量。

23 《心理学年鉴》（《L'Année Psychologique》）是法国的一种心理学刊物，1895 年起在巴黎出版。它的出版者起初是阿·比纳，后来是昂·皮埃龙。

24 这里说的是当时的原子结构概念，带有推测的性质。随着物理学的进步，以后人们对原子结构的认识有了很大的发展。1911 年，英国物理学家欧·卢瑟福根据用 α 粒子射击重金属箔的实验的结果，首次提出原子行星模型。按照这一模型，原子质量的大部分集中在一个带有正电荷的原子核中；每个原子有若干电子，其数量与其原子序数相等，这些电子沿圆形或椭圆形的轨道绕原子核运动，就像行星绕太阳运动那样。1913 年，丹麦物理学家尼·玻尔根据原子行星模型用经典运动规律和德国物理学家麦·卡·恩·路·普朗克的量子概念阐明了原子结构，提出了玻尔理论。按照这一理论，电子是循着许多分立的圆形轨道绕原子核运动的，在不同轨道上的电子各有确定的能量；当电子从外层轨道跳向内层轨道时便发射光子。后来电子沿轨道运动的概念被证明是不正确的，而为量子力学的几率分布概念所代替。依照这一概念，原子中的各个电子都处在各自的一定能量状态中；电子的能量愈大，它与核的平均距离就愈远；原子中的各个电子按其能量大小分布在不同距离的几个“壳层”中，而每一“壳层”容纳的电子数量是有限的。原子核则由核子（带正电的质子和不带电的中子）组成。根据现在的理解，正电子是电子的反粒子。它带的电量与电子相同，但符号相反。它的质量也与电子相同。正电子与电子相逢就发生湮灭而一起转变为两个光子。因此，在通常情况下正电子不能经久存在。正电子是英国物理学家保·狄拉克于1928年在理论上预言，而为美国物理学家卡·安德逊于1932年在宇宙射线实验中发现的。

25 《科学总评》杂志即《理论科学和实用科学总评》杂志（《Revue générale des sciences pures et appliquées》），是法国的自然科学刊物（双周刊），1890年起在巴黎出版。创办者是路·奥利维耶。

26 这里是指力学质量。在经典物理学中，它被认为是物质的永恒不变的特性。关于质量概念的变化，参看注73。

27 老年黑格尔派又称黑格尔右派，是19世纪30—40年代黑格尔学派解体后形成的派别之一，代表人物是安·加布勒、赫·欣里希斯、卡·罗森克兰茨等。老年黑格尔派在哲学上承袭了黑格尔的唯心主义体系，抛弃了他的辩证法，利用他关于宗教和哲学同一的论点，把黑格尔哲学解释为神学的唯理论形式；在政治上拥护封建等级制度，把普鲁士王国看作是“世界理性”的体现，反对资产阶级提出的关于信仰自由和政教分立的民主要求。

列　宁

《马克思主义和修正主义》等六篇文章

学习提示

这是一组集中阐述马克思主义主要内容、揭示马克思主义发展规律、介绍马克思和恩格斯生平及其学说的文章。《马克思主义和修正主义》系1908年4月为纪念马克思逝世25周年而作。《论马克思主义历史发展中的几个特点》写于1910年底。《马克思学说的历史命运》和《马克思主义的三个来源和三个组成部分》均著于1913年，时值马克思逝世30周年。《卡尔·马克思》原是为格拉纳特兄弟出版社百科辞典的撰稿，写于1914年；《弗里德里希·恩格斯》写于1895年秋，为悼念恩格斯逝世而作。

19世纪末20世纪初，资本主义逐步发展到帝国主义阶段，人类社会面临急剧变动，出现许多新问题等待研究和回答。在这种情况下，马克思主义需要创造性地向前发展。但是，在第二国际内部却出现了一股打着马克思主义旗帜，借口时代变化而全面修正马克思主义基本原理的思潮，即伯恩施坦主义。1895年恩格斯逝世后，德国社会民主党内的爱德华·伯恩施坦（1850—1932）公开宣称马克思主义已经“不再适应”变化的形势，需要以“批判”的态度，对这一理论加以“修正”和“革新”。1899年他出版了《社会主义的前提和社会民主党的任务》一书，以嚣张的态度和完整的理论形式，在经济、政治、哲学等各个领域对马克思主义发出进攻。修正主义的泛滥，致使大多数国家的社会民主党都蜕变成改良主义的党。这股国际修正主义思潮，反映在俄国社会民主党内，就产生了经济主义、孟什维主义、取消主义、召回主义等机会主义思潮，以及思想领域的马赫主义、神秘主义等哲学唯心主义流派。列宁的这组文章，总的来说，就是站在时代需要的高度，通过对马克思和恩格斯生平与学说的研究，通过对马克思主义战斗历程的研究，积极开展反对第二国际修正主义的斗争，捍卫和发展了马克思主义。

主要内容如下：

1. 集中介绍了马克思和恩格斯的生平事迹和思想发展。列宁对马克思、恩格斯世界观转变及其思想发展过程的考察，以及对马克思、恩格斯的重要著作所作的评价，对研究马克思主义发展史具有重要意义。列宁指出：“马克思主义是马克思的观点和学说的体系。”恩格斯作为马克思的合作者也有积极的贡献。列宁在阐述马克思主义的主要内容时，强调指出：“马克思学说中的主要的一点，就是阐明了无产阶级作为社会主义社会创造者的世界历史作用”；马克思和恩格斯对工人阶级的功绩，主要是“他们教会了工人阶级自我认识和自我意识，用科学代替了幻想”。

2. 阐述了马克思主义的理论渊源和内在结构。列宁指出：“马克思学说具有无限力量，就是因为它正确。”马克思主义是在批判继承19世纪人类创造的优秀成果的基础上产生的。它的主要理论来源是：德国古典哲学、英国古典政治经济学和法国社会主义学说。社会科学史清楚地表明：“马克思主义同‘宗派主义’毫无相似之处，它绝不是离开世界文明发展大道而产生的一种故步自封、僵化不变的学说”。马克思主义的三个组成部分是：完备的哲学唯物主义、以剩余价值学说为基石的经济学说和科学社会主义。列宁特别强调：“马克思的历史唯物主义是科学思想中的最大成果”；“马克思的哲学是完备的哲学唯物主义，它把伟大的认识工具给了人类，特别是给了工人阶级”。

3. 阐明马克思主义在斗争中发展的原则。回顾马克思主义的产生和发展的历史，列宁强调了这一学说的鲜明的阶级性，决定了“在其生命的途程中每走一步都得经过战斗”。马克思主义的发展以及它在工人阶级中的传播和扎根，必然使资产阶级对马克思主义的攻击更加频繁，更加剧烈。列宁在总结马克思主义在斗争中发展的历史经验时指出：“马克思主义在理论上的胜利，逼得它的敌人装扮成马克思主义者，历史的辩证法就是如此……”因此，必须学会识别“马克思主义内部”的“反马克思主义派别”，并正确地与其开展斗争。这一派别在当时就是伯恩施坦修正主义。

4. 揭示伯恩施坦修正主义产生的阶级和时代根源，批判其错误的理论主张。列宁指出，在哲学方面，伯恩施坦鼓吹用新康德主义“补充”和代替马克思主义哲学，反对马克思的哲学唯物主义，用“简单的”（和平静的）“演进”去代替“狡猾的”（和革命的）辩证法，竭力把宗教变成对无产阶级政党来说是“私人的事情”。在经济学方面，他们否认马克思的剩余价值学说，认为垄断能够消除资本主义危机。在政治方面，反对马克思的阶级斗争、无产阶级革命和无产阶级专政学说，主张资本主义和平长入社会主义。修正主义的政策特征是：临时应付，迁就眼前的事变，迁就微小的政治变动，忘记无产阶级的根本利益，忘记整个资本主义制度、整个资本主义演进的基本特点，“为了实际的或假想的一时的利益而牺牲无产阶级的根本利益，——这就是修正主义的政策”。列宁强调，只有积极正确地开展反对修正主义的斗争，无产阶级革命事业才能健康向前发展。

5. 提出创造性地应用和发展马克思主义的原则。恩格斯指出，马克思的

“学说不是教条，而是行动的指南。”列宁强调，这就说明马克思主义是在实践中产生的，必须随着实践的发展而发展。如果忽视了这一点，“就会把马克思主义变成一种片面的、畸形的、僵死的东西，就会抽掉马克思主义的活的灵魂，就会破坏它的根本的理论基础——辩证法，即关于包罗万象和充满矛盾的历史发展的学说，就会破坏马克思主义同时代的一定实际任务，即可能随着每一次新的历史转变而改变的一定实际任务之间的联系”。这样，马克思主义就会失去生命力。

6. 科学地说明马克思学说的历史命运。列宁将《共产党宣言》发表以后世界历史的发展分为三个时期：(1) 从 1848 年欧洲革命到 1871 年巴黎公社；(2) 从巴黎公社到俄国 1905 年革命；(3) 1905 年革命以后。每个时期的世界事变进程，都使马克思主义获得新的证明和新的胜利。在这个过程中，马克思主义的发展有高潮，也有低潮。在暂时的低潮时期，捍卫马克思主义的基本理论、创造性地发展马克思主义，具有重要意义。列宁科学地预见到马克思主义对修正主义的思想斗争，将是“无产阶级所进行的伟大革命战斗的序幕”。

原著

马克思主义和修正主义[1]

（1908 年 4 月 3 日〔16 日〕以前）

有一句著名的格言说：几何公理要是触犯了人们的利益，那也一定会遭到反驳的。自然史理论触犯了神学的陈腐偏见，引起了并且直到现在还在引起最激烈的斗争。马克思的学说直接为教育和组织现代社会的先进阶级服务，指出这一阶级的任务，并且证明现代制度由于经济的发展必然要被新的制度所代替，因此这一学说在其生命的途程中每走一步都得经过战斗，也就不足为奇了。

官方教授按官方意图讲授资产阶级的科学和哲学，是为了愚弄那些出身于有产阶级的青年，为了"训练"他们去反对内外敌人，关于这种科学和哲学没有什么可说的。这种科学对马克思主义连听都不愿听，就宣布马克思主义已经被驳倒，已经被消灭。无论是借驳斥社会主义来猎取名利的青年学者，或者是死抱住各种陈腐"体系"的遗教不放的龙钟老朽，都同样卖力地攻击马克思。马克思主义的发展、马克思主义思想在工人阶级中的传播和扎根，必然使资产阶级对马克思主义的这种攻击更加频繁，更加剧烈，而马克思主义每次被官方的科学"消灭"之后，却愈加巩固，愈加坚强，愈加生气勃勃了。

就是在那些同工人阶级的斗争有联系而且主要在无产阶级中间流传的学说中，马克思主义也远远不是一下子就巩固了自己的地位的。马克思主义在它存在的头半个世纪中（从 19 世纪 40 年代起）一直在同那些与它根本敌对的理论进行斗争。在 40 年代前 5 年，马克思和恩格斯清算了站在哲学唯心主义立场上的激进青年黑格尔派[2]。40 年代末，在经济学说方面进行了反对蒲鲁东主义[3]的斗争。50 年代完成了这个斗争，批判了在狂风暴雨的 1848 年显露过头角的党派和学说。60 年代，斗争从一般的理论方面转移到更接近于直接工人运动的方面：从国际中清除巴枯宁主义[4]。70 年代初在德国名噪一时的是蒲鲁东主义者米尔柏格，70 年代末则是实证论者杜林。但是他们两人对无产阶级的影响都已经微不足道了。马克思主义已经绝对地战胜了工人运动中的其他一切思想体系。

到上一世纪 90 年代，这一胜利大体上完成了。甚至在蒲鲁东主义传统保持得最久的罗马语各国[5]工人政党实际上也把自己的纲领和策略建立在马克思主义的基础上。重新恢复起来的国际工人运动组织，即定期举行的国际代表大会，几乎没有经过什么斗争就立即在一切重大问题方面都站到马克思主义立场上来了。但是，在马克思主义把一切比较完整的、同马克思主义相敌对的学说排挤出去以后，这些学说所表现的倾向就开始给自己另找出路。斗争的形式和起因改变了，但是斗争还在继续。马克思主义创立以后的第二个 50 年（从 19 世纪 90 年代起）一开始就是同马克思主义内部的一个反马克思主义派别进行斗争。

这个派别因前正统的马克思主义者伯恩施坦而得名，因为伯恩施坦叫嚣得最厉害，最完整地表达了对马克思学说的修正，对马克思学说的修改，即修正主义。甚至在俄国这样一个由于经济落后，由于被农奴制残余所蹂躏的农民占人口大多数而非马克思主义的社会主义自然会支持得最久的国家里，这个非马克思主义的社会主义也清清楚楚地在我们眼前转变成修正主义了。我们的社会民粹派无论在土地问题上（全部土地地方公有化的纲领），或者在纲领和策略的一般问题上，都不断地用对马克思学说的种种“修正”来代替他们的自成系统而同马克思主义根本敌对的旧体系的那些日益消亡、日趋没落的残余。

马克思主义以前的社会主义被击溃了。它已经不是站在自己独立的基地上而是站在马克思主义这一共同基地上，作为修正主义来继续斗争了。现在我们来看看修正主义的思想内容究竟怎样。

在哲学方面，修正主义跟在资产阶级教授的“科学”的屁股后面跑。教授们“回到康德那里去”，修正主义就跟在新康德主义者[6]后面蹒跚而行。教授们重复神父们已经说过一千遍的、反对哲学唯物主义的滥调，修正主义者就带着傲慢的微笑嘟哝着（同最新出版的手册一字不差），说唯物主义早已被“驳倒”了。教授们轻蔑地把黑格尔视作一条“死狗”①，耸肩鄙视辩证法，而自己却又宣扬一种比黑格尔唯心主义还要浅薄和庸俗一千倍的唯心主义；修正主义者就跟着他们爬到从哲学上把科学庸俗化的泥潭里面去，用“简单的”（和平静的）“演进”去代替“狡猾的”（和革命的）辩证法。教授们拿他们那些唯心主义的和“批判的”体系去适应占统治地位的中世纪“哲学”（即神学），以酬报官家给的俸禄，修正主义者就向他们靠拢，竭力把宗教变成“私人的事情”，不是对现代国家来说而是对先进阶级的政党来说的“私人的事情”。

对马克思学说的这种“修正”的真正的阶级意义是什么，这无须加以说明，因为这是不说自明的。我们仅仅指出，在国际社会民主党中，普列汉诺夫是从彻底的辩证唯物主义观点批判过修正主义者在这方面大肆散播的庸俗不堪的滥调的唯一马克思主义者。坚决地着重指出这一点现在尤其必要，因为现在

---

① 参看《马克思恩格斯全集》第 23 卷第 24 页。——编者注

有些人极其错误地企图以批判普列汉诺夫在策略上的机会主义为幌子来偷运陈腐反动的哲学垃圾①。

谈到政治经济学，首先应当指出，修正主义者在这一方面所作的“修正”更广泛详细得多，他们竭力用“经济发展的新材料”来影响公众。他们说，集中和大生产排挤小生产的过程，在农业方面根本没有发生，而在商业和工业方面也进行得极其缓慢。他们说，现在危机已经比较少见、比较微弱了，卡特尔和托拉斯大概会给资本提供根本消除危机的可能。他们说，资本主义正在走向崩溃的“崩溃论”是站不住脚的，因为阶级矛盾有减弱和缓和的趋势。最后他们说，就连马克思的价值理论也不妨按照柏姆-巴维克的观点来加以纠正。

在这些问题上同修正主义者的斗争，正像20年前恩格斯同杜林的论战一样，使国际社会主义运动的理论思想有了颇见成效的活跃。人们用事实和统计数字分析了修正主义者的论据，证明了修正主义者一贯地粉饰现代小生产。不仅在工业中，而且在农业中，大**生产**在技术方面和经营方面都比小生产占优势的事实，由无可辩驳的材料证实了。但是在农业中，商品生产的发展要弱得多，而现代的统计学家和经济学家通常都不大善于特别注意那些表明农业愈来愈卷入世界经济**交换**的农业专业部门（有时甚至是专门的作业）。在自然经济的废墟上，小生产是靠营养不断恶化，经常挨饿，延长工作日，家畜质量及其饲养情况恶化，总之，是靠手工业生产用来对抗资本主义工场手工业的那些手段来维持的。科学和技术每前进一步，都必不可免地、毫不留情地破坏资本主义社会内的小生产的基础，而社会主义经济学的任务是研究这一过程所表现的往往是错综复杂的一切形式，是向小生产者证明，他们在资本主义制度下不可能支持下去，农民经济在资本主义制度下没有出路，农民必须接受无产者的观点。从学术上来说，修正主义者在这个问题上的毛病，是他们对一些片面抽出的事实作肤浅的概括，而没有把它们同整个资本主义制度联系起来看；从政治上来说，他们的毛病就是不管有意还是无意，势必号召农民或推动农民去接受业主的观点（即资产阶级的观点），而不是推动他们去接受革命无产者的观点。

在危机论和崩溃论方面，修正主义的情况更糟。只有在极短促的时间内，只有最近视的人，才会在几年的工业高涨和繁荣的影响下，想要改造马克思学说的原理。现实很快就向修正主义者表明，危机的时代并没有过去：在繁荣之

---

① 见波格丹诺夫、巴扎罗夫等人合著的《关于马克思主义哲学的论丛》**7**。分析这本书不是本文的任务，我现在只声明一点：在最近的将来，我要写几篇论文或专门写一本小册子来说明，本文中关于新康德派修正主义者所说的**一切**，实质上也适用于这些“新的”新休谟派和新贝克莱派修正主义者。（见《列宁选集》第2卷，人民出版社1995年版，第12—240页。——编者注）

后，接着就来了危机。各个危机的形式、次序和情景是改变了，但是危机仍然是资本主义制度的不可避免的组成部分。卡特尔和托拉斯把生产联合起来了，但是大家都看到，它们同时又使生产的无政府状态变本加厉，使无产阶级的生活更加没有保障，资本的压迫更加严重，从而使阶级矛盾尖锐到空前的程度。最新的巨型托拉斯恰恰特别清楚、特别广泛地表明资本主义正在走向崩溃，不管这是指一次次政治危机和经济危机，还是指整个资本主义制度的完全崩溃。不久前美国的金融危机，全欧洲失业人数惊人的增加，更不用说有许多迹象预示快要到来的工业危机，——这一切使大家都忘记了修正主义者不久以前的“理论”，似乎连许多修正主义者自己也忘记了。但是这种知识分子的不坚定性给工人阶级的教训，是不应当忘记的。

关于价值理论，要说的只有一点，就是除了一些柏姆-巴维克式的异常模糊的暗示和叹息，修正主义者在这方面根本没有拿出什么东西来，所以对学术思想的发展也没有留下任何痕迹。

在政治方面，修正主义确实想修正马克思主义的基础，即阶级斗争学说。他们说，政治自由、民主和普选权正在消灭阶级斗争的根据，并且使《共产党宣言》里的工人没有祖国[①]这个旧原理变得不正确了。他们说，在民主制度下，既然是“多数人的意志”起支配作用，那就不能把国家看作阶级统治的机关，也不能拒绝同进步的社会改良派资产阶级实行联合去反对反动派。

毫无疑义，修正主义者的这些反对意见，是一个相当严整的观点体系，即大家早已知道的自由派资产阶级的观点体系。自由派总是说，资产阶级议会制度正在消灭阶级和阶级的划分，因为一切公民都毫无差别地拥有投票的权利，参与国家事务的权利。19 世纪下半叶的全部欧洲史和 20 世纪初的全部俄国革命史，都很清楚地表明这种观点是多么荒谬。在“民主制的”资本主义的自由下，经济上的差别并没有缩小，而是日益扩大，日益加深。议会制度并没有消除最民主的资产阶级共和国作为阶级压迫机关的本质，而是不断暴露这种本质。议会制度有助于教育和组织比先前积极参加政治事变的人多得多的广大居民群众，但是这不会消除危机和政治革命，只会在这种革命发生时使国内战争达到最激烈的程度。1871 年春天的巴黎事变和 1905 年冬天的俄国事变，已经再明显不过地表明这种激烈的情况是必然要到来的。法国资产阶级连一秒钟都没有犹豫，立刻就同全民族的敌人，同蹂躏其祖国的外国军队勾结起来镇压无产阶级运动。谁不懂得议会制度和资产阶级民主制度的不可避免的内在的辩证法会导致比先前更激烈地用群众的暴力去解决争执，那他就永远不能在这种议会制度的基地上去进行坚持原则的宣传鼓动工作，真正培养工人群众去胜利地

---

① 见《马克思恩格斯选集》第 1 卷第 270 页。——编者注

参加这种“争执”。在西欧同社会改良主义自由派、在俄国革命中同自由主义改良派（立宪民主党[8]）实行联合、妥协和联盟的经验，令人信服地表明这种妥协只能模糊群众的意识，因为这种妥协不是提高，而是降低群众斗争的真实意义，把正在斗争的人同最不能斗争、最动摇、最容易叛变的人拴在一起。法国的米勒兰主义[9]是在真正全国的广大范围内运用修正主义政治策略的最大尝试，它给修正主义作了一个使全世界无产阶级永远不会忘记的实际评价。

修正主义对社会主义运动的最终目的所抱的态度，是它的经济倾向和政治倾向的自然补充。“运动就是一切，最终目的算不了什么”，伯恩施坦的这句风行一时的话，要比许多长篇大论更能表明修正主义的实质。临时应付，迁就眼前的事变，迁就微小的政治变动，忘记无产阶级的根本利益，忘记整个资本主义制度、整个资本主义演进的基本特点，为了实际的或假想的一时的利益而牺牲无产阶级的根本利益，——这就是修正主义的政策。从这一政策的实质可以清楚地知道这一政策可能采取各种各样的形式，而每一个稍微“新颖的”问题、每一次稍微出人意料和没有预见到的局势变动（即使这种变动只是在极小的程度上和最短的时期内改变了发展的基本路线），都不可避免地要引起某种形式的修正主义。

修正主义的不可避免，决定于它在现代社会中的阶级根源。修正主义是国际现象。每一个稍有见识、稍有头脑的社会主义者都丝毫不会怀疑：德国正统派和伯恩施坦派、法国盖得派[10]和饶勒斯派[11]（现在尤其是布鲁斯派[12]）、英国社会民主联盟[13]和独立工党[14]、比利时布鲁凯尔和王德威尔得、意大利整体派[15]和改良派、俄国布尔什维克和孟什维克的关系实质上到处都一样，虽然按所有这些国家的现状来说，民族条件和历史因素极不相同。当前国际社会主义运动内部的“分化”，在世界上不同的国家里现在实质上已经是按**同一条**路线进行的，这表明比30—40年前有了一个巨大的进步，因为那时在不同的国家里相互斗争的是统一的国际社会主义运动内部的不同类型的倾向。现在在罗马语各国出现的“革命工团主义”[16]这种“来自左面的修正主义”也趋附马克思主义，同时又对它加以“纠正”：意大利的拉布里奥拉、法国的拉葛德尔总是不求助于过去被人误解的马克思学说，而求助于现在被人正确理解的马克思学说。

我们在这里不可能分析**这种**修正主义的思想内容，它还远不如机会主义的修正主义那样成熟，还没有国际化，还没有经受过同任何一国社会党的实际的大搏斗。因此，我们在这里只分析上述那种“来自右面的修正主义”。

为什么修正主义在资本主义社会中是不可避免的呢？为什么它的根源比民族特点的差别和资本主义发展程度的差别还要深呢？因为在任何资本主义国家里，在无产阶级身旁总是有广泛的小资产者阶层，即小业主阶层。资本主义过去是从小生产中产生的，现在也还在不断地从小生产中产生出来。资本主义必然要重新产生许多“中间阶层”（工厂附属物，如家庭劳动以及适应大工业如自行车工业和汽车工业的需要而散布在全国的小作坊等等）。这些新的小生产者同样必然要被重新抛入无产阶级的队伍。十分自然，小资产阶级世界观也就会不断渗入广大工人政党的队伍。十分自然，情况只能如此，而且一直到无产阶级革命发生急剧变化的时候还会如此，因为，那种认为必须在大多数人口“完全”无产阶级化以后才能实现无产阶级革命的想法，是极其错误的。目前我们往往只是在思想领域经历的事情，即同理论上修正马克思学说的人进行的争论，目前在实践上只是在工人运动某些局部问题上暴露出来的事情，即同修正主义者的策略分歧，以及由此而发生的分裂，在将来无产阶级革命发生时工人阶级还一定会在大得无可比拟的规模上再次经历到，因为无产阶级革命将使一切争论问题尖锐化，将把一切分歧都集中到对决定群众的行动有最直接意义的几点上，将迫使人们在斗争高潮中分清敌友，抛开坏的同盟者，以便给敌人以决定性的打击。

19 世纪末革命马克思主义对修正主义的思想斗争，只是不顾小市民的种种动摇和弱点而向着本阶级事业的完全胜利迈进的无产阶级所进行的伟大革命战斗的序幕。

载于 1908 年圣彼得堡出版的《卡尔·马克思（1818—1883）》文集

选自《列宁全集》第 2 版第 17 卷第 11—19 页。

论马克思主义历史发展中的几个特点

（1910 年 12 月 23 日〔1911 年 1 月 5 日〕）

恩格斯在谈到他本人和他那位著名的朋友时说过：我们的学说不是教条，而是行动的指南。这个经典性的论点异常鲜明有力地强调了马克思主义的往往被人忽视的那一方面。而忽视那一方面，就会把马克思主义变成一种片面的、畸形的、僵死的东西，就会抽掉马克思主义的活的灵魂，就会破坏它的根本的理论基础——辩证法即关于包罗万象和充满矛盾的历史发展的学说，就会破坏马克思主义同时代的一定实际任务，即可能随着每一次新的历史转变而改变的一定实际任务之间的联系。

正是现在，在那些关心马克思主义在俄国的命运的人们中间，往往有一些人恰恰忽视了马克思主义的这一方面。然而谁都知道，俄国近年来发生的急剧变化异常迅速、异常剧烈地改变了形势，改变了迫切地、直接地决定着行动条件，因而也决定着行动任务的社会政治形势。当然我所说的并不是总的基本的任务，只要各阶级间的根本的对比关系没有改变，这样的任务是不会随着历史出现转折而改变的。非常明显，俄国经济（不仅是经济）演进的总趋势，也像俄国社会各个阶级间的根本的对比关系一样，近几年，比如说近六年来并没有改变。

但是在这一时期，因为具体的社会政治形势改变了，迫切的直接行动的任务也有了极大的改变，**因此**，马克思主义这一活的学说的**各个不同**方面也就**不能不**分别提到首要地位。

为了说明这个意思，我们且看看近六年来具体的社会政治形势发生了什么变化。我们马上就可以很明显地看到这个时期划分为两个三年，前三年大约在1907年夏季结束，后三年大约在1910年夏季结束。从纯理论的角度来看，前三年的特征是俄国国家制度的基本特点发生了迅速的变化，而且这些变化的进展很不平衡，向两边摆动的幅度很大。"上层建筑"的这些变化的社会经济基础，就是俄国社会的**各个**阶级在**各个不同**舞台上的活动（杜马内外的活动、出版、结社、集会等等），这些活动的形式之公开，力量之雄厚，规模之巨大，在历史上是罕见的。

反之，后三年的特征（我们再说一遍，这里也是只从纯理论的"社会学的"角度来看）则是演进十分缓慢，几乎等于停滞不动。在国家制度方面没有发生任何比较显著的变化。前一时期**各个阶级**展开各种公开的和多方面的活动的"舞台"，现在大多数都完全没有或者几乎完全没有这种活动了。

这两个时期的相同之处在于：俄国的演进在前后两个时期都仍旧是先前的、资本主义的演进。这种经济演进同现存的许多中世纪的封建制度之间的矛盾并没有消除，这个矛盾还是同从前一样，并没有因为某种局部的资产阶级的内容渗入这些或那些个别制度而缓和，反而更加尖锐了。

这两个时期的不同之处在于：前一时期摆在历史活动的舞台最前面的问题，是上述那些迅速的、不平衡的变化究竟会引起什么结果。由于俄国的演进具有资本主义的性质，这些变化的内容也就不能不是资产阶级的。但是有各种各样的资产阶级。采取某种温和的自由主义立场的中等资产阶级和大资产阶级，由于自身的阶级地位而害怕剧烈的变化，力求在土地制度和政治的"上层建筑"方面保存大量旧制度的残余。农村小资产阶级是同"自食其力"的农民交织在一起的，因此它不能不力求实现**另一种**资产阶级的改革，给一切中世纪的旧东西保留的余地要少得多。雇佣工人既然自觉地对待自己周围所发生的一切，就不能不对这两种不同趋向的冲突采取明确的态度，因为这两种不同的趋向虽然都仍没有超出资产阶级制度的范围，但是它们所决定的资产阶级制度的形式及其发展速度和进步影响所波及的广度是完全不同的。

可见在过去的三年，通常称作策略问题的那些问题被提到马克思主义的首要地位并不是偶然的，而是必然的。形形色色的路标派分子认为，由这些问题所引起的争论和分歧，似乎是“知识分子的”争论，是“争取对不成熟的无产阶级施加影响的斗争”，是“知识分子适应无产阶级”的表现，没有再比这种意见更其错误的了。恰恰相反，正因为无产阶级已经成熟，它才不能对俄国整个资产阶级发展中的两种不同趋向的冲突采取漠不关心的态度，这个阶级的思想家才不能不提出适应（直接地或间接地适应，正面地或反面地反映）这两种不同趋向的理论公式。

在后三年，俄国资产阶级发展中的两种不同趋向的冲突**没有**成为迫切问题，因为这**两种**趋向都被“死硬派”压下去了，被推到了后面，被逼了回去，被暂时湮没了。中世纪的死硬派不仅挤满了舞台的最前面，而且使资产阶级社会的最广大阶层的内心充满了路标派的情绪，充满了沮丧心情和脱离革命的思想。这时呈现出来的不是改革旧制度的两种方式的冲突，而是对任何改革的丧失信心、“顺从”和“悔罪”的心情、对反社会学说的迷恋、神秘主义的风行等等。

这种异常剧烈的变化，既不是偶然的现象，也不单是“外界”压力的结果。前一个时期使那些几辈子、几世纪以来一直不关心政治问题、不过问政治问题的居民阶层受到了极其剧烈的震动，这就自然而然地、不可避免地要产生“重新估计一切价值”，重新研究各种基本问题，重新注意理论，注意基本常识和初步知识的趋向。千百万人骤然从长梦中觉醒过来，一下子碰到许多极其重要的问题，他们不能在这个高度长久地坚持下去，他们不能不停顿一下，不能不回头去研究基本问题，不能不作一番新的准备工作，这有助于“消化”那些极其深刻的教训，使无比广大的群众能够更坚决、更自觉、更自信、更坚定地再向前进。

历史发展的辩证法就是这样：前一时期的迫切任务是在国内生活的各方面实现直接改革，后一时期的迫切任务是总结经验，使更广大的阶层掌握这种经验，使这种经验深入到所谓底层，深入到各阶级的落后群众中去。

正因为马克思主义不是死的教条，不是什么一成不变的学说，而是活的行动指南，所以它就不能不反映社会生活条件的异常剧烈的变化。这种变化的反映就是深刻的瓦解、混乱、各种各样的动摇，总而言之，就是马克思主义运动的极端严重的**内部**危机。坚决地反对这种瓦解，为捍卫马克思主义**基础**而进行坚决顽强的斗争，又成为当前的迫切任务了。在规定自己的任务时不能离开马克思主义的那些阶级的最广大阶层，在前一时期极片面地、极反常地领会了马克思主义，死记硬背了某些“口号”和某些策略问题的答案，而并**不理解**这些答案中的马克思主义的准则。在社会生活各方面“重新估计一切价值”，结果就引起了对马克思主义的最抽象和最一般的哲学基本原理的“修正”。带着各种唯心主义色彩的资产阶级哲学的影响，表现在马克思主义者中间的马赫主义的流行病上。重复那些背得烂熟、但并不理解、也没有经过思考的“口号”，结果就使得空谈盛行，这种空谈实际上完全是非马克思主义的小资产阶级思潮：如露骨的或者羞羞答答的“召回主义”[17]，又如把召回主义认为是马克思主义的“一种合理的色彩”。

另一方面，遍及资产阶级最广大阶层的路标主义精神和脱离革命的思想，也渗透到力图把马克思主义的理论与实践纳入“温和谨慎”的轨道的那个思潮中去了。马克思主义在这里所剩下的已经只是用来掩盖浸透了自由主义精神的关于“等级制度”和“领导权”等等议论的词句了。

本文的目的当然不是研究这些议论。仅仅指出这些议论，就足以说明前面讲到的马克思主义运动经受的危机的深重，以及这种危机同现在整个社会经济形势的联系。对这种危机所引起的问题避而不谈是不行的。企图用空谈来回避这些问题，是最有害的、最无原则的。现在，由于资产阶级的影响遍及马克思主义运动中的各种各样的“同路人”，使马克思主义的理论基础和基本原理受到了来自截然相反的各方面的曲解，因此团结**一切**意识到危机的深重和克服危机的必要性的马克思主义者来共同捍卫马克思主义的理论基础和基本原理，是再重要不过的了。

前三年唤起了广大阶层自觉地投入社会生活，这些阶层往往是现在才第一次开始真正认识马克思主义。针对这种情况，资产阶级的刊物炮制了比过去多得多的荒谬言论，而且散布得也更加广泛。在这种条件下，马克思主义运动中的瓦解是特别危险的。因此，弄明白目前必然发生这种瓦解的原因，并且团结起来同这种瓦解进行彻底的斗争，的的确确是马克思主义者的时代任务。

载于1910年12月23日《明星报》
第2号

选自《列宁全集》第2版第20卷
第84—89页

马克思学说的历史命运[18]

（1913年3月1日〔14日〕）

马克思学说中的主要的一点，就是阐明了无产阶级作为社会主义社会创造者的世界历史作用。自马克思阐述这个学说以后，全世界的事态发展是不是已经证实了这个学说呢？

马克思首次提出这个学说是在 1844 年。马克思恩格斯合著的，于 1848 年问世的《共产党宣言》，已对这个学说作了完整的、系统的、至今仍然是最好的阐述。从这时起，世界历史显然分为三个主要时期：（1）从 1848 年革命到巴黎公社（1871 年）；（2）从巴黎公社到俄国革命（1905 年）；（3）从这次俄国革命至今。

现在我们来考察一下马克思学说在每个时期的命运。

一

在第一个时期的开头，马克思学说决不是占统治地位的。它不过是无数社会主义派别或思潮中的一个而已。当时占统治地位的，是那些基本上同我国民粹主义相似的社会主义：它们不懂得历史运动的唯物主义原理，不能分别说明资本主义社会中每个阶级的作用和意义，并且用各种貌似社会主义的关于"人民"、"正义"、"权利"等等的词句来掩盖各种民主变革的资产阶级实质。

1848 年革命给了马克思**以前**的所有这些喧嚣一时、五花八门的社会主义形式以致命的打击。各国的革命使社会各阶级**在行动中**显露出自己的面目。共和派资产阶级在巴黎 1848 年 6 月的那些日子里枪杀工人，最终证明**只有**无产阶级具有社会主义本性。自由派资产阶级害怕这个阶级的独立行动，比害怕任何反动势力还要厉害百倍。怯懦的自由派在反动势力面前摇尾乞怜。农民以废除封建残余为满足，转而支持现存秩序，只是间或动摇于**工人民主派和资产阶级自由派**之间。一切关于**非**阶级的社会主义和**非**阶级的政治的学说，都是胡说八道。

巴黎公社（1871 年）最终结束了资产阶级变革的这一发展过程；只是靠无产阶级的英勇，共和制这种最明显地表现出阶级关系的国家组织形式才得以巩固下来。

在欧洲所有的其他国家，比较错综复杂和不那么彻底的发展过程也导致同样的资产阶级社会的形成。到第一个时期（1848—1871 年）即风暴和革命时期的末尾，马克思以前的社会主义已**奄奄一息**。独立的**无产阶级**政党——第一国际（1864—1872 年）和德国社会民主党诞生了。

二

第二个时期（1872—1904 年）同第一个时期的区别，就是它带有"和平性质，没有发生革命。西方结束了资产阶级革命。东方还没有成熟到实现这种革命的程度。

西方进入了为未来变革的时代作"和平"准备的阶段。到处都在形成就其主要成分来说是无产阶级的社会主义政党，这些政党学习利用资产阶级议会制，创办自己的日报，建立自己的教育机构、自己的工会和自己的合作社。马克思学说获得了完全的胜利，并且**广泛传播开来**。挑选和集结无产阶级的力量、使无产阶级作好迎接未来战斗的准备的过程，正在缓慢而持续地向前发展。

马克思主义在理论上的胜利，逼得它的敌人**装扮成**马克思主义者，历史的辩证法就是如此。内里腐朽的自由派，试图在社会主义的**机会主义**形态下复活起来。他们把为伟大的战斗准备力量的时期解释成放弃这种战斗。他们把改善奴隶的生活状况以便去同雇佣奴隶制作斗争解释成奴隶们为了几文钱而出卖自己的自由权。他们怯懦地宣扬"社会和平"（即同奴隶制讲和平），宣扬背弃阶级斗争，等等。在社会党人议员中间，在工人运动的各种官员以及知识分子"同情者"中间，他们有很多信徒。

三

当机会主义者还在对"社会和平"赞不绝口，还在对实行"民主制"可以避免风暴赞不绝口的时候，极大的世界风暴的新的发源地已在亚洲出现。继俄国革命之后，发生了土耳其、波斯和中国的革命。我们现在正处在这些风暴以及它们"反过来影响"欧洲的时代。不管各种"文明"豺狼现在切齿痛恨的伟大的中华民国的命运如何，世界上的任何力量也不能恢复亚洲的旧的农奴制度，不能铲除亚洲式和半亚洲式国家中的人民群众的英勇的民主精神。

有些人不注意群众斗争进行准备和得以发展的条件，看到欧洲反资本主义的决战长时间地推迟，就陷入绝望和无政府主义。现在我们看到，这种无政府主义的绝望是多么近视，多么懦弱。

八亿人民的亚洲投入了为实现和欧洲相同的理想的斗争，从这个事实中应当得到的不是绝望，而是振奋。

亚洲各国的革命同样向我们揭示了自由派的毫无气节和卑鄙无耻，民主派群众独立行动的特殊意义，无产阶级和一切资产阶级之间分明的界限。有了欧亚两洲的经验，谁若还说什么**非**阶级的政治和**非**阶级的社会主义，谁就只配关在笼子里，和澳洲袋鼠一起供人观赏。

欧洲也跟着亚洲行动起来了，不过不是按照亚洲的方式。1872—1904 年的"和平"时期已经一去不复返了。物价的飞涨和托拉斯的压榨已使经济斗争空前尖锐化，这甚至使那些受自由派腐蚀最深的英国工人也行动起来了。就是在德国这个最"顽固的"资产阶级容克国家里，政治危机也在迅速成熟。疯狂的扩充军备和帝国主义政策，使得目前欧洲的"社会和平"活像一桶火药。而**一切**资产阶级政党的解体和无产阶级的成熟的过程正在持续地进行。

自马克思主义出现以后，世界历史的这三大时期中的每一个时期，都使它获得了新的证明和新的胜利。但是，即将来临的历史时期，定会使马克思主义这个无产阶级的学说获得更大的胜利。

载于 1913 年 3 月 1 日《真理报》第 50 号

选自《列宁全集》第 2 版第 23 卷第 1—4 页

马克思主义的三个来源和三个组成部分[19]

（1913 年 3 月）

马克思学说在整个文明世界中引起全部资产阶级科学（官方科学和自由派科学）极大的仇视和憎恨，这种科学把马克思主义看作某种“有害的宗派”。也不能期望有别的态度，因为建筑在阶级斗争上的社会是不可能有“公正的”社会科学的。**全部**官方的和自由派的科学都这样或那样地为雇佣奴隶制**辩护**，而马克思主义则对这种奴隶制宣布了无情的战争。期望在雇佣奴隶制的社会里有公正的科学，正像期望厂主在应不应该减少资本利润来增加工人工资的问题上会采取公正态度一样，是愚蠢可笑的。

不仅如此，哲学史和社会科学史都十分清楚地表明：马克思主义同“宗派主义”毫无相似之处，它绝不是**离开**世界文明发展大道而产生的一种故步自封、僵化不变的学说。恰恰相反，马克思的全部天才正是在于他回答了人类先进思想已经提出的种种问题。他的学说的产生正是哲学、政治经济学和社会主义极伟大的代表人物的学说的直接**继续**。

马克思学说具有无限力量，就是因为它正确。它完备而严密，它给人们提供了决不同任何迷信、任何反动势力、任何为资产阶级压迫所作的辩护相妥协的完整的世界观。马克思学说是人类在 19 世纪所创造的优秀成果——德国的哲学、英国的政治经济学和法国的社会主义的当然继承者。

现在我们就来简短地说明一下马克思主义的这三个来源以及它的三个组成部分。

一

马克思主义的哲学就是**唯物主义**。在欧洲全部近代史中，特别是 18 世纪末叶，在同一切中世纪废物，同农奴制和农奴制思想展开决战的法国，唯物主义成了唯一彻底的哲学，它忠于一切自然科学学说，仇视迷信、伪善行为及其他等等。因此，民主的敌人便竭尽全力来“驳倒”、败坏和诋毁唯物主义，维护那些不管怎样总是为宗教辩护或支持宗教的各种哲学唯心主义。

马克思和恩格斯最坚决地捍卫了哲学唯物主义，并且多次说明，一切离开这个基础的倾向都是极端错误的。在恩格斯的著作《路德维希·费尔巴哈》和《反杜林论》里最明确最详尽地阐述了他们的观点，这两部著作同《共产党宣言》一样，都是每个觉悟工人必读的书籍。

但是，马克思并没有停止在18世纪的唯物主义上，而是把哲学向前推进了。他用德国古典哲学的成果，特别是用黑格尔体系（它又导致了费尔巴哈的唯物主义）的成果丰富了哲学。这些成果中主要的就是**辩证法**，即最完备最深刻最无片面性的关于发展的学说，这种学说认为反映永恒发展的物质的人类知识是相对的。不管那些“重新”回到陈腐的唯心主义那里去的资产阶级哲学家的学说怎样说，自然科学的最新发现，如镭、电子、元素转化，都出色地证实了马克思的辩证唯物主义。

马克思加深和发展了哲学唯物主义，而且把它贯彻到底，把它对自然界的认识推广到对**人类社会**的认识。马克思的**历史唯物主义**是科学思想中的最大成果。过去在历史观和政治观方面占支配地位的那种混乱和随意性，被一种极其完整严密的科学理论所代替，这种科学理论说明，由于生产力的发展，如何从一种社会生活结构中发展出另一种更高级的结构，例如从农奴制中生长出资本主义。

正如人的认识反映不依赖于它而存在的自然界即发展着的物质那样，人的**社会认识**（即哲学、宗教、政治等等的不同观点和学说）反映社会的**经济制度**。政治设施①是经济基础的上层建筑。我们看到，例如现代欧洲各国的各种政治形式，都是为巩固资产阶级对无产阶级的统治服务的。

马克思的哲学是完备的哲学唯物主义，它把伟大的认识工具给了人类，特别是给了工人阶级。

二

马克思认为经济制度是政治上层建筑借以树立起来的基础，所以他特别注意研究这个经济制度。马克思的主要著作《资本论》就是专门研究现代社会即资本主义社会的经济制度的。

马克思以前的古典经济学是在最发达的资本主义国家英国形成的。亚当·斯密和大卫·李嘉图通过对经济制度的研究奠定了**劳动价值论**的基础。马克思继续了他们的事业。他严密地论证了并且彻底地发展了这个理论。他证明：任何一个商品的价值，都是由生产这个商品所消耗的社会必要劳动时间的数量决

---

① 原文为“учреждение”，是指和一定理论观点相适应的制度、组织和机构。——编者注

定的。

凡是资产阶级经济学家看到物与物之间的关系（商品交换商品）的地方，马克思都揭示了**人与人之间的关系**。商品交换表现着各个生产者之间通过市场发生的联系。**货币**意味着这一联系愈来愈密切，把各个生产者的全部经济生活不可分割地联结成一个整体。**资本**意味着这一联系进一步发展：人的劳动力变成了商品。雇佣工人把自己的劳动力出卖给土地、工厂和劳动工具的占有者。工人用工作日的一部分来抵偿维持本人及其家庭生活的开支（工资），工作日的另一部分则是无报酬地劳动，为资本家创造**剩余价值**，这也就是利润的来源，资本家阶级财富的来源。

剩余价值学说是马克思经济理论的基石。

工人的劳动所创造的资本压迫工人，使小业主破产，造成失业大军。大生产在工业中的胜利是一眼就能看到的，但是在农业中我们也看到同样的现象：资本主义大农业的优势日益扩大，采用机器愈来愈广泛，农民经济纷纷落入货币资本的绞索，由于技术落后而日益衰败和破产。在农业方面，小生产的衰败的形式虽然不同，但是它的衰败也是无可争辩的事实。

资本打击小生产，同时使劳动生产率不断提高，并且造成大资本家同盟的垄断地位。生产本身日益社会化，使几十万以至几百万工人联结成一个有条不紊的经济机体，而共同劳动的产品却被一小撮资本家所占有。生产的无政府状态愈来愈严重，危机日益加深，争夺市场的斗争愈来愈疯狂，人民群众的生活愈来愈没有保障。

资本主义制度在使工人愈来愈依赖资本的同时，创造着联合劳动的伟大力量。

马克思考察了资本主义的发展过程，从商品经济的最初萌芽，从简单的交换一直到资本主义的高级形式，到大生产。

一切资本主义国家（无论老的或新的）的经验，使工人中一年比一年多的人清楚地看到了马克思这一学说的正确性。

资本主义在全世界获得了胜利，但是这一胜利不过是劳动对资本的胜利的前阶。

三

当农奴制被推翻，“**自由**”资本主义社会出现的时候，一下子就暴露出这种自由意味着压迫和剥削劳动者的一种新制度。于是反映这种压迫和反对这种压迫的各种社会主义学说就立刻产生了。但是最初的社会主义是**空想**社会主义。这种社会主义批判资本主义社会，谴责它，咒骂它，幻想消灭它，臆想较好的制度，劝富人相信剥削是不道德的。

但是空想社会主义没有能够指出真正的出路。它既不会阐明资本主义制度下雇佣奴隶制的本质，又不会发现资本主义发展的规律，也不会找到能够成为新社会的创造者的**社会力量**。

然而，在欧洲各国，特别是在法国，导致封建制度即农奴制崩溃的汹涌澎湃的革命，却日益明显地揭示了**阶级斗争**是整个发展的基础和动力。

战胜农奴主阶级而赢得政治自由，没有一次不遇到拼命的反抗。没有一个资本主义国家，不是经过资本主义社会各阶级间你死我活的斗争，才在比较自由和民主的基础上建立起来。

马克思的天才就在于他最先从这里得出了全世界历史所提示的结论，并且彻底地贯彻了这个结论。这个结论就是**阶级斗争**学说。

只要人们还没有学会透过任何有关道德、宗教、政治和社会的言论、声明、诺言，揭示出这些或那些阶级的**利益**，那他们始终是而且会永远是政治上受人欺骗和自己欺骗自己的愚蠢的牺牲品。只要那些主张改良和改善的人还不懂得，任何一个旧设施，不管它怎样荒谬和腐败，都由某些统治阶级的势力在支撑着，那他们总是会受旧事物拥护者的愚弄。要粉碎这些阶级的反抗，**只有一个**办法，就是必须在我们所处的社会中找出一种力量，教育它和组织它去进行斗争，这种力量可以（而且按它的社会地位来说**应当**）成为能够除旧立新的力量。

只有马克思的哲学唯物主义，才给无产阶级指明了如何摆脱一切被压迫阶级至今深受其害的精神奴役的出路。只有马克思的经济理论，才阐明了无产阶级在整个资本主义制度中的真正地位。

在全世界，从美洲到日本，从瑞典到南非，无产阶级的独立组织正在不断增加。无产阶级一面进行阶级斗争，一面受到启发和教育，他们逐渐摆脱资产阶级社会的偏见，日益紧密地团结起来并且学习怎样衡量自己的成绩，他们正在锻炼自己的力量并且在不可遏止地成长壮大。

载于1913年3月《启蒙》杂志
第3期

选自《列宁全集》第2版第23卷
第41—48页

卡尔·马克思

（传略和马克思主义概述）（节选）[20]

（1914年11月）

序　　言

现在用单行本出版的《卡尔·马克思》一文，是我在1913年（根据我的记忆）为格拉纳特词典写的。原来文末附有相当详细的、多半是外文的、论述马克思的书目。这个书目没有编进本版。其次，词典编辑部考虑到书报检查，又把本文结尾阐述马克思的革命策略的部分删去了。可惜在这里我无法把结尾部分再加进去，因为原稿留在克拉科夫或瑞士我的某些文稿中。我只记得，在文章的结尾部分，我还引用了1856年4月16日马克思给恩格斯的信中的两句话："德国的全部问题将取决于是否有可能由某种再版的农民战争来支持无产阶级革命。如果那样就太好了。"①这就是我们的孟什维克从1905年起就没有能理解的地方，而现在，他们已完全背叛社会主义而投到资产阶级方面去了。

尼·列宁

1918年5月14日于莫斯科

马克思，卡尔　1818年公历5月5日生于特里尔城（莱茵普鲁士）。他的父亲是一位律师，犹太人，1824年加入新教。这个家庭是富裕的，有教养的，但不是革命的。马克思在特里尔中学毕业后，先后入波恩和柏林的大学攻读法学，但他研究得最多的是历史和哲学。1841年大学毕业时提交了一篇论伊壁鸠鲁哲学的学位论文。马克思就其当时的观点来说，还是一个黑格尔唯心主义者。在柏林，他加入过"左派黑格尔派"（布鲁诺·鲍威尔等人）的圈子，这派人想从黑格尔哲学中作出无神论的和革命的结论。

大学毕业后，马克思迁居波恩，打算当教授。但是当时政府实行反动政策，1832年撤销路德维希·费尔巴哈的教授职务，1836年又拒绝让费尔巴哈进大学讲课，1841年又剥夺青年教授布鲁诺·鲍威尔在波恩的讲学资格，这样就迫使马克思放弃了当学者的前程。当时左派黑格尔派的观点在德国发展很快。路德维希·费尔巴哈，特别是从1836年起，开始批判神学，转向唯物主义，到

① 见《马克思恩格斯选集》第4卷第334页。——编者注

1841 年，唯物主义在他的思想中已经完全占了上风（《基督教的本质》）；他的另一著作《未来哲学原理》于 1843 年问世。后来，恩格斯在谈到费尔巴哈的这些著作时写道：这些书的“解放作用，只有亲身体验过的人才能想象得到。”“我们〈即左派黑格尔派，包括马克思〉一时都成为费尔巴哈派了。”①这时，一些同左派黑格尔派接近的莱茵激进派资产者，在科隆创办了一个反对派的报纸《莱茵报》[21]（1842 年 1 月 1 日创刊）。马克思和布鲁诺·鲍威尔被聘为主要撰稿人。1842 年 10 月，马克思担任该报主编，并从波恩迁居科隆。该报在马克思的编辑下，革命民主倾向愈来愈明确。所以政府起初对该报进行双重的，甚至是三重的检查，后来，在 1843 年 1 月 1 日决定干脆将其查封。马克思被迫在查封之前辞职，但该报并没有因此而得救，终于在 1843 年 3 月被查封。马克思在《莱茵报》上发表的主要文章，除后面列举的（见**书目**②）以外，恩格斯还曾提到论摩泽尔河谷酿造葡萄酒的农民的状况一文[22]。办报工作使马克思感到自己的政治经济学知识不够，于是他发奋研究这门科学。

1843 年，马克思在克罗伊茨纳赫同童年时代的女友燕妮·冯·威斯特华伦结婚。马克思还在大学读书时就同她订了婚。燕妮出身于一个反动的普鲁士贵族家庭。她的哥哥曾在 1850—1858 年这个最反动的时期任普鲁士内务大臣。1843 年秋，马克思赴巴黎，此行的目的是和阿尔诺德·卢格（1802—1880 年；左派黑格尔派，1825—1830 年被监禁，1848 年以后流亡国外；1866—1870 年以后成为俾斯麦主义者）一起在国外创办一种激进的杂志。这个《德法年鉴》杂志只出了第 1 期。其所以停刊，是因为在德国秘密发行困难，加上马克思同卢格意见不合。马克思在这个杂志上发表的文章表明他已经是一个革命家。他主张“对现存的一切进行无情的批判”，尤其是“武器的批判”③；他诉诸**群众**，诉诸**无产阶级**。

1844 年 9 月，弗里德里希·恩格斯曾到巴黎小住数日，他从这时起便成为马克思最亲密的朋友。他们两人一起极其热情地投入当时巴黎各革命团体的沸腾生活（蒲鲁东的学说当时特别有影响，马克思于 1847 年在《哲学的贫困》中对它进行了彻底的清算），并在同各种小资产阶级的社会主义学说进行的尖锐斗争中创立了革命的**无产阶级社会主义**或者说共产主义（马克思主义）的理论和策略（见后面的**书目**所载的马克思在 1844—1848 年这一时期的著作）。1845 年，在普鲁士政府的坚决要求下，马克思作为一个危险的革命分子而被驱逐出巴黎。此后他迁居布鲁塞尔。1847 年春，马克思和恩格斯加入秘密宣

---

① 见《马克思恩格斯选集》第 4 卷第 218 页。——编者注

② 见《列宁全集》第 2 版第 26 卷第 83—95 页，本版选集未收人。——编者注

③ 见《马克思恩格斯全集》第 1 卷第 416 页和《马克思恩格斯选集》第 1 卷第 9 页。——编者注

传团体“共产主义者同盟”[23]，参加了该同盟的第二次代表大会（1847 年 11 月在伦敦举行）并起了突出的作用，他们受大会委托起草了 1848 年 2 月发表的著名的《共产党宣言》。这部著作以天才的透彻而鲜明的语言描述了新的世界观，即把社会生活领域也包括在内的彻底的唯物主义、作为最全面最深刻的发展学说的辩证法、以及关于阶级斗争和共产主义新社会创造者无产阶级肩负的世界历史性的革命使命的理论。

1848 年二月革命[24]爆发时，马克思被驱逐出比利时。他重返巴黎，并于三月革命[25]后，又从巴黎回到德国科隆。1848 年 6 月 1 日至 1849 年 5 月 19 日，在科隆出版了《新莱茵报》[26]；马克思任该报主编。1848—1849 年的革命事态的发展极好地证实了新的理论，后来世界各国所有的无产阶级运动和民主运动也同样证实了这一理论。得胜的反革命势力起初将马克思提交法庭审判（1849 年 2 月 9 日宣告无罪），以后又把他驱逐出德国（1849 年 5 月 16 日）。马克思先到巴黎，在 1849 年 6 月 13 日游行示威[27]后又被驱逐出巴黎，此后他移居伦敦，直到去世。

流亡生活极端困苦，这一点从马克思同恩格斯的通信（1913 年出版）[28]中可以特别清楚地看出。马克思及其一家饱受贫困的折磨。如果不是恩格斯牺牲自己而不断给予资助，马克思不但无法写成《资本论》，而且势必会死于贫困。此外，当时占优势的小资产阶级和所有非无产阶级的社会主义学说和思潮，迫使马克思经常进行无情的斗争，有时还要反驳各种穷凶极恶的人身攻击（《福格特先生》）[29]。马克思竭力避开流亡者的圈子，写了一些历史著作（见**书目**）来详细阐述自己的唯物主义理论，并主要致力于政治经济学的研究。马克思通过《政治经济学批判》（1859 年出版）和《资本论》（1867 年出版第 1 卷）这两部著作，使这门科学发生了一场革命（见后面马克思的**学说**）。

50 年代末和 60 年代民主运动复兴时期，马克思又投入实际活动。1864 年（9 月 28 日），在伦敦成立了有名的第一国际，即“国际工人协会”。马克思是这个协会的灵魂，协会的第一个《宣言》[30]以及许多决议、声明和公告都出自他的手笔。马克思把各个国家的工人运动统一起来，竭力把各种非无产阶级的即马克思主义以前的社会主义（马志尼、蒲鲁东、巴枯宁、英国的自由派工联主义、德国拉萨尔右倾分子等等）纳入共同行动的轨道，并同所有这些派别和学派的理论进行斗争，从而为各个国家的工人阶级制订了统一的无产阶级斗争策略。在 1871 年巴黎公社——马克思对它曾经作过极其深刻、准确、出色而**有影响的**、革命的分析（1871 年的《法兰西内战》）——失败之后，在巴枯宁分子使第一国际分裂之后，第一国际已无法在欧洲继续存在。在海牙国际代表大会（1872 年）[31]以后，马克思把国际总委员会移至纽约。第一国际完成了自己的历史使命，随之而来的是世界各国工人运动空前大发展的时代，即工人运

动向广度发展，以各个民族国家为基地建立**群众性的**社会主义工人政党的时代。

在第一国际中的紧张工作和更为紧张的理论研究活动，完全损坏了马克思的健康。他继续进行改造政治经济学和完成《**资本论**》的工作，为此大量收集新的资料，学习好几种语言（例如俄语），可是疾病使他没有能够写完《**资本论**》。

1881年12月2日，马克思的妻子去世。1883年3月14日，马克思静静地长眠于他的安乐椅中。他被安葬于伦敦的海格特公墓，安息在妻子的身边。马克思的子女，有几个由于当时家境十分贫困，在童年时便死于伦敦。三个女儿爱琳娜、劳拉、燕妮，分别嫁给了英国和法国的社会主义者艾威林、拉法格、龙格。燕妮的儿子是法国社会党党员。

马克思的学说

马克思主义是马克思的观点和学说的体系。马克思是19世纪人类三个最先进国家中的三种主要思潮——德国古典哲学、英国古典政治经济学以及同法国所有革命学说相联系的法国社会主义——的继承者和天才的完成者。马克思的观点极其彻底而严整，这是马克思的对手也承认的，这些观点总起来就构成作为世界各文明国家工人运动的理论和纲领的现代唯物主义和现代科学社会主义。因此，我们在阐述马克思主义的主要内容即马克思的经济学说之前，必须把他的整个世界观作一简略的叙述。

哲学唯物主义

从1844—1845年马克思的观点形成时起，他就是一个唯物主义者，首先是路·费尔巴哈的信奉者，就是到后来他还认为，费尔巴哈的弱点仅仅在于他的唯物主义不够彻底和全面。马克思认为费尔巴哈的“划时代的”世界历史作用，就在于他坚决同黑格尔的唯心主义决裂，宣扬了唯物主义，这种唯物主义早“在18世纪，特别是在法国，就不仅是反对现存政治制度的斗争，同时是反对现存宗教和神学的斗争，而且还是……反对一切形而上学〈意即与“清醒的哲学”相反的“醉熏熏的思辨”〉……的斗争”（《遗著》中的《神圣家族》）[①]。马克思写道：“在黑格尔看来，思维过程，即他称为观念而甚至把它变成独立主体的思维过程，是现实事物的创造主〈创造者、缔造者〉……我的看法则相反，观念的东西不外是移入人的头脑并在人的头脑中改造过的物质的

① 见《马克思恩格斯全集》第2卷第159页。——编者注

东西而已。”（《资本论》第1卷第2版跋[①]）弗·恩格斯在《反杜林论》一书（**见该书**，马克思看过该书的手稿）中完全以马克思的这个唯物主义哲学为依据，并阐述了这个哲学，他写道：“……”世界的统一性并不在于它的存在，而在于它的物质性，这种物质性……是由哲学和自然科学的长期的和持续的发展来证明的。……运动是物质的存在方式。无论何时何地，都没有也不可能有没有运动的物质和没有物质的运动。……如果要问：究竟什么是思维和意识，它们是从哪里来的，那么就会发现，它们都是人脑的产物，而人本身是自然界的产物，是在他们的环境中并且和这个环境一起发展起来的；不言而喻，人脑的产物，归根到底亦即自然界的产物，并不同自然界的其他联系相矛盾，而是相适应的。”“黑格尔是唯心主义者，就是说，在他看来，他头脑中的思想不是现实的事物和过程的多少抽象的反映〈Ab-bilder，意即映象，恩格斯有时还称为“印象”〉，相反地，在他看来，事物及其发展只是在世界出现以前已经在某个地方存在着的‘观念’的现实化的反映。”[②]弗·恩格斯在叙述自己和马克思对费尔巴哈哲学的看法的《路德维希·费尔巴哈》一书中（此书付排前，恩格斯重新阅读了他和马克思于1844—1845年写的论述黑格尔、费尔巴哈和唯物主义历史观的原稿）写道：“全部哲学，特别是近代哲学的重大的基本问题，是思维和存在、精神和自然界的关系问题。……什么是本原的，是精神，还是自然界？……哲学家依照他们如何回答这个问题而分成了两大阵营。凡是断定精神对自然界说来是本原的，从而归根到底承认某种创世说的人……组成唯心主义阵营。凡是认为自然界是本原的，则属于唯物主义的各种学派。”[③]在其他任何意义上运用（哲学的）唯心主义和唯物主义这两个概念，都只能造成混乱。马克思不但坚决驳斥了始终这样或那样地同宗教相连的唯心主义，而且坚决驳斥了现时特别流行的休谟观点和康德观点，即形形色色的不可知论、批判主义和实证论，认为这类哲学是对唯心主义的一种“反动的”让步，充其量是“把当众拒绝的唯物主义又羞羞答答地暗中接受过来”[④]。关于这个问题，除上面已指出的马克思和恩格斯的著作以外，还可参看1868年12月12日马克思给恩格斯的信。在这封信中，马克思谈到了著名博物学家托·赫胥黎发表的比通常“更具有唯物主义精神的”演讲，谈到了他认为“当我们真正观察和思考的时候，我们永远也不能脱离唯物主义”，但同时又斥责赫胥黎为不可知论、为休谟主义留下了“后路”。[⑤]特别应当指出马克思关于自由与必然的关系的观

---

① 见《马克思恩格斯全集》第23卷第24页。——编者注
② 见《马克思恩格斯选集》第3卷第83、98—99、74—75、64页。——编者注
③ 见《马克思恩格斯选集》第4卷第219页和第220页。——编者注
④ 见《马克思恩格斯选集》第4卷第222页。——编者注
⑤ 见《马克思恩格斯全集》第32卷第213页。——编者注

点："必然只是在它没有被了解的时候才是盲目的。自由是对必然的认识。"（恩格斯《反杜林论》）[①]这也就是承认自然界的客观规律性，承认必然向自由的辩证转化（如同尚未认识但可以认识的"自在之物"向"为我之物"转化，"物的本质"向"现象"转化一样）。马克思和恩格斯认为，"旧"唯物主义，包括费尔巴哈的唯物主义在内（更不要说毕希纳、福格特、摩莱肖特的"庸俗"唯物主义了），其主要缺点是：（1）这种唯物主义"主要是机械的"唯物主义，它没有考虑到化学和生物学（现在还应加上物质的电学理论）的最新发展；（2）旧唯物主义是非历史的、非辩证的（是反辩证法意义上的形而上学的），它没有彻底和全面地贯彻发展的观点；（3）他们抽象地理解"人的本质"，而不是把它理解为"一切社会关系的〈一定的具体历史条件下的〉总和"，所以他们只是"解释"世界，而问题却在于"改变"世界，也就是说，他们不理解"革命实践活动"的意义。[②]

辩　证　法

马克思和恩格斯认为，黑格尔辩证法这个最全面、最富有内容、最深刻的发展学说，是德国古典哲学的最大成就。他们认为，任何其他关于发展的原理、进化的原理的说法，都是片面的、内容贫乏的，只能把自然界和社会的实际发展过程（往往伴有飞跃、剧变、革命）弄得残缺不全。"可以说唯有马克思和我拯救了自觉的辩证法〈使其不致与包括黑格尔主义在内的唯心主义同被粉碎〉并且把它转为唯物主义的自然观。""自然界是检验辩证法的试金石，而且我们必须说，现代自然科学为这种检验提供了极其丰富的〈这是在镭、电子和元素转化等等发现以前写的！〉、与日俱增的材料，并从而证明了，自然界的一切归根到底是辩证地而不是形而上学地发生的。"[③]

恩格斯写道"一个伟大的基本思想，即认为世界不是既成事物的集合体，而是过程的集合体，其中各个似乎稳定的事物同它们在我们头脑中的思想映象即概念一样都处在生成和灭亡的不断变化中，——这个伟大的基本思想，特别是从黑格尔以来，已经成了一般人的意识，以致它在这种一般形式中未必会遭到反对了。但是，口头上承认这个思想是一回事，实际上把这个思想分别运用于每一个研究领域，又是一回事。""在辩证哲学面前，不存在任何最终的东西、绝对的东西、神圣的东西；它指出所有一切事物的暂时性；在它面前，除了生成和灭亡的不断过程、无止境地由低级上升到高级的不断过程，什么都不

① 见《马克思恩格斯选集》第 3 卷第 153 页。——编者注

② 见《马克思恩格斯选集》第 1 卷第 16—19 页。——编者注

③ 见《马克思恩格斯选集》第 3 卷第 51 页和第 62 页。——编者注

存在。它本身就是这个过程在思维着的头脑中的反映。”因此，在马克思看来，辩证法就是“关于外部世界和人类思维的运动的一般规律的科学”。①

马克思接受并发展了黑格尔哲学的这一革命的方面。辩证唯物主义“不再需要任何凌驾于其他科学之上的哲学”。以往的哲学只留下了“关于思维及其规律的学说——形式逻辑和辩证法”。②而辩证法，按照马克思的理解，同样也根据黑格尔的看法，其本身包括现在称之为认识论的内容，这种认识论同样应当历史地观察自己的对象，研究并概括认识的起源和发展，从**不**知到知的转化。

现在，发展观念，进化观念，几乎完全深入社会的意识，但不是通过黑格尔哲学，而是通过另外的途径。不过，这个观念，按马克思和恩格斯依据黑格尔哲学而作的表述，要比一般流行的进化观念全面得多，丰富得多。发展似乎是在重复以往的阶段，但它是以另一种方式重复，是在更高的基础上重复（“否定的否定”），发展是按所谓螺旋式，而不是按直线式进行的；发展是飞跃式的、剧变式的、革命的；“渐进过程的中断”；量转化为质；发展的内因来自对某一物体、或在某一现象范围内或某一社会内发生作用的各种力量和趋势的矛盾或冲突；每种现象的**一切**方面（而且历史在不断地揭示出新的方面）相互依存，极其密切而不可分割地联系在一起，这种联系形成统一的、有规律的世界运动过程，——这就是辩证法这一内容更丰富的（与通常的相比）发展学说的若干特征。（参看马克思 1868 年 1 月 8 日给恩格斯的信，其中嘲笑施泰因的“死板的三分法”，认为把三分法同唯物主义辩证法混为一谈是荒谬的③。）

唯物主义历史观

马克思认识到旧唯物主义的不彻底性、不完备性和片面性，确信必须“使关于社会的科学同唯物主义的基础协调起来，并在这个基础上加以改造”④。既然唯物主义总是用存在解释意识而不是相反，那么应用于人类社会生活时，唯物主义就要求用**社会**存在解释**社会**意识。马克思在《资本论》第 1 卷中说：“工艺学会揭示出人对自然的能动关系，人的生活的直接生产过程，以及人的社会生活条件和由此产生的精神观念的直接生产过程。”⑤马克思在《政治经济学批判》序言中，对推广运用于人类社会及其历史的唯物主义的基本原理，作了如下的完整的表述：

“人们在自己生活的社会生产中发生一定的、必然的、不以他们的意志为

---

① 见《马克思恩格斯选集》第 4 卷第 239—240、213、239 页。——编者注

② 见《马克思恩格斯选集》第 3 卷第 65 页。——编者注

③ 见《马克思恩格斯全集》第 32 卷第 10 页。——编者注

④ 见《马克思恩格斯选集》第 4 卷第 226 页。——编者注

⑤ 见《马克思恩格斯全集》第 23 卷第 410 页。——编者注

转移的关系，即同他们的物质生产力的一定发展阶段相适应的生产关系。

这些生产关系的总和构成社会的经济结构，即有法律的和政治的上层建筑竖立其上并有一定的社会意识形式与之相适应的现实基础。物质生活的生产方式制约着整个社会生活、政治生活和精神生活的过程。不是人们的意识决定人们的存在，相反，是人们的社会存在决定人们的意识。社会的物质生产力发展到一定阶段，便同它们一直在其中运动的现存生产关系或财产关系（这只是生产关系的法律用语）发生矛盾。这些关系便由生产力的发展形式变成生产力的桎梏。那时社会革命的时代就到来了。随着经济基础的变更，全部庞大的上层建筑也或慢或快地发生变革。在考察这样的变革时，必须时刻把下面两者区别开来：一种是生产的经济条件方面所发生的物质的、可以像自然科学那样精确地确定的变革，一种是人们借以意识到这个冲突并力求把它解决的那些法律的、政治的、宗教的、艺术的或哲学的，简言之，意识形态的形式。

我们判断一个人不能以他对自己的看法为根据，同样，我们判断这样一个变革时代也不能以它的意识为根据；相反，这个意识必须从物质生活的矛盾中，从社会生产力和生产关系之间的现存冲突中去解释。……”“大体说来，亚细亚的、古代的、封建的和现代资产阶级的生产方式可以看作是经济的社会形态演进的几个时代。”[①]（参看马克思1866年7月7日给恩格斯的信中的简短表述：“我们的关于生产资料决定劳动组织的理论。”[②]）

发现唯物主义历史观，或者更确切地说，把唯物主义贯彻和推广运用于社会现象领域，消除了以往的历史理论的两个主要缺点。第一，以往的历史理论至多只是考察了人们历史活动的思想动机，而没有研究产生这些动机的原因，没有探索社会关系体系发展的客观规律性，没有把物质生产的发展程度看作这些关系的根源，第二，以往的理论从来忽视居民**群众**的活动，只有历史唯物主义才第一次使我们能以自然科学的精确性去研究群众生活的社会条件以及这些条件的变更。马克思以前的“社会学”和历史学，**至多**是积累了零星收集来的未加分析的事实，描述了历史过程的个别方面。马克思主义则指出了对各种社会经济形态的产生、发展和衰落过程进行全面而周密的研究的途径，因为它考察了所有各种矛盾的趋向的**总和**，把这些趋向归结为可以准确测定的、社会**各阶级**的生活和生产的条件，排除了选择某种“主导”思想或解释这种思想时的主观主义和武断态度，揭示了物质生产力的状况是所有一切思想和各种不同趋向的**根源**。人们自己创造自己的历史，但人们即群众的动机是由什么决定的，各种矛盾的思想或意向间的冲突是由什么引起的，一切人类社会中所有这些冲

---

① 见《马克思恩格斯选集》第2卷第82—83页。——编者注

② 见《马克思恩格斯全集》第31卷第236页。——编者注

突的总和是怎样的，构成人们全部历史活动基础的、客观的物质生活的生产条件是怎样的，这些条件的发展规律是怎样的，——马克思对这一切都注意到了，并且指出了科学地研究历史这一极其复杂、充满矛盾而又是有规律的统一过程的途径。

阶 级 斗 争

某一社会中一些成员的意向同另一些成员的意向相抵触；社会生活充满着矛盾；我们在历史上看到各民族之间，各社会之间，以及各民族、各社会内部的斗争，还看到革命和反动、和平和战争、停滞和迅速发展或衰落等不同时期的更迭，——这些都是人所共知的事实。马克思主义提供了一条指导性的线索，使我们能在这种看来扑朔迷离、一团混乱的状态中发现规律性。这条线索就是阶级斗争的理论。只有研究某一社会或某几个社会的全体成员的意向的总和，才能科学地确定这些意向的结果。其所以有各种矛盾的意向，是因为每个社会所分成的**各阶级**的地位和生活条件不同。马克思在《共产党宣言》中写道："至今一切社会的历史〈恩格斯后来补充说明，原始公社的历史除外〉都是阶级斗争的历史。自由民和奴隶，贵族和平民，领主和农奴，行会师傅和帮工，一句话，压迫者和被压迫者，始终处于相互对立的地位，进行不断的、有时隐蔽有时公开的斗争，而每一次斗争的结局都是整个社会受到革命改造或者斗争的各阶级同归于尽。……从封建社会的灭亡中产生出来的现代资产阶级社会并没有消灭阶级对立。它只是用新的阶级、新的压迫条件、新的斗争形式代替了旧的。但是，我们的时代，资产阶级时代，却有一个特点：它使阶级对立简单化了。整个社会日益分裂为两大敌对的阵营，分裂为两大相互直接对立的阶级：资产阶级和无产阶级。"[①]从法国大革命以来，欧洲许多国家的历史非常明显地揭示出事变的这种真实背景，即阶级斗争。法国复辟时代就出现了这样一些历史学家（梯叶里、基佐、米涅、梯也尔），他们在总结当时的事变时，不能不承认阶级斗争是了解整个法国历史的锁钥。而当今这个时代，即资产阶级取得了完全胜利、设立了代议机构、实行了广泛的（甚至是普遍的）选举制、有了供群众阅读的廉价的日报等等的时代，已经建立起势力强大的、范围不断扩大的工人联合会和企业主同盟等等的时代，更加清楚地（虽然有时是用很片面的、"和平的"、"立宪的"形式）表明，阶级斗争是事变的推动力。马克思的《共产党宣言》中的下面一段话可以向我们表明，马克思怎样要求社会科学根据对现代社会中每个阶级的发展条件的分析对每个阶级所处的地位作出客观的分析："在当前同资产阶级对立的一切阶级中，只有无产阶级是真正革

---

① 见《马克思恩格斯选集》第 1 卷第 250—251 页。——编者注

命的阶级。其余的阶级都随着大工业的发展而日趋没落和灭亡，无产阶级却是大工业本身的产物。中间等级，即小工业家、小商人、手工业者、农民，他们同资产阶级作斗争，都是为了维护他们这种中间等级的生存，以免于灭亡。所以，他们不是革命的，而是保守的。不仅如此，他们甚至是反动的，因为他们力图使历史的车轮倒转。如果说他们是革命的，那是鉴于他们行将转入无产阶级的队伍，这样，他们就不是维护他们目前的利益，而是维护他们将来的利益，他们就离开自己原来的立场，而站到无产阶级的立场上来。"[①]在一系列历史著作中（见**书目**），马克思提供了用唯物主义观点研究历史、分析**每个**阶级以至一个阶级内部各个集团或阶层所处地位的光辉而深刻的范例，透彻地指明为什么和怎么说"一切阶级斗争都是政治斗争"[②]。我们上面引证的一段话清楚地说明，马克思为了测定历史发展的整个合力，分析了多么纷繁复杂的各种社会关系以及从一个阶级到另一个阶级、从过去到将来的各个**过渡**阶段。

使马克思的理论得到最深刻、最全面、最详尽的证明和运用的是他的经济学说。

马克思的经济学说

马克思在《资本论》序言中写道："本书的最终目的就是揭示现代社会〈即资本主义社会，资产阶级社会〉的经济运动规律。"[③]研究这个历史上一定的社会的生产关系的发生、发展和衰落，就是马克思的经济学说的内容。在资本主义社会里，**商品**生产占统治地位，所以马克思的分析也就从分析商品入手。

价　值

商品是这样一种物，一方面，它能满足人们的某种需要，另一方面，它能用来交换别种物。物的有用性使物成为**使用价值**。交换价值（或简称价值）首先是一定量的一种使用价值同一定量的另一种使用价值相交换的关系或比例。每天的经验都向我们表明，这种亿万次的交换，总是使各种极不相同的互相不可比的使用价值趋于彼此相等。这些在一定社会关系体系内总是可以彼此相等的不同物之间，究竟有什么共同的东西呢？它们之间的共同的东西，就是它们都是**劳动产品**。人们通过交换产品，使各种极不相同的劳动彼此相等。商品生产是一种社会关系体系，在这种社会关系体系中，各个生产者制造各种不同的

① 见《马克思恩格斯选集》第1卷第261—262页。——编者注
② 见《马克思恩格斯选集》第1卷第260页。——编者注
③ 见《马克思恩格斯选集》第2卷第207页。——编者注

产品（社会分工），而所有这些产品在交换中彼此相等。因此，一切商品的共同的东西，并不是某一生产部门的具体劳动，并不是某一种类的劳动，而是**抽象的**人类劳动，即一般的人类劳动。表现在全部商品价值总额中的一个社会的全部劳动力，都是同一的人类劳动力，亿万次交换的事实都证明这一点。因此，每一单个商品所表现的只是一定份额的**社会必要**劳动时间。价值的大小由社会必要劳动量决定，或者说，由生产某种商品即某种使用价值所消耗的社会必要劳动时间决定。“人们在交换中使他们的各种产品彼此相等，也就使他们的各种劳动彼此相等。他们没有意识到这一点，但是他们这样做了。”①一位旧经济学家[32]说过，价值是两个人之间的一种关系。不过他还应当补充一句：被物的外壳掩盖着的关系。只有从一定的历史社会形态的社会生产关系体系来看，并且只有从表现在大量的、重复亿万次的交换现象中的关系体系来看，才能了解什么是价值。“作为价值，一切商品都只是一定量的凝固的劳动时间。”②马克思仔细分析了体现在商品中的劳动二重性以后，就进而分析**价值形式**和**货币**。这里，马克思的主要任务是：研究货币价值形式的**起源**，研究交换发展的**历史过程**——从个别的偶然的交换行为（“简单的、个别的或偶然的价值形式”③：一定量的一种商品同一定量的另一种商品相交换）开始，直到一般价值形式，这时若干不同的商品同一种固定的商品相交换，最后到货币价值形式，这时金成为这种固定的商品，即一般等价物。货币是交换和商品生产发展的最高产物，它把私人劳动的社会性，把由市场联结在一起的各个生产者之间的社会联系遮蔽起来，掩盖起来。马克思极其详细地分析了货币的各种职能；而在这里（也如同在《资本论》开头的两章中一样）特别重要的是要看到，抽象的、有时好像是纯粹演绎式的叙述，实际上是再现了交换和商品生产发展史的大量实际材料。“货币是以商品交换发展到一定高度为前提的。货币的各种形式，即单纯的商品等价物，或流通手段，或支付手段、贮藏货币和世界货币，按其中这种或那种职能的不同作用范围和相对占优势的情况，表示社会生产过程的极不相同的阶段。”（《资本论》第1卷）④

剩 余 价 值

商品生产发展到一定阶段，货币就转化为资本。商品流通的公式是：T（商品）——Д（货币）——T（商品），这就是说，卖出一种商品是为了买进

① 见《马克思恩格斯全集》第23卷第90—91页。——编者注

② 见《马克思恩格斯全集》第23卷第53页。——编者注

③ 见《马克思恩格斯全集》第23卷第62页。——编者注

④ 见《马克思恩格斯全集》第23卷第193页。——编者注

另一种商品。相反，资本的一般公式是 Д——Т——Д，这就是说，买是为了卖（带来利润）。马克思把投入周转的货币的原有价值的这种增加叫作剩余价值。货币在资本主义周转中的这种“增殖”，是人所共知的事实。正是这种“增殖”使货币转化为**资本**，转化为一种特殊的、历史上一定的社会生产关系。剩余价值不能从商品流通中产生，因为商品流通只能是等价物的交换；也不能从加价中产生，因为买主和卖主相互间的盈亏会抵销，而这里说的正是大量的、平均的、社会的现象，而不是个别的现象。为了获得剩余价值，“货币所有者就必须在市场上发现这样一种商品，它的使用价值本身具有成为价值源泉的特殊属性”[①]，它的使用过程同时也是价值的创造过程。这样的商品是存在的。这就是人的劳动力。它的使用就是劳动，而劳动则创造价值。货币所有者按劳动力的价值购买劳动力，而劳动力的价值，和其他任何商品的价值一样，是由生产劳动力所需要的社会必要劳动时间（即工人及其家属的生活费用的价值）决定的。货币所有者购买了劳动力，就有权使用劳动力，即迫使他整天劳动，譬如说劳动 12 个小时。其实工人在 6 小时（“必要”劳动时间）内就创造出补偿其生活费用的产品，而在其余 6 小时（“剩余”劳动时间）内则创造出资本家没有付给报酬的“剩余”产品或者说剩余价值。因此，从生产过程来看，必须把资本区分为两部分：一部分是耗费在生产资料（机器、劳动工具、原料等等）上面的不变资本，它的价值（一下子或者一部分一部分地）不变地转到成品上去；另一部分是耗费在劳动力上面的可变资本。这种资本的价值不是不变的，而是在劳动过程中有所增加，创造出剩余价值。因此，为了表示资本对劳动力的剥削程度，不应当把剩余价值同全部资本相比，而应当把它只同可变资本相比。这种比例，马克思称作剩余价值率，例如，在上面所举的例子中，它是$\frac{6}{6}$，即 100%。

资本产生的历史前提是：第一，在一般商品生产发展到比较高的水平的情况下某些人手里积累了一定数量的货币；第二，存在双重意义上“自由的”工人，从他们可以不受任何约束或限制地出卖劳动力来说是自由的，从他们没有土地和任何生产资料来说也是自由的，他们是没有产业的工人，是只能靠出卖劳动力为生的工人“无产者”。

增加剩余价值可以有两种基本方法：延长工作日（“绝对剩余价值”）和缩短必要劳动时间（“相对剩余价值”）。马克思在分析第一种方法时，展示了工人阶级为缩短工作日而斗争，以及国家政权为延长工作日（14—17 世纪）和为缩短工作日（19 世纪的工厂立法）而进行干预的壮观情景。《资本论》问世

① 见《马克思恩格斯全集》第 23 卷第 190 页。——编者注

后，世界一切文明国家的工人运动的历史，又提供了成千成万件表明这种情景的新的事实。

马克思在分析相对剩余价值的生产时，考察了资本主义提高劳动生产率的三个基本历史阶段：（1）简单协作；（2）分工和工场手工业；（3）机器和大工业。马克思在这里对资本主义发展的各种基本的典型的特征揭示得多么深刻，从对俄国的所谓“手工”工业的考察提供了足以说明这三个阶段的前两个阶段的极其丰富的材料这一点就可以看出。而马克思在1867年所描写的大机器工业的革命作用，从那时到现在这半个世纪中在许多“新”国家（俄国、日本等等）里也都显示了出来。

其次，马克思对**资本积累**的分析是极其重要和新颖的。资本积累，就是把一部分剩余价值转化为资本，不是用它来满足资本家的个人需要或嗜欲，而是把它投入新的生产。马克思指出，整个先前的古典政治经济学（从亚当·斯密起）的一个错误就在于，它认为剩余价值在转化为资本时全部都用作可变资本。而事实上，剩余价值分为**生产资料**和可变资本。在资本主义发展和资本主义转变为社会主义的过程中，不变资本部分（在全部资本中）比可变资本部分增长得快，是具有重大意义的。

资本积累加速机器对工人的排挤，在一极造成富有，在另一极造成贫困，因而产生所谓“劳动后备军”，即工人的“相对过剩”或“资本主义的人口过剩”。这种过剩具有多种多样的形式，并使资本有异常迅速地扩大生产的可能性。这种可能性加上信用制度及生产资料方面的资本积累，也为我们提供了理解生产过剩**危机**的锁钥，这种危机在资本主义国家里总是周期性地发生，起初平均每隔十年一次，后来则间隔的时间比较长，而且比较不固定。必须把资本主义基础上的资本积累同所谓原始积累区别开来。原始积累是强迫劳动者同生产资料分离，把农民从土地上赶走，侵占公有地，实行殖民制度、国债制度、保护关税制度等等。“原始积累”在一极造成“自由的”无产者，在另一极造成货币所有者即资本家。

马克思曾用下面的一段名言说明“**资本主义积累的历史趋势**”：“对直接生产者的剥夺，是用最残酷无情的野蛮手段，在最下流、最龌龊、最卑鄙和最疯狂的贪欲的驱使下完成的。私有者〈农民和手工业者〉靠自己劳动挣得的私有制，即以各个独立劳动者与其劳动工具和劳动资料相结合为基础的私有制，被资本主义私有制，即以剥削他人的但形式上是自由的劳动力为基础的私有制所排挤。……现在要剥夺的已经不再是独立经营的劳动者，而是剥削许多工人的资本家了。这种剥夺是通过资本主义生产本身的内在规律的作用，即通过资本的集中进行的。一个资本家打倒许多资本家。随着这种集中或少数资本家对多数资本家的剥夺，规模不断扩大的劳动过程的协作形式日益发展，科学日益被自觉地应用于技术方面，土地日益被有计划地利用，劳动资料日益转化为只能共同使用的劳动资料，一切生产资料因作为结合的社会劳动的生产资料使用而日益节省，各国人民日益被卷入世界市场网，从而资本主义制度日益具有国际的性质。随着那些掠夺和垄断这一转化过程的全部利益的资本巨头不断减少，贫困、压迫、奴役、退化和剥削的程度不断加深，而由资本主义生产过程本身的机制所训练、联合和组织起来的工人阶级的反抗也不断增长。资本的垄断成了与这种垄断一起并在这种垄断之下繁盛起来的生产方式的桎梏。生产资料的集中和劳动的社会化，达到了同它们的资本主义外壳不能相容的地步。这个外壳就要炸毁了。资本主义私有制的丧钟就要响了。剥夺者就要被剥夺了。"(《资本论》第1卷)[①]

其次，马克思在《资本论》第2卷中对社会总资本的再生产的分析，也是极其重要和新颖的。马克思在这里考察的也不是个别现象，而是普遍现象；不是社会经济的零星部分，而是整个社会经济的总和。马克思纠正了古典经济学家的上述错误，将整个社会生产分为两大部类，即（Ⅰ）生产资料的生产和（Ⅱ）消费品的生产，并通过他所列举的数字例证详细地考察了在以原有规模再生产的情况下和在积累的情况下社会总资本的流通。《资本论》第3卷所解决的是在价值规律的基础上形成平均利润率的问题。马克思把经济科学推进了一大步，这表现在他是根据普遍的经济现象，根据社会经济的全部总和来分析问题，而不是像庸俗政治经济学或现代的"边际效用论"那样，往往只根据个别偶然现象或竞争的表面现象来分析问题。马克思先分析了剩余价值的来源，然后考察了剩余价值之分为利润、利息和地租。利润[②]是剩余价值与投入企业的全部资本之比。"有机构成高"（即不变资本超过可变资本的数额高于社会平均数）的资本所提供的利润率，低于平均利润率。"有机构成低"的资本所提供的利润率，则高于平均利润率。资本之间的竞争，资本从一个部门自由地转入另一个部门，会使上述两种情况下的利润率都趋向平均。一个社会的全部商品的价值总量是同商品的价格总量相符的，但由于竞争的影响，在各个企业和各个生产部门内，商品不是按其价值，而是按等于所耗费的资本加平均利润的**生产价格**出卖的。

这样，价格离开价值和利润平均化这一众所周知的、无可争辩的事实，就被马克思根据价值规律充分说明了，因为全部商品的价值总量是同价格总量相符的。然而价值（社会的）变为价格（个别的），不是经过简单的直接的途径，而是经过极其复杂的途径，因为很自然，在完全靠市场联系起来的分散的商品生产者的社会中，规律性只能表现为平均的、社会的、普遍的规律性，而不同

① 见《马克思恩格斯选集》第2卷第266—267页。——编者注

② 看来是笔误，应是"利润率"。——编者注

方向的个别的偏离则相互抵销。

劳动生产率的提高，表示不变资本比可变资本增长得快。而既然产生剩余价值的只是可变资本，所以利润率（剩余价值与全部资本之比，而不只是与资本的可变部分之比）当然就有下降的趋势。马克思详细分析了这一趋势和阻挡或者说抵销这一趋势的许多情况。现在我们不再转述《资本论》第 3 卷中论述高利贷资本、商业资本和货币资本的那些引人入胜的章节，只谈最主要的——**地租**理论。由于土地面积有限，而在资本主义国家中土地又全被各个业主所占有，所以农产品的生产价格不是取决于中等地的生产费用，而是取决于劣等地的生产费用，不是取决于产品运往市场的中等条件，而是取决于产品运往市场的劣等条件。这种生产价格与优等地（或优等条件下）的生产价格的差别，就产生等差地租或者说**级差**地租。马克思仔细分析了这种地租，说明它来源于各块土地肥力的差别，来源于土地的投资量的差别，这就完全揭露了（并见《剩余价值理论》，那里对洛贝尔图斯的批评特别值得注意）李嘉图的错误。李嘉图认为级差地租只是由于从优等地依次向劣等地转移而产生的。实则相反，也有逆向的转移，也有某一类土地转变为别类土地的情况（由于农业技术的进步、城市的发展等等），所以那个出名的“土地肥力递减规律”是极其错误的，是把资本主义的缺陷、局限性和矛盾归咎于自然界。其次，利润在工业的各个部门乃至整个国民经济的各个部门中平均化的前提，是竞争的完全自由，是资本从一个部门向另一个部门流动的自由。但土地私有制造成垄断，妨碍这种自由流动。由于这种垄断，资本有机构成较低从而个别利润率较高的农业的产品，就不加入完全自由的利润率平均化过程；土地所有者作为垄断者有可能使价格保持在平均价格之上，而这种垄断价格就产生**绝对**地租。在资本主义存在的条件下，级差地租是不可能消灭的，而绝对地租却**可能**消灭，例如在土地国有化的时候，在土地转归国家所有的时候就可能消灭。这种转变会打破私有者的垄断，会导致在农业中更彻底更充分地实行自由竞争。因此——马克思指出——激进派资产者曾在历史上多次提出土地国有化这一资产阶级的进步要求，但资产阶级中大多数人却害怕这个要求，因为这个要求太接近于“触动”当代另一种特别重要和特别“敏感的”垄断，即一般生产资料的垄断。（马克思在 1862 年 8 月 2 日给恩格斯的信中，特别通俗简明地叙述了自己关于资本平均利润和绝对地租的理论。见《通信集》第 3 卷第 77—81 页。并参看 1862 年 8 月 9 日的信，同上，第 86—87 页。）[①]讲到地租史的时候，还必须提到马克思对地租的转化过程所作的分析，即由工役地租（农民用自己的劳动在地主的土地上创造剩余产品）转化为产品地租或实物地租（农民在自己的土地上生产剩

---

① 见《马克思恩格斯全集》第 30 卷第 266—270、276—277 页。——编者注

余产品，因受“经济外的强制”而将剩余产品交给地主），然后转化为货币地租（也是一种实物地租，即由于商品生产的发展而转化为货币，在旧日罗斯称“代役租”），最后转化为资本主义地租，这时农民已为使用雇佣劳动从事耕作的农业企业主所代替。讲到对“资本主义地租的产生”的这种分析时，必须指出马克思关于**农业资本主义演进**的许多深刻的（对像俄国这样一些落后的国家有特别重要意义的）思想。“不仅在由实物地租转化为货币地租的同时，必然形成一个无产的、为货币而受人雇用的短工阶级，而且甚至在这种转化之前就形成这个阶级。在这个阶级刚刚产生，还只是偶然出现的时期，在那些较富裕的有交租义务的农民中间，必然有那种自己剥削农业雇佣工人的习惯发展起来，正如早在封建时期，就有富裕的农奴自己又拥有农奴一样。因此，他们积累一定的财产并且本人转化为未来资本家的可能性也就逐渐发展起来。从这些旧式的、独立经营的土地占有者中间，也就产生了培植资本主义租佃者的温床，他们的发展，取决于农村以外的资本主义生产的一般发展……”（《资本论》第 3 卷下册第 332 页）[①]“一部分农村居民的被剥夺和被驱逐，不仅为工业资本游离出工人及其生活资料和劳动工具，同时也建立了国内市场。”（《资本论》第 2 版第 1 卷第 778 页）[②]而农村居民的贫困和破产，又在为资本造成劳动后备军方面起了作用。在任何资本主义国家中，“一部分农村人口因此经常准备着转入城市人口或制造业人口〈即非农业人口〉的队伍。相对过剩人口的这一源泉是长流不息的。……农业工人的工资被压到最低限度，他总是有一只脚陷在需要救济的泥潭里”（《资本论》第 2 版第 1 卷第 668 页）[③]。农民对自己耕种的土地的私有权，是小生产的基础，是小生产繁荣并成为典型形态的条件。但这种小生产只能同狭隘的原始的生产范围和社会范围相容。在资本主义制度下，“农民所受的剥削和工业无产阶级所受的剥削，只是在形式上不同罢了。剥削者是同一个：资本。一个个的资本家通过抵押和高利贷来剥削一个个的农民；资本家阶级通过国家赋税来剥削农民阶级”（《法兰西阶级斗争》）[④]。“农民的小块土地现在只是使资本家从土地上榨取利润、利息和地租，而让土地所有者自己随便怎样去挣自己的工资的一个借口。”（《雾月十八日》）[⑤]通常农民甚至把一部分工资交给资本主义社会，即交给资本家阶级，自己却下降到“爱尔兰佃农的地步，而这全是在私有者的名义下发生的”（《法兰西阶级斗

① 见《马克思恩格斯全集》第 25 卷第 900 页。——编者注
② 见《马克思恩格斯选集》第 2 卷第 252 页。——编者注
③ 见《马克思恩格斯全集》第 23 卷第 704—705 页。——编者注
④ 见《马克思恩格斯选集》第 1 卷第 474 页。——编者注
⑤ 见《马克思恩格斯选集》第 1 卷第 696 页。——编者注

争》)[1]。"小块土地所有制占统治地位的国家的谷物价格低于资本主义生产方式的国家的原因之一"(《资本论》第3卷下册第340页)[2]何在呢？在于农民把一部分剩余产品白白交给社会(即资本家阶级)。"因此，这种较低的价格〈粮食和其他农产品的〉是生产者贫穷的结果，而决不是他们的劳动生产率的结果。"(《资本论》第3卷下册第340页)[3]在资本主义制度下，小块土地所有制，即小生产的标准形态，不断衰退、毁灭、消亡。"小块土地所有制按其性质来说就排斥社会劳动生产力的发展、劳动的社会形式、资本的社会积聚、大规模的畜牧和科学的不断扩大的应用。高利贷和税收制度必然会到处促使这种所有制没落。资本在土地价格上的支出，势必夺去用于耕种的资本。生产资料无止境地分散，生产者本身无止境地分离。〈合作社，即小农协作社，虽能起非常进步的资产阶级的作用，但只能削弱这个趋势，而不能消灭这个趋势；同时不应当忘记，这种合作社对富裕农民的好处很多，对贫苦农民群众的好处则很少，几乎没有，而且协作社本身也会成为雇佣劳动的剥削者。〉人力发生巨大的浪费。生产条件日趋恶化和生产资料日益昂贵是小块土地所有制的规律。"[4]资本主义在农业方面，也和在工业方面一样，完全是以"生产者的殉难历史"[5]为代价来改造生产过程的。"农业工人在广大土地上的分散，破坏了他们的反抗力量，而城市工人的集中却增强了他们的反抗力量。在现代的即资本主义的农业中，也和在现代的工业中一样，劳动生产力的提高和劳动量的增大是以劳动力本身的破坏和衰退为代价的。此外，资本主义农业的任何进步，都不仅是掠夺劳动者的技巧的进步，而且是掠夺土地的技巧的进步……因此，资本主义生产发展了社会生产过程的技术和结合，只是由于它同时破坏了一切财富的源泉——土地和工人。"(《资本论》第1卷第13章末)[6]

社会主义

从上文可以看出，资本主义社会必然要转变为社会主义社会这个结论，马克思完全是从现代社会的经济的运动规律得出的。劳动社会化通过无数种形式日益迅速地向前发展，在马克思去世后的半个世纪以来，特别明显地表现在大生产与资本家的卡特尔、辛迪加和托拉斯的增长以及金融资本的规模和势力的

① 见《马克思恩格斯选集》第1卷第473页。——编者注
② 见《马克思恩格斯全集》第25卷第909页。——编者注
③ 见《马克思恩格斯全集》第25卷第909页。——编者注
④ 见《马克思恩格斯全集》第25卷第910页。——编者注
⑤ 见《马克思恩格斯全集》第23卷第552页。——编者注
⑥ 见《马克思恩格斯全集》第23卷第552—553页。——编者注

巨大增长上，——这就是社会主义必然到来的主要物质基础。这个转变的思想上精神上的推动者和实际上的执行者，就是资本主义本身培养的无产阶级。表现于多种多样和内容日益丰富的形式的无产阶级反对资产阶级的斗争，必然要成为以无产阶级夺取政权（“无产阶级专政”）为目标的政治斗争。生产社会化不能不导致生产资料转变为社会所有，导致“剥夺者被剥夺”。劳动生产率大大提高，工作日缩短，完善的集体劳动代替残存的原始的分散的小生产，——这就是这种转变的直接结果。资本主义彻底破坏了农业同工业的联系，但同时又以自己的高度发展准备新的因素来建立这种联系，使工业同农业在自觉运用科学和合理组织集体劳动的基础上，在重新分布人口（既消除农村的荒僻、与世隔绝和不开化状态，也消除大量人口集中在大城市的反常现象）的基础上结合起来。现代资本主义的最高形式准备着新的家庭形式，并为妇女的地位和青年一代的教育准备新的条件。在现代社会里，女工和童工的使用，资本主义对父权制家庭的瓦解，必然采取最可怕最痛苦最可憎的形式。但是“由于大工业使妇女、男女少年和儿童在家庭范围以外，在社会地组织起来的生产过程中起着决定性的作用，它也就为家庭和两性关系的更高级的形式创造了新的经济基础。当然，把基督教日耳曼家庭形式看成绝对的东西，就像把古罗马家庭形式、古希腊家庭形式和东方家庭形式看成绝对的东西一样，都是荒谬的。这些形式依次构成一个历史的发展序列。同样很明白，工人由各种年龄的男女搭配组合而成，尽管在其自发的、野蛮的、资本主义的形式中，也就是在工人为生产过程而存在，不是生产过程为工人而存在的那种形式中，是造成毁灭和奴役的祸根，但在适当的条件下，必然会反过来变成人类发展的源泉”（《资本论》第 1 卷第 13 章末）①。工厂制度使我们看到“未来教育的幼芽……对所有已满一定年龄的儿童来说，就是生产劳动同智育和体育相结合，它不仅是提高社会生产的一种方法，而且是造就全面发展的人的唯一方法”（同上）②。马克思的社会主义把民族问题和国家问题也放在同样的历史的基础上，这就是说不仅仅限于解释过去，而且大胆地预察未来，并勇敢地用实际活动来实现未来。民族是社会发展到资产阶级时代的必然产物和必然形式。工人阶级如果不“把自身组织成为民族”，如果不成为“民族的”（“虽然完全不是资产阶级所理解的那种意思”）③，就不能巩固、成熟和最终形成。但是资本主义的发展，日益打破民族壁垒，消除民族隔绝状态，用阶级对抗代替民族对抗。因此，就发达的资本主义国家来说，“工人没有祖国”，工人至少是各文明国家的工人的“联合的

---

① 见《马克思恩格斯全集》第 23 卷第 536—537 页。——编者注
② 见《马克思恩格斯全集》第 23 卷第 530 页。——编者注
③ 见《马克思恩格斯选集》第 1 卷 270 页。——编者注

行动”“是无产阶级获得解放的首要条件之一”（《共产党宣言》）[①]。这些论断，是不容置疑的真理。国家这个有组织的暴力，是社会发展到一定阶段必然产生的，这时社会已分裂成相互不可调和的阶级，如果没有一种似乎站在社会之上并在一定程度上脱离社会的“权力”，社会就无法存在。国家从阶级矛盾中产生后，便成为“最强大的、在经济上占统治地位的阶级的国家，这个阶级借助于国家而在政治上也成为占统治地位的阶级，因而获得了镇压和剥削被压迫阶级的新手段。因此，古代的国家首先是奴隶主用来镇压奴隶的国家，封建国家是贵族用来镇压农奴……的机关，现代的代议制的国家是资本剥削雇佣劳动的工具”（恩格斯《家庭、私有制和国家的起源》，这里恩格斯叙述了自己的和马克思的观点）[②]。甚至民主共和国这一最自由最进步的资产阶级国家形式，也丝毫不能消除这个事实，而只能改变这个事实的形式（政府和交易所之间的联系，对官吏和报刊的直接或间接的收买，等等）。社会主义将导致阶级消灭，从而也导致国家消灭。恩格斯在《反杜林论》中写道：“国家真正作为整个社会的代表所采取的第一个行动，即以社会的名义占有生产资料，同时也是它作为国家所采取的最后一个独立行动。那时，国家政权对社会关系的干预将先后在各个领域中成为多余的事情而自行停止下来。那时，对人的统治将由对物的管理和对生产过程的领导所代替。国家不是‘被废除’的，它是自行消亡的。”[③]“少以生产者自由平等的联合体为基础……来组织生产的社会，将把全部国家机器放到它应该去的地方，即放到古物陈列馆去，同纺车和青铜斧陈列在一起。”（恩格斯《家庭、私有制和国家的起源》）[④]

最后，关于马克思的社会主义对待那些在剥夺者被剥夺时期还将继续存在的小农的态度问题，必须举出恩格斯表达马克思的思想的一段话：“当我们掌握了国家权力的时候，我们绝不会用暴力去剥夺小农（不论有无报偿，都是一样），像我们将不得不如此对待大土地占有者那样。我们对于小农的任务，首先是把他们的私人生产和私人占有变为合作社的生产和占有，但不是采用暴力，而是通过示范和为此提供社会帮助。当然，到那时候，我们将有足够的手段，使小农懂得他们本来现在就应该明了的好处。”（恩格斯《西方土地问题》，阿列克谢耶娃出版的版本第17页，俄译本有错误。原文载于《新时代》杂志。）[⑤]

---

① 见《马克思恩格斯选集》第1卷270页。——编者注

② 见《马克思恩格斯选集》第4卷第168页。——编者注

③ 见《马克思恩格斯选集》第3卷第320页。——编者注

④ 见《马克思恩格斯选集》第4卷第170页。——编者注

⑤ 《西方土地问题）即《法德农民问题》，引文见《马克思恩格斯选集）第4卷第310页。——编者注

无产阶级阶级斗争的策略

早在1844—1845年，马克思就判明了旧唯物主义的根本缺陷之一，就是未能理解革命实践活动的情况和正确评价这一活动的意义，所以，马克思后来在从事理论写作的同时。毕生都十分注意无产阶级阶级斗争的策略问题。马克思的**全部**著作，特别是1913年出版的四卷本马克思和恩格斯通信集，都在这方面提供了大量的材料。这些材料还远远没有收齐，没有汇集在一起，没有加以研究和整理。因此，我们在这里只能作一个最一般最简短的评介，着重说明，马克思正确地认为，唯物主义缺少**这一**方面，就是不彻底的、片面的、毫无生气的唯物主义。马克思是严格根据他的辩证唯物主义世界观的一切前提确定无产阶级策略的基本任务的。先进阶级只有客观地考虑到某个社会中一切阶级相互关系的全部总和，因而也考虑到该社会发展的客观阶段，考虑到该社会和其他社会之间的相互关系，才能据以制定正确的策略。这就是说，不应当把各个阶级和各个国家看作是静态的，而应当看作是动态的，即不应当看作是处于不动的状态，而应当看作是处于运动之中（运动的规律是从每个阶级的存在的经济条件中产生的）。而对运动，不仅要从过去的观点来看，而且要从将来的观点来看，并且不是像"进化论者"那样庸俗地理解，只看到缓慢的变化，而是要辩证地理解："在这种伟大的发展中，二十年等于一天，虽然以后可能又会有一天等于二十年的时期"——马克思在给恩格斯的信中这样写道（《通信集》第3卷第127页）[①]。在每个发展阶段，在每一时刻，无产阶级的策略都要考虑到人类历史的这一客观必然的辩证法，一方面要利用政治消沉时代或龟行发展即所谓"和平"龟行发展的时代来发展先进阶级的意识、力量和战斗力，另一方面要把这种利用工作全部引向这个阶级的运动的"最终目的"，并使这个阶级在"一天等于二十年"的伟大日子到来时有能力实际完成各项伟大的任务。在这个问题上马克思的两个论点特别重要：一个是在《哲学的贫困》中论述无产阶级的经济斗争和经济组织时提出的，另一个是在《共产党宣言》中论述无产阶级的政治任务时提出的。前一个论点是："大工业把大批互不相识的人们聚集在一个地方。竞争使他们的利益分裂。但是维护工资这一对付老板的共同利益，使他们在一个共同的反抗思想（组织同盟）下联合起来。……原来孤立的同盟就组成为集团，工人们为抵制经常联合的资本而维护自己的联盟，就比维护工资更为必要。……在这一斗争（真正的内战）中，未来战斗的

① 见《马克思恩格斯选集》第4卷第348页。——编者注

一切要素在聚集和发展着。达到这一点，同盟就具有政治性质。”①这就是经济斗争和工会运动在以后几十年内，在准备无产阶级的力量去进行“未来战斗”的整个长时期内的纲领和策略。在这方面应当注意马克思和恩格斯还有许多论述，他们用英国工人运动的实例说明，工业的“繁荣”怎样引起“收买无产阶级”（《马克思和恩格斯通信集》第 1 卷第 136 页）②、使无产阶级放弃斗争的尝试，这种繁荣怎样“起了败坏无产阶级的作用”（第 2 卷第 218 页）③；英国无产阶级怎样日益“资产阶级化”——“这一所有民族中最资产阶级化的民族〈英国〉，看来想把事情最终导致这样的地步，即除了资产阶级，还要有资产阶级化的贵族和资产阶级化的无产阶级”（第 2 卷第 290 页）④；英国无产阶级怎样日益丧失“革命精力”（第 3 卷第 124 页）⑤；怎样必须在一个较长的时期内等待“英国工人摆脱资产阶级对他们的明显的腐蚀”（第 3 卷第 127 页）⑥；英国工人运动怎样缺乏“老宪章派[33]的热情”（1866 年；第 3 卷第 305 页）⑦；英国工人领袖怎样在变成“在激进派资产者和工人之间”的中间类型的人（关于侯里欧克，第 4 卷第 209 页）⑧；由于英国拥有垄断地位，而且只要这种垄断地位未被破坏，“不列颠工人也只能是这样”（第 4 卷第 433 页）⑨。与工人运动的整个进程（**和结局**）相联系的经济斗争的策略，在这里是以极其广阔的、全面的、辩证的、真正革命的观点来加以考察的。

关于政治斗争策略，《共产党宣言》提出了马克思主义的一个基本原理：“共产党人为工人阶级的最近的目的和利益而斗争，但是他们在当前的运动中同时代表运动的未来。”⑩因此，马克思在 1848 年支持了波兰主张“土地革命”的政党，即“发动过 1846 年克拉科夫起义[34]的政党”⑪。马克思在 1848—1849 年支持了德国的极端革命民主派，而且以后也从没有收回他当时关于策略问题所说的话。马克思认为德国资产阶级“一开始就蓄意背叛人民〈资产阶级当时只有同农民联合，才能完全实现它的任务〉，而与旧社会的戴皇冠的代表人物

---

① 见《马克思恩格斯选集》第 1 卷第 159 页。——编者注
② 见《马克思恩格斯全集》第 27 卷第 201 页。——编者注
③ 见《马克思恩格斯全集》第 29 卷第 225 页。——编者注
④ 见《马克思恩格斯选集》第 4 卷第 338 页。——编者注
⑤ 见《马克思恩格斯全集》第 30 卷第 334 页。——编者注
⑥ 见《马克思恩格斯选集》第 4 卷第 348 页。——编者注
⑦ 见《马克思恩格斯全集》第 31 卷第 199 页。——编者注
⑧ 见《马克思恩格斯全集》第 32 卷第 376 页。——编者注
⑨ 见《马克思恩格斯全集》第 35 卷第 19 页。——编者注
⑩ 见《马克思恩格斯选集》第 1 卷第 284 页。——编者注
⑪ 见《马克思恩格斯选集》第 1 卷第 285 页。——编者注

妥协”[1]。下面就是马克思对资产阶级民主革命时代德国资产阶级的阶级状况所作的一个总结性的分析（这一分析是唯物主义从运动中并且不是只从运动的**过去**方面观察社会的榜样）：“……不相信自己，不相信人民，在上层面前嘟囔，在下层面前战栗……害怕世界大风暴……毫无毅力，到处剽窃；……没有首创精神……活像一个受诅咒的老头子，注定要糟蹋健壮人民的最初勃发的青春热情而使其服从于自己晚年的利益……”（载于 1848 年《新莱茵报》，见《遗著》第 3 卷第 212 页）[2]大约过了 20 年，马克思在给恩格斯的信（第 3 卷第 224 页）[3]中指出，1848 年革命失败的原因是，资产阶级宁愿要用奴役换取的平静，而不愿看到哪怕只是争取自由的斗争的前景。当 1848—1849 年革命时代已经结束时，马克思便反对任何以革命为儿戏的做法了（反对沙佩尔和维利希），要求人们善于在似乎是“以和平方式”准备着新革命的新阶段进行工作。马克思当时要求人们以怎样的精神进行这项工作，这可以从他对德国在 1856 年这一最黑暗的反动年代的形势所作的估计中看出：“德国的全部问题将取决于是否有可能由某种再版的农民战争来支持无产阶级革命。”（《马克思和恩格斯通信集》第 2 卷第 108 页）[4]在德国的民主革命（资产阶级革命）还没有完成时，在社会主义无产阶级的策略方面，马克思一直是把全部注意力集中在发挥农民的民主力量上面。马克思当时所以认为拉萨尔“客观上是为普鲁士人的利益而背叛整个工人运动”（第 3 卷第 210 页）[5]，其原因之一就是拉萨尔纵容了地主和普鲁士民族主义。1865 年，恩格斯在一封给马克思的信中就他们将在报刊上共同发表的意见同马克思交换看法时写道：“在一个农业占优势的国家里，代表工业无产阶级说话时只攻击资产阶级，而一字不提大封建贵族对农村无产阶级的宗法式的‘凭棍棒维持的剥削’，这是卑鄙的。”（第 3 卷第 217 页）[6] 1864—1870 年间，当德国完成资产阶级民主革命的时期，即普鲁士和奥地利的剥削阶级为以这种或那种方式**从上面**完成这个革命而斗争的时期即将结束时，马克思不仅斥责过同俾斯麦勾搭的拉萨尔，而且纠正过陷入“亲奥主义”和拥护分立主义的李卜克内西；马克思当时要求实行革命策略：对俾斯麦和亲奥派同样地进行无情的斗争，不迁就“胜利者”普鲁士容克，**而不顾**普鲁士军事胜利所造成的**状况**立刻恢复反对容克的革命斗争（《马克思和恩格斯通

① 见《马克思恩格斯选集》第 1 卷第 322 页。——编者注
② 见《马克思恩格斯选集》第 1 卷第 323 页。——编者注
③ 见《马克思恩格斯全集》第 31 卷第 69 页。——编者注
④ 见《马克思恩格斯选集》第 4 卷第 334 页。——编者注
⑤ 见《马克思恩格斯全集》第 31 卷第 48 页。——编者注
⑥ 见《马克思恩格斯全集》第 31 卷第 58 页。——编者注

信集》第3卷第134、136、147、179、204、210、215、418、437、440—441页)①。在国际1870年9月9日的那篇著名的宣言中，马克思曾事先提醒法国无产阶级不要举行不合时宜的起义②；但当起义终于发生了的时候（1871年），马克思却以欢欣鼓舞的心情欢呼“冲天”的群众的革命首创精神（马克思给库格曼的信)③。从马克思的辩证唯物主义观点看来，在这种形势下，也同在许多其他形势下一样，革命行动的失败对无产阶级斗争的整个进程**和结局**的为害，要比放弃阵地、不战而降小，因为不战而降会使无产阶级士气沮丧，削弱无产阶级的战斗力。马克思十分重视在政治停滞和资产阶级所容许的合法性占统治地位的时代利用合法斗争手段，所以他在1877—1878年，在反社会党人非常法[35]颁布以后，严厉地斥责了莫斯特的“革命空谈”，但他同样严厉甚至更为严厉地痛斥了当时在正式的社会民主党中一时占上风的机会主义，因为这个党没有立刻表现出坚定性、坚决性、革命性和为对付非常法而转向不合法斗争的决心（《马克思和恩格斯通信集》第4卷第397、404、418、422、424页④，并参看给左尔格的信）。

载于1915年《格拉纳特百科词典》第7版第28卷（有删节）；序言载于1918年莫斯科波涛出版社出版的《卡尔·马克思》一书

选自《列宁全集》第2版第26卷第47—82页

弗里德里希·恩格斯

（1895年9月7日〔19日〕以后）

一盏多么明亮的智慧之灯熄灭了，

一颗多么伟大的心停止跳动了！⑤

1895年新历8月5日(7月24日)，弗里德里希·恩格斯在伦敦与世长辞了。在他的朋友卡尔·马克思(1883年逝世)之后，恩格斯是整个文明世界中最卓越的学者和现代无产阶级的导师。自从命运使卡尔·马克思和弗里德里希·恩格斯

① 见《马克思恩格斯全集》第30卷第351、353、370、419页和第31卷第40、48、55、376、408、418页。——编者注

② 见《马克思恩格斯全集》第17卷第285—294页。——编者注

③ 见《马克思恩格斯全集》第33卷第207页。——编者注

④ 见《马克思恩格斯全集》第34卷第54—55、64—65、89—90、101—102、105页。——编者注

⑤ 见尼·阿·涅克拉索夫的诗《纪念杜勃罗留波夫》。——编者注

相遇之后，这两位朋友的毕生工作，就成了他们的共同事业，因此，要了解弗里德里希·恩格斯对无产阶级有什么贡献，就必须清楚地了解马克思的学说和活动对现代工人运动发展的意义。马克思和恩格斯最先指出，工人阶级及其要求是现代经济制度的必然产物，现代经济制度在造成资产阶级的同时，也必然造成并组织无产阶级。他们指出，能使人类摆脱现在所受的灾难的，并不是个别高尚人物善意的尝试，而是组织起来的无产阶级所进行的阶级斗争。马克思和恩格斯在他们的科学著作中，最先说明了社会主义不是幻想家的臆造，而是现代社会生产力发展的最终目标和必然结果。到现在为止的全部有记载的历史都是阶级斗争的历史，都是不断更替地由一些社会阶级统治和战胜另一些社会阶级的历史。这种情形，在阶级斗争和阶级统治的基础，即私有制和混乱的社会生产消灭以前，将会继续下去。无产阶级的利益要求消灭这种基础，所以有组织的工人自觉进行的阶级斗争，目标就应该对准这种基础。而任何阶级斗争都是政治斗争。

马克思和恩格斯的这些观点，现在已为正在争取自己解放的全体无产阶级所领会，但是当这两位朋友在40年代参加社会主义的宣传和当时的社会运动时，这样的见解还是完全新的东西。当时许多有才能的或无才能的人，正直的或不正直的人，都醉心于争取政治自由的斗争，醉心于反对皇帝、警察和神父的专横暴戾的斗争，而看不见资产阶级利益同无产阶级利益的对立。他们根本没有想到工人能成为独立的社会力量。另一方面，当时有许多幻想家，有时甚至是一些天才人物，都以为只要说服统治者和统治阶级相信现代社会制度是不合理的，就很容易在世界上确立和平和普遍福利。他们幻想不经过斗争就实现社会主义。最后，几乎当时所有的社会主义者和工人阶级的朋友，都认为无产阶级只是一个**脓疮**，他们怀着恐惧的心情看着这个脓疮如何随着工业的发展而扩大。因此，他们都设法阻止工业和无产阶级的发展，阻止"历史车轮"的前进。与这种害怕无产阶级发展的普遍心理相反，马克思和恩格斯把自己的全部希望寄托在无产阶级的不断增长上。无产者人数愈多，他们这一革命阶级的力量也就愈大，社会主义的实现也就愈是接近，愈有可能。马克思和恩格斯对工人阶级的功绩，可以这样简单地来表达：他们教会了工人阶级自我认识和自我意识，用科学代替了幻想。

正因为如此，恩格斯的名字和生平，是每个工人都应该知道的。正因为如此，我们在这本与我们其他一切出版物一样都是以唤醒俄国工人的阶级自我意识为目的的文集[36]中，应该简要地叙述一下现代无产阶级两位伟大导师之一弗里德里希·恩格斯的生平和活动。

恩格斯 1820 年生于普鲁士王国莱茵省的巴门城。父亲是个工厂主。1838 年，由于家庭情况，恩格斯中学还没有毕业，就不得不到不来梅一家商号去当办事员。从事商业并没有妨碍恩格斯对科学和政治的研究。当他还是中学生的时候，就憎恶专制制度和官吏的专横。对哲学的钻研，使他更前进了。当时在德国哲学界占统治地位的是黑格尔学说，于是恩格斯也成了黑格尔的信徒。黑格尔本人虽然崇拜普鲁士专制国家，他以柏林大学教授的身分为这个国家服务，但是黑格尔的**学说**是革命的。黑格尔对于人类理性和人类权利的信念，以及他的哲学的基本原理——世界是不断变化着发展着的过程，使这位柏林哲学家的那些不愿与现实调和的学生得出了一种想法，即认为同现状、同现存的不公平现象、同流行罪恶进行的斗争，也是基于世界永恒发展规律的。既然一切都是发展着的，既然一些制度不断被另一些制度所代替，那么为什么普鲁士国王或俄国沙皇的专制制度，极少数人靠剥夺绝大多数人发财致富的现象，资产阶级对人民的统治，却会永远延续下去呢？黑格尔的哲学谈论精神和观念的发展，它是**唯心主义的**哲学。它从精神的发展中推演出自然界、人以及人与人的关系即社会关系的发展。马克思和恩格斯保留了黑格尔关于永恒的发展过程的思想[①]，而抛弃了那种偏执的唯心主义观点；他们面向实际生活之后看到，不能用精神的发展来解释自然界的发展，恰恰相反，要从自然界，从物质中找到对精神的解释……与黑格尔和其他黑格尔主义者相反，马克思和恩格斯是唯物主义者。他们用唯物主义观点观察世界和人类，看出一切自然现象都有物质原因作基础，同样，人类社会的发展也是受物质力量即生产力的发展所制约的。生产力的发展决定人们在生产人类必需的产品时彼此所发生的关系。用这种关系才能解释社会生活中的一切现象，人的意向、观念和法律。生产力的发展造成了以私有制为基础的社会关系，但是我们现在看到，生产力的发展又夺走了大多数人的财产，将它集中在极少数人的手中。生产力的发展正在消灭私有制，即现代社会制度的基础，这种发展本身就是朝着社会主义者所抱定的那个目标前进的。社会主义者就是要了解，究竟哪种社会力量因其在现代社会中所处的地位而关心社会主义的实现，并使这种力量意识到它的利益和历史使命。这种力量就是无产阶级。恩格斯是在英国，是在英国工业中心曼彻斯特结识无产阶级的；1842 年他迁到这里，在他父亲与人合办的一家商号中供职。在这里，他并不是只坐在工厂的办事处里，他常常到工人栖身的肮脏的住宅区去，亲眼看见工人贫穷困苦的情景。但是，他并不满足于亲身的观察，他还阅读了他所能找得到的在他以前论述英国工人阶级状况的一切著作，仔细研究了他所能看到的一切官方文件。这种研究和观察的成果，就是 1845 年出版的《英国工人阶级状况》[②]一书。上面我们已经提到作为《英国工人阶级状况》一书的

---

① 马克思和恩格斯不止一次地指出，他们思想的发展，有很多地方得益于德国的大哲学家，尤其是黑格尔。恩格斯说："没有德国哲学，也就没有科学社会主义。"（参看《马克思恩格斯选集》第 2 卷第 300 页。——编者注）

② 见《马克思恩格斯全集》第 2 卷第 269—587 页。——编者注

作者恩格斯的主要功绩。在恩格斯以前有很多人描写过无产阶级的痛苦，并且一再提到必须帮助无产阶级。恩格斯**第一个**指出，无产阶级**不只**是一个受苦的阶级，正是它所处的那种低贱的经济地位，无可遏止地推动它前进，迫使它去争取本身的最终解放。而战斗中的无产阶级是能够**自己帮助自己**的。工人阶级的政治运动必然会使工人认识到，除了社会主义，他们没有别的出路。另一方面，社会主义只有成为工人**阶级**的**政治**斗争的目标时，才会成为一种力量。这就是恩格斯论英国工人阶级状况的一书的基本思想。现在，这些思想已为全体能思考的和正在进行斗争的无产阶级所领会，但在当时却完全是新的。叙述这些思想的著作写得很动人，通篇都是描述英国无产阶级穷苦状况的最确实最惊人的情景。这部著作是对资本主义和资产阶级的极严厉的控诉。它给人的印象是很深的。从此，到处都有人援引恩格斯的这部著作，认为它是对现代无产阶级状况的最好描述。的确，不论在 1845 年以前或以后，还没有一本书把工人阶级的穷苦状况描述得这么鲜明，这么真实。

恩格斯到英国后才成为社会主义者。他在曼彻斯特同当时英国工人运动的活动家发生联系，并开始在英国社会主义出版物上发表文章。1844 年他在回德国的途中路过巴黎时认识了马克思，在此以前他已经和马克思通过信。马克思在巴黎时，受到法国社会主义者和法国生活的影响也成了社会主义者。在这里，两位朋友合写了一本书：《神圣家族，或对批判的批判所做的批判》[①]。这本书比《英国工人阶级状况》早一年出版，大部分是马克思写的。它奠定了革命唯物主义的社会主义的基础，这种社会主义的主要思想，我们在上面已经叙述过了。"神圣家族"是给哲学家鲍威尔兄弟及其信徒所取的绰号。这班先生鼓吹一种批判，这种批判超越一切现实、超越政党和政治，否认一切实践活动，而只是"批判地"静观周围世界和其中所发生的事情。鲍威尔先生们高傲地把无产阶级说成是一群没有批判头脑的人。马克思和恩格斯坚决反对这个荒谬而有害的思潮。为了现实的人，即为了受统治阶级和国家践踏的工人，他们要求的不是静观，而是为实现美好的社会制度而斗争。在他们看来，能够进行这种斗争和关心这种斗争的力量当然是无产阶级。还在《神圣家族》一书出版以前，恩格斯就在马克思和卢格两人合编的《德法杂志》，上发表了《政治经济学批判大纲》[②]一文，从社会主义的观点考察了现代经济制度的基本现象，认为那些现象是私有制统治的必然结果。同恩格斯的交往显然促使马克思下决心去研究政治经济学，而马克思的著作使这门科学发生了真正的革命。

1845 年到 1847 年，恩格斯是在布鲁塞尔和巴黎度过的，他一面从事科学

① 见《马克思恩格斯全集》第 2 卷第 3—268 页。——编者注

② 见《马克思恩格斯全集》第 1 卷第 596—625 页。——编者注

研究，同时又在布鲁塞尔和巴黎的德籍工人中间进行实际工作。这时，马克思和恩格斯同秘密的德国“共产主义者同盟”[37]发生了联系，“同盟”委托他们把他们所制定的社会主义基本原理阐述出来。这样就产生了1848年出版的马克思和恩格斯的著名的《共产党宣言》①。这本书篇幅不多，价值却相当于多部巨著：它的精神至今还鼓舞着、推动着文明世界全体有组织的正在进行斗争的无产阶级。

1848年的革命首先在法国爆发，然后蔓延到西欧其他国家，于是马克思和恩格斯就回国了。他们在莱茵普鲁士主编在科隆出版的民主派的《新莱茵报》[38]。这两位朋友成了莱茵普鲁士所有革命民主意向的灵魂。他们尽一切可能保卫人民和自由的利益，使之不受反动势力的侵害。大家知道，当时反动势力获得了胜利。《新莱茵报》被迫停刊，马克思因侨居国外时丧失普鲁士国籍而被驱逐出境，而恩格斯则参加了人民武装起义，在三次战斗中为自由而战，在起义者失败后经瑞士逃往伦敦。

马克思也迁居伦敦。恩格斯不久又到他在40年代服务过的那家曼彻斯特商号去当办事员，后来又成了这家商号的股东。1870年以前他住在曼彻斯特，马克思住在伦敦，但这并没有妨碍他们保持最密切的精神上的联系；他们差不多每天都通信。这两位朋友在通信中交换意见和知识，继续共同创立科学社会主义。1870年恩格斯移居伦敦，直到1883年马克思逝世时为止，他们两人始终过着充满紧张工作的共同精神生活。这种共同的精神生活的成果，在马克思方面，是当代最伟大的政治经济学著作《资本论》，在恩格斯方面，是许多大大小小的作品。马克思致力于分析资本主义经济的复杂现象。恩格斯则在笔调明快、往往是论战性的著作中，根据马克思的唯物主义历史观和经济理论，阐明最一般的科学问题，以及过去和现在的各种现象。从恩格斯的这些著作中，我们举出下面几种：反对杜林的论战性著作（它分析了哲学、自然科学和社会科学中最重大的问题）②，《家庭、私有制和国家的起源》（俄译本1895年圣彼得堡第3版）③，《路德维希·费尔巴哈》（俄译本附有格·普列汉诺夫的注释，1892年日内瓦版）④，一篇论俄国政府对外政策的文章[41]（俄译文刊登在日内瓦出版的《社会民主党人》[42]第1集和第2集上），几篇关于住宅问题的精彩文章[43]，以及两篇篇幅虽小，但价值极大的论述俄国经济发展的文章（《弗里德里希·恩格斯论俄国》，维·伊·查苏利奇的俄译本，1894年日内瓦版）[44]。马克

① 见《马克思恩格斯选集》第1卷第250—286页。——编者注

② 这是一部内容十分丰富、十分有益的书[39]。可惜只有概述社会主义发展史的那一小部分译成了俄文（《科学社会主义的发展》[40]1892年日内瓦第2版）。

③ 见《马克思恩格斯选集》第4卷第17—175页。——编者注

④ 见《马克思恩格斯选集》第4卷第207—254页。——编者注

思还没有把他那部论述资本的巨著整理完毕就逝世了。可是，这部著作的草稿已经完成，于是恩格斯在他的朋友逝世后就从事整理和出版《资本论》第2卷和第3卷的艰巨工作。1885年他出版了第2卷，1894年出版了第3卷（他没有来得及把第4卷[45]整理好）。整理这两卷《资本论》，是一件很费力的工作。奥地利社会民主党人阿德勒说得很对：恩格斯出版《资本论》第2卷和第3卷，就是替他的天才朋友建立了一座庄严宏伟的纪念碑，无意中也把自己的名字不可磨灭地铭刻在上面了。的确，这两卷《资本论》是马克思和恩格斯两人的著作。古老传说中有各种非常动人的友谊故事。欧洲无产阶级可以说，它的科学是由这两位学者和战士创造的，他们的关系超过了古人关于人类友谊的一切最动人的传说。恩格斯总是把自己放在马克思之后，总的说来这是十分公正的。他在写给一位老朋友的信中说："马克思在世的时候，我拉第二小提琴。"①他对在世时的马克思无限热爱，对死后的马克思无限敬仰。这位严峻的战士和严正的思想家，具有一颗深情挚爱的心。

1848—1849年的运动以后，马克思和恩格斯在流亡中并没有只限于从事科学工作。马克思在1864年创立了"国际工人协会"，并在整整十年内领导了这个协会。恩格斯也积极地参加了该会的工作。"国际工人协会"依照马克思的意思联合全世界的无产者，它的活动对工人运动的发展起了巨大作用。就是在70年代"国际工人协会"解散后，马克思和恩格斯所起的团结的作用也没有停止。相反，他们作为工人运动精神领导者所起的作用，可以说是不断增长的，因为工人运动本身也在不断发展。马克思逝世以后，恩格斯一个人继续担任欧洲社会党人的顾问和领导者。无论是受政府迫害但力量仍然不断迅速增长的德国社会党人，或者是落后国家内那些还需仔细考虑斟酌其初步行动的社会党人，如西班牙、罗马尼亚和俄国的社会党人，都同样向恩格斯征求意见，请求指示。他们都从年老恩格斯的知识和经验的丰富宝库中得到教益。

马克思和恩格斯两人都懂俄文，都读俄文书籍，非常关心俄国的情况，以同情的态度注视俄国的革命运动，并一直同俄国的革命者保持联系。他们两人都是由**民主主义者**变成社会主义者的，所以他们**仇恨**政治专横的民主情感非常强烈。由于马克思和恩格斯具有这种直接的政治情感、对政治专横与经济压迫之间的联系的深刻理论认识以及丰富的生活经验，所以他们在**政治**方面异常敏感。因此，俄国少数革命者所进行的反对强大的沙皇政府的英勇斗争，总是得到这两位久经锻炼的革命家最表同情的反响。相反，那种为了虚幻的经济利益而离开争取政治自由这一俄国社会党人最直接最重要的任务的图谋，在他们看

---

① 见1884年10月15日恩格斯给贝克尔的信（《马克思恩格斯选集》第4卷第449页）。——编者注

来自然是可疑的，他们甚至直截了当地认为这是背叛伟大的社会革命事业。“无产阶级的解放应当是无产阶级自己的事情”[46]，——这就是马克思和恩格斯经常教导的。而无产阶级要争取经济上的解放，就必须争得一定的**政治**权利。此外，马克思和恩格斯都清楚地看到，俄国政治革命对于西欧的工人运动也会有巨大的意义。专制的俄国向来是欧洲一切反动势力的堡垒。1870 年的战争[47]造成了德法之间长期的纷争，使俄国处于一种非常有利的国际地位，这当然只是增加了专制俄国这一反动力量的作用。只有自由的俄国，即既不需要压迫波兰人、芬兰人、德意志人、亚美尼亚人及其他弱小民族，也不需要经常挑拨德法两国关系的俄国，才能使现代欧洲摆脱战争负担而松一口气，才能削弱欧洲的一切反动势力，加强欧洲工人阶级的力量。因此，恩格斯为了西欧工人运动的胜利，也渴望俄国实现政治自由。俄国的革命者因恩格斯的逝世而失去了最好的朋友。

无产阶级的伟大战士和导师弗里德里希·恩格斯永垂不朽！

载于 1896 年《工作者》文集
第 1—2 集合刊

选自《列宁全集》第 2 版第 2 卷
第 1—12 页

注　释

1 《马克思主义和修正主义》一文最初发表于《卡尔·马克思（1818—1883)》文集，署名弗拉·伊林。文集是为纪念马克思逝世 25 周年而编的，由克德罗夫出版社于 1908 年 10 月在彼得堡出版。除列宁的这篇文章外，文集还收有尤·涅夫佐罗夫的《卡·马克思的生平和活动》、尼·罗日柯夫的《卡尔·马克思和阶级斗争》、弗·巴扎罗夫的《论马克思主义的哲学基础问题》、罗·卢森堡的《纪念卡·马克思》、格·季诺维也夫的《马克思和恩格斯》、尤·加米涅夫的《从民主主义到社会主义》、普·奥尔洛夫斯基的《论俄国马克思主义的历史》、米·塔甘斯基的《马克思论俄国》等文。

2 青年黑格尔派也称黑格尔左派，是德国的一个唯心主义哲学派别，产生于 19 世纪 30—40 年代，是当时德国资产阶级激进派的思想代表。主要代表人物有阿·卢格、布·鲍威尔、戴·施特劳斯、麦·施蒂纳等。马克思和恩格斯在《神圣家族》、《德意志意识形态》等著作中批判了青年黑格尔派。

3 蒲鲁东主义是以法国无政府主义者皮·约·蒲鲁东为代表的小资产阶级社会主义流派，产生于 19 世纪 40 年代。蒲鲁东主义从小资产阶级立场出发批判资本主义所有制，把小商品生产和交换理想化，幻想使小资产阶级私有制永世长存。蒲鲁东反对任何国家和政府，否定任何权威和法律，宣扬阶级调和，反对政治斗争和暴力革命。马克思在《哲学的贫困》这部著作中，对蒲鲁东主义作了彻底批判。列宁称蒲鲁东主义为不能领会工人阶级观点的市侩和庸人的痴想。蒲鲁东主义思想被资产阶级的理论家们广泛利用来鼓吹阶级调和。

4 巴枯宁主义是以米·亚·巴枯宁为代表的无政府主义思潮，产生于 19 世纪 60 年代。巴枯宁主义者是小资产阶级革命性及其特有的极端个人主义的代表，鼓吹个人绝对自由，反对任何权威。他们认为国家是剥削和不平等的根源，要求废除一切国家，实行小生产者公社的完全自治，并把这些公社联合成自由的联邦（按巴枯宁主义者的说法就是实现“社会清算”）。巴枯宁主义者反对马克思主义的社会革命学说，否定工人阶级的一切不直接导致“社会清算”的斗争形式，否认建立独立的工人政党的必要性，而主张由“优秀分子”组成的秘密革命团体去领导群众骚乱。19 世纪 60 年代末和 70 年代初，巴枯宁主义在当时经济上落后的西班牙、意大利、法国南部和瑞士的小资产阶级和一部分工人中得到传播。在巴枯宁主义影响下，也形成了俄国革命民粹主义的一个派别。

1868 年，巴枯宁在日内瓦建立了无政府主义者的国际组织——社会主义民主同盟。在同盟申请加入第一国际遭到拒绝以后，巴枯宁主义者采取对国际总委员会的决定阳奉阴违的办法，表面上宣布解散这个组织，而实际却继续保留，并于 1869 年 3 月以国际日内瓦支部的名义把它弄进了国际。巴枯宁主义者利用社会主义民主同盟的组织在国际内部进行了大量分裂和破坏活动，力图夺取国际总委员会的领导权，受到马克思恩格斯的揭露和批判。1872 年 9 月 2—7 日举行的第一国际海牙代表大会把巴枯宁和另一位巴枯宁派首领詹·吉约姆开除出国际。19 世纪最后 25 年间，巴枯宁主义者蜕化成了脱离群众的小宗派。

5 指法国、西班牙、意大利等西南欧国家。

6 新康德主义是在复活康德哲学的口号下宣扬主观唯心主义的资产阶级哲学流派，19 世纪中叶产生于德国。这一流派的创始人是奥·李普曼和弗·阿·朗格。1865 年李普曼出版了《康德及其追随者》一书。该书每一章都以“回到康德那里去!”的口号结束。他还提出纠正康德承认“自在之物”这一“根本错误”。朗格则企图用生理学来论证不可知论。新康德主义后来形成两大学派：马堡学派（赫·柯亨、保·格·纳托尔普等）和弗赖堡学派（威·文德尔班、亨·李凯尔特等）。前者企图利用自然科学的成就，特别是利用数学方法向物理学的渗透，来论证唯心主义，后者则把社会科学与自然科学对立起来，宣称历史现象有严格的独特性，不受任何规律性的支配。两个学派都用科学的逻辑根据问题来取代哲学的基本问题。新康德主义者从右边批判康德，宣布“自在之物”是认识所趋向的“极限概念”。他们否认物质世界的客观存在，认为认识的对象并不是自然界和社会的规律性，而仅仅是意识的现象。新康德主义的不可知论不是“羞羞答答的唯物主义”，而是唯心主义的变种，断言科学没有力量认识和改变现实。新康德主义者公开反对马克思主义，用“伦理社会主义”来对抗马克思主义。他们依据自己的认识论，宣布社会主义是人类竭力追求但不可能达到的“道德理想”。新康德主义曾被爱·伯恩施坦、康·施米特等人利用来修正马克思主义。俄国的合法马克思主义者企图把新康德主义同马克思主义结合起来。格·瓦·普列汉诺夫、保·拉法格和弗·梅林都批判对马克思主义所作的新康德主义的修正。列宁揭露了新康德主义的反动实质并指出了它同其他资产阶级哲学流派（内在论者、马赫主义、实用主义等等）的联系。

7 《关于马克思主义哲学的论丛》是一本哲学论文集，收载了 7 篇论文：弗·亚·巴扎罗夫的《现代的神秘主义和实在论》、雅·亚·别尔曼的《论辩证法》、阿·瓦·卢那察尔斯基的《无神论》、帕·索·尤什凯维奇的《从经验符号论观点看现代唯能论》、亚·亚·波格丹诺夫的《偶像之国和马克思主义哲学》、О.И. 格尔方德的《狄慈根的哲学和现代实证论》、谢·亚·苏沃洛夫的《社会哲学的基础》。该书于 1908 年由种子出版社在彼得堡出版。

8 立宪民主党人是俄国自由主义君主派资产阶级的主要政党立宪民主党的成员。立宪民主党（正式名称为人民自由党）于1905年10月成立。中央委员中多数是资产阶级知识分子、地方自治人士和自由派地主。主要活动家有帕·尼·米留可夫、谢·安·穆罗姆采夫、瓦·阿·马克拉柯夫、安·伊·盛加略夫、彼·伯·司徒卢威、约·弗·盖森等。立宪民主党提出一条与革命道路相对抗的和平的宪政发展道路，主张俄国实行立宪君主制和资产阶级的自由。在土地问题上，它主张将官家、皇室、皇族和寺院的土地分给无地和少地的农民；私有土地部分地转让，并且按“公平”价格给予补偿；解决土地问题的土地委员会由同等数量的地主和农民组成，并由官员充当他们之间的调解人。1906年春，它曾同政府进行参加内阁的秘密谈判，后来在国家杜马中自命为“负责的反对派”。在第一次世界大战期间，它支持沙皇政府的掠夺政策，曾同十月党等反动政党组成“进步同盟”，要求成立责任内阁，即为资产阶级和地主所信任的政府，力图阻止革命并把战争进行到最后胜利。二月革命后，立宪民主党在资产阶级临时政府中居于领导地位，竭力阻挠土地问题、民族问题等基本问题的解决，并奉行继续帝国主义战争的政策。七月事变后，它支持科尔尼洛夫叛乱，阴谋建立军事独裁。十月革命胜利后，苏维埃政府于1917年11月28日（12月11日）宣布立宪民主党为“人民公敌的党”，该党随之转入地下，继续进行反革命活动，并参与白卫将军的武装叛乱。国内战争结束后，该党上层分子大多数逃亡国外。1921年5月，该党在巴黎召开代表大会时分裂，作为统一的党不复存在。

9 米勒兰主义是社会党人参加资产阶级反动政府的一种机会主义策略，因法国社会党人亚·艾·米勒兰于1899年参加瓦尔德克-卢梭的资产阶级政府而得名。列宁称米勒兰这种行为为“实践的伯恩施坦主义”（《列宁选集》第1卷第295页）。

10 盖得派是19世纪80年代至20世纪初法国社会主义运动中以茹·盖得为首的一个派别，基本成员是19世纪70年代末期团结在盖得创办的《平等报》周围的进步青年知识分子和先进工人。1879年组成了法国工人党。1880年在勒阿弗尔代表大会上制定了马克思主义纲领。在米勒兰事件上持反对加入资产阶级内阁的立场。1901年与其他反入阁派一起组成法兰西社会党。1905年法兰西社会党与饶勒斯派的法国社会党合并为统一的法国社会党（工人国际法国支部）。第一次世界大战爆发后，盖得和相当大一部分盖得派分子转到了社会沙文主义方面，盖得、马·桑巴参加了法国政府。1920年，以马·加香为首的一部分左翼盖得派分子在建立法国共产党方面起了重要作用。

11 饶勒斯派是19世纪末20世纪初法国社会主义运动中以让·饶勒斯为首的右翼改良派。饶勒斯派对马克思主义基本原理持修正态度，认为社会主义的胜利不会通过无产阶级同资产阶级的阶级斗争而取得，这一胜利将是民主主义思想繁荣的结果。他们还赞同蒲鲁东主义关于合作社的主张，认为在资本主义条件下合作社的发展有助于逐渐向社会主义过渡。在米勒兰事件上，饶勒斯派竭力为亚·艾·米勒兰参加资产阶级内阁的背叛行为辩护。1902年，饶勒斯派成立了改良主义的法国社会党。1905年该党和盖得派的法兰西社会党合并成统一的法国社会党（工人国际法国支部）。第一次世界大战期间，在法国社会党领导中占优势的饶勒斯派采取了社会沙文主义立场，公开支持帝国主义战争。

12 布鲁斯派是19世纪80年代至20世纪初法国社会主义运动中以保·布鲁斯等人为首的机会主义派别。该派起初是法国工人党中改良主义的一翼，1882年法国工人党分裂后称为社会主义革命工人党，1883年改称法国劳动社会联盟。该派否定无产阶级的革命纲领和革命策略，模糊工人运动的社会主义目的，主张把工人阶级的活动限制在资本主义制度下“可能”办到的范围内，因此也被称为可能派。1902年，布鲁斯派同其他一些改良主义派别一起组成了以让·饶勒斯为首的法国社会党。

1905年，法兰西社会党和法国社会党合并，统称法国社会党（工人国际法国支部）。

13 英国社会民主联盟（S.D.F.）是英国的社会主义组织。这一组织是在民主联盟的基础上于1884年8月成立的。参加联盟的除改良主义者(亨·迈·海德门等）和无政府主义者外，还有一批革命的社会民主党人即马克思主义的拥护者（哈·奎尔奇、汤·曼、爱·艾威林、爱琳娜·马克思等)，他们构成了英国社会主义运动的左翼。恩格斯曾尖锐地批评社会民主联盟有教条主义和宗派主义倾向，脱离英国群众性的工人运动并且忽视这一运动的特点。1907年，社会民主联盟改称英国社会民主党。1911年，英国社会民主党与独立工党中的左派一起组成了英国社会党。1920年，社会党的大部分党员参加创立英国共产党的工作。

14 独立工党是英国改良主义政党，1893年1月成立。领导人有凯尔-哈第、拉·麦克唐纳、菲·斯诺登等。党员主要是“新工联”和一些老工会的成员以及受费边派影响的知识分子和小资产阶级分子。独立工党从建党时起就采取资产阶级改良主义立场，把主要注意力放在议会斗争和同自由主义政党进行议会交易上。列宁称它是始终依附资产阶级的机会主义政党。1900年，该党作为集体党员加入工党。在第一次世界大战期间，该党领袖采取资产阶级和平主义立场。

15 整体派是20世纪初意大利社会党内的一个派别，整体社会主义的拥护者，其领袖是恩·费里。整体派在一些问题上同持机会主义立场的改良主义派进行了斗争。

16 革命工团主义是19世纪末在一系列西欧国家工人运动中出现的一种小资产阶级半无政府主义思潮。工团主义者否认工人阶级进行政治斗争的必要性，否认党的领导作用和无产阶级专政。他们认为，工会（工团）只要组织工人举行总罢工而不必进行革命，就能推翻资本主义，把生产的管理掌握在自己手里。列宁曾指出：“在西欧，革命工团主义在许多国家里是机会主义、改良主义和议会迷的直接的和必然的产物。”（见《列宁全集》第2版第16卷第181页）

17 召回派是1908年在布尔什维克中间出现的一种机会主义集团，首领是亚·亚·波格丹诺夫。召回派以革命词句作掩护要求从第三届国家杜马中召回俄国社会民主党的代表，并停止在合法和半合法组织中进行工作，宣称在反动条件下党只应进行不合法的工作。召回派的政策使党脱离群众，把党变成没有能力聚集力量迎接新的革命高潮的宗派组织。召回派的领袖人物还同孟什维克取消派一起在报刊上攻击马克思主义理论基础——辩证唯物主义和历史唯物主义。

18 《马克思学说的历史命运》一文是为纪念马克思逝世30周年而写的，发表于1913年3月1日（14日）《真理报》第50号。

19 《马克思主义的三个来源和三个组成部分》一文是为纪念马克思逝世30周年而写的，发表于1913年3月《启蒙》杂志第3期。

20 《卡尔·马克思（传略和马克思主义概述)》一文是列宁为当时在俄国颇为驰名的《格拉纳特百科词典》写的一个词条。列宁于1914年春在加里西亚的波罗宁着手撰写这一词条（1918年单行本的序言中误为写于1913年，见《列宁全集》第2版第26卷第47页)，后因忙于党的工作和《真理报》的工作而不得不中途搁笔。直到1914年9月他移居伯尔尼以后，才又重新动笔。整个词条于11月初完稿，11月4日（17日）寄给了编辑部。

1915年出版的《格拉纳特百科词典》（第7版）第28卷刊载了这一词条，署名为：弗·伊林。在书报检查的条件下，编辑部未刊出原稿中的《社会主义》和《无产阶级阶级斗争的策略》两节，并对原文作了某些修改。词条附有《马克思主义书目》。1918年，波涛出版社根据《格拉纳特百科词典》的词条出版了《卡尔·马克思》一文的单行本，但没有附《马克思主义书目》。《卡尔·马克思》一文的全文于1925年第一次按手稿发表在俄共（布）中央列宁研究院出版的列宁《论马克思恩格斯及马克思主义》文集中。

21 《莱茵报》即《莱茵政治、商业和工业日报》（《Rheinische Zeitung für Politik.Handel und Gewerbe》），是对普鲁士专制政体怀有反对情绪的莱茵省资产阶级人士创办的日报，1842年1月1日—1843年3月31日在科隆出版。马克思从1842年4月起为该报撰稿，同年10月任该报编辑。在马克思担任编辑后，该报日益明显地具有革命民主主义的性质。1843年1月19日，普鲁士政府决定于1843年4月1日封闭《莱茵报》，而在此以前则对它实行特别严格的检查。鉴于该报股东企图使报纸改取温和态度，以取得政府的宽容，马克思于1843年3月17日声明退出该报编辑部。

22 指马克思的《摩泽尔记者的辩护》一文（见《马克思恩格斯全集》第1卷第210—243页）。

23 共产主义者同盟是历史上第一个建立在科学社会主义基础上的无产阶级政党，1847年在伦敦成立。共产主义者同盟的前身是1836年成立的正义者同盟，这是一个主要由无产阶级化的手工业工人组成的德国政治流亡者秘密组织，后期也有一些其他国家的人参加。随着形势的发展，正义者同盟的领导成员终于确信马克思和恩格斯的理论正确，并认识到必须使同盟摆脱旧的密谋传统和方式，遂于1847年邀请马克思和恩格斯参加正义者同盟，协助同盟改组。1847年6月，正义者同盟在伦敦召开第一次代表大会，按照恩格斯的倡议把同盟的名称改为共产主义者同盟，因此这次大会也是共产主义者同盟的第一次代表大会。大会还批准了以民主原则作为同盟组织基础的章程草案，并用“全世界无产者，联合起来！”的战斗口号代替了正义者同盟原来的“人人皆兄弟！”的口号。同年11月29日—12月8日举行的同盟第二次代表大会通过了章程，并对章程第1条作了修改，规定同盟的目的是“推翻资产阶级，建立无产阶级统治，消灭旧的以阶级对立为基础的资产阶级社会和建立没有阶级、没有私有制的新社会”。大会委托马克思和恩格斯起草同盟的纲领，这就是1848年2月公布的《共产党宣言》。同盟的中央委员会设在伦敦，除伦敦外，巴黎、布鲁塞尔、瑞士、德国也有同盟的组织。共产主义者同盟成立不久就投入了德国1848—1849年革命，这次革命的实践完全证实了《共产党宣言》所表述的同盟的观点的正确性。1850年9月15日，同盟中央委员会因策略分歧而分裂，中央多数决定把中央委员会所在地由伦敦改为科隆。在普鲁士政府策划的陷害共产主义者同盟盟员的科隆共产党人案件判决后，同盟于1852年11月17日宣布解散。同盟在宣传科学社会主义和培养无产阶级革命战士方面起了重要的作用；它的许多盟员后来积极参加了建立国际工人协会的活动。

24 指1848年法国二月革命。

25 指1848年奥地利和普鲁士三月革命。

26 《新莱茵报》（《Neue Rheinische Zeitung》）是德国和欧洲革命民主派中无产阶级一翼的日报，1848年6月1日—1849年5月19日在科隆出版。马克思任该报的主编，编辑部成员恩格斯、恩·德朗克、斐·沃尔弗、威·沃尔弗、格·维尔特、斐·弗莱里格拉特等都是共产主义者同盟的盟员。该报揭露反动的封建君主派和资产阶级反革命势力，主张彻底解决资产阶级民主革命的任务和用民主共和国的形式统一德国，是当时指导群众革命行动的中心。该报创刊不久，就遭到反动报纸的围攻和政府的迫害，1848 年 9—10 月间一度被查封。1849 年 5 月，普鲁士政府借口马克思没有普鲁士国籍而把他驱逐出境，并对其他编辑进行迫害，该报因此被迫停刊。

27 指 1849 年 6 月 13 日法国小资产阶级政党山岳党在巴黎组织的游行示威。法国总统路易·波拿巴为了取得天主教会对他的支持，公然出兵协助罗马教皇镇压意大利革命。山岳党遂在立法议会弹劾总统和内阁违宪，因为 1848 年宪法禁止使用法国军队去反对别国人民的自由。弹劾案被立法议会内的秩序党多数所否决。这次游行示威就是为此而举行的。秩序党内阁下令军队驱散了这次游行示威，并在这以后开始迫害民主主义者，其中包括外侨。

28 指 1913 年在斯图加特出版的德文版《弗里德里希·恩格斯和卡尔·马克思通信集(1844—1883 年)》，共 4 卷。通信集收入了马克思和恩格斯的书信 1500 封，是他们的理论遗产的重要组成部分。通信集还提供了这两位科学共产主义创始人的大量珍贵的生平资料和反映他们的组织活动和理论创作的丰富材料。列宁深入地研究了这部通信集，摘记了其中 300 封信的要点，摘抄了 15 封具有重要理论意义的信，并为一部分摘要编了名目索引。根据列宁笔记编成的《〈马克思和恩格斯通信集〉(1844—1883 年)提要》，已收入《列宁全集》第 2 版，列为第 58 卷。

29 《福格特先生》这部抨击性著作是马克思对路易·波拿巴雇用的密探卡尔·福格特写的诽谤性小册子《我对〈总汇报〉的诉讼》的答复（见《马克思恩格斯全集》第 14 卷第 397—754 页）。

30 指《国际工人协会成立宣言》(见《马克思恩格斯全集》第 16 卷第 5—14 页)。

31 指第一国际海牙代表大会。

第一国际海牙代表大会（即国际工人协会第五次代表大会）于 1872 年 9 月 2—7 日举行。出席大会的有 15 个全国性组织的 65 名代表。马克思和恩格斯亲自参加了这次代表大会。这次代表大会是在马克思主义者同无政府主义者进行激烈斗争的形势下召开的。代表大会的主要议程是关于总委员会的权力和关于无产阶级的政治活动这两个问题。大会通过了关于扩大总委员会的权力、关于总委员会会址迁往纽约、关于巴枯宁派秘密组织社会主义民主同盟的活动等问题的决议。这些决议大部分是马克思和恩格斯起草的。代表大会就无产阶级的政治活动这个问题通过的决议指出，无产阶级的伟大任务就是夺取政权，无产阶级应当组织政党，以保证社会革命的胜利和达到消灭阶级的最终目的。大会从理论上、组织上揭露和清算了巴枯宁派反对无产阶级革命、破坏国际工人运动的种种活动，并把该派首领米·亚·巴枯宁和詹·吉约姆开除出国际。海牙代表大会的决议标志着马克思主义对无政府主义者的小资产阶级世界观的胜利，为后来建立各国工人阶级独立的政党奠定了基础。

32 指 18 世纪意大利资产阶级经济学家斐迪南多·加利阿尼。

33 宪章主义者是宪章运动的参加者。宪章运动是 19 世纪 30—50 年代英国无产阶级争取实行《人民宪章》的革命运动，是世界上第一次广泛的、真正群众性的、政治性的无产阶级革命运动。19 世纪 30 年代，英国工人运动迅速高涨。伦敦工人协会于 1836 年成立，1837 年起草了一份名为《人民宪章》的法案，1838 年 5 月在伦敦公布。宪章提出了六点政治要求：（一）凡年满 21 岁的男子皆有选举权；（二）实行无记名投票；（三）废除议员候选人的财产资格限制；（四）给当选议员支付薪俸；（五）议会每年改选一次；（六）平均分配选举区域，按选民人数产生代表。1840 年 7 月成立了全国宪章派协会，这是工人运动史上第一个群众性的工人政党。宪章运动出现过三次高潮。三次请愿均被议会否决，运动也遭镇压。但宪章运动终究迫使英国统治阶级作了某些让步，并对欧洲工人运动的发展产生了重大的影响。马克思和恩格斯积极支持宪章运动，同宪章运动的左翼领袖乔·哈尼、厄·琼斯保持联系，并力图使宪章运动朝着社会主义方向发展。

34 克拉科夫起义是指 1846 年 2 月在波兰克拉科夫爆发的争取民族解放和民主的起义。这次起义是以波兰民主协会为首的各民族解放组织所策划的全波起义的一个部分。起义者于 1846 年 2 月 20 日占领了克拉科夫市，2 月 22 日成立了波兰共和国国民政府。该政府发表宣言，号召全国人民起来反对俄、普、奥三个占领国，宣布废除封建义务，并许诺土地归农民所有而不用交纳赎金。这次起义在沙皇俄国和奥地利的联合打击下很快遭到失败，克拉科夫于 3 月 3 日失陷。马克思在克拉科夫起义两周年纪念大会上的演说中指出："克拉科夫革命把民族问题和民主问题以及被压迫阶级的解放看作一回事，这就给整个欧洲作出了光辉的榜样。"（见《马克思恩格斯全集》第 4 卷第 537 页）

35 反社会党人非常法即《反对社会民主党企图危害社会治安的法令》，是德国俾斯麦政府从 1878 年 10 月起实行的镇压工人运动的反动法令。这个法令规定取缔德国社会民主党和一切进步工人组织，封闭工人刊物，没收社会主义书报，并可不经法律手续把革命者逮捕和驱逐出境。在反社会党人非常法实施期间，有 1000 多种书刊被查禁，300 多个工人组织被解散，2000 多人被监禁和驱逐。在工人运动压力下，反社会党人非常法于 1890 年 10 月被废除。

36 指《工作者》文集。

《工作者》文集(《Работник》)是国外俄国社会民主党人联合会的不定期刊物,由劳动解放社编辑,1896—1899 年在日内瓦出版,读者对象为马克思主义工人小组成员。列宁是出版这个文集的发起人。1895 年 5 月,他在瑞士同格·瓦·普列汉诺夫、帕·波·阿克雪里罗得以及劳动解放社的其他成员商谈了出版这个文集的问题。1895 年 9 月回国以后,他又多方设法为这个文集提供物质支援和组织稿件。到 1895 年 12 月被捕为止,他除为文集撰写《弗里德里希·恩格斯》一文外,还给文集编辑部寄去了别人写的几篇通讯。这个文集一共出了 6 期(3 册);另外,还出了附刊《〈工作者〉小报》10 期。

37 共产主义者同盟是历史上第一个建立在科学社会主义基础上的无产阶级政党，1847 年在伦敦成立。共产主义者同盟的前身是 1836 年成立的正义者同盟，这是一个主要由无产阶级化的手工业工人组成的德国政治流亡者秘密组织，后期也有一些其他国家的人参加。随着形势的发展，正义者同盟的领导成员终于确信马克思和恩格斯的理论正确，并认识到必须使同盟摆脱旧的密谋传统和方式，遂于 1847 年邀请马克思和恩格斯参加正义者同盟，协助同盟改组。1847 年 6 月，正义者同盟在伦敦召开第一次代表大会，按照恩格斯的倡议把同盟的名称改为共产主义者同盟，因此这次大会也是共产主义者同盟的第一次代表大会。大会还批准了以民主原则作为同盟组织基础的章程草案，并用"全世界无产者，联合起来!"的战斗口号代替了正义者同盟原来的"人人皆兄弟!"的口号。同年 11 月 29 日—12 月 8 日举行的同盟第二次代表大会通过了章程，并对章程第 1 条作了修改，规定同盟的目的是"推翻资产阶级，建立无产阶级统治，消灭旧的以阶级对立为基础的资产阶级社会和建立没有阶级、没有私有制的新社会"。大会委托马克思和恩格斯起草同盟的纲领，这就是 1848 年 2 月公布的《共产党宣言》。同盟的中央委员会设在伦敦，除伦敦外，巴黎、布鲁塞尔、瑞士、德国也有同盟的组织。

共产主义者同盟成立不久就投入了德国1848—1849年革命，这次革命的实践完全证实了《共产党宣言》所表述的同盟的观点的正确性。1850年9月15日，同盟中央委员会因策略分歧而分裂，中央多数决定把中央委员会所在地由伦敦迁往科隆。在普鲁士政府策划的陷害共产主义者同盟盟员的科隆共产党人案件判决后，同盟于1852年11月17日宣布解散。同盟在宣传科学社会主义和培养无产阶级革命战士方面起了重要的作用；它的许多盟员后来积极参加了建立国际工人协会的活动。

38 《新莱茵报》（《Neue Rheinische Zeitung》）是德国和欧洲革命民主派中无产阶级一翼的日报，1848年6月1日—1849年5月19日在科隆出版。马克思任该报的主编，编辑部成员恩格斯、恩·德朗克、斐·沃尔弗、威·沃尔弗、格·维尔特、斐·弗莱里格拉特等都是共产主义者同盟的盟员。该报揭露反动的封建君主派和资产阶级反革命势力，主张彻底解决资产阶级民主革命的任务和用民主共和国的形式统一德国，是当时指导群众革命行动的中心。该报创刊不久，就遭到反动报纸的围攻和政府的迫害，1848年9—10月间一度被查封。1849年5月，普鲁士政府借口马克思没有普鲁士国籍而把他驱逐出境，并对其他编辑进行迫害，该报因此被迫停刊。

39 指《反杜林论》，见《马克思恩格斯选集》第3卷第45—364页。

40 这是恩格斯的《社会主义从空想到科学的发展》一书1892年俄文版使用的书名。恩格斯的这一著作是由《反杜林论》中的三章编成的。

41 指恩格斯的《俄国沙皇政府的对外政策》一文(见《马克思恩格斯全集》第22卷第13—57页)。这篇文章是维·伊·查苏利奇以劳动解放社《社会民主党人》评论集编辑部的名义约请恩格斯撰写的,刊载于1890年2月和8月出版的该评论集第1集和第2集。

42 《社会民主党人》（《Социал-Демократ》）是俄国文学政治评论集，由劳动解放社于1890—1892年在伦敦和日内瓦用俄文出版，总共出了4集。第1、2、3集于1890年出版，第4集于1892年出版。参加《社会民主党人》评论集工作的有格·瓦·普列汉诺夫、帕·波·阿克雪里罗得和维·伊·查苏利奇等。这个评论集对于马克思主义在俄国的传播起了很大作用。

43 指恩格斯1872—1873年在莱比锡《人民国家报》上发表的三篇文章：《蒲鲁东怎样解决住宅问题》、《资产阶级怎样解决住宅问题》和《再论蒲鲁东和住宅问题》。这几篇文章后来以《论住宅问题》为标题出了单行本（见《马克思恩格斯选集》第2卷第459—550页）。

44 指恩格斯1875年写的《论俄国的社会问题》和1894年写的《〈论俄国的社会问题〉跋》(见《马克思恩格斯选集》第2卷第616—629页和《马克思恩格斯全集》第22卷第494—510页)。

45 指马克思的著作《剩余价值理论》。列宁按照恩格斯的提法把这部著作称为《资本论》第4卷。恩格斯在《资本论》第2卷序言中写道：“这个手稿的批判部分，除了许多在第2卷和第3卷已经包括的部分之外，我打算保留下来，作为《资本论》第4卷出版。”(见《马克思恩格斯全集》第24卷第4页)《剩余价值理论》见《马克思恩格斯全集》第26卷。

46 参看马克思的《协会临时章程》、《国际工人协会共同章程》和恩格斯的《〈共产党宣言〉1890年德文版序言》(见《马克思恩格斯全集》第16卷第15页、第17卷第475页和《马克思恩格斯选集》第1卷第244页)。

47 指1870年的普法战争。

列 宁
《黑格尔〈逻辑学〉一书摘要》
《谈谈辩证法问题》

学习提示

列宁在第一次世界大战期间侨居瑞士伯尔尼和苏黎世，为探讨帝国主义时代的无产阶级社会革命和人类发展前途问题，潜心研究哲学，重点是研究辩证法，形成了八个笔记本（写于1914年9月至1916年6月）。它们构成了著名的《哲学笔记》的绝大部分。《哲学笔记》被称为“列宁思想实验室”，记录了列宁对西方哲学家和学者的著述所作的系统研究和批判性分析，反映了列宁重要的哲学思想。《黑格尔〈逻辑学〉一书摘要》（于1914年9—12月完成）是整个《哲学笔记》中最重要的文字。此外，《谈谈辩证法问题》一文（写于1915年）也被视为列宁辩证法思想的代表作。这里选收《黑格尔〈逻辑学〉一书摘要》的部分篇章及《谈谈辩证法问题》的全文。

列宁研究黑格尔的辩证法是为了捍卫、继承和发展马克思主义。马克思认为，黑格尔的辩证法，一方面是在辩证逻辑与本体论相一致这个唯心主义立场上被确认的、所谓绝对理性之规定现实事物的“绝对方法”①；另一方面，又确实可以——经过改造之后——用来表达现实事物在其自身的历史运动中的自我批判。因此，马克思在1858年1月14日写给恩格斯的信中说，黑格尔的辩证逻辑对于他写作《资本论》很有用，如果有时间的话，要用两三个印张对黑格尔发现的、但同时也是神秘的方法，写出合理的部分，让普通人类的理智能够理解。马克思有一个愿望，写一部专著，集中阐述由历史唯物主义引导出来的“历史科学”的辩证方法，但他没能实现这个愿望。

对于这个遗憾，列宁曾经说过，虽然马克思没有留下“逻辑”（大写字母的），但他留下了《资本论》的逻辑，应当充分利用这种逻辑来解决当前问题。列宁正是力图通过对黑格尔逻辑学原著的研读来尝试为“唯物辩证法”制定其基本的原则、内容和体系。列宁探索唯物辩证法学说的成果主要有如下几个方面：

① 参见马克思：《哲学的贫困》第二章第一节。

（一）明确了唯物辩证法的唯物主义前提

辩证法不是作为理性的逻辑而构成现实世界之发展的基础，应该“倒过来：逻辑和认识论应当从‘全部自然生活和精神生活的发展’中引申出来”。[①] 列宁的这个“倒过来”的要求，明确地提出了辩证逻辑的客观基础是现实世界本身的“客观辩证法”。

坚持还是不坚持“客观辩证法”这一唯物主义立场，是辩证法与诡辩论之间的原则区别之所在。辩证逻辑不同于传统的形式逻辑，它强调概念是运动的、概念之间是相互转化的，因为概念自身包含着矛盾，所以具有以“对立面的同一”为基础的灵活性。但是，这种灵活性乃是概念在其辩证本性中反映了现实运动，而不是出自思维本身的主观任意的灵活性，列宁认为：“主观地运用的这种灵活性=折中主义与诡辩。**客观地**运用的灵活性，即反映物质过程的全面性及其统一性的灵活性，就是辩证法，就是世界的永恒发展的正确反映。”

（二）探讨了思维范畴的实践起源

辩证逻辑是关于思维范畴及其相互关系的学问，但是，人类思维是从哪里获得其范畴形式的呢?列宁在这个问题上坚持了马克思的历史唯物主义原则，即以人类的感性实践来解释范畴的起源。他对黑格尔关于“行动的推理”的思想作了唯物主义改造：“对黑格尔来说，行动、实践是逻辑的‘推理’，逻辑的式。这是对的!当然，这并不是说逻辑的式把人的实践作为它自己的异在（=绝对唯心主义），而是相反，人的实践经过亿万次的重复，在人的意识中以逻辑的式固定下来。这些式正是（而且只是）由于亿万次的重复才有着先入之见的巩固性和公理的性质。”列宁的这一论述对于我们解决范畴之起源这一重大的哲学问题，具有很大的启发意义。

（三）尝试建立唯物辩证法的学说体系

列宁在研读黑格尔《逻辑学》的《观念篇》时，开始构想唯物辩证法体系。一开始，列宁认为可以概括出辩证法的三个方面的要素，后来觉得这还过于笼统、也不够全面，因此便分出了十六要素。这十六要素连同对辩证法核心的确认，勾画了唯物辩证法学说应当包含的五个基本方面：1. 唯物辩证法的唯物主义前提；2. 唯物辩证法的基本原则；3. 唯物辩证法的规律和范畴；4. 唯物辩证法在认识论上的唯物主义反映论中的运用；5. 确认“对立面的统一的学说”是辩证法的核心。

将对立统一规律确定为辩证法的核心，这就抓住了形而上学与辩证法之间的本质区别。形而上学的世界观也可能承认现实事物的运动、变化与发展，但

---

① 《列宁全集》第55卷，人民出版社1990年版，第73页。

是，形而上学因为只承认事物的自身同一、而不理解事物是“对立面的同一”，所以就不能理解事物运动、变化和发展的源泉，只能把这个源泉移到事物的外部，结果便是曲解了变化、发展的本性，即只看到事物的单纯的量的增减，看不到事物在变化和发展中是由于其自身矛盾而导致的自我否定（否定之否定规律）以及因这种否定而发生的质变（量变质变规律）。

列宁在《谈谈辩证法问题》一文中也着重发挥了他的关于辩证法的核心的思想。他指出：“发展是对立面的‘斗争’。有两种基本的……发展（进化）观点：认为发展是减少和增加，是重复；以及认为发展是对立面的统一（统一物之分为两个互相排斥的对立面以及它们之间的相互关系）。”“按第一种运动观点，自己运动，它的动力、它的泉源、它的动因都被忽视了（或者这个泉源被移到外部——移到上帝、主体等等那里去了）；按第二种观点，主要的注意力正是放在认识‘自己’运动的泉源上。”列宁明确区分两种发展观，是为了划清辩证法与当时流行的庸俗进化论的界线。庸俗进化论虽然承认发展原则，但这并不是对新事物的产生和旧事物的消亡这种真正具有革命性的历史变迁的承认。庸俗进化论是第二国际的修正主义理论家们用以反对无产阶级进行社会革命的思想武器，他们向往一种并不真正触动资本主义大厦基础的社会改良。列宁在《哲学笔记》中对辩证法的革命性质的捍卫具有深刻的时代背景。

（四）以唯物辩证法的原理探讨了唯心主义哲学产生的认识论根源

列宁特别强调人类认识所固有的辩证本性，强调辩证法和认识论的统一（“辩证法也就是(黑格尔和)马克思主义的认识论”)，要求通过辩证法来检查人们在认识方式上的错误及其根源，以便在具有辩证性质的理论认识中正确地反映事物的客观辩证法。他在这方面的论述主要集中在《谈谈辩证法问题》一文中。

人类思想产生唯心主义，这一点反映了人类认识的辩证本性。唯心主义并不是一种偶然的错误。列宁写道：“人的认识不是直线（也就是说，不是沿着直线进行的），而是无限地近似于一串圆圈、近似于螺旋的曲线。这一曲线的任何一个片断、碎片、小段都能被变成（被片面地变成）独立的完整的直线……直线性和片面性，死板和僵化，主观主义和主观盲动性就是唯心主义的认识论根源。”这一曲线和直线的比喻，生动地表达了人类认识在自我否定、自我扬弃中前进的辩证性质。批判和扬弃唯心主义，要注意自觉地遵从人类认识的辩证过程，让唯心主义这朵不结果实的花转化为滋养真理果实的成分。

总之，列宁的《黑格尔〈逻辑学〉一书摘要》以及《谈谈辩证法问题》一文，包含着对唯物辩证法的深入探讨和富于启发性的理解，对于掌握和研究历史唯物主义的“历史科学”的方法论，是一个宝贵的思想库，在马克思主义的发展史上具有重要的意义。

原著

黑格尔《逻辑学》一书摘要[1]（节选）

（1914 年 9—12 月）

……

存　在　论

科学应当以什么为开端？

（逻辑的主题。和现今的“认识论”比较。）

(第 59 页) ①…… (顺便提一下) “认识的本性”

(同上，第 **61** 页)

(第 60 页) …… “不论在天上，在自然界，在精神中，不论在哪个地方，**没有**〈黑体是黑格尔用的〉什么东西不是同时包含着直接性和间接性的……”

注意

> (1) 天——自然界——精神。打倒天：唯物主义。
>
> (2) 一切 vermittelt=都是经过中介，连成一体，通过过渡而联系的。打倒天——**整个**世界（过程）的有规律的联系。

(第 62 页) “逻辑是纯科学，也就是说，

全面发展的纯知识……”

> 第一行是荒谬的。
> 第二行是天才的。

以什么为开端？“纯存在” (Sein) (第 63 页) ——“不以任何东西为前提”，是开端。“本身不包含任何内容”…… “不以任何东西为中介……”

---

① 指《黑格尔全集》1833 年柏林版第 3 卷的页码。——编者注

注意 (第 66 页) …… (认识的) “前进” …… “必须由事物的和内容自身的本性来规定……”

(第 68 页) 开端在自身中包含着“无”和“存在”，它是二者的统一：…… “处于开端的东西还**不存在**，它只是走向存在……” (从**非存在到存在**：“非存在同时也就是存在”)。

关于绝对的呓语 (第 68—69 页)。我总是竭力用唯物主义观点来阅读黑格尔：黑格尔是倒置过来的唯物主义 (恩格斯的说法①) ——就是说，我大抵抛弃上帝、绝对、纯观念等等。

(第 70—71 页) 哲学不能从“自我”开始。没有“客观的运动”。

第 1 篇　规定性 (质)

(第 77 页) 纯存在——“没有任何进一步的规定”。

(规定已经是质。)

存在过渡到 *Dasein* (定在 / 有限存在 ?) ——

而这个存在过渡到 Fürsichsein (自为存在?)

存在——无——变易

“纯存在和纯无是……一个东西。” (第 78 页)

(第 81 页：这似乎是“奇谈怪论”。) 它们的结合是**变易**。

“一方直接消失在另一方之中的运动……”

无是同**某物**对立的。但某物已经是**规定的**存在，异于另外的某物，而这里所讲的是单纯的无 (第 79 页)。

(**埃利亚派**和**巴门尼德**，特别是前者，达到了**存在**这个抽象概念。) **赫拉克利特**认为“一切都在流动” (第 80 页) ……这就是说：“一切都在变易”。

从无中什么都不产生吗?从**无**中生出**存在** (变易) ……

(第 81 页)：“在**每个** 〈黑体是黑格尔用的〉 现实的东西或思想中都不难

① 见恩格斯《路德维希·费尔巴哈和德国古典哲学的终结》(《马克思恩格斯全集》第 21 卷第 318 页)。——编者注

发现存在和无的这种统一”……**“无论天上地下都没有任何东西不在自身中包含着存在和无这两者。”**反对意见则悄悄地塞进**规定的**存在（我有100塔勒或者没有）第82页末尾，——可是这里说的不是这个……

“整个世界的必然联系”……“一切事物的相互规定的联系”

注意

“规定的、有限的存在，是和其他东西有关的存在；它是一个内容，跟其他的内容、跟整个世界处于必然性的关系中。就整体的相互规定的联系来看，形而上学可以作出实质上是同语反复的论断：如果一粒微尘被破坏了，整个宇宙就会崩溃。”（第83页）

（第86页）：“在科学上是最初的东西，也一定表现为历史上最初的东西。”（听起来倒是挺唯物主义!）

第91页：“变易既是存在的持续存在，也是非存在的持续存在。”……“过渡也就是变易”……（第92页末尾）

第94页。“巴门尼德和斯宾诺莎一样，认为不可能从存在或绝对实体向否定的、有限的东西前进。”

而黑格尔认为，“存在”和“无”的**统一**或**不可分性**（第**90**页，这个用语有时比统一更好）提供**过渡**、变易。

绝对和相对，有限和无限=同一个世界的部分、阶段。不是这样吗?

（第92页：对于“**经过中介的**存在，我们保留**实存**这个名称。”）

第102页：柏拉图在《巴门尼德篇》中认为，从**存在**和**一**的过渡=“外在的反思”。

第104页：据说，黑暗就是**没有**光明。但是“在纯粹光明中就象在纯粹黑暗中一样，看不见什么东西……”

第107页——援引那在消失过程中的无限小的量……

注意 “没有什么东西不是在存在和无之间的中间状态。”

“开端的不可理解性”——如果**无**和**存在**是相互排斥的话；但这不是辩证法，而是**诡辩**。

“因为诡辩是依据未予批判和不加思索的无根据的前提而作的推理；而我们称辩证法是高级的理性运动，在这种运动中，那些似乎是全然分离的规定通过自己，通过它们本身而相互过渡，前提则被扬弃。”（第108页）

诡辩和辩证法

变易。它的环节：发生和消灭（第109页）。

变易的扬弃——**定在** 具体的、规定的存在（?）

第 110 页：扬弃=结束 （同时）
=保持 （保存）

第 112 页：定在是**规定的**存在（**注意**第 114 页“一个具体的东西”），——与他物有分别的质，——**可变的和有限的**。 ‖ 注意

第 114 页。“规定性，作为**存在着的**规定性这样自身孤立起来，就是质……”

“质，作为存在物这样被区别出来，就是实在。”（第 115 页）

第 117 页……“规定性就是否定”……

（斯宾诺莎）任何规定都是否定，“这个命题有无比重要的意义……”

第 **120** 页：“某物是第一个否定的否定……”

（这里的叙述断断续续，而且非常模糊。）

抽象而费解的黑格尔主义——恩格斯语①。

第 125 页——……两对规定：(1)“某物和他物”；(2)“为他存在和自在存在”。

第 127 页——**自在之物**是“很简单的抽象”。我们不知道什么是自在之物，——这句名言似乎明智。自在之物是摆脱了一切规定［为他存在］的抽象，是［摆脱了对他物的一切关系］的抽象，即无。因此，自在之物“无非是没有真理的、空洞的抽象”。 注意 ‖

很好！！ 如果我们问什么是**自在**之物，那么问题本身就已经不知不觉地包含着不可能回答的成分了……（第 127 页）

这是非常深刻的：自在之物以及它向为他之物的转化（参看恩格斯②）。自在之物**一般地**是空洞的、无生命的抽象。在生活中，在运动中，一切的一切**总是**既“自在”，又在对他物的关系上“为他”，从一种状态转化为另一种状态。

---

① 见恩格斯《路德维希·费尔巴哈和德国古典哲学的终结》（《马克思恩格斯全集》第 21 卷第 313 页）。——编者注

② 见恩格斯《路德维希·费尔巴哈和德国古典哲学的终结》（《马克思恩格斯全集》第 21 卷第 317 页）。——编者注

康德主义=形而上学

第 129 页——附带记下：辩证的哲学思维，是“包括批判的哲学思维在内的形而上学的哲学思维”所不知道的。

> **辩证法**是一种学说，它研究**对立面**怎样才能够**同一**，是怎样（怎样成为）**同一的**——在什么条件下它们是相互转化而同一的，——为什么人的头脑不应该把这些对立面看作僵死的、凝固的东西，而应该看作活生生的、有条件的、活动的、彼此转化的东西。在阅读黑格尔时……

第 134 页：“**界限**〈是〉简单的否定或最初的否定〈对某物的否定，任何某物都有自己的**界限**〉，同时他物则是否定的否定……”

第 137 页：“Etwas mit seiner immanenten Grenze gesetzt als der Widerspruch seiner selbst, durch den es über sich hinausgewiesen und getrieben wird, ist das **Endliche**”.

(某物，从其内在界限的观点来看，从其自身矛盾——这个矛盾推动着它 这个某物 并使它超出自己的界限——的观点来看，是**有限**。)

当人们说事物是有限的，他们的意思就是承认：事物的非存在是它们的本性（“非存在是它们的存在”）。

“它们〈事物〉**存在着**，可是这个存在的真理就是它们的终结。”

> 机智而且聪明！对通常看起来似乎是僵死的概念，黑格尔作了分析并指出：它们之中**有**运动。有限的？就是说，向终结**运动着的**！某物？——就是说，**不是**他物。一般存在？——就是说，是这样的不规定性，以致存在=非存在。概念的全面的、普遍的灵活性，达到了对立面同一的灵活性，——这就是实质所在。主观地运用的这种灵活性=折中主义与诡辩。**客观地**运用的灵活性，即反映物质过程的全面性及其统一性的灵活性，就是辩证法，就是世界的永恒发展的正确反映。

注意
在阅读黑格尔时，关于辩证法的思想

第 139 页——据说：无限和有限是对立的？（见第 148 页）（参看第 151 页）
第 141 页——**应有**与**界限**是有限的环节。
第 143 页——“在应有中开始了对有限性的超越，开始了无限性。”

很好! ‖ 第 143 页——据说：理性是有其界限的。“在这种说法中，没有意识到下面这一点：当规定某物为界限时，就已经在超出这个界限了。”

第 144 页：石头不思维，因此它的局限性 (Beschränktheit) **对它说来**不是它的界限 (Schranke)。但石头也有自己的界限，例如：它如果“是一种能够发生氧化作用的盐基”，氧化性就是它的界限。

石头的进化

第 144—145 页：——(人的) 一切东西都超越界限 (冲动、疼痛等等)，而**理性**，请看，“是不能超越界限的”！

“但是，当然，并非任何超越界限……都是真正地摆脱界限”！

如果磁铁也有意识，它就会认为自己的指向北方是自由的 (莱布尼茨)。——不，那时磁铁会知道空间的**一切**方向，并且会认为仅仅**一个**方向是自己的自由的**界限**、是对自己的自由的限制。

事物本身、自然界本身、事件进程本身的辩证法

第 **148** 页……“有限自身的本性，就是超越自己，否定自己的否定，并成为无限……”使有限转化为无限的，不是外在的 (fremde) 力量 (Gewalt) (第 149 页)，而是它 (有限) 的本性 (seine Natur)。

……

第 **151** 页：“恶无限性”是这样一种无限性，它在质上和有限性对立，和有限性没有联系，和有限性隔绝，似乎有限是**此岸**，而无限是**彼岸**，似乎无限站**在有限之上，在有限之外**……

第 153 页：而事实上它们 (有限和无限) 是**分不开的**。它们**是统一的** (第 155 页)。

第 158—159 页：“……有限和无限的统一，不是它们的外部的聚合，也不是把分开的和对立的、彼此不相干的、因而也是不相容的东西联在一起的那种不适当的、与它们的规定相对立的结合，而是每一个在自身之中都是这种统一，每一个只是它自身的**扬弃**，在扬弃中，无论哪一个对另外一个而言都没有自在的存在和肯定的定在的优越性。如前面已经指出的，有限性只不过是对自身的超越；因此，在有限性中包含着无限性即有限性自身的他物……”

应用于原子和电子的关系。
总之就是物质的深邃的无限性……

"……但是，无限的进展表现着更多的东西〈较之有限和无限的简单对比〉，在无限的进展中并设定了被区别者的**联系**〈黑体是黑格尔用的〉……"（第160页） ‖ 无限的进展的（一切部分的）联系

第167页："思辨思维的本性……完全在于：在对立环节的统一中把握对立环节"。

无限怎样达到有限这个问题，有时被认为是哲学的本质。但是这个问题可归结为阐明二者间的联系……

说得好！ ‖ 第168页……"关于其他的对象，也需要有一定的修养才能**提出问题**，关于哲学的对象尤其如此，因为要取得与问题毫无意义这一答案不同的答案。"

第173—174页：*Fürsichsein*——自为存在=无限的存在，完成的、质的存在。对**他物**的关系消失了，剩下的是**对自己**的关系。质达到了顶点（auf die Spitze）就成为量。

康德和费希特的唯心主义……（第181页）"滞留在定在和自为存在的二元论"（(不清楚)）……

就是说，没有自在之物（下一句话提到它）到现象的**过渡**？没有客体到主体的过渡？

为什么自为存在是**一**，我不明白。依我看来，在这里黑格尔是非常费解的。

注意：自己运动 ‖ **一**是原子（和虚空）的古老的原则。虚空之被认为是**运动的泉源**（第185页），不仅在于地方空着这个意思，而且还包含有"更深一层的思想：在否定的东西中一般都包含着变易的根据，自己运动的不静止的根据"（第186页）。

第**183**页："因此，自为存在的观念性，作为总体性，首先转变为实在性，而且转变为最牢固、最抽象、作为**一**的实在性。"

高深莫测……

关于观念的东西转化为实在的东西，这个思想是**深刻的**：对于历史很重要。并且从个人生活中也可以看到，那里有许多真理。反对庸俗唯物主义。注意。观念的东西同物质的东西的区别也不是无条件的、不是过分的[2]。

第 189页——注释。莱布尼茨的单子。莱布尼茨的**一**的原则及其不完备性。[3]

看来，黑格尔是把他的概念、范畴的自身发展和全部哲学史联系起来了。这给整个逻辑学提供了又一个**新的**方面。

第 193 页……“有一句古代格言：**一**即**多**，特别是**多**即**一**……”

第 195 页……“一和多的差别被规定为二者的相互关系的差别，相互关系分为两种关系：**排斥**和**吸引**……”

一般说来，黑格尔之所以用得着自为存在，部分地想必也是为了引申出“**质**”是如何“转化为量的”（第 199 页）——质是规定性、自为的规定性、被设定的东西，是一，——这些东西给人一种非常勉强而又空洞的印象。

注意第 **203** 页那句不无讽刺的评语，它反对“对经验加以反思的认识方式，这种方式是：起初在现象中**感知**某些规定，然后把这些规定作为根据，并且为了所谓**说明**它们而采用相应的**基本质料**或**力**。这些质料或力是应当产生这些现象的规定的……”

第2篇　量

康德有四种“二律背反”。事实上**每个**概念、每个范畴**也都是**二律背反的（第 217 页）。

怀疑论在哲学史上的作用

“古代怀疑论不辞辛苦地指出它在科学中所发现的一切概念中的这种矛盾或二律背反。”

黑格尔颇为挑剔地（而且机智地）分析康德，他得出一个结论：康德在结论中只是重述在前提中讲过的东西，即重述存在着**连续性**范畴和**非连续性**范畴。

真正的辩证法

由此只能得出结论说：“这些规定，单独来看，都没有真理，只有它们的统一才有真理。这就是对它们的真正辩证的看法，也是它们的真正结果。”（第 226 页）

第 229 页：“*Die Diskretion*[①] 如何翻译？隔离性[②]，**分割性**？ 也象 die Kontinuität 连接性（?），继承性（?）[③]，**连续性** 一样，是**量的环节**……”

第 232 页：“**定量**，首先是指具有某种规定性的量或者就是具有界限的量——它在具有完备的规定性时就是**数**……”

第 234 页：“*Anzahl* 数目 **计数**？ 和**个位**是数的环节。”

第 248 页——关于数的作用和意义问题（关于毕达哥拉斯等等讲得很多），其中有中肯的评语：

“思想的规定性越丰富，从而它的关系越丰富，那么，通过数这种形式对思想作出的表述，也就一方面越紊乱，另一方面越随意和越没有意义。”（第 248—249 页）（(对思想的评价：规定丰富，**因而**关系也丰富。)）

关于康德的二律背反（世界没有始因，等等），黑格尔又过细地证明：在前提中把需要证明的东西当作已经证明了的东西。（第 **267**—278 页）

往下，对于从量到质的过渡所作的抽象理论的阐述是如此费解，竟令人莫名其妙。回头再看!!

第 **283** 页：数学中的无限。直到今天，其立论的根据**只**在于**结果的正确性**（“由其他根据证明的”）……而不在于对象的明显性 参看恩格斯[4]。 注意

第 285 页：在计算无限数的时候，某种不精确性（明显的）从略，但所得的结果仍然不是相近的而是**完全**准确的!

虽然如此，还是要找一个立论的根据——“并不就是无谓之举”，“不象要求证明有使用自己鼻子的权利那样的无谓之举”[5]。

黑格尔的回答是复杂的、费解的等等。这里讲的是**高等**数学；参看**恩格斯**论微分和积分[6]。

① 非连续性。——编者注

② “隔离性”一词在手稿上已勾去。——俄文版编者注

③ “连接性”和“继承性”两词在手稿上已勾去。——俄文版编者注

有意思的是黑格尔附带写下的意见——“先验地，即本质上主观地和心理地”……“以先验的方式，也就是在主体之中”。(第 288 页)

第 282—327 页及以下各页——第 379 页

在这里极详细地研究了微分和积分，引证了牛顿、拉格朗日、卡诺、欧勒、莱布尼茨等人的话，这些引证表明黑格尔对于无限小的这种“消失”、这种“存在和非存在的中间物”是多么感兴趣。不研究高等数学，是无从理解这一切的。具有代表性的是**卡诺**那本书的标题：《关于微积分的形而上学的探索》!!!

对比率概念的发挥 (第 379—394 页) 是非常费解的。只摘出第 394 页上关于**符号**的意见：对于符号一般是没有什么可反对的。但是“**反对一切符号论**”时要指出：符号论有时是“免得去把握、揭示、证明**概念的规定** (Begriffsbestimmungen) 的一种方便手段”。而哲学的任务正是在于把握、揭示、证明概念的规定。

注意? “力、实体性、原因和结果等等通行的规定，也同样地只是一些符号，用来表达例如生命的或精神的关系，就是说，对于这些关系说来，是非真理的规定。” (第 394 页)

第 3 篇　度

“在度中，抽象地说，质和量结合着。存在本身是规定性的直接的自身等同。规定性的这个直接性扬弃了自己。量就是如此复归于自身中的存在，以致它是简单的自身等同，是对规定性的漠不相关。” (第 395 页) 第三项——度。

康德引进了**样态**范畴 (可能、现实、必然)，黑格尔指出，在康德那里：

“这种范畴所具有的意义，就在于它是对象对思维的关系。在这种唯心主义看来，思维总是实质上在自在之物以外的东西……其他范畴所固有的客观性是样态诸范畴所没有的。” (第 396 页)

顺便提一下 (第 397 页)：

印度哲学，其中梵天转化为大自在天 (变化=消失，发生) ……

各民族把**度**神化了 (第 399 页)。

？度过渡到本质 (Wesen)。

(在度的问题上，指出黑格尔顺便讲的一个意见还是有点意思的，他说：“在发达的市民社会里，许多从事各种不同职业的个人，处于一定的相互关系

中。”）（第402页）

关于渐进性（Allmähligkeit）这个范畴问题，黑格尔说：

“为了使人能设想或**说明**某质或某物的消失，是很容易求助于渐进性这个范畴的，因为这样，消失就几乎是眼睛能看到的。因为定量既被设定为外在的、本性上变化的界限，于是变化作为仅仅是定量的**变化**，也就自然可以被理解了。但实际上，这是什么也不能说明的；变化，按其本质而言，同时也是从一种质向另一种质的过渡，或者说，是从定在向非定在的比较抽象的过渡；在这里包含着不同于渐进性中所包含的规定，渐进性不过是减少或增多，不过是片面地执着于大小。

但是，那表现为纯粹的量的变化也会过渡到质的变化，——古人已经注意到它们的这个联系，并且用通俗的例子来表明由于不知道这一点而发生的矛盾……”（第405—406页）（“秃头”：拔去一毛；“谷堆”——取出一粒……）（在这里）“被驳斥的是das einseitige Festhalten an der abstrakten Quantumsbestimmtheit”（“片面地执着于抽象的量的规定”，就是说不估计全面的变化和具体的质等等）。

注意 ‖ “……因此，那些说法不是空洞的或咬文嚼字的戏言，它们本身是正确的，并且是对思维中所发生的现象感到兴趣的意识的产物。

“当定量被看作无足轻重的界限时，它就是使某个定在遭受意外袭击和毁灭的那一个方面。概念的**狡猾**正在于：它从这样的一个方面去把握定在，这个方面好象与定在的质无关，而且无关到这样的程度，以至那种给国家、所有者招致不幸的国家的扩大、财产的增加等等，起初甚至还显得是它们的幸运。”（第407页）

“认识到自然界的经验数字，例如行星的相互距离，这是一个伟大的功绩；但是，更无比伟大的功绩是使经验的定量消失，把它们提高到量的规定的**普遍形式**，使得它们成为一个规律或度的环节”；伽利略与开普勒的功绩……“他们指出观察所得的全部细节是符合于他们所发现的规律的，这样就**证明了**这些规律。”（第416页）然而还必须要求对这些规律作出更高级的证明，因而能从质或相互关联着的一定的概念（如空间和时间）来认识这些规律的量的规定。 ‖ 规律或度 ‖ ？

度的这些概念，如特殊的量，实在的度（其中包括择亲和势——例如化学元素、乐音)，其阐述是很费解的。

关于化学的长篇注释，包括反对伯塞利于斯及其电化学理论的论战。(第 433—445 页)

“度的关系的交错线” (Knotenlinie von Maß verhältnissen) ——量到质的过渡……渐进性和**飞跃**。

注意 ‖ 又，**第 448 页**，没有飞跃，渐进性就什么也说明不了。 ‖ 注意

在黑格尔的**注释**中，往往都是事实、实例、具体的东西 (因此，费尔巴哈有一次嘲笑道：黑格尔把**自然界**放逐到**注释**中去了。《费尔巴哈全集》第 2 卷，第?页)[7] 。

第 448—452 页，把一个注释冠以标题列入**目录** (不是在本文中!!学究气!!)：“这些交错线的实例；自然界似乎没有飞跃。” ‖ 飞跃!

举例：化学，乐音，水 (蒸汽、冰) ——**第 449 页**——诞生和死亡。

渐进性的中断 ‖ 

Abbrechen der Allmähligkeit， (第 450 页)。

飞跃!

飞跃!

“据说自然界中是没有飞跃的；普通的观念如果想要理解发生和消灭，就会象前面提出的那样，以为只要把它们设想为逐渐的出现或消失，那就是理解它们了。但是上面已经说过：存在的变化从来都不仅是从一个量过渡到另一个量，而是从质过渡到量和从量过渡到质，是向他物的变易，即渐进过程的中断以及与先前的定在有质的不同的他物。水经过冷却并不是逐渐地变成坚硬的，并不是先成为胶状，然后再逐渐地坚硬到冰的硬度，而是一下子就变成坚硬的。在水已经完全达到了冰点以后，如果仍旧在静止中，它还能全部保持液体状态，但是，只要稍微振动一下，就会使它变成固体状态。

发生的渐进性所根据的是这样一种观念：正在发生的东西，是已经感性地存在着或者就在现实中存在着，仅仅由于自己的微小而还不能被人感知；同样，消失的渐进性，也是根据这样一种观念：非存在或代替正在消失的东西的

他物也是存在着的，只是还看不出来；——而且，这里所谓存在着并不是指：在现存的他物中已经包含这个他物于自身，而是指：他物已作为定在而存在着，只是还看不出来而已。因而，发生和消失一般地都被扬弃，或者换句话说，自在的东西、内部的东西（其中某种东西还没有达到自己的定在）成了微小的外部定在，而本质的差别或概念的差别则成了外部的差别，仅仅是大小的差别。——用变化的渐进性来理解发生和消灭，导致无聊的同语反复；因为那意味着：正在发生或消灭的东西，预先就已经是现成的了，而变化则成了外部差别的简单变换，这样，实际上就只是同语反复。这种竭力想要获得理解的知性所碰到的困难，就在于某物是在质的方面过渡到与自己有别的一般他物以及自己的对立面；为了避免这种困难，知性便把同一和变化想象为量的无足轻重的、外部的变化。

在道德领域，只要在存在的范围内对道德进行考察，也同样有从量到质的过渡；不同的质是以量的不同为基础的。只要量'多些'或'少些'，轻率行为就会过度，就会出现完全不同的东西，即罪行，并且，公平会过渡到不公平，德行会过渡到恶行。同样，国家也是如此，尽管其他条件都相同，但由于有大小的差别，国家就会具有不同的质的特性……"（第450—452页）

往下：

从存在到本质（Wesen）的过渡，叙述得非常费解。

第一卷完。

第5卷　逻　辑　学

第2部　主观逻辑或概念论

概 念 总 论

在写前两部分时，我没有前人的著作可借鉴，但在这里，相反地，倒有"僵化的材料"，应当使这些材料"成为流动的"……（第3页）①

"存在和本质因而是它的〈=概念的〉变易的环节。"（第5页）

倒过来说：概念是人脑（物质的最高产物）的最高产物。

"因此，考察**存在**和**本质**的客观逻辑，其实就是关于概念的**发生的陈述**。"

① 指《黑格尔全集》1834年柏林版第5卷的页码。——编者注

(第 6 页)

第 9—10 页：斯宾诺莎哲学这种实体哲学的重要意义（这种观点是很**高的**，然而是不完全的，不是最高的：总之，驳斥哲学体系并不是意味着抛弃它，而是继续发展它，不是用另一个、片面的对立物去代替它，而是把它包含在某种更高的东西之中）。在斯宾诺莎的体系中，没有自由的、独立的、有意识的主体（缺乏“**自觉主体的自由和独立**”），然而斯宾诺莎也认为**思维**是实体的一个属性（第 10 页末尾）。

第 13 页末尾：顺便提到——据说有一个时期，在哲学中流行的是“一再说”想象力和记忆的“坏话”；而**现在**流行的则是贬低“概念”（=“思维中最高的东西”）的意义和**吹捧“不可理解的东西”** 影射康德? 。

黑格尔进而对**康德主义**进行批评时，认为它的伟大功绩（第 15 页）就是提出了关于“统觉的先验统一”（意识的统一，概念是在这个统一中形成的）的思想，但是他斥责康德的**片面性**和**主观主义**：

从对客观实在的直观到认识……

“……它〈对象〉……在思维中是怎样的，它起先在自在和自为中也就是那样的；它在直观或表象中是怎样的，那它就是现象……”（第 16 页）（黑格尔把康德的唯心主义从主观的**提高**到客观的和绝对的）……

康德承认概念的客观性（概念的对象是真理），可是他仍然把概念当作主观的东西。他把感觉和直观当作知性（Verstand）的前提。黑格尔关于这点说道：

“现在，第一，至于以上所指的知性或概念同在它以前的各阶段的关系，则一切取决于是什么样的科学来对这些阶段的形式作出规定。在我们的科学中，即在纯逻辑中，这些阶段是**存在**和**本质**。在心理学中，知性的前提是**感觉**和**直观**，然后是一般**表象**。精神现象学，即关于意识的学说，是经过感性意识阶段，然后经过知觉阶段而上升到知性的。”（第 17 页）康德关于这一点说得很“不完全”。

其次，——**主要的是**——

“……在这里……应当把概念看作不是自觉的知性的活动，不是主观的知性，而是自在自为的概念，它构成**既是自然的又是精神的阶段。生命或有机界是自然的这样一个阶段，概念就出现在这个阶段上。**”（第 18 页）

客观唯心主义转变为唯物主义的“前夜”

往下是极有趣的一段（第 19—27 页），**在这里，黑格尔正是从认识论上驳斥康德**（恩格斯在《**路德维希·费尔巴哈**》中指的大概就是这一段，他写道：对驳斥康德具有重要性的东西，凡是从唯心主义观点所能说的，黑格尔都已经说了[①]）——他揭露了康德的二重性、不彻底性，揭露了康德的那种可说是在经验论（=唯物主义）和唯心主义之间的动摇，并且黑格尔**完全是而且纯粹是**从**更彻底的**唯心主义观点进行这种论证的。

概念还不是最高的概念：更高的还有**观念**=概念和实在的统一。

康德贬低理性的力量

更彻底的唯心主义者抓住了**上帝**!

"'这不过是概念而已'——人们通常这样说，他们不但把观念，并且也把空间和时间上可感触到的感性存在当作更优越的东西来和概念对立。这样，抽象的东西就被认为比具体的东西卑微，因为据说抽象的东西丢掉了如此多的这类材料。根据这种见解，抽象就获得了下述的意义：只是**为了我们主观的用处**，才从具体的东西中抽出这种或那种特性，并且对象有如此多的其他特质和特性被丢掉，其价值和尊严不会有任何损失，它们仍然是实在的东西，只不过是被放置在一边，但仍然保存其全部意义。按照这种观点，知性只是由于**无能**，才不能汲取这全部的丰富性而不得不满足于贫乏的抽象。但是，如果认为直观的现存材料和表象的多样性是同思维的东西以及概念相对立的实在东西，那么这是这样一种观点，屏弃这种观点不仅是探讨哲理的条件，甚至还是宗教的前提；因为如果把感性东西和个别东西的倏忽无常的表面现象还当作真理，那么如何能有宗教的需要和宗教的意义呢?……因此，抽象思维，不应当被看成是简单地把感性材料放置在一边，而这又无损于感性材料的实在性，抽象思维倒不如说是对于作为简单现象的实在性的扬弃，并把它归结为只在概念中显现的本质的东西。"（第19—21页）

实质上，黑格尔对康德的驳斥是完全正确的。思维从具体的东西上升到抽象的东西时，不是**离开**——如果它是**正确的**（注意）（而康德，象所有的哲学家一样，谈论正确的思维）——真理，而是接近真理。**物质**的抽象，自然**规律**的抽象，**价值**的抽象等等，一句话，**一切**科学的（正确的、

① 见恩格斯《路德维希·费尔巴哈和德国古典哲学的终结》（《马克思恩格斯全集》第21卷第318页）。——编者注

郑重的、不是荒唐的）抽象，都更深刻、更正确、**更完全地**反映自然。从生动的直观到抽象的思维，**并从抽象的思维到实践**，这就是认识**真理**、认识客观实在的辩证途径。康德贬低知识，是为了给信仰开辟地盘；黑格尔推崇知识，硬说知识是关于上帝的知识。唯物主义者推崇关于物质、自然界的知识，把上帝和拥护上帝的哲学混蛋打发到阴沟里去。

"这里所发生的主要误解是下述这个意见：在自然发展中或正在形成的个人的历史中，作为起点的自然原则或开端，似乎是真理的东西，也是概念中第一位的东西。"（第 21 页）（——人们从**这点**开始，这是正确的，可是**真理**不是在开端，而是在终点，更确切些说，是在继续中。真理不是**最初的**印象）……"但是哲学应当不去叙述什么东西在发生，而去认识在发生着的东西中什么是**合乎真理的**。"（第 21 页）

康德的"心理学的唯心主义"：在康德看来，范畴"**不过**是从自我意识中产生出来的规定"（第 22 页）。康德从知性（Verstand）提高到理性（Vernunft），但他贬低思维的意义，否定它有"达到完全真理"的能力。

> "〈在康德看来〉如果把只应当作为**判断准则**的逻辑，当作形成**客观**见解的**工具**，那么这就是滥用逻辑。理性概念——本应指望理性概念中有更高的力量〈唯心主义的词句!〉和更深刻的〈**对**!!〉内容——不再包含范畴还具有的**构成性的东西** [应该说：客观的东西]；理性概念**仅仅**是观念；使用它们当然是完全可以的，但是这些理智的东西——全部真理本来应当在理智的东西中展现出来——不过只意味着**假说**，而把自在自为的真理附加于假说，那就是极端的任性和疯狂的大胆，因为**在任何经验中也不可能遇到**理智的东西。难道可以设想哲学只是因为理智的东西没有空间和时间的感性材料，就会去否定理智的东西的真理吗？"（第 23 页）

在这里黑格尔实质上也是**正确的**：**价值**是没有感性材料的范畴，可是它比供求规律**更具有真理性**。

不过黑格尔是个唯心主义者：由此而有"**构成性的东西**"之类的胡说。

一方面，康德十分明显地承认思维的（"des Denkens"）"**客观性**"（"概念和事物的同一性"），——而另一方面

黑格尔主张自在之物的可知性

“另一方面还是这样断言：我们终究不能认识自在和自为之物是什么样的，真理是认识的理性所达不到的；那个作为客体和概念的统一的真理仍然不过是现象，其理由又是：内容仅仅是直观的多样性。关于这点已经讲过：相反地，这种多样性，正是在概念中被扬弃，因为它属于同概念对立的直观，对象通过概念才回到自己的非偶然的本质性：本质性表现在现象中，因此，现象并非只是没有本质的东西，而是本质的表现。”(第24—25页)

注意

现象是本质的表现

“有一点……是值得惊讶的：康德哲学承认它未曾超出的思维对感性存在的关系只是简单现象的相对关系，虽然它承认并宣称二者的最高统一是在一般观念中，例如是在直观的知性观念中，可是它未曾超出这种相对关系，未曾超出关于概念和实在完全分离并始终分离的主张；因此，康德哲学承认它所宣称为有限认识的东西是**真理**，但又宣称，它认作**真理**并提出其明确概念的东西是某种过分的、不可容许的东西和想象的事物。”

注意

注意

在逻辑学中，**观念**“成为自然的创造者”(第26页)。

!! 哈哈!

逻辑学是和具体科学(关于自然和精神的科学)**相反的**“形式科学”，可是它的对象是“纯粹真理……”(第27页)

康德自己问什么是真理(《纯粹理性批判》第83页)，自己又作了陈旧的答复(“认识与其对象的一致”)，这样，他就自己打自己，因为“先验唯心主义的根本主张”是：

——“理性认识不能把握自在之物”(第27页)——

——显然，这都是些“不真的表象”(第28页)。

黑格尔反对纯粹形式的逻辑观(说康德也有这种观点)——他说，根据普通的观点(真理是认识和客体的一致 “Übereinstimmung”)，对一致来说“两方面都是重要的”(第29页)，黑格尔说：逻辑中形式的东西是“纯粹真理”，而且

“……这种形式的东西因此必须在自身中具有比通常所认为的要丰富得多

的规定和内容，并且对于具体的东西具有大得无比的力量……”（第29页）

“……即使在逻辑形式中除了思维的形式职能以外，什么都看不到，在这种情况下也值得研究：它们自身在多大程度上符合于真理。不从事这种研究的逻辑，至多可以指望它有下述的价值：按照**思维现象**现有的样子对它们作**自然历史的描述**。”（第30—31页）（亚里士多德的不朽的功绩据说就在这里），但是“必须前进……”（第31页） ? ?

按照这种理解，逻辑学是和**认识论**一致的。这就是极重要的问题。

总之，不仅是对思维**形式**的描述，不仅是对思维**现象的自然历史的描述**（这跟对**形式**的描述有什么区别呢??），而且**是和真理的符合**，也就是??思想史的精华，或者说得简单些，思想史的结果和总结??这里是黑格尔的唯心主义的不明确和不透彻。**神秘主义**。

不是心理学，**不是**精神现象学，**而是**逻辑学=关于真理的问题。

世界和**思维**的**运动**的一般规律

参看《哲学全书》，第6卷第319页[①]：“但是事实上，它们〈逻辑形式〉反而作为概念的形式构成**现实的活生生的精神**……”

注意

当概念发展为“合适的概念”，它就成为观念（第33页）[②]。“概念在其客观性中，是自在自为地存在着的物本身。”（第33页）

注意

=客观主义+神秘主义和对发展的背叛。

第1篇　主 观 性

“概念”的辩证运动——开始从纯粹“形式的”概念——到**判断**（Urteil），然后——到**推理**（Schluß），——最后达到从概念的主观性向概念的**客观性**的转

① 指《黑格尔全集》1840年柏林版第6卷的页码。——编者注

② 指《黑格尔全集》1834年柏林版第5卷的页码。——编者注

化（第34—35页）[①]。

概念的第一特性是**普遍性**（Allgemeinheit）。注意：概念来自**本质**，而本质来自**存在**。

关于**普遍**、**特殊**（Besonderes）和**个别**（Einzelnes）的继续发挥，是极其抽象的和“**费解的**”。

在阅读时……这部著作的这些部分应当叫作：引起头痛的最好办法！

库诺·费舍把这些“费解的”议论阐述得极糟，他从《**哲学全书**》中抓住一些**比较容易的东西**——实例，并加上庸俗的见解（反对法国大革命。库诺·费舍[②]，1901年版第8卷第530页）等等，但是没有向读者指出**如何**找出理解黑格尔的抽象概念中那些难懂的过渡、微差、转化、变幻的钥匙。

看起来，对黑格尔来说，这里主要的也是把**过渡指出来**。从一定观点看来，在一定条件下，普遍是个别，个别是普遍。不仅是（1）一切概念和判断的**联系**、不可分割的联系，而且是（2）一个东西向另一个东西的**过渡**，并且不仅是过渡，而且是（3）**对立面的同一**——这就是黑格尔的主要东西。然而这是穿过**迷雾**般的极端“费解的”叙述才“透露出来的”。从逻辑的一般概念和范畴的发展和运用的观点出发的思想史——这才是需要的东西！

难道这**毕竟**是对旧形式逻辑的让步？是的！并且还有一种让步——对神秘主义=唯心主义的让步

这就是《逻辑学》的这一部分中的大量的“规定”和概念规定！

在第125页上引证了一个“著名的”推理——“一切人都是要死的，该隐是人，所以他是要死的”——黑格尔机智地补充说：“只要听到这样的推理，立刻就会使你觉得无聊”——他说这是由“无用的形式”产生的，同时还作了深刻评语：

对！

① 指《黑格尔全集》1834年柏林版第5卷的页码。—编者注

② 指库诺·费舍的《近代哲学史》。——编者注

“一切事物都是**推理**……” **注意**	“一切事物都是**推理**，即通过特殊性而与单一性相联系的某个一般的东西；可是，当然，事物并不是由**三个命题**构成的整体。”(第 126 页)	注意

很好!最普通的逻辑的“式”(所有这些都在关于“推理的第一式”这一节中)，是粗浅地描绘的——如果可以这样说的话——事物最普通的关系。

黑格尔对推理的分析 (E.—B.—A.，即单一、特殊、普遍，B.—E.—A.，等等)，令人想起马克思曾在第 1 章中模仿黑格尔 [8]。

关于康德

顺便提起：

“康德的理性的二律背反无非是：在一种情况下以概念的一个规定为根据，而在另一种情况下却同样必然地以另一个规定为根据……”(第 128—129 页)

必须回过来研究黑格尔，以便逐步地剖析康德主义者之流的任何流行的逻辑和**认识论**。	**注意**：要颠倒过来：马克思把黑格尔辩证法的合理形式**运用于**政治经济学	(抽象的) 概念的形成及其运用，**已经**包含着关于世界客观联系的规律性的看法、见解、**意识**。把因果性从这个联系中分出来，是荒谬的。否定概念的客观性、否定个别和特殊之中的一般的客观性，是不可能的。黑格尔探讨客观世界的运动在概念的运动中的反映，所以他比康德及其他人深刻得多。这一个商品和另一个商品交换的个别行为，作为一种简单的价值形式来说，其中已经以尚未展开的形式包含着资本主义的**一切**主要矛盾，——即使是最简单的**概括**，即使是**概念** (判断、推理等等) 的最初的和最简单的形成，已经意味着人在认识世界的日益深刻的**客观**联系。在这里必须探求黑格尔逻辑学的真实的含义、意义和作用。要注意这点。	**注意**关于黑格尔逻辑学的真实意义的问题

要义二则

关于批判现代康德主义、马赫主义等等的问题：

1. 普列汉诺夫对康德主义（以及一般不可知论）进行批判，从庸俗唯物主义的观点出发，多于从辩证唯物主义的观点出发，**因为**他只是肤浅地**驳斥**它们的议论，而不是**纠正**（象黑格尔纠正康德那样）这些议论，不是加深、概括、扩大它们，指出一切概念和任何概念的**联系**和**过渡**。

2. 马克思主义者们（在20世纪初）对康德主义者和休谟主义者进行批判，按照费尔巴哈的方式（和按照毕希纳的方式）多于按照黑格尔的方式。

注意

"……以归纳为基础的经验被认为是有效的，**尽管**公认知觉**尚不完备**；然而，只有在自在和自为的经验是真实的情况下，才可以假定：不会有任何与这种经验相反的例证。"（第154页）

这一段是在《归纳推理》那一节中。以最简单的归纳方法获得的最简单的真理，**总是**不完全的，因为经验总是未完成的。由此可见：归纳和类比的联系——和**推测**（科学预见）的联系，一切知识的相对性以及认识每前进一步所包含的绝对内容。

要义：不钻研和不理解黑格尔的**全部**逻辑学，就不能完全理解马克思的《资本论》，特别是它的第1章。因此，半个世纪以来，没有一个马克思主义者是理解马克思的!!

要义。

类比推理（关于类比的推理）向必然推理的**过渡**，——归纳推理向类比推理的**过渡**，——从一般到个别的推理向从个别到一般的推理的**过渡**，——关于**联系**和**过渡**〔联系也就是过渡〕的阐述，这就是黑格尔的任务。黑格尔的确**证明了**：逻辑形式和逻辑规律不是空洞的外壳，而是客观世界的**反映**。确切些说，不是证明了，而是**天才地猜测到了**。

在《**哲学全书**》中，黑格尔指出：**知性**和**理性**的区分、这类和那类**概念**的区分，应当这样理解：

"我们的活动正是或者只停留在概念的否定的和抽象的形式上，或者根据概念的真实本性把概念理解为既是肯定的又是具体的。例如：如果我们把自由看作必然性的抽象对立面，那么这只是知性的自由概念而已；而真实的和理性的自由概念，则在自身中包含着被扬弃了的必然性。"（第6卷第347—348页）[①]

抽象的概念
和
具体的概念

自由和
必然性

同上，第349页：**亚里士多德**如此完满地描述了逻辑形式，以致"本质上"是没有什么可以补充的。

通常都把"推理的式"看作空洞的形式主义。"但是事实上它们〈这些式〉具有非常重要的意义，这种意义建立在下述的必然性之上，即：作为概念的规定的**每一环节**，本身都成为整体和**起中介作用的根据**。"(第6卷第352页)

《哲学全书》(第6卷第353—354页)：

注意

"推理的式的客观意义一般就在于：所有理性的东西都表现为三层推理，并且，推理中每一项的位置既可以在两端，也可以在起中介作用的中间。这正如哲学的三项即逻辑观念、自然界和精神一样。在这里自然界先是起联结作用的中项。自然界这个直接的总体，展开为两个极项——逻辑观念和精神。" +

注意

注意：

黑格尔"**只是**"把这个"逻辑观念"、规律性、普遍性神化了

"自然界这个直接的总体，展开为逻辑观念和精神。"逻辑学是关于认识的学说。它是认识论。认识是人对自然界的反映。但是，这并不是简单的、直接的、完整的反映，而是一系列的抽象过程，即概念、规律等等的构成、形成过程，这些概念和规律等等 (思维、科学="逻辑观念") 有条件地近似地**把握**永恒运动着和发展着的自然界的普遍规律性。在这里**的确**客观上是**三项**：(1) 自然界；(2) 人的认识=人**脑** (就是同一个自然界的最高产物)；(3) 自然界在人的认识中的反映形式，这种形式就是概念、规律、范畴等等。人不能完全地把握=反映=描绘**整个**自然界、它的"直接的总体"，人只能通过创立抽象、概念、规律、科学的世界图景等等**永远地**接近于这一点。

① 指《黑格尔全集》1840年柏林版第6卷的页码。——编者注

+“但是，精神之所以是精神，只因为它以自然界为中介……”“正是精神在自然界中认识到逻辑观念，从而把自然界提高到它的本质……”“逻辑观念既是‘精神的，也是自然界的绝对实体，是普遍的东西、贯穿一切的东西’。”（第353—354页） ‖ 注意

关于类比的确切的评语：

“理性的**本能**使人预感到，经验得出的这个或那个规定，是以一个对象的**内在本性**或类为自己的根据的，并且理性的本能进一步依据着这个规定。”（第357页）（第6卷第359页）

以及第358页：空洞类比的无聊游戏引起了对自然哲学的理所当然的蔑视。

反对自己！

在普通逻辑[①]中，形式主义地把思维和客观性分隔开来：

“在这里思维被认为是纯主观的和形式的活动，而客观的东西则和思维相反，被认为是固定的和自己存在的东西。但是这种二元论不是真理，并且，不问主观性和客观性的来源，就这样简单地接受这两个规定，这种做法是毫无意义的……”（第359—360页）其实，主观性仅仅是从存在和本质而来的一个发展阶段，——然后这个主观性“辩证地‘突破自己的界限’”并且“通过推理展开为客观性”（第360页）。

极其深刻和聪明!逻辑规律是客观事物在人的主观意识中的反映。

第6卷第360页：

“实现了的概念”是客体。

从主体、从概念到客体的这种过渡，似乎是“奇怪”的，但是应当把客体了解为不是单纯的存在，而是完备的、“具体的、自身完整的、独立的东西……”（第361页）

“世界是观念的异在。”

主观性（或概念）和客体——是**同一的**又是**不同一的**……（第362页）

关于本体论论证法、关于上帝的胡说!

① 手稿上“逻辑”这个词是用一个箭头和下面引证黑格尔的话中的“在这里”联在一起的。——俄文版编者注

注意 ‖ "……把主观性和客观性当作一种固定的和抽象的对立，是错误的。二者完全是辩证的……"（第367页）‖

第2篇 客 观 性

（《逻辑学》）第5卷第178页[①]：

客观性的双重意义："……客观性也出现双重意义——既有与独立概念相对立的东西的意义，又有自在自为地存在着的东西的意义……"（第178页） ‖ 客观性

"……对真理的认识就在于：把客体作为不附加主观反思的客体来认识……"（第178页） ‖ 对客体的认识

往下——关于"机械性"的论述非常费解，并且几乎完全是胡说八道。再往下，关于**化学性**，关于"判断"的阶段等等也是如此。

以《规律》为标题的那一节（第198—199页），并没有提供在这样一个有意思的问题上我们可以指望从黑格尔那里得到的东西。奇怪，为什么把"规律"列入"机械性"？

在这里，**规律**这个概念接近于下列的一些概念："秩序"（Ordnung），同类性（Gleichförmigkeit），必然性，客观总体性的"灵魂"，"自己运动的原则"。 ‖ 这个接近是非常重要的

所有这些都是从下面这个观点出发的：机械性是精神、概念等等的异在，是灵魂、个体性……的异在。看来，这是空洞类比的游戏！

"自然界=概念沉没于外在性"（哈哈！） ‖ 记下来，在第210页上见到"自然必然性"这个概念——"机械性和化学性，二者因而都为自然必然性所包括……"因为在这里‖我们看到"它〈概念〉沉没于外在性"，（同上）。‖

自由和必然性 ‖ "已经讲过：目的性和机械性的对立，首先是自由和必然性的更普遍的对立。康德在理性的二律背反之下列举了这种形式的对立，并且是作为先验观念的第三种冲突列举的。"（第213页）黑格尔在简短地重述康德关于正题和反题的论据时，指出

① 指《黑格尔全集》1834年柏林版第5卷的页码。——编者注

这些论据的空洞，并且注意到从康德的议论中得出的是什么：

黑格尔驳斥康德（关于自由和必然性的看法）

"康德对这个二律背反的解决，和他对其他二律背反的一般解决是一样的，这就是：理性既不能证明这个命题，又不能证明那个命题，因为遵循纯粹经验的自然规律，我们就不能有关于事物的可能性的任何先验的规定的原则；因此，进一步，两个命题应当被认为**不是客观的命题，而是主观的准则**；从一方面来说，我应当经常只按照单纯的自然机械性的原则来思索自然界的一切事件，但是，这并不妨碍在适当时机按照另一准则即终极原因的原则来探究某些自然形式；——似乎这两个只应供人类理性需要的准则，并不象上述命题那样相互对立。——正如上面所说，持整个这样的观点，就不会去探究哲学兴趣所唯一要求的东西，即两个原则中哪一个本身具有真理；从这种观点来看，究竟应当把这些原则当作客观的即这里所指的外部存在着的自然规定，还是当作主观认识的简单准则，这是没有任何区别的：——**这个认识**倒不如说是**主观的，即偶然的，在适当的时机**，它时而采取这个准则，时而采取那个准则，按照它认为哪一个准则适合于现有的客体而定，根本不问这些规定本身的真理何在，它们是客体的规定或是认识的规定。" (第215—216页)

好！

黑格尔：

"对机械性和化学性来说，目的是**第三者**；它是它们的真理。当目的自身还处在客观性或总体概念的直接性范围内时，它还受到外在性本身的影响，并且同那和它相关

唯物主义辩证法：

区分为**机械**规律和**化学**规律的外部世界、自然界的规律（这是非常重要的），是人的**有目的的**活动的基础。

人在自己的实践活动中面向客观世界，以它为转移，以它来规定自己

的客观世界对立着。从这方面来看，在目的关系这种外在关系中，仍然表现着机械的因果性，后者一般也应包括化学性，但机械的因果性是作为从属于这个关系的因果性，作为本身被扬弃了的因果性而表现出来的。”（第216—217页）

“……由此就显现出客观过程的上述两个形式的从属性质；在这两个形式中表现为无限进展的他物，起初是被设定为外在于它们的概念，这概念就是目的；不仅概念是它们的实体，而且外在性对于它们也是本质的、构成它们的规定性的环节。因此，机械的或化学的技术，按其性质，是外在地被规定的，所以把自身奉献于目的关系，而现在就应当更详细地考察这种关系。”（第217页）

的活动。

从这方面来看，从人的实践的（有目的的）活动方面来看，世界（自然界）的机械的（和化学的）因果性，似乎是**外在的**什么东西，似乎是次要的，似乎是隐蔽的。

客观过程的两个形式：自然界（机械的和化学的）和人的有**目的**的活动。这两个形式的相互关系。人的目的对于自然界最初似乎是不相干的（“另外的”）。人的意识、科学（“概念”）反映自然界的本质、实体，但同时这个意识对于自然界是外在的（不是一下子，不是简单地和自然界符合）。

机械的和化学的技术之所以服务于人的目的，是因为它的性质（实质）就在于：它为外部的条件（自然规律）所规定。

((**技术**和**客观**世界。**技术**和**目的**))

“……它〈目的〉面前有一个客观的机械的和化学的世界，它的活动和这个世界有关，即和现存的东西有关……”（第219—220页）“它之所以还具有某个真正外在于世界的存在，就是因为上述的客观性和它对立着……”（第220页）

事实上，人的目的是客观世界所产生的，是以它为前提的，——认定它是现存的、实有的。但是人**以为**他的目的是在世界之外得来的，是不以世界为转移的（“自由”）。

((注意：这一切都在《主观目的》这一节中，注意。))（第217—221页）

"目的通过手段和客观性相结合，并且在客观性中和自身相结合。" (第 221 页：《手段》这一节)

"目的既然是有限的，它就还具有一个有限的内容；这样一来它就不是一个绝对的东西或一个完全自在自为的合理的东西。可是手段是推理的外在的中项，而推理是目的的实现；因此合理性在手段中显现出自身之为合理性，它在这个外在的他物中，并且正是通过这个外在性而保存自己。因此，手段是比外在合目的性的有限目的更高的东西；——犁比由犁所造成的、作为目的的、直接的享受更尊贵些。工具保存下来，而直接的享受却是暂时的、并且会被遗忘的。**人因自己的工具而具有支配外部自然界的力量，然而就自己的目的来说，他却服从自然界。**" (第 226 页)

黑格尔的历史唯物主义的胚芽

注意

黑格尔和历史唯物主义

Vorbericht，即书的序言，所注日期：1816 年 7 月 21 日于纽伦堡。

这是在《实现了的目的》这一节中

历史唯物主义，是在黑格尔那里处于萌芽状态的天才思想——种子——的一种应用和发展。

"目的性的过程是明显地作为概念而存在着的概念〈原文如此!〉向客观性的转移……" (第 227 页)

黑格尔力求——有时甚至极力和竭尽全力——把人的有目的的活动纳入逻辑的范畴，说这种活动是“推理”（Schluß），说主体（人）在“推理”的逻辑的“式”中起着某一“项”的作用等等，——

注意

逻辑的范畴和人的实践

这不只是牵强附会，不只是游戏。这里有非常深刻的、纯粹唯物主义的内容。要倒过来说：人的实践活动必须亿万次地使人的意识去重复不同的逻辑的式，以便这些式能够获得公理的意义。这点应注意。

注意

“目的的运动现在达到了这样一点：外在性的环节不仅被设定在概念中，概念不仅是应有和追求，而且作为具体的总体性是和直接的客观性同一的。”（第235页）在《实现了的目的》这一节末尾，在第2篇《客观性》末尾（第3章：《目的性》），向第3篇《观念》过渡。

注意

注意

精彩：黑格尔通过人的实践的、合目的性的活动，接近于作为概念和客体相一致的“观念”，接近于作为真理的观念。紧紧接近于下述这点：人以自己的实践证明自己的观念、概念、知识、科学的客观正确性。

从主观概念和主观目的到客观真理

第3篇 观 念

第3篇《观念》的开端。

“观念是适合的概念、**客观真理的东西**或真理的东西本身。”（第236页）

总之，《**逻辑学**》第2部（《主观逻辑》）第3篇（《观念》）的导言（第5卷第236—243页）以及《**哲学全书**》中相应的各节（第213—215节）**几乎就是关于辩证法的最好的阐述**。也就在这里，可以说是极其天才地指明了逻辑和认识论的一致。

注意　　注意

“观念”这一用语在单纯表象的意义上被使用着。康德。

黑格尔反对康德

反对那意味着真理（客观的）和经验分离的超验的东西

“康德要求使**观念**这一用语恢复其理性概念的意义。——在康德看来，理性概念是无条件的东西的概念，而对于现象来说它是超验的，就是说，它不可能作出与它相适合的经验应用。理性概念是用来理解的，知性概念是用来知晓知觉的。——然而实际上，如果知性概念真正是概念，那么它们就是概念，——理解是通过它们来实现的……”（第236页）

很好！

再看下面关于康德的论述

把观念当作某种“非现实的东西”；譬如说：“**这不过是观念而已**”，那也是错误的。

“如果**思想**仅仅是**主观的**和偶然的东西，那么它们当然没有任何更多的价值，但是，它们并不由此而逊于暂时的和偶然的**现实**，这些现实除了偶然性的和现象的价值以外，也没有其他更多的价值。反过来说，如果认为观念之所以没有真理的价值，是因为对于现象它是**超验的**，是因为在感性世界中不能提供任何和它一致的对象，那么这是奇怪的误解，在这里之所以否定观念的客观意义，是由于观念正好缺乏那种构成现象即构成客观世界的**非真实存在的东西**。”（第237—238页）

很好！

对于实践观念，康德自己也承认引用经验来反对观念是庸俗的；他把观念推崇为必须努力使现实与之相接近的至高无上的东西。黑格尔继续写道：

"但是，由于得出了这样一个结果，即观念是概念和客观性的统一，是真理，所以不应当把观念只看作**目标**，即应当与之接近、然而其自身永远是一种**彼岸性**的目标；而应当这样看：一切现实的东西之所以存在，仅仅是因为它们自身包含着并且表现着观念。对象、客观的和主观的世界，不仅**应当**完全和观念**一致**，并且它们本身就是概念和实在的一致；和概念不符合的实在，是单纯的**现象**，是主观的、偶然的、随意的东西，而不是真理。"（第238页）

黑格尔反对康德的"彼岸性"

概念和事物的一致**不是**主观的

"它〈观念〉**第一**，是简单的真理，是概念和作为一般的东西的客观性的同一……（第242页）

"……**第二**，它是简单概念的自为地存在着的主观性跟与之**有区别的**客观性的**关系**；实质上主观性是扬弃这个区分的**冲动**……

"……作为这个关系的观念是一个**过程**，在这个过程中，它把自己分化为个体性及其无机界，又使无机界重新受主体支配，并回到最初的简单的普遍性。观念与它自身的同一跟**过程**是同一回事；思想既然使现实摆脱无目的的变化的外观并使之澄清为观念，就不应当设想这个现实的真理是僵死的静止，是灰暗的、没有冲动和运动的简单**形象**，是一个精灵、一个数目或一个抽象的思想；由于概念在观念中所获得的自由，观念在自身中也就具有**最尖锐的矛盾**；观念的静止就在于稳固和确定，它因此永远产生着这种矛盾，永远克服着这种矛盾，并且在矛盾中达到和自身的一致……"

注意

观念（应读作：人的认识）是概念和客观性（"一般的东西"）的符合（一致）。这是第一。

第二，观念是自为地存在着的（=似乎是独立的）主观性（=人）对**有区别**（与观念有区别）**的**客观性的**关系**……

主观性是消灭这种区分（观念和客体的区分）的**冲动**。

认识是（理智）为了使无机界受主体支配以及为了概括（在无机界的现象中认识一般）而沉入无机界中的**过程**……

思想和客体的一致是一个**过程**：思想（=人）不应当设想真理是僵死的静止，是暗淡的（灰暗的）、没有冲动、没有运动的简单的图画（形象），就象精灵、数目或抽象的思想那样。

观念也包含着极强烈的矛盾，静止（对于人的思维来说）就在于稳固和确定，人因此永远产生着（思想和客体的这种矛盾）和永远克服着这种矛盾……

认识是思维对客体的永远的、无止境的接近。自然界在人的思想中的**反映**，要理解为不是“僵死的”，不是“抽象的”，**不是没有运动的，不是没有矛盾的**，而是处在运动的永恒**过程**中，处在矛盾的发生和解决的永恒**过程**中。

注意

“观念是……作为**认识**和**意志**的**真**和**善**的观念……这个有限认识和（注意）**行动**（注意）的过程使最初是抽象的普遍性成为总体性，因而它就成为**完备的客观性**。”（第243页）

观念是 人的 **认识**和追求（欲望）……（暂时的、有限的、局限的）认识和行动的过程使抽象的概念成为**完备的客观性**。

《哲学全书》（第6卷）[①]**中有同样的话。**

《哲学全书》第213节（第385页）：

“……观念是**真理**，因为真理就是客观性跟概念相符合……但是，一**切**现实的东西，只要它们是真的，就是观念……单个的存在只不过是观念的某一方面，因此，观念还需要其他的现实，这些现实同样地表现为独立自在的；只是在它们的总和中以及在**它们的**相互**关系**中概念才会实现。单独存在的东西，是不符合自己的概念的；它的定在的这种局限性构成它的有限性并且导向它的毁灭……”

单个的存在（对象、现象等等）（仅仅）是观念（真理）的**一个方面**。真理还需要**现实**的其他方面，这些方面也只是表现为独立的和单个的（独立自在的）。真理**只是在它们的总和**（zusammen）**中**以及在它们的**关系**（Beziehung）中才会实现。

黑格尔在概念的辩证法中天才地**猜测到了**事物（现象、世界、**自然界**）的辩证法#

真理就是由现象、现实的**一切**方面的**总和**以及它们的（相互）**关系**构成的。概念的关系（=过渡=矛盾）=逻辑的主要内容，并且这些概念（及其关系、过渡、矛盾）是作为客观世界的反映而被表现出来的。**事物**的辩证法创造**观念**的辩证法，而不是相反。

① 指《黑格尔全集》1840年柏林版第6卷。——编者注

正是**猜测到了**，仅此而已。	#应当更通俗地表达这一要义，**不用**辩证法这个字眼，大致可以这样说：黑格尔在**一切**概念的更换、相互依赖中，在**它们的对立面的同一**中，在一个概念向另一个概念的**过渡**中，在概念的永恒的更换、运动中，天才地**猜测到**的**正是事物、自然界的这样的关系**。

辩证法是什么？

概念的相互依赖

一切概念的毫无例外的相互依赖

一个概念向另一个概念的过渡

一切概念的毫无例外的过渡。

概念之间对立的相对性……

概念之间对立面的同一。

=注意

每一个概念都处在和其余**一切**概念的一定**关系**中、一定联系中

“人们最初把真理理解为：我**知道**某物如何**存在着**。然而这只是对意识而言的真理，或者是形式的真理，——只是正确而已（第213节，第386页）。按照更深的意义来说，真理就在于客观性和概念的同一……”

“坏人是不真实的人，即行为不符合于自己概念或自己使命的人。然而，完全缺乏概念和实在的同一性，就不可能存在任何东西。甚至坏的和不真实的东西之所以**存在**，也只是因为它的实在性还多少以某种方式符合于它的概念……”

“……凡是配称为哲学的学说，总是以关于什么东西的绝对统一的意识为其基础，**而知性对这个东西则只是在其分离的状况下才予以承认**……”

“前面所考察的**存在**和本质的**各阶段**，以及概念和客观性的各阶段，就它们的这种差别而言，不是**固定的**和**以自身为基础的东西**，而是证明其自身为辩证的，并且它们的真理只在于：它们**是观念的各个环节**。”（第387—388页）

存在和本质的差别，概念和客观性的差别，是相对的

第6卷第388页

人对自然界的认识（=“观念”）的各环节，就是逻辑的范畴。

第6卷第388页（第214节）：

"观念可以被理解为理性（这是理性的真正的哲学意义），还可以被理解为主体-客体，观念和实在的统一、有限和无限的统一、灵魂和肉体的统一，自身具有自己的现实性的可能性，或其本性只能当作存在着的本性去理解的东西等等，因为知性的一切关系都包含在观念中，然而是通过它们的无限复归和自身同一而包含在观念中的。

（观念）真理是全面的

知性能够不费力地指出：一切关于观念所说的话都是自相**矛盾的**。但是，对于知性的一切论点也可以予以同样的回击，或确切些说，在观念中知性已经遭到了这样的回击；——这项工作是理性的工作，当然它不象知性的工作那样容易。——如果知性指出：观念本身是自相矛盾的，因为，例如主观的东西只是主观的，而客观的东西则是和它对立的；存在是和概念完全不同的东西，因而不能从概念中推出存在；有限的东西也只是有限的，并且正是无限的东西的对立面，因而它和无限的东西是不能同一的；关于其他一切规定也是这样，——那么，逻辑倒是指出相反的情况，这就是：仅仅是主观的主观东西，仅仅是有限的有限东西，仅仅应当是无限的无限东西等等，都是不具有真理性的，都是自相矛盾的，并且向自己的对立面过渡；因此，这个过渡和统一——两个极端作为被扬弃的东西，作为某种外观或环节包含在这个统一中——便显示出自己是这些极端的真理。"（第388页）

"知性面对观念时，就陷入双重误会：第一，对观念的两极（无论怎样表达都行，只要它们是在统一之中），知性仍按照它们不是处于具体的统一之中而是观念之外的抽象这样的意思和规定来理解。即使它们的关系已经被明确设定，它〈知性〉仍然误解这种**关系**；例如知性甚至忽视**判断中的系词的性质**，系词对**单一的东西**即主词加以说明：**单一的东西又同样地不是单一的东西，而是普遍的东西**。第二，知性认为**它的**反思——按照这种反思，自身同一的观念包含着对它自身的否定，即包含着矛盾——是**外在的**反思，而不在观念之中。但事实上，这并不是知性特有的智慧，**而观念本身就是辩证法**，这个辩证法永远在分离和区别同一和差别、主观和客观、有限和无限、灵魂和肉体，只是因为如此，辩证法**才是永恒的创造**、**永恒的生命和永恒的精神**……"（第389页）

注意
个别
=
普遍

注意
抽象和对立面的"具体统一"。绝妙的例子：

最简单而又最清楚的例子，概念辩证法以及它的唯物主义根源

辩证法不在人的知性中，而在"观念"中，即在客观的现实中

"永恒的生命"
=辩证法

第 6 卷第 215 节，第 390 页：

"观念实质上是一个**过程**，因为观念的同一之所以是概念的绝对的和自由的同一，只是由于它的同一是绝对的否定性，并因而是辩证的。"

观念是……一个过程

因此，思维和存在，有限和无限等等的"统一"这个说法**是谬误的**，因为它表达的是"静止不变的同一"。说有限简单地中和着("neutralisiert") 无限并且**反之亦然**，这是不对的。事实上我们所看到的是一个**过程**。

注意这点

倘若计算一下……地球上每秒钟死亡十人以上和出生更多的人。"运动"和"瞬间"：抓住它。在每一既定的瞬间……抓住这一瞬间。在简单的**机械**运动中也是如此 (反对切尔诺夫)。

"观念作为过程，在自己的发展中经历三个阶段。观念的第一个形式是**生命**……第二个形式……是作为**认**识的观念，这个**认**识又以**理论**观念和**实践**观念的双重形态出现。认识过程的结果是恢复因差别而丰富起来的统一，这便提供了第三个形式，即**绝对**观念……" (第 391 页)

真理是过程。人从主观的观念，**经过**"实践"(和技术)，走向客观真理。

观念是"真理" (第 385 页，第 213 节)。观念，即**真理**，作为过程——因为真理是**过程**——在自己的**发展** (Entwicklung) 中经历三个阶段：(1) 生命；(2) 认识过程,其中包括人的**实践**和**技术**(见上面[10]),——(3) 绝对观念 (即完全真理) 的阶段。

生命产生脑。自然界反映在人脑中。人在自己的实践中、在技术中检验这些反映的正确性并运用它们，从而也就达到客观真理。

逻辑学 第5卷

第3篇 观念 第1章 生命

“按照关于逻辑的通常看法”（第5卷第224页[①]），在逻辑中是不谈**生命**问题的。但是，如果逻辑的对象是真理，而“**真理本身实质上又包含在认识中**，那么就不得不论述认识，——谈到认识（第245页），就该谈到**生命**。

有时人们在所谓“纯逻辑”之后还提出了“应用”（angewandte）逻辑，可是那个时候……

“……就得把每一门科学都纳入逻辑，因为每一门科学只要以思想和概念的形式来把握自己的对象，都可以说是应用逻辑”（第244页）。

‖ 任何科学都是应用逻辑

从客观世界在人的意识（最初是个体的意识）中的反映**过程**和实践对这个意识（反映）的检验这一角度来看，把**生命**纳入逻辑的思想是可以理解的——并且是天才的——往下看：

生命=个别的主体把自己和客观的东西分隔开来

‖ “……所以生命的最初**判断**就是：生命把自己作为个别的主体而和客观的东西分隔开来……”（第248页）

《哲学全书》[②]第216节：身体的各个部分只有在其联系中才是它们本来应当是的那样。脱离了身体的手，只是名义上的手（亚里士多德）。

如果考察逻辑中主体对客体的关系，那就应当注意**具体**的主体（=**人的生命**）在客观环境中存在的一般前提。

分节[③]：

(1) 作为“有生命的个体”的生命（A节）

---

① 指《黑格尔全集》1834年柏林版第5卷的页码。——编者注

② 指《黑格尔全集》1840年柏林版第6卷。——编者注

③ 《黑格尔全集》1834年柏林版第5卷第248—262页。——编者注

(2) “生命过程”

(3) “类 (Gattung) 的过程”，人的繁衍过程和向**认识**的过渡。

> (1) “主观的总体性”和“漠不相干的”“客观性”
>
> (2) 主体和客体的统一

注意

> 《哲学全书》第 219 节：“……被生物征服的无机界之所以被征服，就是因为**自在**的无机界和**自为**的生命是一样的。”
>
> 倒转过来=纯粹的唯物主义。卓越、深刻、正确!!还要注意：他证明“自在”和“自为”这两个术语的**极度**正确和中肯!!!

“……有生命之物的这种客观性就是**有机体**；客观性是目的的**手段和工具**……”(第 251 页)

> 往下，把“感受性” (Sensibilität)、“应激性” (Irritabilität) ——据说这是和普遍性相区别的**特殊的东西**!!——以及“繁衍”“纳入”逻辑范畴，这是空洞的游戏。**交错线**、向自然现象的**另一**面的过渡都被忘记了。
>
> 以及其他等等。“疼痛是”有生命的个体中的“矛盾的‘现实存在’”。

黑格尔和“有机体概念”的**游戏**

!!!

黑格尔的可笑之处

> 还有，人的繁衍……“是他们的〈两个异性个体的〉实现了的同一，是从自身分裂又反射于自身的类的否定统一……”(第 261 页)

黑格尔和“有机体”的游戏

逻辑学 第5卷

第3篇 观 念

第2章 认识的观念

（第262—327页）[①]

主观的意识以及它向客观性的沉入

“……它的〈概念的〉一般实在性是**它的定在的形式**；问题就在于对这个形式的规定；根据对形式的规定，有以下的差别：概念是自在的或作为主观的概念，或者概念是沉入客观性的，然后沉入生命观念的概念。”（第263页）

神秘主义

“……精神不仅比自然界无限地丰富，而且……概念中对立物的绝对统一构成精神的本质……”（第264页）

？ 神秘主义！

黑格尔反对康德

康德的“自我”是“思想的先验主体”（第264页），“同时按照康德自己的说法，这个自我有着一种不方便的地方，即我们随时都必须使用自我来对自我作某种判断……”

？ 这就是说，康德的“自我”是一种没有对认识过程进行具体分析的空洞形式（“自我咀嚼”）

（第265页）

注意

“在他〈=康德〉对这些规定〈即“以往的——康德以前的——形而上学”关于“灵魂”的抽象而片面的规定〉的批判中，他〈康德〉简单地追随休谟的怀疑论的方式，即他所牢牢抓住的就是自我如何在自我意识中显现，但是，他认为既然要认识自我的本质，认识自在之物，那就必须丢掉自我中一切经验的东西；这样一来，除了**我思维**这个伴随着一切表象的现象外，什么也没有剩下，但是关于这个现象我们没有丝毫概念。”（第266页）###

注意：康德和休谟——怀疑论者

① 指《黑格尔全集》1834年柏林版第5卷的页码。——编者注

大概黑格尔在这里看出怀疑论是在于：休谟和康德没有把“现象”看作**显现着的**自在之物，把现象和客观真理割裂开来，怀疑认识的客观性，把一切经验的东西同自在之物割裂开来（weglassen）……黑格尔继续说：

黑格尔在哪里看出了休谟和康德的怀疑论？

###“……无疑地，应当承认：如果我们不去**理解**，只停留于单纯的、固定的**表象**和**名称**，那么，不论关于自我，不论关于任何东西，甚至关于概念本身，我们都没有丝毫概念。”（第266页）

离开理解（认识、具体研究等等）的过程就不能理解

要理解，就必须从经验开始理解、研究，从经验上升到一般。要学会游泳，就必须下水。

康德局限于“现象”

据说旧形而上学力图认识**真理**，按真理的标志把对象分为实体和现象。康德的批判**拒绝**探究真理……“但是停留于现象和停留于普通意识中出现的单纯表象的东西，这就是放弃概念和哲学。”（第269页）

A节：

“**真理的观念**。主观的观念首先是**冲动**……因此，冲动有下述的规定性：冲动扬弃自身的主观性，使自己原先的抽象实在性变成具体实在性，并用自己的主观性预设的那个世界的**内容**来充实这个实在性……因为认识是作为目的或作为主观观念的观念，所以对预设为自在地存在着的世界的否定，是**第一个**否定……”（第274—275页）

也就是说，认识的有限性（Endlichkeit）和主观性、对自在世界的否定是认识的最初**阶段**、环节、开端、起头——认识的目的最初是主观的……

黑格尔反对康德：

“令人奇怪的是，当代〈显然是指康德〉**有限性的**这个方面仍然被坚持着，并且被认为是认识的**绝对**关系，似乎有限的东西本身就应当是绝对的！从这个观点出发，客体被附加上某种不知道的，认识之

康德把*一个*方面奉为绝对

外的自在之物性，并且这种自在之物性，从而还有真理，都被看作某种对认识来说是绝对**彼岸的东西**。按照这样的理解，一般思维规定、范畴、反思规定，以及形式的概念及其环节，获得了这样的地位：它们并非本身是有限的规定，而是在这样的意义上是有限的，即同上述空洞的**自在之物性**相比较，它们是主观的东西；把认识的这种不真实的关系当作真实的，乃是一种谬误，这种谬误已成为当代的普遍意见。”（第 276 页）

康德的自在之物是绝对的“彼岸的东西”

康德的主观主义

> 康德把认识和客体分割开来，从而把人的认识（它的范畴、因果性等等、等等）的有限的、暂时的、相对的、有条件的性质当作**主观主义**，而不是当作观念（=自然界本身）的辩证法。

“……但是认识通过自身的进程解决了自己的有限性，从而解决了自己的矛盾。”（第 277 页）

但是认识的**进程**把认识引向客观真理

“……设想对象中似乎没有什么东西不是**放进去的**，这样进行分析是片面的；同样，设想所获得的各个规定似乎只是从对象中**抽出来的**，这也是片面的。大家知道，第一种设想是主观唯心主义提出的，主观唯心主义在分析中把认识的活动看成纯粹是片面的**设定**，在这个设定的彼岸隐藏着**自在之物**；第二种设想属于所谓的实在论，实在论把主观的概念理解为空洞的同一性，这种同一性**从外面**把思想的规定接受到自身中。”

黑格尔反对主观唯心主义和“实在论”

逻辑的客观性

“……但是不能把这两个环节彼此分开，具有抽象形式的逻辑的东西（分析把逻辑的东西划归抽象形式），当然只存在于认识中，同样，反过来说，它不仅是**被设定的**东西，而且也是**自在地存在着的**东西……”（第 280 页）

> 当逻辑的概念还是“抽象的”，还具有抽象形式的时候，它们是主观的，但同时它们也表现着自在之物。自然界**既是**具体的**又是**抽象的，**既是**现象**又是**本质，**既是**瞬间**又是**关系。人的概念就其抽象性、分隔性来说是主观的，可是就整体、过程、总和、趋势、来源来说却是客观的。

《**哲学全书**》第 225 节非常好，在那里“**认识**”（“理论的”）和“意志”，“实践活动”被描述为消灭主观性的“片面性”和客观性的“片面性”的两个方面、两个方法、两个手段。

注意 往下第 **281—282** 页关于范畴的相互过渡非常重要（而且是反对康德的，第 282 页）。

《逻辑学》，第 5 卷第 282 页（结尾）①

“……康德……从**形式逻辑**那里把规定的联系，即关系概念和综合原则自身，作为**现成的东西**拿过来；它们的演绎应当是对于自我意识的这个简单统一向它的这些规定和差别**过渡的描述**；可是康德没有花功夫去指出这种真正综合的**前进运动**，**这种自己产生自己的概念**。”（第 282 页）

康德没有指出范畴的相互过渡。

第 286—287 页——黑格尔再度谈到高等数学时（附带表明他是知道高斯如何解 $X^m-1=0$ 这一方程式的）**11**，又一次谈到了微积分，他说：

“数学……直到现在还不能靠自己的力量即从数学上来证明那些以这种过渡〈从一些量到另一些量的过渡〉为基础的运算，因为这种过渡不是数学性质的。”享有发明微分学荣誉的**莱布尼茨**，用“最不充分、既无概念又非数学的方法”实现了这种过渡……”（第 287 页）

“**分析的**认识是全部推理的第一个前提——概念对客体的直接关系；所以同一就是这样一个规定，这种认识把它当作自己的规定，并且这种认识只抓住现有的东西。综合的认识则力求对现有的东西达到**理解**，也就是说，在各规定的统一中去掌握各规定的多样性。因此，综合的认识是推理的第二个前提，在这个前提中，差别的东西本身是相关联的。这样，这种认识的目标就是一般必然性。”（第 288 页）

对于某些科学（例如，物理学）为了“说明”各种“力”等等、为了拼凑（硬搬）事实等等而采取的方法，黑格尔作出了以下明智的评语：

“对于被引进定理中的具体材料的所谓解说和证明，

① 由此转入列宁的另一册笔记《黑格尔〈逻辑学〉。Ⅲ（第 89—115 页）》。——俄文版编者注

异常正确和深刻

一部分是同语反复，一部分是对真实关系的歪曲，一部分又是用这种歪曲来掩盖认识的虚妄，这种认识片面地采纳经验，唯有这样它才能获得自己的简单的定义和原理；它是这样消除来自经验的反驳的：它不从经验的具体的总体性来看待和承认经验，而是把经验作为例子，并且从对假说和理论有利的方面去看待和承认经验。在具体经验从属于预先设定的各规定的情况下，理论的基础就被蒙蔽；它只是从符合理论的这一方面显露出来。”（第315—316页）

（参看资产阶级的政治经济学）反对主观主义和片面性

据说**康德**和**雅科比**推翻了旧形而上学，（比如沃尔弗的形而上学 实例：可笑地炫耀陈词滥调，等等。[12]）。康德指出：“严格的论证”会引出二律背反，

这就是说**康德**不理解“有限事物”的辩证法的**普遍**规律？

“可是，对于和某个有限内容相联系的这个论证的性质本身，他〈康德〉并没有思考过；然而，二者必定同时垮台。”（第317页）

综合的认识还是不完全的，因为“概念在其对象中或在其实在性中没有成为与自身的统一……由于对象和主观的概念不相符合，所以在这种认识中观念还没有达到真理。——但是必然性的领域是存在和反思的最高峰；必然性自在自为地过渡到概念的自由，内在的同一过渡到自身的表现，这就是作为概念的概念……”

“……既然**自为**的概念现在是自在自为的规定的概念，那么观念就是**实践的**观念，即**行动**。”（第319页）下面一节标题为《B：善 的观念》。

理论的认识应当提供在必然性中、在全面关系中、在自在自为的矛盾运动中的客体。但是，只有当概念成为在实践意义上的“自为存在”的时候，人的概念才能“最终地”抓住、把握、通晓认识的这个客观真理。也就是说，人的和人类的实践是认识的客观性的验证、标准。黑格尔的意思是这样的吗?这一点要回头再看。

黑格尔
论实践和认识的客观性

为什么从实践、行动只向“善” (das Gute) 过渡呢?这是狭隘的，片面的！然而**有益的东西**呢?

无疑，也包括有益的东西。或者，按照黑格尔的看法，这也是“善”?

所有这些都在《认识的观念》这一章 (第 2 章) 中——在向“绝对观念” (第 3 章) 的过渡中——就是说，无疑地，在黑格尔那里，在分析认识过程中，实践是一个环节，并且也就是向客观的 (在黑格尔看来是“绝对的”) 真理的过渡。因此，马克思把实践的标准引进认识论时，是直接和黑格尔接近的：见关于费尔巴哈的提纲。

认识论中的实践：

(第 320 页) “它〈概念〉作为主观东西，仍然以某个自在存在着的异在为前提；它是实现自己的**冲动**，是一个目的，这个目的在客观世界中通过自身给自己提供客观性并完成自身。在理论观念中，主观概念是作为普遍的东西、自在自为的无规定的东西而和客观世界相对立，它从客观世界中为自己汲取规定的内容并得到充实。可是在实践观念中，这个概念则作为现实的东西而和现实的东西相对立；但主体在其自在自为的规定的存在中所具有的对自身的确信，就是对自己的现实性和世界的**非现实性**的确信……”

……

换句话说：

人的意识不仅反映客观世界，并且创造客观世界。

作为主观东西的概念 (=人) 又以自在存在着的异在 (=不以人为转移的自然界) 为前提。这个概念 (=人) 是实现自身的**冲动**，是在客观世界中通过自身给自己提供客观性并实现 (完成) 自身的**冲动**。

在理论观念中 (在理论领域中)，主观概念 (认识?) 作为普遍的东西和自身没有规定性的东西而和客观世界相对立，它从客观世界中汲取规定的内容并得到充实。

在实践观念中 (在实践领域中)，这个概念则作为现实的东西 (作用着的东西?) 而和现实的东西相对立。

主体 在这里突然代替“概念” 在其自在自为的存在中，即在作为规定的主体中所具有的对自身的确信，就是对自己的现实性和世界的**非现实**

性的确信。

这就是说，世界不会满足人，人决心以自己的行动来改变世界。

“……这种包含在概念中、和概念相等并且自身包括着对个别外部现实的要求的规定性，就是善。善是带着绝对这种品格出现的，因为它是概念自己内部的总体性，是客观的东西，这个客观的东西同时具有自由统一性和主观性的形式。这种观念高于前面所考察的认识观念，因为这种观念不仅具有普遍东西的品格，而且具有单纯现实东西的品格……”（第320—321页）

实质：

“善”是“对外部现实性的要求”，这就是说，“善”被理解为人的**实践**=要求（1）和**外部**现实（2）。

实践高于（理论的）认识，因为它不仅具有普遍性的品格，而且还具有直接现实性的品格。

“……因此，目的的活动不是指向自身，不是要把一个现成的规定容纳于自身并同化于自身，倒是为了设定自身的规定，并通过扬弃外部世界的各个规定来使自己获得具有外部现实形式的实在性……”（第321页）

“目的的活动不是指向自己……

而且为了通过消灭**外部**世界的规定的（方面、特征、现象）**来获得具有外部现实形式的实在性**……”

……

“……实现了的善之所以是善，就是因为它已经存在于主观的目的中，存在于自己的观念中；它的实现使它具有某种外部的定在……”（第322页）

“善的主观性和有限性在于它以**客观世界**为前提，**并且客观世界作为他物走它自己的路**，从作为善的前提的客观世界这方面来说，善的实现本身会遭到阻碍，甚至会碰到无法解决的问题……”+（第322—323页）

注意

注意

“客观世界”“走它自己的路”，人的实践面对这个客观世界，在“实现”目的时会遇到“困难”，甚至会碰到“无法解决的问题”……

+“……这样，善仍然只是一种**应有**；它是自在自为的，可是，存在作为最后的、抽象的直接性，仍然与善对立，又被规定为一非存在……”++（第 323 页）

善、幸福、良好愿望，依然是**主观的应有**……

两个世界：主观世界和客观世界

++“……的确，完成了的善的观念是一个绝对公设，然而只不过是一个公设而已，即被**主观性的规定性**纠缠住的绝对的东西。这里仍有**两个对立着的世界**：一个是**纯粹的透明**思想领域中的**主观性**王国，另一个是外表**多样化的现实**领域中的**客观性**王国，这个外表多样化的现实是一个未开发的黑暗王国。绝对目的有这个现实的界限与它不调和地对立着，它的不可解决的矛盾的充分发展，在《精神现象学》第 453 页及以下各页中有更详细的考察。”（第 323 页）

对主观性王国——它和“客观的”“多样化的”现实的“黑暗”相对立——中的纯粹的“透明思想领域”的**嘲笑**。

注意

“……在后者中〈=在和实践观念不同的理论观念中〉……认识知道自己只是领会，只是概念和自己的没有规定的自身同一；充实，即自在自为的规定的客观性，是**现存的东西**，而**真实存在着的东西**是**不以主观设定为转移的现存的现实**。相反的，实践观念认为，这个同时作为不可克服的界限而与它对立的现实，却是自在自为的虚无，它应当通过善的目的去获得自己的真实规定和唯一的价值。因此，意志本身之所以会**阻碍达到自己的目的，就是由于意志把自己和认识分隔开来，由于外部现实对意志来说，没有获得真存在着的东西的形式**；所以，善的观念只能在真理的观念中得到补充。”（第 323—324 页）

认识……发现在自己面前真实存在着的东西就是不以主观意见（设定）为转移的现存的现实。（这是纯粹的唯物主义！）人的意志、人的实践，本身之所以会妨碍达到自己的目的……就是由于把自己和认识分隔开来，由于不承认外部现实是真实存在着的东西（是客观真理）。必须**把认识**和**实践结合起来**。

注意

紧接着就是：

"……但是善的观念通过自身来实现这种过渡〈从真理的观念到善的观念的过渡，从理论到实践的过渡，反之亦然〉。在行动的推理中，第一个前提就是**善的目的对那个现实**的直接关系，目的掌握那个现实，而在第二个前提中，目的把它作为**外部的手段**来反对外部现实。"（第 324 页）

注意

"行动的推理……"对黑格尔来说，**行动**、实践是**逻辑的"推理"**，逻辑的式。这是对的!当然，这并不是说逻辑的式把人的实践作为它自己的异在（=绝对唯心主义），而是相反，人的实践经过亿万次的重复，在人的意识中以逻辑的式固定下来。这些式正是（而且只是）由于亿万次的重复才有着先入之见的巩固性和公理的性质。

注意

第 1 个前提：**善的目的**（主观的目的）对**现实**（"外部现实"）的关系

第 2 个前提：外部的**手段**（工具），（客观的东西）

第 3 个前提，即结论：主体和客体的一致，对主观观念的检验，客观真理的标准。

"……善的实现——这是跟与它对立的其他现实相违背的——就是中介，它对于善的直接关系和实现来说，实质上是必然的……"

"……但是，如果善的目的以这样的方式〈通过活动〉仍然没有实现，那么这就会是概念复归到它自己的活动之前曾经具有的立场——即现实被规定为虚无的但又被预设为实在的这一立场；这种复归是向恶无限性的进展，并且唯独以下面这点作为自己的根据：在上述抽象实在的扬弃中，这个扬弃也立即被忘记了；或者忘记了这个实在却已经被预设为自在自为的虚无的、非客观的现实。"（第 325 页）

（人的活动的）目的未完成的原因（Grund）是：把实在当作不存在的东西（nichtig），不承认它（实在）的客观的现实性。

注意

"因为外部现实通过客观概念的活动变化着，它的规定也因而被扬弃，所以，它正因为这样而失去了单纯显现着的实在性、外在的可规定性和虚无性，从而**被设定为**自在自为地存在着的……" +

注意

> 为自己绘制客观世界图景的人的活动**改变**外部现实，消灭它的规定性 (=变更它的这些或那些方面、质)，这样，也就去掉了它的外观、外在性和虚无性的特点，使它成为自在自为地存在着的 (=客观真实的)。

注意

+……“这样便完全扬弃了上述的预设，即作为**单纯主观的**和内容有限的目的的善的规定，扬弃了通过主观活动才使有限目的实现的必然性以及这个活动本身。**其结果**是中介扬弃自身；结果是直接性，这个直接性不是预设的恢复，反而是它的扬弃。因此，自在自为地被规定的概念的观念已经**不仅**被设定在**活动着的主体中**，而且也同样被设定为直接的现实，并且反过来，这个直接的现实，如同**在认识中**一样，被设定为**真实存在着的客观性**。” (第 326 页)

> 活动的结果是对主观认识的检验和**真实存在着的客观性的标准**。

“……从而出现这样的结果：**认识**被恢复并且**和实践的观念结合起来**，发现了的现实同时被规定为实现了的绝对目的，然而并不象在探索的认识中那样，仅仅作为没有概念的主观性的客观世界，而是作为这样的客观世界，其内在根据和现实的持续存在就是概念。这是绝对观念。” (第 327 页) ((第 2 章完，转到第 3 章：《绝对观念》。))

第 3 章：《绝对观念》

“……绝对观念，原来就是理论观念和实践观念的同一，其中每一方就其自身来说都还是片面的……” (第 327 页)

> 理论观念（认识）**和实践**的统一——要注意这点——而且这个统一**正是认识论中的**，因为“绝对观念”（而观念=“客观真理的东西”）是在总和中得出来的。第 5 卷第 236 页

现在还待考察的，据说已经不是内容，而是“……它的形式的普遍东西——即**方法**”（第 329 页）。

“在探索的认识中，方法也就是**工具**，是在主体方面的某个手段，主体方面通过这个手段和客体相联系……相反地，在真理的认识中，方法不仅是大量

的已知规定，而且是概念的自在自为的规定性，这种概念之所以是中项〈逻辑推理的式中的中项〉，只是因为它同样也有客观东西的意义……”（第331页）

“相反地，绝对的方法〈即认识客观真理的方法〉不是呈现为外在的反思，而是从它的对象自身中取得规定的东西，因为这个方法本身就是对象的内在原则和灵魂。——这就是**柏拉图**对认识的要求，即**要考察自在自为的事物本身**，一方面要从事物的普遍性去考察，另一方面也不要脱离事物，去抓枝节、实例和对比，而是要注意这些事物，并且要意识到它们的内在的东西……”（第335—336页）

这种“绝对认识”的方法**是分析的**……“但同时又**是综合的**”（第336页）

“Dieses so seht synthetische als analytische Moment des *Urteils*, wodurch das a nfängliche Allgemeine aus ihm selbst als das *Andere seiner* sich bestimmt,ist das *dialektische* zu nennen”[①]…（第336页）（+见下页）[②]

辩证法的规定之一

“这个既是分析的又是综合的**判断**的环节，——由于它〈环节〉，最初的一般性[一般概念]从自身中把自己规定为自己的他物，——应当叫作辩证的环节。”

规定不是明确的!!

（1）来自概念自身的概念的规定[应当从事物的关系和事物的发展去考察事物**本身**]；

（2）事物本身中的矛盾性（自己的他物），一切现象中的矛盾的力量和倾向；

（3）分析和综合的结合。

大概这些就是辩证法的要素。

也许可以比较详细地把这些要素表述如下：

辩证法的要素

（1）考察的**客观性**(不是实例，不是枝节之论，而是自在之物本身)。

×

（2）这个事物对其他事物的多种多样的**关系**的全部总

① 下面方框中的话就是本段德文的译文。——编者注

② 手稿上从括号开始有一个箭头指向手稿下一页的一段话：“辩证法是……”（见《列宁全集》第55卷，人民出版社1990年版，第192页）。——俄文版编者注

和。

(3) 这个事物（或现象）的**发展**、它自身的运动、它自身的生命。

(4) 这个事物中的内在矛盾的**倾向**（和 # 方面）。

#

(5) 事物（现象等等）是**对立面**的总和**与统一**。

(6) 这些对立面、矛盾的趋向等等的**斗争**或展开。

(7) 分析和综合的结合，——各个部分的分解和所有这些部分的总和、总计。

| × (8) 每个事物（现象等等）的关系不仅是多种多样的，并且是一般的、普遍的。每个事物（现象、过程等等）是和其他的**每个**事物联系着的。

(9) 不仅是对立面的统一，而且是**每个**规定、质、特征、方面、特性向**每个**他者［向自己的对立面？］的**过渡**。

(10) 揭示**新的**方面、关系等等的无限过程。

(11) 人对事物、现象、过程等等的认识深化的无限过程，从现象到本质、从不甚深刻的本质到更深刻的本质；

(12) 从并存到因果性以及从联系和相互依存的一个形式到另一个更深刻更一般的形式[13]。

(13) 在高级阶段重复低级阶段的某些特征、特性等等，并且

(14) 仿佛是向旧东西的复归（否定的否定）。

(15) 内容对形式以及形式对内容的斗争。抛弃形式、改造内容。

(16) 从量到质和**从质到量**的过渡。((**15** 和 **16** 是 **9** 的**实例**))

可以把辩证法简要地规定为关于对立面的统一的学说。这样就会抓住辩证法的核心，可是这需要说明和发挥。

+ (续前。见上页①)

"……辩证法是古代科学之一，它在近代人的形而上学 | 这里很清楚=认识论和逻辑 | 中以及一般地在古代人和近代人的通俗哲学中最被误解……"关于**柏拉图**，第欧根尼·拉尔修曾经说过：柏拉图是**辩证法**即第三门哲学科学的创始者（犹如泰勒斯是自然哲学的创始者，苏格拉底是道德哲学的创始者一样）**14**，可是那些大肆喧嚷柏拉图这个功绩的人却很少思考这个功绩……

柏拉图和辩证法

"……人们常常把辩证法看作一种**技艺**，好象它是基于一种主观的**才能**，而不是属于概念的客观性……"（第336—337页）康德的重要功绩是重新倡导辩证法，承认它是"理性的必然的"（特性）（第337页），但是（运用辩证法的）结果必定是（和康德主义）"相反的"。**见下面**。

辩证法的客观性……

往下是对**辩证法**的一个非常有意思的、明白的、重要的**概述**：

"……辩证法除开通常显得是一种偶然的东西外，它常常具有那种更为详尽的形式，即对于任何对象，如世界、运动、点等等，都能指明其特有的某个规定，例如，按照以上所举出的诸对象的次序指明空间或时间的有限性、在**这个**地方、对空间的绝对否定等；但是，接着同样也必然有相反的规定，例如空间和时间的无限性、不在这个地方、对空间的关系，从而有空间性。较古老的埃利亚学派主要是运用它的辩证法来反对运动，柏拉图则常常运用辩证法反对当时的、特别是诡辩学派的看法和概念，但是也反对纯粹的范畴和反思规定；发达的晚期怀疑论不仅把辩证法推广于直接的所谓意识事实和日常生活的准则，并且还把它推广于一切科学的概念。但是从这种辩证法中所得出的结论，一般都是所提出的论断的**矛盾性**和**虚无性**。但是这样的结论可以有双重含义：一种是客观的含义，即这样自相矛盾的**对象**扬弃自己并归于虚无；——例如埃利亚派的结论就是这样的，按照这个结论，世界、运动、点等等的**真理性**便被否定了；——另一种是主观的含义，即**认识是有欠缺的**。对后一个结论或者可

来自辩证法史

怀疑论在辩证法史上的作用

① 见《列宁全集》第55卷，人民出版社1990年版，第189页。——编者注

辩证法被认为是戏法

以这样理解：这个辩证法本身在玩弄变出虚假外观的戏法。所谓人的常识的普通观点就是如此，这种常识执着于**感性的**明显性以及习惯的见解和言论……”(第 337—338 页)

黑格尔说，例如犬儒第欧根尼[15]，用步行来证明运动，这是“庸俗的反驳”（第 338 页）。

康德主义=(也是)怀疑论

“……或者，关于主观虚无性的这个结论，并不涉及辩证法自身，倒是涉及它所反对的认识，而且是在怀疑论的意义上、同样也是在康德哲学意义上所反对的一般**认识**。”

“……这里的主要成见就在于：好象辩证法**只**具有**否定的结果**。”（第 338 页）

同时还说什么康德的功绩就是注意辩证法，注意研究“自在自为的思维规定”（第 339 页）。

这是对的！**表象**和**思想**，二者的发展，而不是什么别的

“没有思维和概念的对象，就是一个表象或者甚至只是一个名称；只有在思维规定和概念规定中，对象**才是**它**所是**的东西……”

对象表现出自身是辩证的

“……因此，如果某一对象或认识按其自身性质或者由于某种外部联系而表现出自身是辩证的，那就不能认为这是这一对象或认识的过错……”

概念不是不动的，而就其本身，就其本性来讲=**过渡**

“……因此，一切被认为是固定的对立面，如有限和无限、个别和一般，都不是由于什么外部联结而成为矛盾的，相反，正象对它们本性的考察所表明的，它们本身自在自为地就是一种过渡……”（第 339 页）

#
第一个一般的概念（也=第一次遇到的任何一般的概念）

“这就是上面所指出的那个观点，按照这个观点，第#一个一般的东西，**就其本身来看**，表现为它自身的他物……”

这对于理解辩证法是非常重要的

“……但是这个他物在本质上不是空洞的否定，不是那**被认作辩证法的通常结果**的无，而是第一个东西的他物，是直接东西的否定；因此，它被规定为中介物，一般说来在其内部包含着第一个东西的规定。从而，第一个东西本质上也**储藏**和**保存**在他物之中。——把肯定保持在**它**

的否定中，把前提的内容保持在它的结果中，这就是理性认识中最重要的东西；同时，只须最简单地思考一下就足以确信这个要求的绝对真理和必然性，至于用以证明这一点的**实例**，那么全部逻辑都是由它们组成的。”(第340页)

> 辩证法的特征的和本质的东西不是单纯的否定，不是徒然的否定，**不是怀疑的**否定、动摇、疑惑，——当然，辩证法自身包含着否定的要素，并且这是它的最重要的要素，——不是这些，而是作为联系环节、作为发展环节的否定，它保持着肯定的东西，即没有任何动摇、没有任何折中。

一般说来，辩证法就在于否定**第一个**论点，用**第二个**论点去代替它（就在于前者过渡到后者，在于指出前者和后者之间的联系等等）。后者可以成为前者的宾语——

——“例如，有限是无限，一是多，个别是一般……”（第341页）

“**自在**”=潜在，尚未发展，尚未展开

“……因为第一个东西或直接的东西是**自在的**概念，从而也只是**自在的**否定的东西，所以，它的辩证环节就在于：**自在地**包含在它之中的**差别**设定在它的内部。相反的，第二个东西本身就是**规定的东西**，是**差别**或关系；因此，它的辩证环节就在于设定它所包含的**统一**……”——(第341—342页)

(对于简单的和最初的“第一个”肯定的论断、论点等等，“辩证的环节”，**即**科学的考察，要求指出差别、联系、过渡。否则，简单的、肯定的论断就是不完全的、无生命的、僵死的。对于“第二个”否定的论点，“辩证的环节”则要求指出“**统一**”，也就是指出否定和肯定的联系，指出这个肯定存在于否定之中。从肯定到否定——从否定到保存着肯定东西的“统一”，——否则，辩证法就要成为空洞的否定，成为游戏或怀疑。)

……——“因此，如果否定的东西，规定的东西，关系，判断以及所有归在这第二个环节之下的规定，不是自身已经表现为矛盾和辩证的，那么这只是思维的欠缺，即思维没有把自己的思想汇合起来。因为材料——在**一个关系**中各**对立的**规定——已经**设定**并且摆在思维面前。但是形式的思维把同一奉为规律，把它面前的矛盾内容贬入表象的领域，贬入空间和时间，而在那里，矛盾的东西**各不相连地**保持着并列和先后相继的状态，并且就这样**互不接触地**出现在意识面前。”(第342页)

注意

“〈对象〉互不接触地出现在意识面前”——这就是反辩证法的实质。似乎就在这里黑格尔露出了唯心主义的马脚，——时间和空间（和表象联系着）被列入比**思维低级的**东西。虽然，在**一定**意义上表象的确是比较低级的。实质在于：思维应当**把握住**运动着的全部“表象”，**为此，思维**就必须是辩证的。表象比思维**更接近**于实在吗?又是又不是。表象不能把握**整个**运动，例如它不能把握秒速为30万公里的运动，而**思维**则把握而且应当把握。从表象中获得的思维，也反映实在；时间是客观实在的存在形式。黑格尔的唯心主义是在这里，即在时间的概念中(而不是在表象对思维的关系中)。

“……关于这点，它[①]为自己制定了一个确定的原则：矛盾是不可思议的；而实际上，矛盾的思维是概念的本质要素。形式的思维事实上也思考矛盾，但它立刻把视线移开，而按上述的说法〈即矛盾是不可思议的这句名言〉从矛盾转到只是抽象的否定。”

“刚才考察过的否定性，形成概念运动的**转折点**。这个否定性是自身的否定关系的单纯之点，是一切活动的，即生命的和精神的自己运动的最内在的泉源，是辩证法的灵魂，而所有真实的东西本身都含有这种辩证法的灵魂，并且只有通过它才是真理，因为概念和实在之间的对立的扬弃，以及作为真理的统一，完全是以这个主观性为基础的。——第二个否定，即我们达到了的否定的否定，是上述的矛盾的扬弃，可是这种扬弃，和矛盾一样，不是**某种**外在反思的**行动**，而是生命和精神的**最内在的最客观的**环节，由于它，才有主体，个人，自由的个人。”（第342—343页）

辩证法的精华

真理的标准（概念和实在的统一）

这里重要的是：(1) 辩证法的特征：自己运动、活动的泉源，生命和精神的运动；主体（人）的概念和实在的一致；(2) 最高程度的客观主义(“最客观的环节”)。

黑格尔说：“如果总是愿意**计算**的话”（第343页），这个否定的否定是第三项，但是也可以把它当作**第四项**（四分法）（第344页），再算上**两个**否定：

① 即形式的思维。——编者注

“简单的”（或“形式的”）否定和“绝对的”否定。（第343页末尾）

我不明白这种差别，绝对的东西不是等于更具体的东西吗？

注意：
辩证法的“三分法”是它的外在的表面的方面

“这个统一同方法的整个形式——**三分法**——一样，完全只是认识方式的一个表面的外在的方面。”（第344页）

——又说：但是，仅就它（即使是没有概念的）被指出来而言，已经是“康德哲学的无量功德了”。

“的确，形式主义也掌握了三分法，并且保持了它的空洞的**模式**；现代哲学上所谓的**构造**无非是：到处乱用这个没有概念和内在规定的形式的模式，并用它去建立外部秩序，这个构造的肤浅、无聊和空泛就使得这个形式枯燥无味，声名狼藉。然而，它不会由于这种使用上的平淡无奇而丧失其内在价值，无论如何，应该高度评价理性东西的形态最初被发现这一点，尽管对这个形态还没有达到概念的理解。”（第344—345页）

黑格尔无情地责骂辩证法游戏的形式主义、无聊、空洞

否定的否定的结果，这第三个不是“……静止的第三个，而正是〈对立面的〉统一，这种统一是以自身为中介的运动和活动……”（第345页）

这种向“第三个”即向合题的辩证转化的结果是新前提，是论断等等，这个新前提又成为进一步分析的泉源。而认识的“**内容**”已经进入这个新前提即“第三”阶段（“认识的内容本身进入考察的范围”），——于是**方法**就扩展为**体系**（第346页）。

一切论断、一切分析的开端，——这第一个前提，好象现在已经是不确定的、“不完全的”，出现了对它要加以论证、“引申”（ableiten）的要求，结果便是：“这似乎是要求对无限的、**向后**的倒退加以论证和引申”（第347页）——可是从另一方面看来，新的前提在**向前**推进……

“……认识是从内容向内容前进。这个前进首先是这样规定自己的，即它从简单的规定性开始，继之而来的规定性就愈益**丰富**、愈益**具体**。因为结果包含着自己的开端，而开端的进程用新的规定性丰富了结果。普遍的东西构成基础；因此，不应当把前进看作从某一他物到另一他物的流动。绝对方法中的概念**保存**在自己的异在之中，普遍的东西保存在自己的特殊化之中，保存在判断

和实在之中；在继续规定的每一个阶段上，普遍的东西都在提高它以前的全部内容，它不仅没有因为自己的辩证的前进而丧失什么，也没有丢下什么，而且还带上一切收获，使自身不断丰富和充实起来……”（第349页）

（这一段话对于什么是辩证法这个问题，很不错地做了某种总结。）

注意这点：最丰富的是最具体的和最主观的

但是，**扩展**也要求**深化**（“进入自身”），“而且更大的扩展同样也是更高度的密集”。

“因此，最丰富的是最具体的和最**主观的**。那个使自己复归到最单纯的深处的东西，是最强有力的和包容最多的。”（第349页）

“正是这样，在继续规定的过程中，每向前一步离开没有规定的开端，同时也是**退回去接近**没有规定的开端，因而最初看来可能是相异的东西，即对开端的后退的论证和对开端的向前的继续规定，是汇合在一起的，是同一回事。”（第350页）

注意 黑格尔反对康德

不该为这个没有规定的开端负疚：

“……不必为此负疚：似乎它〈开端〉只能被当作暂时的或假设的。凡是可以提出来反驳开端的东西，——例如说人的认识是有局限性的，在着手做事之前需要批判地审查认识的工具，——本身都是前提，这些前提，作为具体规定，就会包含着要求它们的中介和论证，这样，它们在形式上就没有任何比它们所反对的那个始自事实的**开端**更优越的地方，倒是自己由于其比较具体的内容而需要推论，因此，认为它们似乎应当比其他东西更受重视，那只是**空洞的奢望**。它们的内容是不真实的，因为它们使已知为有限的和不真实的认识，即有局限性的、被规定为对自己的内容来说是形式和工具的认识，成为确定不移的和绝对的东西，这个不真实的认识本身也同样是形式，是后退的论证。真理的方法也知道开端是不完善的，因为它只是开端，但是同时又知道这个不完善的东西就是必然的东西，因为真理不外是通过直接性的否定性而回到自身……”（第350—351页）

反对康德（对的）

科学是**圆圈的圆圈**

“……由于上述方法的性质，科学表现为一个环绕自身的**圆圈**，圆圈的末端通过中介而同这个圆圈的开端，即简单的根据连接着；同时这个圆圈是许多**圆圈的一个圆圈**……这一链条的各个环节便是各门科学……”（第351页）

"方法是仅仅和自身相关的纯概念，因此，它是对自身的简单关系，这个关系就是存在。但是现在这也是**充实的**存在，是把握自身的概念，是作为具体的而且完全密集的总体的存在……"

"……第二，这个观念"((绝对认识的观念))"还是逻辑的观念，它被封闭在纯思想中，它还只是神的概念的科学。不错，它的系统的发展本身就是实现，然而是包含在这个领域内的实现。因为，认识的纯观念就其被封闭在主观性中而言，是扬弃主观性的**冲动**，并且纯真理作为最后的结果，也会成为**另一领域和科学的开端**。在这里只须要指出这个过渡。

正是因为观念把自己设定为纯概念与其实在性的绝对统一，从而使自己集聚为**存在**的直接性，所以，观念作为具有这个形式的总体，就是**自然界**。"(第 352—353 页)

注意：辩证方法和"充实的存在"，即充满内容的和具体的存在的联系

从观念过渡到**自然界**……

《逻辑学》**最后一页**即第 353 页上的这句话，妙不可言。逻辑观念向**自然界**的过渡。唯物主义近在咫尺。恩格斯说得对，黑格尔的体系是颠倒过来的唯物主义①。这不是逻辑学的最后一句话，不过，往下直到这一页的末尾都不重要。

注意
《小逻辑》(《哲学全书》第 244 节，即第 414 页②的附释)，这本书的**最后**一句话是这样的："但是这个存在着的观念就是自然界。"

《逻辑学》完。1914 年 12 月 17 日

妙就妙在：关于"绝对观念"的整整一章，几乎没有一句话讲到神(差不多只有一次偶然漏出了"神的""概念")，此外——**注意这点**——几乎没有专门把**唯心主义**包括在内，而是把**辩证的方法**作为自己主要的对象。黑格尔逻辑学的总结和概要、最高成就和实质，就是**辩证的方法**，——这是绝妙的。还有一点：在黑格尔这部**最唯心的**著作中，唯心主义**最少**，唯物主义**最多**。"矛盾"，然而是事实！

注意

① 见恩格斯《路德维希·费尔巴哈和德国古典哲学的终结》(《马克思恩格斯全集》第 21 卷第 318 页)。——编者注

② 指《黑格尔全集》，1840 年柏林版第 6 卷的页码。——编者注

第 6 卷第 399 页[①]

《哲学全书》第 277 节——卓越地叙述了**分析的**方法（“分解”“现存的具体的”现象——“赋予”现象的各个方面以“抽象的形式”并且“分出”——“类或力和规律”）第 398 页——和它的应用：

注意：“类或力和规律”（类=规律!）

应用分析的方法还是应用综合的方法，这决不是（如人们通常说的）“我们随心所欲的事”（第 398 页），——这取决于“要认识的对象本身的形式”。

洛克和经验论者主张分析的观点。而且他们常常说：“认识一般地不能有更多的作为了。”（第 399 页）

“但是立刻就可以弄明白，这是对事物的颠倒，并且那种愿意把握事物**本来面目**的认识，就会因此而自相矛盾。”例如化学家“折腾”一块肉，发现了氮、碳等等。“但是这些抽象物质已经不再是肉了。”

非常正确！参看马克思在《资本论》第 1 卷第 5 章注释 2 中的引语**16**

定义可能有许多，因为对象有许多方面：

> “被下定义的对象越丰富，也就是说，它可以供考察的不同方面越多，那么给这个对象可下的定义就越有差异。”（第 400 页，第 229 节）——例如关于生命、国家等等的定义。

斯宾诺莎和谢林在自己的定义中提出了许多“思辨的东西”（黑格尔在这里显然是在好的意义上使用这个字眼的），然而是“以断言的形式”提出的。哲学则应当证明和推论一切，而不应当局限于下定义。

分类（Einteilung）应当是“自然的，而不是单纯人为的即任意的”（第 401 页）。

第 **403—404** 页——狠狠地反对“构造”和玩弄构造的“游戏”，而问题在于“概念”、“观念”、“概念和客观性的统一”……（第 403 页）

在《哲学全书》（《小逻辑》）第 233 节中，**b** 章标题是《意愿》（这在**大逻辑**中是《善的观念》）

活动是“矛盾”，——目的是现实的和非现实的，可能的和不……等等。

“在形式上，这个矛盾的消除在于：活动扬弃目的的主观性，从而也扬弃客观性，扬弃使这二者都是有限的那种对立，活动不仅扬弃这个主观性的片面

① 指《黑格尔全集》1840 年柏林版第 6 卷的页码。——编者注

性，并且扬弃一般主观性。”（第 406 页）

康德和**费希特**的观点（特别在道德哲学中）是目的的观点，是主观应有性的观点（第 407 页）（与客观没有联系）……

黑格尔在讲到绝对观念时，嘲笑（第 6 卷第 237 节第 409 页）关于绝对观念的“夸夸其谈”，好象一切都展现在绝对观念中，他并且指出：

“绝对观念”……是……“普遍”；“但是这个普遍不单单是和作为某个他物的特殊内容相对立的抽象形式〈原文如此！〉，而是作为绝对形式，所有的规定、这个形式所设定的全部充实的内容，都要复归到这个绝对形式中。在这方面，可以把绝对观念比作老人，老人讲的那些宗教信条，小孩也能说，可是对于老人来说，这些宗教信条包含着他的全部生活的意义。小孩也懂得宗教内容，可是对小孩来说，这种宗教内容的意义只是这样的东西，即全部生活和整个世界都还在它之外”。

很好！

绝妙的比较！应当拿一切抽象的真理来代替庸俗的宗教

“……意义在于全部运动”……（第 237 节第 409 页）

妙极了！

“内容是观念的活生生的发展……”“以上考察过的任何一个阶段，都是绝对的一个形象，但最初只是用有限方式加以考察的形象……”（第 410 页）

第 238 节附释：

“哲学方法既是分析的，又是综合的，但这并不是说，有限认识的这两个方法单纯并列或单纯交替使用，而不如说是这样的：哲学方法以被扬弃的形式包含它们二者，并且**在自己的每个运动中**，同时表现为分析的和综合的。哲学思维是分析的，因为它只承受自己的对象——观念，听其自然，并且似乎只是旁观它的运动和发展。所以哲学活动完全是被动的。但同时哲学思维也是综合的，并表现自己是概念本身的活动。哲学方法要想达到这点，就须要作出努力，去克制自己那些经常要冒出来的偶然设想和特殊意见……”（第 411 页）

很好！

非常好！（而且非常形象）

（第 243 节第 413 页）……“可见方法不是外在形式，而是内容的灵魂和概念……”

（《哲学全书》的末尾；参看前面页边从《逻辑学》末尾所摘录的话[①]。）

载于 1929 年《列宁文集》
俄文版第 9 卷

译自《列宁全集》俄文第 5 版第 29 卷
第 77—218 页

① 见《列宁全集》第 55 卷，人民出版社 1990 年版，第 202 页。——编者注

注　释

1 《黑格尔〈逻辑学〉一书摘要》写在3册笔记本中，这3册笔记本编有总页码（第1—115页），并分别标明《黑格尔〈逻辑学〉。Ⅰ》、《黑格尔〈逻辑学〉。Ⅱ》和《黑格尔〈逻辑学〉。Ⅲ》。列宁还在第1册笔记本的封面上写了整套笔记的总标题《哲学笔记本。黑格尔、费尔巴哈及其他》，在封里上写了《黑格尔全集》各卷的内容，手稿前4页写在粘贴于笔记本上的方格纸上，它们比笔记本的幅面小些，但和写着《费尔巴哈全集》和《黑格尔全集》卷目札记的那张纸《列宁全集》一样大。这说明《黑格尔〈逻辑学〉。Ⅰ》笔记本比1914—1915年的其他《哲学笔记本》（见《列宁全集》第55卷第617页注32）开始得早。在第2册笔记本的封面上标有："注意第76页"（在这一页上开始了《概念论》第3篇《观念》的摘要）。在第111页末尾（第3册笔记本）标明列宁写完摘要的日期："《逻辑学》完。1914年12月17日"。摘要在第115页上结束，接着是几张空白纸，而在《黑格尔〈逻辑学〉。Ⅲ》笔记本最后两页上写了《关于论述黑格尔的最新文献》札记《列宁全集》。在作《逻辑学》摘要的同时，列宁还摘记了《哲学全书》第一部分的若干章节。

乔·威·弗·黑格尔这一主要著作的摘要在列宁1914—1915年的哲学摘要中占中心地位。列宁在摘要中揭示了黑格尔逻辑学的唯心主义和历史局限性，同时指出黑格尔是以神秘的形式探讨"客观世界的运动在概念的运动中的反映"《列宁全集》。列宁考察了辩证法的一切基本规律、范畴、要素，它和实践的联系，辩证法、逻辑学和认识论的相互关系，哲学、自然科学和技术发展的辩证性质。在摘要中还包括有列宁的一段关于辩证法的要素的重要论述。

2 "过分的"一词列宁写的是德文 überschwenglich，也可译为"过度的"，"无限的"，"过火"等等。这个词是约·狄慈根在分析绝对真理和相对真理、物质和精神等等之间的关系时使用的一个字眼（例如，见《列宁全集》第55卷第419—420、423页）。列宁也在自己的一些著作中使用它来揭示对概念的辩证法的唯物主义的理解。例如，在《唯物主义和经验批判主义》中，列宁发展了恩格斯对哲学基本问题所作的表述，他写道："狄慈根在《漫游》中重复说，物质这个概念也应当包括思想。这是糊涂思想。因为这样一来，狄慈根自己所坚持的那种物质和精神、唯物主义和唯心主义在认识论上的对立就会失去意义。至于说到这种对立不应当是'无限的'、夸大的、形而上学的，这是不容争辩的（强调这一点是**辩证**唯物主义者狄慈根的巨大功绩）。这种相对对立的绝对必要性和绝对真理性的界限，正是确定认识论研究的**方向**的界限。如果在这些界限之外，把物质和精神即物理的东西和心理的东西的对立当作绝对的对立，那就是极大的错误。"（见《列宁全集》第2版第18卷第257页）列宁在《共产主义运动中的"左派"幼稚病》中也谈到真理的辩证性质（同上，第39卷第42页）。

3 列宁在《费尔巴哈〈对莱布尼茨哲学的叙述、阐发和批判〉一书的摘要》中也谈到了莱布尼茨的单子（见《列宁全集》第55卷第61—64页）。

4 看来是指恩格斯在《反杜林论》中关于数学的无限性和高等数学中证明的辩证性质的论述

(见《马克思恩格斯全集》第20卷第55—56、147—148页)。

5 说的是弗·席勒讽刺诗《哲学家》中的二行诗《权利问题》:

“我早就用自己的鼻子嗅东西,

我能否证明自己对鼻子的权利?”

6 显然是指恩格斯在《反杜林论》中关于微分和积分的论述(见《马克思恩格斯全集》第20卷第96、131—132、147—148、150、155页)。

7 指路·费尔巴哈在《关于哲学改造的临时纲要》(1842年)中提出的一个意见:“哲学家应当把人的本质的那个**不谈哲理**、甚至**反对**哲学、**反对**抽象思维的方面,即那个被黑格尔贬为**注释**的东西,包括到哲学的**正文**里来。”(参看《费尔巴哈哲学著作选集》1984年商务印书馆版上卷第111页)

8 关于自己“模仿黑格尔”,马克思在《资本论》第1卷第2版跋中写道:为了回答当时“德国知识界”对黑格尔的鄙视,他“公开承认自己是这位大思想家的学生,并且在关于价值理论的一章中,有些地方甚至卖弄起黑格尔特有的表达方式”(见《马克思恩格斯全集》第23卷第24页)。列宁强调指出黑格尔逻辑学对理解马克思的《资本论》十分重要。

9 列宁是拿辩证的运动观与维·米·切尔诺夫的形而上学的观点相对比,这些观点列宁在《唯物主义和经验批判主义》一书中曾加以批判(见《列宁全集》第2版第18卷)。这里是指切尔诺夫在《马克思主义和先验哲学》一文中关于机械运动的实质的议论,他在那里就这个问题反驳恩格斯(见维·米·切尔诺夫《哲学和社会学论文集》1907年莫斯科版第65—66页)。列宁在《黑格尔〈哲学史讲演录〉一书摘要》里指出了切尔诺夫的这种反驳是站不住脚的。

10 关于实践和技术在认识过程中的作用,是在《逻辑学》前一篇的摘要中谈到的。

11 卡·弗·高斯是在他的《算术研究》(1801年)这部著作中解这一方程式的。

12 指乔·威·弗·黑格尔的一条注释,其中有引自克·沃尔弗的两本著作《建筑学原理》和《筑城学原理》中的例子(见《逻辑学》1976年商务印书馆版下卷第519页)。

13 在列宁的手稿中,(11)和(12)原来是一条,后来列宁把该条的后半部分单列为(12),两条之间用分号断开。此处是按手稿翻译的。

14 第欧根尼·拉尔修在其《名哲言行录》第3篇中谈到了柏拉图如何深入研究辩证法。这个文集共10篇,是研究古希腊哲学家观点的重要资料。

15 指昔尼克学派的代表锡诺普的第欧根尼。他因采取乞丐般的生活方式和对社会道德要求持鄙视态度而得到“犬儒”绰号。

16 指《资本论》第1卷第5章注2(《马克思恩格斯全集》第23卷第203页)。马克思从乔·威·弗·黑格尔的《哲学全书》中引了一段话:“理性何等强大,就何等狡猾。理性的狡猾总是在于它的间接活动,这种间接活动让对象按照它们本身的性质互相影响,互相作用,它自己并不直接参与这个过程,而只是实现自己的目的。”(见黑格尔《哲学全书》第1部分《逻辑学》,1840年柏林版第382页)。

谈谈辩证法问题[1]

(1915 年)

统一物之分为两个部分以及对它的矛盾着的部分的认识 (参看拉萨尔的《赫拉克利特》一书第 3 篇 (《论认识》) 开头所引的斐洛关于赫拉克利特的一段话①), 是辩证法的**实质** (是辩证法的“本质”之一, 是它的基本的特点或特征之一, 甚至可说是它的基本的特点或特征)。黑格尔也正是这样提问题的 (亚里士多德在其著作《形而上学》中经常为此**绞尽脑汁**, 并跟赫拉克利特即跟赫拉克利特的思想**作斗争**②)。

辩证法内容的这一方面的正确性必须由科学史来检验。对于辩证法的这一方面, 通常 (例如在普列汉诺夫那里) 没有予以足够的注意: 对立面的同一被当作**实例**的总和 [“例如种子”; “例如原始共产主义”。恩格斯也这样做过。但这是“为了通俗化”……], 而不是当作**认识的规律** (**以及**客观世界的规律)。

在数学中, +和-, 微分和积分。

在力学中, 作用和反作用。

在物理学中, 正电和负电。

在化学中, 原子的化合和分解。

在社会科学中, 阶级斗争。

对立面的同一 (它们的“统一”, 也许这样说更正确些?虽然同一和统一这两个术语的差别在这里并不特别重要。在一定意义上二者都是正确的), 就是承认 (发现) 自然界的 (也**包括**精神的和社会的) **一切**现象和过程具有矛盾着的、**相互排斥的**、对立的倾向。要认识在“**自己运动**”中、自生发展中和蓬勃生活中的世界一切过程, 就要把这些过程当作对立面的统一来认识。发展是对立面的“斗争”。有两种基本的 (或两种可能的?或两种在历史上常见的?) 发展 (进化) 观点: 认为发展是减少和增加, 是重复; **以及**认为发展是对立面的统一 (统一物之分为两个互相排斥的对立面以及它们之间的相互关系)。

按第一种运动观点, **自己**运动, 它的**动**力、它的泉源、它的动因都被忽视了 (或者这个泉源被移到**外部**——移到上帝、主体等等那里去了); 按第二种观

① 见《列宁全集》第 2 版第 55 卷第 300 页。——编者注

② 见列宁《亚里士多德〈形而上学〉一书摘要》(同上, 第 313 页)。——编者注

点，主要的注意力正是放在认识“**自己**”运动的**泉源**上。

第一种观点是僵死的、平庸的、枯燥的。第二种观点是活生生的。**只有**第二种观点才提供理解一切现存事物的“自己运动”的钥匙，才提供理解“飞跃”、“渐进过程的中断”、“向对立面的转化”、旧东西的消灭和新东西的产生的钥匙。

对立面的统一（一致、同一、均势）是有条件的、暂时的、易逝的、相对的。相互排斥的对立面的斗争是绝对的，正如发展、运动是绝对的一样。

注意：顺便说一下，主观主义（怀疑论和诡辩论等等）和辩证法的区别在于：在（客观）辩证法中，相对和绝对的差别也是相对的。对于客观辩证法说来，相对中有绝对。对于主观主义和诡辩论说来，相对只是相对，因而排斥绝对。

马克思在《资本论》中首先分析资产阶级社会（商品社会）里最简单、最普通、最基本、最常见、最平凡、碰到过亿万次的**关系**：商品交换。这一分析从这个最简单的现象中（从资产阶级社会的这个“细胞”中）揭示出现代社会的**一切**矛盾（或**一切**矛盾的萌芽）。往后的叙述向我们表明这些矛盾和这个社会——在这个社会的各个部分的总和中、从这个社会的开始到终结——的发展（**既是**生长**又是**运动）。

一般辩证法的阐述（以及研究）方法也应当如此（因为资产阶级社会的辩证法在马克思看来只是辩证法的局部情况）。从最简单、最普通、最常见的等等东西开始；从**任何一个命题**开始，如树叶是绿的，伊万是人，茹奇卡是狗等等。在这里（正如黑格尔天才地指出过的）就已经有**辩证法**：**个别就是一般**（参看亚里士多德《形而上学》，施韦格勒译，第2卷第40页，第3篇第4章第8—9节“因为当然不能设想：在个别的房屋之外还存在着一般房屋。”——“*οὐ γὰρ ἂν θείημεν εἶναί τινα οἰκίαν παρὰ τὰς τινὰς οἰκίας.*”）。这就是说，对立面（个别跟一般相对立）是同一的：个别一定与一般相联而存在。一般只能在个别中存在，只能通过个别而存在。任何个别（不论怎样）都是一般。任何一般都是个别的（一部分，或一方面，或本质）。任何一般只是大致地包括一切个别事物。任何个别都不能完全地包括在一般之中，如此等等。任何个别经过千万次的过渡而与另一**类**的个别（事物、现象、过程）相联系，如此等等。**这里已经**有自然界的**必然性**、客观联系等概念的因素、胚芽了。这里已经有偶然和必然、现象和本质，因为我们在说伊万是人，茹奇卡是狗，**这**是树叶等等时，就把许多特征作为**偶然的东西抛掉**，把本质和现象分开，并把二者对立起来。

可见，在**任何**一个命题中，很像在一个“单位”（“细胞”）中一样，都可以（而且应当）发现辩证法**一切**要素的胚芽，这就表明辩证法本来是人类的全部认识所固有的。而自然科学则向我们揭明（这又是要用**任何**极简单的实例来揭明）客观自然界也具有同样的性质，揭明个别向一般的转变，偶然向必然的转变，对立面的过渡、转化、相互联系。辩证法**也就是**（黑格尔和）马克思主义的认识论：正是问题的这一“方面”（这不是问题的一个“方面”，而是问题的**实质**）普列汉诺夫没有注意到，至于其他的马克思主义者就更不用说了。

*　　*　　*

不论是黑格尔（见《逻辑学》），不论是自然科学中现代的“认识论者”、折中主义者、黑格尔主义的敌人（他不懂黑格尔主义！）保尔·福尔克曼（参看他的《认识论原理》第……页[2]）都把认识看作一串圆圈。

> 哲学上的“圆圈”：是否一定要以**人物**的年代先后为顺序呢？
>
> 不！
>
> 古代：从德谟克利特到柏拉图以及赫拉克利特的辩证法。
> 文艺复兴时代：笛卡儿对伽桑狄（斯宾诺莎？）。
> 近代：霍尔巴赫——黑格尔（经过贝克莱、休谟、康德）
> 黑格尔——费尔巴哈——马克思。

辩证法是**活生生的**、多方面的（方面的数目永远增加着的）认识，其中包含着无数的各式各样观察现实、接近现实的成分（包含着从每个成分发展成整体的哲学体系），——这就是它比起“形而上学的”唯物主义来所具有的无比丰富的内容，而形而上学的唯物主义的根本**缺陷**就是不能把辩证法应用于反映论，应用于认识的过程和发展。

从粗陋的、简单的、形而上学的唯物主义的观点看来，哲学唯心主义**不过是**胡说。相反地，从**辩证**唯物主义的观点看来，哲学唯心主义是把认识的某一特征、某一方面、某一侧面，**片面地**、夸大地、überschwengliches（狄慈根）[3]发展（膨胀、扩大）为**脱离了**物质、**脱离了**自然的、神化了的绝对。唯心主义就是僧侣主义。这是对的。但（“**更确切些**”和“**除此而外**”）哲学唯心主义是**经过**人的无限复杂的（辩证的）**认识的一个成分**而通向僧侣主义的**道路**。

注意
这个
警句

人的认识不是直线（也就是说，不是沿着直线进行的），而是无限地近似于一串圆圈、近似于螺旋的曲线。这一曲线的任何一个片断、碎片、小段都能被变成（被片面地变成）独立的完整的直线，而这条直线能把人们（如果只见树木不见森林的话）引到泥坑里去，引到僧侣主义那里去（在那里统治阶级的阶级利益就会把它**巩固起来**）。直线性和片面性，死板和僵化，主观主义和主观盲目性就是唯心主义的认识论根源。而僧侣主义（=哲学唯心主义）当然有**认**

识论的根源，它不是没有根基的，它无疑是一朵**无实花**，然而却是生长在活生生的、结果实的、真实的、强大的、全能的、客观的、绝对的人类认识这棵活树上的一朵无实花。

载于1925年《布尔什维克》杂志
第5—6期合刊

选自《列宁全集》第2版第55卷第305—311页

注　释

1　《谈谈辩证法问题》一文写在《哲学》笔记本中，在《拉萨尔〈赫拉克利特的哲学〉一书摘要》和《亚里士多德〈形而上学〉一书摘要》之间，由于其中有引自《形而上学》的引文，所以有理由认为它是在列宁读过亚里士多德的这一著作以后写的。因此，《谈谈辩证法问题》是1914—1915年列宁研究哲学问题的独特总结。

2　此处见保·福尔克曼的《自然科学的认识论原理及其与当代精神生活的联系》一书第2版第35页。列宁关于该书的札记，见《列宁全集》第2版第55卷第343—344页。列宁在作黑格尔《哲学史讲演录》摘要时，也指出了类似的地方（同上，第207页和第219—220页）。

3　überschwenglich可译为“过分的”、“过度的”、“无限的”、“过火”等等。这个词是约·狄慈根在分析绝对真理和相对真理、物质和精神等等之间的关系时使用的一个字眼（例如，见《列宁全集》第2版第55卷第419—420、423页）。

列 宁

《论战斗唯物主义的意义》

学 习 提 示

本文是1922年3月，列宁为新创办的党的理论刊物《在马克思主义旗帜下》撰写的指导性论文。十月革命后，列宁在领导经济建设的过程中，非常关注意识形态领域的阶级斗争。这篇论文的写作，正值苏维埃俄国实行新经济政策时期。一方面国内外的资产阶级和反动势力，借机企图复辟资本主义；另一方面，“无产阶级文化派”则鼓吹文化建设中的虚无主义和宗派主义，否定一切人类文化遗产。这篇文章确定了党在哲学战线上的工作方向，提出了马克思主义哲学家的战斗任务。贯穿全文的思想是：辩证唯物主义和历史唯物主义对于改造自然、社会生活和人们的意识具有极为重要的意义。

列宁指出，《在马克思主义旗帜下》“所担负的捍卫唯物主义和马克思主义的工作”，要求把它办成“战斗唯物主义刊物的杂志”。为此，就特别需要结成两个联盟。第一个联盟，是建立共产党员哲学家和一切非党的唯物主义者的联盟。携手同各种唯心主义思潮作斗争，积极而科学地宣传无神论，帮助人民群众摆脱愚昧无知。为此，列宁要求把18世纪末战斗的无神论文献翻译出版。“无产阶级文化派”的领导人反对这样做。他们认为，这些无神论的“旧文献已经过时、不科学、很幼稚”。列宁批评说，这是一种“掩盖对马克思主义一窍不通的冒充博士的诡辩”。第二个联盟，是哲学家和现代自然科学家结成联盟。必须更多地注意这个联盟。列宁强调指出：“必须记住，正因为现代自然科学经历着急剧的变革，所以往往会产生一些大大小小的反动的哲学学派和流派。因此，现在的任务就是要注意自然科学领域最新的革命所提出的种种问题，并吸收自然科学家参加哲学杂志所进行的这一工作，不解决这个任务，战斗唯物主义决不可能是战斗的，也决不可能是唯物主义。”列宁还要求结合实际，开展唯物辩证法的研究和宣传。

原著

论战斗唯物主义的意义[1]

（1922 年 3 月 12 日）

关于《在马克思主义旗帜下》杂志[2]的一般任务，所有要点托洛茨基同志在第 1—2 期合刊上已经谈过了，而且谈得很好。我只想谈几个问题，把杂志编辑部在第 1—2 期合刊的发刊词中所宣布的工作内容和工作计划规定得更确切一些。

这篇发刊词说，团结在《在马克思主义旗帜下》杂志周围的不全是共产党员，然而都是彻底的唯物主义者。我认为，共产党员和非共产党员的这种联盟是绝对必要的，而且正确地规定了杂志的任务。如果共产党员（以及所有成功地开始了大革命的革命家）以为单靠革命家的手就能完成革命事业，那将是他们最大最危险的错误之一。恰恰相反，要使任何一件重大的革命工作得到成功，就必须懂得，革命家只能起真正富有生命力的先进阶级的先锋队的作用，必须善于实现这一点。先锋队只有当它不脱离自己领导的群众并真正引导全体群众前进时，才能完成其先锋队的任务。在各种活动领域中，不同非共产党员结成联盟，就根本谈不上什么有成效的共产主义建设。

《在马克思主义旗帜下》杂志所担负的捍卫唯物主义和马克思主义的工作也是如此。可喜的是俄国先进社会思想中的主要思潮具有坚实的唯物主义传统。且不说格·瓦·普列汉诺夫，只要指出车尔尼雪夫斯基就够了，现代的民粹派（人民社会党人和社会革命党人等）由于一味追随时髦的反动哲学学说，往往离开车尔尼雪夫斯基而倒退，他们被欧洲科学的所谓“最新成就”的假象所迷惑，不能透过这种假象看清它是替资产阶级及其偏见和反动性效劳的不同形式。

无论如何，我们俄国还有——而且在相当长的时期内无疑还会有——非共产党员的唯物主义者，而吸收一切拥护彻底的战斗唯物主义的人来共同反对哲学上的反动，反对所谓“有教养社会”的种种哲学偏见，是我们不可推委的责任。老狄慈根（不要把他同他那自命不凡而实际上毫无成就的著作家儿子混为一谈）曾正确地、中肯地、清楚地表述了马克思主义对盛行于资产阶级国家并受到它们的学者和政论家重视的那些哲学流派的基本看法，他说：当今社会中的哲学教授多半实际上无非是“僧侣主义的有学位的奴仆”。[3]

我们俄国那些喜欢自命为先进人物的知识分子，同他们在其他各国的伙伴们一样，很不喜欢用狄慈根所说的评价来考察问题。他们所以不喜欢这样做，是因为真理的光芒是刺眼的。只要稍微深入思考一下当今那些有教养的人在国家政治、一般经济、日常生活以及其他方面对于占统治地位的资产阶级的依赖，就可以了解狄慈根这句一针见血的评语是绝对正确的。只要回顾一下欧洲各国经常出现的时髦哲学流派中的多数流派，哪怕只回顾一下由于镭的发现而兴起的哲学流派，直到目前正在竭力抓住爱因斯坦学说的哲学流派，就可以知道资产阶级的阶级利益、阶级立场及其对各种宗教的扶持同各种时髦哲学流派的思想内容之间的联系了。

由此可见，这个要成为战斗唯物主义刊物的杂志，首先应该是一个战斗的刊物，这就是说，要坚定不移地揭露和追击当今一切“僧侣主义的有学位的奴仆”，而不管他们是以官方科学界的代表，还是以“民主主义左派或有社会主义思想的”政论家自命的自由射手的面貌出现。

其次，这个杂志应该是一个战斗的无神论的刊物。我们有些部门，至少有些国家机关是主管这个工作的。但是，这个工作做得非常软弱无力，非常不能令人满意，看来是受到了我们真正俄罗斯式的（尽管是苏维埃式的）官僚主义这种一般环境的压抑。因此，为了弥补有关国家机关工作的不足，为了改进和活跃这一工作，这个要办成战斗唯物主义刊物的杂志必须不倦地进行无神论的宣传和斗争，这一点是非常重要的。要密切注意用各种文字出版的一切有关文献，把这方面一切多少有些价值的东西翻译出来，或者至少摘要介绍。

恩格斯早就嘱咐过现代无产阶级的领导者，要把 18 世纪末战斗的无神论的文献翻译出来，在人民中间广泛传播。[①]我们惭愧的是，直到今天还没有做这件事（这是证明在革命时代夺取政权要比正确地运用这个政权容易得多的许多例子之一）。有时人们用各种“动听的”理由来为我们这种软弱无力、无所作为和笨拙无能进行辩护，例如说 18 世纪无神论的旧文献已经过时、不科学、很幼稚等等。这种不是掩盖学究气就是掩盖对马克思主义一窍不通的冒充博学的诡辩，是再坏不过了。当然，在 18 世纪革命家的无神论著作中有不少不科学的和幼稚的地方。但是，谁也不会阻止出版者把这些作品加以删节和附以短跋，指出人类从 18 世纪末以来对宗教的科学批判所取得的进步，指出有关的最新著作等等。一个马克思主义者如果以为，被整个现代社会置于愚昧无知和囿于偏见这种境地的亿万人民群众（特别是农民和手工业者）只有通过纯粹马克思主义的教育这条直路，才能摆脱愚昧状态，那就是最大的而且是最坏的错误。应该向他们提供各种无神论的宣传材料，告诉他们实际生活各个方面的事

---

① 参看《马克思恩格斯选集》第 2 卷第 591—592 页。——编者注

实，用各种办法接近他们，以引起他们的兴趣，唤醒他们的宗教迷梦，用种种方法从各方面使他们振作起来，如此等等。

18 世纪老无神论者所写的那些泼辣的、生动的、有才华的政论，机智地公开地抨击了当时盛行的僧侣主义，这些政论在唤醒人们的宗教迷梦方面，往往要比那些文字枯燥无味，几乎完全没有选择适当的事实来加以说明，而仅仅是转述马克思主义的文章要合适千百倍，此类转述充斥我们的出版物，并且常常歪曲（这是无庸讳言的）马克思主义。马克思和恩格斯的所有比较重要的著作我们都有了译本。担心在我国人们不会用马克思和恩格斯的修正意见来补充旧无神论和旧唯物主义，那是没有任何根据的。最重要的事情，也是我们那些貌似马克思主义、实则歪曲马克思主义的共产党员往往忽视的事情，就是要善于唤起最落后的群众自觉地对待宗教问题，自觉地批判宗教。

另一方面，请看一看当今对宗教作科学批判的代表人物吧。这些有教养的资产阶级代表人物在驳斥宗教偏见时差不多总要“加上”一些自己的见解，从而马上暴露出他们是资产阶级的思想奴隶，是“僧侣主义的有学位的奴仆”。

举两个例子。罗·尤·维佩尔教授在 1918 年出版了一本题名《基督教的起源》的小册子（莫斯科法罗斯出版社版）。作者叙述了现代科学的主要成就，但他不仅没有反对教会这种政治组织的武器，即偏见和骗局，不仅回避了这些问题，而且表示了一种简直可笑而反动透顶的奢望：要凌驾于唯心主义和唯物主义这两个“极端”之上。这是为现在占统治地位的资产阶级效劳，而资产阶级则从他们在世界各国劳动者身上榨取到的利润中拿出几亿卢布来扶持宗教。

德国的著名学者阿尔图尔·德雷夫斯在他的《基督神话》一书中驳斥了宗教偏见和神话，证明根本就没有基督这样一个人，但在该书末尾，他却主张要有一种宗教，不过，是一种革新的、去芜存精的、巧妙的、能够抵抗“日益汹涌的自然主义潮流”的宗教（1910 年德文第 4 版第 238 页）。德雷夫斯是一个明目张胆的、自觉的反动分子，他公开帮助剥削者用更为卑鄙下流的新的宗教偏见来代替陈旧腐朽的宗教偏见。

这并不是说，不应该翻译德雷夫斯的东西。这只是说，共产党员和一切彻底的唯物主义者虽然在一定程度上要同资产阶级中的进步分子结成联盟，但是当这些进步分子变成反动的时候，就要坚决地揭露他们。这只是说，不敢同 18 世纪即资产阶级还是革命阶级时期的资产阶级代表人物结成联盟，就无异是背叛马克思主义和唯物主义，因为我们在同流行的宗教蒙昧主义的斗争中，必须通过某种形式在某种程度上同德雷夫斯们结成“联盟”。

《在马克思主义旗帜下》杂志要成为战斗唯物主义的刊物，就必须用许多篇幅来进行无神论的宣传，评介有关的著作，纠正我们国家在这方面工作中的大量缺点。特别重要的是要利用那些有许多具体事实和对比来说明现代资产阶级的阶级利益、阶级组织同宗教团体、宗教宣传组织之间的关系的书籍和小册子。[4]

有关北美合众国的一切材料都非常重要，那里宗教同资本之间的正式的、官方的、国家的关系要少一些。然而我们看得更为清楚，所谓“现代民主”（孟什维克、社会革命党人和一部分无政府主义者等对这种民主崇拜得五体投地），无非是有宣传对资产阶级有利的东西的自由，而对资产阶级有利的，就是宣传最反动的思想、宗教、蒙昧主义以及为剥削者辩护等等。

我希望这个要成为战斗唯物主义刊物的杂志，能为我国读者登载一些评介无神论书籍的文章，说明哪些著作在哪一方面适合哪些读者，并指出我国已出版哪些书籍（要象样的译本才能算数，但这样的译本还不怎么多），还应出版哪些书籍。

——

战斗唯物主义为了完成应当进行的工作，除了同没有加入共产党的彻底唯物主义者结成联盟以外，同样重要甚至更重要的是同现代自然科学家结成联盟，这些人倾向于唯物主义，敢于捍卫和宣传唯物主义，反对盛行于所谓“有教养社会”的唯心主义和怀疑论[5]的时髦的哲学倾向。

《在马克思主义旗帜下》杂志第1—2期合刊上登了阿·季米里亚捷夫论爱因斯坦相对论的文章，由此可以期待，这个杂志也能实现这后一种联盟。必须更多地注意这个联盟。必须记住，正因为现代自然科学经历着急剧的变革，所以往往会产生一些大大小小的反动的哲学学派和流派。因此，现在的任务就是要注意自然科学领域最新的革命所提出的种种问题，并吸收自然科学家参加哲学杂志所进行的这一工作，不解决这个任务，战斗唯物主义决不可能是战斗的，也决不可能是唯物主义。季米里亚捷夫在杂志第1期上不得不声明，各国已有一大批资产阶级知识分子抓住了爱因斯坦的理论，而爱因斯坦本人，用季米里亚捷夫的话来说，并没有对唯物主义原理进行任何主动的攻击。这不仅是爱因斯坦一人的遭遇，也是19世纪末以来自然科学的许多大革新家，甚至是多数大革新家的遭遇。

为了避免不自觉地对待此类现象，我们必须懂得，任何自然科学，任何唯物主义，如果没有坚实的哲学论据，是无法对资产阶级思想的侵袭和资产阶级世界观的复辟坚持斗争的。为了坚持这个斗争，为了把它进行到底并取得完全胜利，自然科学家就应该做一个现代唯物主义者，做一个以马克思为代表的唯物主义的自觉拥护者，也就是说，应当做一个辩证唯物主义者。为了达到这个目的，《在马克思主义旗帜下》杂志的撰稿人就应该组织从唯物主义观点出发对黑格尔辩证法作系统研究，即研究马克思在他的《资本论》及各种历史和政治著作中实际运用的辩证法，马克思把这个辩证法运用得非常成功，现在东方

（日本、印度、中国）的新兴阶级，即占世界人口大多数但因其历史上无所作为和历史上沉睡不醒而使欧洲许多先进国家至今仍处于停滞和腐朽状态的数亿人民日益觉醒奋起斗争的事实，新兴民族和新兴阶级日益觉醒的事实，愈来愈证明马克思主义的正确性。

当然，这样来研究、解释和宣传黑格尔辩证法是非常困难的，因此，这方面的初步尝试不免要犯一些错误。但是，只有什么事也不做的人才不会犯错误。根据马克思怎样运用从唯物主义来理解的黑格尔辩证法的例子，我们能够而且应该从各方面来深入探讨这个辩证法，在杂志上登载黑格尔主要著作的节录，用唯物主义观点加以解释，举马克思运用辩证法的实例，以及现代史尤其是现代帝国主义战争和革命提供得非常之多的经济关系和政治关系方面辩证法的实例予以说明。依我看，《在马克思主义旗帜下》杂志的编辑和撰稿人这个集体应该是一种“黑格尔辩证法唯物主义之友协会”。现代的自然科学家从作了唯物主义解释的黑格尔辩证法中可以找到（只要他们善于去找，只要我们能学会帮助他们）自然科学革命所提出的种种哲学问题的解答，崇拜资产阶级时髦的知识分子在这些哲学问题上往往“跌入”反动的泥坑。

唯物主义如果不给自己提出这样的任务并不断地完成这个任务，它就不能成为战斗的唯物主义。用谢德林的话来说，它与其说是战斗，不如说是挨揍[6]。不这样做，大自然科学家在作哲学结论和概括时，就会和以前一样常常感到束手无策。因为，自然科学进步神速，正处于各个领域都发生深刻的革命性变革的时期，这使得自然科学无论如何离不了哲学结论。

最后，我举一个例子，这个例子虽然与哲学领域无关，但毕竟属于《在马克思主义旗帜下》杂志也想注意的社会问题领域。

这个例子表明，当今的伪科学实际上是最鄙陋最卑劣的反动观点的传播者。

不久以前我收到了“俄国技术协会”[7]第 11 部出版的第 1 期《经济学家》杂志[8]（1922 年）。这是一位年轻的共产党员寄给我的，他大概还没有时间了解一下这本杂志的内容，就轻率地对这个杂志表示赞许。其实，这个杂志是当代农奴主的刊物（自觉到什么程度，我不知道），他们当然是披着科学、民主主义等等外衣的。

有一位叫皮·亚·索罗金的先生在这本杂志上发表了一篇《论战争的影响》的所谓“社会学”研究的洋洋大作。这篇深奥的文章堆满了作者从他本人和他的许多外国师友的“社会学”著作中引来的种种深奥的论据。请看他的高论吧。

我在第 83 页上看到：

“现在彼得格勒每 1 万起婚姻中，有 92.2 起离婚，这真是一个惊人的数字，而且每

100 起离婚中，又有 51.1 起是结婚不满 1 年的：其中有 11% 不满 1 个月，22% 不满 2 个月，41% 不满 3—6 个月，只有 26% 是超过 6 个月的。这些数字表明，现在的合法婚姻，实际上不过是掩盖婚外性关系并使那些'好色之徒'能够'合法地'满足自己欲望的一种形式罢了。"（《经济学家》杂志第 1 期第 83 页）

毫无疑问，这位先生以及出版这家杂志并刊登这种议论的俄国技术协会，都是以民主拥护者自居的；当他们听见人家叫他们的真实名字，即叫他们农奴主、反动分子和"僧侣主义的有学位的奴仆"的时候，他们一定会认为这是一种莫大的侮辱。

任何一个关心这个问题的人，只要稍微注意一下资产阶级国家关于结婚、离婚和非婚生子女的法律以及这方面的实际情况，就会知道现代资产阶级民主制，即使是在所有最民主的资产阶级共和国中，都是以农奴主的态度对待妇女和非婚生子女的。

当然，这并不妨碍孟什维克、社会革命党人和一部分无政府主义者以及西方一切类似他们的党派继续高喊民主，叫嚷布尔什维克违背民主。事实上，在结婚、离婚和非婚生子女地位这些问题上，正是布尔什维主义革命才是唯一彻底的民主革命。这是一个最直接涉及任何一个国家半数以上的人口利益的问题。尽管在布尔什维主义革命以前已经有过很多次自称为民主革命的资产阶级革命，但是只有布尔什维主义革命才第一次在这方面进行了坚决的斗争，它既反对反动思想和农奴制度，又反对统治阶级和有产阶级通常所表现的假仁假义。

如果索罗金先生以为每 1 万起婚姻中有 92 起离婚是一个惊人的数字，那我们只好认为，索罗金先生若不是在一所同实际生活隔绝得几乎谁也不会相信其存在的修道院里受的教育，那就是这位作者为了讨好反动派和资产阶级而歪曲事实。任何一个稍微了解资产阶级各国社会情况的人都知道，那里事实上离婚（当然是没有得到教会和法律认可的）的实际数字要大得多。俄国在这方面与别国不同的地方，就是它的法律不把假仁假义、妇女及其子女的无权地位奉为天经地义的事情，而是公开地并以国家政权的名义对一切假仁假义和一切无权现象作不懈的斗争。

马克思主义的杂志还必须对当代这类"有教养的"农奴主作斗争。其中也许有不少人甚至拿我们国家的钱，在我们国家机关里担任教育青少年的职务，虽然他们不配做这种工作，正如人所共知的奸污幼女者不配担任儿童学校的学监一样。

俄国工人阶级有本领夺得政权，但是还没有学会利用这个政权，否则它早就把这类教员和学术团体的成员客客气气地送到资产阶级"民主"国家里去了。那里才是这类农奴主最适合的地方。

只要愿意学习，就一定能够学会。

1922年3月12日

载于1922年3月《在马克思主义旗帜下》杂志第3期

选自《列宁全集》第2版第43卷第23—32页

注释

1 《论战斗唯物主义的意义》一文是为1922年《在马克思主义旗帜下》杂志第3期写的。

据娜·康·克鲁普斯卡娅回忆，列宁是在科尔津基诺村休养时考虑写这篇文章的。他那时读了很多反宗教的书籍，其中有阿·德雷夫斯的《基督神话》和厄·辛克莱的《宗教的利润》(1925年出版的俄译本名为《宗教和发财》)等等。克鲁普斯卡娅写道："在散步的时候我们谈论德雷夫斯，谈论辛克莱，谈论我们这里反宗教宣传搞得太肤浅，有许多庸俗化的做法，反宗教宣传没有同自然科学深刻地结合在一起，很少揭示宗教的社会根源，不能满足在革命年代迅速成长的工人们的要求。"(见1933年《在马克思主义旗帜下》杂志第1期第148—149页)

文章于1922年3月12日写成，但是列宁并没有停止对文章的继续加工。在把文章送杂志编辑部以前，列宁又在其中增加了关于用现代科学批判宗教的代表人物阿·德雷夫斯和罗·尤·维佩尔的内容，删去了提及辛克莱《宗教的利润》一书的地方，笼统地指出在反宗教宣传中利用此类著作的重要性。

2 《在马克思主义旗帜下》(《Под Знаменем Марксизма》)是苏联为开展战斗唯物主义和无神论的宣传而创办的哲学和社会经济杂志，1922年1月—1944年6月在莫斯科出版。该刊为月刊，1933—1935年为双月刊。

3 指下述约·狄慈根的话："我们从内心深处蔑视有学位的奴仆们口中的关于'教育和科学'的华美言辞，关于'理想的福利'的高谈阔论，他们今天用生造的唯心主义愚弄人民，就像当年多神教的僧侣们用当时得到的关于自然界的初始知识来欺蒙人民一样。"(见约·狄慈根《社会民主党的宗教》1906年柏林版第34—35页)

4 此处原为："最近我浏览了厄普顿·辛克莱的小册子《宗教的利润》。毫无疑问，作者对待问题的态度和阐述问题的方法是有缺点的。但是本书是有价值的，它写得生动，提供许多具体事实和对比……"

据娜·康·克鲁普斯卡娅回忆，列宁阅读的《宗教的利润》一书是书的作者寄给她的，随书附有一封信，信中提到他利用自己的小说所进行的斗争。她说："每天晚上列宁借助英文字典阅读。他对此书反宗教宣传方面不大满意，但喜欢书中对资产阶级民主制的批评。"(见1933年《在马克思主义旗帜下》杂志第1期第148页)

5 怀疑论是对客观世界和客观真理是否存在和能否认识表示怀疑的唯心主义哲学派别，作为一个独立的哲学流派产生于公元前4—3世纪古希腊奴隶制发生危机的时代，其创始人是皮浪，最著名的代表是埃奈西德穆和塞克斯都-恩披里柯。古代怀疑论者从感觉论的前提出发，得出不可知论的结论。他们把感觉的主观性绝对化，认为人不能超出他自己的感觉范围，不能确定哪一种感觉是真的。他们宣称，对每一事物都可以有两种互相排斥的意见，即肯定和否定，因而我们关于事物的知识是不可靠的。他们要人们拒绝认识，对事物漠不关心，说这样就可以从怀疑中解脱出来，而达到心灵恬静即"无感"的境界。

在文艺复兴时代，法国哲学家米·蒙台涅、皮·沙朗和皮·培尔曾利用怀疑论来反对中世纪的经院哲学和教会。照马克思的说法，培尔“用怀疑论摧毁了形而上学，从而为在法国掌握唯物主义和健全理智的哲学打下了基础”，并宣告“**无神论社会**的来临”（见《马克思恩格斯全集》第2卷第162页）。相反，法国哲学家和数学家布·帕斯卡却用怀疑论反对理性认识，维护基督教。

18世纪，怀疑论在大卫·休谟和伊·康德的不可知论中得到复活，戈·恩·舒尔采则试图使古代怀疑论现代化。新怀疑论十分明确地声称达到科学认识是不可能的。马赫主义者、新康德主义者和19世纪中至20世纪初的其他唯心主义哲学流派都利用怀疑论的论据。

6 “与其说是战斗，不如说是挨揍”一语，出自俄国作家米·叶·萨尔蒂科夫-谢德林的讽刺作品《一个城市的历史》。在这部作品里，有一节记载了愚人城一市长米卡拉则的挨打故事。米卡拉则是一个好色之徒。他一天夜里，潜入本城一位出纳员的家中，准备和出纳员的妻子私通，不料被其丈夫发现。于是发生了一场“战斗”，结果，米卡拉则“与其说是厮打了一场，不如说是挨了一顿揍”。被打了一顿的市长大人只好仓皇溜走了事。

7 俄国技术协会是以在俄国发展技术和工业为宗旨的科学团体，1866年在彼得堡成立。该协会共有15个部，在全国各地设有数十个分会。协会活动包括出版刊物、举办学校、资助实验、举行普及科技知识的讲座及展览会等。1917年十月革命后，协会改组了自己的活动，于1923年通过了新的章程和《关于工业基本需要》的纲领。参加协会的有敌视苏维埃政权的资产阶级技术知识分子和前企业主。1929年协会被查封。

8 《经济学家》杂志（《Экономист》）是俄国技术协会第十一部即工业经济部主办的杂志，1921年12月—1922年6月在彼得格勒出版（第1期封面上印的是1922年）。列宁称《经济学家》杂志为“白卫分子的公开的中心”。

该杂志第1期是它的编辑Д.А.卢托欣寄来、由尼·彼·哥尔布诺夫转交给列宁的。

列　宁

《论粮食税》

学习提示

这篇文章是列宁从理论上阐述新经济政策的必要性及其内容的重要著作。1921年3月召开的俄共（布）第十次代表大会，标志着苏维埃俄国从“战时共产主义政策”向新经济政策过渡的历史转折。对此，党内存在着不同意见的讨论和争论。为了正确地认识和实现这种历史转折，列宁于代表大会闭幕后不久的3月底开始写作这篇论著，4月21日完稿。全文共分四部分。下面节选的是其中的“粮食税、贸易自由、租让制”和“结束语”两部分。

面对国内外敌人的强大攻势，苏维埃政权于1918年夏不得不实行“战时共产主义政策”。这一政策实施的主要经济内容是：在农村实行余粮收集制，根据苏维埃国家的法令向农民征收口粮外的所有粮食和其他农副产品；根据国家法令，加速实行大、中、小企业的国有化，并在这些企业中建立高度集中的管理体制；取消自由贸易，经济关系实物化，商品买卖、货币流通和市场活动被视为非法的资本主义活动，予以取缔；实行普遍劳动义务制，搞平均主义分配。“战时共产主义政策”带有直接向共产主义过渡的性质。

随着1920年底战事的逐步平息，农民对“战时共产主义政策”表现出强烈的不满，造成工农关系紧张的社会政治危机。列宁决定用新经济政策取代“战时共产主义政策”。新经济政策的主要内容是：用粮食税代替余粮收集制，农民缴税后的剩余粮食可以自由买卖；发展商业活动，在一定范围内允许自由贸易和商品交换；以租让、租赁等国家资本主义形式，把某些国有企业租给外国资本家或私人经营；通过合作社组织，帮助农民学会文明经商以及在国有企业内实行经济核算制，等等。

为了实现转变，首先必须解决如何看待“战时共产主义政策”的问题。列宁在《论粮食税》中作出了一分为二的评价。他一方面指出，这一政策对于取得战争的胜利，对于巩固新生的苏维埃政权，起了积极作用。另一方面，他又强调应当认清这一政策的“真正限度”。他明确指出：“‘战时共产主义’是战争和经济破坏迫使我们实行的。它不是而且也不能是一项适应无产阶级经济任务的政策。它是一种临时的办法。在小农国家内实现本阶级专政的无产阶级，其正确政策是要用农民所必需的工业品去换取粮食。”因此，列宁强调新经济政策应当把农民提高到第一位，要从改变粮食政策开始。

列宁通过历史回顾指出，苏维埃国家在商业国有化和工业国有化方面、在禁止商品流转方面，都曾经做得越过了理论上和政治上必要的限度。在一个小农生产者占人口大多数的国家里，不能直接过渡到纯粹的社会主义，更不能企图直接过渡到共产主义，需要经过一些中间的途径、方法、手段和辅助办法。无产阶级专政就是无产阶级对政策的领导。以实物税代替余粮收集制是一个政治问题，它的实质是工人阶级对农民的态度，这两个阶级的关系决定着俄国社会主义的命运。既然还不能实现从小生产到共产主义的直接过渡，就应当充分利用国家资本主义作为小生产和社会主义之间的中间环节，作为提高生产力的手段。列宁详细地评述了国家资本主义的四种主要形式——租让制、合作制、代购代销和租赁制。列宁又指出，实现粮食税意味着发展农业和工业之间的流转。流转就是贸易自由，就是资本主义，而资本主义在一定限度内的发展对工农国家有利。

新经济政策是一种全新的实验。列宁特别强调要“少争论些字眼”；“多积累一些各种各样的实际经验”；“多研究研究这些经验”；国家资本主义“限度的大小，这要由实践和经验来确定”。为此，列宁要求开展对官僚主义的斗争，“应全面、大力、坚决地发挥地方的首创精神、创新精神和扩大它们的独立程度。要研究这方面的实际经验。这种经验要尽可能多种多样”。

《论粮食税》从俄国的实际国情出发，在实践中对经济文化相对落后的国家如何过渡到社会主义，作出了积极的探索。这篇文章的思想和措施，在后来的实践中又有进一步的发展。其成果凝聚在列宁晚年病中口授的《日记摘录》、《论合作社》、《论我国革命》和《宁肯少些，但要好些》等文章中。

原著

论粮食税（节选）

（新政策的意义及其条件）[1]

（1921年4月21日）

……

论粮食税、贸易自由、租让制

上面所引的1918年的论断，在估计期限方面有许多错误。实际期限比当时估计的要长。这是毫不足怪的。可是我国经济的基本成分仍然和从前一样。农民中的“贫民”（无产者和半无产者）在很多场合下变成了中农。因此，小私有者的、小资产阶级的“自发势力”加强了。而1918年至1920年的国内战争，特别加剧了我国的经济破坏，阻碍了我国生产力的恢复，其中受害最深的就是无产阶级。加之，1920年的歉收，饲料缺乏，牲畜死亡，这就更严重地阻碍了运输业和工业的恢复，例如农民用马匹运输我们的主要燃料木柴的工作就受到了影响。

结果，1921年春天形成了这样的政治形势：要求必须立刻采取迅速的、最坚决的、最紧急的办法来改善农民的生活状况和提高他们的生产力。

为什么不是改善工人的生活状况，而是改善农民的生活状况呢？

因为要改善工人的生活状况，就需要有粮食和燃料。从整个国家经济的角度来看，现在最大的“阻碍”正是这方面引起的。要增加粮食的生产和收成，增加燃料的收购和运输，非得改善农民的生活状况，提高他们的生产力不可。应该从农民方面开始。谁若不明白这一点，谁若认为把农民提到第一位就等于“放弃”或者类似放弃无产阶级专政，那他简直是不动脑筋，只会空谈。无产阶级专政就是无产阶级对政治的领导。无产阶级作为一个领导阶级、统治阶级，应当善于指导政治，以便首先去解决最迫切而又最“棘手的”任务。现在最迫切的就是采取那种能够立刻提高农民经济生产力的办法。只有**经过**这种办法才能做到既改善工人生活状况，又巩固工农联盟，巩固无产阶级专政。那些想**不经过这种办法**来改善工人生活状况的无产者或无产阶级代表，**实际上**只会成为白卫分子和资本家的帮凶。这是因为不经过这种办法，就无异是把工人的行会利益置于阶级利益之上，就无异是为了工人眼前的暂时的局部的利益，而牺牲整个工人阶级的利益，牺牲工人阶级专政的利益，牺牲工农为反对地主、资本家而结成的联盟的利益，牺牲工人阶级在争取劳动摆脱资本桎梏的斗争中的领导作用的利益。

总之，首先必须采取紧急的、认真的措施来提高农民的生产力。

要做到这点，就非认真改变粮食政策不可。这种改变就是用粮食税来代替余粮收集制，而这种代替是与交完粮食税之后的贸易自由，至少是与地方经济流转中的贸易自由相联系的。

用粮食税来代替余粮收集制这一政策的实质何在呢？

关于这点，现在非常广泛地流行着一些不正确的观念。这些观念所以不正确，大部分是由于人们不深入研究过渡的实质，不自问一下，究竟这一过渡是从什么过渡到什么。照他们看来，这似乎是从共产主义过渡到资产阶级制度。为了批驳这种错误看法，我不得不引用我在 1918 年 5 月说过的话。

粮食税，是从极度贫困、经济破坏和战争迫使我们所实行的特殊的“战时共产主义”向正常的社会主义的产品交换过渡的一种形式。而正常的社会主义的产品交换，又是从带有小农占人口多数所造成的种种特点的社会主义向共产主义过渡的一种形式。

特殊的“战时共产主义”就是：我们实际上从农民手里拿来了全部余粮，甚至有时不仅是余粮，而是农民的一部分必需的粮食，我们拿来这些粮食，为的是供给军队和养活工人。其中大部分，我们是借来的，付的都是纸币。我们当时不这样做就不能在一个经济遭到破坏的小农国家里战胜地主和资本家。我们取得了胜利（尽管世界上一些最强大的国家都支持我国的剥削者）这一事实不仅表明，工人和农民在谋求自身解放的斗争中能创造出什么样的英勇奇迹。这一事实也表明，当孟什维克、社会革命党人、考茨基之流说我们实行这种“战时共产主义”是一种**过错**时，他们实际上起了资产阶级走狗的作用。应当说我们实行“战时共产主义”是一种功劳。

但同样必须知道这个功劳的真正限度。“战时共产主义”是战争和经济破坏迫使我们实行的。它不是而且也不能是一项适应无产阶级经济任务的政策。它是一种临时的办法。在小农国家内实现本阶级专政的无产阶级，其正确政策是要用农民所必需的工业品去换取粮食。只有这样的粮食政策才能适应无产阶级的任务，只有这样的粮食政策才能巩固社会主义的基础，才能使社会主义取得完全的胜利。

粮食税就是向这种粮食政策的过渡。我国的经济破坏至今还十分严重，战争（昨天已经进行过，由于资本家的贪婪和恶毒，明天还可能爆发）所造成的负担还把我们压得喘不过气来，以致我们还拿不出工业品向农民换取我们所必需的**全部**粮食。我们了解到这一点，所以才实行粮食税，即把最必需（对军队和工人来说）的粮食作为税收征来，其余的粮食我们将用工业品去交换。

同时还不应该忘记下面这一点：贫困和经济破坏到了这种程度，竟使我们不能**立刻**恢复大规模的社会主义的国营工厂的生产。要做到这一点，就必须在各大工业中心有大量粮食和燃料的储备，必须以新机器代替破旧机器，等等。根据经验，我们深信不能马上做到这一点，同时我们也知道，经过这场破坏性的帝国主义战争之后，甚至连最富裕和最先进的国家，也要在一定的、相当长的年限内才能完成这个任务。可见，在一定程度上帮助恢复**小**工业是必要的，因为它不需要机器，不需要国家的和大批的原料、燃料和粮食的储备，却能够立刻给农民经济以相当帮助并提高其生产力。

这样，结果又会怎样呢？

结果小资产阶级和资本主义就会在一定的（即使只是地方性的）贸易自由基础上复活。这是毫无疑问的。无视这样的事实便太可笑了。

试问，有必要这样做吗？能够证明这样做是对的吗？这样做不危险吗？

类似的问题还可以提出很多，但这些问题多半只能暴露出提这些问题的人的幼稚无知（说得轻一点）。

请看我在 1918 年 5 月是怎样确定我国经济现有的各种社会经济结构的成分（组成部分）的。从宗法式的即半野蛮的直到社会主义的这五种结构、五个层次（或者说组成部分）都是存在的，这一点谁也否认不了。在一个小农国家内，不言而喻是小农“结构”，即部分是宗法式的、部分是小资产阶级的“结构”占着优势。既然有交换，那么，小经济的发展就是小资产阶级的发展，就是资本主义的发展；这是无可争辩的真理，这是政治经济学的初步原理，而且被日常经验甚至是普通百姓的观察所证实。

社会主义的无产阶级面对着这样的经济现实，能采取什么样的政策呢？是从社会主义大工厂的生产中拿出小农所需要的**全部**产品来向小农交换粮食和原料吗？这是一个最理想的最“正确的”政策，这种政策我们已开始实行了。但是，我们现在不可能，根本不可能拿出所需要的**全部**产品，而且也不可能很快就拿出来，至少在全国电气化第一批工程完成之前是拿不出来的。那该怎么办呢？或者是试图完全禁止、堵塞一切私人的非国营的交换的发展，即商业的发展，即资本主义的发展，而这种发展在有千百万小生产者存在的条件下是不可避免的。一个政党要是试行这样的政策，那它就是在干蠢事，就是自杀。说它在干蠢事，是因为这种政策在经济上行不通；说它在自杀，是因为试行这类政策的政党，必然会遭到失败。老实说，有些共产党员执行的正是**这样的**政策，所以在“思想、言论和行动”上犯了错误。我们要努力纠正这些错误。一定要纠正这些错误，否则后果将不堪设想。

或者是（这是最后一种**可行的**和唯一合理的政策）不去试图禁止或堵塞资本主义的发展，而努力把这一发展纳入**国家资本主义**的轨道。这在经济上是可行的，因为凡是有自由贸易成分以至任何资本主义成分的地方，都已经有了——这种或那种形式、这种或那种程度的——国家资本主义。

苏维埃国家即无产阶级专政能不能同国家资本主义结合、联合和并存呢？

当然能够。我在 1918 年 5 月就反复论证过这一点，并且我相信在 1918 年 5 月就已经证明了这一点。此外，当时我还证明说，与小私有者的（小宗法式的和小资产阶级的）自发势力比较，国家资本主义是一个进步。现在有些人犯了很多错误，就是因为他们只把国家资本主义同社会主义相对照或相比较，而在当前的政治经济情况下，也应该把国家资本主义同小资产阶级生产作一番比较。

全部问题，无论是理论上的还是实践上的问题，在于找出正确的方法，即应当怎样把不可避免的（在一定程度上和在一定期限内不可避免的）资本主义的发展纳入国家资本主义的轨道，靠什么条件来做成这件事，怎样保证在不久的将来把国家资本主义变成社会主义。

为了解决这个问题，首先应当尽可能明确地想到，在我们苏维埃体系内，在我们苏维埃国家范围内，国家资本主义实际上将是怎样的，而且可能是怎样的。

苏维埃政权怎样把资本主义的发展纳入国家资本主义的轨道，苏维埃政权怎样"培植"国家资本主义，可以说明这一点的最简单的事例，就是租让。现在我们这里，大家都一致认为租让是必要的，但并不是所有的人都考虑过租让有什么意义。就各种社会经济结构及其相互关系来看，苏维埃制度下的租让是什么呢？这就是苏维埃政权、即无产阶级的国家政权为反对小私有者的（宗法式的和小资产阶级的）自发势力而和国家资本主义订立的一种合同、同盟或联盟。承租人就是资本家。他按资本主义方式经营，是为了获得利润，他同意和无产阶级政权订立合同，是为了获得高于一般利润的额外利润，或者是为了获得用别的办法得不到或极难得到的原料。苏维埃政权获得的利益，就是发展生产力，就是立刻或在最短期间增加产品数量。譬如说，我们有 100 个油田、矿山和林区。我们不能全部开发，因为我们的机器、粮食和运输工具都不够。由于同样原因，已经开发的产区我们工作得也不好。正由于大企业的开发工作做得不好、不充分，因此小私有者的自发势力在各方面都猖獗起来：附近的（以至整个的）农民经济遭到削弱，它的生产力受到破坏，农民对苏维埃政权愈来愈不信任，盗窃公共财物的现象时常发生，小规模的（但是最危险的）投机倒把活动大量出现，等等。苏维埃政权"培植"租让制这种国家资本主义，就是加强大生产来反对小生产，加强先进生产来反对落后生产，加强机器生产来反对手工生产，增加可由自己支配的大工业产品的数量（即提成），加强由国家调整的经济关系来对抗小资产阶级无政府状态的经济关系。租让政策执行得恰当而谨慎，无疑能帮助我们迅速（在某种不大的程度上）改进生产状况，改善工人和农民的生活，——当然要以某些牺牲作代价，要以把千百万普特最宝贵的产品交给资本家作代价。租让在什么程度上和什么条件下对我们有利而无害，这要取决于力量的对比，取决于斗争，因为租让也是一种斗争形式，是阶级斗争在另一种形式下的继续，而决不是用阶级和平来代替阶级斗争。至于斗争的方式如何，将由实践来表明。

租让制这种国家资本主义，和苏维埃体系内其他形式的国家资本主义比较起来，大概是最简单、明显、清楚和一目了然的形式。在这里，我们和最文明先进的西欧资本主义直接订立正式的书面合同。我们确切知道自己的得失、自己的权利和义务，我们确切知道租让的期限，如果合同规定有提前赎回的权利，我们也确切知道提前赎回的条件。我们给世界资本主义一定的“贡赋”，在某些方面向他们“赎买”，从而立刻在某种程度上使苏维埃政权的地位得到加强，使我们经营的条件得到改善。在租让方面，任务的全部困难就在于，当订立租让合同时，一切都要经过深思熟虑，反复权衡，而订立之后还要善于监督该合同的执行。这方面困难无疑是有的，而错误在初期大概也是不可避免的，但这些困难，与社会革命的其他任务比较，尤其是与发展、推行、培植国家资本主义的其他形式比较，还是极其微小的。

由于要实行粮食税，党和苏维埃机关全体工作人员的最重要任务，就是要把“租让”（即和“租让制的”国家资本主义相类似的）政策的原则和原理运用到自由贸易及地方流转等等的其他资本主义形式上去。

拿合作社来说吧。粮食税法令[2]立即引起了对合作社条例的修改和合作社“自由”与权利的一定的扩大，并不是没有原因的。合作社也是国家资本主义的一种形式，但它却不那样简单，不那样明显和一目了然，而比较复杂，因此它使我国政权在实践上遇到的困难更多。小商品生产者合作社（这里所说的不是工人合作社，而是在小农国家中占优势的典型的小商品生产者合作社）必然会产生出小资产阶级的、资本主义的关系，促进这种关系的发展，把小资本家提到首位，给他们以最大的利益。既然小业主占优势，既然有交换的可能和必要，那么事情也只能是这样。在俄国目前情况下，合作社有自由，有权利，就等于资本主义有自由，有权利。无视这一明显的真理，便是干蠢事或犯罪。

但在苏维埃政权下，“合作制”资本主义和私人资本主义不同，是国家资本主义的一个变种，正因为如此，所以目前它对我们是有利的，有好处的，当然这只是在一定程度上。既然粮食税意味着可以自由出卖剩下的（纳税以后的）余粮，那么我们就必须竭力设法把资本主义的**这种**发展（因为买卖自由、贸易自由**就是**资本主义的发展）纳入合作制资本主义的轨道。从便于计算、监督、监察以及便于推行国家（这里指苏维埃国家）和资本家之间的合同关系说来，合作制资本主义和国家资本主义相类似。合作社这一商业形式比私营商业有利，有好处，不仅是由于上述一些原因，而且是由于合作社便于把千百万居民以至全体居民联合起来，组织起来，而这种情况，从国家资本主义进一步过渡到社会主义的观点来看，又是一大优点。

我们把国家资本主义的两种形式——租让和合作社比较一下。租让的基础是大机器工业，合作社的基础则是手工的、部分甚至是宗法式的小生产。租让在每一份租让合同中，只关系到一个资本家，或者一个公司，一个辛迪加，一个卡特尔，一个托拉斯。合作社则包括成千上万、甚至千百万个小业主。租让容许有、甚至要求有确切的合同和确切的期限。合作社则既不能有十分确切的合同，也不能有十分确切的期限。撤销合作社法令，要比解除租让合同容易得多，但中断租让合同就意味着一下子干脆地立即与资本家断绝在经济上的联盟或“共居”的实际关系，而撤销合作社法令也好，颁布任何法令也好，都不仅不能一下子就中断苏维埃政权与小资本家的实际“共居”关系，而且根本不能断绝实际的经济关系。“监视”承租人容易，“监视”合作社工作者困难。由租让向社会主义过渡，是由一种大生产形式向另一种大生产形式过渡。由小业主合作社向社会主义过渡，则是由小生产向大生产过渡，就是说，是比较复杂的过渡，但是它一旦获得成功，却能包括比较广大的居民群众，却能把根深蒂固的旧的关系，社会主义以前的，甚至资本主义以前的即最顽固地反抗一切“革新”的那些关系彻底铲除。租让政策一旦获得成功，就会使我们获得为数不多、但却具有现代先进资本主义水平的模范的——和我们的相比较——大企业；经过几十年以后，这些企业就会完全归我们所有。合作制政策一旦获得成功，就会使我们把小经济发展起来，并使小经济比较容易在相当期间内，在自愿联合的基础上过渡到大生产。

再拿国家资本主义的第三种形式来说。国家把作为商人的资本家吸引过来，付给他们一定的佣金，由他们来销售国家的产品和收购小生产者的产品。第四种形式就是：国家把国有的企业或油田、林区、土地等租给企业资本家，而且租借合同与租让合同极为相似。对于国家资本主义这后两种形式，我们根本没有人谈过，根本没有人想过，根本没有人注意过。这种情况的产生，倒不是由于我们又强又聪明，而是由于我们又弱又愚蠢。我们害怕正视“卑微的真理”，往往受“令人鼓舞的谎言”[3] 所摆布。我们经常爱谈论“我们”是从资本主义向社会主义过渡，却没有明确地想到这个“我们”究竟是指谁。我在1918年5月5日的文章中列举的我国经济中社会经济的一切——一切，绝无例外——组成部分，一切不同的结构，必须予以重视，务必使这一清楚的概念不致被遗忘。“我们”，无产阶级的先锋队，无产阶级的先进部队，正直接向社会主义过渡，但先进部队只是整个无产阶级中的一小部分，而无产阶级又只是全体居民群众中的一小部分。所以为了使“我们”能顺利地完成我们直接向社会主义过渡的任务，就必须懂得，需要经过哪些**中间的**途径、方法、手段和辅助办法，才能使**资本主义以前的**各种关系过渡到社会主义。关键就在这里。

看一下俄罗斯联邦的地图吧。在沃洛格达以北、顿河畔罗斯托夫及萨拉托夫东南、奥伦堡和鄂木斯克以南、托木斯克以北有一片片一望无际的空旷地带，可以容下几十个文明大国。然而主宰这一片片空旷地带的却是宗法制度、半野蛮状态和十足的野蛮状态。那么在俄国所有其余的穷乡僻壤又是怎样的呢？乡村同铁路，即同那连结文明、连结资本主义、连结大工业、连结大城市的物质脉络往往相隔几十俄里，而只有羊肠小道可通，确切些说，是无路可通。到处都是这样。这些地方不也是到处都是宗法制度、奥勃洛摩夫精神[4]和半野蛮状态占优势吗？

试问能不能由这种在俄国占优势的状态，直接过渡到社会主义去呢？是的，在某种程度上是可能的，但必须有一个条件，现在我们有了一部业已完成的科学巨著[5]，知道这个条件是什么。这个条件就是电气化。如果我们能建立起几十座区域电站（现在我们知道：这些电站可以而且应该在哪里建立以及如何建立），如果我们能把电力从这些电站送到每个村子，如果我们能得到足够数量的电动机及其他机器，那么从宗法制度到社会主义就不需要或者几乎不需要过渡阶段和中间环节了。我们很清楚，实现这“一个”条件，单是完成第一批工程，就至少要花上十年工夫，至于缩短这一期限，那只有等到无产阶级革命在英、德、美这些国家中获得胜利的时候才有可能。

在最近这几年，必须善于考虑那些便于从宗法制度、从小生产过渡到社会主义的中间环节。“我们”直到现在还常常爱这样议论：“资本主义是祸害，社会主义是幸福。”但这种议论是不正确的，因为它忘记了现存的各种社会经济结构的总和，而只从中抽出了两种结构来看。

同社会主义比较，资本主义是祸害。但同中世纪制度、同小生产、同小生产者涣散性引起的官僚主义比较，资本主义则是幸福。既然我们还不能实现从小生产到社会主义的直接过渡，所以作为小生产和交换的自发产物的资本主义，在一定程度上是不可避免的，所以我们应该利用资本主义（特别是要把它纳入国家资本主义的轨道）作为小生产和社会主义之间的中间环节，作为提高生产力的手段、途径、方法和方式。

拿官僚主义问题来说，从经济方面来看一看这个问题吧。在 1918 年 5 月 5 日，官僚主义还没有引起我们注意。十月革命才过了半年，我们自上而下地摧毁旧官僚机构才过了半年，我们还没有感觉到这个祸害。

又过了一年。在1919年3月18日至23日举行的俄国共产党第八次代表大会[6]上，通过了新党纲，在这个党纲中，我们讲得很直率，我们不怕承认祸害，而愿意暴露它，揭穿它，使人人唾弃它，唤起同祸害作斗争的想法、意志、毅力和行动，我们说，“**官僚主义就在苏维埃制度内部部分地复活起来**”①。

又过了两年。1921年春，即在苏维埃第八次代表大会（1920年12月）讨论了官僚主义问题以后，在俄国共产党第十次代表大会（1921年3月）总结了同分析官僚主义有极密切关系的争论以后，我们把**这个**祸害看得更清楚，更明确，更严重了。官僚主义的经济根源是什么呢？这种根源主要有两个方面：一方面是已发展起来的资产阶级正是为了反对工人的（部分地也是为了反对农民的）革命运动而需要官僚机构，首先是军事的、其次是法庭等等的官僚机构。这种现象我们这里是没有的。我们的法庭是反资产阶级的阶级法庭，我们的军队是反资产阶级的阶级军队。官僚主义并不在军队里面，而是在为军队服务的机关里面。我们这里官僚主义的经济根源是另外一种：小生产者的分散性和涣散性，他们的贫困、不开化，交通的闭塞，文盲现象的存在，缺乏农工业之间的**流转**，缺乏两者之间的联系和协作。这在很大程度上是国内战争的结果。那时我们四面被封锁，被包围，与全世界隔绝，以后又与南方产粮区、与西伯利亚、与产煤区隔绝，我们无法恢复工业。那时我们不得不果断地实行“战时共产主义”，不畏最大的艰险：我们宁可忍受半饥饿、甚至比半饥饿更坏的生活，也无论如何要捍卫住工农政权；尽管经济破坏空前严重，流转停顿，我们也要把它捍卫住。把社会革命党人和孟什维克吓坏了的情况（他们实际上往往是出于恐惧，出于害怕，才去追随资产阶级的）并没有把我们吓倒。我们的做法在一个被封锁的国家中，在一个被包围的要塞内曾是取得胜利的条件，然而正是到了1921年春，在最后一批白卫军彻底被驱逐出俄罗斯联邦领土以后，却暴露出它的坏的一面。在一个被包围的要塞内，可以而且只能“堵塞”一切流转；由于群众发扬了非凡的英勇精神，这种情况可以忍受三年之久。此后，小生产者的破产更厉害了。大工业的恢复又往后拖，往后推了。于是，官僚主义作为“包围状态”的后果，作为小生产者涣散性和受压制状态的上层建筑，就充分暴露了出来。

应当大胆承认这一祸害，以便更坚决地同它作斗争，以便一次又一次地从头做起——在我国的一切建设部门中，我们还不得不多次反复地从头做起，改正没有做好的事，选择各种完成任务的途径。既然大工业的恢复要推迟，既然工业和农业之间流转“被堵塞”的情况已经到了不堪忍受的地步，那就是说，

---

① 见《列宁全集》第2版第36卷第408页。——编者注

我们应该致力于较容易做到的事情，即恢复小工业。从这方面来帮助我们的事业，把被战争和封锁弄得摇摇欲坠的建筑物的这一边先支撑起来。要用一切办法坚决发展流转，不要害怕资本主义，因为在我国（经济上剥夺了地主和资产阶级，政治上有工农政权）给予资本主义活动的范围，是相当狭小而“适度”的。这就是粮食税的基本精神，这就是粮食税的经济意义。

党和苏维埃机关的所有工作人员，必须全力以赴、全神贯注地培养和唤起各地方在经济建设事业中较大的主动性——省里的要大；县里的更大；乡和村里的还要大——其目的就是要迅速地振兴农民经济（即使是使用“小笔”资金在小范围里这样做也好），靠发展附近的小工业来帮助农民经济。全国统一的经济计划要求把这件事作为注意和关怀的中心，作为各项“突击”工作的中心。在这里，也就是在最接近极广泛极深厚的“基础”的地方所取得的某种改善，能使我们在最短时间内更积极更顺利地把大工业恢复起来。

粮食工作者过去只知道一个基本指令：收集100%的余粮。现在则是另一个指令了，这就是要在最短期间内征收100%的粮食税，尔后再用大工业**和小**工业的产品换取100%的余粮。一个征收了75%的粮食税、又用大小工业的产品换取了75%（指第二个百分数内的）的余粮的人，同另一个征收了100%的粮食税和换取了55%（指第二个百分数内的）的余粮的人相比，前者做的事情对国家更有利。粮食工作者的任务愈来愈复杂了。一方面，这是国库的任务。征收粮食税要尽量快，要尽量合理。另一方面，这又是总的经济任务。要努力循着扩大和巩固农业和工业间的流转这一方向来指导合作社，来帮助小工业，来发挥地方的主动性和创造性。我们还很不善于做这件事；官僚主义就是一个证明。我们应当大胆承认，在这方面还有**很多东西可以而且应当向资本家学习**。我们要一个个省、一个个县、一个个乡、一个个村地来比较实际经验的总结：在某个地方，私人资本家和小资本家取得了什么什么成绩。他们得到的利润大概有多少。这就是我们“为了学习”而付出的费用或酬金。为了学习要不惜破费，只要能学到东西就行。而在邻近的地方，采用办合作社的办法取得了什么什么成绩。合作社的利润有多少。至于第三个地方，则用纯粹国营的、纯粹共产主义的方式取得了什么什么成绩（这第三种情况在目前是罕见的例外）。

任务就在于每个区域的经济中心，每个省执行委员会所属的经济会议[7]，应把交纳粮食税后余粮如何“流转”的各种试验或办法立即安排好，并把这一工作提到首位。几个月之后，就应当有一些实际结果，以便加以比较和研究。本地盐或外来盐；从中部地区运来的煤油；手工木材加工业；靠当地原料生产一些虽不很重要、但对农民却有用的必需品的手工业；“绿煤”（利用当地小水力来发电），等等——这一切全都应当利用起来，目的是想方设法活跃工业和农业间的流转。谁能在这方面取得最大的成绩，即使是用私人资本主义的办法，甚至没有经过合作社，没有把这种资本主义直接变为国家资本主义，那他给全俄社会主义建设事业带来的益处，也比那些只是“关心”共产主义纯洁性，只是为国家资本主义和合作社起草规章、条文、细则，而实际上却不去推动流转的人，要多得多。

有人可能会认为这是奇谈怪论：私人资本主义能成为社会主义的帮手吗？

但这一点也不是奇谈怪论，而是经济上完全无可争辩的事实。既然这个小农国家，经历了战争和封锁，在运输业方面遭到严重破坏，而在政治上是由掌握运输业和大工业的无产阶级领导的，那么根据这些前提必然得出这样的结论：第一，地方流转在目前具有头等意义，第二，有可能通过私人资本主义（更不用说国家资本主义）来促进社会主义。

少争论些字眼吧。直到现在，我们在这方面的毛病还非常大。多积累一些各种各样的实际经验吧，多研究研究这些经验吧。常常有这样的情况：模范的地方工作，哪怕是很小范围内的地方工作，往往比中央许多部门的国家工作具有更重要的全国性意义。我国目前在农民经济方面，特别在用工业品交换剩余农产品方面的情况恰恰就是这样。在上述方面，即使只是一个乡的模范工作，也比“模范地”改善某个人民委员部的中央机关具有更大的全国性意义。这是因为我们的中央机关在三年半来竟已沾染了某些有害的因循习气；我们还不能大大地迅速地改善这种机关，我们还不知道应该怎么办。要帮助中央机关作比较彻底的改善，帮助它增加大批新生力量，帮助它有成效地与官僚主义作斗争，帮助它克服有害的因循习气，这种帮助应当来自地方，来自下层，来自一个不大的“整体的”模范工作，这里需要的正是“整体”，即不是一种经济，不是一个经济部门，不是一个企业，而是**全部**经济关系的**总和**，是**整个**经济流转——哪怕是在不大的地方范围内——的**总和**。

我们中间一切必须留在中央机关工作的人，将要——即使是在有限的、力所能及的范围内——继续改善机关工作和清除其中的官僚主义。但在这方面，主要的帮助来自地方，今后也一定来自地方。据我看来，我们在地方上的情况一般比中央要好，这也是可以理解的，因为官僚主义这一祸害，自然是集中在中央；在这方面，莫斯科不能不是一个糟糕的城市，而且算得上是全国最糟糕的“地方”。在地方上有两种倾向；坏倾向比好倾向要少。坏倾向就是：混到共产党里来的旧官吏、地主、资产者以及其他败类滥用职权，他们有时做出违法乱纪、欺压农民等恶劣行为。这就需要用恐怖手段进行清洗：就地审判，立即枪决。让马尔托夫之流、切尔诺夫之流以及诸如此类的非党市侩去捶胸大叫：“感谢上帝，我不像‘他们’，向来不赞成恐怖手段。”这些傻瓜是“不赞成恐怖手段”的，因为他们为自己挑了这样的角色，即充当帮助白卫分子愚弄工人和农民的奴才。社会革命党人和孟什维克是"不赞成恐怖手段"的，因为他们所扮演的角色，就是打着"社会主义"旗帜**带领**群众去**受白卫分子的恐怖统治**。俄罗斯的克伦斯基执政时期和科尔尼洛夫叛乱，西伯利亚的高尔察克叛乱，格鲁吉亚的孟什维主义都证明了这一点，芬兰、匈牙利、奥地利、德国、意大利、英国及其他国家的第二国际和"第二半"国际的英雄们也证明了这一点。让那些帮助白卫分子使用恐怖手段的奴才们去自吹自擂，说他们否定任何恐怖手段吧。而我们还是要说出一个严酷而不容置疑的真理：在那些经历了1914—1918年帝国主义战争后的空前危机、旧的联系中断、阶级斗争激烈的国家里（世界各国都是如此），和伪君子及空谈家说的正相反，没有恐怖手段是绝对不行的。或者是美国式、英国式（爱尔兰）、意大利式（法西斯分子）、德国式、匈牙利式以及其他形式的白卫分子的、资产阶级的恐怖手段，或者是红色的、无产阶级的恐怖手段。中间道路是没有的，没有也不可能有"第三条道路"。

好倾向就是：有成效地与官僚主义作斗争，非常注意工人和农民的需要，非常关心经济的振兴，提高劳动生产率，发展地方上农业和工业间的流转。这种好倾向虽然比坏倾向多，但毕竟还嫌太少。可是这些好倾向是有的。各地都在培养那些经受过国内战争和艰苦生活考验的新的年轻的有朝气的共产主义力量。至于经常不断地把这种力量从下面提拔上来，我们做得还很不够很不够。这一点可以而且必须更广泛更坚决地做下去。某些工作人员可以而且应当调离中央机关到地方上去工作：他们以县和乡的领导者身分，在那里**模范地**做好**整个**经济工作，就会有很大的贡献，就能比有的中央机构做出更重要的**有全国意义的**事业。这是因为模范工作是培养工作人员的园地，是可供仿效的榜样，有了榜样，仿效就会比较容易了，何况我们还能从中央给以帮助，使各地都来广泛地"仿效"这种榜样。

利用交清粮食税后的余粮和利用小工业主要是手工业来发展农业和工业之间的"流转"问题，实质上就是要求**地方上**发挥独立的、熟悉情况的、巧妙的**首创精神**，所以，从全国观点看来，一个模范县和一个模范乡的工作在目前具有非常重要的意义。例如，在军事上，在最近的对波战争期间，我们就没有害怕违背官僚主义的等级制，没有害怕"降低官衔"，没有害怕把共和国革命军事委员会[8]委员（仍保留他们在中央机关的高级职务）调到下面去工作。为什么现在不可以把全俄中央执行委员会某些委员，或者某些部务委员，或者其他身任要职的同志们，调到下面去工作，甚至是担任县的、乡的工作呢？我们确实还没有"官僚化"到这样的程度，还不至于因为下调就"感到难堪"。而且我们这里可以找到几十个乐意担负这种工作的中央工作人员。我们这样做了，全共和国的经济建设事业就会得到非常大的好处，模范乡或模范县将起到不仅是巨大的，而且简直是有决定意义的历史作用。

顺便说说，必须指出在与投机倒把活动作斗争这一问题的原则提法上所作的必要的改变，这虽是小问题，但却是很有意义的。凡是不逃避国家的监督的“正当”贸易，我们都应当加以支持，发展这种贸易对我们是有利的。投机倒把活动，如果从政治经济学意义上来理解，那它和“正当”贸易就区分**不**开来。贸易自由就是资本主义，资本主义就是投机倒把，无视这一点是很可笑的。

怎么办呢？难道宣布投机倒把活动可以不受制裁吗？

不。应当重新审查和修改关于投机倒把活动的一切法令，宣布一切**盗窃公共财物行为**，一切直接或间接、公开或秘密地**逃避国家监督、监察和计算的行为**，都要受到制裁（事实上要比从前更严厉三倍地加以惩办）。正是要这样来提出问题（人民委员会已经开始这样做，就是说，人民委员会已下令开始重新审查关于投机倒把活动的法令），才能做到把某种程度上不可避免的、而且为我们所必需的资本主义发展纳入**国家**资本主义的轨道。

……

结 束 语

现在来总结一下。

粮食税是从战时共产主义到正常的社会主义产品交换的过渡。

经济的极度破坏因 1920 年的歉收而更加严重，同时大工业又不可能迅速恢复，所以我们迫切需要实行这一过渡。

结论：首先改善农民的生活状况。方法：实行粮食税，发展农业和工业间的流转，发展小工业。

流转就是贸易自由，就是资本主义。它有助于克服小生产者的涣散性，并且在某种程度上也有助于同官僚主义作斗争，在这一限度内，流转对我们是有利的。至于限度的大小，这要由实践和经验来确定。只要无产阶级牢牢掌握着政权，牢牢掌握着运输业和大工业，无产阶级政权在这方面就没有什么可以害怕的。

反对投机倒把活动的斗争应转变为反对盗窃公共财物、反对逃避国家监察、计算和监督的斗争。我们要通过实行这样的监督把在一定限度内是不可避免的并为我们所必需的资本主义纳入国家资本主义的轨道。

在活跃农业和工业间的流转方面，应全面、大力、坚决地发挥地方的首创精神、创新精神和扩大它们的独立程度。要研究这方面的实际经验。这种经验要尽可能多种多样。

支援为农业服务并帮助农业发展的小工业；为了支援它，在一定程度上也要供给它一些国家的原料。把原料留着不去加工，是极大的罪恶。

不要害怕让共产党员去向资产阶级专家"学习"，其中也包括向商人，向办合作社的小资本家，向资本家"学习"。向他们学习，虽与我们过去向军事专家学习在形式上有所不同，但在实质上是一样的。"学习"成绩，只有靠实践经验来检查：要比自己身旁的资产阶级专家做得好，要会用各种办法振兴农业，振兴工业，发展农业和工业间的流转。多花点"学费"并不可惜：为了学习要不惜破费，只要能学到东西就行。

要竭力帮助广大劳动者，接近他们，从他们中间提拔成百成千的非党工作人员来做经济工作。而对于实际上不外乎是换上了时髦的喀琅施塔得式非党服装的孟什维克和社会革命党人这样一些"非党人员"，那就要小心地把他们关在监狱里，或者把他们打发到柏林马尔托夫那里，让他们去自由地领略纯粹民主的种种妙趣，去自由地和切尔诺夫、米留可夫以及格鲁吉亚的孟什维克们交流思想吧。

1921 年 4 月 21 日

1921 年 5 月由国家出版社
在莫斯科印成单行本

选自《列宁全集》第 2 版第 41 卷
第 192—233 页

注　释

1 《论粮食税（新政策的意义及其条件）》这本小册子是在俄共（布）第十次代表大会闭幕后不久于 1921 年 3 月底开始写的，4 月 21 日完稿。小册子于 5 月初由国家出版社刊印，接着又发表于 6 月出版的《红色处女地》杂志第 1 期。苏俄各地出版社随后相继翻印，中央和地方的报刊也都全文或摘要转载。同年，小册子被译成德文，法文和英文，刊载于《共产国际》杂志第 17 期。

俄共（布）中央曾专门作出决定，要求各级党委按照列宁《论粮食税》的基本精神向劳动人民解释新经济政策的实质和意义。

2 粮食税法令即《关于以实物税代替余粮、原料收集制的决定》，是 1921 年 3 月 21 日全俄中央执行委员会根据俄共（布）第十次代表大会的决议通过的，公布于 3 月 23 日。为执行这一决定，人民委员会于 3 月 28 日批准，29 日颁布了《关于 1921—1922 年实物税税额的决定》和《关于在已完成收集余粮任务的各省实行粮食、饲料、马铃薯和干草自由交换的法令》。自 4 月 21 日起，人民委员会又陆续通过了确定粮食、马铃薯、油料和其他农产品的实物税税额的决定。

3 引自俄国诗人亚·谢·普希金的抒情诗《英雄》。这首诗采取"诗人"和"友人"对话的形式，诗中的"诗人"认为：拿破仑冒着生命危险去传染病院同患黑死病的士兵握手表示慰问一事，虽经历史学家考证并非事实，但一句"令人鼓舞的谎言"，要比千万个"卑微的真理"更加可贵。此处列宁是反普希金诗原意引用的。

4 奥勃洛摩夫精神意为因循守旧、懒散懈怠。奥勃洛摩夫是俄国作家伊·亚·冈察洛夫的长篇小说《奥勃洛摩夫》的主人公，他是一个怠惰成性、害怕变动、终日耽于幻想、对生活抱消极态度的地主。

5 指俄罗斯电气化计划。该计划是根据列宁提出的任务并在他的指导下由俄罗斯国家电气化委员会制定的，是一部600多页的巨著。计划规定，除恢复和改建现有的电站外，在10—15年内建设30座区域电站，包括20座火电站和10座水电站，总装机容量为175万千瓦；总的年发电量达到88亿度，而1913年俄国的年发电量为19亿度。根据计划，工业品产量将比1913年的产量增加80%—100%，比1920年增加许多倍。

6 俄共（布）第八次代表大会于1919年3月18—23日在莫斯科举行。参加代表大会的有301名有表决权的代表和102名有发言权的代表，共代表313－766名党员。列入大会议程的问题是：中央委员会的总结报告；俄共（布）纲领；共产国际的建立；军事状况和军事政策；农村工作；组织工作；选举中央委员会。

列宁主持了大会，作了俄共（布）中央委员会的工作报告、关于党纲和农村工作的报告，并就军事问题发了言。

代表大会的中心问题是讨论并通过新党纲。第七次代表大会选出的纲领委员会已经通过了列宁的党纲草案，但是鉴于委员会内存在分歧，在第八次代表大会上就党纲问题作报告的除代表多数派的列宁外，还有代表少数派的尼·伊·布哈林。布哈林提议把关于资本主义和小商品生产的条文从纲领中删去，而只限于论述纯粹的帝国主义。他认为帝国主义是特殊的社会经济形态。布哈林和格·列·皮达可夫还提议把民族自决权的条文从党纲中删去。列宁批判了他们的这些错误观点。代表大会先基本通过党纲草案，然后在纲领委员会对草案作了最后审订后于3月22日予以批准。

代表大会解决的另一个重要问题是对中农的态度问题。列宁论证了党对中农的新政策，即在依靠贫苦农民，对富农斗争并保持无产阶级的领导作用的条件下从中立中农的政策转到工人阶级与中农建立牢固的联盟的政策。早在1918年11月底列宁就提出了这个口号。代表大会通过了列宁起草的《关于对中农的态度的决议》。

在代表大会的工作中，关于军事状况问题、关于党的军事政策问题、关于红军的建设问题占了相当重要的地位。在大会上，所谓的“军事反对派”反对中央委员会的提纲。他们维护游击主义残余，否认吸收旧的军事专家的必要性，反对在军队中建立铁的纪律。在会上发言的大多数代表谴责了“军事反对派”，同时也对共和国革命军事委员会主席列·达·托洛茨基轻视军队中党的领导的行为以及他的老爷作风和独裁者派头提出了尖锐的批评，代表大会批准了根据列宁的论点制定的军事问题决议。

代表大会在关于组织问题的决议中反击了萨普龙诺夫-奥新斯基集团，这个集团否认党在苏维埃中的领导作用，主张把人民委员会和全俄中央执行委员会主席团合并起来。代表大会否决了联邦制建党原则，认为必须建立一个集中统一的共产党和领导党的全部工作的统一的中央委员会。代表大会规定了中央委员会的内部组织机构，即中央设政治局、组织局和书记处。代表大会选出了由19名委员和8名候补委员组成的中央委员会。

7 省经济会议是劳动国防委员会的地方机关，根据全俄苏维埃第八次代表大会（1920年12月）《关于地方经济管理机构的决议》成立，隶属于省苏维埃执行委员会。成立省经济会议是为了协调经济系统各人民委员部（最高国民经济委员会、农业人民委员部、粮食人民委员部、劳动人民委员部和财政人民委员部）所属地方机关的工作。省经济会议由省国民经济委员会主席、粮食委员、劳动局长、财政局长、土地局长和省工会理事会主席组成，省执行委员会主席兼任省经济会议主席。

8 共和国革命军事委员会（1923 年 8 月 28 日起改称苏联革命军事委员会）1918—1934 年是全国最高军事当局的集体管理制机关。根据 1918 年 9 月 2 日全俄中央执行委员会的决定而成立。共和国革命军事委员会的主席是陆海军人民委员，由全俄中央执行委员会批准任命。共和国革命军事委员会的委员是由人民委员会批准任命的。共和国革命军事委员会统一指导所有军事主管部门和军事机关的工作，领导苏联武装力量的建设，制定苏维埃国家国防方面的基本的战略性作战任务。军事主管部门的所有机关和负责人员均隶属于它。共和国革命军事委员会根据俄共（布）中央的指示进行工作，并受俄共（布）中央的直接监督。

列　宁

《论我国革命》

学习提示

列宁晚年从1922年12月至1923年3月病重期间口授了三封信和五篇重要著作。这些文献的中心是社会主义在苏维埃俄国的命运问题，体现了列宁对俄国这样一个"带有小农在居民中占优势所造成的特点的社会主义"建设的构思。《给代表大会的信》，反映了列宁对党在思想上和组织上的统一的深切关怀。在《关于赋予国家计划委员会以立法职能》一信中，列宁认为应当更加重视专家在社会主义建设中的作用。《关于民族或"自治化"问题》一信，要求以完全平等、互相尊重、友好互助和合作的原则处理各民族的关系。《论合作社》一文，提出了把小农逐步引向社会主义合作社的计划。《日记摘录》反映了列宁对教育事业的高度重视。在《我们怎样改组工农检查院》和《宁肯少些，但要好些》两文中，列宁论述了革新党和国家机关方面的思想。写于1923年1月的《论我国革命》是上述文献中的理论篇，反映了列宁从宏观上思考问题的哲学观点和方法论。

列宁撰写这篇论文的直接动机，是反驳孟什维克的苏汉诺夫的错误观点。苏汉诺夫在关于《革命札记》中，重弹第二国际机会主义的论调，认为"俄国生产力还没有发展到足以实现社会主义的水平"，指责和否定十月社会主义革命的合理性。列宁指出，他们只看到过资本主义和资本主义在西欧的发展这条固定的道路，完全不了解俄国的某些特殊性。他们都自称是马克思主义者，但是对马克思主义中有决定意义的东西，即"革命辩证法"却一点也不理解。列宁强调指出："世界历史发展的一般规律，不仅丝毫不排斥个别发展阶段在发展的形式或顺序上表现出特殊性，反而是以此为前提的。"他预言，"在东方那些人口无比众多、社会情况无比复杂的国家里，今后的革命无疑会比俄国革命带有更多的特殊性"。

列宁在这篇论文中还对革命和建设的辩证关系进行了原则思考。他指出，在第一次世界大战中毫无出路而又十倍地增强力量的俄国工农群众，不能固守西欧的老路，必须"用与西欧其他一切国家不同的方法来创造发展文明的根本前提"。这就是先通过革命取得政权，"然后在工农政权和苏维埃制度的基础上赶上别国人民"。这实际上是开辟了一条社会主义现代化的道路。

原著

论我国革命

（评尼·苏汉诺夫的札记）[1]
（1923年1月16日和17日）

一

这几天我翻阅了一下苏汉诺夫的革命札记。特别引人注目的是我国所有小资产阶级民主派也和第二国际全体英雄们一样迂腐。引人注目的是他们对过去的盲目模仿，至于他们非常怯懦，甚至其中的优秀人物一听说要稍微离开一下德国这个榜样，也要持保留态度，至于所有小资产阶级民主派在整个革命中充分表现出来的这种特性，就更不用说了。

他们都自称马克思主义者，但是对马克思主义的理解却迂腐到无以复加的程度。马克思主义中有决定意义的东西，即马克思主义的革命辩证法，他们一点也不理解。马克思说在革命时刻要有极大的灵活性[2]，就连马克思的这个直接指示他们也完全不理解，他们甚至没有注意到，例如，马克思在通信中（我记得是在1856年的通信中）曾表示希望能够造成一种革命局面的德国农民战争同工人运动结合起来[3]，就是对马克思的这个直接指示，他们也像猫儿围着热粥那样绕来绕去，不敢触及。

他们的一举一动都暴露出他们是些怯懦的改良主义者，惟恐离开资产阶级一步，更怕跟资产阶级决裂，同时又用满不在乎的空谈和大话来掩饰自己的怯懦。即使单从理论上来看，也可以明显地看出他们根本不能理解马克思主义的下述见解。他们到目前为止只看到过资本主义和资产阶级民主在西欧的发展这条固定道路。因此，他们不能想象到，这条道路只有作相应的改变，也就是说，作某些修正（从世界历史的总进程来看，这种修正是微不足道的），才能当作榜样。

第一，这是和第一次帝国主义世界大战相联系的革命。这样的革命势必表现出一些新的特征，或者说正是由于战争而有所改变的一些特征，因为世界上还从来没有过在这种情况下发生的这样的战争。到目前为止我们看到，最富有的国家的资产阶级在这场战争之后还没有能调整好“正常的”资产阶级关系，而我们的改良主义者，即硬充革命家的小资产者，却一直认为正常的资产阶级关系是一个极限（不可逾越的极限），而且他们对于这种“正常”的理解是极其死板、极其狭隘的。

第二，他们根本不相信任何这样的看法：世界历史发展的一般规律，不仅丝毫不排斥个别发展阶段在发展的形式或顺序上表现出特殊性，反而是以此为前提的。他们甚至没有想到，例如，俄国是个介于文明国家和初次被这场战争最终卷入文明之列的整个东方各国即欧洲以外各国之间的国家，所以俄国能够表现出而且势必表现出某些特殊性，这些特殊性当然符合世界发展的总的路线，但却使俄国革命有别于以前西欧各国的革命，而且这些特殊性到了东方国家又会产生某些局部的新东西。

例如，他们在西欧社会民主党发展时期背得烂熟的一条论据，已成为他们万古不变的金科玉律，这条论据就是：我们还没有成长到实行社会主义的地步，或像他们中间各种“博学的”先生们所说的那样，我们还没有实行社会主义的客观经济前提。可是他们谁也没有想到问一问自己：面对第一次帝国主义大战所造成的那种革命形势的人民，在毫无出路的处境逼迫下，难道他们就不能奋起斗争，以求至少获得某种机会去为自己争得进一步发展文明的并不十分寻常的条件吗？

“俄国生产力还没有发展到可以实行社会主义的高度。”第二国际的一切英雄们，当然也包括苏汉诺夫在内，把这个论点真是当作口头禅了。他们把这个无可争辩的论点，用千百种腔调一再重复，他们觉得这是对评价我国革命有决定意义的论点。

试问，既然特殊的环境把俄国卷入了西欧所有多少有些影响的国家也被卷入的帝国主义世界大战，其次使处于东方即将开始或部分已经开始的革命边缘的俄国，发展到有条件实现像马克思这样的“马克思主义者”在1856年谈到普鲁士时曾作为一种可能的前途提出来的“农民战争”同工人运动的联合，那该怎么办呢？

既然毫无出路的处境十倍地增强了工农的力量，使我们能够用与西欧其他一切国家不同的方法来创造发展文明的根本前提，那又该怎么办呢？世界历史发展的总的路线是不是因此改变了呢？正在卷入和已经卷入世界历史总进程的每个国家的各基本阶级的基本相互关系是不是因此改变了呢？

既然建立社会主义需要有一定的文化水平（虽然谁也说不出这个一定的“文化水平”究竟是什么样的，因为这在各个西欧国家都是不同的），我们为什么不能首先用革命手段取得达到这个一定水平的前提，**然后**在工农政权和苏维埃制度的基础上赶上别国人民呢？

1923年1月16日

二

你们说，为了建立社会主义就需要文明。好极了。那么，我们为什么不能首先在我国为这种文明创造前提，如驱逐地主，驱逐俄国资本家，然后开始走向社会主义呢？你们在哪些书本上读到过，通常的历史顺序是不容许或不可能有这类改变的呢？

记得拿破仑这样写过：“On s′engage et puis…on voit”，意译出来就是：“首先要投入真正的战斗，然后便见分晓。”我们也是首先在1917年10月投入了真正的战斗，然后就看到了像布列斯特和约[17]或新经济政策等等这样的发展中的细节（从世界历史的角度来看，这无疑是细节）。现在已经毫无疑问，我们基本上是胜利了。

我们的苏汉诺夫们，更不必说那些比他们更右的社会民主党人了，做梦也没有想到，不这样就根本不能进行革命。我们的欧洲庸人们做梦也没有想到，在东方那些人口无比众多、社会情况无比复杂的国家里，今后的革命无疑会比俄国革命带有更多的特殊性。

不用说，按考茨基思想编写的教科书在当时是很有益处的。不过现在毕竟是丢掉那种认为这种教科书规定了今后世界历史发展的一切形式的想法的时候了。应该及时宣布，有这种想法的人简直就是傻瓜。

1923年1月17日

载于1923年5月30日
《真理报》第117号

选自《列宁全集》第2版第43卷
第369—372页

注　释

1 《论我国革命》一文是1923年1月16—17日口授的，评论了著名孟什维克尼·苏汉诺夫的《革命札记》一书第3卷和第4卷（1922年柏林—彼得堡—莫斯科格尔热宾出版社版）。《列宁值班秘书日志》有几次提到这件事（见《列宁全集》第2版第43卷第463—464页）。文章由娜·康·克鲁普斯卡娅转交《真理报》编辑部，无标题。标题是报纸编辑部加的。

2 显然是指马克思在《法兰西内战》中说巴黎公社是“一个高度灵活的政治形式”（见《马克思恩格斯选集》第2卷第378页）和1871年4月12日马克思给路·库格曼的信中称赞巴黎人“具有何等的灵活性”等语（同上，第4卷第392页）。

3 指1856年4月16日马克思给恩格斯的信中所说的话：“德国的全部问题将取决于是否有可能由某种再版的农民战争来支持无产阶级革命。如果那样就太好了。”（见《马克思恩格斯选集》第4卷第334页）

毛泽东

《反对本本主义》

学 习 提 示

本文是毛泽东1930年5月在中央苏区革命根据地作调查研究时写成的，原题为《调查工作》。当时党内和红军中，特别是党的领导机关中存在着严重的主观主义倾向，一些人在指导中国革命时不是从中国的国情出发，而是从“本本”出发，从第三国际的“指示”和“决议”出发，不注重调查研究，脱离中国的实际情况，在一些重大原则问题上造成思想混乱。为了纠正这种脱离实际的“本本主义”(教条主义)，毛泽东写作了本文。

文章从调查研究和人们认识的关系角度提出“没有调查，没有发言权”的著名论断。毛泽东说：“你对于那个问题不能解决吗？那末，你就去调查那个问题的现状和它的历史吧！你完完全全调查明白了，你对那个问题就有解决的办法了。”毛泽东把调查研究和解决问题联系起来，阐述了调查研究是解决问题的前提，解决问题是调查研究的目的。指出“调查就像‘十月怀胎’，解决问题就像‘一朝分娩’。调查就是解决问题”。

根据中国革命实际斗争的经验教训，离开了调查研究，凭主观想像行事，就要走向相反的方向去，产生唯心的阶级估量和唯心的工作指导，其结果，不是机会主义，就是盲动主义。因此，毛泽东强调：只有“努力作实际调查，才能洗刷唯心精神”。文章首次提出了党的“思想路线”的概念，认为党的思想路线是政治路线的基础，调查研究是中国共产党人在革命实践中坚持唯物论，反对主观主义的根本途径。

毛泽东指出反对本本主义，必须把马克思主义理论同中国革命的实际情况相结合。针对把马克思主义教条化，把共产国际决议和苏联经验神圣化的错误倾向，毛泽东提出了尖锐的批评，揭示了以“本本主义”为特点的教条主义具有极大的欺骗性和危险性。他强调：“马克思主义的‘本本’是要学习的，但是必须同我国的实际情况相结合。我们需要‘本本’，但是一定要纠正脱离实际情况的本本主义。”为此，必须坚决反对从本本出发的保守的思想路线，实行共产党人从斗争中创造新局面的思想路线。中国革命斗争的胜利要靠中国同志了解中国情况，毛泽东号召共产党人“到斗争中去！到群众中作实际调查去！”并对调查对象、目的、方法和技术作了细致论说。

《反对本本主义》从理论和政治的高度，深刻地阐明了调查工作的重要性，论述了从斗争中创造新局面的思想路线。这不仅在中国共产党的思想理论建设上具有首创意义，而且也是马克思主义认识论和方法论在中国革命实践中的具体运用。这篇著作显示了毛泽东哲学思想的特色，标志着毛泽东哲学思想的初步形成。

原著

反对本本主义*

（一九三〇年五月）

一　没有调查，没有发言权[1]

你对于某个问题没有调查，就停止你对于某个问题的发言权。这不太野蛮了吗？一点也不野蛮。你对那个问题的现实情况和历史情况既然没有调查，不知底里，对于那个问题的发言便一定是瞎说一顿。瞎说一顿之不能解决问题是大家明了的，那末，停止你的发言权有什么不公道呢？许多的同志都成天地闭着眼睛在那里瞎说，这是共产党员的耻辱，岂有共产党员而可以闭着眼睛瞎说一顿的吗？

要不得！

要不得！

注重调查！

反对瞎说！

二　调查就是解决问题

你对于那个问题不能解决吗？那末，你就去调查那个问题的现状和它的历史吧！你完完全全调查明白了，你对那个问题就有解决的办法了。一切结论产生于调查情况的末尾，而不是在它的先头。只有蠢人，才是他一个人，或者邀集一堆人，不作调查，而只是冥思苦索地“想办法”，“打主意”。须知这是一定不能想出什么好办法，打出什么好主意的。换一句话说，他一定要产生错办法和错主意。

许多巡视员，许多游击队的领导者，许多新接任的工作干部，喜欢一到就宣布政见，看到一点表面，一个枝节，就指手画脚地说这也不对，那也错误。这种纯主观地“瞎说一顿”，实在是最可恶没有的。他一定要弄坏事情，一定

---

* 毛泽东的这篇文章是为了反对当时红军中的教条主义思想而写的。那时没有用“教条主义”这个名称，而叫它做“本本主义”。

要失掉群众，一定不能解决问题。

许多做领导工作的人，遇到困难问题，只是叹气，不能解决。他恼火，请求调动工作，理由是“才力小，干不下”。这是懦夫讲的话。迈开你的两脚，到你的工作范围的各部分各地方去走走，学个孔夫子的“每事问”〔2〕，任凭什么才力小也能解决问题，因为你未出门时脑子是空的，归来时脑子已经不是空的了，已经载来了解决问题的各种必要材料，问题就是这样子解决了。一定要出门吗？也不一定，可以召集那些明了情况的人来开个调查会，把你所谓困难问题的“来源”找到手，“现状”弄明白，你的这个困难问题也就容易解决了。

调查就像“十月怀胎”，解决问题就像“一朝分娩”。调查就是解决问题。

三　反对本本主义

以为上了书的就是对的，文化落后的中国农民至今还存着这种心理。不谓共产党内讨论问题，也还有人开口闭口“拿本本来”。我们说上级领导机关的指示是正确的，决不单是因为它出于“上级领导机关”，而是因为它的内容是适合于斗争中客观和主观情势的，是斗争所需要的。不根据实际情况进行讨论和审察，一味盲目执行，这种单纯建立在“上级”观念上的形式主义的态度是很不对的。为什么党的策略路线总是不能深入群众，就是这种形式主义在那里作怪。盲目地表面上完全无异议地执行上级的指示，这不是真正在执行上级的指示，这是反对上级指示或者对上级指示怠工的最妙方法。

本本主义的社会科学研究法也同样是最危险的，甚至可能走上反革命的道路，中国有许多专门从书本上讨生活的从事社会科学研究的共产党员，不是一批一批地成了反革命吗？就是明显的证据。我们说马克思主义是对的，决不是因为马克思这个人是什么“先哲”，而是因为他的理论，在我们的实践中，在我们的斗争中，证明了是对的。我们的斗争需要马克思主义。我们欢迎这个理论，丝毫不存什么“先哲”一类的形式的甚至神秘的念头在里面。读过马克思主义“本本”的许多人，成了革命叛徒，那些不识字的工人常常能够很好地掌握马克思主义。马克思主义的“本本”是要学习的，但是必须同我国的实际情况相结合。我们需要“本本”，但是一定要纠正脱离实际情况的本本主义。

怎样纠正这种本本主义？只有向实际情况作调查。

四　离开实际调查就要产生唯心的阶级估量和唯心的工作指导，那末，它的结果，不是机会主义，便是盲动主义

你不相信这个结论吗？事实要强迫你信。你试试离开实际调查去估量政治形势，去指导斗争工作，是不是空洞的唯心的呢？这种空洞的唯心的政治估量和工作指导，是不是要产生机会主义错误，或者盲动主义错误呢？一定要弄出错误。这并不是他在行动之前不留心计划，而是他于计划之前不留心了解社会实际情况，这是红军游击队里时常遇见的。那些李逵[3]式的官长，看见弟兄们犯事，就懵懵懂懂地乱处置一顿。结果，犯事人不服，闹出许多纠纷，领导者的威信也丧失干净，这不是红军里常见的吗？

必须洗刷唯心精神，防止一切机会主义盲动主义错误出现，才能完成争取群众战胜敌人的任务。必须努力作实际调查，才能洗刷唯心精神。

五　社会经济调查，是为了得到正确的阶级估量，接着定出正确的斗争策略

为什么要作社会经济调查？我们就是这样回答。因此，作为我们社会经济调查的对象的是社会的各阶级，而不是各种片断的社会现象。近来红军第四军的同志们一般的都注意调查工作了[4]，但是很多人的调查方法是错误的。调查的结果就像挂了一篇狗肉账，像乡下人上街听了许多新奇故事，又像站在高山顶上观察人民城郭。这种调查用处不大，不能达到我们的主要目的。我们的主要目的，是要明了社会各阶级的政治经济情况。我们调查所要得到的结论，是各阶级现在的以及历史的盛衰荣辱的情况。举例来说，我们调查农民成分时，不但要知道自耕农[5]，半自耕农，佃农，这些以租佃关系区别的各种农民的数目有多少，我们尤其要知道富农，中农，贫农，这些以阶级区别阶层区别的各种农民的数目有多少。我们调查商人成分，不但要知道粮食业、衣服业、药材业等行业的人数各有多少，尤其要调查小商人、中等商人，大商人各有多少。我们不仅要调查各业的情况，尤其要调查各业内部的阶级情况。我们不仅要调查各业之间的相互关系，尤其要调查各阶级之间的相互关系。我们调查工作的主要方法是解剖各种社会阶级，我们的终极目的是要明了各种阶级的相互关系，得到正确的阶级估量，然后定出我们正确的斗争策略，确定哪些阶

级是革命斗争的主力，哪些阶级是我们应当争取的同盟者，哪些阶级是要打倒的。我们的目的完全在这里。

什么是调查时要注意的社会阶级？下面那些就是：

工业无产阶级

手工业工人

雇农

贫农

城市贫民

游民

手工业者

小商人

中农

富农

地主阶级

商业资产阶级

工业资产阶级

这些阶级（有的是阶层）的状况，都是我们调查时要注意的。在我们暂时的工作区域中所没有的，只是工业无产阶级和工业资产阶级，其余都是经常碰见的。我们的斗争策略就是对这许多阶级阶层的策略。

我们从前的调查还有一个极大的缺点，就是偏于农村而不注意城市，以致许多同志对城市贫民和商业资产阶级这二者的策略始终模糊。斗争的发展使我们离开山头跑向平地了〔6〕，我们的身子早已下山了，但是我们的思想依然还在山上。我们要了解农村，也要了解城市，否则将不能适应革命斗争的需要。

六　中国革命斗争的胜利要靠中国同志了解中国情况

我们的斗争目的是要从民权主义转变到社会主义。我们的任务第一步是，争取工人阶级的大多数，发动农民群众和城市贫民，打倒地主阶级，打倒帝国主义，打倒国民党政权，完成民权主义革命。由这种斗争的发展，跟着就要执行社会主义革命的任务。这些伟大的革命任务的完成不是简单容易的，它全靠无产阶级政党的斗争策略的正确和坚决。倘若无产阶级政党的斗争策略是错误的，或者是动摇犹豫的，那末，革命就非走向暂时的失败不可。须知资产阶级政党也是天天在那里讨论斗争策略的，他们的问题是怎样在工人阶级中传播改良主义影响，使工人阶级受他们的欺骗，而脱离共产党的领导，怎样争取富农去消灭贫农的暴动，怎样组织流氓去镇压革命等等。在这样日益走向尖锐的短兵相接的阶级斗争的形势之下，无产阶级要取得胜利，就完全要靠他的政党——共产党的斗争策略的正确和坚决。共产党的正确而不动摇的斗争策略，决不是少数人坐在房子里能够产生的，它是要在群众的斗争过程中才能产生的，这就是说要在实际经验中才能产生。因此，我们需要时时了解社会情况，时时进行实际调查。那些具有一成不变的保守的形式的空洞乐观的头脑的同志们，以为现在的斗争策略已经是再好没有了，党的第六次全国代表大会的“本本”[7]保障了永久的胜利，只要遵守既定办法就无往而不胜利。这些想法是完全错误的，完全不是共产党人从斗争中创造新局面的思想路线，完全是一种保守路线。这种保守路线如不根本丢掉，将会给革命造成很大损失，也会害了这些同志自己。红军中显然有一部分同志是安于现状，不求甚解，空洞乐观，提倡所谓“无产阶级就是这样”的错误思想，饱食终日，坐在机关里面打瞌睡，从不肯伸只脚到社会群众中去调查调查。对人讲话一向是那几句老生常谈，使人厌听。我们要大声疾呼，唤醒这些同志：

速速改变保守思想！

换取共产党人的进步的斗争思想！

到斗争中去！

到群众中作实际调查去！

七　调查的技术

（1）要开调查会作讨论式的调查

只有这样才能近于正确,才能抽出结论。那种不开调查会,不作讨论式的调查,只凭一个人讲他的经验的方法,是容易犯错误的。那种只随便问一下子,不提出中心问题在会议席上经过辩论的方法,是不能抽出近于正确的结论的。

（2）调查会到些什么人？

要是能深切明了社会经济情况的人。以年龄说，老年人最好，因为他们有丰富的经验，不但懂得现状，而且明白因果。有斗争经验的青年人也要，因为他们有进步的思想，有锐利的观察。以职业说，工人也要，农民也要，商人也要，知识分子也要，有时兵士也要，流氓也要。自然，调查某个问题时，和那个问题无关的人不必在座，如调查商业时，工农学各业不必在座。

（3）开调查会人多好还是人少好？

看调查人的指挥能力。那种善于指挥的，可以多到十几个人或者二十几个人。人多有人多的好处，就是在做统计时（如征询贫农占农民总数的百分之几），在做结论时（如征询土地分配平均分好还是差别分好），能得到比较正确的回答。自然人多也有人多的坏处，指挥能力欠缺的人会无法使会场得到安静。究竟人多人少，要依调查人的情况决定。但是至少需要三人，不然会囿于见闻，不符合真实情况。

（4）要定调查纲目

纲目要事先准备，调查人按照纲目发问，会众口说。不明了的，有疑义的，提起辩论。所谓“调查纲目”，要有大纲，还要有细目，如“商业”是个大纲，“布匹”，“粮食”，“杂货”，“药材”都是细目，布匹下再分“洋布”，“土布”，“绸缎”各项细目。

（5）要亲身出马

凡担负指导工作的人，从乡政府主席到全国中央政府主席，从大队长到总司令，从支部书记到总书记，一定都要亲身从事社会经济的实际调查，不能单靠书面报告，因为二者是两回事。

（6）要深入

初次从事调查工作的人，要作一两回深入的调查工作，就是要了解一处地方（例如一个农村、一个城市），或者一个问题（例如粮食问题、货币问题）的底里。深切地了解一处地方或者一个问题了，往后调查别处地方、别个问题，便容易找到门路了。

（7）要自己做记录

调查不但要自己当主席，适当地指挥调查会的到会人，而且要自己做记录，把调查的结果记下来。假手于人是不行的。

选自《毛泽东选集》第1卷
第109—118页

注　释

〔1〕1931年4月2日毛泽东在《总政治部关于调查人口和土地状况的通知》中，对“没有调查，没有发言权”的论断作了补充和发展，提出“我们的口号是：一，不做调查没有发言权。二，不做正确的调查同样没有发言权。”

〔2〕见《论语·八佾》。原文是：“子入太庙，每事问。”

〔3〕李逵是《水浒传》中的一个英雄人物。他朴直豪爽，对农民革命事业很忠诚，但是处事鲁莽。

〔4〕毛泽东历来重视调查工作，把进行社会调查作为领导工作的首要任务和决定政策的基础。在毛泽东的倡导下，红军第四军的调查工作逐渐地开展起来。毛泽东还把进行社会调查规定为工作制度，红军政治部制订了详细的调查表，包括群众斗争状况、反动派状况，经济生活情况和农村各阶级占有土地的情况等项目。红军每到一个地方，都首先要弄清当地的阶级关系状况，然后再提出切合群众需要的口号。

〔5〕这里是指中农。

〔6〕这里所说的山头指江西、湖南边界的井冈山地区，平地指江西南部、福建西部地区。1929年1月，毛泽东、朱德率领红军第四军的主力，自井冈山出发，向江西南部，福建西部进军，开辟赣南、闽西两大革命根据地。

〔7〕指1928年6月至7月召开的中国共产党第六次全国代表大会通过的各项决议案。1929年初，红军第四军前敌委员会曾经把这些决议案汇集印成单行本，发给红军和地方的党组织。

毛泽东

《实践论》

学 习 提 示

《实践论》写于1937年7月，是毛泽东在延安的抗日军事政治大学所作的讲演。此篇系毛泽东讲课提纲即《辩证法唯物论讲授提纲》的一部分。1950年经过作者修改润色后正式发表。

20世纪30年代中、后期，正值中国革命逐步地由国内战争向抗日民族解放战争转变的关键时期。1935年1月在长征途中召开的遵义会议，结束了王明“左”倾路线在中共党内的统治，确立了毛泽东在党中央的领导地位。为了总结革命的经验教训，从哲学上分析“左”右倾错误的根源，批判教条主义和经验主义，毛泽东在长征到达陕北后，以极大的精力从事哲学研究，撰写了《实践论》和《矛盾论》。本篇因为重点是揭露看轻实践的教条主义、主观主义，故题为《实践论》。

《实践论》以马克思主义的实践观点为基础，以认识和实践——知和行的相互关系及其矛盾运动为中心，系统阐释和发挥了能动的革命的反映论的基本原理，丰富和发展了马克思主义的认识论。

第一，系统地阐明了马克思主义认识论的实践第一的观点。

《实践论》开篇就明确指出马克思以前的唯物论，离开人的社会性，离开人的发展，去观察认识问题，因此不能了解认识对实践的依赖关系。在指出旧唯物主义认识论的要害后，毛泽东从两个方面对实践观作了深入展开。

其一，关于实践的内容和形式。毛泽东指出：“人类的生产活动是最基本的实践活动，是决定其他一切活动的东西。”除生产活动以外，阶级斗争、政治生活、科学和艺术的活动等人们社会生活一切领域的实际活动，也都是实践活动。在马克思主义哲学史上，毛泽东首次把生产活动、阶级斗争和科学实验这三项活动规定为人类社会实践的主要形式。

其二，关于实践在认识过程中的地位和作用。毛泽东将实践在认识中的地位和作用进行了概括，特别强调实践是认识的来源，实践是认识发展的动力，实践是检验认识真理性的标准，实践是认识的目的。系统阐述了“实践的观点是辩证唯物论的认识论之第一的和基本的观点。”

第二，深刻地揭示了认识发展的辩证运动过程。

毛泽东指出，在社会实践的基础上，人们的认识过程经历了两次飞跃。第一次是从感性认识到理性认识，第二次是从理性认识回到革命的实践。

《实践论》以较多的篇幅论述了何为感性认识和理性认识及其二者之间的相互关系。它指出，人们在实践中获得的感性认识，是对于事物之片面的、现象的、外部联系的认识，这是认识的低级阶段。理性认识是对于事物的本质、事物的全体、事物的内部联系的认识，这是认识的高级阶段。

感性认识和理性认识之间是辩证统一的关系。一方面，理性认识必须依赖于感性认识。实现从感性认识到理性认识的飞跃，必须具备两个条件，一是要获得丰富的可靠的感性材料；二是必须经过抽象思维，对感性材料进行去粗取精、去伪存真、由此及彼、由表及里的加工制作。另一方面，感性认识必须上升到理性认识。因为“感觉只解决现象问题，理论才解决本质问题”，而认识的真正任务在于认识事物的本质和规律性。从此意义上说，理性认识是人们对于一个事物的整个认识过程中更为重要的阶段。换言之，认识开始于感觉经验，理性认识依赖于感性认识，这是认识论的唯物论；感性认识有待于深化和发展为理性认识，这是认识论的辩证法。感性认识和理性认识在实践基础上的统一，具体体现了唯物论和辩证法的统一。

《实践论》强调：“认识的能动作用，不但表现于从感性的认识到理性的认识之能动的飞跃，更重要的还须表现于从理性的认识到革命的实践这一个飞跃。”这是因为，首先，认识的目的不在于解释世界，而在于改造世界。其次，由理性认识向实践飞跃的过程是“检验理论和发展理论的过程”。因此，从理性认识到革命实践的飞跃，既是理论指导实践的过程，也是理论在实践中经受检验并得到发展的过程，这个过程是整个认识过程的继续。毛泽东正是在此意义上，认为认识过程的第二次飞跃比起第一次飞跃更重要，意义也更加伟大。

第三，科学地概括了认识发展的总规律。

人们的认识经过从感性认识到理性认识，又从理性认识回到实践，即两个能动飞跃，一般说来，如果能达到预期的目的，那么，对于某一具体事物或过程的认识运动来说算是完成了。但是对于事物过程的推移而言，往往需要经过由实践到认识，由认识到实践的多次反复才能达到。毛泽东指出：“任何过程，不论是属于自然界的和属于社会的，由于内部的矛盾和斗争，都是向前推移向前发展的，人们的认识运动也应跟着推移和发展。”“客观现实世界的变化运动永远没有完结，人们在实践中对于真理的认识也就永远没有完结。”毛泽东深刻地揭露了党内“左”右倾错误的认识论根源，他指出：“唯心论和机械唯物论，机会主义和冒险主义，都是以主观和客观相分裂，以认识和实践相脱离为特征的。”他因此强调：“我们的结论是主观和客观、理论和实践、知和行的具体的历史的统一，反对一切离开具体历史的‘左’的或右的错误思想。”这是毛泽东在总结中国革命和党内斗争经验的基础上，作出的重要的认识论结论。

《实践论》用十分简洁明晰的语言，把人类认识发展的总过程和总规律概括为：“实践、认识、再实践、再认识，这种形式，循环往复以至无穷，而实践和认识之每一循环的内容，都比较地进到了高一级的程度。这就是辩证唯物论的全部认识论，这就是辩证唯物论的知行统一观。”这一概括是对人类认识过程的科学抽象，为人们认识世界和改造世界指明了正确的方向和道路。

总之，《实践论》是马克思主义哲学与中国革命实践相结合的产物。它在马克思主义哲学中国化的发展过程中有着极其重要的地位，它和《矛盾论》一起标志着毛泽东哲学思想的成熟和体系的形成。它是中国共产党人和中国人民认识世界和改造世界的科学方法论，为中国共产党的思想路线奠定了理论基础，为马克思主义在中国的传播作出了杰出的贡献。

原著

实　践　论*

论认识和实践的关系——知和行的关系

（一九三七年七月）

马克思以前的唯物论，离开人的社会性，离开人的历史发展，去观察认识问题，因此不能了解认识对社会实践的依赖关系，即认识对生产和阶级斗争的依赖关系。

首先，马克思主义者认为人类的生产活动是最基本的实践活动，是决定其他一切活动的东西。人的认识，主要地依赖于物质的生产活动，逐渐地了解自然的现象、自然的性质、自然的规律性、人和自然的关系；而且经过生产活动，也在各种不同程度上逐渐地认识了人和人的一定的相互关系。一切这些知识，离开生产活动是不能得到的。在没有阶级的社会中，每个人以社会一员的资格，同其他社会成员协力，结成一定的生产关系，从事生产活动，以解决人类物质生活问题。在各种阶级的社会中，各阶级的社会成员，则又以各种不同的方式，结成一定的生产关系，从事生产活动，以解决人类物质生活问题。这是人的认识发展的基本来源。

人的社会实践，不限于生产活动一种形式，还有多种其他的形式，阶级斗争，政治生活，科学和艺术的活动，总之社会实际生活的一切领域都是社会的人所参加的。因此，人的认识，在物质生活以外，还从政治生活文化生活中

---

* 在中国共产党内，曾经有一部分教条主义的同志长期拒绝中国革命的经验，否认“马克思主义不是教条而是行动的指南”这个真理，而只生吞活剥马克思主义书籍中的只言片语，去吓唬人们。还有另一部分经验主义的同志长期拘守于自身的片断经验，不了解理论对于革命实践的重要性，看不见革命的全局，虽然也是辛苦地——但却是盲目地在工作。这两类同志的错误思想，特别是教条主义思想，曾经在一九三一年至一九三四年使得中国革命受了极大的损失，而教条主义者却是披着马克思主义的外衣迷惑了广大的同志。毛泽东的《实践论》，是为着用马克思主义的认识论观点去揭露党内的教条主义和经验主义——特别是教条主义这些主观主义的错误而写的。因为重点是揭露看轻实践的教条主义这种主观主义，故题为《实践论》。毛泽东曾以这篇论文的观点在延安的抗日军事政治大学作过讲演。

（与物质生活密切联系），在各种不同程度上，知道人和人的各种关系。其中，尤以各种形式的阶级斗争，给予人的认识发展以深刻的影响。在阶级社会中，每一个人都在一定的阶级地位中生活，各种思想无不打上阶级的烙印。

马克思主义者认为人类社会的生产活动，是一步又一步地由低级向高级发展，因此，人们的认识，不论对于自然界方面，对于社会方面，也都是一步又一步地由低级向高级发展，即由浅入深，由片面到更多的方面。在很长的历史时期内，大家对于社会的历史只能限于片面的了解，这一方面是由于剥削阶级的偏见经常歪曲社会的历史，另方面，则由于生产规模的狭小，限制了人们的眼界。人们能够对于社会历史的发展作全面的历史的了解，把对于社会的认识变成了科学，这只是到了伴随巨大生产力——大工业而出现近代无产阶级的时候，这就是马克思主义的科学。

马克思主义者认为，只有人们的社会实践，才是人们对于外界认识的真理性的标准。实际的情形是这样的，只有在社会实践过程中（物质生产过程中，阶级斗争过程中，科学实验过程中），人们达到了思想中所预想的结果时，人们的认识才被证实了。人们要想得到工作的胜利即得到预想的结果，一定要使自己的思想合于客观外界的规律性，如果不合，就会在实践中失败。人们经过失败之后，也就从失败取得教训，改正自己的思想使之适合于外界的规律性，人们就能变失败为胜利，所谓“失败者成功之母”，“吃一堑长一智”，就是这个道理。辩证唯物论的认识论把实践提到第一的地位，认为人的认识一点也不能离开实践，排斥一切否认实践重要性、使认识离开实践的错误理论。列宁这样说过：“实践高于（理论的）认识，因为它不但有普遍性的品格，而且还有直接现实性的品格。”〔1〕马克思主义的哲学辩证唯物论有两个最显著的特点：一个是它的阶级性，公然申明辩证唯物论是为无产阶级服务的；再一个是它的实践性，强调理论对于实践的依赖关系，理论的基础是实践，又转过来为实践服务。判定认识或理论之是否真理，不是依主观上觉得如何而定，而是依客观上社会实践的结果如何而定。真理的标准只能是社会的实践。实践的观点是辩证唯物论的认识论之第一的和基本的观点〔2〕。

然而人的认识究竟怎样从实践发生，而又服务于实践呢？这只要看一看认识的发展过程就会明了的。

原来人在实践过程中，开始只是看到过程中各个事物的现象方面，看到各个事物的片面，看到各个事物之间的外部联系。例如有些外面的人们到延安来考察，头一二天，他们看到了延安的地形、街道、屋宇，接触了许多的人，参加了宴会、晚会和群众大会，听到了各种说话，看到了各种文件，这些就是事物的现象，事物的各个片面以及这些事物的外部联系。这叫做认识的感性阶段，就是感觉和印象的阶段。也就是延安这些各别的事物作用于考察团先生们的感官，引起了他们的感觉，在他们的脑子中生起了许多的印象，以及这些印象间的大概的外部的联系，这是认识的第一个阶段。在这个阶段中，人们还不能造成深刻的概念，作出合乎论理（即合乎逻辑）的结论。

社会实践的继续，使人们在实践中引起感觉和印象的东西反复了多次，于是在人们的脑子里生起了一个认识过程中的突变（即飞跃），产生了概念。概念这种东西已经不是事物的现象，不是事物的各个片面，不是它们的外部联系，而是抓着了事物的本质，事物的全体，事物的内部联系了。概念同感觉，不但是数量上的差别，而且有了性质上的差别。循此继进，使用判断和推理的方法，就可产生出合乎论理的结论来。《三国演义》上所谓“眉头一皱计上心来”，我们普通说话所谓“让我想一想”，就是人在脑子中运用概念以作判断和推理的工夫。这是认识的第二个阶段。外来的考察团先生们在他们集合了各种材料，加上他们“想了一想”之后，他们就能够作出“共产党的抗日民族统一战线的政策是彻底的、诚恳的和真实的”这样一个判断了。在他们作出这个判断之后，如果他们对于团结救国也是真实的的话，那末他们就能够进一步作出这样的结论：“抗日民族统一战线是能够成功的。”这个概念、判断和推理的阶段，在人们对于一个事物的整个认识过程中是更重要的阶段，也就是理性认识的阶段。认识的真正任务在于经过感觉而到达于思维，到达于逐步了解客观事物的内部矛盾，了解它的规律性，了解这一过程和那一过程间的内部联系，即到达于论理的认识。重复地说，论理的认识所以和感性的认识不同，是因为感性的认识是属于事物之片面的、现象的、外部联系的东西，论理的认识则推进了一大步，到达了事物的全体的、本质的、内部联系的东西，到达了暴露周围世界的内在的矛盾，因而能在周围世界的总体上，在周围世界一切方面的内部联系上去把握周围世界的发展。

这种基于实践的由浅入深的辩证唯物论的关于认识发展过程的理论，在马克思主义以前，是没有一个人这样解决过的。马克思主义的唯物论，第一次正确地解决了这个问题，唯物地而且辩证地指出了认识的深化的运动，指出了社会的人在他们的生产和阶级斗争的复杂的、经常反复的实践中，由感性认识到论理认识的推移的运动。列宁说过：“物质的抽象，自然规律的抽象，价值的抽象以及其他等等，一句话，一切科学的（正确的、郑重的、非瞎说的）抽象，都更深刻、更正确、更完全地反映着自然。”〔3〕马克思列宁主义认为：认识过程中两个阶段的特性，在低级阶段，认识表现为感性的，在高级阶段，认识表现为论理的，但任何阶段，都是统一的认识过程中的阶段。感性和理性二者的性质不同，但又不是互相分离的，它们在实践的基础上统一起来了。我们的实践证明：感觉到了的东西，我们不能立刻理解它，只有理解了的东西才更深刻地感觉它。感觉只解决现象问题，理论才解决本质问题。这些问题的解决，一点也不能离开实践。无论何人要认识什么事物，除了同那个事物接触，即生活于（实践于）那个事物的环境中，是没有法子解决的。不能在封建社会就预先认识资本主义社会的规律，因为资本主义还未出现，还无这种实践。马克思主义只能是资本主义社会的产物。马克思不能在自由资本主义时代就预先具体地认识帝国主义时代的某些特异的规律，因为帝国主义这个资本主义最后阶段还未到来，还无这种实践，只有列宁和斯大林才能担当此项任务。马克思、恩格斯、列宁、斯大林之所以能够作出他们的理论，除了他们的天才条件之外，主要地是他们亲自参加了当时的阶级斗争和科学实验的实践，没有这后一个条件，任何天才也是不能成功的。“秀才不出门，全知天下事”，在技术不发达的古代只是一句空话，在技术发达的现代虽然可以实现这句话，然而真正亲知的是天下实践着的人，那些人在他们的实践中间取得了“知”，经过文字和技术的传达而到达于“秀才”之手，秀才乃能间接地“知天下事”。如果要直接地认识某种或某些事物，便只有亲身参加于变革现实、变革某种或某些事物的实践的斗争中，才能触到那种或那些事物的现象，也只有在亲身参加变革现实的实践的斗争中，才能暴露那种或那些事物的本质而理解它们。这是任何人实际上走着的认识路程，不过有些人故意歪曲地说些反对的话罢了。世上最可笑的是那些“知识里手〔4〕”，有了道听途说的一知半解，便自封为“天下第一”，适足见其不自量而已。知识的问题是一个科学问题，来不得半点的虚伪和骄傲，决定地需要的倒是其反面——诚实和谦逊的态度。你要有知识，你就得参加变革现实的实践。你要知道梨子的滋味，你就得变革梨子，亲口吃一吃。你要知道原子的组织同性质，你就得实行物理学和化学的实验，变革原子的情况。你要知道革命的理论和方法，你就得参加革命。一切真知都是从直接经验发源的。但人不能事事直接经验，事实上多数的知识都是间接经验的东西，这就是一切古代的和外域的知识。这些知识在古人在外人是直接经验的东西，如果在古人外人直接经验时是符合于列宁所说的条件“科学的抽象”，是科学地反映了客观的事物，那末这些知识是可靠的，否则就是不可靠的。所以，一个人的知识，不外直接经验的和间接经验的两部分。而且在我为间接经验者，在人则仍为直接经验。因此，就知识的总体说来，无论何种知识都是不能离开直接经验的。任何知识的来源，在于人的肉体感官对客观外界的感觉，否认了这个感觉，否认了直接经验，否认亲自参加变革现实的实践，他就不是唯物论者。“知识里手”之所以可笑，原因就是在这个地方。中国人有一句老话：“不入虎穴，焉得虎子。”这句话对于人们的实践是真理，对于认识论也是真理。离开实践的认识是不可能的。

为了明了基于变革现实的实践而产生的辩证唯物论的认识运动——认识的逐渐深化的运动，下面再举出几个具体的例子。

无产阶级对于资本主义社会的认识，在其实践的初期——破坏机器和自发斗争时期，他们还只在感性认识的阶段，只认识资本主义各个现象的片面及其外部的联系。这时，他们还是一个所谓“自在的阶级”。但是到了他们实践的第二个时期——有意识有组织的经济斗争和政治斗争的时期，由于实践，由于长期斗争的经验，经过马克思、恩格斯用科学的方法把这种种经验总结起来，产生了马克思主义的理论，用以教育无产阶级，这样就使无产阶级理解了资本主义社会的本质，理解了社会阶级的剥削关系，理解了无产阶级的历史任务，这时他们就变成了一个“自为的阶级”。

中国人民对于帝国主义的认识也是这样。第一阶段是表面的感性的认识阶段，表现在太平天国运动和义和团运动等笼统的排外主义的斗争上[5]。第二阶段才进到理性的认识阶段，看出了帝国主义内部和外部的各种矛盾，并看出了帝国主义联合中国买办阶级和封建阶级以压榨中国人民大众的实质，这种认识是从一九一九年五四运动[6]前后才开始的。

我们再来看战争。战争的领导者，如果他们是一些没有战争经验的人，对于一个具体的战争（例如我们过去十年的土地革命战争）的深刻的指导规律，在开始阶段是不了解的。他们在开始阶段只是身历了许多作战的经验，而且败仗是打得很多的。然而由于这些经验（胜仗，特别是败仗的经验），使他们能够理解贯串整个战争的内部的东西，即那个具体战争的规律性，懂得了战略和战术，因而能够有把握地去指导战争。此时，如果改换一个无经验的人去指导，又会要在吃了一些败仗之后（有了经验之后）才能理会战争的正确的规律。

常常听到一些同志在不能勇敢接受工作任务时说出来的一句话：没有把握。为什么没有把握呢？因为他对于这项工作的内容和环境没有规律性的了解，或者他从来就没有接触过这类工作，或者接触得不多，因而无从谈到这类工作的规律性。及至把工作的情况和环境给以详细分析之后，他就觉得比较地有了把握，愿意去做这项工作。如果这个人在这项工作中经过了一个时期，他有了这项工作的经验了，而他又是一个肯虚心体察情况的人，不是一个主观地、片面地、表面地看问题的人，他就能够自己做出应该怎样进行工作的结论，他的工作勇气也就可以大大地提高了。只有那些主观地、片面地和表面地看问题的人，跑到一个地方，不问环境的情况，不看事情的全体（事情的历史和全部现状），也不触到事情的本质（事情的性质及此一事情和其他事情的内部联系），就自以为是地发号施令起来，这样的人是没有不跌交子的。

由此看来，认识的过程，第一步，是开始接触外界事情，属于感觉的阶段。第二步，是综合感觉的材料加以整理和改造，属于概念、判断和推理的阶段。只有感觉的材料十分丰富（不是零碎不全）和合于实际（不是错觉），才能根据这样的材料造出正确的概念和论理来。

这里有两个要点必须着重指明。第一个，在前面已经说过的，这里再重复说一说，就是理性认识依赖于感性认识的问题。如果以为理性认识可以不从感性认识得来，他就是一个唯心论者。哲学史上有所谓“唯理论”一派，就是只承认理性的实在性，不承认经验的实在性，以为只有理性靠得住，而感觉的经验是靠不住的，这一派的错误在于颠倒了事实。理性的东西所以靠得住，正是由于它来源于感性，否则理性的东西就成了无源之水，无本之木，而只是主观自生的靠不住的东西了。从认识过程的秩序说来，感觉经验是第一的东西，我们强调社会实践在认识过程中的意义，就在于只有社会实践才能使人的认识开始发生，开始从客观外界得到感觉经验。一个闭目塞听、同客观外界根本绝缘的人，是无所谓认识的。认识开始于经验——这就是认识论的唯物论。

第二是认识有待于深化，认识的感性阶段有待于发展到理性阶段——这就是认识论的辩证法[7]。如果以为认识可以停顿在低级的感性阶段，以为只有感性认识可靠，而理性认识是靠不住的，这便是重复了历史上的“经验论”的错误。这种理论的错误，在于不知道感觉材料固然是客观外界某些真实性的反映（我这里不来说经验只是所谓内省体验的那种唯心的经验论），但它们仅是片面的和表面的东西，这种反映是不完全的，是没有反映事物本质的。要完全地反映整个的事物，反映事物的本质，反映事物的内部规律性，就必须经过思考作用，将丰富的感觉材料加以去粗取精、去伪存真、由此及彼、由表及里的改造制作工夫，造成概念和理论的系统，就必须从感性认识跃进到理性认识。这种改造过的认识，不是更空虚了更不可靠了的认识，相反，只要是在认识过程中根据于实践基础而科学地改造过的东西，正如列宁所说乃是更深刻、更正确、更完全地反映客观事物的东西。庸俗的事务主义家不是这样，他们尊重经验而看轻理论，因而不能通观客观过程的全体，缺乏明确的方针，没有远大的前途，沾沾自喜于一得之功和一孔之见。这种人如果指导革命，就会引导革命走上碰壁的地步。

理性认识依赖于感性认识，感性认识有待于发展到理性认识，这就是辩证唯物论的认识论。哲学上的“唯理论”和“经验论”都不懂得认识的历史性或辩证性，虽然各有片面的真理（对于唯物的唯理论和经验论而言，非指唯心的唯理论和经验论），但在认识论的全体上则都是错误的。由感性到理性之辩证唯物论的认识运动，对于一个小的认识过程（例如对于一个事物或一件工作的认识）是如此，对于一个大的认识过程（例如对于一个社会或一个革命的认识）也是如此。

然而认识运动至此还没有完结。辩证唯物论的认识运动，如果只到理性认识为止，那末还只说到问题的一半。而且对于马克思主义的哲学说来，还只说到非十分重要的那一半。马克思主义的哲学认为十分重要的问题，不在于懂得了客观世界的规律性，因而能够解释世界，而在于拿了这种对于客观规律性的认识去能动地改造世界。在马克思主义看来，理论是重要的，它的重要性充分地表现在列宁说过的一句话："没有革命的理论，就不会有革命的运动。"〔8〕然而马克思主义看重理论，正是，也仅仅是，因为它能够指导行动。如果有了正确的理论，只是把它空谈一阵，束之高阁，并不实行，那末，这种理论再好也是没有意义的。认识从实践始，经过实践得到了理论的认识，还须再回到实践去。认识的能动作用，不但表现于从感性的认识到理性的认识之能动的飞跃，更重要的还须表现于从理性的认识到革命的实践这一个飞跃。抓着了世界的规律性的认识，必须把它再回到改造世界的实践中去，再用到生产的实践、革命的阶级斗争和民族斗争的实践以及科学实验的实践中去。这就是检验理论和发展理论的过程，是整个认识过程的继续。理论的东西之是否符合于客观真理性这个问题，在前面说的由感性到理性之认识运动中是没有完全解决的，也不能完全解决的。要完全地解决这个问题，只有把理性的认识再回到社会实践中去，应用理论于实践，看它是否能够达到预想的目的。许多自然科学理论之所以被称为真理，不但在于自然科学家们创立这些学说的时候，而且在于为尔后的科学实践所证实的时候。马克思列宁主义之所以被称为真理，也不但在于马克思、恩格斯、列宁、斯大林等人科学地构成这些学说的时候，而且在于为尔后革命的阶级斗争和民族斗争的实践所证实的时候。辩证唯物论之所以为普遍真理，在于经过无论什么人的实践都不能逃出它的范围。人类认识的历史告诉我们，许多理论的真理性是不完全的，经过实践的检验而纠正了它们的不完全性。许多理论是错误的，经过实践的检验而纠正其错误。所谓实践是真理的标准，所谓"生活、实践底观点，应该是认识论底首先的和基本的观点"〔9〕，理由就在这个地方。斯大林说得好："理论若不和革命实践联系起来，就会变成无对象的理论，同样，实践若不以革命理论为指南，就会变成盲目的实践。"〔10〕

说到这里，认识运动就算完成了吗？我们的答复是完成了，又没有完成。社会的人们投身于变革在某一发展阶段内的某一客观过程的实践中（不论是关于变革某一自然过程的实践，或变革某一社会过程的实践），由于客观过程的反映和主观能动性的作用，使得人们的认识由感性的推移到了理性的，造成了大体上相应于该客观过程的法则性的思想、理论、计划或方案，然后再应用这种思想、理论、计划或方案于该同一客观过程的实践，如果能够实现预想的目的，即将预定的思想、理论、计划、方案在该同一过程的实践中变为事实，或者大体上变为事实，那末，对于这一具体过程的认识运动算是完成了。例如，在变革自然的过程中，某一工程计划的实现，某一科学假想的证实，某一器物的制成，某一农产的收获，在变革社会过程中某一罢工的胜利，某一战争的胜利，某一教育计划的实现，都算实现了预想的目的。然而一般地说来，不论在变革自然或变革社会的实践中，人们原定的思想、理论、计划、方案，毫无改变地实现出来的事，是很少的。这是因为从事变革现实的人们，常常受着许多的限制，不但常常受着科学条件和技术条件的限制，而且也受着客观过程的发展及其表现程度的限制（客观过程的方面及本质尚未充分暴露）。在这种情形之下，由于实践中发现前所未料的情况，因而部分地改变思想、理论、计划、方案的事是常有的，全部地改变的事也是有的。即是说，原定的思想、理论、计划、方案，部分地或全部地不合于实际，部分错了或全部错了的事，都是有的。许多时候须反复失败过多次，才能纠正错误的认识，才能到达于和客观过程的规律性相符合，因而才能够变主观的东西为客观的东西，即在实践中得到预想的结果。但是不管怎样，到了这种时候，人们对于在某一发展阶段内的某一客观过程的认识运动，算是完成了。

然而对于过程的推移而言，人们的认识运动是没有完成的。任何过程，不论是属于自然界的和属于社会的，由于内部的矛盾和斗争，都是向前推移向前发展的，人们的认识运动也应跟着推移和发展。依社会运动来说，真正的革命的指导者，不但在于当自己的思想、理论、计划、方案有错误时须得善于改正，如同上面已经说到的，而且在于当某一客观过程已经从某一发展阶段向另一发展阶段推移转变的时候，须得善于使自己和参加革命的一切人员在主观认识上也跟着推移转变，即是要使新的革命任务和新的工作方案的提出，适合于新的情况的变化。革命时期情况的变化是很急速的，如果革命党人的认识不能随之而急速变化，就不能引导革命走向胜利。

然而思想落后于实际的事是常有的，这是因为人的认识受了许多社会条件的限制的缘故。我们反对革命队伍中的顽固派，他们的思想不能随变化了的客观情况而前进，在历史上表现为右倾机会主义。这些人看不出矛盾的斗争已将客观过程推向前进了，而他们的认识仍然停止在旧阶段。一切顽固党的思想都有这样的特征。他们的思想离开了社会的实践，他们不能站在社会车轮的前头充任向导的工作，他们只知跟在车子后面怨恨车子走得太快了，企图把它向后拉，开倒车。

我们也反对“左”翼空谈主义。他们的思想超过客观过程的一定发展阶段，有些把幻想看作真理，有些则把仅在将来有现实可能性的理想，勉强地放在现时来做，离开了当前大多数人的实践，离开了当前的现实性，在行动上表现为冒险主义。

唯心论和机械唯物论，机会主义和冒险主义，都是以主观和客观相分裂，以认识和实践相脱离为特征的。以科学的社会实践为特征的马克思列宁主义的认识论，不能不坚决反对这些错误思想。马克思主义者承认，在绝对的总的宇宙发展过程中，各个具体过程的发展都是相对的，因而在绝对真理的长河中，人们对于在各个一定发展阶段上的具体过程的认识只具有相对的真理性。无数相对的真理之总和，就是绝对的真理〔11〕。客观过程的发展是充满着矛盾和斗争的发展，人的认识运动的发展也是充满着矛盾和斗争的发展。一切客观世界的辩证法的运动，都或先或后地能够反映到人的认识中来。社会实践中的发生、发展和消灭的过程是无穷的，人的认识的发生、发展和消灭的过程也是无穷的。根据于一定的思想、理论、计划、方案以从事于变革客观现实的实践，一次又一次地向前，人们对于客观现实的认识也就一次又一次地深化。客观现实世界的变化运动永远没有完结，人们在实践中对于真理的认识也就永远没有完结。马克思列宁主义并没有结束真理，而是在实践中不断地开辟认识真理的道路。我们的结论是主观和客观、理论和实践、知和行的具体的历史的统一，反对一切离开具体历史的“左”的或右的错误思想。

社会的发展到了今天的时代，正确地认识世界和改造世界的责任，已经历史地落在无产阶级及其政党的肩上。这种根据科学认识而定下来的改造世界的实践过程，在世界、在中国均已到达了一个历史的时节——自有历史以来未曾有过的重大时节，这就是整个儿地推翻世界和中国的黑暗面，把它们转变过来成为前所未有的光明世界。无产阶级和革命人民改造世界的斗争，包括实现下述的任务：改造客观世界，也改造自己的主观世界——改造自己的认识能力，改造主观世界同客观世界的关系。地球上已经有一部分实行了这种改造，这就是苏联。他们还正在促进这种改造过程。中国人民和世界人民也都正在或将要通过这样的改造过程。所谓被改造的客观世界，其中包括了一切反对改造的人们，他们的被改造，须要通过强迫的阶段，然后才能进入自觉的阶段。世界到了全人类都自觉地改造自己和改造世界的时候，那就是世界的共产主义时代。

通过实践而发现真理，又通过实践而证实真理和发展真理。从感性认识而能动地发展到理性认识，又从理性认识而能动地指导革命实践，改造主观世界和客观世界。实践、认识、再实践、再认识，这种形式，循环往复以至无穷，而实践和认识之每一循环的内容，都比较地进到了高一级的程度。这就是辩证唯物论的全部认识论，这就是辩证唯物论的知行统一观。

选自《毛泽东选集》
第 1 卷第 282—297 页

注　释

〔1〕见列宁《黑格尔〈逻辑学〉一书摘要》。新的译文是：“实践高于（理论的）认识，因

为它不仅具有普遍性的品格，而且还具有直接现实性的品格。”（《列宁全集》第55卷，人民出版社1990年版，第183页）

〔2〕参见马克思《关于费尔巴哈的提纲》（《马克思恩格斯选集》第1卷，人民出版社1972年版，第16—19页）和列宁《唯物主义和经验批判主义》第二章第六节（《列宁全集》第18卷，人民出版社1988年版，第144页）。

〔3〕见列宁《黑格尔〈逻辑学〉一书摘要》（《列宁全集》第55卷，人民出版社1990年版，第142页）。

〔4〕里手，湖南方言，内行的意思。

〔5〕1951年3月27日，毛泽东在致李达的信中说：“《实践论》中将太平天国放在排外主义一起说不妥，出选集时拟加修改，此处暂仍照原。”

〔6〕五四运动是1919年5月4日发生的反帝反封建的爱国运动。当时，第一次世界大战刚刚结束，英、美、法、日、意等战胜国在巴黎召开对德和会，决定由日本继承德国在中国山东的特权。中国是参加对德宣战的战胜国之一，但北洋军阀政府却准备接受这个决定。5月4日，北京学生游行示威，反对帝国主义的这一无理决定和北洋军阀政府的妥协。这次运动迅速地获得了全国人民的响应，到6月3日以后，发展成为有工人阶级、城市小资产阶级和民族资产阶级参加的广大群众性的反帝反封建的爱国运动。五四运动也是反对封建文化的新文化运动。以1915年《青年杂志》（后改名《新青年》）创刊为起点的新文化运动，竖起“民主”和“科学”的旗帜，反对旧道德，提倡新道德，反对旧文学，提倡新文学。五四运动中的先进分子接受了马克思主义，使新文化运动发展成为马克思主义思想运动，他们致力于马克思主义同中国工人运动相结合，在思想上和干部上准备了中国共产党的成立。

〔7〕参见列宁《黑格尔〈逻辑学〉一书摘要》：“要理解，就必须从经验开始理解、研究，从经验上升到一般。”（《列宁全集》第55卷，人民出版社1990年版，第175页）

〔8〕见列宁《俄国社会民主党人的任务》（《列宁全集》第2卷，人民出版社1984年版，第443页）；并见列宁《怎么办?》第一章第四节（《列宁全集》第6卷，人民出版社1986年版，第23页）。

〔9〕见列宁《唯物主义和经验批判主义》第二章第六节（《列宁全集》第18卷，人民出版社1988年版，第144页）。

〔10〕见斯大林《论列宁主义基础》第三部分《理论》。新的译文是：“离开革命实践的理论是空洞的理论，而不以革命理论为指南的实践是盲目的实践。”（《斯大林选集》上卷，人民出版社1979年版，第199—200页）

〔11〕参见列宁《唯物主义和经验批判主义》第二章第五节。原文是：“人类思维按其本性是能够给我们提供并且正在提供由相对真理的总和所构成的绝对真理的。”（《列宁全集》第18卷，人民出版社1988年版，第135页）

毛泽东

《矛盾论》

学习提示

《矛盾论》是毛泽东另一篇重要的哲学代表作，是1937年8月继《实践论》之后，为同一目的，即主要为克服存在于中国共产党内的严重的教条主义思想而写的。曾在延安的抗日军事政治大学作过公开演讲，发表时作者作了部分的补充、删节和修改。

这篇著作是毛泽东辩证法思想的集中体现，比较系统地论述了对立统一规律的各个方面，是对列宁在《哲学笔记》中提出的“对立面统一的学说是辩证法的实质和核心”这一思想的进一步“说明和发挥”。全文包括结论共七个部分，集中阐述了下述五个方面的内容。

第一，深刻地发挥了对立统一规律是辩证法的实质和核心的思想。

毛泽东指出，辩证法和形而上学是贯穿整个人类认识过程的两种根本对立的宇宙观。形而上学的基本特征是“用孤立的、静止的和片面的观点去看世界”。它把世界上一切事物的形态及其种类都视作彼此孤立和永远不变化的。事物“如果说有变化，也只是数量的增减或场所的变更”。而这种增减和变更的原因不在事物的内部，而在事物的外部，即由于外力推动的结果。唯物辩证法则主张世界上的一切事物都是互相联系，互相制约和不断运动、变化和发展的；事物发展的根本原因在于事物内部的矛盾性。

对于事物的运动发展，毛泽东强调要考察事物的外部矛盾和内部矛盾及其在事物发展中的不同作用。事物的内部矛盾是事物发展的根本原因，一事物和他事物的互相联系和互相影响是事物发展的第二位的原因。他指出：“外因是变化的条件，内因是变化的根据，外因通过内因而起作用。”据此，毛泽东批驳了形而上学的外因论，并反复强调事物内部的矛盾性是事物发展的内在源泉，承认还是否认这一点，是辩证法和形而上学的根本对立所在。

第二，详尽阐明了矛盾普遍性和矛盾特殊性及其辩证关系的原理。

《矛盾论》把矛盾的普遍性的含义概括为两个方面：“其一是说，矛盾存在于一切事物的发展过程中；其二是说，每一事物的发展过程中存在着自始至终的矛盾运动。”这就是说处处有矛盾，时时有矛盾，矛盾无处不在、无时不有。

没有什么事物是不包含矛盾的，没有矛盾就没有世界。事物在发展过程中所包含的差异也是矛盾。

矛盾的特殊性是指，每一具体事物的矛盾以及每一矛盾的各个方面都有其自身的特点。毛泽东对矛盾的特殊性原理作了详尽的论述，阐明了矛盾特殊性的几种基本情形，概括起来说，就是各种物质运动形式中的矛盾，每一运动形式在各个发展过程中的矛盾，每一发展过程中的矛盾的各个方面，每一发展过程在其不同发展阶段上的矛盾以及不同发展阶段上的矛盾的各个方面，都各有其特殊性。毛泽东强调了认识矛盾特殊性的重要性。因为，事物内部包含的特殊矛盾构成了事物之间相互区别的特殊本质，认识矛盾的特殊性是我们认识事物的基础。只有认识了矛盾的特殊性，才能找出正确解决矛盾的方法。“用不同的方法去解决不同的矛盾，这是马克思列宁主义者必须严格地遵守的一个原则。”

《矛盾论》在考察了矛盾的普遍性和特殊性之后，又阐明了它们之间的关系，这就是矛盾的共性和个性的关系，绝对与相对的关系，两者相互联结，矛盾的普遍性存在于特殊性之中，共性存在于个性之中，绝对存在于相对之中，并且两者在一定条件下可以相互转化。毛泽东认为，矛盾的普遍性和特殊性、共性和个性、绝对和相对的关系贯穿于矛盾学说的各个方面，它是“关于事物矛盾的问题的精髓，不懂得它，就等于抛弃了辩证法。”如果割裂了它们之间的辩证关系，就会陷入形而上学。这一论述，指明了无产阶级政党必须坚持马克思主义普遍真理与本国具体实践相结合，否则就会犯教条主义或经验主义的错误。

第三，深入论述了矛盾发展不平衡性的原理。

由于事物存在的复杂性，事物所包含的各种矛盾以及矛盾的不同方面在其发展过程中表现出一定的不平衡性，必须区分出主要矛盾和非主要矛盾，主要的矛盾方面和非主要的矛盾方面。如果不注重研究矛盾不平衡性的这两种情形，就会陷入抽象的研究，不能懂得矛盾的具体情况，因而也就无法找出解决矛盾的正确方法。

毛泽东指出：在复杂的事物发展过程中，有许多的矛盾存在，其中必有一种矛盾是主要的矛盾，由于它的存在和发展，规定或影响着其他矛盾的存在和发展。非主要矛盾是指某一时期、某一范围内，在复杂事物中处于从属地位的矛盾。因此，抓住了主要矛盾，一切问题就迎刃而解了，或者说，其他非主要矛盾就比较容易解决了。当然，强调抓主要矛盾，并不意味着可以忽略非主要矛盾的作用。主要矛盾和非主要矛盾虽然地位不同，但它们是互相联系、彼此制约的，适时恰当地解决非主要矛盾是必要的，因为这不仅不会妨碍抓住主要矛盾，而且还有利于主要矛盾的解决。矛盾的不平衡性还表现在矛盾双方在其发展中的地位和作用不同。《矛盾论》指出："矛盾着的两方面中，必有一方面是主要的，他方面是次要的。其主要的方面，即所谓矛盾起主导作用方面。事物的性质，主要地是由取得支配地位的矛盾的主要方面所规定的。"主要矛盾和非主要矛盾、矛盾的主要方面和非主要方面的地位不是固定不变的，它们在一定条件下可以互相转化。毛泽东对矛盾这两种情况的研究，既体现了"两点论"和"重点论"的辩证统一，又提醒我们要反对形而上学的"一点论"和"均衡论"，这种处理矛盾问题的方法，是"革命政党正确地决定其在政治上和军事上的战略战术方针的重要方法之一，是一切共产党人都应当注意的。"

第四，充分阐发了矛盾诸方面的同一性和斗争性的原理。

矛盾的同一性和斗争性是矛盾的两个基本属性，是反映矛盾诸方面相互关系的两个基本的哲学范畴。毛泽东指出："同一性、统一性、一致性、互相渗透、互相贯通、互相依赖（或依存）、互相联结或互相合作"，说的都是如下两种情形或两种意义："第一，事物发展过程中的每一种矛盾的两个方面，各以和它对立着的方面为自己存在的前提，双方共处于一个统一体中；第二，矛盾着的双方，依据一定的条件，各向着其相反的方面转化。"矛盾的斗争性就是矛盾双方互相排斥、互相对立、互相否定这样一种性质和趋势。

矛盾的同一性和斗争性既相互联结又相互区别。毛泽东指出：同一性不能离开斗争性而存在，同一性是以差别和对立为前提的，没有差别和对立就谈不上双方的相互依存和相互贯通。同样，斗争性也离不开同一性，"斗争性即寓于同一性之中，没有斗争性就没有同一性。"同一性和斗争性的区别表现在，同一性是有条件的、暂时的、相对的；而斗争性是无条件的、永恒的、绝对的。正是"有条件的相对的同一性和无条件的绝对的斗争性相结合，构成了一切事物的矛盾运动。"在这里，毛泽东揭示了事物发展的内在动力，他要求人们无论认识上还是实践活动中，都要把同一性和斗争性这两方面结合起来，在同一中把握斗争，在斗争中把握同一，防止把两个方面割裂开来或者对立起来的片面性。

鉴于矛盾斗争形式之复杂多样性，毛泽东提出了解决对抗性矛盾和非对抗性矛盾的不同方法。他认为，矛盾的斗争性是普遍的、绝对的，但解决矛盾的方法却因矛盾的性质不同而不同。对于对抗性矛盾只能采取对抗方法即外部冲突的方法，如革命斗争的方法等；对于非对抗性矛盾只能采取非对抗性方法即非外部冲突的方式，如批评与自我批评、教育等形式。这两种不同的矛盾在一定条件下会互相转化，因此要特别注意，必须采取适合矛盾性质的解决问题的方式。"对抗只是矛盾斗争的一种形式，而不是它的一切形式，不能到处套用这个公式。"

总之，《矛盾论》在马克思主义哲学发展史上具有重要地位，它和《实践论》一起是毛泽东哲学思想成熟和系统化的主要标志。它在理论上系统地阐发了对立统一规律，发展了马克思主义关于对立统一规律是辩证法的实质和核心的思想，尤其是关于矛盾精髓问题的概括，是马克思主义普遍真理和中国革命具体实践相结合经验的哲学总结，是反对教条主义和经验主义的重大理论成果。它为无产阶级政党正确分析和解决实践中的各种矛盾，提供了根本的思想指导原则和科学方法论。

原著

矛盾论*

（一九三七年八月）

事物的矛盾法则，即对立统一的法则，是唯物辩证法的最根本的法则。列宁说："就本来的意义讲，辩证法是研究对象的本质自身中的矛盾。"〔1〕列宁常称这个法则为辩证法的本质，又称之为辩证法的核心〔2〕。因此，我们在研究这个法则时，不得不涉及广泛的方面，不得不涉及许多的哲学问题。如果我们将这些问题都弄清楚了，我们就在根本上懂得了唯物辩证法。这些问题是：两种宇宙观；矛盾的普遍性；矛盾的特殊性；主要的矛盾和主要的矛盾方面；矛盾诸方面的同一性和斗争性；对抗在矛盾中的地位。

苏联哲学界在最近数年中批判了德波林学派〔3〕的唯心论，这件事引起了我们的极大的兴趣。德波林的唯心论在中国共产党内发生了极坏的影响，我们党内的教条主义思想不能说和这个学派的作风没有关系。因此，我们现在的哲学研究工作，应当以扫除教条主义思想为主要的目标。

一　两种宇宙观

在人类的认识史中，从来就有关于宇宙发展法则的两种见解，一种是形而上学的见解，一种是辩证法的见解，形成了互相对立的两种宇宙观。列宁说："对于发展（进化）所持的两种基本的（或两种可能的？或两种在历史上常见的？）观点是：（一）认为发展是减少和增加，是重复；（二）认为发展是对立的统一（统一物分成为两个互相排斥的对立，而两个对立又互相关联着）。"〔4〕列宁说的就是这两种不同的宇宙观。

形而上学，亦称玄学。这种思想，无论在中国，在欧洲，在一个很长的历史时间内，是属于唯心论的宇宙观，并在人们的思想中占了统治的地位。在欧洲，资产阶级初期的唯物论，也是形而上学的。由于欧洲许多国家的社会经济

---

* 这篇哲学论文，是毛泽东继《实践论》之后，为了同一的目的，即为了克服存在于中国共产党内的严重的教条主义思想而写的，曾在延安的抗日军事政治大学作过讲演。在收入《毛泽东选集》第1卷第一版的时候，作者作了部分的补充、删节和修改。

情况进到了资本主义高度发展的阶段，生产力、阶级斗争和科学均发展到了历史上未有过的水平，工业无产阶级成为历史发展的最伟大的动力，因而产生了马克思主义的唯物辩证法的宇宙观。于是，在资产阶级那里，除了公开的极端露骨的反动的唯心论之外，还出现了庸俗的进化论，出来对抗唯物辩证法。

所谓形而上学的或庸俗进化论的宇宙观，就是用孤立的、静止的和片面的观点去看世界。这种宇宙观把世界一切事物，一切事物的形态和种类，都看成是永远彼此孤立和永远不变化的。如果说有变化，也只是数量的增减和场所的变更。而这种增减和变更的原因，不在事物的内部而在事物的外部，即是由于外力的推动。形而上学家认为，世界上各种不同事物和事物的特性，从它们一开始存在的时候就是如此。后来的变化，不过是数量上的扩大或缩小。他们认为一种事物永远只能反复地产生为同样的事物，而不能变化为另一种不同的事物。在形而上学家看来，资本主义的剥削，资本主义的竞争，资本主义社会的个人主义思想等，就是在古代的奴隶社会里，甚至在原始社会里，都可以找得出来，而且会要永远不变地存在下去。说到社会发展的原因，他们就用社会外部的地理、气候等条件去说明。他们简单地从事物外部去找发展的原因，否认唯物辩证法所主张的事物因内部矛盾引起发展的学说。因此，他们不能解释事物的质的多样性，不能解释一种质变为他种质的现象。这种思想，在欧洲，在十七世纪和十八世纪是机械唯物论，在十九世纪末和二十世纪初则有庸俗进化论。在中国，则有所谓“天不变，道亦不变”[5]的形而上学的思想，曾经长期地为腐朽了的封建统治阶级所拥护。近百年来输入了欧洲的机械唯物论和庸俗进化论，则为资产阶级所拥护。

和形而上学的宇宙观相反，唯物辩证法的宇宙观主张从事物的内部、从一事物对他事物的关系去研究事物的发展，即把事物的发展看做是事物内部的必然的自己的运动，而每一事物的运动都和它的周围其他事物互相联系着和互相影响着。事物发展的根本原因，不是在事物的外部而是在事物的内部，在于事物内部的矛盾性。任何事物内部都有这种矛盾性，因此引起了事物的运动和发展。事物内部的这种矛盾性是事物发展的根本原因，一事物和他事物的互相联系和互相影响则是事物发展的第二位的原因。这样，唯物辩证法就有力地反对了形而上学的机械唯物论和庸俗进化论的外因论或被动论。这是清楚的，单纯的外部原因只能引起事物的机械的运动，即范围的大小，数量的增减，不能说明事物何以有性质上的千差万别及其互相变化。事实上，即使是外力推动的机械运动，也要通过事物内部的矛盾性。植物和动物的单纯的增长，数量的发展，主要地也是由于内部矛盾所引起的。同样，社会的发展，主要地不是由于外因而是由于内因。许多国家在差不多一样的地理和气候的条件下，它们发展的差异性和不平衡性，非常之大。同一个国家吧，在地理和气候并没有变化的情形下，社会的变化却是很大的。帝国主义的俄国变为社会主义的苏联，封建的闭关锁国的日本变为帝国主义的日本，这些国家的地理和气候并没有变化。长期地被封建制度统治的中国，近百年来发生了很大的变化，现在正在变化到一个自由解放的新中国的方向去，中国的地理和气候并没有变化。整个地球及地球各部分的地理和气候也是变化着的，但以它们的变化和社会的变化相比较，则显得很微小，前者是以若干万年为单位而显现其变化的，后者则在几千年、几百年、几十年、甚至几年或几个月（在革命时期）内就显现其变化了。按照唯物辩证法的观点，自然界的变化，主要地是由于自然界内部矛盾的发展。社会的变化，主要地是由于社会内部矛盾的发展，即生产力和生产关系的矛盾，阶级之间的矛盾，新旧之间的矛盾，由于这些矛盾的发展，推动了社会的前进，推动了新旧社会的代谢。唯物辩证法是否排除外部的原因呢？并不排除。唯物辩证法认为外因是变化的条件，内因是变化的根据，外因通过内因而起作用。鸡蛋因得适当的温度而变化为鸡子，但温度不能使石头变为鸡子，因为二者的根据是不同的。各国人民之间的互相影响是时常存在的。在资本主义时代，特别是在帝国主义和无产阶级革命的时代，各国在政治上、经济上和文化上的互相影响和互相激动，是极其巨大的。十月社会主义革命不只是开创了俄国历史的新纪元，而且开创了世界历史的新纪元，影响到世界各国内部的变化，同样地而且还特别深刻地影响到中国内部的变化，但是这种变化是通过了各国内部和中国内部自己的规律性而起的。两军相争，一胜一败，所以胜败，皆决于内因。胜者或因其强，或因其指挥无误，败者或因其弱，或因其指挥失宜，外因通过内因而引起作用。一九二七年中国大资产阶级战败了无产阶级，是通过中国无产阶级内部的（中国共产党内部的）机会主义而起作用的。当着我们清算了这种机会主义的时候，中国革命就重新发展了。后来，中国革命又受了敌人的严重的打击，是因为我们党内产生了冒险主义。当着我们清算了这种冒险主义的时候，我们的事业就又重新发展了。由此看来，一个政党要引导革命到胜利，必须依靠自己政治路线的正确和组织上的巩固。

辩证法的宇宙观，不论在中国，在欧洲，在古代就产生了。但是古代的辩证法带着自发的朴素的性质，根据当时的社会历史条件，还不可能有完备的理论，因而不能完全解释宇宙，后来就被形而上学所代替。生活在十八世纪末和十九世纪初期的德国著名哲学家黑格尔，对于辩证法曾经给了很重要的贡献，但是他的辩证法却是唯心的辩证法。直到无产阶级运动的伟大的活动家马克思和恩格斯综合了人类认识史的积极的成果，特别是批判地吸取了黑格尔的辩证法的合理的部分，创造了辩证唯物论和历史唯物论这个伟大的理论，才在人类认识史上起了一个空前的大革命。后来，经过列宁和斯大林，又发展了这个伟大的理论。这个理论一经传到中国来，就在中国思想界引起了极大的变化。

这个辩证法的宇宙观，主要地就是教导人们要善于去观察和分析各种事物的矛盾的运动，并根据这种分析，指出解决矛盾的方法。因此，具体地了解事物矛盾这一个法则，对于我们是非常重要的。

二　矛盾的普遍性

为了叙述的便利起见，我在这里先说矛盾的普遍性，再说矛盾的特殊性。这是因为马克思主义的伟大的创造者和继承者马克思、恩格斯、列宁、斯大林他们发现了唯物辩证法的宇宙观，已经把唯物辩证法应用在人类历史的分析和自然历史的分析的许多方面，应用在社会的变革和自然的变革（例如在苏联）的许多方面，获得了极其伟大的成功，矛盾的普遍性已经被很多人所承认，因此，关于这个问题只需要很少的话就可以说明白；而关于矛盾的特殊性的问题，则还有很多的同志，特别是教条主义者，弄不清楚。他们不了解矛盾的普遍性即寓于矛盾的特殊性之中。他们也不了解研究当前具体事物的矛盾的特殊性，对于我们指导革命实践的发展有何等重要的意义。因此，关于矛盾的特殊性的问题应当着重地加以研究，并用足够的篇幅加以说明。为了这个缘故，当着我们分析事物矛盾的法则的时候，我们就先来分析矛盾的普遍性的问题，然后再着重地分析矛盾的特殊性的问题，最后仍归到矛盾的普遍性的问题。

矛盾的普遍性或绝对性这个问题有两方面的意义。其一是说，矛盾存在于一切事物的发展过程中；其二是说，每一事物的发展过程中存在着自始至终的矛盾运动。

恩格斯说："运动本身就是矛盾。"〔6〕列宁对于对立统一法则所下的定义，说它就是"承认（发现）自然界（精神和社会两者也在内）的一切现象和过程都含有互相矛盾、互相排斥、互相对立的趋向"〔7〕。这些意见是对的吗？是对的。一切事物中包含的矛盾方面的相互依赖和相互斗争，决定一切事物的生命，推动一切事物的发展。没有什么事物是不包含矛盾的，没有矛盾就没有世界。

矛盾是简单的运动形式（例如机械性的运动）的基础，更是复杂的运动形式的基础。

恩格斯这样说明过矛盾的普遍性："如果简单的机械的移动本身包含着矛盾，那末，物质的更高的运动形式，特别是有机生命及其发展，就更加包含着矛盾。……生命首先就在于：生物在每一个瞬间是它自身，但却又是别的什么。所以，生命也是存在于物体和过程本身中的不断地自行产生并自行解决的矛盾；这一矛盾一停止，生命亦即停止，于是死就来到。同样，我们看到了，在思维的范围以内我们也不能避免矛盾，并且我们看到了，例如，人的内部无限的认识能力与此种认识能力仅在外部被局限的而且认识上也被局限的个别人们身上的实际的实现二者之间的矛盾，是在人类世代的无穷的——至少对于我们，实际上是无穷的——连续系列之中，是在无穷的前进运动之中解决的。”

“高等数学的主要基础之一，就是矛盾……”

“就是初等数学，也充满着矛盾。……”〔8〕

列宁也这样说明过矛盾的普遍性：“在数学中，正和负，微分和积分。

在力学中，作用和反作用。

在物理学中，阳电和阴电。

在化学中，原子的化合和分解。

在社会科学中，阶级斗争。”〔9〕

战争中的攻守，进退，胜败，都是矛盾着的现象。失去一方，他方就不存在。双方斗争而又联结，组成了战争的总体，推动了战争的发展，解决了战争的问题。

人的概念的每一差异，都应把它看作是客观矛盾的反映。客观矛盾反映入主观的思想，组成了概念的矛盾运动，推动了思想的发展，不断地解决了人们的思想问题。

党内不同思想的对立和斗争是经常发生的，这是社会的阶级矛盾和新旧事物的矛盾在党内的反映。党内如果没有矛盾和解决矛盾的思想斗争，党的生命也就停止了。

由此看来，不论是简单的运动形式，或复杂的运动形式，不论是客观现象，或思想现象，矛盾是普遍地存在着，矛盾存在于一切过程中，这一点已经弄清楚了。但是每一过程的开始阶段，是否也有矛盾存在呢？是否每一事物的发展过程具有自始至终的矛盾运动呢？

从苏联哲学界批判德波林学派的文章中看出，德波林学派有这样一种见解，他们认为矛盾不是一开始就在过程中出现，须待过程发展到一定的阶段才出现。那末，在那一时间以前，过程发展的原因不是由于内部的原因，而是由于外部的原因了。这样，德波林回到形而上学的外因论和机械论去了。拿这种见解去分析具体的问题，他们就看见在苏联条件下富农和一般农民之间只有差异，并无矛盾，完全同意了布哈林的意见。在分析法国革命时，他们就认为在革命前，工农资产阶级合组的第三等级中，也只有差异，并无矛盾。德波林学派这类见解是反马克思主义的。他们不知道世界上的每一差异中就已经包含着矛盾，差异就是矛盾。劳资之间，从两阶级发生的时候起，就是互相矛盾的，仅仅还没有激化而已。工农之间，即使在苏联的社会条件下，也有差异，它们的差异就是矛盾，仅仅不会激化成为对抗，不取阶级斗争的形态，不同于劳资间的矛盾；它们在社会主义建设中形成巩固的联盟，并在由社会主义走向共产主义的发展过程中逐渐地解决这个矛盾。这是矛盾的差别性的问题，不是矛盾的有无的问题。矛盾是普遍的、绝对的，存在于事物发展的一切过程中，又贯串于一切过程的始终。

新过程的发生是什么呢？这是旧的统一和组成此统一的对立成分让位于新的统一和组成此统一的对立成分，于是新过程就代替旧过程而发生。旧过程完结了，新过程发生了。新过程又包含着新矛盾，开始它自己的矛盾发展史。

事物发展过程的自始至终的矛盾运动，列宁指出马克思在《资本论》中模范地作了这样的分析。这是研究任何事物发展过程所必须应用的方法。列宁自己也正确地应用了它，贯彻于他的全部著作中。

“马克思在《资本论》中，首先分析的是资产阶级社会（商品社会）里最简单的、最普通的、最基本的、最常见的、最平常的、碰到亿万次的关系——商品交换。这一分析在这个最简单的现象之中（资产阶级社会的这个‘细胞’之中）暴露了现代社会的一切矛盾（以及一切矛盾的胚芽）。往后的叙述又向我们表明了这些矛盾和这个社会各个部分总和的自始至终的发展（增长与运动两者）。”

列宁说了上面的话之后，接着说道：“这应该是一般辩证法的……叙述（以及研究）方法。”〔10〕

中国共产党人必须学会这个方法，才能正确地分析中国革命的历史和现状，并推断革命的将来。

三　矛盾的特殊性

矛盾存在于一切事物发展的过程中，矛盾贯串于每一事物发展过程的始终，这是矛盾的普遍性和绝对性，前面已经说过了。现在来说矛盾的特殊性和相对性。

这个问题，应从几种情形中去研究。

首先是各种物质运动形式中的矛盾，都带特殊性。人的认识物质，就是认识物质的运动形式，因为除了运动的物质以外，世界上什么也没有，而物质的运动则必取一定的形式。对于物质的每一种运动形式，必须注意它和其他各种运动形式的共同点。但是，尤其重要的，成为我们认识事物的基础的东西，则是必须注意它的特殊点，就是说，注意它和其他运动形式的质的区别。只有注意了这一点，才有可能区别事物。任何运动形式，其内部都包含着本身特殊的矛盾。这种特殊的矛盾，就构成一事物区别于他事物的特殊的本质。这就是世界上诸种事物所以有千差万别的内在的原因，或者叫做根据。自然界存在着许多的运动形式，机械运动、发声、发光、发热、电流、化分、化合等等都是。

所有这些物质的运动形式，都是互相依存的，又是本质上互相区别的。每一物质的运动形式所具有的特殊的本质，为它自己的特殊的矛盾所规定。这种情形，不但在自然界中存在着，在社会现象和思想现象中也是同样地存在着。每一种社会形式和思想形式，都有它的特殊的矛盾和特殊的本质。

科学研究的区分，就是根据科学对象所具有的特殊的矛盾性。因此，对于某一现象的领域所特有的某一种矛盾的研究，就构成某一门科学的对象。例如，数学中的正数和负数，机械学中的作用和反作用，物理学中的阴电和阳电，化学中的化分和化合，社会科学中的生产力和生产关系、阶级和阶级的互相斗争，军事学中的攻击和防御，哲学中的唯心论和唯物论、形而上学观和辩证法观等等，都是因为具有特殊的矛盾和特殊的本质，才构成了不同的科学研究的对象。固然，如果不认识矛盾的普遍性，就无从发现事物运动发展的普遍的原因或普遍的根据；但是，如果不研究矛盾的特殊性，就无从确定一事物不同于他事物的特殊的本质，就无从发现事物运动发展的特殊的原因，或特殊的根据，也就无从辨别事物，无从区分科学研究的领域。

就人类认识运动的秩序说来，总是由认识个别的和特殊的事物，逐步地扩大到认识一般的事物。人们总是首先认识了许多不同事物的特殊的本质，然后才有可能更进一步地进行概括工作，认识诸种事物的共同的本质。当着人们已经认识了这种共同的本质以后，就以这种共同的认识为指导，继续地向着尚未研究过的或者尚未深入地研究过的各种具体的事物进行研究，找出其特殊的本质，这样才可以补充、丰富和发展这种共同的本质的认识，而使这种共同的本质的认识不致变成枯槁的和僵死的东西。这是两个认识的过程：一个是由特殊到一般，一个是由一般到特殊。人类的认识总是这样循环往复地进行的，而每一次的循环（只要是严格地按照科学的方法）都可能使人类的认识提高一步，使人类的认识不断地深化。我们的教条主义者在这个问题上的错误，就是，一方面，不懂得必须研究矛盾的特殊性，认识各别事物的特殊的本质，才有可能充分地认识矛盾的普遍性，充分地认识诸种事物的共同的本质；另一方面，不懂得在我们认识了事物的共同的本质以后，还必须继续研究那些尚未深入地研究过的或者新冒出来的具体的事物。我们的教条主义者是懒汉，他们拒绝对于具体事物做任何艰苦的研究工作，他们把一般真理看成是凭空出现的东西，把它变成为人们所不能够捉摸的纯粹抽象的公式，完全否认了并且颠倒了这个人类认识真理的正常秩序。他们也不懂得人类认识的两个过程的互相联结——由特殊到一般，又由一般到特殊，他们完全不懂得马克思主义的认识论。

不但要研究每一个大系统的物质运动形式的特殊的矛盾性及其所规定的本质，而且要研究每一个物质运动形式在其发展长途中的每一个过程的特殊的矛盾及其本质。一切运动形式的每一个实在的非臆造的发展过程内，都是不同质的。我们的研究工作必须着重这一点，而且必须从这一点开始。

不同质的矛盾，只有用不同质的方法才能解决。例如，无产阶级和资产阶级的矛盾，用社会主义革命的方法去解决；人民大众和封建制度的矛盾，用民主革命的方法去解决；殖民地和帝国主义的矛盾，用民族革命战争的方法去解决；在社会主义社会中工人阶级和农民阶级的矛盾，用农业集体化和农业机械化的方法去解决；共产党内的矛盾，用批评和自我批评的方法去解决；社会和自然的矛盾，用发展生产力的方法去解决。过程变化，旧过程和旧矛盾消灭，新过程和新矛盾发生，解决矛盾的方法也因之而不同。俄国的二月革命和十月革命所解决的矛盾及其所用以解决矛盾的方法是根本上不相同的。用不同的方法去解决不同的矛盾，这是马克思列宁主义者必须严格地遵守的一个原则。教条主义者不遵守这个原则，他们不了解诸种革命情况的区别，因而也不了解应当用不同的方法去解决不同的矛盾，而只是千篇一律地使用一种自以为不可改变的公式到处硬套，这就只能使革命遭受挫折，或者将本来做得好的事情弄得很坏。

为要暴露事物发展过程中的矛盾在其总体上、在其相互联结上的特殊性，就是说暴露事物发展过程的本质，就必须暴露过程中矛盾各方面的特殊性，否则暴露过程的本质成为不可能，这也是我们作研究工作时必须十分注意的。

一个大的事物，在其发展过程中，包含着许多的矛盾。例如，在中国资产阶级民主革命过程中，有中国社会各被压迫阶级和帝国主义的矛盾，有人民大众和封建制度的矛盾，有无产阶级和资产阶级的矛盾，有农民及城市小资产阶级和资产阶级的矛盾，有各个反动的统治集团之间的矛盾等等，情形是非常复杂的。这些矛盾，不但各各有其特殊性，不能一律看待，而且每一矛盾的两方面，又各各有其特点，也是不能一律看待的。我们从事中国革命的人，不但要在各个矛盾的总体上，即矛盾的相互联结上，了解其特殊性，而且只有从矛盾的各个方面着手研究，才有可能了解其总体。所谓了解矛盾的各个方面，就是了解它们每一方面各占何等特定的地位，各用何种具体形式和对方发生互相依存又互相矛盾的关系，在互相依存又互相矛盾中，以及依存破裂后，又各用何种具体的方法和对方作斗争。研究这些问题，是十分重要的事情。列宁说：马克思主义的最本质的东西，马克思主义的活的灵魂，就在于具体地分析具体的情况。就是说的这个意思。我们的教条主义者违背列宁的指示，从来不用脑筋具体地分析任何事物，做起文章或演说来，总是空洞无物的八股调，在我们党内造成了一种极坏的作风。

研究问题，忌带主观性、片面性和表面性。所谓主观性，就是不知道客观地看问题，也就是不知道用唯物的观点去看问题。这一点，我在《实践论》一文中已经说过了。所谓片面性，就是不知道全面地看问题。例如：只了解中国一方、不了解日本一方，只了解共产党一方、不了解国民党一方，只了解无产阶级一方、不了解资产阶级一方，只了解农民一方、不了解地主一方，只了解顺利情形一方、不了解困难情形一方，只了解过去一方、不了解将来一方，只了解个体一方、不了解总体一方，只了解缺点一方、不了解成绩一方，只了解原告一方、不了解被告一方，只了解革命的秘密工作一方、不了解革命的公开工作一方，如此等等。一句话，不了解矛盾各方的特点。这就叫做片面地看问题。或者叫做只看见局部，不看见全体，只看见树木，不看见森林。这样，是不能找出解决矛盾的方法的，是不能完成革命任务的，是不能做好所任工作的，是不能正确地发展党内的思想斗争的。孙子论军事说："知彼知己，百战不殆。"[11]他说的是作战的双方。唐朝人魏徵说过："兼听则明，偏信则暗"[12]。也懂得片面性不对。可是我们的同志看问题，往往带片面性，这样的人就往往碰钉子。《水浒传》上宋江三打祝家庄[13]，两次都因情况不明，方法不对，打了败仗。后来改变方法，从调查情形入手，于是熟悉了盘陀路，拆散了李家庄、扈家庄和祝家庄的联盟，并且布置了藏在敌人营盘里的伏兵，用了和外国故事中所说木马计[14]相像的方法，第三次就打了胜仗。《水浒传》上有很多唯物辩证法的事例，这个三打祝家庄，算是最好的一个。列宁说："要真正地认识对象，就必须把握和研究它的一切方面、一切联系和'媒介'。我们决不会完全地作到这一点，可是要求全面性，将使我们防止错误，防止僵化。"[15]我们应该记得他的话。表面性，是对矛盾总体和矛盾各方的特点都不去看，否认深入事物里面精细地研究矛盾特点的必要，仅仅站在那里远远地望一望，粗枝大叶地看到一点矛盾的形相，就想动手去解决矛盾（答复问题、解决纠纷、处理工作、指挥战争）。这样的做法，没有不出乱子的。中国的教条主义和经验主义的同志们所以犯错误，就是因为他们看事物的方法是主观的、片面的和表面的。片面性、表面性也是主观性，因为一切客观事物本来是互相联系的和具有内部规律的，人们不去如实地反映这些情况，而只是片面地或表面地去看它们，不认识事物的互相联系，不认识事物的内部规律，所以这种方法是主观主义的。

不但事物发展的全过程中的矛盾运动，在其相互联结上，在其各方情况上，我们必须注意其特点，而且在过程发展的各个阶段中，也有其特点，也必须注意。

事物发展过程的根本矛盾及为此根本矛盾所规定的过程的本质，非到过程完结之日，是不会消灭的；但是事物发展的长过程中的各个发展的阶段，情形又往往互相区别。这是因为事物发展过程的根本矛盾的性质和过程的本质虽然没有变化，但是根本矛盾在长过程中的各个发展阶段上采取了逐渐激化的形式。并且，被根本矛盾所规定或影响的许多大小矛盾中，有些是激化了，有些是暂时地或局部地解决了，或者缓和了，又有些是发生了，因此，过程就显出阶段性来。如果人们不去注意事物发展过程中的阶段性，人们就不能适当地处理事物的矛盾。

例如，自由竞争时代的资本主义发展为帝国主义，这时，无产阶级和资产阶级这两个根本矛盾着的阶级的性质和这个社会的资本主义的本质，并没有变化；但是，两阶级的矛盾激化了，独占资本和自由资本之间的矛盾发生了，宗主国和殖民地的矛盾激化了，各资本主义国家间的矛盾即由各国发展不平衡的状态而引起的矛盾特别尖锐地表现出来了，因此形成了资本主义的特殊阶段，形成了帝国主义阶段。列宁主义之所以成为帝国主义和无产阶级革命时代的马克思主义，就是因为列宁和斯大林正确地说明了这些矛盾，并正确地作出了解决这些矛盾的无产阶级革命的理论和策略。

拿从辛亥革命开始的中国资产阶级民主革命过程的情形来看，也有了若干特殊阶段。特别是在资产阶级领导时期的革命和在无产阶级领导时期的革命，区别为两个很大不同的历史阶段。这就是：由于无产阶级的领导，根本地改变了革命的面貌，引出了阶级关系的新调度，农民革命的大发动，反帝国主义和反封建主义的革命彻底性，由民主革命转变到社会主义革命的可能性，等等。所有这些，都是在资产阶级领导革命时期不可能出现的。虽然整个过程中根本矛盾的性质，过程之反帝反封建的民主革命的性质（其反面是半殖民地半封建的性质），并没有变化，但是，在这长时间中，经过了辛亥革命失败和北洋军阀统治，第一次民族统一战线的建立和一九二四年至一九二七年的革命，统一战线破裂和资产阶级转入反革命，新的军阀战争，土地革命战争，第二次民族统一战线建立和抗日战争等等大事变，二十多年间经过了几个发展阶段。在这些阶段中，包含着有些矛盾激化了（例如土地革命战争和日本侵入东北四省），有些矛盾部分地或暂时地解决了（例如北洋军阀的被消灭，我们没收了地主的土地），有些矛盾重新发生了（例如新军阀之间的斗争，南方各革命根据地丧失后地主又重新收回土地）等等特殊的情形。

研究事物发展过程中的各个发展阶段上的矛盾的特殊性，不但必须在其联结上、在其总体上去看，而且必须从各个阶段中矛盾的各个方面去看。

例如国共两党。国民党方面，在第一次统一战线时期，因为它实行了孙中山的联俄、联共、援助工农的三大政策，所以它是革命的、有朝气的，它是各阶级的民主革命的联盟。一九二七年以后，国民党变到了与此相反的方面，成了地主和大资产阶级的反动集团。一九三六年十二月西安事变后又开始向停止内战、联合共产党共同反对日本帝国主义这个方面转变。这就是国民党在三个阶段上的特点。形成这些特点，当然有种种的原因。中国共产党方面，在第一次统一战线时期，它是幼年的党，它英勇地领导了一九二四年至一九二七年的革命；但在对于革命的性质、任务和方法的认识方面，却表现了它的幼年性，因此在这次革命的后期所发生的陈独秀主义能够起作用，使这次革命遭受了失败。一九二七年以后，它又英勇地领导了土地革命战争，创立了革命的军队和革命的根据地，但是它也犯过冒险主义的错误，使军队和根据地都受了很大的损失。一九三五年以后，它又纠正了冒险主义的错误，领导了新的抗日的统一战线，这个伟大的斗争现在正在发展。在这个阶段上，共产党是一个经过了两次革命的考验、有了丰富的经验的党。这些就是中国共产党在三个阶段上的特点。形成这些特点也有种种的原因。不研究这些特点，就不能了解两党在各个发展阶段上的特殊的相互关系：统一战线的建立，统一战线的破裂，再一个统一战线的建立。而要研究两党的种种特点，更根本的就必须研究这两党的阶级基础以及因此在各个时期所形成的它们和其他方面的矛盾的对立。例如，国民党在它第一次联合共产党的时期，一方面有和国外帝国主义的矛盾，因而它反对帝国主义；另一方面有和国内人民大众的矛盾，它在口头上虽然允许给予劳动人民以许多的利益，但在实际上则只给予很少的利益，或者简直什么也不给。在它进行反共战争的时期，则和帝国主义、封建主义合作反对人民大众，一笔勾销了人民大众原来在革命中所争得的一切利益，激化了它和人民大众的矛盾。现在抗日时期，国民党和日本帝国主义有矛盾，它一面要联合共产党，同时它对共产党和国内人民并不放松其斗争和压迫。共产党则无论在哪一时期，均和人民大众站在一道，反对帝国主义和封建主义；但在现在的抗日时期，由于国民党表示抗日，它对国民党和国内封建势力，也就采取了缓和的政策。由于这些情况，所以或者造成了两党的联合，或者造成了两党的斗争，而且即使在两党联合的时期也有又联合又斗争的复杂的情况。如果我们不去研究这些矛盾方面的特点，我们就不但不能了解这两个党各各和其他方面的关系，也不能了解两党之间的相互关系。

由此看来，不论研究何种矛盾的特性——各个物质运动形式的矛盾，各个运动形式在各个发展过程中的矛盾，各个发展过程的矛盾的各方面，各个发展过程在其各个发展阶段上的矛盾以及各个发展阶段上的矛盾的各方面，研究所有这些矛盾的特性，都不能带主观随意性，必须对它们实行具体的分析。离开具体的分析，就不能认识任何矛盾的特性。我们必须时刻记得列宁的话：对于具体的事物作具体的分析。

这种具体的分析，马克思、恩格斯首先给了我们以很好的模范。

当马克思、恩格斯把这事物矛盾的法则应用到社会历史过程的研究的时候，他们看出生产力和生产关系之间的矛盾，看出剥削阶级和被剥削阶级之间的矛盾以及由于这些矛盾所产生的经济基础和政治及思想等上层建筑之间的矛盾，而这些矛盾如何不可避免地会在各种不同的阶级社会中，引出各种不同的社会革命。

马克思把这一法则应用到资本主义社会经济结构的研究的时候，他看出这一社会的基本矛盾在于生产的社会性和占有制的私人性之间的矛盾。这个矛盾表现于在各别企业中的生产的有组织性和在全社会中的生产的无组织性之间的矛盾。这个矛盾的阶级表现则是资产阶级和无产阶级之间的矛盾。

由于事物范围的极其广大，发展的无限性，所以，在一定场合为普遍性的东西，而在另一一定场合则变为特殊性。反之，在一定场合为特殊性的东西，而在另一一定场合则变为普遍性。资本主义制度所包含的生产社会化和生产资料私人占有制的矛盾，是所有有资本主义的存在和发展的各国所共有的东西，对于资本主义说来，这是矛盾的普遍性。但是资本主义的这种矛盾，乃是一般阶级社会发展在一定历史阶段上的东西，对于一般阶级社会中的生产力和生产关系的矛盾说来，这是矛盾的特殊性。然而，当着马克思把资本主义社会这一切矛盾的特殊性解剖出来之后，同时也就更进一步地、更充分地、更完全地把一般阶级社会中这个生产力和生产关系的矛盾的普遍性阐发出来了。

由于特殊的事物是和普遍的事物联结的，由于每一个事物内部不但包含了矛盾的特殊性，而且包含了矛盾的普遍性，普遍性即存在于特殊性之中，所以，当着我们研究一定事物的时候，就应当去发现这两方面及其互相联结，发现一事物内部的特殊性和普遍性的两方面及其互相联结，发现一事物和它以外的许多事物的互相联结。斯大林在他的名著《论列宁主义基础》一书中说明列宁主义的历史根源的时候，他分析了列宁主义所由产生的国际环境，分析了在帝国主义条件下已经发展到极点的资本主义的诸矛盾，以及这些矛盾使无产阶级革命成为直接实践的问题，并造成了直接冲击资本主义的良好的条件。不但如此，他又分析了为什么俄国成为列宁主义的策源地，分析了沙皇俄国当时是帝国主义一切矛盾的集合点以及俄国无产阶级所以能够成为国际的革命无产阶级的先锋队的原因。这样，斯大林分析了帝国主义的矛盾的普遍性，说明列宁主义是帝国主义和无产阶级革命时代的马克思主义；又分析了沙俄帝国主义在这一般矛盾中所具有的特殊性，说明俄国成了无产阶级革命理论和策略的故乡，而在这种特殊性中间就包含了矛盾的普遍性。斯大林的这种分析，给我们提供了认识矛盾的特殊性和普遍性及其互相联结的模范。

马克思和恩格斯，同样地列宁和斯大林，他们对于应用辩证法到客观现象的研究的时候，总是指导人们不要带上任何的主观随意性，而必须从客观的实际运动所包含的具体的条件，去看出这些现象中的具体的矛盾、矛盾各方面的具体的地位以及矛盾的具体的相互关系。我们的教条主义者因为没有这种研究态度，所以弄得一无是处。我们必须以教条主义的失败为鉴戒，学会这种研究态度，舍此没有第二种研究法。

矛盾的普遍性和矛盾的特殊性的关系，就是矛盾的共性和个性的关系。其共性是矛盾存在于一切过程中，并贯串于一切过程的始终，矛盾即是运动，即是事物，即是过程，也即是思想。否认事物的矛盾就是否认了一切。这是共通的道理，古今中外，概莫能外。所以它是共性，是绝对性。然而这种共性，即包含于一切个性之中，无个性即无共性。假如除去一切个性，还有什么共性呢？因为矛盾的各各特殊，所以造成了个性。一切个性都是有条件地暂时地存在的，所以是相对的。

这一共性个性、绝对相对的道理，是关于事物矛盾的问题的精髓，不懂得它，就等于抛弃了辩证法。

四　主要的矛盾和主要的矛盾方面

在矛盾特殊性的问题中，还有两种情形必须特别地提出来加以分析，这就是主要的矛盾和主要的矛盾方面。

在复杂的事物的发展过程中，有许多的矛盾存在，其中必有一种是主要的矛盾，由于它的存在和发展规定或影响着其他矛盾的存在和发展。

例如在资本主义社会中，无产阶级和资产阶级这两个矛盾着的力量是主要的矛盾；其他的矛盾力量，例如，残存的封建阶级和资产阶级的矛盾，农民小资产者和资产阶级的矛盾，无产阶级和农民小资产者的矛盾，自由资产阶级和垄断资产阶级的矛盾，资产阶级的民主主义和资产阶级的法西斯主义的矛盾，资本主义国家相互间的矛盾，帝国主义和殖民地的矛盾，以及其他的矛盾，都为这个主要的矛盾力量所规定、所影响。

半殖民地的国家如中国，其主要矛盾和非主要矛盾的关系呈现着复杂的情况。

当着帝国主义向这种国家举行侵略战争的时候，这种国家的内部各阶级，除开一些叛国分子以外，能够暂时地团结起来举行民族战争去反对帝国主义。这时，帝国主义和这种国家之间的矛盾成为主要的矛盾，而这种国家内部各阶级的一切矛盾（包括封建制度和人民大众之间这个主要矛盾在内），便都暂时地降到次要和服从的地位。中国一八四〇年的鸦片战争，一八九四年的中日战争〔16〕，一九〇〇年的义和团战争和目前的中日战争，都有这种情形。

然而在另一种情形之下，则矛盾的地位起了变化。当着帝国主义不是用战争压迫而是用政治、经济、文化等比较温和的形式进行压迫的时候，半殖民地国家的统治阶级就会向帝国主义投降，二者结成同盟，共同压迫人民大众。这种时候，人民大众往往采取国内战争的形式，去反对帝国主义和封建阶级的同盟，而帝国主义则往往采取间接的方式去援助半殖民地国家的反动派压迫人民，而不采取直接行动，显出了内部矛盾的特别尖锐性。中国的辛亥革命战争，一九二四年至一九二七年的革命战争，一九二七年以后的十年土地革命战争，都有这种情形。还有半殖民地国家各个反动的统治集团之间的内战，例如在中国的军阀战争，也属于这一类。

当着国内革命战争发展到从根本上威胁帝国主义及其走狗国内反动派的存在的时候，帝国主义就往往采取上述方法以外的方法，企图维持其统治：或者分化革命阵线的内部，或者直接出兵援助国内反动派。这时，外国帝国主义和国内反动派完全公开地站在一个极端，人民大众则站在另一极端，成为一个主要矛盾，而规定或影响其他矛盾的发展状态。十月革命后各资本主义国家援助俄国反动派，是武装干涉的例子。一九二七年的蒋介石的叛变，是分化革命阵线的例子。

然而不管怎样，过程发展的各个阶段中，只有一种主要的矛盾起着领导的作用，是完全没有疑义的。

由此可知，任何过程如果有多数矛盾存在的话，其中必定有一种是主要的，起着领导的、决定的作用，其他则处于次要和服从的地位。因此，研究任何过程，如果是存在着两个以上矛盾的复杂过程的话，就要用全力找出它的主要矛盾。捉住了这个主要矛盾，一切问题就迎刃而解了。这是马克思研究资本主义社会告诉我们的方法。列宁和斯大林研究帝国主义和资本主义总危机的时候，列宁和斯大林研究苏联经济的时候，也告诉了这种方法。万千的学问家和实行家，不懂得这种方法，结果如堕烟海，找不到中心，也就找不到解决矛盾的方法。

不能把过程中所有的矛盾平均看待，必须把它们区别为主要的和次要的两类，着重于捉住主要的矛盾，已如上述。但是在各种矛盾之中，不论是主要的或次要的，矛盾着的两个方面，又是否可以平均看待呢？也是不可以的。无论什么矛盾，矛盾的诸方面，其发展是不平衡的。有时候似乎势均力敌，然而这只是暂时的和相对的情形，基本的形态则是不平衡。矛盾着的两方面中，必有一方面是主要的，他方面是次要的。其主要的方面，即所谓矛盾起主导作用的方面。事物的性质，主要地是由取得支配地位的矛盾的主要方面所规定的。

然而这种情形不是固定的，矛盾的主要和非主要的方面互相转化着，事物的性质也就随着起变化。在矛盾发展的一定过程或一定阶段上，主要方面属于甲方，非主要方面属于乙方；到了另一发展阶段或另一发展过程时，就互易其位置，这是依靠事物发展中矛盾双方斗争的力量的增减程度来决定的。

我们常常说“新陈代谢”这句话。新陈代谢是宇宙间普遍的永远不可抵抗的规律。依事物本身的性质和条件，经过不同的飞跃形式，一事物转化为他事物，就是新陈代谢的过程。任何事物的内部都有其新旧两个方面的矛盾，形成为一系列的曲折的斗争。斗争的结果，新的方面由小变大，上升为支配的东西；旧的方面则由大变小，变成逐步归于灭亡的东西。而一当新的方面对于旧的方面取得支配地位的时候，旧事物的性质就变化为新事物的性质。由此可见，事物的性质主要地是由取得支配地位的矛盾的主要方面所规定的。取得支配地位的矛盾的主要方面起了变化，事物的性质也就随着起变化。

在资本主义社会中，资本主义已从旧的封建主义社会时代的附庸地位，转化成了取得支配地位的力量，社会的性质也就由封建主义的变为资本主义的。在新的资本主义社会时代，封建势力则由原来处在支配地位的力量转化为附庸的力量，随着也就逐步地归于消灭了，例如英法诸国就是如此。随着生产力的发展，资产阶级由新的起进步作用的阶级，转化为旧的起反动作用的阶级，以至于最后被无产阶级所推翻，而转化为私有的生产资料被剥夺和失去权力的阶级，这个阶级也就要逐步归于消灭了。人数比资产阶级多得多、并和资产阶级同时生长、但被资产阶级统治着的无产阶级，是一个新的力量，它由初期的附属于资产阶级的地位，逐步地壮大起来，成为独立的和在历史上起主导作用的阶级，以至最后夺取政权成为统治阶级。这时，社会的性质，就由旧的资本主义的社会转化成了新的社会主义的社会。这就是苏联已经走过和一切其他国家必然要走的道路。

就中国的情形来说，帝国主义处在形成半殖民地这种矛盾的主要地位，压迫中国人民，中国则由独立国变为半殖民地。然而事情必然会变化，在双方斗争的局势中，中国人民在无产阶级领导之下所生长起来的力量必然会把中国由半殖民地变为独立国，而帝国主义则将被打倒，旧中国必然要变为新中国。

旧中国变为新中国，还包含着国内旧的封建势力和新的人民势力之间的情况的变化。旧的封建地主阶级将被打倒，由统治者变为被统治者，这个阶级也就会要逐步归于消灭。人民则将在无产阶级领导之下，由被统治者变为统治者。这时，中国社会的性质就会起变化，由旧的半殖民地和半封建的社会变为新的民主的社会。

这种互相转化的事情，过去已有经验。统治中国将近三百年的清朝帝国，曾在辛亥革命时期被打倒；而孙中山领导的革命同盟会，则曾经一度取得了胜利。在一九二四年至一九二七年的革命战争中，共产党和国民党联合的南方革命势力，曾经由弱小的力量变得强大起来，取得了北伐的胜利；而称雄一时的北洋军阀则被打倒了。一九二七年，共产党领导的人民力量，受了国民党反动势力的打击，变得很小了；但因肃清了自己内部的机会主义，就又逐步地壮大起来。在共产党领导的革命根据地内，农民由被统治者转化为统治者，地主则作了相反的转化。世界上总是这样以新的代替旧的，总是这样新陈代谢、除旧布新或推陈出新的。

革命斗争中的某些时候，困难条件超过顺利条件，在这种时候，困难是矛盾的主要方面，顺利是其次要方面。然而由于革命党人的努力，能够逐步地克服困难，开展顺利的新局面，困难的局面让位于顺利的局面。一九二七年中国革命失败后的情形，中国红军在长征中的情形，都是如此。现在的中日战争，中国又处在困难地位，但是我们能够改变这种情况，使中日双方的情况发生根本的变化。在相反的情形之下，顺利也能转化为困难，如果是革命党人犯了错误的话。一九二四年至一九二七年的革命的胜利，变为失败了。一九二七年以后在南方各省发展起来的革命根据地，至一九三四年都失败了。

研究学问的时候，由不知到知的矛盾也是如此。当着我们刚才开始研究马克思主义的时候，对于马克思主义的无知或知之不多的情况，和马克思主义的知识之间，互相矛盾着。然而由于努力学习，可以由无知转化为有知，由知之不多转化为知之甚多，由对于马克思主义的盲目性改变为能够自由运用马克思主义。

有人觉得有些矛盾并不是这样。例如，生产力和生产关系的矛盾，生产力是主要的；理论和实践的矛盾，实践是主要的；经济基础和上层建筑的矛盾，经济基础是主要的：它们的地位并不互相转化。这是机械唯物论的见解，不是辩证唯物论的见解。诚然，生产力、实践、经济基础，一般地表现为主要的决定的作用，谁不承认这一点，谁就不是唯物论者。然而，生产关系、理论、上层建筑这些方面，在一定条件之下，又转过来表现其为主要的决定的作用，这也是必须承认的。当着不变更生产关系，生产力就不能发展的时候，生产关系的变更就起了主要的决定的作用。当着如同列宁所说“没有革命的理论，就不会有革命的运动”〔17〕的时候，革命理论的创立和提倡就起了主要的决定的作用。当着某一件事情（任何事情都是一样）要做，但是还没有方针、方法、计划或政策的时候，确定方针、方法、计划或政策，也就是主要的决定的东西。当着政治文化等等上层建筑阻碍着经济基础的发展的时候，对于政治上和文化上的革新就成为主要的决定的东西了。我们这样说，是否违反了唯物论呢？没有。因为我们承认总的历史发展中是物质的东西决定精神的东西，是社会的存在决定社会的意识；但是同时又承认而且必须承认精神的东西的反作用，社会意识对于社会存在的反作用，上层建筑对于经济基础的反作用。这不是违反唯物论，正是避免了机械唯物论，坚持了辩证唯物论。

在研究矛盾特殊性的问题中，如果不研究过程中主要的矛盾和非主要的矛盾以及矛盾之主要的方面和非主要的方面这两种情形，也就是说不研究这两种矛盾情况的差别性，那就将陷入抽象的研究，不能具体地懂得矛盾的情况，因而也就不能找出解决矛盾的正确的方法。这两种矛盾情况的差别性或特殊性，都是矛盾力量的不平衡性。世界上没有绝对地平衡发展的东西，我们必须反对平衡论，或均衡论。同时，这种具体的矛盾状况，以及矛盾的主要方面和非主要方面在发展过程中的变化，正是表现出新事物代替旧事物的力量。对于矛盾的各种不平衡情况的研究，对于主要的矛盾和非主要的矛盾、主要的矛盾方面和非主要的矛盾方面的研究，成为革命政党正确地决定其政治上和军事上的战略战术方针的重要方法之一，是一切共产党人都应当注意的。

五　矛盾诸方面的同一性和斗争性

在懂得了矛盾的普遍性和特殊性的问题之后，我们必须进而研究矛盾诸方面的同一性和斗争性的问题。

同一性、统一性、一致性、互相渗透、互相贯通、互相依赖（或依存）、互相联结或互相合作，这些不同的名词都是一个意思，说的是如下两种情形：第一、事物发展过程中的每一种矛盾的两个方面，各以和它对立着的方面为自己存在的前提，双方共处于一个统一体中；第二、矛盾着的双方，依据一定的条件，各向着其相反的方面转化。这些就是所谓同一性。

列宁说："辩证法是这样的一种学说：它研究对立怎样能够是同一的，又怎样成为同一的（怎样变成同一的），——在怎样的条件之下它们互相转化，成为同一的，——为什么人的头脑不应当把这些对立看作死的、凝固的东西，而应当看作生动的、有条件的、可变动的、互相转化的东西。"〔18〕

列宁这段话是什么意思呢？

一切过程中矛盾着的各方面，本来是互相排斥、互相斗争、互相对立的。世界上一切事物的过程里和人们的思想里，都包含着这样带矛盾性的方面，无一例外。单纯的过程只有一对矛盾，复杂的过程则有一对以上的矛盾。各对矛盾之间，又互相成为矛盾。这样地组成客观世界的一切事物和人们的思想，并推使它们发生运动。

如此说来，只是极不同一，极不统一，怎样又说是同一或统一呢？

原来矛盾着的各方面，不能孤立地存在。假如没有和它作对的矛盾的一方，它自己这一方就失去了存在的条件。试想一切矛盾着的事物或人们心中矛盾着的概念，任何一方面能够独立地存在吗？没有生，死就不见；没有死，生也不见。没有上，无所谓下；没有下，也无所谓上。没有祸，无所谓福；没有福，也无所谓祸。没有顺利，无所谓困难；没有困难，也无所谓顺利。没有地主，就没有佃农；没有佃农，也就没有地主。没有资产阶级，就没有无产阶级；没有无产阶级，也就没有资产阶级。没有帝国主义的民族压迫，就没有殖民地和半殖民地；没有殖民地和半殖民地，也就没有帝国主义的民族压迫。一切对立的成分都是这样，因一定的条件，一面互相对立，一面又互相联结、互相贯通、互相渗透、互相依赖，这种性质，叫做同一性。一切矛盾着的方面都因一定条件具备着不同一性，所以称为矛盾。然而又具备着同一性，所以互相联结。列宁所谓辩证法研究“对立怎样能够是同一的”，就是说的这种情形。怎样能够呢？因为互为存在的条件。这是同一性的第一种意义。

然而单说了矛盾双方互为存在的条件，双方之间有同一性，因而能够共处于一个统一体中，这样就够了吗？还不够。事情不是矛盾双方互相依存就完了，更重要的，还在于矛盾着的事物的互相转化。这就是说，事物内部矛盾着的两方面，因为一定的条件而各向着和自己相反的方面转化了去，向着它的对立方面所处的地位转化了去。这就是矛盾的同一性的第二种意义。

为什么这里也有同一性呢？你们看，被统治的无产阶级经过革命转化为统治者，原来是统治者的资产阶级却转化为被统治者，转化到对方原来所占的地位。苏联已经是这样做了，全世界也将要这样做。试问其间没有在一定条件之下的联系和同一性，如何能够发生这样的变化呢？

曾在中国近代历史的一定阶段上起过某种积极作用的国民党，因为它的固有的阶级性和帝国主义的引诱（这些就是条件），在一九二七年以后转化为反革命，又由于中日矛盾的尖锐化和共产党的统一战线政策（这些就是条件），而被迫着赞成抗日。矛盾着的东西这一个变到那一个，其间包含了一定的同一性。

我们实行过的土地革命，已经是并且还将是这样的过程，拥有土地的地主阶级转化为失掉土地的阶级，而曾经是失掉土地的农民却转化为取得土地的小私有者。有无、得失之间，因一定条件而互相联结，二者具有同一性。在社会主义条件之下，农民的私有制又将转化为社会主义农业的公有制，苏联已经这样做了，全世界将来也会这样做。私产和公产之间有一条由此达彼的桥梁，哲学上名之曰同一性，或互相转化、互相渗透。

巩固无产阶级的专政或人民的专政，正是准备着取消这种专政，走到消灭任何国家制度的更高阶段去的条件。建立和发展共产党，正是准备着消灭共产党和一切政党制度的条件。建立共产党领导的革命军，进行革命战争，正是准备着永远消灭战争的条件。这许多相反的东西，同时却是相成的东西。

大家知道，战争与和平是互相转化的。战争转化为和平，例如第一次世界大战转化为战后的和平，中国的内战现在也停止了，出现了国内的和平。和平转化为战争，例如一九二七年的国共合作转化为战争，现在的世界和平局面也可能转化为第二次世界大战。为什么是这样？因为在阶级社会中战争与和平这样矛盾着的事物，在一定条件下具备着同一性。

一切矛盾着的东西，互相联系着，不但在一定条件之下共处于一个统一体中，而且在一定条件之下互相转化，这就是矛盾的同一性的全部意义。列宁所谓“怎样成为同一的（怎样变成同一的），——在怎样的条件之下它们互相转化，成为同一的”，就是这个意思。

“为什么人的头脑不应当把这些对立看作死的、凝固的东西，而应当看作生动的、有条件的、可变动的、互相转化的东西”呢？因为客观事物本来是如此的。客观事物中矛盾着的诸方面的统一或同一性，本来不是死的、凝固的，而是生动的、有条件的、可变动的、暂时的、相对的东西，一切矛盾都依一定条件向它们的反面转化着。这种情况，反映在人们的思想里，就成了马克思主义的唯物辩证法的宇宙观。只有现在的和历史上的反动的统治阶级以及为他们服务的形而上学，不是把对立的事物当作生动的、有条件的、可变动的、互相转化的东西去看，而是当作死的、凝固的东西去看，并且把这种错误的看法到处宣传，迷惑人民群众，以达其继续统治的目的。共产党人的任务就在于揭露反动派和形而上学的错误思想，宣传事物的本来的辩证法，促成事物的转化，达到革命的目的。

所谓矛盾在一定条件下的同一性，就是说，我们所说的矛盾乃是现实的矛盾，具体的矛盾，而矛盾的互相转化也是现实的、具体的。神话中的许多变化，例如《山海经》中所说的“夸父追日”[19]，《淮南子》中所说的“羿射九日”[20]，《西游记》中所说的孙悟空七十二变[21]和《聊斋志异》[22]中的许多鬼狐变人的故事等等，这种神话中所说的矛盾的互相变化，乃是无数复杂的现实矛盾的互相变化对于人们所引起的一种幼稚的、想象的、主观幻想的变化，并不是具体的矛盾所表现出来的具体的变化。马克思说：“任何神话都是用想象和借助想象以征服自然力，支配自然力，把自然力加以形象化；因而，随着这些自然力之实际上被支配，神话也就消失了。”[23]这种神话中的（还有童话中的）千变万化的故事，虽然因为它们想象出人们征服自然力等等，而能够吸引人们的喜欢，并且最好的神话具有“永久的魅力”[24]（马克思），但神话并不是根据具体的矛盾之一定的条件而构成的，所以它们并不是现实之科学的反映。这就是说，神话或童话中矛盾构成的诸方面，并不是具体的同一性，只是幻想的同一性。科学地反映现实变化的同一性的，就是马克思主义的辩证法。

为什么鸡蛋能够转化为鸡子，而石头不能够转化为鸡子呢？为什么战争与和平有同一性，而战争与石头却没有同一性呢？为什么人能生人不能生出其他的东西呢？没有别的，就是因为矛盾的同一性要在一定的必要的条件之下。缺乏一定的必要的条件，就没有任何的同一性。

为什么俄国在一九一七年二月的资产阶级民主革命和同年十月的无产阶级社会主义革命直接地联系着，而法国资产阶级革命没有直接地联系于社会主义的革命，一八七一年的巴黎公社终于失败了呢？为什么蒙古和中亚细亚的游牧制度又直接地和社会主义联系了呢？为什么中国的革命可以避免资本主义的前途，可以和社会主义直接联系起来，不要再走西方国家的历史老路，不要经过一个资产阶级专政的时期呢？没有别的，都是由于当时的具体条件。一定的必要的条件具备了，事物发展的过程就发生一定的矛盾，而且这种或这些矛盾互相依存，又互相转化，否则，一切都不可能。

同一性的问题如此。那末，什么是斗争性呢？同一性和斗争性的关系是怎样的呢？

列宁说："对立的统一（一致、同一、合一），是有条件的、一时的、暂存的、相对的。互相排斥的对立的斗争则是绝对的，正如发展、运动是绝对的一样。"〔25〕

列宁这段话是什么意思呢？

一切过程都有始有终，一切过程都转化为它们的对立物。一切过程的常住性是相对的，但是一种过程转化为他种过程的这种变动性则是绝对的。

无论什么事物的运动都采取两种状态，相对地静止的状态和显著地变动的状态。两种状态的运动都是由事物内部包含的两个矛盾着的因素互相斗争所引起的。当着事物的运动在第一种状态的时候，它只有数量的变化，没有性质的变化，所以显出好似静止的面貌。当着事物的运动在第二种状态的时候，它已由第一种状态中的数量的变化达到了某一个最高点，引起了统一物的分解，发生了性质的变化，所以显出显著地变化的面貌。我们在日常生活中所看见的统一、团结、联合、调和、均势、相持、僵局、静止、有常、平衡、凝聚、吸引等等，都是事物处在量变状态中所显现的面貌。而统一物的分解，团结、联合、调和、均势、相持、僵局、静止、有常、平衡、凝聚、吸引等等状态的破坏，变到相反的状态，便都是事物在质变状态中、在一种过程过渡到他种过程的变化中所显现的面貌。事物总是不断地由第一种状态转化为第二种状态，而矛盾的斗争则存在于两种状态中，并经过第二种状态而达到矛盾的解决。所以说，对立的统一是有条件的、暂时的、相对的，而对立的互相排除的斗争则是绝对的。

前面我们曾经说，两个相反的东西中间有同一性，所以二者能够共处于一个统一体中，又能够互相转化，这是说的条件性，即是说在一定条件之下，矛盾的东西能够统一起来，又能够互相转化；无此一定条件，就不能成为矛盾，不能共居，也不能转化。由于一定的条件才构成了矛盾的同一性，所以说同一性是有条件的、相对的。这里我们又说，矛盾的斗争贯串于过程的始终，并使一过程向着他过程转化，矛盾的斗争无所不在，所以说矛盾的斗争性是无条件的、绝对的。

有条件的相对的同一性和无条件的绝对的斗争性相结合，构成了一切事物的矛盾运动。

我们中国人常说："相反相成。"[26]就是说相反的东西有同一性。这句话是辩证法的，是违反形而上学的。"相反"就是说两个矛盾方面的互相排斥，或互相斗争。"相成"就是说在一定条件之下两个矛盾方面互相联结起来，获得了同一性。而斗争性即寓于同一性之中，没有斗争性就没有同一性。

在同一性中存在着斗争性，在特殊性中存在着普遍性，在个性中存在着共性。拿列宁的话来说，叫做"在相对的东西里面有着绝对的东西"[27]。

六　对抗在矛盾中的地位

在矛盾的斗争性的问题中，包含着对抗是什么的问题。我们回答道：对抗是矛盾斗争的一种形式，而不是矛盾斗争的一切形式。

在人类历史中，存在着阶级的对抗，这是矛盾斗争的一种特殊的表现。剥削阶级和被剥削阶级之间的矛盾，无论在奴隶社会也好，封建社会也好，资本主义社会也好，互相矛盾着的两阶级，长期地并存于一个社会中，它们互相斗争着，但要待两阶级的矛盾发展到了一定的阶段的时候，双方才取外部对抗的形式，发展为革命。阶级社会中，由和平向战争的转化，也是如此。

炸弹在未爆炸的时候，是矛盾物因一定条件共居于一个统一体中的时候。待至新的条件（发火）出现，才发生了爆炸。自然界中一切到了最后要采取外部冲突形式去解决旧矛盾产生新事物的现象，都有与此相仿佛的情形。

认识这种情形，极为重要。它使我们懂得，在阶级社会中，革命和革命战争是不可避免的，舍此不能完成社会发展的飞跃，不能推翻反动的统治阶级，而使人民获得政权。共产党人必须揭露反动派所谓社会革命是不必要的和不可能的等等欺骗的宣传，坚持马克思列宁主义的社会革命论，使人民懂得，这不但是完全必要的，而且是完全可能的，整个人类的历史和苏联的胜利，都证明了这个科学的真理。

但是我们必须具体地研究各种矛盾斗争的情况，不应当将上面所说的公式不适当地套在一切事物的身上。矛盾和斗争是普遍的、绝对的，但是解决矛盾的方法，即斗争的形式，则因矛盾的性质不同而不相同。有些矛盾具有公开的对抗性，有些矛盾则不是这样。根据事物的具体发展，有些矛盾是由原来还非对抗性的，而发展成为对抗性的；也有些矛盾则由原来是对抗性的，而发展成为非对抗性的。

共产党内正确思想和错误思想的矛盾，如前所说，在阶级存在的时候，这是阶级矛盾对于党内的反映。这种矛盾，在开始的时候，或在个别的问题上，并不一定马上表现为对抗性的。但随着阶级斗争的发展，这种矛盾也就可能发展为对抗性的。苏联共产党的历史告诉我们：列宁、斯大林的正确思想和托洛茨基、布哈林等人的错误思想的矛盾，在开始的时候还没有表现为对抗的形式，但随后就发展为对抗的了。中国共产党的历史也有过这样的情形。我们党内许多同志的正确思想和陈独秀、张国焘等人的错误思想的矛盾，在开始的时候也没有表现为对抗的形式，但随后就发展为对抗的了。目前我们党内的正确思想和错误思想的矛盾，没有表现为对抗的形式，如果犯错误的同志能够改正自己的错误，那就不会发展为对抗性的东西。因此，党一方面必须对于错误思想进行严肃的斗争，另方面又必须充分地给犯错误的同志留有自己觉悟的机会。在这样的情况下，过火的斗争，显然是不适当的。但如果犯错误的人坚持错误，并扩大下去，这种矛盾也就存在着发展为对抗性的东西的可能性。

经济上城市和乡村的矛盾，在资本主义社会里面（那里资产阶级统治的城市残酷地掠夺乡村），在中国的国民党统治区域里面（那里外国帝国主义和本国买办大资产阶级所统治的城市极野蛮地掠夺乡村），那是极其对抗的矛盾。但在社会主义国家里面，在我们的革命根据地里面，这种对抗的矛盾就变为非对抗的矛盾，而当到达共产主义社会的时候，这种矛盾就会消灭。

列宁说："对抗和矛盾断然不同。在社会主义下，对抗消灭了，矛盾存在着。"[28]这就是说，对抗只是矛盾斗争的一种形式，而不是它的一切形式，不能到处套用这个公式。

七　结　论

说到这里，我们可以总起来说几句。事物矛盾的法则，即对立统一的法则，是自然和社会的根本法则，因而也是思维的根本法则。它是和形而上学的宇宙观相反的。它对于人类的认识史是一个大革命。按照辩证唯物论的观点看来，矛盾存在于一切客观事物和主观思维的过程中，矛盾贯串于一切过程的始终，这是矛盾的普遍性和绝对性。矛盾着的事物及其每一个侧面各有其特点，这是矛盾的特殊性和相对性。矛盾着的事物依一定的条件有同一性，因此能够共居于一个统一体中，又能够互相转化到相反的方面去，这又是矛盾的特殊性和相对性。然而矛盾的斗争则是不断的，不管在它们共居的时候，或者在它们互相转化的时候，都有斗争的存在，尤其是在它们互相转化的时候，斗争的表现更为显著，这又是矛盾的普遍性和绝对性。当着我们研究矛盾的特殊性和相对性的时候，要注意矛盾和矛盾方面的主要的和非主要的区别；当着我们研究矛盾的普遍性和斗争性的时候，要注意矛盾的各种不同的斗争形式的区别。否则就要犯错误。如果我们经过研究真正懂得了上述这些要点，我们就能够击破违反马克思列宁主义基本原则的不利于我们的革命事业的那些教条主义的思想；也能够使有经验的同志们整理自己的经验，使之带上原则性，而避免重复经验主义的错误。这些，就是我们研究矛盾法则的一些简单的结论。

选自《毛泽东选集》
第1卷第299—337页

注　释

〔1〕见列宁《黑格尔〈哲学史讲演录〉一书摘要》（《列宁全集》第55卷，人民出版社1990年版，第213页）。

〔2〕参见列宁《谈谈辩证法问题》："统一物之分为两个部分以及对它的矛盾着的部分的认识……，是辩证法的实质（是辩证法的'本质'之一，是它的基本的特点或特征之一，甚至可说是它的基本的特点或特征）。"并参见《黑格尔〈逻辑学〉一书摘要》中关于"辩证法的要素"部分："可以把辩证法简要地规定为关于对立面的统一的学说。这样就会抓住辩证法的核心，可是这需要说明和发挥。"（《列宁全集》第55卷，人民出版社1990年版，第305、192页）

〔3〕德波林（1881—1963），苏联哲学家。1929年当选为苏联科学院院士。20世纪30年代初，苏联哲学界发动对德波林学派的批判，认为他们犯了理论脱离实践、哲学脱离政治等唯心主义性质的错误。

〔4〕见列宁《谈谈辩证法问题》。新的译文是："有两种基本的（或两种可能的？或两种在历史上常见的?）发展（进化）观点：认为发展是减少和增加，是重复；以及认为发展是对立面的统一（统一物之分为两个互相排斥的对立面以及它们之间的相互关系）。"（《列宁全集》第55卷，人民出版社1990年版，第306页）

〔5〕见《汉书·董仲舒传》。董仲舒（公元前179—前104）是孔子学派在西汉的主要代表，他曾经对汉武帝说："道之大原出于天，天不变，道亦不变。""道"是中国古代哲学家的通用语，它的意义是"道路"或"道理"，可作"法则"或"规律"解说。

〔6〕见恩格斯《反杜林论》第一编第十二节《辩证法。量和质》（《马克思恩格斯选集》第3卷，人民出版社1972年版，第160页）。

〔7〕见列宁《谈谈辩证法问题》。新的译文是："承认（发现）自然界的（也包括精神的和社会的）一切现象和过程具有矛盾着的、相互排斥的、对立的倾向。"（《列宁全集》第55卷，人民出版社1990年版，第306页）

〔8〕以上所引恩格斯的三段话，均见恩格斯《反杜林论》第一编第十二节《辩证法。量和质》。其中第二段"高等数学的主要基础之一，就是矛盾……"，《反杜林论》中的原文是："我们已经提到，高等数学的主要基础之一是这样一个矛盾：在一定条件下直线和曲线应当是一回事。高等数学还有另一个矛盾：在我们眼前相交的线，只要离开交点五六厘米，就应当认为是平行的、即使无限延长也不会相交的线。可是，高等数学利用这些和其他一些更加尖锐的矛盾获得了不仅是正确的、而且是初等数学所完全不能达到的成果。"（《马克思恩格斯选集》第3卷，人民出版社1972年版，第160—161页）

〔9〕见列宁《谈谈辩证法问题》（《列宁全集》第55卷，人民出版社1990年版，第305—306页）。

〔10〕见列宁《谈谈辩证法问题》（《列宁全集》第55卷，人民出版社1990年版，第307页）。

〔11〕见《孙子·谋攻》。

〔12〕魏徵（580—643），唐代初期的政治活动家和历史学家。本文引语见《资治通鉴》卷一百九十二。

〔13〕《水浒传》是中国描写农民战争的著名小说。宋江是这部小说中农民武装的主要领袖。祝家庄在农民武装根据地梁山泊的附近，这个庄的统治者祝朝奉，是一个大恶霸地主。

〔14〕木马计是希腊神话中的一个著名故事。据传说，古希腊人攻打特洛伊城，很久打不下来。后来，他们伪装撤退，在城下营房中留下了一匹腹内藏有一批勇士的大木马。特洛伊人不知道这是敌人的计策，把木马作为战利品拉进城去。深夜，勇士们走出木马，利用特洛伊人毫无戒备的时机，配合城外的军队，迅速地夺取了特洛伊城。

〔15〕见列宁《再论工会、目前局势及托洛茨基同志和布哈林同志的错误》。新的译文是："要真正地认识事物，就必须把握住、研究清楚它的一切方面、一切联系和'中介'。我们永远也不会完全做到这一点，但是，全面性这一要求可以使我们防止犯错误和防止僵化。"（《列宁全集》第 40 卷，人民出版社 1986 年版，第 291 页）

〔16〕1894 年（甲午年）发生的中日战争，也称甲午战争。这次战争是日本军国主义者蓄意挑起的。日本军队先向朝鲜发动侵略并对中国的陆海军进行挑衅，继即大举侵入中国的东北。在战争中，中国军队曾经英勇作战，但是由于清朝政府的腐败以及缺乏坚决反对侵略的准备，中国方面遭到了失败。1895 年，清朝政府和日本订立了可耻的马关条约，这个条约的主要内容是：中国割让台湾全岛及所有附属各岛屿、澎湖列岛和辽东半岛（后来在俄、德、法三国干涉下，日本同意由清政府偿付白银三千万两"赎还"该半岛），赔偿军费银二万万两，允许日本人在中国通商口岸开设工厂，开辟沙市、重庆、苏州、杭州等地为商埠。

〔17〕见列宁《俄国社会民主党人的任务》（《列宁全集》第 2 卷，人民出版社 1984 年版，第 443 页）；并见列宁《怎么办？》第一章第四节（《列宁全集》第 6 卷，人民出版社 1986 年版，第 23 页）。

〔18〕见列宁《黑格尔〈逻辑学〉一书摘要》。新的译文是："辩证法是一种学说，它研究对立面怎样才能够同一，是怎样（怎样成为）同一的——在什么条件下它们是相互转化而同一的，——为什么人的头脑不应该把这些对立面看作僵死的、凝固的东西，而应该看作活生生的、有条件的、活动的、彼此转化的东西。"（《列宁全集》第 55 卷，人民出版社 1990 年版，第 90 页）

〔19〕《山海经》是一部中国古代地理著作，其中记载了不少远古的神话传说。夸父是《山海经·海外北经》上记载的一个神人。据说："夸父与日逐走。入日，渴欲得饮，饮于河渭。河渭不足，北饮大泽。未至，道渴而死。弃其杖，化为邓林。"

〔20〕羿是中国古代传说中的英雄，"射日"是关于他善射的著名故事。据西汉淮南王刘安（公元前 2 世纪人）及其门客所著《淮南子》一书说："尧之时，十日并出，焦禾稼，杀草木，而民无所食。猰貐、凿齿、九婴、大风、封豨、修蛇，皆为民害。尧乃使羿……上射十日而下杀猰貐。……万民皆喜。"东汉著作家王逸（公元二世纪人）关于屈原诗篇《天问》的注释说："淮南言，尧时十日并出，草木焦枯。尧命羿仰射十日，中其九日……留其一日。"

〔21〕《西游记》是明代作家吴承恩著的一部神话小说。孙悟空是书中的主角。他是一个神猴，有七十二变的法术，能够随意变成各式各样的鸟兽虫鱼草木器物或者人形。

〔22〕《聊斋志异》是清代文学家蒲松龄著的短篇小说集，大部分是叙述神仙狐鬼的故事。

〔23〕见马克思《〈政治经济学批判〉导言》（《马克思恩格斯选集》第2卷，人民出版社1972年版，第113页）。

〔24〕见马克思《〈政治经济学批判〉导言》（《马克思恩格斯选集》第2卷，人民出版社1972年版，第114页）。

〔25〕见列宁《谈谈辩证法问题》。新的译文是："对立面的统一（一致、同一、均势）是有条件的、暂时的、易逝的、相对的。相互排斥的对立面的斗争是绝对的，正如发展、运动是绝对的一样。"（《列宁全集》第55卷，人民出版社1990年版，第306页）

〔26〕见东汉著名史学家班固（三二——九二）所著《汉书·艺文志》，原文是："诸子十家，其可观者，九家而已。皆起于王道既微，诸侯力政，时君世主，好恶殊方。是以九家之术，蜂出并作，各引一端，崇其所善，以此驰说，取合诸侯。其言虽殊，辟犹水火，相灭亦相生也。仁之与义，敬之与和，相反而皆相成也。"

〔27〕见列宁《谈谈辩证法问题》。新的译文是："相对中有绝对。"（《列宁全集》第55卷，人民出版社1990年版，第307页）

〔28〕见列宁《在尼·布哈林〈过渡时期经济学〉一书上作的批注和评论》。新的译文是："对抗和矛盾完全不是一回事。在社会主义下，对抗将会消失，矛盾仍将存在。"（《列宁全集》第60卷，人民出版社1990年版，第281—282页）

毛泽东

《新民主主义论》

学习提示

《新民主主义论》是1940年1月毛泽东在陕甘宁边区文化协会第一次代表大会上的讲演，发表于延安《中国文化》创刊号，题为《新民主主义的政治与新民主主义的文化》，出单行本时改现名。

这篇著作发表时正是中国抗日战争处于艰难的相持阶段，日本侵略者将其主力向共产党领导的解放区发动大举进攻，而对国民党则采取了政治诱降为主、军事打击为辅的政策。国民党顽固派的反共反人民的倾向日益明显，他们发动了第一次反共高潮。为了配合政治上、军事上的反共活动，国民党网罗了一批反动政客、御用文人，在思想文化战线上向共产党猖狂进攻，宣扬共产主义不适合中国国情，企图从根本上取消共产党，以巩固国民党的一党专政。同时，在中国共产党内部，各种错误思想在一些人中依然存在。虽然以王明为代表的右倾机会主义路线已被克服，但是党内又发生了“左”的偏向。一些人弄不清民主革命和社会主义革命的界限，并主观地急于要超过民主革命。为了回答“中国怎么办”、“中国向何处去”的重大的历史课题，必须对中国民主革命的一系列基本理论问题作出马克思主义的分析。毛泽东的《新民主主义论》和其他著作《〈共产党人〉发刊词》(1939年10月)、《中国革命和中国共产党》(1939年12月)就是在这样的背景下写成的。下面节选的是本书的第一、二、三、四、五、六、七、八、九、十一、十二、十四、十五节。

《新民主主义论》的主题就是论述中国社会发展的方向和规律，具体说来包括以下方面：

第一，中国社会的性质和中国革命的历史特点。

《新民主主义论》开宗明义，指出要回答中国向何处去的问题，必须要有实事求是的科学态度；要建设一个中华民族的新社会和新国家，就要正确分析中国社会的性质。毛泽东指出：“自周秦以来，中国是一个封建社会”，“自外国资本主义侵略中国，中国社会又逐渐地生长了资本主义因素以来，中国已逐渐地变成了一个殖民地、半殖民地、半封建的社会。现在的中国，在日本占领区，是殖民地社会；在国民党统治区，基本上也还是一个半殖民地社会；而不论在日本占领区和国民党统治区，都是封建半封建制度占优势的社会。这就是现时中国社会的性质，这就是现时中国的国情。”

根据中国社会的性质，毛泽东阐明了中国革命的历史特点，指出：“中国革命的历史进程，必须分为两步，其第一步是民主主义革命，其第二步是社会主义的革命，这是性质不同的两个革命过程。”新民主主义革命是社会主义革命的必要准备，社会主义革命是新民主主义革命的必然趋势，两者既相区别又相联系。混淆两者的区别，梦想“毕其功于一役”，是“左”倾空谈主义；试图在两者之间横插一个资产阶级专政的阶段，否认革命在条件成熟时的转变，是右倾机会主义。所谓民主主义，在中国已经不是旧范畴的民主主义，而是新范畴的民主主义，即新民主主义。新民主主义革命是无产阶级领导之下的人民大众的反帝反封建的革命。

第二，世界革命的新特点与中国新民主主义革命。

中国革命的特点不仅为中国社会的性质所决定，而且也受世界革命的时代特点所制约。毛泽东指出：“第一次帝国主义世界大战和第一次胜利的社会主义十月革命，改变了整个世界历史的方向，划分了整个世界历史的时代。”在此之前是属于世界资产阶级民主主义革命的时代，在此之后世界历史进入了无产阶级社会主义世界革命的时代。由于世界历史时代特点的变化，中国民主革命的性质也发生了变化，它不再属于旧的资产阶级民主主义革命范畴之内，而是属于新的资产阶级民主主义革命的范畴，在革命阵线上说来，则属于世界无产阶级社会主义革命的一部分了。

毛泽东认为，新民主主义革命同旧资产阶级民主革命的根本区别、新民主主义革命的根本标志是无产阶级对民主革命的领导权。这种新民主主义革命正是由于它处在无产阶级社会主义世界革命的时代，所以它已经不是被资产阶级领导的、以建立资本主义的社会和资产阶级专政的国家为目的的革命，而是被无产阶级领导的、以在第一阶段上建立新民主主义的社会和建立各个革命阶级联合专政的国家为目的的革命，这种革命是为未来社会的发展扫清更广大的道路，它的发展前途是社会主义。

第三，中国新民主主义革命的基本纲领。

关于政治纲领。毛泽东指出：新民主主义革命所要建立的国家“只能是在无产阶级领导下的一切反帝反封建的人们联合专政的民主共和国”，即新民主主义共和国。中国无产阶级、农民、知识分子和其他小资产阶级，是国家构成和政权构成的基本部分，而无产阶级则是领导阶级。他们决定着国家命运。新民主主义国家既不同于旧形式的、欧美式的资产阶级专政的、资本主义的共和国，也不同于苏联式的、无产阶级专政的、社会主义的共和国。它是殖民地半殖民地国家的革命，在一定特殊历史时期采用的过渡的国家形式。新民主主义革命要建立的国体是无产阶级领导的、以工农联盟为基础的、各革命阶级的联合专政。政体则采取人民代表大会制的民主集中制。

关于经济纲领。毛泽东指出：无产阶级领导下的新民主主义共和国的经济实行“节制资本”、“平均地权”和保护民族工商业。即没收大银行、大工业、大商业，归新民主主义共和国所有，使它成为社会主义性质的国营经济和整个国民经济的领导力量。新民主主义国家不没收其他资本主义的私有财产，允许资本主义经济在不能操纵国民生计范围内发展。在农村，没收地主的土地，分给无地或少地的农民，实行“耕者有其田”，在此基础上发展合作经济。新民主主义经济既不是资本主义的，也不是社会主义的，而是一种过渡的经济形态。

关于文化纲领。毛泽东指出：“一定的文化是一定社会的政治和经济在观念形态上的反映。”新民主主义文化就是在观念形态上对新民主主义政治和新民主主义经济的反映，是为新民主主义的政治和新民主主义经济服务的；新民主主义文化是无产阶级领导的人民大众的反帝反封建的文化，即民族的、科学的、大众的文化。他解释说：由于现阶段的基本任务主要是反对帝国主义和封建主义，是资产阶级民主主义革命，因此现在整个新的国民文化的内容还是新民主主义的，不是社会主义的；由于现时的中国革命属于世界无产阶级社会主义革命的一部分，它不能离开中国无产阶级的领导，因而现时的中国文化也不能离开中国无产阶级的领导，即不能离开共产主义思想的领导；新民主主义文化是民族的，它反对帝国主义的压迫，主张中华民族的尊严和独立，具有民族的特点和民族的形式；新民主主义文化是科学的，它反对一切封建思想和迷信思想，主张实事求是，主张理论和实践的一致；新民主主义文化是大众的，它为全民族中百分之九十以上的工农劳苦民众服务，并逐渐成为他们的文化。

《新民主主义论》是把马克思主义的一般原理同中国革命具体实践相结合的光辉典范。它总结了近百年来资产阶级民主革命的经验，特别是中国共产党所领导的新民主主义革命的经验，科学地分析了中国社会的性质，揭示了中国社会的发展方向，并完整地制定了中国新民主主义革命的政治、经济和文化纲领，批驳了在中国革命问题上的种种谬论和错误思想，给中国共产党人和中国人民以正确的精神武装。它强调共产党的宇宙观是辩证唯物论，这是人类有史以来最科学的宇宙观。首次使用“能动的革命的反映论”，概括了马克思主义哲学的基本观点。

原著

新民主主义论*（节选）

（一九四〇年一月）

一　中国向何处去

抗战以来，全国人民有一种欣欣向荣的气象，大家以为有了出路，愁眉锁眼的姿态为之一扫。但是近来的妥协空气，反共声浪，忽又甚嚣尘上，又把全国人民打入闷葫芦里了。特别是文化人和青年学生，感觉锐敏，首当其冲。于是怎么办，中国向何处去，又成为问题了。因此，趁着《中国文化》[1]的出版，说明一下中国政治和中国文化的动向问题，或者也是有益的。对于文化问题，我是门外汉，想研究一下，也方在开始。好在延安许多同志已有详尽的文章，我的粗枝大叶的东西，就当作一番开台锣鼓好了。对于全国先进的文化工作者，我们的东西，只当作引玉之砖，千虑之一得，希望共同讨论，得出正确结论，来适应我们民族的需要。科学的态度是“实事求是”，“自以为是”和“好为人师”那样狂妄的态度是决不能解决问题的。我们民族的灾难深重极了，惟有科学的态度和负责的精神，能够引导我们民族到解放之路。真理只有一个，而究竟谁发现了真理，不依靠主观的夸张，而依靠客观的实践。只有千百万人民的革命实践，才是检验真理的尺度。我想，这可以算作《中国文化》出版的态度。

二　我们要建立一个新中国

我们共产党人，多年以来，不但为中国的政治革命和经济革命而奋斗，而且为中国的文化革命而奋斗；一切这些的目的，在于建设一个中华民族的新社会和新国家。在这个新社会和新国家中，不但有新政治、新经济，而且有新文化。这就是说，我们不但要把一个政治上受压迫、经济上受剥削的中国，变为

---

* 这是毛泽东1940年1月9日在陕甘宁边区文化协会第一次代表大会上的讲演，原题为《新民主主义的政治与新民主主义的文化》，载于1940年2月15日延安出版的《中国文化》创刊号。同年2月20日在延安出版的《解放》第98、99期合刊登载时，题目改为《新民主主义论》。

一个政治上自由和经济上繁荣的中国，而且要把一个被旧文化统治因而愚昧落后的中国，变为一个被新文化统治因而文明先进的中国。一句话，我们要建立一个新中国。建立中华民族的新文化，这就是我们在文化领域中的目的。

三　中国的历史特点

我们要建立中华民族的新文化，但是这种新文化究竟是一种什么样子的文化呢?

一定的文化（当作观念形态的文化）是一定社会的政治和经济的反映，又给予伟大影响和作用于一定社会的政治和经济；而经济是基础，政治则是经济的集中的表现〔2〕。这是我们对于文化和政治、经济的关系及政治和经济的关系的基本观点。那末，一定形态的政治和经济是首先决定那一定形态的文化的；然后，那一定形态的文化又才给予影响和作用于一定形态的政治和经济。马克思说："不是人们的意识决定人们的存在，而是人们的社会存在决定人们的意识。"〔3〕他又说："从来的哲学家只是各式各样地说明世界，但是重要的乃在于改造世界。"〔4〕这是自有人类历史以来第一次正确地解决意识和存在关系问题的科学的规定，而为后来列宁所深刻地发挥了的能动的革命的反映论之基本的观点。我们讨论中国文化问题，不能忘记这个基本观点。

这样说来，问题是很清楚的，我们要革除的那种中华民族旧文化中的反动成分，它是不能离开中华民族的旧政治和旧经济的；而我们要建立的这种中华民族的新文化，它也不能离开中华民族的新政治和新经济。中华民族的旧政治和旧经济，乃是中华民族的旧文化的根据；而中华民族的新政治和新经济，乃是中华民族的新文化的根据。

所谓中华民族的旧政治和旧经济是什么？而所谓中华民族的旧文化又是什么？

自周秦以来，中国是一个封建社会，其政治是封建的政治，其经济是封建的经济。而为这种政治和经济之反映的占统治地位的文化，则是封建的文化。

自外国资本主义侵略中国，中国社会又逐渐地生长了资本主义因素以来，中国已逐渐地变成了一个殖民地、半殖民地、半封建的社会。现在的中国，在日本占领区，是殖民地社会；在国民党统治区，基本上也还是一个半殖民地社会；而不论在日本占领区和国民党统治区，都是封建半封建制度占优势的社会。这就是现时中国社会的性质，这就是现时中国的国情。作为统治的东西来说，这种社会的政治是殖民地、半殖民地、半封建的政治，其经济是殖民地、半殖民地、半封建的经济，而为这种政治和经济之反映的占统治地位的文化，则是殖民地、半殖民地、半封建的文化。

这些统治的政治、经济和文化形态，就是我们革命的对象。我们要革除的，就是这种殖民地、半殖民地、半封建的旧政治、旧经济和那为这种旧政治、旧经济服务的旧文化。而我们要建立起来的，则是与此相反的东西，乃是中华民族的新政治、新经济和新文化。

那末，什么是中华民族的新政治、新经济，又什么是中华民族的新文化呢？

中国革命的历史进程，必须分为两步，其第一步是民主主义的革命，其第二步是社会主义的革命，这是性质不同的两个革命过程。而所谓民主主义，现在已不是旧范畴的民主主义，已不是旧民主主义，而是新范畴的民主主义，而是新民主主义。

由此可以断言，所谓中华民族的新政治，就是新民主主义的政治；所谓中华民族的新经济，就是新民主主义的经济；所谓中华民族的新文化，就是新民主主义的文化。

这就是现时中国革命的历史特点。在中国从事革命的一切党派，一切人们，谁不懂得这个历史特点，谁就不能指导这个革命和进行这个革命到胜利，谁就会被人民抛弃，变为向隅而泣的可怜虫。

四　中国革命是世界革命的一部分

中国革命的历史特点是分为民主主义和社会主义两个步骤，而其第一步现在已不是一般的民主主义，而是中国式的、特殊的、新式的民主主义，而是新民主主义。那末，这个历史特点是怎样形成的呢？它是一百年来就有了的，还是后来才发生的呢？

只要研究一下中国的和世界的历史发展，就知道这个历史特点，并不是从鸦片战争以来就有了的，而是在后来，在第一次帝国主义世界大战和俄国十月革命之后，才形成的。我们现在就来研究这个形成过程。

很清楚的，中国现时社会的性质，既然是殖民地、半殖民地、半封建的性质，它就决定了中国革命必须分为两个步骤。第一步，改变这个殖民地、半殖民地、半封建的社会形态，使之变成一个独立的民主主义的社会。第二步，使革命向前发展，建立一个社会主义的社会。中国现时的革命，是在走第一步。

这个第一步的准备阶段，还是自从一八四〇年鸦片战争以来，即中国社会开始由封建社会改变为半殖民地半封建社会以来，就开始了的。中经太平天国运动、中法战争、中日战争、戊戌变法、辛亥革命、五四运动、北伐战争、土地革命战争、直到今天的抗日战争，这样许多个别的阶段，费去了整整一百年工夫，从某一点上说来，都是实行这第一步，都是中国人民在不同的时间中和不同的程度上实行这第一步，实行反对帝国主义和封建势力，为了建立一个独立的民主主义的社会而斗争，为了完成第一个革命而斗争。而辛亥革命，则是在比较更完全的意义上开始了这个革命。这个革命，按其社会性质说来，是资产阶级民主主义的革命，不是无产阶级社会主义的革命。这个革命，现在还未完成，还须付与很大的气力，这是因为这个革命的敌人，直到现在，还是非常强大的缘故。孙中山先生说的“革命尚未成功，同志仍须努力”，就是指的这种资产阶级民主主义的革命。

然而中国资产阶级民主主义革命，自从一九一四年爆发第一次帝国主义世界大战和一九一七年俄国十月革命在地球六分之一的土地上建立了社会主义国家以来，起了一个变化。

在这以前，中国资产阶级民主主义革命，是属于旧的世界资产阶级民主主义革命的范畴之内的，是属于旧的世界资产阶级民主主义革命的一部分。

在这以后，中国资产阶级民主主义革命，却改变为属于新的资产阶级民主主义革命的范畴，而在革命的阵线上说来，则属于世界无产阶级社会主义革命的一部分了。

为什么呢？因为第一次帝国主义世界大战和第一次胜利的社会主义十月革命，改变了整个世界历史的方向，划分了整个世界历史的时代。

在世界资本主义战线已在地球的一角（这一角占全世界六分之一的土地）崩溃，而在其余的角上又已经充分显露其腐朽性的时代，在这些尚存的资本主义部分非更加依赖殖民地半殖民地便不能过活的时代，在社会主义国家已经建立并宣布它愿意为了扶助一切殖民地半殖民地的解放运动而斗争的时代，在各个资本主义国家的无产阶级一天一天从社会帝国主义的社会民主党的影响下面解放出来并宣布他们赞助殖民地半殖民地解放运动的时代，在这种时代，任何殖民地半殖民地国家，如果发生了反对帝国主义，即反对国际资产阶级、反对国际资本主义的革命，它就不再是属于旧的世界资产阶级民主主义革命的范畴，而属于新的范畴了；它就不再是旧的资产阶级和资本主义的世界革命的一部分，而是新的世界革命的一部分，即无产阶级社会主义世界革命的一部分了。这种革命的殖民地半殖民地，已经不能当作世界资本主义反革命战线的同盟军，而改变为世界社会主义革命战线的同盟军了。

这种殖民地半殖民地革命的第一阶段，第一步，虽然按其社会性质，基本上依然还是资产阶级民主主义的，它的客观要求，是为资本主义的发展扫清道路；然而这种革命，已经不是旧的、被资产阶级领导的、以建立资本主义的社会和资产阶级专政的国家为目的的革命，而是新的、被无产阶级领导的、以在第一阶段上建立新民主主义的社会和建立各个革命阶级联合专政的国家为目的的革命。因此，这种革命又恰是为社会主义的发展扫清更广大的道路。这种革命，在其进行中，因为敌情和同盟军的变化，又分为若干的阶段，然而其基本性质是没有变化的。

这种革命，是彻底打击帝国主义的，因此它不为帝国主义所容许，而为帝国主义所反对。但是它却为社会主义所容许，而为社会主义的国家和社会主义的国际无产阶级所援助。

因此，这种革命，就不能不变成无产阶级社会主义世界革命的一部分。

“中国革命是世界革命的一部分”，这一正确的命题，还是在一九二四年至一九二七年的中国第一次大革命时期，就提出了的。这是中国共产党人提出，而为当时一切参加反帝反封建斗争的人们所赞成的。不过那时这一理论的意义还没有发挥，以致人们还只是模糊地认识这个问题。

这种“世界革命”，已不是旧的世界革命，旧的资产阶级世界革命早已完结了；而是新的世界革命，而是社会主义的世界革命。同样，这种“一部分”，已经不是旧的资产阶级革命的一部分，而是新的社会主义革命的一部分。这是一个绝大的变化，这是自有世界历史和中国历史以来无可比拟的大变化。

中国共产党人提出的这一正确的命题，是根据斯大林的理论的。

斯大林还在一九一八年所作十月革命一周年纪念的论文时，就说道：

“十月革命的伟大的世界意义，主要的是：第一，它扩大了民族问题的范围，把它从欧洲反对民族压迫的斗争的局部问题，变为各被压迫民族、各殖民地及半殖民地从帝国主义之下解放出来的总问题；第二，它给这一解放开辟了广大的可能性和现实的道路，这就大大地促进了西方和东方的被压迫民族的解放事业，把他们吸引到胜利的反帝国主义斗争的巨流中去；第三，它从而在社会主义的西方和被奴役的东方之间架起了一道桥梁，建立了一条从西方无产者经过俄国革命到东方被压迫民族的新的反对世界帝国主义的革命战线。”〔5〕

从这篇文章以后，斯大林曾经多次地发挥了关于论述殖民地半殖民地的革命脱离了旧范畴，改变成了无产阶级社会主义革命一部分的理论。解释得最清楚明确的，是斯大林在一九二五年六月三十日发表的同当时南斯拉夫的民族主义者争论的文章。这篇文章载在张仲实译的《斯大林论民族问题》一书上面，题目叫做《再论民族问题》。其中有这么一段：

“舍米契引证了斯大林在一九一二年年底所著《马克思主义与民族问题》那本小册子中的一个地方。那里曾说：‘在上升的资本主义的条件之下，民族的斗争是资产阶级相互之间的斗争。’显然，他企图以此来暗示他给当前历史条件下的民族运动的社会意义所下的定义是正确的。然而，斯大林那本小册子是在帝国主义战争以前写的，那时候民族问题在马克思主义者看来还不是一个具有全世界意义的问题，那时候马克思主义者关于民族自决权的基本要求不是当作无产阶级革命的一部分，而是当作资产阶级民主革命的一部分。自那时候起，国际形势已经根本地改变了，战争和俄国十月革命已把民族问题从资产阶级民主革命的一部分变成了无产阶级社会主义革命的一部分了，——要是看不清这一点，那就未免太可笑了。列宁还在一九一六年十月间，就在他的《民族自决权讨论的总结》一文中说过，民族问题中关于民族自决权的基本点，已不再是一般民主运动的一部分，它已经变成一般无产阶级的、社会主义革命的一个构成部分了。列宁以及俄国共产主义的其他代表者关于民族问题的以后的一些著作，我就不用讲了。现在，当我们由于新的历史环境而进入于一个新的时代——无产阶级革命的时代，舍米契在这一切以后却引证斯大林在俄国资产阶级民主革命时期所写的那本小册子中的一个地方，这能有什么意义呢？它只能有这样一个意义，就是舍米契是离开时间和空间，不顾到活的历史环境来引证的，因而违反了辩证法的最基本的要求，没有考虑到在某一个历史环境下是正确的东西在另一个历史环境下就可以成为不正确的。”

由此可见，有两种世界革命，第一种是属于资产阶级和资本主义范畴的世界革命。这种世界革命的时期早已过去了，还在一九一四年第一次帝国主义世界大战爆发之时，尤其是在一九一七年俄国十月革命之时，就告终结了。从此以后，开始了第二种世界革命，即无产阶级的社会主义的世界革命。这种革命，以资本主义国家的无产阶级为主力军，以殖民地半殖民地的被压迫民族为同盟军。不管被压迫民族中间参加革命的阶级、党派或个人，是何种的阶级、党派或个人，又不管他们意识着这一点与否，他们主观上了解了这一点与否，只要他们反对帝国主义，他们的革命，就成了无产阶级社会主义世界革命的一部分，他们就成了无产阶级社会主义世界革命的同盟军。

中国革命到了今天，它的意义更加增大了。在今天，是在由于资本主义的经济危机和政治危机已经一天一天把世界拖进第二次世界大战的时候；是在苏联已经到了由社会主义到共产主义的过渡期，有能力领导和援助全世界无产阶级和被压迫民族，反抗帝国主义战争，打击资本主义反动的时候；是在各资本主义国家的无产阶级正在准备打倒资本主义、实现社会主义的时候；是在中国无产阶级、农民阶级、知识分子和其他小资产阶级在中国共产党的领导之下，已经形成了一个伟大的独立的政治力量的时候。在今天，我们是处在这种时候，那末，应该不应该估计中国革命的世界意义是更加增大了呢？我想是应该的。中国革命是世界革命的伟大的一部分。

这个中国革命的第一阶段（其中又分为许多小阶段），其社会性质是新式的资产阶级民主主义的革命，还不是无产阶级社会主义的革命，但早已成了无产阶级社会主义的世界革命的一部分，现在则更成了这种世界革命的伟大的一部分，成了这种世界革命的伟大的同盟军。这个革命的第一步、第一阶段，决不是也不能建立中国资产阶级专政的资本主义的社会，而是要建立以中国无产阶级为首领的中国各个革命阶级联合专政的新民主主义的社会，以完结其第一阶段。然后，再使之发展到第二阶段，以建立中国社会主义的社会。

这就是现时中国革命的最基本的特点，这就是二十年来（从一九一九年五四运动算起）的新的革命过程，这就是现时中国革命的生动的具体的内容。

五　新民主主义的政治

中国革命分为两个历史阶段，而其第一阶段是新民主主义的革命，这是中国革命的新的历史特点。这个新的特点具体地表现在中国内部的政治关系和经济关系上又是怎样的呢？下面我们就来说明这种情形。

在一九一九年五四运动以前（五四运动发生于一九一四年第一次帝国主义大战和一九一七年俄国十月革命之后），中国资产阶级民主革命的政治指导者是中国的小资产阶级和资产阶级（他们的知识分子）。这时，中国无产阶级还没有当作一个觉悟了的独立的阶级力量登上政治的舞台，还是当作小资产阶级和资产阶级的追随者参加了革命。例如辛亥革命时的无产阶级，就是这样的阶级。

在五四运动以后，虽然中国民族资产阶级继续参加了革命，但是中国资产阶级民主革命的政治指导者，已经不是属于中国资产阶级，而是属于中国无产阶级了。这时，中国无产阶级，由于自己的长成和俄国革命的影响，已经迅速地变成了一个觉悟了的独立的政治力量了。打倒帝国主义的口号和整个中国资产阶级民主革命的彻底的纲领，是中国共产党提出的；而土地革命的实行，则是中国共产党单独进行的。

由于中国民族资产阶级是殖民地半殖民地国家的资产阶级，是受帝国主义压迫的，所以，虽然处在帝国主义时代，他们也还是在一定时期中和一定程度上，保存着反对外国帝国主义和反对本国官僚军阀政府（这后者，例如在辛亥革命时期和北伐战争时期）的革命性，可以同无产阶级、小资产阶级联合起来，反对它们所愿意反对的敌人。这是中国资产阶级和旧俄帝国的资产阶级的不同之点。在旧俄帝国，因为它已经是一个军事封建的帝国主义，是侵略别人的，所以俄国的资产阶级没有什么革命性。在那里，无产阶级的任务，是反对资产阶级，而不是联合它。在中国，因为它是殖民地半殖民地，是被人侵略的，所以中国民族资产阶级还有在一定时期中和一定程度上的革命性。在这里，无产阶级的任务，在于不忽视民族资产阶级的这种革命性，而和他们建立反帝国主义和反官僚军阀政府的统一战线。

但同时，也即是由于他们是殖民地半殖民地的资产阶级，他们在经济上和政治上是异常软弱的，他们又保存了另一种性质，即对于革命敌人的妥协性。中国的民族资产阶级，即使在革命时，也不愿意同帝国主义完全分裂，并且他们同农村中的地租剥削有密切联系，因此，他们就不愿和不能彻底推翻帝国主义，更加不愿和更加不能彻底推翻封建势力。这样，中国资产阶级民主革命的两个基本问题，两大基本任务，中国民族资产阶级都不能解决。至于中国的大资产阶级，以国民党为代表，在一九二七年至一九三七年这一个长的时期内，一直是投入帝国主义的怀抱，并和封建势力结成同盟，反对革命人民的。中国的民族资产阶级也曾在一九二七年及其以后的一个时期内一度附和过反革命。在抗日战争中，大资产阶级的一部分，以汪精卫为代表，又已投降敌人，表示了大资产阶级的新的叛变。这又是中国资产阶级同历史上欧美各国的资产阶级特别是法国的资产阶级的不同之点。在欧美各国，特别在法国，当它们还在革命时代，那里的资产阶级革命是比较彻底的；在中国，资产阶级则连这点彻底性都没有。

一方面——参加革命的可能性，又一方面——对革命敌人的妥协性，这就是中国资产阶级“一身而二任焉”的两面性。这种两面性，就是欧美历史上的资产阶级，也是同具的。大敌当前，他们要联合工农反对敌人；工农觉悟，他们又联合敌人反对工农。这是世界各国资产阶级的一般规律，不过中国资产阶级的这个特点更加突出罢了。

在中国，事情非常明白，谁能领导人民推翻帝国主义和封建势力，谁就能取得人民的信仰，因为人民的死敌是帝国主义和封建势力、而特别是帝国主义的缘故。在今日，谁能领导人民驱逐日本帝国主义，并实施民主政治，谁就是人民的救星。历史已经证明：中国资产阶级是不能尽此责任的，这个责任就不得不落在无产阶级的肩上了。

所以，无论如何，中国无产阶级、农民、知识分子和其他小资产阶级，乃是决定国家命运的基本势力。这些阶级，或者已经觉悟，或者正在觉悟起来，他们必然要成为中华民主共和国的国家构成和政权构成的基本部分，而无产阶级则是领导的力量。现在所要建立的中华民主共和国，只能是在无产阶级领导下的一切反帝反封建的人们联合专政的民主共和国，这就是新民主主义的共和国，也就是真正革命的三大政策的新三民主义共和国。

这种新民主主义共和国，一方面和旧形式的、欧美式的、资产阶级专政的、资本主义的共和国相区别，那是旧民主主义的共和国，那种共和国已经过时了；另一方面，也和苏联式的、无产阶级专政的、社会主义的共和国相区别，那种社会主义的共和国已经在苏联兴盛起来，并且还要在各资本主义国家建立起来，无疑将成为一切工业先进国家的国家构成和政权构成的统治形式；但是那种共和国，在一定的历史时期中，还不适用于殖民地半殖民地国家的革命。因此，一切殖民地半殖民地国家的革命，在一定历史时期中所采取的国家形式，只能是第三种形式，这就是所谓新民主主义共和国。这是一定历史时期的形式，因而是过渡的形式，但是不可移易的必要的形式。

因此，全世界多种多样的国家体制中，按其政权的阶级性质来划分，基本地不外乎这三种：（甲）资产阶级专政的共和国；（乙）无产阶级专政的共和国；（丙）几个革命阶级联合专政的共和国。

第一种，是旧民主主义的国家。在今天，在第二次帝国主义战争爆发之后，许多资本主义国家已经没有民主气息，已经转变或即将转变为资产阶级的血腥的军事专政了。某些地主和资产阶级联合专政的国家，可以附在这一类。

第二种，除苏联外，正在各资本主义国家中酝酿着。将来要成为一定时期中的世界统治形式。

第三种，殖民地半殖民地国家的革命所采取的过渡的国家形式。各个殖民地半殖民地国家的革命必然会有某些不同特点，但这是大同中的小异。只要是殖民地或半殖民地的革命，其国家构成和政权构成，基本上必然相同，即几个反对帝国主义的阶级联合起来共同专政的新民主主义的国家。在今天的中国，这种新民主主义的国家形式，就是抗日统一战线的形式。它是抗日的，反对帝国主义的；又是几个革命阶级联合的，统一战线的。但可惜，抗战许久了，除了共产党领导下的抗日民主根据地外，大部分地区关于国家民主化的工作基本上还未着手，日本帝国主义就利用这个最根本的弱点，大踏步地打了进来；再不变计，民族的命运是非常危险的。

这里所谈的是“国体”问题。这个国体问题，从前清末年起，闹了几十年还没有闹清楚。其实，它只是指的一个问题，就是社会各阶级在国家中的地位。资产阶级总是隐瞒这种阶级地位，而用“国民”的名词达到其一阶级专政的实际。这种隐瞒，对于革命的人民，毫无利益，应该为之清楚地指明。“国民”这个名词是可用的，但是国民不包括反革命分子，不包括汉奸。一切革命的阶级对于反革命汉奸们的专政，这就是我们现在所要的国家。

“近世各国所谓民权制度，往往为资产阶级所专有，适成为压迫平民之工具。若国民党之民权主义，则为一般平民所共有，非少数人所得而私也。”这是一九二四年在国共合作的国民党的第一次全国代表大会宣言中的庄严的声明。十六年来，国民党自己违背了这个声明，以致造成今天这样国难深重的局面。这是国民党一个绝大的错误，我们希望它在抗日的洗礼中改正这个错误。

至于还有所谓“政体”问题，那是指的政权构成的形式问题，指的一定的社会阶级取何种形式去组织那反对敌人保护自己的政权机关。没有适当形式的政权机关，就不能代表国家。中国现在可以采取全国人民代表大会、省人民代表大会、县人民代表大会、区人民代表大会直到乡人民代表大会的系统，并由各级代表大会选举政府。但必须实行无男女、信仰、财产、教育等差别的真正普遍平等的选举制，才能适合于各革命阶级在国家中的地位，适合于表现民意和指挥革命斗争，适合于新民主主义的精神。这种制度即是民主集中制。只有民主集中制的政府，才能充分地发挥一切革命人民的意志，也才能最有力量地去反对革命的敌人。“非少数人所得而私”的精神，必须表现在政府和军队的组成中，如果没有真正的民主制度，就不能达到这个目的，就叫做政体和国体不相适应。

国体——各革命阶级联合专政。政体——民主集中制。这就是新民主主义的政治，这就是新民主主义的共和国，这就是抗日统一战线的共和国，这就是三大政策的新三民主义的共和国，这就是名副其实的中华民国。我们现在虽有中华民国之名，尚无中华民国之实，循名责实，这就是今天的工作。

这就是革命的中国、抗日的中国所应该建立和决不可不建立的内部政治关系，这就是今天“建国”工作的唯一正确的方向。

六　新民主主义的经济

在中国建立这样的共和国，它在政治上必须是新民主主义的，在经济上也必须是新民主主义的。

大银行、大工业、大商业，归这个共和国的国家所有。“凡本国人及外国人之企业，或有独占的性质，或规模过大为私人之力所不能办者，如银行、铁道、航路之属，由国家经营管理之，使私有资本制度不能操纵国民之生计，此则节制资本之要旨也。”这也是国共合作的国民党的第一次全国代表大会宣言中的庄严的声明，这就是新民主主义共和国的经济构成的正确的方针。在无产阶级领导下的新民主主义共和国的国营经济是社会主义的性质，是整个国民经济的领导力量，但这个共和国并不没收其他资本主义的私有财产，并不禁止“不能操纵国民生计”的资本主义生产的发展，这是因为中国经济还十分落后的缘故。

这个共和国将采取某种必要的方法，没收地主的土地，分配给无地和少地的农民，实行中山先生“耕者有其田”的口号，扫除农村中的封建关系，把土地变为农民的私产。农村的富农经济，也是容许其存在的。这就是“平均地权”的方针。这个方针的正确的口号，就是“耕者有其田”。在这个阶段上，一般地还不是建立社会主义的农业，但在“耕者有其田”的基础上所发展起来的各种合作经济，也具有社会主义的因素。

中国的经济，一定要走“节制资本”和“平均地权”的路，决不能是“少数人所得而私”，决不能让少数资本家少数地主“操纵国民生计”，决不能建立欧美式的资本主义社会，也决不能还是旧的半封建社会。谁要是敢于违反这个方向，他就一定达不到目的，他就自己要碰破头的。

这就是革命的中国、抗日的中国应该建立和必然要建立的内部经济关系。

这样的经济，就是新民主主义的经济。

而新民主主义的政治，就是这种新民主主义经济的集中的表现。

七　驳资产阶级专政

这种新民主主义政治和新民主主义经济的共和国，是全国百分之九十以上的人民都赞成的，舍此没有第二条路走。

走建立资产阶级专政的资本主义社会之路吗？诚然，这是欧美资产阶级走过的老路，但无如国际国内的环境，都不容许中国这样做。

依国际环境说，这条路是走不通的。现在的国际环境，从基本上说来，是资本主义和社会主义斗争的环境，是资本主义向下没落，社会主义向上生长的环境。要在中国建立资产阶级专政的资本主义社会，首先是国际资本主义即帝国主义不容许。帝国主义侵略中国，反对中国独立，反对中国发展资本主义的历史，就是中国的近代史。历来中国革命的失败，都是被帝国主义绞杀的，无数革命的先烈，为此而抱终天之恨。现在是一个强大的日本帝国主义打了进来，它是要把中国变成殖民地的；现在是日本在中国发展它的资本主义，却不是什么中国发展资本主义；现在是日本资产阶级在中国专政，却不是什么中国资产阶级专政。不错，现在是帝国主义最后挣扎的时期，它快要死了，“帝国主义是垂死的资本主义”[6]。但是正因为它快要死了，它就更加依赖殖民地半殖民地过活，决不容许任何殖民地半殖民地建立什么资产阶级专政的资本主义社会。正因为日本帝国主义陷在严重的经济危机和政治危机的深坑之中，就是说，它快要死了，它就一定要打中国，一定要把中国变为殖民地，它就断绝了中国建立资产阶级专政和发展民族资本主义的路。

其次，是社会主义不容许。这个世界上，所有帝国主义都是我们的敌人，中国要独立，决不能离开社会主义国家和国际无产阶级的援助。这就是说，不能离开苏联的援助，不能离开日本和英、美、法、德、意各国无产阶级在其本国进行反资本主义斗争的援助。虽然不能说，中国革命的胜利一定要在日本和英、美、法、德、意各国或其中一二国的革命胜利之后，但须加上它们的力量才能胜利，这是没有疑义的。尤其是苏联的援助，是抗战最后胜利决不可少的条件。拒绝苏联的援助，革命就要失败，一九二七年以后反苏运动[7]的教训，不是异常明显的吗？现在的世界，是处在革命和战争的新时代，是资本主义决然死灭和社会主义决然兴盛的时代。在这种情形下，要在中国反帝反封建胜利之后，再建立资产阶级专政的资本主义社会，岂非是完全的梦呓？

如果说，由于特殊条件（资产阶级战胜了希腊的侵略，无产阶级的力量太薄弱），在第一次帝国主义大战和十月革命之后，还有过一个基马尔式的小小的资产阶级专政的土耳其[8]，那末，在第二次世界大战和苏联已经完成社会主义建设之后，就决不会再有一个土耳其，尤其决不容许有一个四亿五千万人口的土耳其。由于中国的特殊条件（资产阶级的软弱和妥协性，无产阶级的强大和革命彻底性），中国从来也没有过土耳其的那种便宜事情。一九二七年中国第一次大革命失败之后，中国的资产阶级分子不是曾经高唱过什么基马尔主义吗？然而中国的基马尔在何处？中国的资产阶级专政和资本主义社会又在何处呢？何况所谓基马尔的土耳其，最后也不能不投入英法帝国主义的怀抱，一天一天变成了半殖民地，变成了帝国主义反动世界的一部分。处在今天的国际环境中，殖民地半殖民地的任何英雄好汉们，要就是站在帝国主义战线方面，变为世界反革命力量的一部分；要就是站在反帝国主义战线方面，变为世界革命力量的一部分。二者必居其一，其他的道路是没有的[9]。

依国内环境说，中国资产阶级应该获得了必要的教训。中国资产阶级，以大资产阶级为首，在一九二七年的革命刚刚由于无产阶级、农民和其他小资产阶级的力量而得到胜利之际，他们就一脚踢开了这些人民大众，独占革命的果实，而和帝国主义及封建势力结成了反革命联盟，并且费了九牛二虎之力，举行了十年的“剿共”战争。然而结果又怎么样呢？现在是当一个强大敌人深入国土、抗日战争已打了两年之后，难道还想抄袭欧美资产阶级已经过时了的老章程吗？过去的“剿共十年”并没有“剿”出什么资产阶级专政的资本主义社会，难道还想再来试一次吗？不错，“剿共十年”“剿”出了一个“一党专政”，但这乃是半殖民地半封建的专政。而在“剿共”四年（一九二七年至一九三一年的“九一八”）之后，就已经“剿”出了一个“满洲国”；再加六年，至一九三七年，就把一个日本帝国主义“剿”进中国本部来了。如果有人还想从今日起，再“剿”十年，那就已经是新的“剿共”典型，同旧的多少有点区别。但是这种新的“剿共”事业，不是已经有人捷足先登、奋勇担负起来了吗？这个人就是汪精卫，他已经是大名鼎鼎的新式反共人物了。谁要加进他那一伙去，那是行的，但是什么资产阶级专政呀，资本主义社会呀，基马尔主义呀，现代国家呀，一党专政呀，一个主义呀，等等花腔，岂非更加不好意思唱了吗？如果不入汪精卫一伙，要入抗日一伙，又想于抗日胜利之后，一脚踢开抗日人民，自己独占抗日成果，来一个“一党专政万岁”，又岂非近于做梦吗？抗日，抗日，是谁之力？离了工人、农民和其他小资产阶级，你就不能走动一步。谁还敢于去踢他们，谁就要变为粉碎，这又岂非成了常识范围里的东西了吗？但是中国资产阶级顽固派（我说的是顽固派），二十年来，似乎并没有得到什么教训。不见他们还在那里高叫什么“限共”、“溶共”、“反共”吗？不见他们一个《限制异党活动办法》之后，再来一个《异党问题处理办法》，再来一个《处理异党问题实施方案》吗？好家伙，这样地“限制”和“处理”下去，不知他们准备置民族命运于何地，也不知他们准备置其自身于何地？我们诚心诚意地奉劝这些先生们，你们也应该睁开眼睛看一看中国和世界，看一看国内和国外，看一看现在是什么样子，不要再重复你们的错误了。再错下去，民族命运固然遭殃，我看你们自己的事情也不大好办。这是断然的，一定的，确实的，中国资产阶级顽固派如不觉悟，他们的事情是并不美妙的，他们将得到一个自寻死路的前途。所以我们希望中国的抗日统一战线坚持下去，不是一家独霸而是大家合作，把抗日的事业弄个胜利，才是上策，否则一概是下策。这是我们共产党人的衷心劝告，“勿谓言之不预也”。

中国有一句老话：“有饭大家吃。”这是很有道理的。既然有敌大家打，就应该有饭大家吃，有事大家做，有书大家读。那种“一人独吞”、“人莫予毒”的派头，不过是封建主的老戏法，拿到二十世纪四十年代来，到底是行不通的。

我们共产党人对于一切革命的人们，是决不排斥的，我们将和所有愿意抗日到底的阶级、阶层、政党、政团以及个人，坚持统一战线，实行长期合作。但人家要排斥共产党，那是不行的；人家要分裂统一战线，那是不行的。中国必须抗战下去，团结下去，进步下去；谁要投降，要分裂，要倒退，我们是不能容忍的。

八　驳“左”倾空谈主义

不走资产阶级专政的资本主义的路，是否就可以走无产阶级专政的社会主义的路呢？

也不可能。

没有问题，现在的革命是第一步，将来要发展到第二步，发展到社会主义。中国也只有进到社会主义时代才是真正幸福的时代。但是现在还不是实行社会主义的时候。中国现在的革命任务是反帝反封建的任务，这个任务没有完成以前，社会主义是谈不到的。中国革命不能不做两步走，第一步是新民主主义，第二步才是社会主义。而且第一步的时间是相当地长，决不是一朝一夕所能成就的。我们不是空想家，我们不能离开当前的实际条件。

有些恶意的宣传家，故意混淆这两个不同的革命阶段，提倡所谓“一次革命论”，用以证明什么革命都包举在三民主义里面了，共产主义就失了存在的理由；用这种“理论”，起劲地反对共产主义和共产党，反对八路军新四军和陕甘宁边区。其目的，是想根本消灭任何革命，反对资产阶级民主革命的彻底性，反对抗日的彻底性，而为投降日寇准备舆论。这种情形，是日本帝国主义有计划地造成的。因为日本帝国主义在占领武汉后，知道单用武力不能屈服中国，乃着手于政治进攻和经济引诱。所谓政治进攻，就是在抗日阵线中诱惑动摇分子，分裂统一战线，破坏国共合作。所谓经济引诱，就是所谓“合办实业”。在华中华南，日寇允许中国资本家投资百分之五十一，日资占百分之四十九；在华北，日寇允许中国资本家投资百分之四十九，日资占百分之五十一。日寇并允许将各中国资本家原有产业，发还他们，折合计算，充作资本。这样一来，一些丧尽天良的资本家，就见利忘义，跃跃欲试。一部分资本家，以汪精卫为代表，已经投降了。再一部分资本家，躲在抗日阵线内的，也想跑去。但是他们做贼心虚，怕共产党阻挡他们的去路，更怕老百姓骂汉奸。于是打伙儿地开了个会，决议：事先要在文化界舆论界准备一下。计策已定，事不宜迟，于是雇上几个玄学鬼〔10〕，再加几名托洛茨基，摇动笔杆枪，就乱唤乱叫、乱打乱刺了一顿。于是什么“一次革命论”呀，共产主义不适合中国国情呀，共产党在中国没有存在之必要呀，八路军新四军破坏抗日、游而不击呀，陕甘宁边区是封建割据呀，共产党不听话、不统一、有阴谋、要捣乱呀，来这么一套，骗那些不知世事的人，以便时机一到，资本家们就很有理由地去拿百分之四十九或五十一，而把全民族的利益一概卖给敌人。这个叫做偷梁换柱，实行投降之前的思想准备或舆论准备。这班先生们，像煞有介事地提倡“一次革命论”，反对共产主义和共产党，却原来不为别的，专为百分之四十九或五十一，其用心亦良苦矣。“一次革命论”者，不要革命论也，这就是问题的本质。

但是还有另外一些人，他们似乎并无恶意，也迷惑于所谓“一次革命论”，迷惑于所谓“举政治革命与社会革命毕其功于一役”的纯主观的想头；而不知革命有阶段之分，只能由一个革命到另一个革命，无所谓“毕其功于一役”。这种观点，混淆革命的步骤，降低对于当前任务的努力，也是很有害的。如果说，两个革命阶段中，第一个为第二个准备条件，而两个阶段必须衔接，不容横插一个资产阶级专政的阶段，这是正确的，这是马克思主义的革命发展论。如果说，民主革命没有自己的一定任务，没有自己的一定时间，而可以把只能在另一个时间去完成的另一任务，例如社会主义的任务，合并在民主主义任务上面去完成，这个叫做“毕其功于一役”，那就是空想，而为真正的革命者所不取的。

九　驳顽固派

于是资产阶级顽固派就跑出来说：好，你们共产党既然把社会主义社会制度推到后一个阶段去了，你们既然又宣称“三民主义为中国今日之必需，本党愿为其彻底实现而奋斗”〔11〕，那末，就把共产主义暂时收起好了。这种议论，在所谓“一个主义”的标题之下，已经变成了狂妄的叫嚣。这种叫嚣，其本质就是顽固分子们的资产阶级专制主义。但为了客气一点，叫它作毫无常识，也是可以的。

共产主义是无产阶级的整个思想体系，同时又是一种新的社会制度。这种思想体系和社会制度，是区别于任何别的思想体系和任何别的社会制度的，是自有人类历史以来，最完全最进步最革命最合理的。封建主义的思想体系和社会制度，是进了历史博物馆的东西了。资本主义的思想体系和社会制度，已有一部分进了博物馆（在苏联）；其余部分，也已“日薄西山，气息奄奄，人命危浅，朝不虑夕”，快进博物馆了。惟独共产主义的思想体系和社会制度，正以排山倒海之势，雷霆万钧之力，磅礴于全世界，而葆其美妙之青春。中国自有科学的共产主义以来，人们的眼界是提高了，中国革命也改变了面目。中国的民主革命，没有共产主义去指导是决不能成功的，更不必说革命的后一阶段了。这也就是资产阶级顽固派为什么要那样叫嚣和要求“收起”它的原因。其实，这是“收起”不得的，一收起，中国就会亡国。现在的世界，依靠共产主义做救星；现在的中国，也正是这样。

谁人不知，关于社会制度的主张，共产党是有现在的纲领和将来的纲领，或最低纲领和最高纲领两部分的。在现在，新民主主义，在将来，社会主义，这是有机构成的两部分，而为整个共产主义思想体系所指导的。因为共产党的最低纲领和三民主义的政治原则基本上相同，就狂叫“收起”共产主义，岂非荒谬绝伦之至？在共产党人，正因三民主义的政治原则有和自己的最低纲领基本上相同之点，所以才有可能承认“三民主义为抗日统一战线的政治基础”，才有可能承认“三民主义为中国今日之必需，本党愿为其彻底实现而奋斗”，否则就没有这种可能了。这是共产主义和三民主义在民主革命阶段上的统一战线，孙中山所谓“共产主义是三民主义的好朋友”〔12〕，也正是指的这种统一战线。否认共产主义，实际上就是否认统一战线。顽固派也正是要奉行其一党主义，否认统一战线，才造出那些否认共产主义的荒谬说法来。

“一个主义”也不通。在阶级存在的条件之下，有多少阶级就有多少主义，甚至一个阶级的各集团中还各有各的主义。现在封建阶级有封建主义，资产阶级有资本主义，佛教徒有佛教主义，基督徒有基督主义，农民有多神主义，近年还有人提倡什么基马尔主义，法西斯主义，唯生主义〔13〕，“按劳分配主义”〔14〕，为什么无产阶级不可以有一个共产主义呢？既然是数不清的主义，为什么见了共产主义就高叫“收起”呢？讲实在话，“收起”是不行的，还是比赛吧。谁把共产主义比输了，我们共产党人自认晦气。如若不然，那所谓“一个主义”的反民权主义的作风，还是早些“收起”吧！

为了免除误会，并使顽固派开开眼界起见，关于三民主义和共产主义的异同，有清楚指明之必要。

三民主义和共产主义两个主义比较起来,有相同的部分,也有不同的部分。

第一，相同部分。这就是两个主义在中国资产阶级民主革命阶段上的基本政纲。一九二四年孙中山重新解释的三民主义中的革命的民族主义、民权主义和民生主义这三个政治原则，同共产主义在中国民主革命阶段的政纲，基本上是相同的。由于这些相同，并由于三民主义见之实行，就有两个主义两个党的统一战线。忽视这一方面，是错误的。

第二，不同部分。则有：（一）民主革命阶段上一部分纲领的不相同。共产主义的全部民主革命政纲中有彻底实现人民权力、八小时工作制和彻底的土地革命纲领，三民主义则没有这些部分。如果它不补足这些，并且准备实行起来，那对于民主政纲就只是基本上相同，不能说完全相同。（二）有无社会主义革命阶段的不同。共产主义于民主革命阶段之外，还有一个社会主义革命阶段，因此，于最低纲领之外，还有一个最高纲领，即实现社会主义和共产主义社会制度的纲领。三民主义则只有民主革命阶段，没有社会主义革命阶段，因此它就只有最低纲领，没有最高纲领，即没有建立社会主义和共产主义社会制度的纲领。（三）宇宙观的不同。共产主义的宇宙观是辩证唯物论和历史唯物论，三民主义的宇宙观则是所谓民生史观，实质上是二元论或唯心论，二者是相反的。（四）革命彻底性的不同。共产主义者是理论和实践一致的，即有革命彻底性。三民主义者除了那些最忠实于革命和真理的人们之外，是理论和实践不一致的，讲的和做的互相矛盾，即没有革命彻底性。上述这些，都是两者的不同部分。由于这些不同，共产主义者和三民主义者之间就有了差别。忽视这种差别，只看见统一方面，不看见矛盾方面，无疑是非常错误的。

明白了这些之后，就可以明白，资产阶级顽固派要求“收起”共产主义，这是什么意思呢？不是资产阶级的专制主义，就是毫无常识了。

——

十一　新民主主义的文化

上面，我们说明了中国政治在新时期中的历史特点，说明了新民主主义共和国问题。下面，我们就可以进到文化问题了。

一定的文化是一定社会的政治和经济在观念形态上的反映。在中国，有帝国主义文化，这是反映帝国主义在政治上经济上统治或半统治中国的东西。这一部分文化，除了帝国主义在中国直接办理的文化机关之外，还有一些无耻的中国人也在提倡。一切包含奴化思想的文化，都属于这一类。在中国，又有半封建文化，这是反映半封建政治和半封建经济的东西，凡属主张尊孔读经、提倡旧礼教旧思想、反对新文化新思想的人们，都是这类文化的代表。帝国主义文化和半封建文化是非常亲热的两兄弟，它们结成文化上的反动同盟，反对中国的新文化。这类反动文化是替帝国主义和封建阶级服务的，是应该被打倒的东西。不把这种东西打倒，什么新文化都是建立不起来的。不破不立，不塞不流，不止不行，它们之间的斗争是生死斗争。

至于新文化，则是在观念形态上反映新政治和新经济的东西，是替新政治新经济服务的。

如我们在第三节中已经提过的话，中国自从发生了资本主义经济以来，中国社会就逐渐改变了性质，它不是完全的封建社会了，变成了半封建社会，虽然封建经济还是占优势。这种资本主义经济，对于封建经济说来，它是新经济。同这种资本主义新经济同时发生和发展着的新政治力量，就是资产阶级、小资产阶级和无产阶级的政治力量。而在观念形态上作为这种新的经济力量和新的政治力量之反映并为它们服务的东西，就是新文化。没有资本主义经济，没有资产阶级、小资产阶级和无产阶级，没有这些阶级的政治力量，所谓新的观念形态，所谓新文化，是无从发生的。

新的政治力量，新的经济力量，新的文化力量，都是中国的革命力量，它们是反对旧政治旧经济旧文化的。这些旧东西是由两部分合成的，一部分是中国自己的半封建的政治经济文化，另一部分是帝国主义的政治经济文化，而以后者为盟主。所有这些，都是坏东西，都是应该彻底破坏的。中国社会的新旧斗争，就是人民大众（各革命阶级）的新势力和帝国主义及封建阶级的旧势力之间的斗争。这种新旧斗争，即是革命和反革命的斗争。这种斗争的时间，从鸦片战争算起，已经整整一百年了；从辛亥革命算起，也有了差不多三十年了。

但是如前所说，革命亦有新旧之分，在某一历史时期是新的东西，在另一历史时期就变为旧的了。在中国资产阶级民主革命的一百年中，分为前八十年和后二十年两个大段落。这两大段落中，各有一个基本的带历史性质的特点，即在前八十年，中国资产阶级民主革命是属于旧范畴的；而在后二十年，由于国际国内政治形势的变化，便属于新范畴了。旧民主主义——前八十年的特点。新民主主义——后二十年的特点。这种区别，在政治上如此，在文化上也是如此。

在文化上如何表现这种区别呢？这就是我们要在下面说明的问题。

十二　中国文化革命的历史特点

在中国文化战线或思想战线上，“五四”以前和“五四”以后，构成了两个不同的历史时期。

在“五四”以前，中国文化战线上的斗争，是资产阶级的新文化和封建阶级的旧文化的斗争。在“五四”以前，学校与科举之争[15]，新学与旧学之争，西学与中学之争，都带着这种性质。那时的所谓学校、新学、西学，基本上都是资产阶级代表们所需要的自然科学和资产阶级的社会政治学说（说基本上，是说那中间还夹杂了许多中国的封建余毒在内）。在当时，这种所谓新学的思想，有同中国封建思想作斗争的革命作用，是替旧时期的中国资产阶级民主革命服务的。可是，因为中国资产阶级的无力和世界已经进到帝国主义时代，这种资产阶级思想只能上阵打几个回合，就被外国帝国主义的奴化思想和中国封建主义的复古思想的反动同盟所打退了，被这个思想上的反动同盟军稍稍一反攻，所谓新学，就偃旗息鼓，宣告退却，失了灵魂，而只剩下它的躯壳了。旧的资产阶级民主主义文化，在帝国主义时代，已经腐化，已经无力了，它的失败是必然的。

“五四”以后则不然。在“五四”以后，中国产生了完全崭新的文化生力军，这就是中国共产党人所领导的共产主义的文化思想，即共产主义的宇宙观和社会革命论。五四运动是在一九一九年，中国共产党的成立和劳动运动的真正开始是在一九二一年，均在第一次世界大战和十月革命之后，即在民族问题和殖民地革命运动在世界上改变了过去面貌之时，在这里中国革命和世界革命的联系，是非常之显然的。由于中国政治生力军即中国无产阶级和中国共产党登上了中国的政治舞台，这个文化生力军，就以新的装束和新的武器，联合一切可能的同盟军，摆开了自己的阵势，向着帝国主义文化和封建文化展开了英勇的进攻。这支生力军在社会科学领域和文学艺术领域中，不论在哲学方面，在经济学方面，在政治学方面，在军事学方面，在历史学方面，在文学方面，在艺术方面（又不论是戏剧，是电影，是音乐，是雕刻，是绘画），都有了极大的发展。二十年来，这个文化新军的锋芒所向，从思想到形式（文字等），无不起了极大的革命。其声势之浩大，威力之猛烈，简直是所向无敌的。其动员之广大，超过中国任何历史时代。而鲁迅，就是这个文化新军的最伟大和最英勇的旗手。鲁迅是中国文化革命的主将，他不但是伟大的文学家，而且是伟大的思想家和伟大的革命家。鲁迅的骨头是最硬的，他没有丝毫的奴颜和媚骨，这是殖民地半殖民地人民最可宝贵的性格。鲁迅是在文化战线上，代表全民族的大多数，向着敌人冲锋陷阵的最正确、最勇敢、最坚决、最忠实、最热忱的空前的民族英雄。鲁迅的方向，就是中华民族新文化的方向。

在“五四”以前，中国的新文化，是旧民主主义性质的文化，属于世界资产阶级的资本主义的文化革命的一部分。在“五四”以后，中国的新文化，却是新民主主义性质的文化，属于世界无产阶级的社会主义的文化革命的一部分。

在“五四”以前，中国的新文化运动，中国的文化革命，是资产阶级领导的，他们还有领导作用。在“五四”以后，这个阶级的文化思想却比较它的政治上的东西还要落后，就绝无领导作用，至多在革命时期在一定程度上充当一个盟员，至于盟长资格，就不得不落在无产阶级文化思想的肩上。这是铁一般的事实，谁也否认不了的。

所谓新民主主义的文化，就是人民大众反帝反封建的文化；在今日，就是抗日统一战线的文化。这种文化，只能由无产阶级的文化思想即共产主义思想去领导，任何别的阶级的文化思想都是不能领导了的。所谓新民主主义的文化，一句话，就是无产阶级领导的人民大众的反帝反封建的文化。

——

十四　文化性质问题上的偏向

一切新的东西都是从艰苦斗争中锻炼出来的。新文化也是这样，二十年中有三个曲折，走了一个“之”字，一切好的坏的东西都考验出来了。

资产阶级顽固派，在文化问题上，和他们在政权问题上一样，是完全错误的。他们不知道中国新时期的历史特点，他们不承认人民大众的新民主主义的文化。他们的出发点是资产阶级专制主义，在文化上就是资产阶级的文化专制主义。一部分所谓欧美派的文化人〔16〕（我说的是一部分），他们曾经实际赞助过国民党政府的文化“剿共”，现在似乎又在赞助什么“限共”、“溶共”政策。他们不愿工农在政治上抬头，也不愿工农在文化上抬头。资产阶级顽固派的这条文化专制主义的路是走不通的，它同政权问题一样，没有国内国际的条件。因此，这种文化专制主义，也还是“收起”为妙。

当作国民文化的方针来说，居于指导地位的是共产主义的思想，并且我们应当努力在工人阶级中宣传社会主义和共产主义，并适当地有步骤地用社会主义教育农民及其他群众。但整个的国民文化，现在也还不是社会主义的。

新民主主义的政治、经济、文化，由于其都是无产阶级领导的缘故，就都具有社会主义的因素，并且不是普通的因素，而是起决定作用的因素。但是就整个政治情况、整个经济情况和整个文化情况说来，却还不是社会主义的，而是新民主主义的。因为在现阶段革命的基本任务主要地是反对外国的帝国主义和本国的封建主义，是资产阶级民主主义的革命，还不是以推翻资本主义为目标的社会主义的革命。就国民文化领域来说，如果以为现在的整个国民文化就是或应该是社会主义的国民文化，这是不对的。这是把共产主义思想体系的宣传，当作了当前行动纲领的实践；把用共产主义的立场和方法去观察问题、研究学问、处理工作、训练干部，当作了中国民主革命阶段上整个的国民教育和国民文化的方针。以社会主义为内容的国民文化必须是反映社会主义的政治和经济的。我们在政治上经济上有社会主义的因素，反映到我们的国民文化也有社会主义的因素；但就整个社会来说，我们现在还没有形成这种整个的社会主义的政治和经济，所以还不能有这种整个的社会主义的国民文化。由于现时的中国革命是世界无产阶级社会主义革命的一部分，因而现时的中国新文化也是世界无产阶级社会主义新文化的一部分，是它的一个伟大的同盟军；这种一部分，虽则包含社会主义文化的重大因素，但是就整个国民文化来说，还不是完全以社会主义文化的资格去参加，而是以人民大众反帝反封建的新民主主义文化的资格去参加的。由于现时中国革命不能离开中国无产阶级的领导，因而现时的中国新文化也不能离开中国无产阶级文化思想的领导，即不能离开共产主义思想的领导。但是这种领导，在现阶段是领导人民大众去作反帝反封建的政治革命和文化革命，所以现在整个新的国民文化的内容还是新民主主义的，不是社会主义的。

在现时，毫无疑义，应该扩大共产主义思想的宣传，加紧马克思列宁主义的学习，没有这种宣传和学习，不但不能引导中国革命到将来的社会主义阶段上去，而且也不能指导现时的民主革命达到胜利。但是我们既应把对于共产主义的思想体系和社会制度的宣传，同对于新民主主义的行动纲领的实践区别开来；又应把作为观察问题、研究学问、处理工作、训练干部的共产主义的理论和方法，同作为整个国民文化的新民主主义的方针区别开来。把二者混为一谈，无疑是很不适当的。

由此可知，现阶段上中国新的国民文化的内容，既不是资产阶级的文化专制主义，又不是单纯的无产阶级的社会主义，而是以无产阶级社会主义文化思想为领导的人民大众反帝反封建的新民主主义。

十五　民族的科学的大众的文化

这种新民主主义的文化是民族的。它是反对帝国主义压迫，主张中华民族的尊严和独立的。它是我们这个民族的，带有我们民族的特性。它同一切别的民族的社会主义文化和新民主主义文化相联合，建立互相吸收和互相发展的关系，共同形成世界的新文化；但是决不能和任何别的民族的帝国主义反动文化相联合，因为我们的文化是革命的民族文化。中国应该大量吸收外国的进步文化，作为自己文化食粮的原料，这种工作过去还做得很不够。这不但是当前的社会主义文化和新民主主义文化，还有外国的古代文化，例如各资本主义国家启蒙时代的文化，凡属我们今天用得着的东西，都应该吸收。但是一切外国的东西，如同我们对于食物一样，必须经过自己的口腔咀嚼和胃肠运动，送进唾液胃液肠液，把它分解为精华和糟粕两部分，然后排泄其糟粕，吸收其精华，才能对我们的身体有益，决不能生吞活剥地毫无批判地吸收。所谓“全盘西化”〔17〕的主张，乃是一种错误的观点。形式主义地吸收外国的东西，在中国过去是吃过大亏的。中国共产主义者对于马克思主义在中国的应用也是这样，必须将马克思主义的普遍真理和中国革命的具体实践完全地恰当地统一起来，就是说，和民族的特点相结合，经过一定的民族形式，才有用处，决不能主观地公式地应用它。公式的马克思主义者，只是对于马克思主义和中国革命开玩笑，在中国革命队伍中是没有他们的位置的。中国文化应有自己的形式，这就是民族形式。民族的形式，新民主主义的内容——这就是我们今天的新文化。

这种新民主主义的文化是科学的。它是反对一切封建思想和迷信思想，主张实事求是，主张客观真理，主张理论和实践一致的。在这点上，中国无产阶级的科学思想能够和中国还有进步性的资产阶级的唯物论者和自然科学家，建立反帝反封建反迷信的统一战线；但是决不能和任何反动的唯心论建立统一战线。共产党员可以和某些唯心论者甚至宗教徒建立在政治行动上的反帝反封建的统一战线，但是决不能赞同他们的唯心论或宗教教义。中国的长期封建社会中，创造了灿烂的古代文化。清理古代文化的发展过程，剔除其封建性的糟粕，吸收其民主性的精华，是发展民族新文化提高民族自信心的必要条件；但是决不能无批判地兼收并蓄。必须将古代封建统治阶级的一切腐朽的东西和古代优秀的人民文化即多少带有民主性和革命性的东西区别开来。中国现时的新政治新经济是从古代的旧政治旧经济发展而来的，中国现时的新文化也是从古代的旧文化发展而来，因此，我们必须尊重自己的历史，决不能割断历史。但是这种尊重，是给历史以一定的科学的地位，是尊重历史的辩证法的发展，而不是颂古非今，不是赞扬任何封建的毒素。对于人民群众和青年学生，主要地不是要引导他们向后看，而是要引导他们向前看。

这种新民主主义的文化是大众的，因而即是民主的。它应为全民族中百分之九十以上的工农劳苦民众服务，并逐渐成为他们的文化。要把教育革命干部的知识和教育革命大众的知识在程度上互相区别又互相联结起来，把提高和普及互相区别又互相联结起来。革命文化，对于人民大众，是革命的有力武器。革命文化，在革命前，是革命的思想准备；在革命中，是革命总战线中的一条必要和重要的战线。而革命的文化工作者，就是这个文化战线上的各级指挥员。“没有革命的理论，就不会有革命的运动”〔18〕，可见革命的文化运动对于革命的实践运动具有何等的重要性。而这种文化运动和实践运动，都是群众的。因此，一切进步的文化工作者，在抗日战争中，应有自己的文化军队，这个军队就是人民大众。革命的文化人而不接近民众，就是“无兵司令”，他的火力就打不倒敌人。为达此目的，文字必须在一定条件下加以改革，言语必须接近民众，须知民众就是革命文化的无限丰富的源泉。

民族的科学的大众的文化，就是人民大众反帝反封建的文化，就是新民主主义的文化，就是中华民族的新文化。

新民主主义的政治、新民主主义的经济和新民主主义的文化相结合，这就是新民主主义共和国，这就是名副其实的中华民国，这就是我们要造成的新中国。

新中国站在每个人民的面前，我们应该迎接它。

新中国航船的桅顶已经冒出地平线了，我们应该拍掌欢迎它。

举起你的双手吧，新中国是我们的。

选自《毛泽东选集》
第2卷第662—709页

注释

〔1〕《中国文化》是1940年2月在延安创刊的杂志，1941年8月终刊。

〔2〕“政治是经济的最集中的表现”一语，见列宁《论工会、目前局势及托洛茨基同志的错误》（《列宁全集》第40卷，人民出版社1986年版，第212页）。

〔3〕见马克思《〈政治经济学批判〉序言》（《马克思恩格斯选集》第2卷，人民出版社1972年版，第82页）。

〔4〕见马克思《关于费尔巴哈的提纲》。新的译文是：“哲学家们只是用不同的方式解释世界，而问题在于改变世界。”（《马克思恩格斯选集》第1卷，人民出版社1972年版，第19页）

〔5〕见斯大林《十月革命和民族问题》（《斯大林选集》上卷，人民出版社1979年版，第126页）。

〔6〕参见列宁《帝国主义是资本主义的最高阶段》（《列宁全集》第27卷，人民出版社1990年版，第437页）。

〔7〕指蒋介石叛变革命以后国民党政府所进行的一系列的反苏运动：1927年12月13日国民党反动派枪杀广州苏联副领事；同月14日南京国民党政府下“绝俄令”，不承认各省苏联领事，勒令各省苏联商业机构停止营业。1929年7月蒋介石又受帝国主义的唆使，在东北向苏联挑衅，不久引起军事冲突。

〔8〕基马尔，又译凯末尔（1881—1938），第一次世界大战后土耳其民族商业资产阶级的代表。在第一次世界大战后，英帝国主义指使希腊对土耳其进行武装侵略，土耳其人民得到苏俄的援助，于1922年战胜了希腊军队。1923年土耳其建立了资产阶级专政的共和国，基马尔被选为总统。

〔9〕1958年9月2日，毛泽东在同巴西记者马罗金和杜特列夫人谈话时对这个观点作了修正。他指出：在《新民主主义论》中讲到，第二次世界大战爆发以后，殖民地和半殖民地的资产阶级，要就是站在帝国主义战线方面，要就是站在反帝国主义战线方面，

没有其他的道路。事实上，这种观点只适合于一部分国家。对于印度、印度尼西亚、阿拉伯联合共和国（按：阿拉伯联合共和国，1958年由埃及同叙利亚合并组成。1961年叙利亚脱离阿联，成立阿拉伯叙利亚共和国。1971年阿联改名为阿拉伯埃及共和国）等国家却不适用，它们是民族主义国家。拉丁美洲也有许多这样的国家。这些国家既不站在帝国主义的一边，也不站在社会主义的一边，而站在中立的立场，不参加双方的集团，这是适合于它们现时的情况的。

〔**10**〕毛泽东在这里是指张君劢及其一伙。张君劢在五四运动后宣扬一种自称为“新玄学”的唯心主义的哲学思想，提倡自孔孟以至宋明理学的所谓“精神文明”，同时又鼓吹“自由意志”，1923年引起了一场“科学与玄学”的争论，当时张君劢被称为“玄学鬼”。1938年12月，他经蒋介石授意，发表《致毛泽东先生一封公开信》，主张取消八路军、新四军及陕甘宁边区，要求“将马克思主义暂搁一边”，为蒋介石张目。

〔**11**〕见1937年9月22日发表的《中共中央为公布国共合作宣言》。

〔**12**〕见1924年孙中山《三民主义·民生主义》第二讲（《孙中山全集》第9卷，中华书局1986年版，第386页）。

〔**13**〕1933年，国民党中央组织部部长陈立夫发表《唯生论》一书，宣扬宇宙的实质是“生命之流”，万物的根本问题在于“求生”，用来反对阶级斗争的学说；并认为宇宙万物各有一个重心，以人类社会现象来说，就是只能有一个领袖，否则就无法维持其均衡和生存。这种唯生主义的理论是为国民党反动派实行法西斯专政服务的。

〔**14**〕山西军阀阎锡山曾标榜过“按劳分配”的口号。其主要内容是：用军事方法强迫劳动人民在村公所控制的固定份地上，或官办的工厂、商店里，从事农奴式的劳动，只将很小一部分劳动果实，按劳动情况分配给劳动者。

〔**15**〕“学校”指当时效法欧美资本主义国家的教育制度。“科举”指中国原有的封建考试制度。19世纪末，中国提倡“维新”的知识分子主张废除科举，兴办学校；封建顽固派竭力反对这种主张。

〔**16**〕毛泽东在这里所说的一部分欧美派文化人是指以胡适等为代表的一些人物。

〔**17**〕所谓“全盘西化”，是一部分资产阶级学者的主张。他们主张中国一切东西都要完全模仿欧美资本主义国家。

〔**18**〕见列宁《俄国社会民主党人的任务》（《列宁全集》第2卷，人民出版社1984年版，第443页）；并见列宁《怎么办?》第一章第四节（《列宁全集》第6卷，人民出版社1986年版，第23页）。

毛泽东

《改造我们的学习》

学 习 提 示

《改造我们的学习》是毛泽东1941年5月在延安干部会议上所作的报告。从1941年开始，中国共产党开展了旨在反对主观主义、宗派主义、党八股的整风运动。这篇著作和《整顿党的作风》、《反对党八股》都是延安整风运动的基本学习文献。讲话针对党内存在的理论与实际相分离的主观主义作风，系统阐述了理论与实际相统一的原则和实事求是的科学精神。

毛泽东指出，中国共产党建党二十年来的基本历史经验就是把马克思列宁主义的普遍真理和中国革命的具体实践相结合，“马克思列宁主义的普遍真理一经和中国革命的具体实践相结合，就使中国革命的面目为之一新。”然而，在中国共产党党内还存在着严重的理论与实际相分离的主观主义作风，主要表现在“不注重研究现状，不注重研究历史，不注重马克思列宁主义的应用。”这些都是极坏的作风，必须予以纠正。

毛泽东从现状、历史和理论研究三个方面具体地分析了马克思列宁主义态度和主观主义态度的根本对立，深刻地阐述了从实际出发，实事求是，理论联系实际的辩证唯物主义思想路线。毛泽东指出，许多做研究工作的人，只是抽象地无目的地去研究马克思列宁主义的理论，他们对于研究中国的今天和昨天一概无兴趣，只把兴趣放在脱离实际的空洞的“理论”研究上；许多做实际工作的人也不注意客观情况的研究，往往单凭热情，把感想当政策。“这两种人都凭主观，忽视客观实际事物的存在。”这种反科学的反马克思列宁主义的主观主义方法，是共产党的大敌，是工人阶级的大敌，是人民的大敌，是民族的大敌，是党性不纯的一种表现。只有打倒了主观主义，马克思列宁主义的真理才会抬头，党性才会巩固，革命才会胜利。

马克思列宁主义的科学态度是实事求是。这种态度，就是要懂得中国的今天、昨天和前天，有目的地去研究马克思列宁主义的理论并将其与中国革命的实际运动结合起来，为着解决中国革命的理论问题和策略问题寻求马克思主义的立场、观点和方法。“这种态度，就是有的放矢的态度。‘的’就是中国革命，‘矢’就是马克思列宁主义。我们中国共产党人所以要找这根‘矢’，就是为了要射中国革命和东方革命这个‘的’的。”毛泽东对古代“实事求是”这一成语作了哲学上新的解释，指出：“‘实事’就是客观存在着的一切事物，‘是’就是客观事物的内部联系，即规律性，‘求’就是我们去研究。我们要从国内外、省内外、县内外、区内外的实际情况出发，从其中引出其固有的而不是臆造的规律性，即找出周围事变的内部联系，作为我们行动的向导。而要这样做，就须不凭主观想象，不凭一时的热情，不凭死的书本，而凭客观存在的事实，详细地占有材料，在马克思列宁主义一般原理的指导下，从这些材料中引出正确的结论。”

为了反对主观主义的作风，树立实事求是的科学精神，毛泽东强调从三个方面来改造我们的学习：其一，向全党提出系统地周密地研究周围环境的任务。要面向实际，调查研究，把认识世界和改造世界结合起来，转变党的工作作风；其二，有组织地开展对中国历史，特别是中国近代史的研究；其三，开展对在职干部和干部学校的教育。确立以研究中国革命实际问题为中心，以马克思列宁主义基本原则为指导的方针，废除静止地孤立地研究马克思列宁主义的方法。

《改造我们的学习》在毛泽东哲学思想形成和发展过程中具有重要地位。它深刻揭露和批判了党内长期存在的主观主义，确立了学习马克思主义理论的正确方针。

原著

改造我们的学习*

（一九四一年五月十九日）

我主张将我们全党的学习方法和学习制度改造一下。其理由如次：

一

中国共产党的二十年，就是马克思列宁主义的普遍真理和中国革命的具体实践日益结合的二十年。如果我们回想一下，我党在幼年时期，我们对于马克思列宁主义的认识和对于中国革命的认识是何等肤浅，何等贫乏，则现在我们对于这些的认识是深刻得多，丰富得多了。灾难深重的中华民族，一百年来，其优秀人物奋斗牺牲，前仆后继，摸索救国救民的真理，是可歌可泣的。但是直到第一次世界大战和俄国十月革命之后，才找到马克思列宁主义这个最好的真理，作为解放我们民族的最好的武器，而中国共产党则是拿起这个武器的倡导者、宣传者和组织者。马克思列宁主义的普遍真理一经和中国革命的具体实践相结合，就使中国革命的面目为之一新。抗日战争以来，我党根据马克思列宁主义的普遍真理研究抗日战争的具体实践，研究今天的中国和世界，是进一步了，研究中国历史也有某些开始。所有这些，都是很好的现象。

二

但是我们还是有缺点的，而且还有很大的缺点。据我看来，如果不纠正这

---

* 这是毛泽东在延安干部会上所作的报告。这篇报告和《整顿党的作风》、《反对党八股》，是毛泽东关于整风运动的基本著作。在这些文章里，毛泽东进一步地从思想问题上总结了过去中国共产党内路线的分歧，分析了广泛存在于党内的非马克思列宁主义思想作风，主要是主观主义的倾向，宗派主义的倾向，和作为这两种倾向的表现形式的党八股。毛泽东号召开展全党范围的马克思列宁主义的教育运动，即按照马克思列宁主义的思想原则整顿作风的运动。毛泽东的这个号召，很快地在中国共产党内和党外引起了怎样以从实际出发的观点而不是以教条主义的观点来对待马克思列宁主义原理，怎样使马克思列宁主义的基本原理和中国革命的实际相结合，以及怎样对待1931年初至1934年底这段时期党内两条路线的斗争这样一些重大问题的大讨论，巩固了马克思列宁主义思想在党内外的阵地，使广大干部在思想上大大地提高了一步，使中国共产党达到了空前的团结。

类缺点，就无法使我们的工作更进一步，就无法使我们在将马克思列宁主义的普遍真理和中国革命的具体实践互相结合的伟大事业中更进一步。

首先来说研究现状。像我党这样一个大政党，虽则对于国内和国际的现状的研究有了某些成绩，但是对于国内和国际的各方面，对于国内和国际的政治、军事、经济、文化的任何一方面，我们所收集的材料还是零碎的，我们的研究工作还是没有系统的。二十年来，一般地说，我们并没有对于上述各方面作过系统的周密的收集材料加以研究的工作，缺乏调查研究客观实际状况的浓厚空气。“闭塞眼睛捉麻雀”，“瞎子摸鱼”，粗枝大叶，夸夸其谈，满足于一知半解，这种极坏的作风，这种完全违反马克思列宁主义基本精神的作风，还在我党许多同志中继续存在着。马克思、恩格斯、列宁、斯大林教导我们认真地研究情况，从客观的真实的情况出发，而不是从主观的愿望出发；我们的许多同志却直接违反这一真理。

其次来说研究历史。虽则有少数党员和少数党的同情者曾经进行了这一工作，但是不曾有组织地进行过。不论是近百年的和古代的中国史，在许多党员的心目中还是漆黑一团。许多马克思列宁主义的学者也是言必称希腊，对于自己的祖宗，则对不住，忘记了。认真地研究现状的空气是不浓厚的，认真地研究历史的空气也是不浓厚的。

其次说到学习国际的革命经验，学习马克思列宁主义的普遍真理。许多同志的学习马克思列宁主义似乎并不是为了革命实践的需要，而是为了单纯的学习。所以虽然读了，但是消化不了。只会片面地引用马克思、恩格斯、列宁、斯大林的个别词句，而不会运用他们的立场、观点和方法，来具体地研究中国的现状和中国的历史，具体地分析中国革命问题和解决中国革命问题。这种对待马克思列宁主义的态度是非常有害的，特别是对于中级以上的干部，害处更大。

上面我说了三方面的情形：不注重研究现状，不注重研究历史，不注重马克思列宁主义的应用。这些都是极坏的作风。这种作风传播出去，害了我们的许多同志。

确实的，现在我们队伍中确有许多同志被这种作风带坏了。对于国内外、省内外、县内外、区内外的具体情况，不愿作系统的周密的调查和研究，仅仅根据一知半解，根据“想当然”，就在那里发号施令，这种主观主义的作风，不是还在许多同志中间存在着吗？

对于自己的历史一点不懂，或懂得甚少，不以为耻，反以为荣。特别重要的是中国共产党的历史和鸦片战争以来的中国近百年史，真正懂得的很少。近百年的经济史，近百年的政治史，近百年的军事史，近百年的文化史，简直还没有人认真动手去研究。有些人对于自己的东西既无知识，于是剩下了希腊和外国故事，也是可怜得很，从外国故纸堆中零星地检来的。

几十年来，很多留学生都犯过这种毛病。他们从欧美日本回来，只知生吞活剥地谈外国。他们起了留声机的作用，忘记了自己认识新鲜事物和创造新鲜事物的责任。这种毛病，也传染给了共产党。

我们学的是马克思主义，但是我们中的许多人，他们学马克思主义的方法是直接违反马克思主义的。这就是说，他们违背了马克思、恩格斯、列宁、斯大林所谆谆告诫人们的一条基本原则：理论和实际统一。他们既然违背了这条原则，于是就自己造出了一条相反的原则：理论和实际分离。在学校的教育中，在在职干部的教育中，教哲学的不引导学生研究中国革命的逻辑，教经济学的不引导学生研究中国经济的特点，教政治学的不引导学生研究中国革命的策略，教军事学的不引导学生研究适合中国特点的战略和战术，诸如此类。其结果，谬种流传，误人不浅。在延安学了，到富县[1]，就不能应用。经济学教授不能解释边币和法币[2]，当然学生也不能解释。这样一来，就在许多学生中造成了一种反常的心理，对中国问题反而无兴趣，对党的指示反而不重视，他们一心向往的，就是从先生那里学来的据说是万古不变的教条。

当然，上面我所说的是我们党里的极坏的典型，不是说普遍如此。但是确实存在着这种典型，而且为数相当地多，为害相当地大，不可等闲视之的。

三

为了反复地说明这个意思，我想将两种互相对立的态度对照地讲一下。

第一种：主观主义的态度。

在这种态度下，就是对周围环境不作系统的周密的研究，单凭主观热情去工作，对于中国今天的面目若明若暗。在这种态度下，就是割断历史，只懂得希腊，不懂得中国，对于中国昨天和前天的面目漆黑一团。在这种态度下，就是抽象地无目的地去研究马克思列宁主义的理论。不是为了要解决中国革命的理论问题、策略问题而到马克思、恩格斯、列宁、斯大林那里找立场，找观点，找方法，而是为了单纯地学理论而去学理论。不是有的放矢，而是无的放矢。马克思、恩格斯、列宁、斯大林教导我们说：应当从客观存在着的实际事物出发，从其中引出规律，作为我们行动的向导。为此目的，就要像马克思所说的详细地占有材料，加以科学的分析和综合的研究[3]。我们的许多人却是相反，不去这样做。其中许多人是做研究工作的，但是他们对于研究今天的中国和昨天的中国一概无兴趣，只把兴趣放在脱离实际的空洞的“理论”研究上。许多人是做实际工作的，他们也不注意客观情况的研究，往往单凭热情，把感想当政策。这两种人都凭主观，忽视客观实际事物的存在。或作讲演，则甲乙丙丁、一二三四的一大串；或作文章，则夸夸其谈的一大篇。无实事求是之意，有哗众取宠之心。华而不实，脆而不坚。自以为是，老子天下第一，“钦差大臣”满天飞。这就是我们队伍中若干同志的作风。这种作风，拿了律己，则害了自己；拿了教人，则害了别人；拿了指导革命，则害了革命。总之，这种反科学的反马克思列宁主义的主观主义的方法，是共产党的大敌，是工人阶级的大敌，是人民的大敌，是民族的大敌，是党性不纯的一种表现。大敌当前，我们有打倒它的必要。只有打倒了主观主义，马克思列宁主义的真理才会抬头，党性才会巩固，革命才会胜利。我们应当说，没有科学的态度，即没有马克思列宁主义的理论和实践统一的态度，就叫做没有党性，或叫做党性不完全。

有一副对子，是替这种人画像的。那对子说：

墙上芦苇，头重脚轻根底浅；

山间竹笋，嘴尖皮厚腹中空。

对于没有科学态度的人，对于只知背诵马克思、恩格斯、列宁、斯大林著作中的若干词句的人，对于徒有虚名并无实学的人，你们看，像不像？如果有人真正想诊治自己的毛病的话，我劝他把这副对子记下来；或者再勇敢一点，把它贴在自己房子里的墙壁上。马克思列宁主义是科学，科学是老老实实的学问，任何一点调皮都是不行的。我们还是老实一点吧！

第二种：马克思列宁主义的态度。

在这种态度下，就是应用马克思列宁主义的理论和方法，对周围环境作系统的周密的调查和研究。不是单凭热情去工作，而是如同斯大林所说的那样：把革命气概和实际精神结合起来[4]。在这种态度下，就是不要割断历史。不单是懂得希腊就行了，还要懂得中国；不但要懂得外国革命史，还要懂得中国革命史；不但要懂得中国的今天，还要懂得中国的昨天和前天。在这种态度下，就是要有目的地去研究马克思列宁主义的理论，要使马克思列宁主义的理论和中国革命的实际运动结合起来，是为着解决中国革命的理论问题和策略问题而去从它找立场，找观点，找方法的。这种态度，就是有的放矢的态度。“的”就是中国革命，“矢”就是马克思列宁主义。我们中国共产党人所以要找这根“矢”，就是为了要射中国革命和东方革命这个“的”的。这种态度，就是实事求是的态度。“实事”就是客观存在着的一切事物，“是”就是客观事物的内部联系，即规律性，“求”就是我们去研究。我们要从国内外、省内外、县内外、区内外的实际情况出发，从其中引出其固有的而不是臆造的规律性，即找出周围事变的内部联系，作为我们行动的向导。而要这样做，就须不凭主观想象，不凭一时的热情，不凭死的书本，而凭客观存在的事实，详细地占有材料，在马克思列宁主义一般原理的指导下，从这些材料中引出正确的结论。这种结论，不是甲乙丙丁的现象罗列，也不是夸夸其谈的滥调文章，而是科学的结论。这种态度，有实事求是之意，无哗众取宠之心。这种态度，就是党性的表现，就是理论和实际统一的马克思列宁主义的作风。这是一个共产党员起码应该具备的态度。如果有了这种态度，那就既不是“头重脚轻根底浅”，也不是“嘴尖皮厚腹中空”了。

四

依据上述意见，我有下列提议：

（一）向全党提出系统地周密地研究周围环境的任务。依据马克思列宁主义的理论和方法，对敌友我三方的经济、财政、政治、军事、文化、党务各方面的动态进行详细的调查和研究的工作，然后引出应有的和必要的结论。为此目的，就要引导同志们的眼光向着这种实际事物的调查和研究。就要使同志们懂得，共产党领导机关的基本任务，就在于了解情况和掌握政策两件大事，前一件事就是所谓认识世界，后一件事就是所谓改造世界。就要使同志们懂得，没有调查就没有发言权，夸夸其谈地乱说一顿和一二三四的现象罗列，都是无用的。例如关于宣传工作，如果不了解敌友我三方的宣传状况，我们就无法正确地决定我们的宣传政策。任何一个部门的工作，都必须先有情况的了解，然后才会有好的处理。在全党推行调查研究的计划，是转变党的作风的基础一环。

（二）对于近百年的中国史，应聚集人材，分工合作地去做，克服无组织的状态。应先作经济史、政治史、军事史、文化史几个部门的分析的研究，然后才有可能作综合的研究。

（三）对于在职干部的教育和干部学校的教育，应确立以研究中国革命实际问题为中心，以马克思列宁主义基本原则为指导的方针，废除静止地孤立地研究马克思列宁主义的方法。研究马克思列宁主义，又应以《苏联共产党（布）历史简要读本》为中心的材料。《苏联共产党（布）历史简要读本》是一百年来全世界共产主义运动的最高的综合和总结，是理论和实际结合的典型，在全世界还只有这一个完全的典型。我们看列宁、斯大林他们是如何把马克思主义的普遍真理和苏联革命的具体实践互相结合又从而发展马克思主义的，就可以知道我们在中国是应该如何地工作了。

我们走过了许多弯路。但是错误常常是正确的先导。在如此生动丰富的中国革命环境和世界革命环境中，我们在学习问题上的这一改造，我相信一定会有好的结果。

选自《毛泽东选集》
第3卷第795—803页

注　　释

〔1〕富县在延安南面约 80 公里。

〔2〕边币是 1941 年陕甘宁边区银行所发行的纸币。法币是 1935 年以后国民党官僚资本四大银行（中央、中国、交通、中国农民）依靠英美帝国主义支持所发行的纸币。毛泽东在本文中所说的，是指当时边币和法币之间所发生的兑换比价变化问题。

〔3〕参见马克思《资本论》第一卷第二版跋。马克思在这篇跋中说："研究必须充分地占有材料，分析它的各种发展形式，探寻这些形式的内在联系。只有这项工作完成以后，现实的运动才能适当地叙述出来。"（《马克思恩格斯全集》第 23 卷，人民出版社 1972 年版，第 23 页）

〔4〕参见斯大林《论列宁主义基础》第九部分《工作作风》（《斯大林选集》上卷，人民出版社 1979 年版，第 272—275 页）。

毛泽东
《关于正确处理人民内部矛盾的问题》

学 习 提 示

《关于正确处理人民内部矛盾的问题》原是毛泽东1957年2月27日在最高国务会议第十一次（扩大）会议上的讲话，后经整理并作较大修改和补充，于同年6月19日在《人民日报》发表。下面节选的是本书的第一、七、八、十二节。

本论著的发表正值我国基本上完成了生产资料私有制的社会主义改造，社会主义革命和建设进入了一个新的历史时期。针对斯大林长期不承认社会主义社会存在矛盾，以及20世纪50年代中期国际共产主义运动发生的一系列事件，特别是我国生产资料私有制的社会主义改造基本完成后出现的新问题，毛泽东在论著中论述了正确处理人民内部矛盾是国家政治生活中的主题这一基本思想。

第一，强调了观察和分析社会现象的正确方法。

毛泽东指出："对立统一规律是宇宙的根本规律。这个规律，不论在自然界、人类社会和人们的思想中，都是普遍存在的，矛盾着的对立面又统一，又斗争，由此推动事物的运动和变化。矛盾是普遍存在的，不过按事物的性质不同，矛盾的性质也就不同。对于任何一个具体的事物说来，对立的统一是有条件的、暂时的、过渡的，因而是相对的，对立的斗争则是绝对的。"肯定社会主义社会依然充满矛盾，批评认为社会主义没有矛盾的想法是"不符合客观实际的天真的想法"。

第二，阐述了社会主义社会基本矛盾的性质、特点及其解决的方法。

毛泽东指出："在社会主义社会中，基本的矛盾仍然是生产关系和生产力之间的矛盾，上层建筑和经济基础之间的矛盾。"然而，社会主义社会的矛盾与旧社会的矛盾是根本不同的，它有其自身的性质和特点。旧社会的基本矛盾是对抗性的，表现为剧烈的对抗和冲突，它必须通过暴力手段加以解决。不推翻旧的社会制度，社会便不能前进。社会主义社会的基本矛盾从总体上说，是人民利益根本一致基础上的矛盾，是非对抗性的矛盾。毛泽东指出："社会主义生产关系已经建立起来，它是和生产力的发展相适应的；但是，它又还很不完善，这些不完善的方面和生产力的发展又是相矛盾的。除了生产关系和生产力发展的这种又相适应又相矛盾的情况以外，还有上层建筑和经济基础的又相适应又相矛盾的情况。”社会主义社会这种矛盾由于它的非对抗性，可以通过社会主义制度本身不断地得到解决。社会主义社会正是在这种又相适应又相矛盾的辩证运动中不断开辟自己的前进道路的。

第三，创立正确区分和处理两类不同性质矛盾的学说。

社会基本矛盾总要通过人与人之间的关系表现出来。毛泽东指出：“在我们的面前有两类社会矛盾，这就是敌我之间的矛盾和人民内部的矛盾。这是性质完全不同的两类矛盾。”为了正确区分和认识这两类不同性质的矛盾，首先应该弄清楚什么是人民，什么是敌人。人民和敌人在不同的国家和各个国家的不同的历史时期，有着不同的内容。在社会主义建设时期，一切赞成、拥护和参加社会主义建设事业的阶级、阶层和社会集体，都属于人民的范围；一切反抗社会主义革命和敌视、破坏社会主义建设的社会势力和社会集团，都是人民的敌人。敌我矛盾是对抗性的矛盾，而人民内部的矛盾，即工人阶级内部的矛盾、农民阶级内部的矛盾、知识分子内部的矛盾，工农两个阶级之间的矛盾，工人、农民同知识分子之间的矛盾，政府同人民群众之间的矛盾（这种矛盾包括国家利益、集体利益同个人利益之间的矛盾、民主同集中的矛盾、领导和被领导之间的矛盾，国家机关某些工作人员的官僚主义作风同群众之间的矛盾）等，是在人民利益根本一致基础上的矛盾，因而是非对抗性的矛盾。

毛泽东把不同性质的矛盾要用不同性质的方法解决的原理运用于处理社会主义社会的矛盾，提出了处理两类社会矛盾的正确方法。“敌我之间和人民内部这两类矛盾的性质不同，解决的方法也不同。简单地说起来，前者是分清敌我的问题，后者是分清是非的问题。”在人民民主专政的条件下，用专政的方法解决敌我矛盾，用民主的方法解决人民内部的矛盾。人民内部的矛盾大量地表现为思想认识上的是与非的矛盾。“凡属于思想性质的问题，凡属于人民内部的争论问题，只能用民主的方法去解决，只能用讨论的方法、批评的方法、说服教育的方法去解决，而不能用强制的、压服的方法去解决。”当然，这并不是说，在人民内部不需要法制、纪律和集中。为了保证人民的生产、生活和学习的正常的社会秩序，政府及其各部门领导发布适当的带有强制性的行政命令是必须的。这同用说服教育的方法去解决人民内部的矛盾，是相辅相成的两个方面。

社会主义社会存在的人民内部矛盾是一个复杂的矛盾系统，其中存在着各种各样的具体矛盾，每种矛盾都有其特殊性。因而解决这些特殊的矛盾必须采取多种多样的方法，也就是说，需要将民主的方法加以具体化。毛泽东根据人民内部矛盾的各种情况，相应地提出了许多具体的方针，其中包括：在政治生活中实行“团结—批评—团结”的方法，就是“从团结的愿望出发，经过批评或者斗争使矛盾得到解决，从而在新的基础上达到新的团结”；在经济工作中，要采取“统筹兼顾、适当安排”的原则；在科学、艺术领域，要实行“百花齐放、百家争鸣”的方针，艺术和科学中的是非问题，“应当通过艺术界科学界的自由讨论去解决，通过艺术和科学实践去解决，而不应当采取简单的方法去解决”；在处理人民群众与政府机关的矛盾中，要实行民主集中制；在与民主党派的关系上，要实行“长期共存、互相监督”的政策；在民族关系上，要大力维护各族人民的团结，既要克服大汉族主义，也要克服地方民族主义。人民内部矛盾若处理不适当，在一定条件下，也可能发生对抗，不利于社会主义事业的发展。因而，能否正确处理好人民内部矛盾，关系到无产阶级政党和社会主义国家的兴衰存亡，这是社会主义国家政治生活中的主题。

毛泽东在这本著作发表时所作的修改，虽然受到反右派斗争扩大化的影响，但整体仍保持了讲话稿的基本精神。它在马克思主义哲学发展史上第一次提出了关于两类不同性质矛盾的完整学说，深刻探讨和阐述了社会主义运动中重大的理论和实践问题，回答了时代赋予马克思主义者的新课题，丰富和发展了马克思列宁主义。

原著

关于正确处理人民内部矛盾的问题[1]（节选）

（一九五七年二月二十七日）

关于正确处理人民内部矛盾的问题，这是一个总题目。为了叙述的方便，分为十二个小题目。在这里，也要说到敌我矛盾的问题，但是重点是讨论人民内部的矛盾问题。

一　两类不同性质的矛盾

我们的国家现在是空前统一的。资产阶级民主革命和社会主义革命的胜利，以及社会主义建设的成就，迅速地改变了旧中国的面貌。祖国的更加美好的将来，正摆在我们的面前。人民所厌恶的国家分裂和混乱的局面，已经一去不复返了。我国的六亿人民正在工人阶级和共产党的领导下，团结一致地进行着伟大的社会主义建设。国家的统一，人民的团结，国内各民族的团结，这是我们的事业必定要胜利的基本保证。但是，这并不是说在我们的社会里已经没有任何的矛盾了。没有矛盾的想法是不符合客观实际的天真的想法。在我们的面前有两类社会矛盾，这就是敌我之间的矛盾和人民内部的矛盾。这是性质完全不同的两类矛盾。

为了正确地认识敌我之间和人民内部这两类不同的矛盾，应该首先弄清楚什么是人民，什么是敌人。人民这个概念在不同的国家和各个国家的不同的历史时期，有着不同的内容。拿我国的情况来说，在抗日战争时期，一切抗日的阶级、阶层和社会集团都属于人民的范围，日本帝国主义、汉奸、亲日派都是人民的敌人。在解放战争时期，美帝国主义和它的走狗即官僚资产阶级、地主阶级以及代表这些阶级的国民党反动派，都是人民的敌人；一切反对这些敌人的阶级、阶层和社会集团，都属于人民的范围。在现阶段，在建设社会主义的时期，一切赞成、拥护和参加社会主义建设事业的阶级、阶层和社会集团，都属于人民的范围；一切反抗社会主义革命和敌视、破坏社会主义建设的社会势力和社会集团，都是人民的敌人。

敌我之间的矛盾是对抗性的矛盾。人民内部的矛盾，在劳动人民之间说来，是非对抗性的；在被剥削阶级和剥削阶级之间说来，除了对抗性的一面以外，还有非对抗性的一面。人民内部的矛盾不是现在才有的，但是在各个革命时期和社会主义建设时期有着不同的内容。在我国现在的条件下，所谓人民内部的矛盾，包括工人阶级内部的矛盾，农民阶级内部的矛盾，知识分子内部的矛盾，工农两个阶级之间的矛盾，工人、农民同知识分子之间的矛盾，工人阶级和其他劳动人民同民族资产阶级之间的矛盾，民族资产阶级内部的矛盾，等等。我们的人民政府是真正代表人民利益的政府，是为人民服务的政府，但是它同人民群众之间也有一定的矛盾。这种矛盾包括国家利益、集体利益同个人利益之间的矛盾，民主同集中的矛盾，领导同被领导之间的矛盾，国家机关某些工作人员的官僚主义作风同群众之间的矛盾。这种矛盾也是人民内部的一个矛盾。一般说来，人民内部的矛盾，是在人民利益根本一致的基础上的矛盾。

在我们国家里，工人阶级同民族资产阶级的矛盾属于人民内部的矛盾。工人阶级和民族资产阶级的阶级斗争一般地属于人民内部的阶级斗争，这是因为我国的民族资产阶级有两面性。在资产阶级民主革命时期，它有革命性的一面，又有妥协性的一面。在社会主义革命时期，它有剥削工人阶级取得利润的一面，又有拥护宪法、愿意接受社会主义改造的一面。民族资产阶级和帝国主义、地主阶级、官僚资产阶级不同。工人阶级和民族资产阶级之间存在着剥削和被剥削的矛盾，这本来是对抗性的矛盾。但是在我国的具体条件下，这两个阶级的对抗性的矛盾如果处理得当，可以转变为非对抗性的矛盾，可以用和平的方法解决这个矛盾。如果我们处理不当，不是对民族资产阶级采取团结、批评、教育的政策，或者民族资产阶级不接受我们的这个政策，那末工人阶级同民族资产阶级之间的矛盾就会变成敌我之间的矛盾。

敌我之间和人民内部这两类矛盾的性质不同，解决的方法也不同。简单地说起来，前者是分清敌我的问题，后者是分清是非的问题。当然，敌我问题也是一种是非问题。比如我们同帝国主义、封建主义、官僚资本主义这些内外反动派，究竟谁是谁非，也是是非问题，但是这是和人民内部问题性质不同的另一类是非问题。

我们的国家是工人阶级领导的以工农联盟为基础的人民民主专政的国家。这个专政是干什么的呢？专政的第一个作用，就是压迫国家内部的反动阶级、反动派和反抗社会主义革命的剥削者，压迫那些对于社会主义建设的破坏者，就是为了解决国内敌我之间的矛盾。例如逮捕某些反革命分子并且将他们判罪，在一个时期内不给地主阶级分子和官僚资产阶级分子以选举权，不给他们发表言论的自由权利，都是属于专政的范围。为了维护社会秩序和广大人民的利益，对于那些盗窃犯、诈骗犯、杀人放火犯、流氓集团和各种严重破坏社会秩序的坏分子，也必须实行专政。专政还有第二个作用，就是防御国家外部敌人的颠覆活动和可能的侵略。在这种情况出现的时候，专政就担负着对外解决敌我之间的矛盾的任务。专政的目的是为了保卫全体人民进行和平劳动，将我国建设成为一个具有现代工业、现代农业和现代科学文化的社会主义国家。谁来行使专政呢？当然是工人阶级和在它领导下的人民。专政的制度不适用于人民内部。人民自己不能向自己专政，不能由一部分人民去压迫另一部分人民。人民中间的犯法分子也要受到法律的制裁，但是，这和压迫人民的敌人的专政是有原则区别的。在人民内部是实行民主集中制。我们的宪法规定：中华人民共和国公民有言论、出版、集会、结社、游行、示威、宗教信仰等等自由。我们的宪法又规定：国家机关实行民主集中制，国家机关必须依靠人民群众，国家机关工作人员必须为人民服务。我们的这个社会主义的民主是任何资产阶级国家所不可能有的最广大的民主。我们的专政，叫做工人阶级领导的以工农联盟为基础的人民民主专政。这就表明，在人民内部实行民主制度，而由工人阶级团结全体有公民权的人民，首先是农民，向着反动阶级、反动派和反抗社会主义改造和社会主义建设的分子实行专政。所谓有公民权，在政治方面，就是说有自由和民主的权利。

但是这个自由是有领导的自由，这个民主是集中指导下的民主，不是无政府状态。无政府状态不符合人民的利益和愿望。

匈牙利事件[2]发生以后，我国有些人感到高兴。他们希望在中国也出现一个那样的事件，有成千上万的人上街，去反对人民政府。他们的这种希望是同人民群众的利益相违反的，是不可能得到人民群众支持的。匈牙利的一部分群众受了国内外反革命力量的欺骗，错误地用暴力行为来对付人民政府，结果使得国家和人民都吃了亏。几个星期的骚乱，给予经济方面的损失，需要长时间才能恢复。我国另有一些人在匈牙利问题上表现动摇，是因为他们不懂得世界上的具体情况。他们以为在我们的人民民主制度下自由太少了，不如西方的议会民主制度自由多。他们要求实行西方的两党制，这一党在台上，那一党在台下。但是这种所谓两党制不过是维护资产阶级专政的一种方法，它绝不能保障劳动人民的自由权利。实际上，世界上只有具体的自由，具体的民主，没有抽象的自由，抽象的民主。在阶级斗争的社会里，有了剥削阶级剥削劳动人民的自由，就没有劳动人民不受剥削的自由。有了资产阶级的民主，就没有无产阶级和劳动人民的民主。有些资本主义国家也容许共产党合法存在，但是以不危害资产阶级的根本利益为限度，超过这个限度就不容许了。要求抽象的自由、抽象的民主的人们认为民主是目的，而不承认民主是手段。民主这个东西，有时看来似乎是目的，实际上，只是一种手段。马克思主义告诉我们，民主属于上层建筑，属于政治这个范畴。这就是说，归根结蒂，它是为经济基础服务的。自由也是这样。民主自由都是相对的，不是绝对的，都是在历史上发生和发展的。在人民内部，民主是对集中而言，自由是对纪律而言。这些都是一个统一体的两个矛盾着的侧面，它们是矛盾的，又是统一的，我们不应当片面地强调某一个侧面而否定另一个侧面。在人民内部，不可以没有自由，也不可以没有纪律；不可以没有民主，也不可以没有集中。这种民主和集中的统一，自由和纪律的统一，就是我们的民主集中制。在这个制度下，人民享受着广泛的民主和自由；同时又必须用社会主义的纪律约束自己。这些道理，广大人民群众是懂得的。

我们主张有领导的自由，主张集中指导下的民主，这在任何意义上都不是说，人民内部的思想问题、是非的辨别问题，可以用强制的方法去解决。企图用行政命令的方法，用强制的方法解决思想问题，是非问题，不但没有效力，而且是有害的。我们不能用行政命令去消灭宗教，不能强制人们不信教。不能强制人们放弃唯心主义，也不能强制人们相信马克思主义。凡属于思想性质的问题，凡属于人民内部的争论问题，只能用民主的方法去解决，只能用讨论的方法、批评的方法、说服教育的方法去解决，而不能用强制的、压服的方法去解决。人民为了有效地进行生产、进行学习和有秩序地过生活，要求自己的政府、生产的领导者、文化教育机关的领导者发布各种适当的带强制性的行政命令。没有这种行政命令，社会秩序就无法维持，这是人们的常识所了解的。这同用说服教育的方法去解决人民内部的矛盾，是相辅相成的两个方面。为着维持社会秩序的目的而发布的行政命令，也要伴之以说服教育，单靠行政命令，在许多情况下就行不通。

在一九四二年，我们曾经把解决人民内部矛盾的这种民主的方法，具体化为一个公式，叫做“团结——批评——团结”。讲详细一点，就是从团结的愿望出发，经过批评或者斗争使矛盾得到解决，从而在新的基础上达到新的团结。按照我们的经验，这是解决人民内部矛盾的一个正确的方法。一九四二年，我们采用了这个方法解决共产党内部的矛盾，就是教条主义者和广大党员群众之间的矛盾，教条主义思想和马克思主义思想之间的矛盾。“左”倾教条主义者从前采用的党内斗争方法叫做“残酷斗争，无情打击”。这是一个错误的方法。我们在批评“左”倾教条主义的时候，就没有采取这个老方法，而采取了一个新方法，就是从团结的愿望出发，经过批评或者斗争，分清是非，在新的基础上达到新的团结。这个方法是在一九四二年整风的时候采用的。经过几年之后，到一九四五年中国共产党召开第七次全国代表大会的时候，果然达到了全党团结的目的，因此就取得了人民革命的伟大胜利。在这里，首先需要从团结的愿望出发。因为如果在主观上没有团结的愿望，一斗势必把事情斗乱，不可收拾，那还不是“残酷斗争，无情打击”？那还有什么党的团结？从这个经验里，我们找到了一个公式：团结——批评——团结。

或者说，惩前毖后，治病救人。我们把这个方法推广到了党外。在各抗日根据地里，我们处理领导和群众的关系，处理军民关系、官兵关系、几部分军队之间的关系、几部分干部之间的关系，都采用了这个方法，并且得到了伟大的成功。这个问题，在我们党的历史上，还可以追溯到更远。自从一九二七年我们在南方建立革命军队和革命根据地开始，关于处理党群关系、军民关系、官兵关系以及其他人民内部关系，就是采用这个方法的。不过到了抗日时期，我们就把这个方法建立在更加自觉的基础之上了。全国解放以后，我们对民主党派和工商界也采取了“团结——批评——团结”这个方法。我们现在的任务，就是要在整个人民内部继续推广和更好地运用这个方法，要求所有的工厂、合作社、商店、学校、机关、团体，总之，六亿人口，都采用这个方法去解决他们内部的矛盾。

在一般情况下，人民内部的矛盾不是对抗性的。但是如果处理得不适当，或者失去警觉，麻痹大意，也可能发生对抗。这种情况，在社会主义国家通常只是局部的暂时的现象。这是因为社会主义国家消灭了人剥削人的制度，人民的利益在根本上是一致的。匈牙利事件所表现的那种范围相当宽广的对抗行动，是因为有内外反革命因素在起作用的缘故。这是一种特殊的也是暂时的现象。社会主义国家内部的反动派同帝国主义者互相勾结，利用人民内部的矛盾，挑拨离间，兴风作浪，企图实现他们的阴谋。匈牙利事件的这种教训，值得大家注意。

许多人觉得，提出采用民主方法解决人民内部矛盾的问题，是一个新的问题。事实并不是这样。马克思主义者从来就认为无产阶级的事业只能依靠人民群众，共产党人在劳动人民中间进行工作的时候必须采取民主的说服教育的方法，决不允许采取命令主义态度和强制手段。中国共产党忠实地遵守马克思列宁主义的这个原则。我们历来就主张，在人民民主专政下面，解决敌我之间的和人民内部的这两类不同性质的矛盾，采用专政和民主这样两种不同的方法。这个意思，在我们党的过去的许多文件里和党的许多负责人的言论里，曾经说得很多。我在一九四九年所写的《论人民民主专政》里曾经说过：“对人民内部的民主方面和对反动派的专政方面，互相结合起来，就是人民民主专政”，解决人民内部的问题，“使用的方法，是民主的即说服的方法，而不是强迫的方法”。我在一九五〇年六月第二次政治协商会议上的讲话里，又说过：“人民民主专政有两个方法。对敌人说来是用专政的方法，就是说在必要的时期内，不让他们参与政治活动，强迫他们服从人民政府的法律，强迫他们从事劳动并在劳动中改造他们成为新人。对人民说来则与此相反，不是用强迫的方法，而是用民主的方法，就是说必须让他们参与政治活动，不是强迫他们做这样做那样，而是用民主的方法向他们进行教育和说服的工作。这种教育工作是人民内部的自我教育工作，批评和自我批评的方法就是自我教育的基本方法。”过去我们已经多次讲过用民主方法解决人民内部矛盾这个问题，并且在工作中基本上就是这样做的，很多干部和人民都在实际上懂得这个问题。为什么现在又有人觉得这是一个新问题呢？这是因为过去国内外的敌我斗争很尖锐，人民内部矛盾还不像现在这样被人们注意的缘故。

许多人对于敌我之间的和人民内部的这两类性质不同的矛盾分辨不清，容易混淆在一起。应该承认，这两类矛盾有时是容易混淆的。我们在过去工作中也曾经混淆过。在肃清反革命分子的工作中，错误地把好人当坏人，这种情形，从前有过，现在也还有。我们的错误没有扩大化，是由于我们在政策中规定了必须分清敌我，错了就要平反。

马克思主义的哲学认为，对立统一规律是宇宙的根本规律。这个规律，不论在自然界、人类社会和人们的思想中，都是普遍存在的。矛盾着的对立面又统一，又斗争，由此推动事物的运动和变化。矛盾是普遍存在的，不过按事物的性质不同，矛盾的性质也就不同。对于任何一个具体的事物说来，对立的统一是有条件的、暂时的、过渡的，因而是相对的，对立的斗争则是绝对的。这个规律，列宁讲得很清楚。这个规律，在我国，懂得的人逐渐多起来了。但是，对于许多人说来，承认这个规律是一回事，应用这个规律去观察问题和处理问题又是一回事。许多人不敢公开承认我国人民内部还存在着矛盾，正是这些矛盾推动着我们的社会向前发展。许多人不承认社会主义社会还有矛盾，因而使得他们在社会矛盾面前缩手缩脚，处于被动地位；不懂得在不断地正确处理和解决矛盾的过程中，将会使社会主义社会内部的统一和团结日益巩固。这样，就有必要在我国人民中，首先是在干部中，进行解释，引导人们认识社会主义社会中的矛盾，并且懂得采取正确的方法处理这种矛盾。

社会主义社会的矛盾同旧社会的矛盾，例如同资本主义社会的矛盾，是根本不相同的。资本主义社会的矛盾表现为剧烈的对抗和冲突，表现为剧烈的阶级斗争，那种矛盾不可能由资本主义制度本身来解决，而只有社会主义革命才能够加以解决。社会主义社会的矛盾是另一回事，恰恰相反，它不是对抗性的矛盾，它可以经过社会主义制度本身，不断地得到解决。

在社会主义社会中，基本的矛盾仍然是生产关系和生产力之间的矛盾，上层建筑和经济基础之间的矛盾。不过社会主义社会的这些矛盾，同旧社会的生产关系和生产力的矛盾、上层建筑和经济基础的矛盾，具有根本不同的性质和情况罢了。我国现在的社会制度比较旧时代的社会制度要优胜得多。如果不优胜，旧制度就不会被推翻，新制度就不可能建立。所谓社会主义生产关系比较旧时代生产关系更能够适合生产力发展的性质，就是指能够容许生产力以旧社会所没有的速度迅速发展，因而生产不断扩大，因而使人民不断增长的需要能够逐步得到满足的这样一种情况。旧中国在帝国主义、封建主义和官僚资本主义的统治下，生产力的发展一直是非常缓慢的。解放前五十多年间，全国除东北外，钢的生产一直只有几万吨；加上东北，全国的最高年产量也不过是九十多万吨。在一九四九年，全国钢产量只有十几万吨。但是全国解放不过七年，钢的生产便已达到四百几十万吨。旧中国几乎没有机器制造业，更没有汽车制造业和飞机制造业，而这些现在都建立起来了。当人民推翻了帝国主义、封建主义和官僚资本主义的统治之后，中国要向哪里去？向资本主义，还是向社会主义？有许多人在这个问题上的思想是不清楚的。事实已经回答了这个问题：只有社会主义能够救中国。社会主义制度促进了我国生产力的突飞猛进的发展，这一点，甚至连国外的敌人也不能不承认了。

但是，我国的社会主义制度还刚刚建立，还没有完全建成，还不完全巩固。在工商业的公私合营企业中，资本家还拿取定息，也就是还有剥削；就所有制这点上说，这类企业还不是完全的社会主义性质的。农业生产合作社和手工业生产合作社有一部分也还是半社会主义性质的；完全社会主义化的合作社在所有制的某些个别问题上，还需要继续解决。在各经济部门中的生产和交换的相互关系，还在按照社会主义的原则逐步建立，逐步找寻比较适当的形式。在全民所有制经济和集体所有制经济里面，在这两种社会主义经济形式之间，积累和消费的分配问题是一个复杂的问题，也不容易一下子解决得完全合理。总之，社会主义生产关系已经建立起来，它是和生产力的发展相适应的；但是，它又还很不完善，这些不完善的方面和生产力的发展又是相矛盾的。除了生产关系和生产力发展的这种又相适应又相矛盾的情况以外，还有上层建筑和经济基础的又相适应又相矛盾的情况。人民民主专政的国家制度和法律，以马克思列宁主义为指导的社会主义意识形态，这些上层建筑对于我国社会主义改造的胜利和社会主义劳动组织的建立起了积极的推动作用，它是和社会主义的经济基础即社会主义的生产关系相适应的；但是，资产阶级意识形态的存在，国家机构中某些官僚主义作风的存在，国家制度中某些环节上缺陷的存在，又是和社会主义的经济基础相矛盾的。我们今后必须按照具体的情况，继续解决上述的各种矛盾。当然，在解决这些矛盾以后，又会出现新的问题，新的矛盾，又需要人们去解决。例如，在客观上将会长期存在的社会生产和社会需要之间的矛盾，就需要人们时常经过国家计划去调节。我国每年作一次经济计划，安排积累和消费的适当比例，求得生产和需要之间的平衡。所谓平衡，就是矛盾的暂时的相对的统一。过了一年，就整个说来，这种平衡就被矛盾的斗争所打破了，这种统一就变化了，平衡成为不平衡，统一成为不统一，又需要作第二年的平衡和统一。这就是我们计划经济的优越性。事实上，每月每季都在局部地打破这种平衡和统一，需要作出局部的调整。有时因为主观安排不符合客观情况，发生矛盾，破坏平衡，这就叫做犯错误。矛盾不断出现，又不断解决，就是事物发展的辩证规律。

现在的情况是：革命时期的大规模的急风暴雨式的群众阶级斗争基本结束，但是阶级斗争还没有完全结束；广大群众一面欢迎新制度，一面又还感到还不大习惯；政府工作人员经验也还不够丰富，对一些具体政策的问题，应当继续考察和探索。这就是说，我们的社会主义制度还需要有一个继续建立和巩固的过程，人民群众对于这个新制度还需要有一个习惯的过程，国家工作人员也需要一个学习和取得经验的过程。在这个时候，我们提出划分敌我和人民内部两类矛盾的界限，提出正确处理人民内部矛盾的问题，以便团结全国各族人民进行一场新的战争——向自然界开战，发展我们的经济，发展我们的文化，使全体人民比较顺利地走过目前的过渡时期，巩固我们的新制度，建设我们的新国家，就是十分必要的了。

——

七　统筹兼顾、适当安排

这里所说的统筹兼顾，是指对于六亿人口的统筹兼顾。我们作计划、办事、想问题，都要从我国有六亿人口这一点出发，千万不要忘记这一点。为什么要提出这样一个问题，难道还有人不知道我国有六亿人口吗？知道是知道的，不过办起事来有些人就忘记了，似乎人越少越好，圈子紧缩得越小越好。抱有这种小圈子主义的人们，对于这样一种思想是抵触的：调动一切积极因素，团结一切可能团结的人，并且尽可能地将消极因素转变为积极因素，为建设社会主义社会这个伟大的事业服务。我希望这些人扩大眼界，真正承认我国有六亿人口，承认这是一个客观存在，这是我们的本钱。我国人多，是好事，当然也有困难。我们各方面的建设事业都在蓬勃地发展着，成绩很大，但是，在目前社会大变动的过渡时期，困难问题还是很多的。又发展又困难，这就是矛盾。任何矛盾不但应当解决，也是完全可以解决的。我们的方针是统筹兼顾、适当安排。无论粮食问题，灾荒问题，就业问题，教育问题，知识分子问题，各种爱国力量的统一战线问题，少数民族问题，以及其他各项问题，都要从对全体人民的统筹兼顾这个观点出发，就当时当地的实际可能条件，同各方面的人协商，作出各种适当的安排。决不可以嫌人多，嫌人落后，嫌事情麻烦难办，推出门外了事。我这样说，是不是要把一切人一切事都由政府包下来呢？当然不是。许多人，许多事，可以由社会团体想办法，可以由群众直接想办法，他们是能够想出很多好的办法来的。而这也就包括在统筹兼顾、适当安排的方针之内，我们应当指导社会团体和各地群众这样做。

八　关于百花齐放、百家争鸣、长期共存、互相监督

百花齐放，百家争鸣，长期共存，互相监督，这几个口号是怎样提出来的呢？它是根据中国的具体情况提出来的，是在承认社会主义社会仍然存在着各种矛盾的基础上提出来的，是在国家需要迅速发展经济和文化的迫切要求上提出来的。百花齐放、百家争鸣的方针，是促进艺术发展和科学进步的方针，是促进我国的社会主义文化繁荣的方针。艺术上不同的形式和风格可以自由发展，科学上不同的学派可以自由争论。利用行政力量，强制推行一种风格，一种学派，禁止另一种风格，另一种学派，我们认为会有害于艺术和科学的发展。艺术和科学中的是非问题，应当通过艺术界科学界的自由讨论去解决，通过艺术和科学的实践去解决，而不应当采取简单的方法去解决。为了判断正确的东西和错误的东西，常常需要有考验的时间。历史上新的正确的东西，在开始的时候常常得不到多数人承认，只能在斗争中曲折地发展。正确的东西，好的东西，人们一开始常常不承认它们是香花，反而把它们看作毒草。哥白尼关于太阳系的学说〔3〕，达尔文的进化论〔4〕，都曾经被看作是错误的东西，都曾经经历艰苦的斗争。我国历史上也有许多这样的事例。同旧社会比较起来，在社会主义社会中，新生事物的成长条件，和过去根本不同了，好得多了。但是压抑新生力量，压抑合理的意见，仍然是常有的事。不是由于有意压抑，只是由于鉴别不清，也会妨碍新生事物的成长。因此，对于科学上、艺术上的是非，应当保持慎重的态度，提倡自由讨论，不要轻率地作结论。我们认为，采取这种态度可以帮助科学和艺术得到比较顺利的发展。

马克思主义也是在斗争中发展起来的。马克思主义在开始的时候受过种种打击，被认为是毒草。现在它在世界上的许多地方还在继续受打击，还被认为是毒草。在社会主义国家里，马克思主义的地位不同了。但是就是在社会主义国家，还是有非马克思主义的思想存在，也有反马克思主义的思想存在。在我国，虽然社会主义改造，在所有制方面说来，已经基本完成，革命时期的大规模的急风暴雨式的群众阶级斗争已经基本结束，但是，被推翻的地主买办阶级的残余还是存在，资产阶级还是存在，小资产阶级刚刚在改造。阶级斗争并没有结束。无产阶级和资产阶级之间的阶级斗争，各派政治力量之间的阶级斗争，无产阶级和资产阶级之间在意识形态方面的阶级斗争，还是长时期的，曲折的，有时甚至是很激烈的。无产阶级要按照自己的世界观改造世界，资产阶级也要按照自己的世界观改造世界。在这一方面，社会主义和资本主义之间谁胜谁负的问题还没有真正解决。无论在全人口中间，或者在知识分子中间，马

克思主义者仍然是少数。因此，马克思主义仍然必须在斗争中发展。马克思主义必须在斗争中才能发展，不但过去是这样，现在是这样，将来也必然还是这样。正确的东西总是在同错误的东西作斗争的过程中发展起来的。真的、善的、美的东西总是在同假的、恶的、丑的东西相比较而存在，相斗争而发展的。当着某一种错误的东西被人类普遍地抛弃，某一种真理被人类普遍地接受的时候，更加新的真理又在同新的错误意见作斗争。这种斗争永远不会完结。这是真理发展的规律，当然也是马克思主义发展的规律。

我国社会主义和资本主义之间在意识形态方面的谁胜谁负的斗争，还需要一个相当长的时间才能解决。这是因为资产阶级和从旧社会来的知识分子的影响还要在我国长期存在，作为阶级的意识形态，还要在我国长期存在。如果对于这种形势认识不足，或者根本不认识，那就要犯绝大的错误，就会忽视必要的思想斗争。思想斗争同其他的斗争不同，它不能采取粗暴的强制的方法，只能用细致的讲理的方法。现在社会主义在意识形态的斗争中，具有优胜的条件。政权的基本力量是在无产阶级领导下的劳动人民手里。共产党有强大的力量和很高的威信。在我们的工作中尽管有缺点，有错误，但是每一个公正的人都可以看到，我们对人民是忠诚的，我们有决心有能力同人民在一起把祖国建设好，我们已经得到巨大的成就，并且将继续得到更巨大的成就。资产阶级分子和从旧社会来的知识分子的绝大多数都是爱国的，他们愿意为蒸蒸日上的社会主义祖国服务，并且懂得如果离开社会主义事业，离开共产党所领导的劳动人民，他们就会无所依靠，而不可能有任何光明的前途。

人们问：在我们国家里，马克思主义已经被大多数人承认为指导思想，那末，能不能对它加以批评呢？当然可以批评。马克思主义是一种科学真理，它是不怕批评的。如果马克思主义害怕批评，如果可以批评倒，那末马克思主义就没有用了。事实上，唯心主义者不是每天都在用各种形式批评马克思主义吗？抱着资产阶级思想、小资产阶级思想而不愿意改变的人们，不是也在用各种形式批评马克思主义吗？马克思主义者不应该害怕任何人批评。相反，马克思主义者就是要在人们的批评中间，就是要在斗争的风雨中间，锻炼自己，发展自己，扩大自己的阵地。同错误思想作斗争，好比种牛痘，经过了牛痘疫苗的作用，人身上就增强免疫力。在温室里培养出来的东西，不会有强大的生命力。实行百花齐放、百家争鸣的方针，并不会削弱马克思主义在思想界的领导地位，相反地正是会加强它的这种地位。

对于非马克思主义的思想，应该采取什么方针呢？对于明显的反革命分子，破坏社会主义事业的分子，事情好办，剥夺他们的言论自由就行了。对于人民内部的错误思想，情形就不相同。禁止这些思想，不允许这些思想有任何发表的机会，行不行呢？当然不行。对待人民内部的思想问题，对待精神世界的问题，用简单的方法去处理，不但不会收效，而且非常有害。不让发表错误意见，结果错误意见还是存在着。而正确的意见如果是在温室里培养出来的，如果没有见过风雨，没有取得免疫力，遇到错误意见就不能打胜仗。因此，只有采取讨论的方法，批评的方法，说理的方法，才能真正发展正确的意见，克服错误的意见，才能真正解决问题。

资产阶级、小资产阶级，他们的思想意识是一定要反映出来的。一定要在政治问题和思想问题上，用各种办法顽强地表现他们自己。要他们不反映不表现，是不可能的。我们不应当用压制的办法不让他们表现，而应当让他们表现，同时在他们表现的时候，和他们辩论，进行适当的批评。毫无疑问，我们应当批评各种各样的错误思想。不加批评，看着错误思想到处泛滥，任凭它们去占领市场，当然不行。有错误就得批判，有毒草就得进行斗争。但是这种批评不应当是教条主义的，不应当用形而上学方法，应当力求用辩证方法。要有科学的分析，要有充分的说服力。教条主义的批评不能解决问题。我们是反对一切毒草的，但是我们必须谨慎地辨别什么是真的毒草，什么是真的香花。我们要同群众一起来学会谨慎地辨别香花和毒草，并且一起来用正确的方法同毒草作斗争。

我们在批判教条主义的时候，必须同时注意对修正主义的批判。修正主义，或者右倾机会主义，是一种资产阶级思潮，它比教条主义有更大的危险性。修正主义者，右倾机会主义者，口头上也挂着马克思主义，他们也在那里攻击“教条主义”。但是他们所攻击的正是马克思主义的最根本的东西。他们反对或者歪曲唯物论和辩证法，反对或者企图削弱人民民主专政和共产党的领导，反对或者企图削弱社会主义改造和社会主义建设。在我国社会主义革命取得基本胜利以后，社会上还有一部分人梦想恢复资本主义制度，他们要从各个方面向工人阶级进行斗争，包括思想方面的斗争。而在这个斗争中，修正主义者就是他们最好的助手。

百花齐放、百家争鸣这两个口号，就字面看，是没有阶级性的，无产阶级可以利用它们，资产阶级也可以利用它们，其他的人们也可以利用它们。所谓香花和毒草，各个阶级、阶层和社会集团也有各自的看法。那末，从广大人民群众的观点看来，究竟什么是我们今天辨别香花和毒草的标准呢？在我国人民的政治生活中，应当怎样来判断我们的言论和行动的是非呢？我们以为，根据我国的宪法的原则，根据我国最大多数人民的意志和我国各党派历次宣布的共同的政治主张，这种标准可以大致规定如下：（一）有利于团结全国各族人民，而不是分裂人民；（二）有利于社会主义改造和社会主义建设，而不是不利于社会主义改造和社会主义建设；（三）有利于巩固人民民主专政，而不是破坏或者削弱这个专政；（四）有利于巩固民主集中制，而不是破坏或者削弱这个制度；（五）有利于巩固共产党的领导，而不是摆脱或者削弱这种领导；（六）有利于社会主义的国际团结和全世界爱好和平人民的国际团结，而不是有损于这些团结。这六条标准中，最重要的是社会主义道路和党的领导两条。提出这些标准，是为了帮助人民发展对于各种问题的自由讨论，而不是为了妨碍这种讨论。不赞成这些标准的人们仍然可以提出自己的意见来辩论。但是大多数人有了明确的标准，就可以使批评和自我批评沿着正确的轨道前进，就可以用这些标准去鉴别人们的言论行动是否正确，究竟是香花还是毒草。这是一些政治标准。为了鉴别科学论点的正确或者错误，艺术作品的艺术水准如何，当然还需要一些各自的标准。但是这六条政治标准对于任何科学艺术的活动也都是适用的。在我国这样的社会主义国家里，难道有什么有益的科学艺术活动会违反这几条政治标准的吗？

以上所说的观点，都是从我国的具体的历史条件出发的。各个社会主义国家和各国共产党的情况各不相同。因此，我们并不认为，它们必须或者应当采取中国的做法。

“长期共存、互相监督”这个口号，也是我国具体的历史条件的产物。这个口号并不是突然提出来的，它已经经过了好几年的酝酿。长期共存的思想已经存在很久了。到去年，社会主义制度已基本建立，这些口号就明确地提出来了。为什么要让资产阶级和小资产阶级的民主党派同工人阶级政党长期共存呢？这是因为凡属一切确实致力于团结人民从事社会主义事业的、得到人民信任的党派，我们没有理由不对它们采取长期共存的方针。我在一九五〇年六月第二次政治协商会议上，就已经这样说过：“只要谁肯真正为人民效力，在人民还有困难的时期内确实帮了忙，做了好事，并且是一贯地做下去，并不半途而废，那末，人民和人民的政府是没有理由不要他的，是没有理由不给他以生活的机会和效力的机会的。”这里所说的，也就是各党派可以长期共存的政治基础。共产党同各民主党派长期共存，这是我们的愿望，也是我们的方针。至于各民主党派是否能够长期存在下去，不是单由共产党一方面的愿望作决定，还要看各民主党派自己的表现，要看它们是否取得人民的信任。各党派互相监督的事实，也早已存在，就是各党派互相提意见，作批评。所谓互相监督，当然不是单方面的，共产党可以监督民主党派，民主党派也可以监督共产党。为什么要让民主党派监督共产党呢？这是因为一个党同一个人一样，耳边很需要听到不同的声音。大家知道，主要监督共产党的是劳动人民和党员群众。但是有了民主党派，对我们更为有益。当然，各民主党派和共产党相互之间所提的意见，所作的批评，也只有在合乎我们在前面所说的六条政治标准的情况下，才能够发挥互相监督的积极作用。因此，我们希望各民主党派都能注意思想改造，争取和共产党一道长期共存，互相监督，以适应新社会的需要。

—

十二 中国工业化的道路

这里所讲的工业化道路的问题，主要是指重工业、轻工业和农业的发展关系问题。我国的经济建设是以重工业为中心，这一点必须肯定。但是同时必须充分注意发展农业和轻工业。

我国是一个大农业国，农村人口占全国人口的百分之八十以上，发展工业必须和发展农业同时并举，工业才有原料和市场，才有可能为建立强大的重工业积累较多的资金。大家知道，轻工业和农业有极密切的关系。没有农业，就没有轻工业。重工业要以农业为重要市场这一点，目前还没有使人们看得很清楚。但是随着农业的技术改革逐步发展，农业的日益现代化，为农业服务的机械、肥料、水利建设、电力建设、运输建设、民用燃料、民用建筑材料等等将日益增多，重工业以农业为重要市场的情况，将会易于为人们所理解。在第二个五年计划和第三个五年计划期间，如果我们的农业能够有更大的发展，使轻工业相应地有更多的发展，这对于整个国民经济会有好处。农业和轻工业发展了，重工业有了市场，有了资金，它就会更快地发展。这样，看起来工业化的速度似乎慢一些，但是实际上不会慢，或者反而可能快一些。经过三个五年计划，或者再多一些时间，我国的钢产量仍然可能由解放前最高年产量，即一九四三年的九十多万吨，发展到二千万吨，或者更多一点。这样，城乡人民都会感到高兴。

关于经济问题今天不准备多讲。经济建设我们还缺乏经验，因为才进行七年，还需要积累经验。对于革命我们开始也没有经验，翻过斤斗，取得了经验，然后才有全国的胜利。我们要求在取得经济建设方面的经验，比较取得革命经验的时间要缩短一些，同时不要花费那么高的代价。代价总是需要的，就是希望不要有革命时期所付的代价那么高。必须懂得，在这个问题上是存在着矛盾的，即社会主义社会经济发展的客观规律和我们主观认识之间的矛盾，这需要在实践中去解决。这个矛盾，也将表现为人同人之间的矛盾，即比较正确地反映客观规律的一些人同比较不正确地反映客观规律的一些人之间的矛盾，因此也是人民内部的矛盾。一切矛盾都是客观存在的，我们的任务在于尽可能正确地反映它和解决它。

为了使我国变为工业国，我们必须认真学习苏联的先进经验。苏联建设社会主义已经有四十年了，它的经验对于我们是十分宝贵的。大家看吧，谁给我们设计和装备了这么多的重要工厂呢？美国给我们没有？英国给我们没有？他们都不给。只有苏联肯这样做，因为它是社会主义国家，是我们的同盟国家。

除了苏联以外，东欧一些兄弟国家也给了我们一些帮助。完全不错，一切国家的好经验我们都要学，不管是社会主义国家的，还是资本主义国家的，这一点是肯定的。但是主要的还是要学苏联。学习有两种态度。一种是教条主义的态度，不管我国情况，适用的和不适用的，一起搬来。这种态度不好。另一种态度，学习的时候用脑筋想一下，学那些和我国情况相适合的东西，即吸取对我们有益的经验，我们需要的是这样一种态度。

巩固同苏联的团结，巩固同一切社会主义国家的团结，这是我们的基本方针，基本利益所在。再就是亚非国家以及一切爱好和平的国家和人民，我们应当巩固和发展同他们的团结。有了这两种力量的团结，我们就不孤立了。至于帝国主义国家，我们也要团结那里的人民，并且争取同那些国家和平共处，做些生意，制止可能发生的战争，但是决不可以对他们怀抱一些不切实际的想法。

根据一九五七年六月十九日
《人民日报》刊印。

注　释

〔1〕这是毛泽东在最高国务会议第十一次（扩大）会议上的讲话。后来毛泽东根据原始记录加以整理，并作了若干重要的补充和修改，1957 年 6 月 19 日在《人民日报》发表。这篇讲话在我国生产资料私有制的社会主义改造已经基本完成的情况下，明确指出革命时期的大规模的急风暴雨式的群众阶级斗争基本结束，并把正确处理人民内部矛盾作为我国政治生活的主题提了出来，具有重大的理论和实践意义，是中国共产党第八次全国代表大会的正确方针的继续和发展。讲话公开发表前，反右派斗争已经开始，由于当时对右派分子向共产党和社会主义制度进攻的形势作了过分严重的估计，在讲话稿的整理过程中加进了强调阶级斗争很激烈、社会主义和资本主义之间谁胜谁负的问题还没有真正解决这些同原讲话精神不协调的论述。

〔2〕匈牙利事件，指匈牙利 1956 年 10 月至 11 月发生的反政府政治事件。

〔3〕哥白尼（1473—1543），波兰天文学家。哥白尼在《天体运行论》一书中，证明地球绕自己的轴旋转，并和其他行星一起，围绕着太阳运行，推翻了约两千年来的地球不动学说。

〔4〕达尔文（1809—1882），英国生物学家。达尔文在他的《物种起源》等著作中，提出了进化论的学说，说明了生物的演变和人类的起源。

毛泽东

《人的正确思想是从哪里来的?》

学 习 提 示

《人的正确思想是从哪里来的?》是毛泽东1963年5月修改《中共中央关于目前农村工作中若干问题的决定(草案)》时增写的一段话。1960年以后,党中央和毛泽东为纠正“大跃进”以来在实际工作中的失误,提倡调查研究,重视马克思主义认识论的学习、研究和宣传。本文进一步阐发了《实践论》中的基本观点。

毛泽东强调实践是认识的唯一来源。他指出:“人的正确思想是从哪里来的?是从天上掉下来的吗?不是。是自己头脑里固有的吗?不是。人的正确思想,只能从社会实践中来,只能从社会的生产斗争、阶级斗争和科学实验这三项实践中来。”他明确把认识过程的两次飞跃概括为“物质可以变成精神,精神可以变成物质”这样一个新命题,并且特别地强调了精神可以变物质的重要意义。“因为只有这一次飞跃,才能证明认识的第一次飞跃,即从客观外界的反映过程中得到的思想、理论、政策、计划、办法等等,究竟是正确的还是错误的,此外再无别的检验真理的办法。而无产阶级认识世界的目的,只是为了改造世界,此外再无别的目的。”

毛泽东指出:“一个正确的认识,往往需要经过由物质到精神,由精神到物质,即由实践到认识,由认识到实践这样多次的反复,才能够完成。”这一论述进一步丰富了马克思主义的认识论。

原著

人的正确思想是从哪里来的?[1]

（一九六三年五月）

人的正确思想是从哪里来的？是从天上掉下来的吗？不是。是自己头脑里固有的吗？不是。人的正确思想，只能从社会实践中来，只能从社会的生产斗争、阶级斗争和科学实验这三项实践中来。人们的社会存在，决定人们的思想。而代表先进阶级的正确思想，一旦被群众掌握，就会变成改造社会、改造世界的物质力量。人们在社会实践中从事各项斗争，有了丰富的经验，有成功的，有失败的。无数客观外界的现象通过人的眼、耳、鼻、舌、身这五个官能反映到自己的头脑中来，开始是感性认识。这种感性认识的材料积累多了，就会产生一个飞跃，变成了理性认识，这就是思想。这是一个认识过程。这是整个认识过程的第一个阶段，即由客观物质到主观精神的阶段，由存在到思想的阶段。这时候的精神、思想（包括理论、政策、计划、办法）是否正确地反映了客观外界的规律，还是没有证明的，还不能确定是否正确，然后又有认识过程的第二个阶段，即由精神到物质的阶段，由思想到存在的阶段，这就是把第一个阶段得到的认识放到社会实践中去，看这些理论、政策、计划、办法等等是否能得到预期的成功。一般的说来，成功了的就是正确的，失败了的就是错误的，特别是人类对自然界的斗争是如此。在社会斗争中，代表先进阶级的势力，有时候有些失败，并不是因为思想不正确，而是因为在斗争力量的对比上，先进势力这一方，暂时还不如反动势力那一方，所以暂时失败了，但是以后总有一天会要成功的。人们的认识经过实践的考验，又会产生一个飞跃。这次飞跃，比起前一次飞跃来，意义更加伟大。因为只有这一次飞跃，才能证明认识的第一次飞跃，即从客观外界的反映过程中得到的思想、理论、政策、计划、办法等等，究竟是正确的还是错误的，此外再无别的检验真理的办法。而无产阶级认识世界的目的，只是为了改造世界，此外再无别的目的。一个正确的认识，往往需要经过由物质到精神，由精神到物质，即由实践到认识，由认识到实践这样多次的反复，才能够完成。这就是马克思主义的认识论，就是辩证唯物论的认识论。现在我们的同志中，有很多人还不懂得这个认识论的道理。问他的思想、意见、政策、方法、计划、结论、滔滔不绝的演说、大块的文章，是从哪里得来的，他觉得是个怪问题，回答不出来。对于物质可以变成精神，精神可以变成物质这样日常生活中常见的飞跃现象，也觉得不可理解。因此，对我们的同志，应当进行辩证唯物论的认识论的教育，以便端正思想，善于调查研究，总结经验，克服困难，少犯错误，做好工作，努力奋斗，建设一个社会主义的伟大强国，并且帮助世界被压迫被剥削的广大人民，完成我们应当担负的国际主义的伟大义务。

根据中国青年出版社一九六四年出版的
《毛泽东著作选读（乙种本）》刊印。

注　释

〔1〕这是毛泽东审阅《中共中央关于目前农村工作中若干问题的决定（草案）》（即前十条）稿时在十个问题前面加写的一段文字。

邓小平

《解放思想，实事求是，团结一致向前看》

学习提示

这是邓小平1978年12月13日在中共中央工作会议闭幕会上的重要讲话。这次中央工作会议为即将召开的中共十一届三中全会作了充分的准备。邓小平的这个讲话实际上是三中全会的主题报告。讲话是在“文化大革命”结束后，中国面临向何处去的重大历史关头，冲破“两个凡是”的禁锢，开辟新时期新道路、开创建设中国特色社会主义新理论的宣言书。

讲话高度肯定了对“两个凡是”的批判，以及关于真理标准问题讨论的重要意义。针对当时不少干部还处在思想僵化或半僵化的状态，邓小平强调，解放思想是当前的一个重大政治问题。分析了这种情况产生的原因及其危害性。深刻阐述：“实事求是，是无产阶级世界观的基础，是马克思主义的思想基础。”高瞻远瞩地指出：“一个党，一个国家，一个民族，如果一切从本本出发，思想僵化，迷信盛行，那它就不能前进，它的生机就停止了，就要亡党亡国。”

讲话对民主是解放思想的重要条件进行了论述。邓小平指出，解放思想，必须真正实行无产阶级的民主集中制。要重视发扬经济民主，重视广大群众的物质利益。“革命精神是非常宝贵的，没有革命精神就没有革命行动。但是，革命是在物质利益的基础上产生的，如果只讲牺牲精神，不讲物质利益，那就是唯心论。”强调为了保障人民民主，必须加强法制。必须使民主制度化、法律化，使这种制度和法律不因领导人的改变而改变，不因领导人的看法和注意力的改变而改变。

讲话确定处理历史遗留问题的目的是向前看。这是顺利实现全党工作重心转变的需要。邓小平强调指出：“毛泽东思想永远是我们全党、全军、全国各族人民的最宝贵的精神财富。我们要完整地准确地理解和掌握毛泽东思想的科学原理，并在新的历史条件下加以发展。”

讲话要求及时地研究新情况和解决新问题。要特别注意克服官僚主义和形式主义。要积极进行改革，“如果现在再不实行改革，我们的现代化事业和社会主义事业就会被葬送”。生产关系和上层建筑领域的改革不会一帆风顺，会出现许多矛盾和各种各样的复杂情况。改革要相信和依靠群众。干部要善于学习，善于重新学习。根本的是要学习马克思列宁主义、毛泽东思想，要努力把马克思主义的普遍原则同我国实现现代化的具体实践结合起来。除此之外，还要学经济学、学科学技术、学管理。

1978 年 12 月 18 日至 22 日，中共十一届三中全会在北京召开。会议充分体现了邓小平这篇讲话的精神，全面纠正了“文化大革命”及其以前的“左”的错误，重新恢复和确立了党的解放思想，实事求是的思想路线，实现了党的工作重点的历史性转移，为党制定在社会主义初级阶段的基本路线奠定了基础。

原著

解放思想，实事求是，团结一致向前看*

（一九七八年十二月十三日）

同志们：

这次会议开了一个多月了，就要结束了。中央提出了把全党工作的重心转到实现四个现代化上来的根本指导方针，解决了过去遗留下来的一系列重大问题，必将使全党、全军和全国各族人民提高斗志，增强信心，加强团结。现在，我们可以有把握地说，全党、全军和全国各族人民在党中央的正确领导下，在新的长征中，一定会不断取得新的胜利。

这次会议开得很好，很成功，在党的历史上有重要意义。我们党多年以来没有开过这样的会了，这一次恢复和发扬了党的民主传统，开得生动活泼。我们要把这种风气扩大到全党、全军和全国各族人民中去。

这次会议讨论和解决了许多有关党和国家命运的重大问题。大家敞开思想，畅所欲言，敢于讲心里话，讲实在话。大家能够积极地开展批评，包括对中央工作的批评，把意见摆在桌面上。一些同志也程度不同地进行了自我批评。这些都是党内生活的伟大进步，对于党和人民的事业将起巨大的促进作用。

今天，我主要讲一个问题，就是解放思想，开动脑筋，实事求是，团结一致向前看。

一　解放思想是当前的一个重大政治问题

解放思想，开动脑筋，实事求是，团结一致向前看，首先是解放思想。只有思想解放了，我们才能正确地以马列主义、毛泽东思想为指导，解决过去遗

---

* 这是邓小平同志在中共中央工作会议闭幕会上的讲话。这次中央工作会议为随即召开的中共十一届三中全会作了充分准备。邓小平同志的这个讲话实际上是三中全会的主题报告。

留的问题，解决新出现的一系列问题，正确地改革同生产力迅速发展不相适应的生产关系和上层建筑，根据我国的实际情况，确定实现四个现代化的具体道路、方针、方法和措施。

在我们的干部特别是领导干部中间、解放思想这个问题并没有完全解决。不少同志的思想还很不解放，脑筋还没有开动起来，也可以说，还处在僵化或半僵化的状态。这并不是因为他们不是好同志。这种状态是在一定历史条件下形成的。

一是因为十多年来，林彪、“四人帮”大搞禁区、禁令，制造迷信，把人们的思想封闭在他们假马克思主义的禁锢圈内，不准越雷池一步。否则，就要追查，就要扣帽子、打棍子。在这种情况下，一些人就只好不去开动脑筋，不去想问题了。

二是因为民主集中制受到破坏，党内确实存在权力过分集中的官僚主义。这种官僚主义常常以“党的领导”、“党的指示”、“党的利益”、“党的纪律”的面貌出现，这是真正的管、卡、压。许多重大问题往往是一两个人说了算，别人只能奉命行事。这样，大家就什么问题都用不着思考了。

三是因为是非功过不清，赏罚不明，干和不干一个样，甚至干得好的反而受打击，什么事不干的，四平八稳的，却成了“不倒翁”。在这种不成文法底下，人们就不愿意去动脑筋了。

四是因为小生产的习惯势力还在影响着人们。这种习惯势力的一个显著特点，就是因循守旧，安于现状，不求发展，不求进步，不愿接受新事物。

思想不解放，思想僵化，很多的怪现象就产生了。

思想一僵化，条条、框框就多起来了。比如说，加强党的领导，变成了党去包办一切、干预一切；实行一元化领导，变成了党政不分、以党代政；坚持中央的统一领导，变成了“一切统一口径”。违反中央政策根本原则的“土政策”要反对，但是也有的“土政策”确是从实际出发的，是得到群众拥护的。这些正确政策现在往往也受到指责，因为它“不合统一口径”。

思想一僵化，随风倒的现象就多起来了。不讲党性，不讲原则，说话做事看来头、看风向，满以为这样不会犯错误。其实随风倒本身就是一个违反共产党员党性的大错误。独立思考，敢想、敢说、敢做，固然也难免犯错误，但那是错在明处，容易纠正。

思想一僵化，不从实际出发的本本主义也就严重起来了。书上没有的，文件上没有的，领导人没有讲过的，就不敢多说一句话，多做一件事，一切照抄照搬照转。把对上级负责和对人民负责对立起来。

不打破思想僵化，不大大解放干部和群众的思想，四个现代化就没有希望。

目前进行的关于实践是检验真理的唯一标准问题的讨论，实际上也是要不要解放思想的争论。大家认为进行这个争论很有必要，意义很大。从争论的情况来看，越看越重要。一个党，一个国家，一个民族，如果一切从本本出发，思想僵化，迷信盛行，那它就不能前进，它的生机就停止了，就要亡党亡国。这是毛泽东同志在整风运动中反复讲过的。只有解放思想，坚持实事求是，一切从实际出发，理论联系实际，我们的社会主义现代化建设才能顺利进行，我们党的马列主义、毛泽东思想的理论也才能顺利发展。从这个意义上说，关于真理标准问题的争论，的确是个思想路线问题，是个政治问题，是个关系到党和国家的前途和命运的问题。

实事求是，是无产阶级世界观的基础，是马克思主义的思想基础。过去我们搞革命所取得的一切胜利，是靠实事求是；现在我们要实现四个现代化，同样要靠实事求是。不但中央、省委、地委、县委、公社党委，就是一个工厂、一个机关、一个学校、一个商店、一个生产队，也都要实事求是，都要解放思想，开动脑筋想问题、办事情。

在党内和人民群众中，肯动脑筋、肯想问题的人愈多，对我们的事业就愈有利。干革命、搞建设，都要有一批勇于思考、勇于探索、勇于创新的闯将。没有这样一大批闯将，我们就无法摆脱贫穷落后的状况，就无法赶上更谈不到超过国际先进水平。我们希望各级党委和每个党支部，都来鼓励、支持党员和群众勇于思考、勇于探索、勇于创新，都来做促进群众解放思想、开动脑筋的工作。

二　民主是解放思想的重要条件

解放思想，开动脑筋，一个十分重要的条件就是要真正实行无产阶级的民主集中制。我们需要集中统一的领导，但是必须有充分的民主，才能做到正确的集中。

当前这个时期，特别需要强调民主。因为在过去一个相当长的时间内，民主集中制没有真正实行，离开民主讲集中，民主太少。现在敢出来说话的，还是少数先进分子。我们这次会议先进分子多一点，但就全党、全国来看，许多人还不是那么敢讲话。好的意见不那么敢讲，对坏人坏事不那么敢反对，这种状况不改变，怎么能叫大家解放思想，开动脑筋？四个现代化怎么化法？

我们要创造民主的条件，要重申“三不主义”：不抓辫子，不扣帽子，不打棍子。在党内和人民内部的政治生活中，只能采取民主手段，不能采取压制、打击的手段。宪法和党章规定的公民权利、党员权利、党委委员的权利，必须坚决保障，任何人不得侵犯。

前几天对天安门事件[1]进行了平反，全国各族人民欢欣鼓舞，大大激发了人民群众的社会主义积极性。群众提了些意见应该允许，即使有个别心怀不满的人，想利用民主闹一点事，也没有什么可怕。要处理得当，要相信绝大多数群众有判断是非的能力。一个革命政党，就怕听不到人民的声音，最可怕的是鸦雀无声。现在党内外小道消息很多，真真假假，这是对长期缺乏政治民主的一种惩罚。有了又有集中又有民主，又有纪律又有自由，又有统一意志、又有个人心情舒畅、生动活泼的政治局面，小道消息就少了，无政府主义就比较容易克服。我们相信，我们的人民是顾大局、识大体、守纪律的。我们各级领导干部，特别是高级干部，也要注意严格遵守党的纪律，保守党的秘密，不要搞那些小道消息和手抄本之类的东西。

人民群众提出的意见，当然有对的，也有不对的，要进行分析。党的领导就是要善于集中人民群众的正确意见，对不正确的意见给以适当解释。对于思想问题，无论如何不能用压服的办法，要真正实行“双百”方针[2]。一听到群众有一点议论，尤其是尖锐一点的议论，就要追查所谓“政治背景”、所谓“政治谣言”，就要立案，进行打击压制，这种恶劣作风必须坚决制止。毛泽东同志历来说，这种状况实际上是软弱的表现，是神经衰弱的表现。我们的各级领导，无论如何不要造成同群众对立的局面。这是一个必须坚持的原则。我们的国家还有极少数的反革命分子，当然不能对他们丧失警惕。

我想着重讲讲发扬经济民主的问题。现在我国的经济管理体制权力过于集中，应该有计划地大胆下放，否则不利于充分发挥国家、地方、企业和劳动者个人四个方面的积极性，也不利于实行现代化的经济管理和提高劳动生产率。应该让地方和企业、生产队有更多的经营管理的自主权。我国有这么多省、市、自治区，一个中等的省相当于欧洲的一个大国，有必要在统一认识、统一政策、统一计划、统一指挥、统一行动之下，在经济计划和财政、外贸等方面给予更多的自主权。

当前最迫切的是扩大厂矿企业和生产队的自主权，使每一个工厂和生产队能够千方百计地发挥主动创造精神。一个生产队有了经营自主权，一小块地没有种上东西，一小片水面没有利用起来搞养殖业，社员和干部就要睡不着觉，就要开动脑筋想办法。全国几十万个企业，几百万个生产队都开动脑筋，能够增加多少财富啊！为国家创造财富多，个人的收入就应该多一些，集体福利就应该搞得好一些。不讲多劳多得，不重视物质利益，对少数先进分子可以，对广大群众不行，一段时间可以，长期不行。革命精神是非常宝贵的，没有革命精神就没有革命行动。但是，革命是在物质利益的基础上产生的，如果只讲牺牲精神，不讲物质利益，那就是唯心论。

同样，要切实保障工人农民个人的民主权利，包括民主选举、民主管理和民主监督。不但应该使每个车间主任、生产队长对生产负责任、想办法，而且一定要使每个工人农民都对生产负责任、想办法。

为了保障人民民主，必须加强法制。必须使民主制度化、法律化，使这种制度和法律不因领导人的改变而改变，不因领导人的看法和注意力的改变而改变。现在的问题是法律很不完备，很多法律还没有制定出来。往往把领导人说的话当做“法”，不赞成领导人说的话就叫做“违法”，领导人的话改变了，“法”也就跟着改变。所以，应该集中力量制定刑法、民法、诉讼法和其他各种必要的法律，例如工厂法、人民公社法、森林法、草原法、环境保护法、劳动法、外国人投资法等等，经过一定的民主程序讨论通过，并且加强检察机关和司法机关，做到有法可依，有法必依，执法必严，违法必究。国家和企业、企业和企业、企业和个人等等之间的关系，也要用法律的形式来确定；它们之间的矛盾，也有不少要通过法律来解决。现在立法的工作量很大，人力很不够，因此法律条文开始可以粗一点，逐步完善。有的法规地方可以先试搞，然后经过总结提高，制定全国通行的法律。修改补充法律，成熟一条就修改补充一条，不要等待“成套设备”。总之，有比没有好，快搞比慢搞好。此外，我们还要大力加强对国际法的研究。

国要有国法，党要有党规党法。党章是最根本的党规党法。没有党规党法，国法就很难保障。各级纪律检查委员会和组织部门的任务不只是处理案件，更重要的是维护党规党法，切实把我们的党风搞好。对于违反党纪的，不管是什么人，都要执行纪律，做到功过分明，赏罚分明，伸张正气，打击邪气。

三　处理遗留问题为的是向前看

这次会议，解决了一些过去遗留下来的问题，分清了一些人的功过，纠正了一批重大的冤案、错案、假案。这是解放思想的需要，也是安定团结的需要，目的正是为了向前看，正是为了顺利实现全党工作重心的转变。

我们的原则是“有错必纠”。凡是过去搞错了的东西，统统应该改正。有的问题不能够一下子解决，要放到会后去继续解决。但是要尽快实事求是地解决，干脆利落地解决，不要拖泥带水。对过去遗留的问题，应当解决好。不解决不好，犯错误的同志不做自我批评不好，对他们不作适当的处理不好。但是，不可能也不应该要求解决得十分完满。要大处着眼，可以粗一点，每个细节都弄清不可能，也不必要。

安定团结十分重要。加强全国各族人民的团结，首先要加强全党的团结，特别是要加强党的领导核心的团结。我们党的团结，是建立在马列主义、毛泽东思想基础上的团结。党内要分清理论是非、路线是非，要开展批评和自我批评，互相帮助，互相监督，克服各种错误思想。

对于犯错误的同志，要促进他们自己总结经验教训，认识和改正错误。要给他们考虑思索的时间。在大是大非问题上有了认识，检讨了，就要表示欢迎。对于人的处理要十分慎重。对过去的错误，处理可宽可严的，可以从宽；对今后发生的问题，要严些。对一般党员处理要宽些，对领导干部要严些，特别是对高级干部要更严些。

今后选拔干部要严格。对于那些搞打砸抢的、帮派思想严重的、出卖灵魂陷害同志的、连党的最关紧要的利益都不顾的人，决不能重用。对于看风使舵、找靠山、不讲党的原则的人，也不能轻易信任，要警惕，要教育，要促使他们改造世界观。

最近国际国内都很关心我们对毛泽东同志和对文化大革命的评价问题。毛泽东同志在长期革命斗争中立下的伟大功勋是永远不可磨灭的。回想在一九二七年革命失败以后，如果没有毛泽东同志的卓越领导，中国革命有极大的可能到现在还没有胜利，那样，中国各族人民就还处在帝国主义、封建主义、官僚资本主义的反动统治之下，我们党就还在黑暗中苦斗。所以说没有毛主席就没有新中国，这丝毫不是什么夸张。毛泽东思想培育了我们整整一代人。我们在座的同志，可以说都是毛泽东思想教导出来的。没有毛泽东思想，就没有今天的中国共产党，这也丝毫不是什么夸张。毛泽东思想永远是我们全党、全军、全国各族人民的最宝贵的精神财富。我们要完整地准确地理解和掌握毛泽东思想的科学原理，并在新的历史条件下加以发展。当然，毛泽东同志不是没有缺点、错误的，要求一个革命领袖没有缺点、错误，那不是马克思主义。我们要领导和教育全体党员、全军指战员、全国各族人民科学地历史地认识毛泽东同志的伟大功绩。

关于文化大革命，也应该科学地历史地来看。毛泽东同志发动这样一次大革命，主要是从反修防修的要求出发的。至于在实际过程中发生的缺点、错误，适当的时候作为经验教训总结一下，这对统一全党的认识，是需要的。文化大革命已经成为我国社会主义历史发展中的一个阶段，总要总结，但是不必匆忙去做。要对这样一个历史阶段做出科学的评价，需要做认真的研究工作，有些事要经过更长一点的时间才能充分理解和作出评价，那时再来说明这一段历史，可能会比我们今天说得更好。

四　研究新情况，解决新问题

要向前看，就要及时地研究新情况和解决新问题，否则我们就不可能顺利前进。各方面的新情况都要研究，各方面的新问题都要解决，尤其要注意研究和解决管理方法、管理制度、经济政策这三方面的问题。

在管理方法上，当前要特别注意克服官僚主义。

官僚主义是小生产的产物，同社会化的大生产是根本不相容的。要搞四个现代化，把社会主义经济全面地转到大生产的技术基础上来，非克服官僚主义这个祸害不可。现在，我们的经济管理工作，机构臃肿，层次重叠，手续繁杂，效率极低。政治的空谈往往淹没一切。这并不是哪一些同志的责任，责任在于我们过去没有及时提出改革。但是如果现在再不实行改革，我们的现代化事业和社会主义事业就会被葬送。

我们要学会用经济方法管理经济。自己不懂就要向懂行的人学习，向外国的先进管理方法学习。不仅新引进的企业要按人家的先进方法去办，原有企业的改造也要采用先进的方法。在全国的统一方案拿出来以前，可以先从局部做起，从一个地区、一个行业做起，逐步推开。中央各部门要允许和鼓励它们进行这种试验。试验中间会出现各种矛盾，我们要及时发现和克服这些矛盾。这样我们才能进步得比较快。

今后，政治路线已经解决了，看一个经济部门的党委善不善于领导，领导得好不好，应该主要看这个经济部门实行了先进的管理方法没有，技术革新进行得怎么样，劳动生产率提高了多少，利润增长了多少，劳动者的个人收入和集体福利增加了多少。各条战线的各级党委的领导，也都要用类似这样的标准来衡量。这就是今后主要的政治。离开这个主要的内容，政治就变成空头政治，就离开了党和人民的最大利益。

在管理制度上，当前要特别注意加强责任制。

现在，各地的企业事业单位中，党和国家的各级机关中，一个很大的问题就是无人负责。名曰集体负责，实际上等于无人负责。一项工作布置之后，落实了没有，无人过问，结果好坏，谁也不管。所以急需建立严格的责任制。列宁说过：“借口集体领导而无人负责，是最危险的祸害”，“这种祸害无论如何要不顾一切地尽量迅速地予以根除”。〔3〕

任何一项任务、一个建设项目，都要实行定任务、定人员、定数量、定质量、定时间等几定制度。例如，引进技术设备，引进什么项目，从哪里引进，引进到什么地方，什么人参加工作，都要具体定下来。引进项目要有几定，原有企业也要有几定。现在打屁股只能打计委、党委，这不解决问题，还必须打到具体人的身上才行。同样，奖励也必须奖到具体的集体和个人才行。我们在实行党委领导下的厂长负责制的时候，要切实做到职责分明。

要使责任制真正发挥作用，必须采取以下几方面的措施：

一要扩大管理人员的权限。责任到人就要权力到人。当厂长的、当工程师的、当技术员的、当会计出纳的，各有各的责任，也各有各的权力，别人不能侵犯。只交责任，不交权力，责任制非落空不可。

二要善于选用人员，量才授予职责。要发现专家，培养专家，重用专家，提高各种专家的政治地位和物质待遇。用人的政治标准是什么？为人民造福，为发展生产力、为社会主义事业作出积极贡献，这就是主要的政治标准。

三要严格考核，赏罚分明。所有的企业、学校、研究单位、机关，都要有对工作的评比和考核，要有学术职称、技术职称和荣誉称号。要根据工作成绩的大小、好坏，有赏有罚，有升有降。而且，这种赏罚、升降必须同物质利益联系起来。

总之，要通过加强责任制，通过赏罚严明，在各条战线上形成你追我赶、争当先进、奋发向上的风气。

在经济政策上，我认为要允许一部分地区、一部分企业、一部分工人农民，由于辛勤努力成绩大而收入先多一些，生活先好起来。一部分人生活先好起来，就必然产生极大的示范力量，影响左邻右舍，带动其他地区、其他单位的人们向他们学习。这样，就会使整个国民经济不断地波浪式地向前发展，使全国各族人民都能比较快地富裕起来。

当然，在西北、西南和其他一些地区，那里的生产和群众生活还很困难，国家应当从各方面给以帮助，特别要从物质上给以有力的支持。

这是一个大政策，一个能够影响和带动整个国民经济的政策，建议同志们认真加以考虑和研究。

在实现四个现代化的进程中，必然会出现许多我们不熟悉的、预想不到的新情况和新问题。尤其是生产关系和上层建筑的改革，不会是一帆风顺的，它涉及的面很广，涉及一大批人的切身利益，一定会出现各种各样的复杂情况和问题，一定会遇到重重障碍。例如，企业的改组，就会发生人员的去留问题；国家机关的改革，相当一部分工作人员要转做别的工作，有些人就会有意见，等等。这些问题很快就要出现，对此我们必须有足够的思想准备。要教育党员和群众以大局为重，以党和国家的整体利益为重。我们应当充满信心。只要我们信任群众，走群众路线，把情况和问题向群众讲明白，任何问题都可以解决，任何障碍都可以排除。随着经济的发展，路子会越走越宽，人们会各得其所。这是毫无疑义的。

实现四个现代化是一场深刻的伟大的革命。在这场伟大的革命中，我们是在不断地解决新的矛盾中前进的。因此，全党同志一定要善于学习，善于重新学习。

全国胜利前夕，毛泽东同志号召全党重新学习。那一次我们学得不坏，进城以后，很快恢复了经济，成功地完成了社会主义改造。这些年来，应当承认学得不好。主要的精力放到政治运动上去了，建设的本领没有学好，建设没有上去，政治也发生了严重的曲折。现在要搞现代化建设，就更加不懂了。所以全党必须再重新进行一次学习。

学习什么？根本的是要学习马列主义、毛泽东思想，要努力把马克思主义的普遍原则同我国实现四个现代化的具体实践结合起来。当前大多数干部还要着重抓紧三个方面的学习：一个是学经济学，一个是学科学技术，一个是学管理。学习好，才可能领导好高速度、高水平的社会主义现代化建设。从实践中学，从书本上学，从自己和人家的经验教训中学。要克服保守主义和本本主义。几百个中央委员，几千个中央和地方的高级干部，要带头钻研现代化经济建设。

只要我们大家团结一致，同心同德，解放思想，开动脑筋，学会原来不懂的东西，我们就一定能够加快新长征的步伐。让我们在党中央和国务院的领导下，为改变我国的落后面貌，把我国建成现代化的社会主义强国而奋勇前进！

选自《邓小平文选》第 2 卷
第 140—153 页

注　　释

〔1〕这是针对当时中共中央主席华国锋 1977 年 3 月在中央工作会议上的讲话中坚持“两个凡是”的错误而提出的批评。1975 年，邓小平在毛泽东支持下主持中央工作，着手对许多方面的工作进行整顿，使国内形势有了明显好转。但是毛泽东不能容忍邓小平系统地纠正“文化大革命”的错误，在这一年年底发动了所谓“批邓、反击右倾翻案风”运动。1976 年 1 月周恩来逝世，清明节（4 月 4 日）前后，在北京和其他许多城市爆发了悼念周恩来、反对“四人帮”、不同意批判邓小平的群众运动。“四人帮”极力压制群众的革命活动。4 月 5 日，北京天安门广场上广大群众采取了抗议行动。当时，中央政治局和毛泽东对天安门广场发生的事件作出了错误的判断，认为是反革命事件，并且撤销了邓小平党内外一切职务。粉碎“四人帮”以后，党内外广大群众强烈要求为邓小平平反，为天安门事件平反。1977 年 3 月，华国锋在中央工作会议上的讲话中坚持“两个凡是”的方针，认为“批邓、反击右倾翻案风，是伟大领袖毛主席决定的，批是必要的”，认为“确有极少数反革命分子”，“制造了天安门广场反革命事件”。但是，他又不得不说，要“在适当的时机让邓小平同志出来工作”，“群众在清明节到天安门去表示自己对周总理的悼念之情，是合乎情理的”。这里，邓小平指出了华国锋讲话中的矛盾，批评了“两个凡是”的错误。1977 年 7 月，中共十届三中全会通过决议，恢复了邓小平党内外的一切职务。1978 年 12 月，中共十一届三中全会批判了“两个凡是”的错误，决定撤销中共中央发出的有关“反击右倾翻案风”运动和天安门事件的错误文件，郑重宣布为邓小平平反、为天安门事件平反。

〔2〕“双百”方针即毛泽东提出的“百花齐放、百家争鸣”的方针。1956 年 4 月 28 日，毛泽东在中共中央政治局扩大会议上说：“‘百花齐放、百家争鸣’，我看这应该成为我们

的方针。艺术问题上百花齐放，学术问题上百家争鸣。”从此，它成为促进我国艺术发展和科学进步，繁荣社会主义文化的一项基本方针。

〔3〕见列宁《大家都去同邓尼金作斗争!》。新的译文是：“借口集体管理而无人负责，是最危险的祸害”，“应不顾一切尽快根除这一祸害。”（《列宁全集》第37卷，人民出版社1986年版，第42、41页）。

邓小平

《在武昌、深圳、珠海、上海等地的谈话要点》

学习提示

由邓小平1992年1月18日至2月21日的几次南方谈话要点组成。它是在20世纪80年代末90年代初国际国内政治风波严峻考验的重大历史关头，坚持中国共产党的十一届三中全会以来的理论和路线，深刻回答长期束缚人们思想的许多重大认识问题，把改革开放和现代化建设推进到新阶段的解放思想，实事求是的宣言书。具有极其深刻的理论内涵和现实意义。

邓小平指出："革命是解放生产力，改革也是解放生产力。"社会主义基本制度确立以后，还要从根本上改变束缚生产力发展的经济体制，建立起充满生机和活力的社会主义经济体制，促进生产力的发展，这是改革，所以改革也是解放生产力。过去，只讲在社会主义条件下发展生产力，没有讲还要通过改革解放生产力，这不完全。由此，邓小平通过对历史经验教训的反思，强调指出："不坚持社会主义，不改革开放，不发展经济，不改善人民生活，只能是死路一条。基本路线要管一百年，动摇不得。"

邓小平要求，改革开放胆子要大一些，看准了的，就要大胆地试，大胆地闯。他一针见血地指出，改革开放迈不开步子，不敢闯，说来说去就是怕资本主义的东西多了，走了资本主义道路。要害是姓"资"还是姓"社"的问题。"判断的标准，应该主要看是否有利于发展社会主义社会的生产力，是否有利于增强社会主义国家的综合国力，是否有利于提高人民的生活水平。"计划多一点还是市场多一点，不是社会主义与资本主义的本质区别。计划经济不等于社会主义，资本主义也有计划；市场经济不等于资本主义，社会主义也有市场。社会主义要赢得与资本主义相比较的优势，就必须大胆吸收和借鉴人类社会创造的一切文明成果，吸收和借鉴当今世界各国包括资本主义发达国家的一切反映现代社会化生产规律的先进经营方式、管理方法。邓小平总结性地指出："社会主义的本质，是解放生产力，发展生产力，消灭剥削，消除两极分化，最终达到共同富裕。"

在谈到发展问题时，邓小平指出，要抓住时机，发展自己。"发展才是硬道理。"中国要警惕右，但主要是防止"左"。对于改革开放中出现的不同意见，不搞争论，目的是为了争取时间干，否则就会失去时间和机遇。经济要实现稳步发展，力争隔几年上一个台阶；要靠科技和教育，科学技术是第一生产力。要坚持物质文明和精神文明两手抓，两手都要硬。不仅经济要上去，社会秩序、社会风气也要搞好，这才是有中国特色的社会主义。在整个改革开放过程中，都要反对腐败，要把廉政建设作为大事来抓。

邓小平高度关注执政党的建设。他指出，中国要出问题，还是出在共产党内部。对这个问题要清醒，要注意培养人才，要按“革命化、年轻化、知识化、专业化”的标准，选拔德才兼备的人进各级领导班子。要克服形式主义、官僚主义。学马列要精，要提倡实事求是，这是马克思主义的精髓。要提倡实事求是，不要提倡本本。实践是检验真理的唯一标准。

针对苏联解体、东欧剧变这一国际重大事件，邓小平坚定地指出，历史发展的总趋势是不可逆转的。一些国家出现严重曲折，社会主义好像被削弱了，但人民经受锻炼，从中吸收教训，将会促使社会主义向着更加健康的方向发展。世界上赞成马克思主义的人会多起来，社会主义必然代替资本主义是不可逆转的总趋势。邓小平激励我们要在建设中国特色社会主义道路上继续前进。“从现在起到下世纪中叶，将是很要紧的时期，我们要埋头苦干。我们肩膀上的担子重，责任大啊！”

原著

在武昌、深圳、珠海、上海等地的谈话要点

（一九九二年一月十八日——二月二十一日）

（一）

一九八四年我来过广东。当时，农村改革搞了几年，城市改革刚开始，经济特区[1]才起步。八年过去了，这次来看，深圳、珠海特区和其他一些地方，发展得这么快，我没有想到。看了以后，信心增加了。

革命是解放生产力，改革也是解放生产力。推翻帝国主义、封建主义、官僚资本主义的反动统治，使中国人民的生产力获得解放，这是革命，所以革命是解放生产力。社会主义基本制度确立以后，还要从根本上改变束缚生产力发展的经济体制，建立起充满生机和活力的社会主义经济体制，促进生产力的发展，这是改革，所以改革也是解放生产力。过去，只讲在社会主义条件下发展生产力，没有讲还要通过改革解放生产力，不完全。应该把解放生产力和发展生产力两个讲全了。

要坚持党的十一届三中全会以来的路线、方针、政策，关键是坚持"一个中心、两个基本点"。不坚持社会主义，不改革开放，不发展经济，不改善人民生活，只能是死路一条。基本路线要管一百年，动摇不得。只有坚持这条路线，人民才会相信你，拥护你。谁要改变三中全会以来的路线、方针、政策，老百姓不答应，谁就会被打倒。这一点，我讲过几次。如果没有改革开放的成果，"六·四"[2]这个关我们闯不过，闯不过就乱，乱就打内战，"文化大革命"就是内战。为什么"六·四"以后我们的国家能够很稳定？就是因为我们搞了改革开放，促进了经济发展，人民生活得到了改善。所以，军队、国家政权，都要维护这条道路、这个制度，这些政策。

在这短短的十几年内，我们国家发展得这么快，使人民高兴，世界瞩目，这就足以证明三中全会以来路线、方针、政策的正确性，谁想变也变不了。说过去说过来，就是一句话，坚持这个路线、方针、政策不变。改革开放以来，我们立的章程并不少，而且是全方位的。经济、政治、科技、教育、文化、军事、外交等各个方面都有明确的方针和政策，而且有准确的表述语言。这次十三届八中全会[3]开得好，肯定农村家庭联产承包责任制不变。一变就人心不

安，人们就会说中央的政策变了。农村改革初期，安徽出了个“傻子瓜子”[4]问题。当时许多人不舒服，说他赚了一百万，主张动他。我说不能动，一动人们就会说政策变了，得不偿失。像这一类的问题还有不少，如果处理不当，就很容易动摇我们的方针，影响改革的全局。城乡改革的基本政策，一定要长期保持稳定。当然，随着实践的发展，该完善的完善，该修补的修补，但总的要坚定不移。即使没有新的主意也可以，就是不要变，不要使人们感到政策变了。有了这一条，中国就大有希望。

（二）

改革开放胆子要大一些，敢于试验，不能像小脚女人一样。看准了的，就大胆地试，大胆地闯。深圳的重要经验就是敢闯。没有一点闯的精神，没有一点“冒”的精神，没有一股气呀、劲呀，就走不出一条好路，走不出一条新路，就干不出新的事业。不冒点风险，办什么事情都有百分之百的把握，万无一失，谁敢说这样的话？一开始就自以为是，认为百分之百正确，没那么回事，我就从来没有那么认为。每年领导层都要总结经验，对的就坚持，不对的赶快改，新问题出来抓紧解决。恐怕再有三十年的时间，我们才会在各方面形成一整套更加成熟、更加定型的制度。在这个制度下的方针、政策，也将更加定型化。现在建设中国式的社会主义，经验一天比一天丰富。经验很多，从各省的报刊材料看，都有自己的特色。这样好嘛，就是要有创造性。

改革开放迈不开步子，不敢闯，说来说去就是怕资本主义的东西多了，走了资本主义道路。要害是姓“资”还是姓“社”的问题。判断的标准，应该主要看是否有利于发展社会主义社会的生产力，是否有利于增强社会主义国家的综合国力，是否有利于提高人民的生活水平。对办特区，从一开始就有不同意见，担心是不是搞资本主义。深圳的建设成就，明确回答了那些有这样那样担心的人。特区姓“社”不姓“资”。从深圳的情况看，公有制是主体，外商投资只占四分之一，就是外资部分，我们还可以从税收、劳务等方面得到益处嘛！多搞点“三资”企业[5]，不要怕。只要我们头脑清醒，就不怕。我们有优势，有国营大中型企业，有乡镇企业，更重要的是政权在我们手里。有的人认为，多一分外资，就多一分资本主义，“三资”企业多了，就是资本主义的东西多了，就是发展了资本主义。这些人连基本常识都没有。我国现阶段的“三资”企业，按照现行的法规政策，外商总是要赚一些钱。但是，国家还要拿回税收，工人还要拿回工资，我们还可以学习技术和管理，还可以得到信息、打开市场。因此，“三资”企业受到我国整个政治、经济条件的制约，是社会主义经济的有益补充，归根到底是有利于社会主义的。

计划多一点还是市场多一点，不是社会主义与资本主义的本质区别。计划经济不等于社会主义，资本主义也有计划；市场经济不等于资本主义，社会主义也有市场。计划和市场都是经济手段。社会主义的本质，是解放生产力，发展生产力，消灭剥削，消除两极分化，最终达到共同富裕。就是要对大家讲这个道理。证券、股市，这些东西究竟好不好，有没有危险，是不是资本主义独有的东西，社会主义能不能用？允许看，但要坚决地试。看对了，搞一两年对了，放开；错了，纠正，关了就是了。关，也可以快关，也可以慢关，也可以留一点尾巴。怕什么，坚持这种态度就不要紧，就不会犯大错误。总之，社会主义要赢得与资本主义相比较的优势，就必须大胆吸收和借鉴人类社会创造的一切文明成果，吸收和借鉴当今世界各国包括资本主义发达国家的一切反映现代社会化生产规律的先进经营方式、管理方法。

走社会主义道路，就是要逐步实现共同富裕。共同富裕的构想是这样提出的：一部分地区有条件先发展起来，一部分地区发展慢点，先发展起来的地区带动后发展的地区，最终达到共同富裕。如果富的愈来愈富，穷的愈来愈穷，两极分化就会产生，而社会主义制度就应该而且能够避免两极分化。解决的办法之一，就是先富起来的地区多交点利税，支持贫困地区的发展。当然，太早这样办也不行，现在不能削弱发达地区的活力，也不能鼓励吃“大锅饭”。什么时候突出地提出和解决这个问题，在什么基础上提出和解决这个问题，要研究。可以设想，在本世纪末达到小康水平的时候，就要突出地提出和解决这个问题。到那个时候，发达地区要继续发展，并通过多交利税和技术转让等方式大力支持不发达地区。不发达地区又大都是拥有丰富资源的地区，发展潜力是很大的。总之，就全国范围来说，我们一定能够逐步顺利解决沿海同内地贫富差距的问题。

对改革开放，一开始就有不同意见，这是正常的。不只是经济特区问题，更大的问题是农村改革，搞农村家庭联产承包，废除人民公社[6]制度。开始的时候只有三分之一的省干起来，第二年超过三分之二，第三年才差不多全部跟上，这是就全国范围讲的。开始搞并不踊跃呀，好多人在看。我们的政策就是允许看。允许看，比强制好得多。我们推行三中全会以来的路线、方针、政策，不搞强迫，不搞运动，愿意干就干，干多少是多少，这样慢慢就跟上来了。不搞争论，是我的一个发明。不争论，是为了争取时间干。一争论就复杂了，把时间都争掉了，什么也干不成。不争论，大胆地试，大胆地闯。农村改革是如此，城市改革也应如此。

现在，有右的东西影响我们，也有“左”的东西影响我们，但根深蒂固的还是“左”的东西。有些理论家、政治家，拿大帽子吓唬人的，不是右，而是“左”。“左”带有革命的色彩，好像越“左”越革命。“左”的东西在我们党的历史上可怕呀！一个好好的东西，一下子被他搞掉了。右可以葬送社会主义，“左”也可以葬送社会主义。中国要警惕右，但主要是防止“左”。右的东西有，动乱就是右的！“左”的东西也有。把改革开放说成是引进和发展资本主义，认为和平演变的主要危险来自经济领域，这些就是“左”。我们必须保持清醒的头脑，这样就不会犯大错误，出现问题也容易纠正和改正。

（三）

抓住时机，发展自己，关键是发展经济。现在，周边一些国家和地区经济发展比我们快，如果我们不发展或发展得太慢，老百姓一比较就有问题了。所以，能发展就不要阻挡，有条件的地方要尽可能搞快点，只要是讲效益，讲质量，搞外向型经济，就没有什么可以担心的。低速度就等于停步，甚至等于后退。要抓住机会，现在就是好机会。我就担心丧失机会。不抓呀，看到的机会就丢掉了，时间一晃就过去了。

我国的经济发展，总要力争隔几年上一个台阶。当然，不是鼓励不切实际的高速度，还是要扎扎实实，讲求效益，稳步协调地发展。比如广东，要上几个台阶，力争用二十年的时间赶上亚洲“四小龙”〔7〕。比如江苏等发展比较好的地区，就应该比全国平均速度快。又比如上海，目前完全有条件搞得更快一点。上海在人才、技术和管理方面都有明显的优势，辐射面宽。回过头看，我的一个大失误就是搞四个经济特区时没有加上上海。要不然，现在长江三角洲，整个长江流域，乃至全国改革开放的局面，都会不一样。

从我们自己这些年的经验来看，经济发展隔几年上一个台阶，是能够办得到的。我们真正干起来是一九八〇年。一九八一、一九八二、一九八三这三年，改革主要在农村进行。一九八四年重点转入城市改革。经济发展比较快的是一九八四年至一九八八年。这五年，首先是农村改革带来许多新的变化，农作物大幅度增产，农民收入大幅度增加，乡镇企业异军突起。广大农民购买力增加了，不仅盖了大批新房子，而且自行车、缝纫机、收音机、手表“四大件”和一些高档消费品进入普通农民家庭。农副产品的增加，农村市场的扩大，农村剩余劳动力的转移，又强有力地推动了工业的发展。这五年，共创造工业总产值六万多亿元，平均每年增长百分之二十一点七。吃、穿、住、行、用等各方面的工业品，包括彩电、冰箱、洗衣机，都大幅度增长。钢材、水泥等生产资料也大幅度增长。农业和工业，农村和城市，就是这样相互影响、相互促进。这是一个非常生动、非常有说服力的发展过程。可以说，这个期间我国财富有了巨额增加，整个国民经济上了一个新的台阶。一九八九年开始治理整顿。治理整顿，我是赞成的，而且确实需要。经济“过热”，确实带来一些问题。比如，票子发得多了一点，物价波动大了一点，重复建设比较严重，造成了一些浪费。但是，怎样全面地来看那五年的加速发展？那五年的加速发展，也可以称作一种飞跃，但与“大跃进”[8]不同，没有伤害整个发展的机体、机制。那五年的加速发展功劳不小，这是我的评价。治理整顿有成绩，但评价功劳，只算稳的功劳，还是那五年加速发展也算一功？或者至少算是一个方面的功？如果不是那几年跳跃一下，整个经济上了一个台阶，后来三年治理整顿不可能顺利进行。看起来我们的发展，总是要在某一个阶段，抓住时机，加速搞几年，发现问题及时加以治理，尔后继续前进。从根本上说，手头东西多了，我们在处理各种矛盾和问题时就立于主动地位。对于我们这样发展中的大国来说，经济要发展得快一点，不可能总是那么平平静静、稳稳当当。要注意经济稳定、协调地发展，但稳定和协调也是相对的，不是绝对的。发展才是硬道理。这个问题要搞清楚。如果分析不当，造成误解，就会变得谨小慎微，不敢解放思想，不敢放开手脚，结果是丧失时机，犹如逆水行舟，不进则退。

从国际经验来看，一些国家在发展过程中，都曾经有过高速发展时期，或若干高速发展阶段。日本、南朝鲜、东南亚一些国家和地区，就是如此。现在，我们国内条件具备，国际环境有利，再加上发挥社会主义制度能够集中力量办大事的优势，在今后的现代化建设长过程中，出现若干个发展速度比较快、效益比较好的阶段，是必要的，也是能够办到的。我们就是要有这个雄心壮志！

经济发展得快一点，必须依靠科技和教育。我说科学技术是第一生产力。近一二十年来，世界科学技术发展得多快啊！高科技领域的一个突破，带动一批产业的发展。我们自己这几年，离开科学技术能增长得这么快吗？要提倡科学，靠科学才有希望。近十几年来我国科技进步不小，希望在九十年代，进步得更快。每一行都树立一个明确的战略目标，一定要打赢。高科技领域，中国也要在世界占有一席之地。我是个外行，但我要感谢科技工作者为国家作出的贡献和争得的荣誉。大家要记住那个年代，钱学森[9]、李四光[10]、钱三强[11]那一批老科学家，在那么困难的条件下，把两弹一星和好多高科技搞起来。应该说，现在的科学家更幸福，因此对他们的要求会更多。我说过，知识分子是工人阶级的一部分。老科学家、中年科学家很重要，青年科学家也很重要。希望所有出国学习的人回来。不管他们过去的政治态度怎么样，都可以回来，回来后妥善安排。这个政策不能变。告诉他们，要做出贡献，还是回国好。希望大家通力合作，为加快发展我国科技和教育事业多做实事。搞科技，越高越好，越新越好。越高越新，我们也就越高兴。不只我们高兴，人民高兴，国家高兴。对我们的国家要爱，要让我们的国家发达起来。

（四）

要坚持两手抓，一手抓改革开放，一手抓打击各种犯罪活动。这两只手都要硬。打击各种犯罪活动，扫除各种丑恶现象，手软不得。广东二十年赶上亚洲“四小龙”，不仅经济要上去，社会秩序、社会风气也要搞好，两个文明建设都要超过他们，这才是有中国特色的社会主义。新加坡的社会秩序算是好的，他们管得严，我们应当借鉴他们的经验，而且比他们管得更好。开放以后，一些腐朽的东西也跟着进来了，中国的一些地方也出现了丑恶的现象，如吸毒、嫖娼、经济犯罪等。要注意很好地抓，坚决取缔和打击，决不能任其发展。新中国成立以后，只花了三年时间，这些东西就一扫而光。吸鸦片烟、吃白面，世界上谁能消灭得了？国民党办不到，资本主义办不到。事实证明，共产党能够消灭丑恶的东西。在整个改革开放过程中都要反对腐败。对干部和共产党员来说，廉政建设要作为大事来抓。还是要靠法制，搞法制靠得住些。总之，只要我们的生产力发展，保持一定的经济增长速度，坚持两手抓，社会主义精神文明建设就可以搞上去。

在整个改革开放的过程中，必须始终注意坚持四项基本原则。十二届六中全会〔12〕我提出反对资产阶级自由化还要搞二十年，现在看起来还不止二十年。资产阶级自由化泛滥，后果极其严重。特区搞建设，花了十几年时间才有这个样子，垮起来可是一夜之间啊。垮起来容易，建设就很难。在苗头出现时不注意，就会出事。

依靠无产阶级专政保卫社会主义制度，这是马克思主义的一个基本观点。马克思说过，阶级斗争学说不是他的发明，真正的发明是关于无产阶级专政的理论。历史经验证明，刚刚掌握政权的新兴阶级，一般来说，总是弱于敌对阶级的力量，因此要用专政的手段来巩固政权。对人民实行民主，对敌人实行专政，这就是人民民主专政。运用人民民主专政的力量，巩固人民的政权，是正义的事情，没有什么输理的地方。我们搞社会主义才几十年，还处在初级阶段。巩固和发展社会主义制度，还需要一个很长的历史阶段，需要我们几代人、十几代人，甚至几十代人坚持不懈地努力奋斗，决不能掉以轻心。

（五）

正确的政治路线要靠正确的组织路线来保证。中国的事情能不能办好，社会主义和改革开放能不能坚持，经济能不能快一点发展起来，国家能不能长治久安，从一定意义上说，关键在人。

帝国主义搞和平演变，把希望寄托在我们以后的几代人身上。江泽民同志他们这一代可以算是第三代，还有第四代、第五代。我们这些老一辈的人在，有分量，敌对势力知道变不了。但我们这些老人呜呼哀哉后，谁来保险？所以，要把我们的军队教育好，把我们的专政机构教育好，把共产党员教育好，把人民和青年教育好。中国要出问题，还是出在共产党内部。对这个问题要清醒，要注意培养人，要按照“革命化、年轻化、知识化、专业化”的标准，选拔德才兼备的人进班子。我们说党的基本路线要管一百年，要长治久安，就要靠这一条。真正关系到大局的是这个事。这是眼前的一个问题，并不是已经顺利解决了，希望解决得好。“文化大革命”结束，我出来后，就注意这个问题。我们发现靠我们这老一代解决不了长治久安的问题，于是我们推荐别的人，真正要找第三代。但是没有解决问题，两个人都失败了，而且不是在经济上出问题，都是在反对资产阶级自由化的问题上栽跟头。这就不能让了。我在一九八九年五月底还说过，现在就是要选人民公认是坚持改革开放路线并有政绩的人，大胆地放进新的领导机构里，使人民感到我们真心诚意搞改革开放。人民，是看实践。人民一看，还是社会主义好，还是改革开放好，我们的事业就会万古长青！

要进一步找年轻人进班子。现在中央这个班子年龄还是大了点，六十过一点的就算年轻的了。这些人过十年还可以，再过二十年，就八十多岁了，像我今天这样聊聊天还可以，做工作精力就不够了。现在中央的班子干得不错嘛！问题当然还有很多，什么时候问题都不会少。我们这些老人关键是不管事，让新上来的人放手干，看着现在的同志成熟起来。老年人自觉让位，在旁边可以帮助一下，但不要作障碍人的事。对于办得不妥当的事，也要好心好意地帮，要注意下一代接班人的培养。我坚持退下来，就是不要在老年的时候犯错误。老年人有长处，但也有很大的弱点，老年人容易固执，因此老年人也要有点自觉性。越老越不要最后犯错误，越老越要谦虚一点。现在还要继续选人，选更年轻的同志，帮助培养。不要迷信。我二十几岁就做大官了，不比你们现在懂得多，不是也照样干？要选人，人选好了，帮助培养，让更多的年轻人成长起来。他们成长起来，我们就放心了。现在还不放心啊！说到底，关键是我们共产党内部要搞好，不出事，就可以放心睡大觉。十一届三中全会确立的这条中国的发展路线，是否能够坚持得住，要靠大家努力，特别是要教育后代。

现在有一个问题，就是形式主义多。电视一打开，尽是会议。会议多，文章太长，讲话也太长，而且内容重复，新的语言并不很多。重复的话要讲，但要精简。形式主义也是官僚主义。要腾出时间来多办实事，多做少说。毛主席不开长会，文章短而精，讲话也很精练。周总理四届人大的报告，毛主席指定我负责起草，要求不得超过五千字，我完成了任务。五千字，不是也很管用吗？我建议抓一下这个问题。

学马列要精，要管用的。长篇的东西是少数搞专业的人读的，群众怎么读？要求都读大本子，那是形式主义的，办不到。我的入门老师是《共产党宣言》和《共产主义ABC》。最近，有的外国人议论，马克思主义是打不倒的。打不倒，并不是因为大本子多，而是因为马克思主义的真理颠扑不破。实事求是是马克思主义的精髓。要提倡这个，不要提倡本本。我们改革开放的成功，不是靠本本，而是靠实践，靠实事求是。农村搞家庭联产承包，这个发明权是农民的。农村改革中的好多东西，都是基层创造出来，我们把它拿来加工提高作为全国的指导。实践是检验真理的唯一标准。我读的书并不多，就是一条，相信毛主席讲的实事求是。过去我们打仗靠这个，现在搞建设、搞改革也靠这个。我们讲了一辈子马克思主义，其实马克思主义并不玄奥。马克思主义是很朴实的东西，很朴实的道理。

（六）

我坚信，世界上赞成马克思主义的人会多起来的，因为马克思主义是科学。它运用历史唯物主义揭示了人类社会发展的规律。封建社会代替奴隶社会，资本主义代替封建主义，社会主义经历一个长过程发展后必然代替资本主义。这是社会历史发展不可逆转的总趋势，但道路是曲折的。资本主义代替封建主义的几百年间，发生过多少次王朝复辟？所以，从一定意义上说，某种暂时复辟也是难以完全避免的规律性现象。一些国家出现严重曲折，社会主义好像被削弱了，但人民经受锻炼，从中吸收教训，将促使社会主义向着更加健康的方向发展。因此，不要惊慌失措，不要认为马克思主义就消失了，没用了，失败了。哪有这回事！

世界和平与发展这两大问题，至今一个也没有解决。社会主义中国应该用实践向世界表明，中国反对霸权主义、强权政治，永不称霸。中国是维护世界和平的坚定力量。

我们要在建设有中国特色的社会主义道路上继续前进。资本主义发展几百年了，我们干社会主义才多长时间！何况我们自己还耽误了二十年。如果从建国起，用一百年时间把我国建设成中等水平的发达国家，那就很了不起！从现在起到下世纪中叶，将是很要紧的时期，我们要埋头苦干。我们肩膀上的担子重，责任大啊！

选自《邓小平文选》第2卷
第370—383页

注　释

〔1〕1979年7月,中共中央、国务院同意在广东省的深圳、珠海、汕头三市和福建省的厦门市试办出口特区。1980年5月,中共中央和国务院决定将深圳、珠海、汕头和厦门这四个出口特区改称为经济特区。当年8月,第五届全国人民代表大会常务委员会第十五次会议批准《广东省经济特区条例》,这些经济特区相继兴建。1984年邓小平考察了深圳、珠海、厦门三个经济特区。经济特区实行特殊的经济政策和经济管理体制,建设上以吸收利用外资为主,经济所有制实行以社会主义公有制为主导的多元化结构;经济活动在国家宏观经济指导调控下,以市场调节为主;对外商投资予以优惠和方便;特区拥有较大的经济管理权限。1985年以前,四个经济特区主要进行以创建投资环境为重点的基础设施建设,从1986年起,致力于发展以工业为主、工贸结合、农牧渔和旅游业并举的外向型经济。1988年4月,第七届全国人民代表大会第一次会议通过决议,批准海南岛为海南经济特区,实行更加灵活开放的经济政策。我国现有的五个经济特区,在社会主义现代化建设中发挥着对外开放的窗口作用和经济体制改革的试验作用。

〔2〕1989年4月15日胡耀邦逝世，广大人民群众以各种形式表达自己的哀思。在悼念活动期间，极少数别有用心的人借机制造谣言，蛊惑人心，利用大小字报诬蔑、谩骂、攻击党和国家领导人，鼓动反对共产党的领导和社会主义制度。4月26日，《人民日报》发表题为《必须旗帜鲜明地反对动乱》的社论。由于当时任中共中央总书记的赵紫阳对动乱采取纵容和支持的态度，助长了动乱的发展。从5月13日起，北京非法学生组织“高自联”煽动一些人进行绝食，长期占据天安门广场。为保证社会安定，恢复正常秩序，国务院决定自5月20日起，在北京部分地区实行戒严。但是动乱的组织者和策划者利用政府和戒严部队采取的克制态度，继续占据天安门广场，组织各种非法活动，最终发展成为反革命暴乱。6月4日，党和政府依靠人民，采取果断措施，平息了反革命暴乱。

〔3〕十三届八中全会即1991年11月25日至29日在北京举行的中国共产党第十三届中央委员会第八次全体会议。全会审议并通过了《中共中央关于进一步加强农业和农村工作的决定》。全会充分肯定十一届三中全会以来党在农村的各项基本政策及农村改革取得的巨大成就，强调继续稳定以家庭联产承包为主的责任制，不断完善统分结合的双层经营体制，坚定不移地深化农村改革。全会还审议并通过了《关于召开中国共产党第十四次全国代表大会的决议》。

〔4〕这里指安徽省芜湖市的一个个体户，他雇工经营，制作和销售瓜子，称为“傻子瓜子”，得以致富。

〔5〕“三资”企业指中外合资企业、中外合作企业和外方独资企业。

〔6〕1958年3月成都会议后，农村中出现把小型农业合作社并为大社的热潮，受到毛泽东的肯定和支持，并于八月被定名为人民公社。同月，中共中央在北戴河举行的政治局扩大会议作出《关于在农村建立人民公社问题的决议》，人民公社未经试验就迅速在全国普遍建立起来。人民公社以“一大二公”为特点，实行政社合一、工农商学兵相结合的原则，一般为一乡一社，个别的一县一社。公社内部实行高度集中统一管理，贫

富拉平，平均分配，无代价上调下属生产队以至社员的个人财产，导致“共产风”严重泛滥。一九五八年冬以后，特别是一九六一年春以后，中共中央和毛泽东曾经为人民公社制定了一系列政策界限，陆续纠正了一些错误，但未能从根本上解决人民公社所存在的过分集中与平均主义的问题，农民积极性和农村生产力仍然受到束缚。中共十一届三中全会后，人民公社原有的体制在农村经济体制改革中逐步改变。1983 年 10 月，中共中央、国务院根据《中华人民共和国宪法》中设立乡政府的规定，发出《关于实行政社分开建立乡政府的通知》。至 1984 年底全国基本完成这项工作。至此，农村人民公社制度已不复存在。

〔7〕指亚洲新兴工业化国家和地区新加坡、中国香港、中国台湾、韩国。它们 20 世纪 60 年代以来，经济高速增长，被称为亚洲“四小龙”。

〔8〕1958 年 5 月，中国共产党第八次全国代表大会第二次会议，正式通过“鼓足干劲、力争上游、多快好省地建设社会主义”的总路线。在提出总路线的同时，党轻率地发动了“大跃进”运动。先是在农业生产上片面追求高指标，报刊不断宣传“高产卫星”。在这种虚报浮夸的气氛中，8 月中共中央政治局在北戴河举行扩大会议，提出 1958 年钢的产量要比 1957 年翻一番，达到一千零七十万吨。会后立即掀起了一个空前规模的“全民大炼钢铁运动”。与此同时，其他工业、交通、邮电、教育、文化、卫生等事业也都开展“全民大办”。这种“以钢为纲”所带起的一系列大办，把“大跃进”运动推向了高潮，使以高指标、瞎指挥、浮夸风等为主要标志的“左”的错误严重地泛滥开来，打乱了正常的经济建设秩序，浪费了巨大的人力和资源，造成国民经济比例的严重失调。

〔9〕钱学森，1911 年生。浙江杭州人。1935 年赴美留学。1955 年回国。1958 年加入中国共产党。曾任中国科学院力学研究所所长，第七机械工业部副部长，国防科工委副主任，中国科学技术协会主席等职，是中共第九届至第十二届候补中央委员。他直接参与组织领导了中国运载火箭、导弹、卫星的研制攻关和试验工作，为发展中国的航天事业做出了卓越贡献。

〔10〕李四光（1889—1971），湖北黄冈人。早年留学日本、英国。曾任大学教授，中央研究院院士。1948 年赴欧洲。1949 年回国。1958 年加入中国共产党。曾任中国科学院古生物研究所所长，中国科学院副院长，地质部部长，中国科学技术协会主席等职，是中共第九届中央委员。毕生从事古生物学、冰川学、地震学和地质力学的研究和教学，是地质力学的创始人，为发展中国的石油勘探做出了卓越贡献。

〔11〕钱三强（1913—1992），原籍浙江吴兴（今湖州），生于绍兴。1937 年赴法国留学。1948 年回国。1954 年加入中国共产党。曾任中国科学院近代物理研究所所长，第二机械工业部副部长，中国科学院副院长，中国科学技术协会名誉主席等职。为中国原子能科学事业的创立和组织“两弹”研制做出了卓越贡献。

〔12〕六中全会指 1986 年 9 月 28 日在北京举行的中国共产党第十二届中央委员会第六次全体会议。全会通过了《中共中央关于社会主义精神文明建设指导方针的决议》。在讨论这个决议草案时，邓小平作了关于反对资产阶级自由化的重要讲话，见本书《在党的十二届六中全会上的讲话》。

江泽民

《全面建设小康社会　开创中国特色社会主义事业新局面》

学 习 提 示

这是江泽民在2002年11月8日中国共产党第十六次全国代表大会上代表第十五届中央委员会所作的报告。党的“十六大”是中国共产党在迈入21世纪召开的第一次代表大会，也是党在开始实施现代化建设第三步战略部署的新形势下召开的一次十分重要的代表大会。大会的主题是：高举邓小平理论伟大旗帜，全面贯彻“三个代表”重要思想，继往开来，与时俱进，全面建设小康社会，加快推进社会主义现代化，为开创中国特色社会主义事业新局面而奋斗。

报告运用辩证唯物主义和历史唯物主义的立场、观点和方法，对过去5年的工作和13年的基本经验进行了总结。在国际局势风云变幻，东欧剧变、苏联解体，世界社会主义出现严重曲折的情况下，我国的社会主义改革开放和现代化建设事业顶住压力、排除干扰、克服困难，波澜壮阔地前进，取得了举世瞩目的伟大成就。党在实践中加深了对什么是社会主义、怎样建设社会主义，建设什么样的党、怎样建设党的认识，积累了十分宝贵的经验。这些基本经验主要是：坚持以邓小平理论为指导，不断推进理论创新；坚持以经济建设为中心，用发展的办法解决前进中的问题；坚持改革开放，不断完善社会主义市场经济体制；坚持四项基本原则，发展社会主义民主政治；坚持物质文明和精神文明两手抓，实行依法治国和以德治国相结合；坚持稳定压倒一切的方针，正确处理改革发展稳定的关系；坚持党对军队的绝对领导，走中国特色的精兵之路；坚持团结一切可以团结的力量，不断增强中华民族的凝聚力；坚持独立自主的和平外交政策，维护世界和平与促进共同发展；坚持和改善党的领导，全面推进党的建设新的伟大工程。归结起来就是，中国共产党必须始终代表中国先进生产力的发展要求，代表中国先进文化的前进方向，代表中国最广大人民的根本利益。

报告对全面贯彻“三个代表”重要思想进行了深刻而系统的论述。强调指出：“三个代表”重要思想是对马克思列宁主义、毛泽东思想和邓小平理论的继承和发展，反映了当代世界和中国的发展变化对党和国家工作的新要求，是加强和改进党的建设、推进我国社会主义自我完善和发展的强大理论武器，是全党集体智慧的结晶，是党必须长期坚持的指导思想。始终做到“三个代表”，是中国共产党的立党之本、执政之基、力量之源。“三个代表”重要思想，是在科学判断党的历史方位的基础上提出来的。贯彻“三个代表”重要思想，关键在坚持与时俱进，核心在坚持党的先进性，本质在坚持执政为民。提高贯彻“三个代表”重要思想的自觉性和坚定性，必须使全党始终保持与时俱进的精神状态，不断开拓马克思主义理论发展的新境界；必须把发展作为党执政兴国的第一要务，不断开创现代化建设的新局面；必须最广泛最充分地调动一切积极因素，不断为中华民族的伟大复兴增添新力量；必须以改革的精神推进党的建设，不断为党的肌体注入新活力。“三个代表”重要思想是发展的、前进的。全党必须在思想上不断有新解放，理论上不断有新发展，实践上不断有新创造。要把“三个代表”重要思想贯彻到社会主义现代化建设的各个领域，体现在党的建设的各个方面，使党始终与时代同步伐，与人民群众共命运。

报告明确提出全面建设小康社会的奋斗目标，并对其内容加以阐述。我们胜利实现了现代化建设“三步走”战略的第一步、第二步目标，人民生活总体上达到小康水平。这是社会主义制度的伟大胜利。但是，必须看到，我国正处在并将长期处于社会主义初级阶段，现在达到的小康还是低水平的、不全面的、发展很不平衡的小康。今后的奋斗目标是要在21世纪头20年，全面建设惠及十几亿人口的更高水平的小康社会，使经济更加发展、民主更加健全、科教更加进步、文化更加繁荣、社会更加和谐、人民生活更加殷实。这是实现现代化建设第三步战略目标必经的承上启下的发展阶段，是完善社会主义市场经济体制和扩大对外开放的关键阶段。经过这个阶段的建设，再继续奋斗几十年，到21世纪中叶基本实现现代化，把我国建设成富强、民主、文明的社会主义国家。报告对全面建设小康社会的具体目标一一加以剖析。强调指出：全面建设小康社会的目标，是中国特色社会主义经济、政治、文化全面发展的目标，是与加快推进现代化相统一的目标，符合我国国情和现代化建设的实际，符合人民的愿望，意义十分重大。全党和全国各族人民要团结一致，为实现这一新目标努力奋斗。

以全面贯彻“三个代表”重要思想为主线，以全面建设小康社会为奋斗目标，报告对建设中国特色社会主义经济、政治、文化和加强党的建设等各项工作做了全面部署。

在论述经济建设和经济体制改革时，报告深刻指出：全面建设小康社会，最根本的是坚持以经济建设为中心，不断解放和发展社会生产力。为此要走新型工业化道路，大力实施科教兴国战略和可持续发展战略；要全面繁荣农村经济，加快城镇化进程；要积极推进西部大开发，促进区域经济协调发展；要坚持和完善基本经济制度，深化国有资产管理体制改革；要健全现代市场体系，加强和完善宏观调控；要深化分配制度改革，健全社会保障体系；要坚持“引进来”和“走出去”相结合，全面提高对外开放水平；要千方百计扩大就业，不断改善人民生活。

在论述政治建设和政治体制改革时，报告着重指出：发展社会主义民主政治，建设社会主义政治文明，是全面建设小康社会的重要目标。发展社会主义民主政治，最根本的是要把坚持党的领导、人民当家作主和依法治国有机统一起来。要坚持从我国国情出发，总结自己的实践经验，同时借鉴人类政治文明的有益成果，绝不照搬西方政治制度的模式。为此要坚持和完善社会主义民主制度；要加强社会主义法制建设；要改革和完善党的领导方式和执政方式；要改革和完善决策机制；要深化行政管理体制、司法体制和干部人事制度改革；要加强对权力的制约和监督；要维护社会稳定。

在论述文化建设和文化体制改革时，报告突出指出全面建设小康社会，必须大力发展社会主义文化，建设社会主义精神文明。当今世界，文化与经济和政治相互交融，在综合国力竞争中的地位和作用越来越突出。文化的力量，深深熔铸在民族的生命力、创造力和凝聚力之中。因此必须高度重视。要牢牢把握先进文化的前进方向，发展面向现代化、面向世界、面向未来的，民族的科学的大众的社会主义文化；要坚持弘扬和培育民族精神，这是一个民族赖以生存和发展的精神支撑；要切实加强思想道德建设，努力建立与社会主义市场经济相适应、与社会主义法律规范相协调、与中华民族传统美德相承接的社会主义思想道德体系；要大力发展教育和科学事业，积极发展文化事业和文化产业。

在论述加强和改进党的建设这一新的伟大工程时，报告特别强调一定要高举邓小平理论伟大旗帜，全面贯彻“三个代表”重要思想，保证党的路线方针政策全面反映人民的根本利益和时代发展的要求；一定要坚持党要管党、从严治党的方针，进一步解决提高党的领导水平和执政水平、提高拒腐防变和抵御风险能力这两大历史性课题；一定要准确把握当代中国社会前进的脉搏，改革和完善党的领导方式和执政方式、领导体制和工作制度，使党的工作充满活力；一定要把思想建设、组织建设和作风建设有机结合起来，把制度建设贯穿其中。通过锲而不舍的努力，保证中国共产党始终是中国工人阶级的先锋队，同时是中国人民和中华民族的先锋队，始终是中国特色社会主义事业的领导核心，始终代表中国先进生产力的发展要求，代表中国先进文化的前进方向，代表中国最广大人民的根本利益。

报告体现了解放思想和实事求是的高度统一，理论创新与实践创新的高度统一，总结过去和规划未来的高度统一，立足国情和面向世界的高度统一，具有很强的理论性、思想性、前瞻性和指导性，是一篇马克思主义的纲领性文献，是中国共产党在新世纪的政治宣言，是全面建设小康社会、加快推进社会主义现代化的行动纲领。

原著

全面建设小康社会
开创中国特色社会主义事业新局面（节选）

——在中国共产党第十六次全国代表大会上的报告

（2002 年 11 月 8 日）

——

二、全面贯彻“三个代表”重要思想

开创中国特色社会主义事业新局面，必须高举邓小平理论伟大旗帜，坚持贯彻“三个代表”重要思想。“三个代表”重要思想是对马克思列宁主义、毛泽东思想和邓小平理论的继承和发展，反映了当代世界和中国的发展变化对党和国家工作的新要求，是加强和改进党的建设、推进我国社会主义自我完善和发展的强大理论武器，是全党集体智慧的结晶，是党必须长期坚持的指导思想。始终做到“三个代表”，是我们党的立党之本、执政之基、力量之源。

“三个代表”重要思想，是在科学判断党的历史方位的基础上提出来的。我们党历经革命、建设和改革，已经从领导人民为夺取全国政权而奋斗的党，成为领导人民掌握全国政权并长期执政的党；已经从受到外部封锁和实行计划经济条件下领导国家建设的党，成为对外开放和发展社会主义市场经济条件下领导国家建设的党。我们必须从中国和世界的历史、现状和未来着眼，准确把握时代特点和党的任务，科学制定并正确执行党的路线方针政策，认真研究和解决推动中国社会进步和加强党的建设的问题，做到既不割断历史、又不迷失方向，既不落后于时代、又不超越阶段，使我们的事业不断从胜利走向胜利。

贯彻“三个代表”重要思想，关键在坚持与时俱进，核心在坚持党的先进性，本质在坚持执政为民。全党同志要牢牢把握这个根本要求，不断增强贯彻“三个代表”重要思想的自觉性和坚定性。

（一）贯彻“三个代表”重要思想，必须使全党始终保持与时俱进的精神

状态，不断开拓马克思主义理论发展的新境界。坚持党的思想路线，解放思想、实事求是、与时俱进，是我们党坚持先进性和增强创造力的决定性因素。与时俱进，就是党的全部理论和工作要体现时代性，把握规律性，富于创造性。能否始终做到这一点，决定着党和国家的前途命运。

创新是一个民族进步的灵魂，是一个国家兴旺发达的不竭动力，也是一个政党永葆生机的源泉。世界在变化，我国改革开放和现代化建设在前进，人民群众的伟大实践在发展，迫切要求我们党以马克思主义的理论勇气，总结实践的新经验，借鉴当代人类文明的有益成果，在理论上不断扩展新视野，作出新概括。只有这样，党的思想理论才能引导和鼓舞全党和全国人民把中国特色社会主义事业不断推向前进。实践基础上的理论创新是社会发展和变革的先导。通过理论创新推动制度创新、科技创新、文化创新以及其他各方面的创新，不断在实践中探索前进，永不自满，永不懈怠，这是我们要长期坚持的治党治国之道。

创新就要不断解放思想、实事求是、与时俱进。实践没有止境，创新也没有止境。我们要突破前人，后人也必然会突破我们。这是社会前进的必然规律。我们一定要适应实践的发展，以实践来检验一切，自觉地把思想认识从那些不合时宜的观念、做法和体制的束缚中解放出来，从对马克思主义的错误的和教条式的理解中解放出来，从主观主义和形而上学的桎梏中解放出来。要坚持马克思主义基本原理，又要谱写新的理论篇章，要发扬革命传统，又要创造新鲜经验。善于在解放思想中统一思想，用发展着的马克思主义指导新的实践。

（二）贯彻“三个代表”重要思想，必须把发展作为党执政兴国的第一要务，不断开创现代化建设的新局面。马克思主义执政党必须高度重视解放和发展生产力。离开发展，坚持党的先进性、发挥社会主义制度的优越性和实现民富国强都无从谈起。党的先进性是具体的、历史的，必须放到推动当代中国先进生产力和先进文化的发展中去考察，放到维护和实现最广大人民根本利益的奋斗中去考察，归根到底要看党在推动历史前进中的作用。

我们党在中国这样一个经济文化落后的发展中大国领导人民进行现代化建设，能不能解决好发展问题，直接关系人心向背、事业兴衰。党要承担起推动中国社会进步的历史责任，必须始终紧紧抓住发展这个执政兴国的第一要务，把坚持党的先进性和发挥社会主义制度的优越性，落实到发展先进生产力、发展先进文化、实现最广大人民的根本利益上来，推动社会全面进步，促进人的全面发展。紧紧把握住这一点，就从根本上把握了人民的愿望，把握了社会主义现代化建设的本质，就能使“三个代表”重要思想不断落实，使党的执政地位不断巩固，使强国富民的要求不断得到实现。

发展必须坚持以经济建设为中心，立足中国现实，顺应时代潮流，不断开拓促进先进生产力和先进文化发展的新途径。发展必须坚持和深化改革。一切妨碍发展的思想观念都要坚决冲破，一切束缚发展的做法和规定都要坚决改变，一切影响发展的体制弊端都要坚决革除。发展必须相信和依靠人民，人民是推动历史前进的动力。要集中全国人民的智慧和力量，聚精会神搞建设，一心一意谋发展。

（三）贯彻“三个代表”重要思想，必须最广泛最充分地调动一切积极因素，不断为中华民族的伟大复兴增添新力量。最大多数人的利益和全社会全民族的积极性创造性，对党和国家事业的发展始终是最具有决定性的因素。在我国社会深刻变革、党和国家事业快速发展的进程中，妥善处理各方面的利益关系，把一切积极因素充分调动和凝聚起来，至关紧要。

随着改革开放的深入和经济文化的发展，我国工人阶级队伍不断壮大，素质不断提高。包括知识分子在内的工人阶级，广大农民，始终是推动我国先进生产力发展和社会全面进步的根本力量。在社会变革中出现的民营科技企业的创业人员和技术人员、受聘于外资企业的管理技术人员、个体户、私营企业主、中介组织的从业人员、自由职业人员等社会阶层，都是中国特色社会主义事业的建设者。对为祖国富强贡献力量的社会各阶层人们都要团结，对他们的创业精神都要鼓励，对他们的合法权益都要保护，对他们中的优秀分子都要表彰，努力形成全体人民各尽其能、各得其所而又和谐相处的局面。

必须尊重劳动、尊重知识、尊重人才、尊重创造，这要作为党和国家的一项重大方针在全社会认真贯彻。要尊重和保护一切有益于人民和社会的劳动。不论是体力劳动还是脑力劳动，不论是简单劳动还是复杂劳动，一切为我国社会主义现代化建设作出贡献的劳动，都是光荣的，都应该得到承认和尊重。海内外各类投资者在我国建设中的创业活动都应该受到鼓励。一切合法的劳动收入和合法的非劳动收入，都应该得到保护。不能简单地把有没有财产、有多少财产当作判断人们政治上先进和落后的标准，而主要应该看他们的思想政治状况和现实表现，看他们的财产是怎么得来的以及对财产怎么支配和使用，看他们以自己的劳动对中国特色社会主义事业所作的贡献。要形成与社会主义初级阶段基本经济制度相适应的思想观念和创业机制，营造鼓励人们干事业、支持人们干成事业的社会氛围，放手让一切劳动、知识、技术、管理和资本的活力竞相迸发，让一切创造社会财富的源泉充分涌流，以造福于人民。

在建设中国特色社会主义的进程中，全国人民的根本利益是一致的，各种具体的利益关系和内部矛盾可以在这个基础上进行调节。制定和贯彻党的方针政策，基本着眼点是要代表最广大人民的根本利益，正确反映和兼顾不同方面群众的利益，使全体人民朝着共同富裕的方向稳步前进。我们要保护发达地区、优势产业和通过辛勤劳动与合法经营先富起来人们的发展活力，鼓励他们积极创造社会财富，更要高度重视和关心欠发达地区以及比较困难的行业和群众，特别要使困难群众的基本生活得到保障，并积极帮助他们解决就业问题和改善生活条件，使他们切实感受到社会主义社会的温暖。

（四）贯彻“三个代表”重要思想，必须以改革的精神推进党的建设，不断为党的肌体注入新活力。高度重视和不断加强自身建设，是我们党从小到大、由弱到强，从挫折中奋起、在战胜困难中不断成熟的一大法宝。总结党八十多年来的历史经验，最根本的一条，就是党的建设必须按照党的政治路线来进行，围绕党的中心任务来展开，朝着党的建设总目标来加强，不断提高党的创造力、凝聚力和战斗力。

坚持用时代发展的要求审视自己，以改革的精神加强和完善自己，这是我们党始终保持马克思主义政党本色、永不脱离群众和具有蓬勃活力的根本保证。必须既善于总结成功的经验，又善于记取失误的教训；既善于通过提出和贯彻正确的理论路线带领群众前进，又善于从群众的实践创造和发展要求中获得前进动力；既善于认识和改造客观世界，又善于组织引导干部和党员在实践中加强主观世界的改造。要按照这样的要求，实现坚持马克思主义基本原理和推进理论创新相统一，坚持党的优良传统和弘扬时代精神相统一，坚持增强党的阶级基础和扩大党的群众基础相统一，使党成为思想上政治上组织上完全巩固、始终站在时代前列带领人民团结奋进的坚强领导核心。

总之，“三个代表”重要思想是发展的、前进的。全党必须在思想上不断有新解放，理论上不断有新发展，实践上不断有新创造，把“三个代表”重要思想贯彻到社会主义现代化建设的各个领域，体现在党的建设的各个方面，使我们党始终与时代发展同步伐，与人民群众共命运。

三、全面建设小康社会的奋斗目标

经过全党和全国各族人民的共同努力，我们胜利实现了现代化建设“三步走”战略的第一步、第二步目标，人民生活总体上达到小康水平。这是社会主义制度的伟大胜利，是中华民族发展史上一个新的里程碑。

必须看到，我国正处于并将长期处于社会主义初级阶段，现在达到的小康还是低水平的、不全面的、发展很不平衡的小康，人民日益增长的物质文化需要同落后的社会生产之间的矛盾仍然是我国社会的主要矛盾。我国生产力和科技、教育还比较落后，实现工业化和现代化还有很长的路要走；城乡二元经济结构还没有改变，地区差距扩大的趋势尚未扭转，贫困人口还为数不少；人口总量继续增加，老龄人口比重上升，就业和社会保障压力增大；生态环境、自然资源和经济社会发展的矛盾日益突出；我们仍然面临发达国家在经济科技等方面占优势的压力；经济体制和其他方面的管理体制还不完善；民主法制建设和思想道德建设等方面还存在一些不容忽视的问题。巩固和提高目前达到的小康水平，还需要进行长时期的艰苦奋斗。

综观全局，二十一世纪头二十年，对我国来说，是一个必须紧紧抓住并且可以大有作为的重要战略机遇期。根据十五大提出的到二〇一〇年、建党一百年和新中国成立一百年的发展目标，我们要在本世纪头二十年，集中力量，全面建设惠及十几亿人口的更高水平的小康社会，使经济更加发展、民主更加健全、科教更加进步、文化更加繁荣、社会更加和谐、人民生活更加殷实。这是实现现代化建设第三步战略目标必经的承上启下的发展阶段，也是完善社会主义市场经济体制和扩大对外开放的关键阶段。经过这个阶段的建设，再继续奋斗几十年，到本世纪中叶基本实现现代化，把我国建成富强民主文明的社会主义国家。

全面建设小康社会的目标是：

——在优化结构和提高效益的基础上，国内生产总值到二〇二〇年力争比二〇〇〇年翻两番，综合国力和国际竞争力明显增强。基本实现工业化，建成完善的社会主义市场经济体制和更具活力、更加开放的经济体系。城镇人口的比重较大幅度提高，工农差别、城乡差别和地区差别扩大的趋势逐步扭转。社会保障体系比较健全，社会就业比较充分，家庭财产普遍增加，人民过上更加富足的生活。

——社会主义民主更加完善，社会主义法制更加完备，依法治国基本方略得到全面落实，人民的政治、经济和文化权益得到切实尊重和保障。基层民主更加健全，社会秩序良好，人民安居乐业。

——全民族的思想道德素质、科学文化素质和健康素质明显提高，形成比较完善的现代国民教育体系、科技和文化创新体系、全民健身和医疗卫生体系。人民享有接受良好教育的机会，基本普及高中阶段教育，消除文盲。形成全民学习、终身学习的学习型社会，促进人的全面发展。

——可持续发展能力不断增强，生态环境得到改善，资源利用效率显著提高，促进人与自然的和谐，推动整个社会走上生产发展、生活富裕、生态良好的文明发展道路。

这次大会确立的全面建设小康社会的目标，是中国特色社会主义经济、政治、文化全面发展的目标，是与加快推进现代化相统一的目标，符合我国国情和现代化建设的实际，符合人民的愿望，意义十分重大。为完成党在新世纪新阶段的这个奋斗目标，发展要有新思路，改革要有新突破，开放要有新局面，各项工作要有新举措。各地各部门都要从实际出发，采取切实有效的措施，努力实现这个目标。有条件的地方可以发展得更快一些，在全面建设小康社会的基础上，率先基本实现现代化。可以肯定，实现了全面建设小康社会的目标，我们的祖国必将更加繁荣富强，人民的生活必将更加幸福美好，中国特色社会主义必将进一步显示出巨大的优越性。

四、经济建设和经济体制改革

全面建设小康社会，最根本的是坚持以经济建设为中心，不断解放和发展社会生产力。根据世界经济科技发展新趋势和我国经济发展新阶段的要求，本世纪头二十年经济建设和改革的主要任务是，完善社会主义市场经济体制，推动经济结构战略性调整，基本实现工业化，大力推进信息化，加快建设现代化，保持国民经济持续快速健康发展，不断提高人民生活水平。前十年要全面完成“十五”计划和二〇一〇年的奋斗目标，使经济总量、综合国力和人民生活水平再上一个大台阶，为后十年的更大发展打好基础。

（一）走新型工业化道路，大力实施科教兴国战略和可持续发展战略。实现工业化仍然是我国现代化进程中艰巨的历史性任务。信息化是我国加快实现工业化和现代化的必然选择。坚持以信息化带动工业化，以工业化促进信息化，走出一条科技含量高、经济效益好、资源消耗低、环境污染少、人力资源优势得到充分发挥的新型工业化路子。

推进产业结构优化升级，形成以高新技术产业为先导、基础产业和制造业为支撑、服务业全面发展的产业格局。优先发展信息产业，在经济和社会领域广泛应用信息技术。积极发展对经济增长有突破性重大带动作用的高新技术产业。用高新技术和先进适用技术改造传统产业，大力振兴装备制造业。继续加强基础设施建设。加快发展现代服务业，提高第三产业在国民经济中的比重。正确处理发展高新技术产业和传统产业、资金技术密集型产业和劳动密集型产业、虚拟经济和实体经济的关系。

走新型工业化道路，必须发挥科学技术作为第一生产力的重要作用，注重依靠科技进步和提高劳动者素质，改善经济增长质量和效益。加强基础研究和高技术研究，推进关键技术创新和系统集成，实现技术跨越式发展。鼓励科技创新，在关键领域和若干科技发展前沿掌握核心技术和拥有一批自主知识产权。深化科技和教育体制改革，加强科技教育同经济的结合，完善科技服务体系，加速科技成果向现实生产力转化。推进国家创新体系建设。发挥风险投资的作用，形成促进科技创新和创业的资本运作和人才汇集机制。完善知识产权保护制度。必须把可持续发展放在十分突出的地位，坚持计划生育、保护环境和保护资源的基本国策。稳定低生育水平。合理开发和节约使用各种自然资源。抓紧解决部分地区水资源短缺问题，兴建南水北调工程。实施海洋开发，搞好国土资源综合整治。树立全民环保意识，搞好生态保护和建设。

（二）全面繁荣农村经济，加快城镇化进程。统筹城乡经济社会发展，建设现代农业，发展农村经济，增加农民收入，是全面建设小康社会的重大任务。加强农业基础地位，推进农业和农村经济结构调整，保护和提高粮食综合生产能力，健全农产品质量安全体系，增强农业的市场竞争力。积极推进农业产业化经营，提高农民进入市场的组织化程度和农业综合效益。发展农产品加工业，壮大县域经济。开拓农村市场，搞活农产品流通，健全农产品市场体系。

农村富余劳动力向非农产业和城镇转移，是工业化和现代化的必然趋势。要逐步提高城镇化水平，坚持大中小城市和小城镇协调发展，走中国特色的城镇化道路。发展小城镇要以现有的县城和有条件的建制镇为基础，科学规划，合理布局，同发展乡镇企业和农村服务业结合起来。消除不利于城镇化发展的体制和政策障碍，引导农村劳动力合理有序流动。

坚持党在农村的基本政策，长期稳定并不断完善以家庭承包经营为基础、统分结合的双层经营体制。有条件的地方可按照依法、自愿、有偿的原则进行土地承包经营权流转，逐步发展规模经营。尊重农户的市场主体地位，推动农村经营体制创新。增强集体经济实力。建立健全农业社会化服务体系。加大对农业的投入和支持，加快农业科技进步和农村基础设施建设。改善农村金融服务。继续推进农村税费改革，减轻农民负担，保护农民利益。

（三）积极推进西部大开发，促进区域经济协调发展。实施西部大开发战略，关系全国发展的大局，关系民族团结和边疆稳定。要打好基础，扎实推进，重点抓好基础设施和生态环境建设，争取十年内取得突破性进展。积极发展有特色的优势产业，推进重点地带开发。发展科技教育，培养和用好各类人才。国家要在投资项目、税收政策和财政转移支付等方面加大对西部地区的支持，逐步建立长期稳定的西部开发资金渠道。着力改善投资环境，引导外资和国内资本参与西部开发。西部地区要进一步解放思想，增强自我发展能力，在改革开放中走出一条加快发展的新路。

中部地区要加大结构调整力度，推进农业产业化，改造传统产业，培育新的经济增长点，加快工业化和城镇化进程。东部地区要加快产业结构升级，发展现代农业，发展高新技术产业和高附加值加工制造业，进一步发展外向型经济。鼓励经济特区和上海浦东新区在制度创新和扩大开放等方面走在前列。支持东北地区等老工业基地加快调整和改造，支持以资源开采为主的城市和地区发展接续产业，支持革命老区和少数民族地区加快发展，国家要加大对粮食主产区的扶持。加强东、中、西部经济交流和合作，实现优势互补和共同发展，形成若干各具特色的经济区和经济带。

（四）坚持和完善基本经济制度，深化国有资产管理体制改革。根据解放和发展生产力的要求，坚持和完善公有制为主体、多种所有制经济共同发展的基本经济制度。第一，必须毫不动摇地巩固和发展公有制经济。发展壮大国有经济，国有经济控制国民经济命脉，对于发挥社会主义制度的优越性，增强我国的经济实力、国防实力和民族凝聚力，具有关键性作用。集体经济是公有制经济的重要组成部分，对实现共同富裕具有重要作用。第二，必须毫不动摇地鼓励、支持和引导非公有制经济发展。个体、私营等各种形式的非公有制经济是社会主义市场经济的重要组成部分，对充分调动社会各方面的积极性、加快生产力发展具有重要作用。第三，坚持公有制为主体，促进非公有制经济发展，统一于社会主义现代化建设的进程中，不能把这两者对立起来。各种所有制经济完全可以在市场竞争中发挥各自优势，相互促进，共同发展。

继续调整国有经济的布局和结构，改革国有资产管理体制，是深化经济体制改革的重大任务。在坚持国家所有的前提下，充分发挥中央和地方两个积极性。国家要制定法律法规，建立中央政府和地方政府分别代表国家履行出资人职责，享有所有者权益，权利、义务和责任相统一，管资产和管人、管事相结合的国有资产管理体制。关系国民经济命脉和国家安全的大型国有企业、基础设施和重要自然资源等，由中央政府代表国家履行出资人职责。其他国有资产由地方政府代表国家履行出资人职责。中央政府和省、市（地）两级地方政府设立国有资产管理机构。继续探索有效的国有资产经营体制和方式。各级政府要严格执行国有资产管理法律法规，坚持政企分开，实行所有权和经营权分离，使企业自主经营、自负盈亏，实现国有资产保值增值。

国有企业是我国国民经济的支柱。要深化国有企业改革，进一步探索公有制特别是国有制的多种有效实现形式，大力推进企业的体制、技术和管理创新。除极少数必须由国家独资经营的企业外，积极推行股份制，发展混合所有制经济。实行投资主体多元化，重要的企业由国家控股。按照现代企业制度的要求，国有大中型企业继续实行规范的公司制改革，完善法人治理结构。推进垄断行业改革，积极引入竞争机制。通过市场和政策引导，发展具有国际竞争力的大公司大企业集团。进一步放开搞活国有中小企业。深化集体企业改革，继续支持和帮助多种形式的集体经济的发展。

充分发挥个体、私营等非公有制经济在促进经济增长、扩大就业和活跃市场等方面的重要作用。放宽国内民间资本的市场准入领域，在投融资、税收、土地使用和对外贸易等方面采取措施，实现公平竞争。依法加强监督和管理，促进非公有制经济健康发展。完善保护私人财产的法律制度。

（五）健全现代市场体系，加强和完善宏观调控。在更大程度上发挥市场在资源配置中的基础性作用，健全统一、开放、竞争、有序的现代市场体系。推进资本市场的改革开放和稳定发展。发展产权、土地、劳动力和技术等市场。创造各类市场主体平等使用生产要素的环境。深化流通体制改革，发展现代流通方式。整顿和规范市场经济秩序，健全现代市场经济的社会信用体系，打破行业垄断和地区封锁，促进商品和生产要素在全国市场自由流动。

完善政府的经济调节、市场监管、社会管理和公共服务的职能，减少和规范行政审批。要把促进经济增长，增加就业，稳定物价，保持国际收支平衡作为宏观调控的主要目标。扩大内需是我国经济发展长期的、基本的立足点。坚持扩大国内需求的方针，根据形势需要实施相应的宏观经济政策。调整投资和消费关系，逐步提高消费在国内生产总值中的比重。完善国家计划和财政政策、货币政策等相互配合的宏观调控体系，发挥经济杠杆的调节作用。深化财政、税收、金融和投融资体制改革。完善预算决策和管理制度，加强对财政收支的监督，强化税收征管。稳步推进利率市场化改革，优化金融资源配置，加强金融监管，防范和化解金融风险，使金融更好地为经济社会发展服务。

（六）深化分配制度改革，健全社会保障体系。理顺分配关系，事关广大群众的切身利益和积极性的发挥。调整和规范国家、企业和个人的分配关系。确立劳动、资本、技术和管理等生产要素按贡献参与分配的原则，完善按劳分配为主体、多种分配方式并存的分配制度。坚持效率优先、兼顾公平，既要提倡奉献精神，又要落实分配政策，既要反对平均主义，又要防止收入悬殊。初次分配注重效率，发挥市场的作用，鼓励一部分人通过诚实劳动、合法经营先富起来。再分配注重公平，加强政府对收入分配的调节职能，调节差距过大的收入。规范分配秩序，合理调节少数垄断性行业的过高收入，取缔非法收入。以共同富裕为目标，扩大中等收入者比重，提高低收入者收入水平。

建立健全同经济发展水平相适应的社会保障体系，是社会稳定和国家长治久安的重要保证。坚持社会统筹和个人账户相结合，完善城镇职工基本养老保险制度和基本医疗保险制度。健全失业保险制度和城市居民最低生活保障制度。多渠道筹集和积累社会保障基金。各地要根据实际情况合理确定社会保障的标准和水平。发展城乡社会救济和社会福利事业。有条件的地方，探索建立农村养老、医疗保险和最低生活保障制度。

（七）坚持“引进来”和“走出去”相结合，全面提高对外开放水平。适应经济全球化和加入世贸组织的新形势，在更大范围、更广领域和更高层次上参与国际经济技术合作和竞争，充分利用国际国内两个市场，优化资源配置，拓宽发展空间，以开放促改革促发展。

进一步扩大商品和服务贸易。实施市场多元化战略，发挥我国的比较优势，巩固传统市场，开拓新兴市场，努力扩大出口。坚持以质取胜，提高出口商品和服务的竞争力。优化进口结构，着重引进先进技术和关键设备。深化外经贸体制改革，推进外贸主体多元化，完善有关税收制度和贸易融资机制。

进一步吸引外商直接投资，提高利用外资的质量和水平。逐步推进服务领域开放。通过多种方式利用中长期国外投资，把利用外资与国内经济结构调整、国有企业改组改造结合起来，鼓励跨国公司投资农业、制造业和高新技术产业。大力引进海外各类专业人才和智力。改善投资环境，对外商投资实行国民待遇，提高法规和政策透明度。实施“走出去”战略是对外开放新阶段的重大举措。鼓励和支持有比较优势的各种所有制企业对外投资，带动商品和劳务出口，形成一批有实力的跨国企业和著名品牌。积极参与区域经济交流和合作。在扩大对外开放中，要十分注意维护国家经济安全。

（八）千方百计扩大就业，不断改善人民生活。就业是民生之本。扩大就业是我国当前和今后长时期重大而艰巨的任务。国家实行促进就业的长期战略和政策。各级党委和政府必须把改善创业环境和增加就业岗位作为重要职责。广开就业门路，积极发展劳动密集型产业。对提供新就业岗位和吸纳下岗失业人员再就业的企业给予政策支持。引导全社会转变就业观念，推行灵活多样的就业形式，鼓励自谋职业和自主创业。完善就业培训和服务体系，提高劳动者就业技能。依法加强劳动用工管理，保障劳动者的合法权益。高度重视安全生产，保护国家财产和人民生命的安全。

发展经济的根本目的是提高全国人民的生活水平和质量。要随着经济发展不断增加城乡居民收入，拓宽消费领域，优化消费结构，满足人们多样化的物质文化需求。加强公共服务设施建设，改善生活环境，发展社区服务，方便群众生活。建立适应新形势要求的卫生服务体系和医疗保健体系，着力改善农村医疗卫生状况，提高城乡居民的医疗保健水平。发展残疾人事业。继续大力推进扶贫开发，巩固扶贫成果，尽快使尚未脱贫的农村人口解决温饱问题，并逐步过上小康生活。

胜利完成经济建设和经济体制改革的各项任务，对加快推进社会主义现代化具有决定性意义。只要全党和全国各族人民同心同德，艰苦奋斗，我们就一定能够建立完善的社会主义市场经济体制，在新世纪新阶段继续保持国民经济持续快速健康发展。

五、政治建设和政治体制改革

发展社会主义民主政治，建设社会主义政治文明，是全面建设小康社会的重要目标。必须在坚持四项基本原则的前提下，继续积极稳妥地推进政治体制改革，扩大社会主义民主，健全社会主义法制，建设社会主义法治国家，巩固和发展民主团结、生动活泼、安定和谐的政治局面。

我们党历来以实现和发展人民民主为己任。改革开放以来，我们坚定不移地推进政治体制改革，有力地促进了社会主义民主政治建设。发展社会主义民主政治，最根本的是要把坚持党的领导、人民当家作主和依法治国有机统一起来。党的领导是人民当家作主和依法治国的根本保证，人民当家作主是社会主义民主政治的本质要求，依法治国是党领导人民治理国家的基本方略。中国共产党是中国特色社会主义事业的领导核心。共产党执政就是领导和支持人民当家作主，最广泛地动员和组织人民群众依法管理国家和社会事务，管理经济和文化事业，维护和实现人民群众的根本利益。宪法和法律是党的主张和人民意志相统一的体现。必须严格依法办事，任何组织和个人都不允许有超越宪法和法律的特权。

政治体制改革是社会主义政治制度的自我完善和发展。推进政治体制改革要有利于增强党和国家的活力，发挥社会主义制度的特点和优势，充分调动人民群众的积极性创造性，维护国家统一、民族团结和社会稳定，促进经济发展和社会全面进步。要坚持从我国国情出发，总结自己的实践经验，同时借鉴人类政治文明的有益成果，绝不照搬西方政治制度的模式。要着重加强制度建设，实现社会主义民主政治的制度化、规范化和程序化。

（一）坚持和完善社会主义民主制度。健全民主制度，丰富民主形式，扩大公民有序的政治参与，保证人民依法实行民主选举、民主决策、民主管理和民主监督，享有广泛的权利和自由，尊重和保障人权。坚持和完善人民代表大会制度，保证人民代表大会及其常委会依法履行职能，保证立法和决策更好地体现人民的意志。优化人大常委会组成人员的结构。坚持和完善共产党领导的多党合作和政治协商制度。坚持“长期共存、互相监督、肝胆相照、荣辱与共”的方针，加强同民主党派合作共事，更好地发挥我国社会主义政党制度的特点和优势。保证人民政协发挥政治协商、民主监督和参政议政的作用。巩固和发展最广泛的爱国统一战线。全面贯彻党的民族政策，坚持和完善民族区域自治制度，巩固和发展平等团结互助的社会主义民族关系，促进各民族共同繁荣进步。全面贯彻党的宗教信仰自由政策，依法管理宗教事务，积极引导宗教与社会主义社会相适应，坚持独立自主自办的原则。认真贯彻党的侨务政策。

扩大基层民主，是发展社会主义民主的基础性工作。健全基层自治组织和民主管理制度，完善公开办事制度，保证人民群众依法直接行使民主权利，管理基层公共事务和公益事业，对干部实行民主监督。完善村民自治，健全村党组织领导的充满活力的村民自治机制。完善城市居民自治，建设管理有序、文明祥和的新型社区。坚持和完善职工代表大会和其他形式的企事业民主管理制度，保障职工的合法权益。

（二）加强社会主义法制建设。坚持有法可依、有法必依、执法必严、违法必究。适应社会主义市场经济发展、社会全面进步和加入世贸组织的新形势，加强立法工作，提高立法质量，到二〇一〇年形成中国特色社会主义法律体系。坚持法律面前人人平等。加强对执法活动的监督，推进依法行政，维护司法公正，提高执法水平，确保法律的严格实施。维护法制的统一和尊严，防止和克服地方和部门的保护主义。拓展和规范法律服务，积极开展法律援助。加强法制宣传教育，提高全民法律素质，尤其要增强公职人员的法制观念和依法办事能力。党员和干部特别是领导干部要成为遵守宪法和法律的模范。

（三）改革和完善党的领导方式和执政方式。这对于推进社会主义民主政治建设，具有全局性作用。党的领导主要是政治、思想和组织领导，通过制定大政方针，提出立法建议，推荐重要干部，进行思想宣传，发挥党组织和党员的作用，坚持依法执政，实施党对国家和社会的领导。党委在同级各种组织中发挥领导核心作用，集中精力抓好大事，支持各方独立负责、步调一致地开展工作。进一步改革和完善党的工作机构和工作机制。按照党总揽全局、协调各方的原则，规范党委与人大、政府、政协以及人民团体的关系，支持人大依法履行国家权力机关的职能，经过法定程序，使党的主张成为国家意志，使党组织推荐的人选成为国家政权机关的领导人员，并对他们进行监督；支持政府履行法定职能，依法行政；支持政协围绕团结和民主两大主题履行职能。加强对工会、共青团和妇联等人民团体的领导，支持他们依照法律和各自章程开展工作，更好地成为党联系广大人民群众的桥梁和纽带。

（四）改革和完善决策机制。正确决策是各项工作成功的重要前提。要完善深入了解民情、充分反映民意、广泛集中民智、切实珍惜民力的决策机制，推进决策科学化民主化。各级决策机关都要完善重大决策的规则和程序，建立社情民意反映制度，建立与群众利益密切相关的重大事项社会公示制度和社会听证制度，完善专家咨询制度，实行决策的论证制和责任制，防止决策的随意性。

（五）深化行政管理体制改革。进一步转变政府职能，改进管理方式，推行电子政务，提高行政效率，降低行政成本，形成行为规范、运转协调、公正透明、廉洁高效的行政管理体制。依法规范中央和地方的职能和权限，正确处理中央垂直管理部门和地方政府的关系。按照精简、统一、效能的原则和决策、执行、监督相协调的要求，继续推进政府机构改革，科学规范部门职能，合理设置机构，优化人员结构，实现机构和编制的法定化，切实解决层次过多、职能交叉、人员臃肿、权责脱节和多重多头执法等问题。按照政事分开原则，改革事业单位管理体制。

（六）推进司法体制改革。社会主义司法制度必须保障在全社会实现公平和正义。按照公正司法和严格执法的要求，完善司法机关的机构设置、职权划分和管理制度，进一步健全权责明确、相互配合、相互制约、高效运行的司法体制。从制度上保证审判机关和检察机关依法独立公正地行使审判权和检察权。完善诉讼程序，保障公民和法人的合法权益。切实解决执行难问题。改革司法机关的工作机制和人财物管理体制，逐步实现司法审判和检察同司法行政事务相分离。加强对司法工作的监督，惩治司法领域中的腐败。建设一支政治坚定、业务精通、作风优良、执法公正的司法队伍。

（七）深化干部人事制度改革。努力形成广纳群贤、人尽其才、能上能下、充满活力的用人机制，把优秀人才集聚到党和国家的各项事业中来。以建立健全选拔任用和管理监督机制为重点，以科学化、民主化和制度化为目标，改革和完善干部人事制度，健全公务员制度。扩大党员和群众对干部选拔任用的知情权、参与权、选择权和监督权。实行党政领导干部职务任期制、辞职制和用人失察失误责任追究制。完善干部职务和职级相结合的制度，建立干部激励和保障机制。探索和完善党政机关、事业单位和企业的干部人事分类管理制度。改革和完善干部双重管理体制。打破选人用人中论资排辈的观念和做法，促进人才合理流动，积极营造各方面优秀人才脱颖而出的良好环境。

（八）加强对权力的制约和监督。建立结构合理、配置科学、程序严密、制约有效的权力运行机制，从决策和执行等环节加强对权力的监督，保证把人民赋予的权力真正用来为人民谋利益。重点加强对领导干部特别是主要领导干部的监督，加强对人财物管理和使用的监督。强化领导班子内部监督，完善重大事项和重要干部任免的决定程序。改革和完善党的纪律检查体制，建立和完善巡视制度。发挥司法机关和行政监察、审计等职能部门的作用。实行多种形式的领导干部述职述廉制度，健全重大事项报告制度、质询制度和民主评议制度。认真推行政务公开制度。加强组织监督和民主监督，发挥舆论监督的作用。

（九）维护社会稳定。完成改革和发展的繁重任务，必须保持长期和谐稳定的社会环境。各级党委和政府要满腔热情地解决人民群众工作和生活中的实际问题。要深入调查研究，区别不同情况，加强思想政治工作，正确运用经济、行政和法律等手段，妥善处理人民内部矛盾特别是涉及群众切身利益的矛盾，保持安定团结的局面。加强政法工作，依法严厉打击各种犯罪活动，防范和惩治邪教组织的犯罪活动，坚决扫除社会丑恶现象，切实保障人民群众生命财产安全。坚持打防结合、预防为主，落实社会治安综合治理的各项措施，改进社会管理，保持良好的社会秩序。加强国家安全工作，警惕国际国内敌对势力的渗透、颠覆和分裂活动。

社会主义民主政治具有强大的生命力和优越性。中国共产党和中国人民对自己选择的政治发展道路充满信心，将坚定不移地把中国特色社会主义政治建设推向前进。

六、文化建设和文化体制改革

全面建设小康社会，必须大力发展社会主义文化，建设社会主义精神文明。当今世界，文化与经济和政治相互交融，在综合国力竞争中的地位和作用越来越突出。文化的力量，深深熔铸在民族的生命力、创造力和凝聚力之中。全党同志要深刻认识文化建设的战略意义，推动社会主义文化的发展繁荣。

（一）牢牢把握先进文化的前进方向。在当代中国，发展先进文化，就是发展面向现代化、面向世界、面向未来的，民族的科学的大众的社会主义文化，以不断丰富人们的精神世界，增强人们的精神力量。必须坚持马克思列宁主义、毛泽东思想和邓小平理论在意识形态领域的指导地位，用“三个代表”重要思想统领社会主义文化建设。坚持为人民服务、为社会主义服务的方向和百花齐放、百家争鸣的方针，弘扬主旋律，提倡多样化。坚持以科学的理论武装人，以正确的舆论引导人，以高尚的精神塑造人，以优秀的作品鼓舞人。大力发展先进文化，支持健康有益文化，努力改造落后文化，坚决抵制腐朽文化。文艺工作者要深入群众、深入生活，为人民奉献更多无愧于时代的作品。新闻出版和广播影视必须坚持正确导向，互联网站要成为传播先进文化的重要阵地。立足于改革开放和现代化建设的实践，着眼于世界文化发展的前沿，发扬民族文化的优秀传统，汲取世界各民族的长处，在内容和形式上积极创新，不断增强中国特色社会主义文化的吸引力和感召力。

（二）坚持弘扬和培育民族精神。民族精神是一个民族赖以生存和发展的精神支撑。一个民族，没有振奋的精神和高尚的品格，不可能自立于世界民族之林。在五千多年的发展中，中华民族形成了以爱国主义为核心的团结统一、爱好和平、勤劳勇敢、自强不息的伟大民族精神。我们党领导人民在长期实践中不断结合时代和社会的发展要求，丰富着这个民族精神。面对世界范围各种思想文化的相互激荡，必须把弘扬和培育民族精神作为文化建设极为重要的任务，纳入国民教育全过程，纳入精神文明建设全过程，使全体人民始终保持昂扬向上的精神状态。

（三）切实加强思想道德建设。依法治国和以德治国相辅相成。要建立与社会主义市场经济相适应、与社会主义法律规范相协调、与中华民族传统美德相承接的社会主义思想道德体系。深入进行党的基本理论、基本路线、基本纲领和“三个代表”重要思想的宣传教育，引导人们树立中国特色社会主义共同理想，树立正确的世界观、人生观和价值观。认真贯彻公民道德建设实施纲要，弘扬爱国主义精神，以为人民服务为核心、以集体主义为原则、以诚实守信为重点，加强社会公德、职业道德和家庭美德教育，特别要加强青少年的思想道德建设，引导人们在遵守基本行为准则的基础上，追求更高的思想道德目标。加强和改进思想政治工作，广泛开展群众性精神文明创建活动。

（四）大力发展教育和科学事业。教育是发展科学技术和培养人才的基础，在现代化建设中具有先导性全局性作用，必须摆在优先发展的战略地位。全面贯彻党的教育方针，坚持教育为社会主义现代化建设服务，为人民服务，与生产劳动和社会实践相结合，培养德智体美全面发展的社会主义建设者和接班人。坚持教育创新，深化教育改革，优化教育结构，合理配置教育资源，提高教育质量和管理水平，全面推进素质教育，造就数以亿计的高素质劳动者、数以千万计的专门人才和一大批拔尖创新人才。加强教师队伍建设，提高教师的师德和业务水平。继续普及九年义务教育。加强职业教育和培训，发展继续教育，构建终身教育体系。加大对教育的投入和对农村教育的支持，鼓励社会力量办学。完善国家资助贫困学生的政策和制度。制定科学和技术长远发展规划。加强科学基础设施建设。普及科学知识，弘扬科学精神。坚持社会科学和自然科学并重，充分发挥哲学社会科学在经济和社会发展中的重要作用。在全社会形成崇尚科学、鼓励创新、反对迷信和伪科学的良好氛围。

（五）积极发展文化事业和文化产业。发展各类文化事业和文化产业都要贯彻发展先进文化的要求，始终把社会效益放在首位。国家支持和保障文化公益事业，并鼓励它们增强自身发展活力。坚持和完善支持文化公益事业发展的政策措施，扶持党和国家重要的新闻媒体和社会科学研究机构，扶持体现民族特色和国家水准的重大文化项目和艺术院团，扶持对重要文化遗产和优秀民间艺术的保护工作，扶持老少边穷地区和中西部地区的文化发展。加强文化基础设施建设，发展各类群众文化。积极推进卫生体育事业的改革和发展，开展全民健身运动，提高全民健康水平。努力办好二〇〇八年奥运会。发展文化产业是市场经济条件下繁荣社会主义文化、满足人民群众精神文化需求的重要途径。完善文化产业政策，支持文化产业发展，增强我国文化产业的整体实力和竞争力。

（六）继续深化文化体制改革。根据社会主义精神文明建设的特点和规律，适应社会主义市场经济发展的要求，推进文化体制改革。抓紧制定文化体制改革的总体方案。把深化改革同调整结构和促进发展结合起来，理顺政府和文化企事业单位的关系，加强文化法制建设，加强宏观管理，深化文化企事业单位内部改革，逐步建立有利于调动文化工作者积极性，推动文化创新，多出精品、多出人才的文化管理体制和运行机制。按照一手抓繁荣、一手抓管理的方针，健全文化市场体系，完善文化市场管理机制，为繁荣社会主义文化创造良好的社会环境。

中华文明博大精深、源远流长，为人类文明进步作出了巨大贡献。在当代中国人民的伟大奋斗中，必将迎来社会主义文化建设的新高潮，创造出更加灿烂的先进文化。

后　记

本书系普通高等教育“十五”国家级规划教材，共分为上下两册。由余源培、吴晓明主编。参加选编和撰写“学习提示”的还有（以姓氏笔画为序）：王金林、王德峰、郑召利、庄国雄、孙承叔等同志。吴猛同志参加了后期工作。主编对全书进行了统稿、定稿。整个过程得到高等教育出版社的支持和具体指导，在此表示感谢。

编者

2004 年 9 月

郑重声明

高等教育出版社依法对本书享有专有出版权。任何未经许可的复制、销售行为均违反《中华人民共和国著作权法》，其行为人将承担相应的民事责任和行政责任；构成犯罪的，将被依法追究刑事责任。为了维护市场秩序，保护读者的合法权益，避免读者误用盗版书造成不良后果，我社将配合行政执法部门和司法机关对违法犯罪的单位和个人进行严厉打击。社会各界人士如发现上述侵权行为，希望及时举报，我社将奖励举报有功人员。

反盗版举报电话　(010) 58581999　58582371

反盗版举报邮箱　dd@hep.com.cn

通信地址　北京市西城区德外大街4号

　　　　　高等教育出版社法律事务部

邮政编码　100120